KB127132

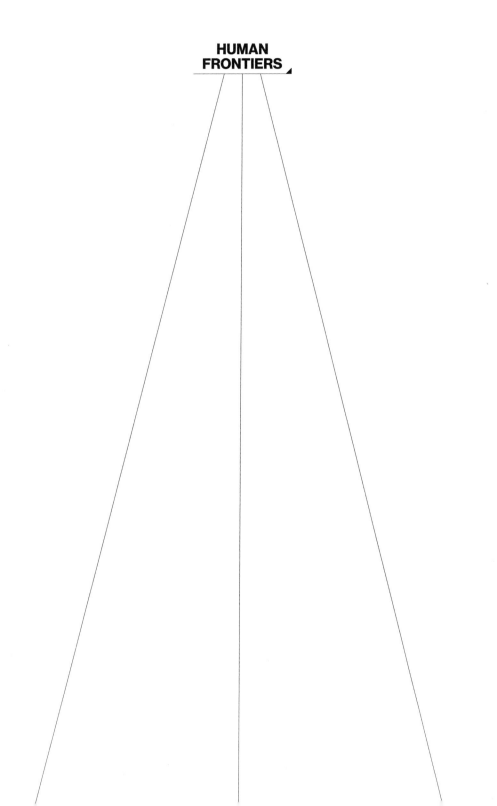

HUMAN FRONTIERS

HUMAN FRONTIERS:
The Future of Big Ideas in an Age of Small Thinking
by Michael Bhaskar

Copyright ⓒ Michael Bhaskar, 2021
First published in the United Kingdom in the English language in 2021
by The Bridge Street Press, an imprint of Little, Brown Book Group.
This Korean language edition is published by PUBLION in 2022
by arrangement with Little, Brown Book Group, London
through Danny Hong Agency, Seoul.

HUMAN FRONTIERS
휴먼 프런티어

THE FUTURE OF BIG IDEAS IN
AN AGE OF SMALL THINKING

초연결시대에 생각해보는
거대한 아이디어의 미래

마이클 바스카 지음
전리오 옮김

퍼블리온
Publion

일러두기

- 본문의 주석은 모두 '옮긴이 주'이며, 참고자료 인용 등 '저자 주'는 미주로 표시했습니다.

- 논문과 기사는 〈 〉로, 책과 잡지는 《 》로 표시했습니다.

- 한국에 출간된 책은 출간 도서명으로 표기했습니다.

For Monty and Dougie

몬티와 두기를 위하여

그러나 연구를 진행할수록, 지식을 추가적으로 얻기 위한 비용이
더욱더 늘어나면서, 그 지식은 점점 더 가치가 줄어들게 된다.
— 찰스 S. 퍼스(Charles S. Peirce)

나는 인간의 정신이 새로운 아이디어를 전혀 생산하지 못한 채
협소한 범위 내에 스스로를 가두고, 사람들은 사소하고 쓸쓸하며
부질없는 활동에만 스스로를 소진하며, 온갖 노력을 끊임없이 쏟아부어도
인류는 진보하지 못할 것이라는 생각 때문에 두렵다.
— 알렉시 드 토크빌(Alexis de Tocqueville)

아이디어는 강력하다. 아이디어는 변화를 주도한다.
— 아브히지트 바네르지(Abhijit V. Bannerjee), 에스테르 뒤플로(Esther Duflo)

추천사

"우리는 끊임없는 발견과 발전이 이루어지는 시대에 살고 있지만, 혹시 최고의 시절은 이미 지나간 것이 아닐까? 마이클 바스카가 펴낸 대단히 흥미로운 이 책의 중심에는 이러한 질문이 자리하고 있다. 이 책은 인류가 짧게는 수십 년, 길게는 수 세기에 걸쳐 발전해왔지만, 우리 사회가 정체 상태에 도달한 것이 아닌가 하는 의문을 제기한다. 저자는 상당히 긍정적이고 때로는 재치 있는 태도로 기술과 의학이 여전히 인류에게 많은 혜택을 안겨줄 수 있다는 점을 설명한다."
– 《가디언(The Guardian)》

"상상을 뛰어넘는 저자의 열정이 빛나는 책."
– 《퍼블리셔스 위클리(Publishers Weekly)》

"마이클 바스카의 《휴먼 프런티어》는 인류의 미래에 대한 비관적인 전망과 그에 상반되는 낙관적인 시각이 모두 포함되어 있는 상당히 반가운 작품이다. 이 책은 인류 사회를 매우 폭넓은 관점으로 조망하면서 우리 시대의 문제점은 무엇이고 그것을 해결할 수 있는 잠재적인 방안은 무엇인지 상당히 인상적인 통찰력을 제시해준다. 미래에 대한 시각이 매우 설득력 있게 서술되어 있다."
– 크리스틴 피터슨(Cristine Peterson), 포어사이트 연구소(Foresight Institute) 공동 설립자

"마이클 바스카는 때로는 순식간에 찾아오기도 하는 거대한 아이디어들이 인류의 발전을 이끈다고 말한다. 그는 이러한 주장을 대담하면서도 우아하게 서술하고 있으며, 제시하는 사례들도 그의 견해를 뒷받침해준다. 그러나 그의 주장에 대해서는 이렇게 문제제기를 할 수도 있다. 과연 증기기관을 개조한 와트의 업적이 그가 살던 도시와 그의 공장에서 일하던 수백 명의 기계공보다 훨씬 더 결정적인 역할을 했을까? 오히려 조금씩 발전하고 있던 기계공들의 역량이 산업혁명의 내용과 속도를 가능하게 만든 것은 아니었을까? 이 책은 이러한 질문에 대하여 우리의 답변을 요구하며, 역사의 발전에 대한 기존의 인식에 도전한다."
– 마거릿 C. 제이콥(Margaret C. Jacob), UCLA 역사학 교수

"마이클 바스카는 거대한 아이디어들에 대한 거대한 아이디어를 절묘하게 제시하면서, 거대한 침체(Great Stagnation)가 발생하는 원인, 스트라빈스키의 〈봄의 제전〉이 중요한 이유, 지구가 또 다른 이스터섬이 될 수도 있는 가능성 등을 설명한다. 《휴먼 프런티어》는 아이디어의 역사를 관통하는 뛰어난 고찰이며 놀라울 정도의 박식함을 보여주는 작품이다."

– 사피 바칼(Safi Bahcall)
《룬샷 : 전쟁, 질병, 불황의 위기를 승리로 이끄는 설계의 힘(Loonshots: Nurture the Crazy Ideas that Win Wars, Cure Diseases, and Transform Industries)》 저자

"마이클 바스카는 인류가 지금까지 이룩한 성취에 만족한 채 현실에 안주한다면 우리의 문명은 황홀한 미래를 향해 속도를 높이기보다는 오히려 기술적 침체의 늪에 빠질 수도 있다고 말한다. 그는 우리가 다시 거대한 혁신을 향해 모험에 나서도록 촉구한다."

– 매트 리들리(Matt Ridley), 《혁신은 어떻게 작동하는가(How Innovation Works)》 저자

"《휴먼 프런티어》는 방대한 영역과 수많은 분야를 가로지르면서 우리에게 많은 생각할 거리를 던져준다. 이 책은 거대한 아이디어의 기원, 사회 발전에서의 역할, 더욱 많은 아이디어를 얻어낼 수 있는 방법 등 그것이 가진 모든 측면을 이해하는 데 필수적인 작품이다. 우리가 사는 세상과 우리가 가진 지식체계가 점점 더 복잡해진다는 것은 새롭고도 거대한 아이디어를 얻어내는 일이 더욱 어려워지고 있음을 의미한다. 그럼에도 마이클 바스카는 명료하면서도 매우 낙관적인 시각으로 거대한 아이디어의 기근 현상이 영원히 지속되지는 않을 것이라고 말하며, 인류의 최전선을 계속해서 앞으로 밀어내기 위한 방법을 제시한다. 인류의 호기심에 대한 찬사라고 할 수 있는 《휴먼 프런티어》는 과학이 어떻게 작동하고 문명은 어떻게 발전하는지, 그리고 미래에는 그것이 어떻게 진행될지 파악하는 데 필수적인 책이다."

– 새뮤얼 아브스만(Samuel Arbesman), 럭스 캐피털(Lux Capital) 상근과학자
《과도하게 복잡한(Overcomplicated)》, 《지식의 반감기(The Half-Life of Facts)》 저자

"유레카, 내가 알아냈어!"

아르키메데스(Archimedes)는 불안했다. 시라쿠사의 왕 히에론 2세가 몇 주 전 그를 불러들였다. 왕은 언제나처럼 약간 심술궂은 눈길로 그를 바라보았다. 아르키메데스는 이번 일이 쉽지 않으리라는 사실을 곧바로 알 수 있었다. 고개를 숙인 채, 그는 마음속으로 이렇게 말했다. '골치 아픈 일에 엮이면 안 돼. 지금이라도 알렉산드리아의 도서관으로 돌아가서 평화롭게 일이나 하면 어떨까?'

그런데 히에론이 그를 부른 이유는 최근에 만든 황금 왕관 때문이었다. 아르키메데스는 말했다.

"아주 멋집니다, 더할 나위 없습니다!"

그런데 문제가 있었다. 히에론은 금 세공사가 자신을 속여 그 왕관에 은을 섞었다고 확신했다. 왕은 그 사실을 확실하게 밝혀내기를 원했다. 아르키메데스는 문제없다고 생각했다. 왕관을 녹인 다음 부피를 측정하면, 그것이 순금인지 아닌지 알 수 있기 때문이다.

"왕관을 녹이십시오!"

그러자 히에론이 펄쩍 뛰었다.

"왕관을 녹이라고? 재미있네, 끔찍하군, 그건 불가능해. 그렇게 할 순 없어!"

히에론은 그걸 가져가서 알아내라고 말했다.

"자넨 똑똑하잖나."

그래서 아르키메데스는 고심에 빠졌다. 가능한 한 모든 수단을 활용해봐도 소용이 없었다. 새로운 지렛대 설계 수정이나 기하학 연구 등 다른 일에는 전혀 신경을 쓸 수 없었다. 그는 불어오는 바람을 느끼며 바닷물이 찰랑거리는 도시의 성벽을 서성거리면서, 히에론이 한 말에 넌지시 담겨 있던 위협을 생각했다. 지금까지 그가 시라쿠사를 위해 그토록 헌신한 것에 비하면 너무도 무의미한 일로 왕은 그에게 넌지시 협박을 가한 것이다. 그는 한숨을 쉬었다. 이것은 왕관에 대한 문제가 아니라, 폭군에 대한 문제였다.

아르키메데스는 언제나 결벽증에 가까울 정도로 청결했다. 그의 일상은 파피루스와 양피지, 수많은 공식으로 둘러싸인 일대 혼란이었다. 그런 그에게 질서정연함이 찾아오는 순간이 있었는데, 그것은 바로 매일 목욕을 하는 시간이었다. 히에론 왕과 그의 터무니없는 요구를 모두 잊을 수 있는 시간이었다.

그런데 그날 아르키메데스는 욕조에 발을 담그면서 아주 사소하지만 뭔가 심상치 않은 것을 느꼈다. 그가 물속에 들어가면 물의 높이가 올라간 것이다. 그의 신체가 물을 넘치게 만들었다. 그렇게 흘러넘친

물의 양은 아르키메데스의 신체 부피와 동일했다.

그는 두 가지 사실을 즉시 알아차렸다. 첫째는 자신이 왕관의 수수께끼를 풀었다는 것. 둘째는 그러한 깨달음이 생각보다 훨씬 더 중요하다는 것이었다. 이것은 바로 부피를 측정하는 보편적인 방법이 탄생하는 획기적인 순간이었다.

"유레카!"

그는 욕조에서 뛰쳐나오며 소리쳤다.

"유레카, 내가 알아냈어!"

시라쿠사의 주민들은 이 현자의 기이한 행동에 이미 익숙했지만, 그런 그들에게조차 주름이 쭈글쭈글한 이 남자가 벌거벗은 채로 중앙 시장과 항구를 비롯해 여러 신전과 성벽 옆을 뛰어다니며 계속해서 "유레카!"를 외쳐대는 모습은 흔치 않은 장면이었다.

그러나 아르키메데스는 신경 쓰지 않았다. 이것은 평범한 어느 일상이 아니었다. 그리고 그것은 평범한 아이디어도 아니었다.

천재 발명가 아르키메데스

후대에 생각해보면, 그건 매우 단순한 생각처럼 보인다. 그러나 다른 모든 좋은 아이디어가 그렇듯이, 그건 전혀 단순한 것이 아니었다.

이 이야기는 많은 사람이 알고 있다. 뭔가 대단하면서도 획기적인 아이디어를 생각할 때, 우리는 이렇게 '유레카'라는 말을 끊임없이 외치는 독창적인 아이디어를 떠올린다. 번뜩이는 통찰력, 결정적인 아이디어, 사고의 새로운 지평선 등. 어떤 면에서는 이런 생각이 맞다. 모든 아이디어가 똑같지는 않기 때문에, 어떤 아이디어는 다른 것보다 더욱 어렵고, 더욱 중요하다. 그러나 또 다른 측면을 들여다보면, 그것의 실상은 혼란스럽고, 근거 없고, 산만하고, 임의적이고, 우연적이며, 자원이 부족한 상황에서 아이디어를 도출하는 과정이나 다름없다.

그런데 앞의 일화는 지어낸 이야기일 가능성이 높다. 그런데도 아르키메데스와 유레카에 관한 진실은 아이디어의 역사를 생각할 때 훨씬 더 유익할 수 있다.

아르키메데스는 비범한 삶을 살았다. 그의 관심사는 고대의 지식 전반에 두루 걸쳐 있었다. 그가 내놓는 획기적인 생각들은 추상적인 경우가 많았다. 그는 원주율(π)이라는 개념을 창안하는 데 일조했고, 포물선, 지렛대, 구체, 원뿔, 불규칙한 입체 등에 대한 수학 분야를 개척했다. 욕조와 왕관에 대한 일화가 사실인지는 분명치 않지만, 아르키메데스가 유체와 수학 연구에서 세계 최고의 전문가라는 사실은 확실하다.

그러나 한편으로 그는 철저하게 실리적인 인물이었다. 그는 유클리드 기하학의 계승자일 뿐만 아니라, 헬레니즘 문명의 최전선에서 일하는 기술자이기도 했다. 그는 도르래, 윈치, 기어의 톱니바퀴, 나선 양수기 등을 포함하여 전쟁 도구와 다양한 기계장치를 만들었다. 그가 천문학 분야에서 발견한 것을 자신이 가진 기계 분야의 천재성과 결합해 세계 최초의 태양계 모형 중 하나를 만든 것에서 알 수 있듯이, 그는 고도의 학문적 연구를 실용적인 접근방식에 접목했다. 그가 거둔 성과들을 하나씩만 떼어놓고 살펴봐도, 그는 이미 고대 시대의 거장 반열에 오를 수 있다.

기원전 3세기, 시칠리아의 시라쿠사는 마그나 그라이키아(Magna Graecia, 위대한 그리스)뿐만이 아니라 지중해 전역의 수도였다. 이곳은 그리스 문화와 교역의 중심지였고, 아이스킬로스가 희곡을 썼으며, 플라톤이 자주 방문하던 도시였다. 카르타고와 로마 사이에 벌어진 역사적인 제2차 포에니 전쟁(Second Punic War)에 휘말린 시라쿠사는 카르타고의 편을 들었다. 이것이 실수였다. 그러나 로마의 무력이 시라쿠사를 위협하자, 천문가이자 학자인 아르키메데스는 스스로 도시를 지키는 일에 투신해 강력한 방어 시스템을 만들어냈다.

그러한 방어 시스템은 그전까지는 볼 수 없던 것이었다. 적의 군함에 햇빛을 반사시켜 선박에 불을 붙이는 거대한 거울, 공성전에서 쓰는 강력한 투척 장치, 성벽처럼 만든 전함, 나무로 거대한 집게를 만들고 거기에 무게추를 달아 도시의 성벽으로 접근하는 적의 배를 들어 올려서 뒤집는 장치 등이 대표적이다. 플루타르크의 말에 따르면, 당대의 로마인은 아르키메데스를 두고 혼자서도 거의 모든 공격을 막아낼 수 있는 '마술사'라고 생각했다.¹ 로마의 역사를 연구하는 사람들에 따르면, 기원전 212년 로마의 집정관 마르켈루스(Marcellus)가 이 도시의 반역자 덕분에 시라쿠사로 몰래 잠입하는 데 성공했을 때, 그는 두 가지 지시를 내렸다고 기록되어 있다. 하나는 왕실의 보물을 존중하는 것이었고, 다른 하나는 아르키메데스의 목숨을 살려두라는 것이었다. 그러나 이 천재 발명가는 어떤 복잡한 문제에 연루되어 그의 진가를 알아보지 못한 어느 병사에게 죽임을 당한 것으로 알려져 있다.

아르키메데스는 아주 오랫동안 다양한 방면에 걸쳐서 수많은 문제에 도전하며 그것을 해결해왔다. 그의 전반적인 생애는 기술적인 사고와 수학적인 사고를 중심으로 맞춰져 있었다. 아르키메데스가 왕관에 대한 문제를 마음 한구석에 품고 있었다는 사실은 의심할 여지가 없는데, 그에게 그러한 고민은 수많은 아이디어를 생산적으로 결합하기 위한 의식적이면서도 무의식적인 '준비 과정'이었다. 그는 관찰 능력이 매우 뛰어났는데, 그 바탕에는 특출한 명민함이 뒷받침되어 있었다. 그리고 추상적인 수학적 개념을 결합해서 그것을 실용적이면서도 통찰력 있는 세계관으로 통합해냈다. 그러나 최근의 연구에 따르면, 그는 '단지 외로운 천재성의 표상이라기보다는, 기존의 기술을 혁신하고 더욱 완벽하게 만드는 데 끊임없이 몰두하는 유형'이었음이 분명해 보인다.[2] 유레카는 분명 번뜩임의 순간이지만, 그것은 사실 수많은 분야가 서서히 진행하면서 교차하는 상당히 복잡한 과정이었음이 분명하다. 그것은 단지 찰나에 일어난 것이 아니라, 실제로는 수십 년 동안 축적된 것들이 절정에 달하는 순간이었다.

아르키메데스는 혼자 외로이 연구하지도 않았다. 그는 다양하면서도 폭넓은 연구자의 네트워크에서 교육을 받았으며, 스스로도 그 네트워크에 깊숙이 연결되어 있었다. 지중해 지역에서 시라쿠사가 중추적인 역할을 했기 때문에, 아르키메데스도 고대의 위대한 학문 중심지인 알렉산드리아 도서관에 인연이 닿을 수 있었다. 아르키메데스는 알렉산드리아에서 사모스의 코논(Conon of Samos) 밑에서 공부했으며, 비잔틴의 필론(Philon of Byzantium)이나 우주를 태양 중심으로 설명한 천문학자 아리스타르코스(Aristarchos), 지구의 둘레를 계산한 과학자 에라토스테네스(Eratosthenes) 등 자신과 나이가 비슷한 사상가와도 친분이 있었다.

세상을 바꾸는 아이디어를 찾기 위해 도전한 사람들

우리는 아르키메데스와 왕관의 일화에서 두 가지를 얻을 수 있다.

첫째, 어떤 아이디어는 실로 엄청난 영향을 끼친다는 것이다. 그런 아이디어는 세상을 바꾼다. 우리가 부피를 측정할 수 있다는 사실을 제대로 깨달았을 때, 그것은 인류가 수학적, 정신적, 기술적인 측면에서 새로운 영역으로 진입하는 순간이었다. 우리가 이해할 수 있으며 움직일 수 있는 범위가 확대된 것이다.

둘째, 그러한 획기적인 아이디어가 실제로는 욕조에서 아무것도 없는 상태에서 튀어나오지는 않는다는 사실이다. 그러한 깨달음은 이전의 수많은 아이디어가 섞이고 변형되면서 형성된다. 그것은 사람들과의 관계에 의해 이루어지고, 때로는 함께 협업하면서 나타나는데, 경우에 따라서는 원래의 목적과는 상반되는 결과로 나타나기도 한다. 그것은 추상적인 사고 과정에서 샘솟기도 하고, 도시의 성벽을 구축하고 공성전에 사용하는 기계장치를 움직이는 값비싸고 현실적이며 고단한 노동 과정에서 나타나기도 한다. 위대한 아이디어는 당대의 모든 조류나 네트워크, 모순과 함께 어울리면서, 길고도 험난한 잉태 시기를 갖고 태어난다. 그것은 그러한 모든 맥락에 녹아 있으며, 하나의 사회적인 현상이다. 따라서 그것은 상당히 우발적이라고도 할 수 있다.

우화 같은 이야기보다는 아르키메데스의 실제 모습을 파악하는 것이 훨씬 더 유익하다. 만약 위대한 아이디어가 유레카적인 순간에 추상적인 형태로 함축되어 있다면, 그것이 가진 의미를 이해하기 위해서는 심리학만으로도 충분할 것이다. 그러나 그러한 아이디어의 맥락과 함의를 제대로 파악하려면, 다양한 분야의 연구와 해석이 필요하다. 그것이 잉태된 순간을 포착하고, 그것이 성장하면서 상호작용하는 과정을 따라가야 한다. 그것이 착상하는 조건이 무엇인지, 그리고 그것이 발달하는 과정과 결국 사멸에 이르는 흐름을 추적해야 한다. 그러한 위대한 아이디어가 기술적, 문화적, 과학적, 정치적, 상업적 기반을 갖고 있다는 것은, 우리가 그러한 기반을 추적할 수 있음을 의미한다.

그렇다면 다음과 같은 흥미로운 질문을 할 수 있다. 우리의 문명을 뒷받침하는 아이디어는 무엇이며, 그것은 어디로 향해 가고 있는가? 우리는 놀라운 혁신의 세상에 살고 있는가, 아니면 진보의 신기루를 경험하고 있는가? 우리 주변의 이 세상은 위대한 아이디어의 사회인가, 아니면 협소한 시야의 사회인가?

아르키메데스를 비롯한 많은 사람은 세상을 바꾸는 아이디어를 찾기 위해 도전했다. 그러한 발견이 역사를 만들었다. 그러한 시도는 인류의 다음 단계를 제시할 뿐만 아니라, 궁극적인 한계를 드러낼 것이다. 좀 더 자세히 살펴봐야 할 시점이다.

차례

PART 01
거대한 아이디어의 오늘

CHAPTER 04   **예술과 과학의 모든 것**

인터루드   **당시의 계몽주의 – 거대한 아이디어의 실제**

PART 02
거대한 아이디어의 내일

서문

인류 최전선에서의 삶

인류의 최전선을 만들어온 위대한 아이디어들

아르키메데스 같은 사람은 지식의 한계에서, 그 최전선에서 일한다. 그곳은 우리 인류가 알고 있는 가장 머나먼 변방이다. 이곳은 삼엄한 국경선이 아니다. 오히려 그것은 지리학적인 경계선처럼, 그것이 실제인지 또는 그렇다고 알려진 것인지, 아니면 그렇다고 생각하는 것인지 또는 그러한 경계가 가능한 것인지 논쟁할 여지가 있으며 언제라도 변화할 수 있는 영역이다.

지난 천 년 동안, 그리고 특히 그 후반의 마지막 몇 세기 동안, 우리는 그 경계선을 어마어마할 정도로 멀리 밀어냈다. 거의 매년 그 한계선이 뒤로 밀려나면서 새로운 풍경이 드러났다. 인류 전체는 지금 그 어느 때보다도 더욱 많은 것을 알고 있다. 우리는 지식의 최전선이 꾸준히 밀려나는 것에 익숙해졌다. 과감한 탐사와 성취로 이루어진 역사는 그것이 마치 인류 사회의 자연스러운 부분처럼 느껴지게 했다.

그러나 인류의 최전선이라는 개념은 단순히 지식 그 하나만을 의미하는 것이 아니라, 그 이상의 훨씬 더 많은 부분을 포괄하고 있다. 우리가 얼마나 빠르게 여행할 수 있는지, 우리가 얼마나 오래 살 수 있는지, 우리가 거주하거나 다른 사람을 위해 만들 수 있는 우주에는 어떤 모습을 상상할 수 있는지 등은 물론이고, 우리의 사회와 기업이 성장할 수 있는 크기나 부의 규모에서도 수많은 한계가 존재한다. 이처럼 수많은 인류의 최전선이 우리를 규정한다. 그러한 한계선 또한 끝없이 확장하는 패턴 속에서 존재한다. 인류를 가장 높은 수준에서 이해한다는 것은 주어진 순간에 그것의 최전선을 이해한다는 것이고, 더 나아가서는 그러한 최전선에서 현재 무슨 일이 일어나는지 파악하는 것이다.[3]

그러한 한계선을 끊임없이 움직이게 만드는 것은 아이디어다. 아이디어는 미지의 세계로 조금씩 움직여 들어가서 가능한 것의 영역을 넓히는 힘이다. 대부분의 아이디어는 거의 아무런 성취를 거두지 못하지만, 아르키메데스의 아이디어 같은 것은 한계선을 움직여 새로운 영역을 열어젖히며 비약적인 성공을 이뤄낸다. 그들의 유산은 그러한 최전선을 확실하게 이동시킨다. 과학에서의 발견, 기술에서의 발명, 예술에서의 창조적인 변화, 비즈니스와 탐험에서의 놀라운 개척, 이들은 모두 위대한 아이디어다. 그러한 최전선에서 가장 크게 영향을 준 아이디어다.

요약하면, 인류의 역사는 바퀴에서 우주여행에 이르기까지, 동굴 벽화에서 다수의 사용자가 동시에 참여하는 거대한 게임에 이르기까지, 유일신의 종교에서 상대성 이론과 보편적 참정권에 이르기까지 위대한 아이디어가 그러한 최전선을 최대한 밀어붙여온 역사였다. 그리고 우리의 미래도 마찬가지다. 인류의 최전선에서 일어나는 일들이 인류의 존재 그 자체를 형성한다.

그렇다면 그것은 어떤 방식으로 이루어질까?

실현되지 않은 예측들

1960년대까지 200년 동안 선진국은 인류 최전선의 모든 구간에서 놀라운 진전을 목격해왔다. 대륙을 횡단하는 비행에서 결핵처럼 한때는 인류를 대규모로 살상하던 질병의 정복에 이르기까지, 텔레비전의 발명에서 현대적인 예술에 이르기까지 말이다. 그리고 자동차, 전구, 양자역학, 복지국가, 시민권, 유전학, 원자력, 재즈, 비틀스, 장기이식, 연구 중심 대학의 등장에 이르기까지, 앞으로의 미래는 유토피아일 것만 같았다. 이 시기는 결국 달 탐사의 시대였다고 표현할 수 있다. 그리고 기술을 통해 모든 것을 지배할 수 있다고 믿었던 정치적 강박관념의 시대였으며, 음악, 문화, 지식, 인관관계에서 실험이 이루어지던 시대였다. 인류는 위대한 아이디어의 혁명을 진행해왔고, 진보는 계속해서 가속화할 것이라고 예상했다.

1967년, 새로운 사고의 최선두에서 연구하던 미국 학자 두 명이 《2000년(The Year 2000)》이라는 책을 펴냈다.[*] 이들은 향후 33년 동안 일어날 일의 개요를 체계적으로 제시했다. 이 책에서는 2000년이 될 때까지 과학과 기술 분야에서 발생할 수 있는 중요한 사건, 그리고 그때까지 일어날 거라고 충분히 예상할 수 있는 혁신을 예측했는데, 심지어 그들은 실제로 발생하리라고 추정하는 100가지 기술을 표로 만들기까지 했다.

그들의 예측은 대부분 실현되지 않았다. 우리는 날씨나 기후를 통제할 수 없고, 달에 영구적인 유인기지를 만들지 못했으며, 가사업무의 자동화를 이뤄내지도 못했다. 사이보그 기술의 광범위한 사용이나 해저 식민지 건설도 마찬가지다. 또한 노화를 되돌리는 방법이나 신체적으로 해롭지 않게 탐닉을 즐기는 기법도 알아내지 못했고, 개인 비행 플랫폼을 만들어내지도 못했다. 그리고 우리의 두뇌와 직접 의사소통을 할 수도 없다. 예상이 빗나가서 그나마 좋은 점이 있다면, 우주 방어 시스템을 구축하지 않은 것이나, 광산에서 핵무기를 사용하지 않는 것이다.

그들의 예상 가운데 몇 가지는 현실에 가깝기는 했지만, 그래도 실제로는 많은 예측이 실현되기 너무 어렵거나 지나치게 평범해서 그다지 관심이 가지 않는 것이다. 인공식품? 굳이 따지자면 소이렌트(Soylent) 같은 대용식 제품이 있기는 하다. 매우 효율적으로 조절되는 휴식과 수면? 비슷한 용도의 의약품이 있기는 하지만, 우리가 그걸 이뤄냈다고 말하기는 어렵다.

물론 우리는 비디오와 카세트 플레이어, 가정용 컴퓨터(기억하는가?), 위성 텔레비전을 만들어냈고, 인간 장기 이식을 광범위하게 활용하고 있으며, 셰일(shale) 층에서 상업용 목적으로 원유를 추출하고 있다. 그러나 그 책의 저자인 허먼 칸(Herman Kahn)과 앤서니 J. 위너(Anthony J. Wiener)가 뭔가 더욱 혁신적이거나 결정적인 것을 예측했다는 느낌이 들지는 않는다. 그들이 예측한 2000년에서도 여러 햇수가 지난 지금에 와서 살펴봐도, '가능성이 매우 높은 기술적 혁신'이라고 그들이 말한 예측 중 상당수는 실현되지 않았다. 그들은 그 확률이 '90~95퍼센트'라고 거의 확신했는데도 말이다. 무슨 일이 있었던 것일까? 그리고 이러한 사례가 미래에 대해 우리에게 말해주는 것은 무엇일까?

혁명적인 사이클에 휘말린 인류

우리 증조부모의 조부모가 살던 시절로 돌아가보자. 그들은 아마도 19세기 중반쯤에 살았을 것이다. 우리와 마찬가지로, 그들에게도 희망과 두려움과 꿈이 있었을 것이다. 그들도 우리와 마찬가지로 안전과 사랑과 즐거움을 간절히 원했을 것이다. 그러나 그들이 살던 세상은 현재 코로나바이러스와 그로 인한 여파까지 포함하여 우리가 경험하는 그 어떤 곳보다도 훨씬 더 위험했고, 힘들었고, 지루했고, 불안정했고, 많은 부분이 제한된 시절이었다. 그리고 불과 한두 세대만에 세상은 완전히 뒤바뀌었다.

19세기 중반에는 나무로 건물을 짓는 경우가 많았고, 그마저도 부실했다. 이는 특히 도시에서 파괴적인 화재가 흔하다는 것을 의미했다. 신흥 도시였던 시카고는 1871년에 발생한 대화재로 거의 모든 것이 사라졌다. 어디에나 퍼져 있는 하수도는 집의 안팎으로 질병을 옮기는 오염원이었다. 도시에서는 어딜 가나 동물이 있었고, 짐승의 배설물이 길거리를 가로막기도 했다.* 그러한 동물들은 잘 먹지를 못해서 뼈만 앙상했다. 당시에 소 한 마리가 1년에 짜낼 수 있는 우유는 453kg에 불과했는데, 참고로 오늘날의 소 한 마리는 7,257kg을 만들어낸다.[5] 겉으로 보기에는 단순하고 변변찮은 것일지라도, 깨끗한 물이나 오염되지 않은 음식은 드물었다. 신생아의 5분의 1에서 4분의 1은 다섯 번째 생일을 맞이하기 전에 죽었다. 개인적으로 상상할 수 없는 비극적인 일이 일생에서는 거의 피할 수 없는 일부였으며, 그것을 제대로 설명할 수도 없었다.

대부분의 사람은 자신이 태어난 장소에서 멀리 이사를 가지 않았고, 자신이 속한 작은 문화권 외부의 일은 전혀 접하지 못했다. 철도가 등장하면서 변화가 시작되기는 했지만, 아직도 사람의 이동을 대부분 책임지던 수단은 지난 수천 년 동안 그래왔듯이 말의 발굽과 항해에 의한 것이었다. 마찬가지로, 산업화된 일자리가 있기는 했지만 (그마저도 어둡고 음침하며, 다치기 쉬운 곳이었다), 대부분의 사람은 좀처럼 변화하지 않는 기법과 기술을 활용하여 땅에서 일했다. 글을 읽지 못하는 건 다반사였고, 지식이나 오락 매체를 접하는 경우는 극히 드물었다. 밤이 되면 사람들은 품질이 형편없는 촛불이나 고래기름을 켜놓은 희미한 등불에 의지했는데, 그마저도 값이 비쌌으며 그을음이 생겼다.

---

*   자동차가 본격적으로 상용화되기 전만 하더라도, 특히 미국 도시의 길거리에서는 말똥이 하도 많이 쌓이는 바람에 심각한 사회 문제가 되었다.

좀 더 최근의 조상은 여러 가지 면에서 우리와 더욱 가까우면서도 매우 유사한데, 그들은 이전과는 매우 다른 세상에서 살았다. 그러나 세상은 이미 맹렬한 속도로 바뀌고 있었다. 불과 한 세대 정도만 더 지나면, 그들의 자녀와 손주는 눈에 띌 정도로 현대화된 풍경에서 살아가게 된다.

　그러면서 역사상 처음으로 인구가 기하급수적으로 증가한다. 미국의 인구는 19세기를 시작할 당시만 해도 530만 명에 불과했는데, 세기가 끝날 무렵에는 무려 7,600만 명을 기록함으로써 러시아를 제외한 유럽의 그 어떤 국가보다도 많은 인구를 보유한 나라가 되었다. 중세 시대의 오두막에 가까운 집은 불과 수십 년 사이에 '네트워크화'되면서 집 안팎으로는 깨끗한 온수와 냉수가 흘렀다. 그전까지만 해도 여성은 허리가 끊어질 정도로 고된 가사노동에 일생을 시달렸지만, 전력이 공급되면서 이제는 집안일의 일부를 '전기로 작동하는 하인'이 떠맡게 되었다.

　전구와 자동차는 모두 1879년에 발명되었다. 19세기 말에는 이들 제품이 아직은 그저 신기한 물건이었다. 그러나 불과 20년 만에 두 가지 모두 수백만 개씩 생산되었다. 그리고 자동차와 전구만이 아니었다. 전화기, 비행기, 통조림과 가공식품, 현대적인 기업과 생산 기법, 라디오, 냉장고, 최초의 플라스틱 등이 모두 이 시기를 거치면서 세상에 쏟아져 나왔다. 생산성에서도 전례 없을 정도의 혁명이 일어난 것은 당연하다. 사이러스 매코믹(Cyrus McCormick)이 발명한 수확기는 시간당 밀 생산량을 500퍼센트 증가시켰다.[6] 아이작 싱어(Isaac Singer)가 만든 재봉틀은 14시간 이상 걸리던 셔츠 한 장 만드는 작업을 불과 1시간 16분으로 줄였다.

위대한 아이디어는 점점 더 빠른 속도로 세상에 소개되면서 실행되었다. 지식의 경계가 이동했다. 에너지와 진화의 근본적인 동력을 파헤칠 수 있게 되었다. 질병의 수수께끼가 풀리기 시작했다. 20세기가 시작되던 무렵, 알베르트 아인슈타인(Albert Einstein)은 시간과 공간에 대한 기본적인 개념을 바꾸어놓았다. 문화 분야 역시 혁명을 겪었다. 텔레비전에서 라디오 프로그램에 이르기까지 대중적인 엔터테인먼트가 등장했고, 예술의 성격은 점차 인상주의에서 추상 표현주의로 재정의되었다. 20세기 초의 사람은 자신의 눈과 귀를 믿을 수 없었을 것이다. 선거권이 확대되었다. 복지국가의 첫 번째 형태가 어렴풋이 그 모습을 드러냈다. 지식, 문화, 기술, 사회조직, 일상생활 등 모든 것이 혁명적인 사이클에 휘말렸다.

우리 증조부의 조부모는 그런 변화를 경험하는 경우가 극히 드물었다. 아마도 역사상 처음으로 인류 경계의 모든 측면이 바뀌었을 것이다. 이것은 불과 수십 년 사이에 벌어진 순식간의 일이었으며, 자랑스러운 진보 위에 세워진 역사적인 단절이었다.

허먼 칸과 앤서니 J. 위너가 예측 모델을 수립했을 때, 그들은 당연히 이러한 고도의 아이디어 분출이 지속되리라고 생각했을 것이다. 인류의 경계가 계속해서 화려하게 펼쳐져 나가리라는 것은 거스를 수 없는 것으로 보였다.

그러나 그러한 궤적이 실제로는 훨씬 더 복잡하다는 사실이 밝혀졌다. 일부 지역에서는 변화가 빠르게 일어났지만, 다른 지역에서는 둔화되었다. 매일 폭풍처럼 휘몰아치는 일상생활을 넘어서서, 심지

어 팬데믹과 국가 사이의 충돌이나 분열과 갈등을 넘어선 그 이상의
차원에서, 우리의 미래는 다시 한번 불확실한 상태가 되었다. 기대와
는 달리 인류의 최전선은 막혀 있는 상태다.

아무튼 21세기의 초월적인 문제를 논의하는 자리에 오신 여러분
을 환영한다.

거대한 침체 논쟁

우리는 역사의 특이한 시점에 와 있다. 《와이어드(Wired)》나 《네이처
(Nature)》 또는 문화 관련 매거진의 최신호를 펼쳐 보면, 우리는 놀라
운 발견과 새로운 제품, 뛰어난 성취에 대한 경이로운 내용을 연이어
접하게 된다. 요즘에는 양자생물학과 나노 기술, 외계행성 천문학에
서 넛지 유닛(nudge unit)*을 활용한 통치, 블록체인과 가상세계에 이르
기까지, 인류의 최전선이 여전히 가속화하면서 기록적인 속도로 확
장하고 있기에, 지금은 확실히 이제껏 유례가 없을 정도로 아이디어
가 넘쳐나는 순간임이 분명하다.

그러나 실제로는 그와 반대되는 증거가 쌓이고 있다. 역사의 흐름
속에서 우리의 현재 위치와 진보의 기본적인 본질에 대한 지배적인
가정에 의문을 제기하는 활발한 토론이 벌어지고 있다. 다른 누구보
다도 경제학자 타일러 카우언(Tyler Cowen)은 현재, 특히 서양의 상황

---

* 행동경제학의 넛지(nudge) 이론을 적용하여 정부 정책을 지원하기 위해 설립된 기관으로, 정식 명칭은 행동통찰팀(BIT, Behavioural Insights Team)이다.

을 '거대한 침체(Great Stagnation)'라고 부르며 경종을 울렸다. 그래서 이에 대한 논의를 '거대한 침체 논쟁'이라고 부르기로 하겠다.

니컬러스 네그로폰테(Nicholas Negroponte)는 우리가 '거대한 아이디어의 기근'에 시달린다고 생각한다. 어떤 이들은 혁신적인 시스템을 오히려 '혁신의 환상'이라고 보기도 한다. 경제학자 로버트 고든(Robert Gordon)은 '성장의 몰락'을 이야기하고, 물리학자 리 스몰린(Lee Smolin)은 과학이 더는 혁명적인 사고를 할 수 없다고 말한다. 수많은 사상가는 성장률이 둔화되었고, 기술 발전은 새롭지 않고 속도가 더디며, 지식과 문화의 패러다임이 수십 년 동안 정체되어 있다고 지적한다. 우리는 흔히 세상이 점점 더 빠른 속도로 변화한다고 생각하지만, 그들은 주요한 혁명에는 더 이상 그런 생각을 적용할 수 없다고 말한다. 오히려 아주 조금씩만 변화할 뿐이다. 우리는 50년 동안이나 다시 달에 발을 내딛지 못하고 있다. 암을 정복하지도 못했다. 기대 수명의 증가 양상은 멈추었다. 탄소 기반의 에너지에 여전히 끔찍할 정도로 중독되어 있다. 우리는 칸과 위너를 비롯한 전후 세계의 비전을 실현하지 못했다.

우리 사회는 예전부터 널리 예측되어온 팬데믹으로 녹초가 되고 말았다. 필자가 이 글을 쓰는 지금, 코로나19는 레스토랑에서 하는 식사에서 대서양을 넘나드는 비행과 국가의 채무 건전성에 이르기까지 우리가 당연하게 생각해오던 수많은 것을 뒤집었다. 그러나 아마도 전후 75년 만에 최대의 어려움에 봉착한 지금, 각국 정부와 기업, 심지어 개인의 사고까지 상황에 적합한 미래의 모델을 구축하지 못한 채 여전히 과거의 모델에 사로잡혀 있는 경우가 많다. 그 모든 기술과 비즈니스와 수많은 지식을 갖고 있는데도 우리는 너무나도 취약하다.

기업가이자 투자자인 피터 틸(Peter Thiel)은 이런 상황을 다음과 같은 유명한 표현으로 요약했다. "우리는 하늘을 나는 자동차를 원했지만, 정작 우리가 얻은 것은 140글자를 쓰는 소셜네트워크였다." 그 외에도 많은 지적이 있다. 데이비드 그레이버(David Graeber)는 "우리가 살고 있는 세상의 본질에 대한 깊은 실망감, 어린 시절의 우리가 어른이 되었을 때의 세상에 대한 엄숙한 약속이 깨졌다는 인식이 존재한다"[7]고 말한다.

이것은 단지 하늘을 나는 차량이나 화성의 식민지에 대한 것만이 아니다. 이는 기술적 낙관주의와 비관주의 사이의 주도권에 대한 것이 아니다. 나의 견해를 말하자면 그것은 기술이나 경제보다 훨씬 더 광범위하다는 것이다. 물론 기술과 경제도 중요하지만, 로스 다우덧(Ross Douthat)의 표현을 바꾸어 말하면, 그것은 '침체, 불임, 경화, 반복'의 특성을 가진 세상에 대한 것이다.[8]

침체를 말하는 사람은 지적인 스펙트럼을 초월하여 다양하게 분포한다. 시장을 옹호하는 자유주의적인 기업가, 사회적 보수주의 성향의 신문 칼럼니스트, 중도 성향의 비즈니스 컨설턴트, 급진적 무정부주의 성향의 학자가 모두 그렇게 말한다. 경제학자나 기술 업계의 거물은 물론이고, 예술가와 건축가와 인류학자까지 그러한 표현을 사용한다.

이러한 논쟁이 있다는 사실만으로도, 우리에게 수많은 장점이 있는데도 인류 최전선에서의 속도가 둔화되고 있음을 시사한다. 그러나 이러한 추정조차 보편적으로 받아들여지지는 못한다. 오히려 그에 반대되는 증거도 상당히 많기 때문이다. 그리고 수많은 새로운 발견이 쇄도하는 걸 목격하면서, 그러한 주장을 처음 제기한 일부의 사람조차 기존의 추정이 잘못되었는지 스스로 의문을 품는 경우도 있다. 팬데믹의 거센 역풍을 맞긴 했지만, 오히려 그런 상황에서 초고속으로 백신이 개발되었고, 전 세계의 물류 시스템이 재창조되었으며, 우리의 일상적인 습관은 거대한 규모로 바뀌었다.

그렇다면 미래에 대해 생각하기 전에, 이런 질문을 던져보아야 한다. 우리는 정말로 인류의 한계를 무너트릴 수 있는 혁신적인 아이디어를 점점 더 적게 쏟아내고 있는가? 그러한 한계가 어떤 식으로 더욱 정체되어 있고, 변화가 더욱 느리며, 훨씬 더 멀리 떨어져 있고, 여기저기에 산재되어 있는가? 그리고 그것은 무엇을 의미하는가? 그 어느 때보다도 더욱 많은 지식과 도구를 갖고 있으며, 더욱 많은 사람이 사고와 연구와 창조에 많은 시간을 투자하는데도 거대한 아이디어가 정체되고 있다고 보는 징후와 그 이유는 과연 무엇인가?

그러나 이것보다 더욱 중요한 것은 인류세(人類世, Anthropocene) 시대의 궁극적인 질문일 것이다. 다시 말해, 거대한 아이디어가 솟구치기보다는 비틀거리는 이러한 상대적인 둔화 추세가 지속되어 다음 세기를 거치면서 고착화될 것인가, 아니면 일련의 노력과 실험을 통해 그러한 추세를 역전시킬 수 있는가 하는 점이다. 나는 여기에서 지식의 구조에서 혁신의 규제에 이르기까지, 중국의 교육 성장에서 AI 연구의 붐에 이르기까지 모든 것을 탐구하면서 가장 가능성이 높은 시나리오를 들여다볼 것이다. 간단히 말해, 과연 우리는 점점 더 증가하는 도전과제를 극복하고, 그 속도를 따라잡아 인류의 최전선을 다시 계속해서 밀어붙일 수 있을 것인가? 아니면 우리의 아이디어는 어쩔 수 없이 점점 더 굳어져서, 인류의 최전선은 결국엔 고착화되어 붕괴할 운명인가?

거대한 아이디어의 미래는 매우 중요하다. 우리가 다음의 팬데믹을 이겨낼 수 있을지도 중요하다. 최근에는 항생제 내성이 점점 더 문제가 되기 때문에, 우리가 병에 걸리면 과연 건강을 제대로 회복할 수 있을지 여부가 중요하다. 우리의 가족이 치매에 걸릴지가 중요하다. 해수면이 상승하고 도시가 물에 잠긴다면, 우리는 에너지나 기후과학 분야에서 거대한 아이디어가 나오기를 기원할 것이다. 다른 무엇보다도 아이디어는 우리를 규정한다. 그것은 우리의 예술, 정치, 문화, 과학, 기술, 경제의 중심에 있다. 그것은 우리가 말하는 이야기, 우리가 거주하는 건축물, 우리가 소비하는 상품, 우리가 알고 있거나 안다고 생각하는 모든 것의 배후에 존재한다.

이처럼 역사의 미묘한 시점에서 우리는 새로운 형태의 집단적인 발명이 필요하다. 특히 여러 세대에 걸친 심각한 도전과제인 기후변화에 맞서기 위해서 더욱 그러하다. 우리의 잠재력을 실현할 수 있는 세상에 대한 비전이 필요하다. 이미 알려져 있거나 상상할 수 있는 것을 넘어서서, 모든 것을 처음부터 다시 생각할 수 있는 세상이 필요하다. 대담하고, 급진적이며, 전혀 다른 캔버스에 그림을 그릴 수 있는 세상이 필요하다. 인류의 최전선이 살아 있고, 뒤로 밀리고, 움직이며, 확장할 수 있는 세상이 필요하다.

진보와 혁신과 침체와 둔화를 이해하기 위한 방법

인류의 최전선에 대하여 사고해보는 나의 여정은 순탄하지 않았다. 나의 주된 분야는 인문학과 문학과 출판인데, 이 주제에 대한 사색의 출발점으로는 적절하지 않았다. 그런데 몇 년 전, 창조적인 산업에서 일어나는 기술적인 변화를 가까이에서 지켜보면서, 나는 고대의 중국에서 실리콘밸리에 이르기까지 방대한 시공간에 걸쳐 세계의 기술과 비즈니스, 문화적 변화의 역사 및 이론과 관행에 대해 글을 쓰기 시작했다. 그러한 연구를 통해 매우 다양한 대화 상대를 만났고, 세상에 대한 식견을 더욱 넓힐 수 있었다. 또한 많은 작가와 작업하면서, 사람들이 완전히 새로운 것을 생각하고 마법을 펼쳐 보이는 방식에 대해 강한 매력을 느끼게 되었다.

나는 과학자에서 기업가에 이르기까지 사회에서 상상력이 갖는 역할을 연구하기 시작했다. 그리고 잠깐 옆길로 새서, 세계 최고의 기술 연구기관 중 한 곳*에서 전속작가로 과학와 기술의 최전선에서 일하는 기회를 얻기도 했다. 그러한 경험은 그 자체로 매우 매력적이었으며, 덕분에 나는 현대의 아이디어가 가진 한계가 무엇인지 기본적인 지식을 쌓을 수 있었다. 또한 상상력과 발명과 혁신을 촉진하는 데 특정한 조직이 갖는 역할에 대해서도 생각할 수 있게 해주었다. 결국 이러한 연구는 나를 '거대한 침체 논쟁'으로 이끌었다. 그것은 동료의 평가를 받는 경제학 저널에서, 여러 블로그에서, TED 강연

---

* 　　구글의 딥마인드(Deep Mind).

과 트위터에서 진행되는 정신없는 토론이었다. 비록 주류 담론에서는 크게 주목받지 못했지만, 그것은 우리 시대의 가장 거대한 논의라고 느껴졌다. 그러한 논쟁은 내가 오랫동안 계속해서 느껴왔지만 모호하기만 했던 것을 다루었으며, 따라서 나에게 커다란 반향을 일으켰다.

그러나 마찬가지로 거기에는 간단한 해답이 없다는 점이 분명했다. 무엇보다도 그러한 논쟁에서 합의를 이끌어낼 수 있는 확실한 방법론이나 기준이 없었다. 침체에 대한 논의에서 정말로 중요한 것은 우리의 목적지가 과연 어디인가 하는 점이다. 그것은 확실히 탐구해볼 만한 가치가 있었다.

그 주제는 너무나도 넓은 범위를 포괄하기 때문에, 논쟁의 요소를 서로 연결하는 것도 쉽지 않았다. 물리학자는 기술전문가와 이야기를 나눌 수는 있지만, 경제학자와는 교류가 적었고, 문화이론가나 정치학자와 만나는 경우는 훨씬 드물었다. 화학 강사가 내놓는 아직 확실히 입증되지 않은 근거를 경제학 교수가 인용할 가능성은 없었다. 작가 중에서는 사회 문제나 비즈니스적인 사안에 관심을 갖는 사람도 있지만, 기술적인 연구는 상당 부분 건너뛰는 경우가 많았다. 물론 기술에 대해 자세히 살펴보는 작가도 있지만, 그런 사람은 문화적인 지형을 잊어버리곤 했다.

나는 그러한 모든 것을 상호연관된 거대한 현상의 측면으로 보고 싶었다. 이처럼 산재한 논의를 서로 연결하면, 이 주제에 대해, 그리고 미래에 대해 초점을 맞출 수 있을 것이다. 연구를 진행하면 할수록 이것이 가진 거대한 상호연관성이 더욱 분명하게 드러났다. 학제적인 경계의 외부에서 바라보니 자연스럽게 거대한 그림이 나타나기 시작했다.

그런데 이러한 주제에 대해 과연 어떻게 접근해야 할까? 모든 분야에 대해 상당히 어려운 시도일 수밖에 없고, 따라서 뚜렷한 형태도 없고 접근이 불가능할 정도로 방대한 주제에 대해서 말이다. 이렇게 수없이 갈라진 활동과 논의의 이면에 자리하고 있는 공통적인 단위는 바로 아이디어였다. 이것이 바로 진보와 혁신과 침체와 둔화를 이해하기 위한 방법이었다. 동시에 나는 지식의 최전선이라는 개념을 계속해서 대면하고 있었다. 이러한 논의에서 아이디어가 공통적인 맥락이듯이, 최전선이라는 이미지 역시 공통적으로 적용될 수 있었으며, 무엇보다도 그러한 최전선 역시 서로 연결되어 있었다. 인류의 다양한 최전선은 아이디어에 의존하고 있었으며, 아이디어 때문에 움직이고 있었다. 프로젝트를 위한 재료는 이미 마련되어 있었다. 내가 아이디어에 대한 세계의 역사라고 본 그것은 현재를 바꾸고 있었으며, 한쪽 눈으로는 미래를 바라보고 있었다.

이 무렵 나는 처음 이 프로젝트를 시작한 지 이미 몇 년이나 지났으며, 연구 분야도 상당히 확대되어 있었다. 나의 능력을 벗어난 분야를 빈번히 오가며 탐구한다는 것은 낯설고도 힘에 부치는 작업이지만, 독립적인 작가이자 출판인이자 학자인 나로서는 너무나도 즐거운 일이었다. 다행스럽게도 나는 수백 편의 뛰어난 서적과 학술 논문을 참조할 수 있었고, 세계에서 가장 흥미로운 사상가들과 아주 많은 대화를 나누면서 교류할 수 있었다. 이 주제에 대해 모든 사람이 각자의 의견을 갖고 있다는 것이 놀랍기도 했고 기쁘기도 했다. 그들은 본능적으로 토론을 좋아하는 사람이었다. 우리는 모두 가속과 침체에 대해 각자의 판단을 갖고 있었다.

세상을 움직일 수 있는 힘

이 책은 1부와 2부로 구성되어 있다. 1부에서는 거대한 아이디어가 무엇을 의미하는지 살펴본 다음, 거대한 침체 논쟁을 검토할 것이다. 거대한 아이디어가 둔화되었다는 증거를 찾아보고, 그러한 현상이 얼마나 널리 퍼져 있는지 살펴볼 것이다. 그다음 2부에서는 그에 대한 진단과 함께 좀 더 미래지향적인 태도로 그 원인을 설명하고 미래를 예측해볼 것이다.

여기에서 나는 거대한 아이디어를 가로막는 두 가지 주요한 장애물에 초점을 맞출 것이다. 하나는 아이디어의 본질에 내재된 문제고, 또 하나는 우리 사회와 관련된 문제다.

첫째, 우리는 원래부터 쉬운 아이디어를 먼저 다루기 때문에, 시간이 지날수록 좀 더 어렵고 다루기 힘든 도전과제를 상대하게 된다. 또한 무한히 발전하거나 발견을 끝없이 해낼 수는 없다. 결국 우리는 주관적이든 경제적이든 물리적이든, 한계에 도달할 수밖에 없다. 어떠한 영역에서든 새롭고도 거대한 아이디어에는 한계가 있기 마련이고, 우리는 그 어느 때보다도 불가피하게 그러한 한계에 더욱 가까이 다가가는 중이다.

둘째, 사회는 급진적인 혁신에 더욱 적대적으로 되었고, 위험을 싫어하게 되었으며, 더욱 까다로워졌고, 더욱 근시안적으로 되었다. 견고해진 이해관계, 과도하게 강력해진 금융 중심주의, 더욱 커져버린 관료주의, 부활하는 포퓰리즘 등, 이러한 모든 것이 가장 대담한 형태의 새로운 사고를 억제한다. 기술을 찬미하는 사회에서 성장한 우리에게는 이것이 놀라운 역설이라고 할 수 있다. 결과적으로 우리는 신중하면서도 상상력 없는 세상을 만들어냈다.

그다음에는 세상을 움직일 수 있는 두 가지 주요한 힘을 살펴볼 것이다. 역사상 처음으로 개발도상국이 선진국과 격차를 줄이면서, 전 세계의 거의 모든 사람이 지식의 최전선에서 활동하고 있다. 마찬가지로, 우리는 기술과 도구 분야에서 19세기 말과 20세기 초의 시기만큼이나 심오한 혁명의 정점에 위치한 것일 수도 있다. 인공지능(AI), 양자 컴퓨팅, 3D 프린팅, 합성생물학, 컴퓨터와 인간의 두뇌를 연결하는 신경 인터페이스 등, 이것들은 단지 유행어에 그치지 않고 잠재적으로 상당한 변화를 이끌어낼 수 있다. 그런 다음에는 이러한 힘들이 가진 영향력을 가늠해보고, 이것들이 과연 인류의 최전선을 밀어붙이고 이 시대의 도전과제에 대처하는 데 도움이 되는지에 대한 나의 생각을 제시할 것이다. 조건이 있기는 하지만, 전반적으로 나는 조심스럽게 낙관하는 편이다. 21세기의 초반 내내 경고등이 깜박이기는 하지만, 전례 없을 정도로 놀라운 기술과 문명이 우리를 기다리고 있을지도 모른다. 거대한 아이디어가 아직은 끝나지 않았다고 느낄 만한 이유도 충분히 존재한다.

마지막으로, 미래의 변화가 우리의 윤리의식에, 우주론에, 종교적인 믿음에, 에너지를 이용하는 능력에, 연구의 영역에, 비즈니스와 정치경제의 형태에 어떠한 결과를 초래할지 추정해볼 것이다.

획기적인 아이디어를 낸다는 것은 결코 쉬운 일이 아니다. 오히려 그것은 언제나 무지와 고난의 바다에서 희미하게 반짝이는 하나의 불빛을 찾는 작업이었다. 우리의 현재 상황은 아르키메데스를 비롯한 그의 동료들이 세계를 탐구하던 시절과 크게 다르지 않다. 창의성, 사업성, 지식, 성취의 가장 극단적인 형태는 여전히 매우 어렵기만 하다. 그렇다고는 하더라도 우리가 더 잘할 수 없다는 것을 의미하지는 않는다. 이 책에서 제시하듯, 우리는 더 많은 것을 기대할 수 있고, 마땅히 그렇게 기대해야만 한다.

이 책은 아르키메데스가 현재와 그 이후의 시점에 던지는 이야기다. 인류의 최전선 및 그 미래의 발전과 그에 수반되는 모든 것이 가속도를 내고 있는지, 아니면 느려지고 있는지에 대한 이야기다.

PART 01

거대한 아이디어의 오늘

CHAPTER 01

거대한
아이디어의
작동 원리

THE FUTURE OF BIG IDEAS IN AN AGE OF SMALL THINKING

더 나은 아이디어

아이디어를 창조하는 문화

기록된 역사상 대부분의 기간 동안(실제로는 약 97퍼센트), 인류의 평균 수명은 크게 바뀌지 않았다.[9] 미래에 대한 생각은 과거의 기억과 다르지 않았다. 그러나 19세기가 되자 더는 그렇지 않게 되었다. 18세기 말 이후, 세계에서 가장 부유한 지역의 1인당 GDP는 최대 1만 퍼센트까지 증가했는데, 이는 놀라우면서도 전혀 전례를 찾을 수 없는 변화였다.[10] 서유럽과 북유럽의 몇몇 국가가 가속 페달을 밟았던 이 시기를 거대한 풍족화(Great Enrichment) 또는 거대한 발산(Great Divergence, 대분기)이라고 부르는데, 이처럼 엄청난 발전이 어떻게 가능했는지는 역사상 가장 어려운 문제 가운데 하나다.

역사학자와 경제학자는 이에 대해 오랫동안 다양한 해답을 제시해왔다. 그들이 내놓은 원인으로는 새로운 형태의 무역, 천연자원, 특히 석탄의 발견과 활용, 제국주의의 역할 등이 있고, 심지어 단순한 경제적 축적이라는 설명도 있다. 아마도 거기에는 사유재산과 기업가 정신에 대하여 긍정적인 태도를 부추기는 특정한 유형의 조류가 있었을 것이다. 도시화, 농촌에서의 인클로저 운동, 국가 사이의 전쟁과 경쟁 관계, 인구학적 변동 등 거의 모든 것이 원인으로 지목되었다.

그러나 석탄은 그러한 혁명이 점화되기 이전부터 수억 년이라는 시간 동안 땅속에 묻혀 있었다. 전 세계의 무역 네트워크는 18세기 이전에도 이미 오랫동안 존재했다. 경제 규모를 양적으로 측정하는 것만으로는 부유한 국가들이 100배나 성장한 것을 제대로 설명하기에는 불충분하다. 이러한 물질적 변화의 이면에는 훨씬 더 심오한 무언가가 자리하고 있다. 경제사학자인 디어드리 낸슨 매클로스키(Deirdre Nansen McCloskey)의 말처럼 "우리의 부는 벽돌 위에 다른 벽돌을 쌓거나, 학사학위에 또 다른 학사학위가 쌓이거나, 은행잔고에 또 다른 은행잔고가 쌓이면서 나온 것이 아니다. 그것은 아이디어 위에 아이디어가 쌓이면서 창출된 것이다."[11] 최근의 역사에서 가장 중요한 전환은 아이디어에 기반을 두고 구축된 것이다.

이처럼 새로운 아이디어가 풍부하게 쏟아져 나올 수 있었던 기반에는 아이디어에 대한 새로운 태도가 자리하고 있었다. 다시 말해, 아이디어에 대한 생각이 달라진 것이다.[12] 인류 역사 대부분의 시기를 지배해온 사상은, 세상의 모든 것에 대해서는 이미 파악이 끝났으며, 공자나 아리스토텔레스나 예수 같은 오래된 권위자의 판단이 언제나 옳다는 것이었다. 독창성은 위험한 것이었으며, 거의 불가능한 것이었다.

그러나 16세기와 17세기에 접어들면서 유럽이 변화했고, 태도가 바뀌었다. 이제 독창적인 생각은 축하받는 것이었다. 새로운 생각을 받아들임으로써 더욱 많은 개방과 혁신의 과정에 불이 붙었고, 이러한 태도가 더욱 확산되어 지속되었다. 그리고 고대의 아테네나 중국의 송나라와는 다르게, 이러한 추세는 자동적으로 지속되는 변화가 되었다. 특히 영국과 네덜란드에서는 수많은 사람이 새로운 아이디어를 진지하게 제안할 수 있었고, 그렇게 하는 것이 칭찬을 받고 그것의 가치를 인정해야 한다는 인식이 자리 잡혔다.

이러한 사고방식은 건축에서 옷을 만드는 것에 이르기까지 모든 곳에 퍼졌다. 앤턴 하우즈(Anton Howes)는 존 케이(John Kay)가 플라잉 셔틀(flying shuttle)이라는 혁신적인 직조 도구를 만든 덕분에 면직물을 만드는 작업이 훨씬 더 효율적으로 되었지만, 그러한 발명은 그전까지의 수천 년 동안에도 얼마든지 일어날 수 있었다는 점을 지적한다.[13] 여기에 필요한 것은 오직 나무와 끈뿐이었다. 그것은 전문적인 기술이나 과학적인 통찰력에도 의존할 필요가 없는 그저 실용적인 조치에 불과했다. 그러나 1733년까지 그 누구도 그렇게 할 생각을 하지 못했다. 그 시대의 핵심적인 기술 중 상당수도 거의 비슷했는데, 산업혁명 시기의 대표적인 발명품 가운데 하나인 리처드 아크라이트(Richard Arkwright)의 수력 방적기도 마찬가지였다. 파종기는 고대의 중국이나 심지어 메소포타미아에서도 비슷한 도구가 존재하기는 했지만, 1701년이 되어서야 영국의 시골 마을에서 제스로 툴(Jethro Tull)

이 비로소 근대적인 방식으로 확실한 개선을 이루어냈다.

그리고 사상 처음으로 연구 결과의 출간을 긍정적인 것으로 여기기 시작했다. 혁신가들은 정기간행물이나 공개적인 행사를 통해 동료나 정부기관에 자신이 발견한 메커니즘을 공유했다. 왕립학회(Royal Society)나 왕립예술학회(RSA) 같은 단체의 회원이 된다는 건 영예로운 일로 여겨졌다. 이러한 생태계는 아이디어를 창조하는 문화를 기반으로 '최초의 지식경제'를 만들어냈다. 당연하게도, 인류의 경제가 비로소 거대한 가속도를 내기 시작한 것은 이번이 처음이었다.[14]

경제사학자인 조엘 모키르(Joel Mokyr)의 말에 따르면, 이것은 '성장의 문화(culture of growth)'였다.[15] 근대적인 형태의 새로운 과학 문화가 유럽 전역에 퍼졌다. 당시 유럽에는 '눈에 보이지 않는 대학'이자 아이디어를 교류하던 초국가적인 시장이라고 할 수 있는 편지공화국(Republic of Letters)*이 있었다. 이곳은 선도적인 사상가들이 각자의 발견, 탐사, 사고, 실험에 대한 내용을 편지로 작성하여 수다스럽게 주고받는 네트워크였다. 실증적이며 유익한 사고방식을 장려하는 정치인이자 자연철학자인 프랜시스 베이컨(Francis Bacon) 같은 파격적인 문화를 가진 혁신가들이 주도한 이 '지식공동체'의 핵심은 지금까지 알려지지 않은 독창적인 무언가를 내놓는 것이었다. 아이작 뉴턴(Isaac Newton), 고트프리트 라이프니츠(Gottfried Wilhelm Leibniz), 존 로크(John Locke), 볼테르(Voltaire) 같은 거물들이 '명성의 경제(economy of prestige)'를 창조했고, 이는 새로운 인물도 무언가를 시험할 수 있게 동

---

* 편지를 주고받으며 교류하던 유럽의 지식공동체.

기를 부여하는 역할을 했다.

한때는 폐쇄적이었던 아이디어의 문화가 이제는 개방되었다. 호기심은 이상하거나 죄악시되지 않았다. 자연계는 이성으로 파악해야 하는 대상이었고, 인류는 그것을 조작하기 시작했다. 자연은 인류의 지배자가 아니라, 인류가 정복해야 하는 영역이었다. 이러한 공동체에서는 세상에 대한 지식이 기술에 의해 더욱 많은 정보를 얻으면서 강화될 수 있다는 중대한 통찰력을 키워냈다. 결정적으로 이들은 기술을 통해 세계와 대화를 시도함으로써, 충격적이면서도 심오한 무언가를 창조해낼 수 있었다. 인류는 더 이상 신화 속의 괴물이나 사후세계에 사로잡히지 않게 되었다. 그것은 우리가 발을 딛고 서 있는 지상에서 이루어낸 진전이었다. 그리하여 거대한 풍족화를 위한 조건이 갖추어졌다. 그리고 우리에게는 석탄이 있었다. 이제 석탄을 활용해 뭔가 다른 일을 할 수 있었다. 무역도 새로워졌다. 우리는 이제 훨씬 더 비용효율적인 물건을 교역할 수 있게 되었다.

조지 스티븐슨(George Stephenson)이 로켓(Rocket)이라는 증기기관차를 만든 것에서 알 수 있듯이 일부의 변화는 과학적인 배경지식이 없는 사람에 의해 이루어지긴 했지만, 조지프 블랙(Joseph Black)이나 알레산드로 볼타(Alessandro Volta) 같은 사람에 의해 과학은 여전히 기술에 상당한 기여를 했다. 제임스 와트(James Watt) 같은 기술자나 리처드 아크라이트(Richard Arkwright) 같은 사업가가 개척한 새로운 유형의 비즈니스는 애덤 스미스(Adam Smith) 같은 학자의 독창적인 이론과 정확하게 일치했다. 그들은 모두 연결되어 있었다. 과학, 철학, 정치, 기술 분야의 아이디어는 직간접적으로 교류했고, 때로는 행운의 사고에 의해, 그리고 때로는 오랜 기간 계획한 프로그램에 의해 모두 함께 진화했으며, 그러면서 서로에게 더욱 많은 영향을 주었다.[16] 파리의 귀족적인 살롱에 앉아 있는 위대한 철학자든 더비셔의 기름투성이 기술자든 관계없이, 그 누구라도 아이디어의 혁명에 참여할 수 있었고, 아이디어를 통해 무언가를 만들어낼 수 있었다.

또한 거대한 발산의 배후에 있던 일련의 아이디어는 특이한 결과물이었다는 것이 분명하다. 플라잉 셔틀이나 파종기처럼 어떤 것은 철저하게 실용적이었지만, 뉴턴의 역학처럼 훨씬 더 추상적인 개념도 있었다. 어떤 것은 한 분야에서 시작되었지만 다른 분야를 이끌어내기도 했다. 예를 들어 증기기관은 정확한 과학적인 원리도 없이 땜장이들이 만들어냈지만, 증기기관의 발명과 지속적인 개선 작업은 결국 열역학 이론으로 이어졌다. 어떤 아이디어는 정치적인 자유나 경제 체제와 관련된 것이지만, 어떤 것은 예술이나 오락과 연관되어 있었다. 어떤 변화는 점진적이었으며, 수많은 장인의 실험 덕분에 조금씩 발전할 수 있었다. 그러나 그것의 기원이 겉으로 보이는 것보다 훨씬 더 오래되고 풍부한 역사를 갖고 있다 하더라도, 천왕성의 발견이나 베토벤의 〈9번 교향곡〉 초연처럼 갑작스럽게 터지거나 느닷없이 일어난 것처럼 보이는 사건도 있었다. 그리고 변화와 상상력이 넘쳐나는 이처럼 복잡하면서도 장대한 풍경 속에서 수많은 아이디어가 급속하게 발전했고, 인류의 최전선은 전에 볼 수 없을 만큼 빠른 속도로 재편되기 시작했다.

역사를 이해한다는 것은 그 안에 존재하는 아이디어가 무엇인지, 그리고 그러한 아이디어를 태동시킬 수 있었던 조건이 무엇인지 이해하는 것을 의미한다. 아이디어는 다른 어떤 것의 결과물로 만들어져서 인간의 문명을 치장해주는 장식용 화초가 아니다. 아이디어는 토양이고, 대기이며, 인간의 문명을 지탱하는 상부구조 그 자체다. 소설가 빅토르 위고(Victor Hugo)는 이렇게 표현했다. "세상의 모든 군대를 합쳐놓은 것보다 강력한 것이 하나 있는데, 그것은 바로 적절한 시기가 무르익은 아이디어다." 위대한 아이디어는 중요하다. 그러나 한편으로는 아이디어가 어떻게 형성되고, 변형되고, 확산되고, 결합되고, 재결합되고, 성장하며, 애초에 그것이 무엇인지 설명하는 것역시 중요하다.

독창성과 영향력

아이디어는 인류의 최전선을 형성하고 멀리 밀어낸다. 그런 일을 다른 것보다 훨씬 더 많이 해내는 아이디어도 있다. 아르키메데스의 아이디어나, 앞에서 설명한 '산업적 각성(Industrial Enlightenment)' 같은 아이디어는 새로운 분야를 자극하고, 패러다임의 전환을 비롯하여 모든 종류의 혁명을 촉발한다. 우리는 그러한 아이디어를 정의하고, 그들이 실제로 어떻게 작동하는지 검토해야 한다. 거대한 아이디어를 그토록 차별화해주는 것은 과연 무엇일까?

'거대한 아이디어'를 이해하는 방식에 대해 먼저 생각해보자. 단도직입적으로 말하면, 거대한 아이디어란 거대한 영향력을 갖는 생각을 의미한다. 기초적인 정의를 내리기 위해, 다음의 문장을 참고할 수 있다.

거대한 아이디어는 인류를 위한 새로운 행동이나 이해의 공간을 만들고, 그러한 행동이나 이해는 더욱 확장되어 결국엔 더 발전된 맥락 속에서 일반적인 사람의 삶에 영향을 미치게 된다.[17]

이보다 조금 약하기는 하지만, 그래도 대부분의 분석 규모에서 좀 더 실용적일 수 있다고 보는 나의 생각은 이렇다.

획기적인 아이디어는 주어진 영역이나 하위 분야에서 새로운 행동이나 이해의 공간을 만들고, 그러한 행동이나 이해는 더욱 확장되어 결국엔 해당 영역이나 하위 분야에서 일하는 일반적인 연구자의 지식이나 실무에 영향을 미치게 된다.

이러한 진술은 비교적 쉽게 검증해볼 수 있다. 생체의학 데이터베이스인 펍메드(PubMed)나 미국의 특허 기록 같은 대규모 데이터세트(dataset)를 통해 연구자는 수백만 건의 특허 자료와 저널에 실린 글을 분석할 수 있다. 예를 들면, 어떤 논문이 다른 곳에서 얼마나 많이 인용되었는지, 또는 시장가치가 상승하는 데 어떤 특허가 가장 크게 기여했는지 살펴볼 수 있다. 어떠한 분야든 하나를 선택해서 활용할 수 있는 데이터세트를 구성할 수 있다면, 어떤 아이디어가 특정한 기간이나 또는 전반적으로 가장 커다란 영향력을 갖고 있는지 확인할 수 있다. 앞에서 정의한 내용을 적용한다면, 어떤 분야에 존재하는 아이디어 가운데 5퍼센트나 그 이하만이 그 요건을 충족할 것이다. 물론 아이디어는 수많은 영향의 연속선상에서 존재한다는 점을 고려하면 그러한 구분이 다소 인위적일 수밖에 없지만, 그래도 그러한 연속선상의 맨 위에 몇몇 핵심적인 아이디어가 모여 있다는 것은 분명하다. 여기에서 내가 초점을 맞추는 것도 바로 그런 아이디어다.

이는 또한 거대한 아이디어는 '업스트림(upstream, 상류)'에서 발견될 가능성이 높음을 시사한다. 업스트림이란 근본적인 기술이나 연구 분야를 의미한다. 하류 쪽으로 내려갈수록, 전반적인 영향력은 약해질 것이다. 거대한 아이디어는 기반을 다지고 파문을 일으킨다. 그리고 다양한 분야로 이동하면서 그들 모두를 변화시킨다.[18]

하지만 분명 그것만으로는 충분하지 않다. 앞에서 정의한 첫 부분 역시 주의가 필요하다. 모든 사람에게 영향을 미치는 것은 아주 많이 있지만, 그것들은 내가 거대한 아이디어라고 말하는 것에 부합하지 않는다. 샴푸의 포장 용기나 문서 편집 소프트웨어의 디자인을 바꾸면 어마어마한 수의 사람에게 영향을 줄 수 있지만, 그것을 거대한 아이디어라고 말할 수는 없다. 영향력은 필요조건일 뿐이지, 충분조건은 아니다. 우리는 진정으로 거대한 아이디어라면 거기에 반드시 동반될 수밖에 없는 특징을 구별할 수 있어야 한다.

과학, 지식, 기술, 예술, 비즈니스, 정치가 언제나 똑바로 우아하게 진행되는 것은 아니다. 거기에는 분명 정체기가 있고, 그러고 나면 활동이 풍부하게 쏟아지면서 역사의 기록에 화려하게 빛나는 황금시대가 뒤따르기도 한다. 위대한 아이디어가 넘쳐나는 순간이 있고, 그러한 아이디어가 무엇이며 그것이 어떻게 작동하는지 파악하기에 적합한 영감의 원천을 제공해주기도 한다.

비약적인 도약에 대해 이야기하다 보면, 필연적으로 20세기 사회과학 분야에서 가장 많이 인용된 저작이자 앞에서 잠시 언급한 패러 다임의 전환(paradigm shift)이라는 용어를 대중적으로 만든 토머스 쿤 (Thomas Kuhn)의 《과학혁명의 구조(The Structure of Scientific Revolutions)》를 언급할 수밖에 없다. 쿤은 과학에서 가장 혁명적인 순간, 다시 말해 과학사에서 가장 위대한 아이디어에 관심이 있었다. 예를 들면, 코페 르니쿠스(Copernicus)와 그가 태양을 중심으로 만든 태양계 모델, 라부 아지에(Lavoisier)의 산소 연소에 관한 이론, 아인슈타인이 물리학이라 는 분야를 뉴턴 역학의 지배에서 벗어나게 만든 사건 등이 있다.

쿤은 그러한 순간이 자신이 '정상 과학(normal science)'이라고 부르는 것을 깨트린다고 말한다. 정상 과학은 세상의 빈틈을 메우며 전체적 인 그림을 더욱 명확하게 만들고, 꾸준히 성장하는 지식의 체계를 형 성한다. 대부분의 연구자는 그러한 정상 과학 연구에 일생을 바친다. 그들은 데이터를 찾고, 측정값을 개선하고, 관측 사실을 수집하고, 이론을 더욱 상세하게 입증하고 설명하는 작업에 열중한다. 이러한 연구는 패러다임에 바탕을 두고 있다. 패러다임이란 '보편적으로 인 정되는 과학적 성취이며, 일정한 기간 동안 일선의 과학자 집단에 문 제와 해답의 모델을 제공하는 것'이다.[19] 그러나 쿤은 또한 그러한 패 러다임은 훨씬 더 광범위해서, 주어진 시대에 '믿음, 가치, 기술의 전 체적인 별자리'를 형성한다고 말한다.[20]

이러한 별자리는 필연적으로 한계가 있을 수밖에 없다. 정상 과학 은 그러한 패러다임이 무엇을 찾는지 알아내고자 하며, 결국엔 그것 을 찾아낸다. 그의 규정에 따르면, 전혀 예상하지 못한 급진적인 발 견을 하는 것은 정상 과학의 목표가 아니다. 패러다임은 스스로를 파괴하는 것에도 전혀 개의치 않는다. 패러다임은 과학자가 세상을 바라보는 방법과 각자의 분야를 연관 짓는 방법을 만들어낸다. 그러나 결국 토머스 쿤이 '이상 현상(anomaly)'이라고 부르는 것, 다시 말해 패러다임에서 지속적으로 벗어나는 발견이나 문제점이 나타나기 시작한다.

프톨레마이오스(Ptolemaios)의 천문 체계는 고대 이래 지배적인 관념이었지만, 거기에 오류가 있다는 사실은 이미 오랫동안 알려져왔다. 오랜 시간이 흐르며 그러한 오류가 너무나도 명백해지자, 결국엔 코페르니쿠스가 나서서 그것에 대한 설득력 있는 대안을 제시하게 되었다. 이것은 위기의 시작이었으며, 인식론적 혼란과 과학적으로 불확실한 상태가 초래되었고, 뒤이어 새로운 대체 패러다임이 나타났다. 그것은 '새로운 기반에서 해당 분야를 재구성'[21]하는 혁명적인 과학을 이끌어내며, 그러한 순간이 모여 역사를 만들어낸다.

비록 쿤은 약간 의구심이 들기는 했지만, 자신의 모델이 더욱 폭넓은 잠재력이 있다는 점을 잘 알고 있었다. 그의 책에서는 과학의 발전을 전통에 얽매인 시기가 비약적인 파괴의 순간에 의해 단절되는 과정의 연속이라고 묘사하며, 이러한 가정은 의심할 여지 없이 더욱 폭넓게 적용될 수 있다.[22]

많은 작가와 사상가는 인류가 노력을 투입하는 다른 많은 분야에서도 이와 비슷한 구조를 찾아낸다. 스티븐 제이 굴드(Stephen Jay Gould)와 닐스 엘드리지(Niles Eldredge)의 '단속평형이론(punctuated equilibrium)'도 비슷한 체계를 갖고 있다. 이들은 1970년대 초에 다윈의 진화론에 대한 수정주의적인 견해를 발표했는데, 이는 고생물학과 진화생물학은 물론이고 과학계 전반을 뒤흔들었다. 두 사람은 지질학적 연대에 걸쳐 진행되는 진화는 쿤이 설명하는 과학 발전의 양상과 구조적으로 유사하다는 사실을 발견했다. 굴드와 엘드리지는 생물종의 진화가 규칙적으로 일어나는 것이 아니라, 급격한 변화의 시기에 갑작스럽게 분출하듯 종의 분화가 발생한다고 주장했다. 그들은 진화가 '단속평형'의 과정이며, 약 4만 년의 기간 동안 갑작스럽게 휘몰아치듯 변화가 일어난다고 말한다. 4만 년이라는 시간은 거대한 지질학적 연대에 비하면 한순간에 불과하다.[23]

쿤과 마찬가지로 스티븐 제이 굴드 역시 이 모델이 가진 잠재력을 간파했다.[24] 그는 인류의 문화와 발명품의 역사에서 근거를 제시했는데, 단속평형의 대표적인 사례로 글쓰기 기술의 역사를 추적했다. 인류는 기원전 2500년경에 점토판에 막대기로 글을 새기기 시작해, 현재의 전자책과 전자텍스트의 시대까지 발전해왔다. 이러한 글쓰기의 역사를 살펴보면 그 방식과 기술은 수백 년 동안 변하지 않고 정적인 상태를 유지하다가, 종이나 고문서, 인쇄기 발명 같은 거대한 변화의 순간이 그러한 안정된 시기의 사이사이에 박혀 있음을 알 수 있다.

발명은 인류가 무언가를 창조해내는 하나의 유형이다. 조엘 모키르는 그것을 거시적 발명(macro invention)과 미시적 발명(micro invention)으로 구분한다.[25] 거시적 발명은 획기적인 범용 기술로, 그 영향력은 수많은 분야에 걸쳐 감지된다. 이러한 발명은 더욱 많은 발명을 가능하게 해주며, 생산성을 거대한 규모로 향상시킨다. 반면에 미시적 발명은 일상적인 제품의 개선에 중점을 둔다. 이러한 발명은 지역적이고 소규모이며, 그 영향력은 조금씩 누적된다. 그리고 우리가 흔히 발명이라고 부르는 것의 대다수는 바로 이러한 미시적 발명이다. 그런데도 때로는 미시적 발명이 연속되면서 거시적 발명으로 이어지는 경우도 있다.

그 외에도 많은 사람이 시장이나 기업, 제품, 기술이 형성되고 발전하는지 설명하면서 유사한 구조를 제안했다. 어떤 혁신은 그 영향력이 어마어마한데, 사이먼 쿠즈네츠(Simon Kuznets)는 이를 '역사적 혁신(epochal innovation)'이라고 불렀으며, 경제학자 카를로타 페레스(Carlota Perez)는 좀 더 명쾌하게 '기술-경제 패러다임(techno-economic paradigm)의 변화'라고 설명했다.[26] 역사적 혁신은 일종의 위기상황이며, 새로운 패러다임을 촉발한다. 작가이자 기업가인 사피 바칼(Safi Bahcall)은 '룬샷(loonshot)' 비즈니스를 이야기하는데, 이는 소규모 제약회사나 독립영화 제작자가 거대 제약회사나 할리우드 영화사 같은 '거대 프랜차이즈'에 맞서는 비즈니스를 말하는 것이다.[27] 프랜차이즈 프로젝트는 이미 확고하게 기반을 다진 블록버스터다. 《해리 포터(Harry Potter)》 최신작은 최초의 해리 포터 이야기가 아니며, 아이폰 XII도 최초의 아이폰이 아니다.

또 하나의 유사한 개념은 피터 틸이 '제로 투 원(0 to 1)'이라고 부르는 비즈니스 또는 아이디어다.[28] 대부분의 비즈니스는 '원 투 앤(1 to n)'이다. 그들은 그저 기존에 존재하는 핵심적인 아이디어가 가진 가능성을 추정할 뿐이다. 반면에 '제로 투 원'의 아이디어는 완전히 새로운 무언가를 선보이면서 '수직적' 또는 '집약적'인 진전을 이루어낸다. 그것은 단지 모방하거나 개선하는 것이 아니라, 독창성을 불사

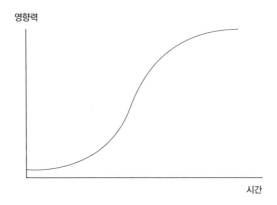

S자 곡선

영향력

시간

르는 것이다. 어떤 기술을 전 세계에 보급하는 것이 아니라, 그 기술을 창조해내는 것이다. 룬샷이나 혁명적인 과학과 비슷하게, 이와 같은 진정한 혁신은 종 분화가 급격하게 분출하는 것과 마찬가지로 어렵고도 드문 일이다.

이러한 모델은 위대한 아이디어가 어떻게 다른지 설명한다. 각 모델의 핵심에는 시그모이드 함수(sigmoid function) 또는 로지스틱 함수(logistic function)라고 하는 S자 곡선이 존재한다. 그래프에서 나타나는 변곡점(inflection point)*은 급격한 변화의 물결을 촉발하고, 그것은 결국 새로운 기준을 만들어낸다. 그러나 그러한 변화는 급진적이면서도 의미심장한 어떤 최초의 순간과 함께 시작한다. 그것은 곡선의 아래에 고정되어서 중심점 역할을 하며, 아르키메데스의 아이디어처럼 아주 드물게 나타난다.

---

*   그래프에서 곡선 기울기의 추세가 바뀌는 지점.

그런데 과연 이러한 접근법으로 위대한 아이디어가 어떻게 움직이는지 구체적인 작동모델(working model)을 만들어낼 수 있을까? 2019년에 발표한 어느 논문에서는 1840년부터 2010년까지 미국에 출시된 수백만 건의 특허를 분석해 그 안에 어떠한 패턴이 존재하는지 살펴보았다. 논문의 저자들은 이를 '획기적 혁신(breakthrough innovation)', 그리고 '기술적 최전선에서의 뚜렷한 개선(distinct improvement)'이라고 불렀다.[29] 이를 위해 연구진은 그러한 혁신을 식별할 수 있는 방법이 필요했다. 그들은 이 책에서도 채택한 두 가지 기준을 사용했는데, 그것은 바로 독창성과 영향력을 각각 평가한 것이다. 각각의 지표는 시대적 특성에 맞게 조정했는데, 두 가지 지표 모두에서 가장 높은 점수를 보여주는 특허를 획기적인 혁신이라고 보았다. 그들은 텍스트 분석(text analysis) 기법을 활용하여 각각의 특허가 사용한 언어를 비교했다. 그 특허의 내용에서 참신한 언어를 사용했는지(독창성), 그것이 이후의 특허 기록에 반향을 불러일으켰는지(영향력) 살펴보았다. 그다음에는 주요한 획기적인 발명을 구분할 수 있는 색인(index)을 만들었다. 예를 들어 전신, 전화, 자동차, 비행기, 플라스틱, 마이크로프로세서, 유전공학 등은 모두 확연하게 구별되는 특허다. 그러한 거대한 아이디어의 배후에 존재하는 조직이나 기업 역시 친숙하면서도 뚜렷하게 알아볼 수 있다. 대표적으로는 제너럴일렉트릭(General Electric), 웨스팅하우스(Westinghouse), IBM, RCA, 마이크로소프트, 애플 등이 있다.

연구진은 전혀 아무런 근거도 없이 획기적인 혁신을 선별한 것이 아니다. 그들은 강력한 통계적 수단으로 그것을 확인했다. 그리고 이와 유사한 접근법은 이미 널리 사용되고 있기에, 그들이 사용한 모델을 조금씩만 수정하면 다른 많은 분야에서도 적용될 수 있을 것으로 보인다.[30] 다른 학문에서도 비슷한 방식으로 논문을 분석할 수 있다.[31] 예를 들어 기술적인 변화를 파악하기 위해 특허를 분석했듯이, 문학이나 음악 연구에서는 어떤 예술적인 실험이 갖는 파격적인 형식이나 그것이 이후의 예술에 미친 영향력을 분석할 수 있을 것이다.[32] 다시 말해, 거의 모든 영역에서 사용되는 통계적 기법을 활용하면 인류의 최전선을 가장 멀리까지 밀어내는 아이디어가 무엇인지 개략적인 이미지를 만들어낼 수 있을 것이다.

그러나 위대한 아이디어는 충격에 관한 것이기도 하다. 최전선이라는 건 심리적인 측면을 포함한다. 어떤 것을 '거대한' 아이디어로 볼지, 무엇을 패러다임의 전환으로 간주할지는 부분적으로 그것을 바라보는 사람의 시각에 달려 있다. 예를 들어, 가장 중요한 특허의 상당수는 새로운 형태의 재봉틀을 계속해서 내놓는 것으로 볼 수도 있다. 19세기와 20세기의 문학계에서 가장 혁신적인 작가들은 현재 잊힌 상태이며, 그들의 언어는 사실상 죽어버렸다. 그러한 혁신이 정량적으로는 S자 곡선의 모델에 부합한다 하더라도, 그것을 거대한 혁신이라고 부르기에는 코페르니쿠스적인 핵심 요인이 결여된 경우가 많다. 이런 의미에서 거대한 아이디어의 기준은 여전히 모호한 것이 사실이다. 그래서 나는 지나치게 엄밀한 체계를 사용하지 않고, 오히려 상당히 유연한 프레임워크를 찾아내는 데 관심을 갖고 있다. 그것은 지나치게 엄격한 분류 기준이 아니라, 하나의 광각 렌즈라고 할 수 있다.

우리는 위대하면서도 획기적인 아이디어가 무엇인지 대체로 인식하고 있다. 그것은 정상 과학에 위기를 일으킨다. 그것은 어떤 분야의 평형상태에 균열을 초래한다. 그것은 파괴적인 혁신이고, 문화 생산의 새로운 장르이며, 뛰어난 천재성이 발현되는 순간이다. 거대한 아이디어는 단지 부피를 계산하는 방법을 발견한 것에서 그치지 않았다. 이제부터 살펴보겠지만, 우리는 거대한 아이디어 덕분에 질병의 세균 원인설(germ theory of disease)*이라는 획기적인 이론을 얻을 수 있었고, 공기보다 무거운 물체를 하늘에 날릴 수 있었으며, 음악의 본질을 재정의할 수 있었다. 그것은 탐구의 이정표가 되었다. 대표적으로는 뉴턴의 《프린키피아(Principia)》**, 윌리엄 하비(William Harvey)의 《모션(Motion)》***, 라부아지에의 《화학 원론(Elementary Treatise on Chemistry)》, 찰스 라이엘(Charles Lyell)의 《지질학의 원리(Principles of Geology)》, 애덤 스미스의 《국부론(Wealth of Nations)》, 찰스 다윈(Charles Darwin)의 《종의 기원(Origin of Species)》, 지그문트 프로이트(Sigmund Freud)의 《꿈의 해석(Interpretation of Dreams)》 등이 있다.

동시에 그것은 새로운 관행을 통해 역사를 바꾼 사업의 형태로 모습을 드러내기도 했다. 네덜란드와 영국이 세운 동인도회사의 규모를 생각해보라. 아니면 아크라이트의 면직공장이나 웨지우드(Wedgwood)의 도자기 제조 시설에 활용된 산업 기술, AEG 같은 주요

---

*   모든 질병의 원인이 세균 감염에 의한 것이라는 이론.

**   원제는 《자연철학의 수학적 원리》.

***   원제는 《동물의 심장과 혈액의 운동에 관한 해부학적 연구》.

대기업, 현대적인 제조 과정에 혁신을 일으킨 헨리 포드(Henry Ford) 같은 인물, 디이쇼(D. E. Shaw) 같은 헤지펀드가 활용하는 수학적인 금융 기법, 구글이나 페이스북 같은 디지털 기업의 성장 사례를 떠올려보라. 이들 각각의 저서나 사업은 이전에 존재하던 것과 확연히 달랐을 뿐만 아니라, 이후 세계의 지형을 재편하는 새로운 가능성의 공간을 열었다. 점진적인 발전에는 한계가 있기 마련이다. 우리는 말이 끄는 수레를 개선할 수도 있었고, 뉴턴 역학이 얼마나 대단한지 온갖 이야기를 만들어낼 수도 있었다. 그러나 거기에만 머물러 있었다면 우리는 자동차를 만들 수도 없었고, 특수 상대성 이론이 탄생하지도 않았다.

위대한 아이디어는 인간이 노력하는 모든 영역에서 발견될 수 있다. 위와 같은 패턴은 언어적 철학(linguistic philosophy)*에서, 인터넷의 발명에서, 인권의식의 발전에서, 영(0)이라는 개념의 탄생에서, 증기기관의 발명에서, 아이폰의 출시에서, 공리주의의 태동에서, 미적분학의 탄생에서, 주기율표의 작성에서, 헬리콥터의 발명에서, 엔트로피(entropy, 무질서도)의 발견에서, 복식회계의 원리에서, 성문헌법에서, 글쓰기 그 자체에서, 딥러닝(DL)을 비롯한 머신러닝(ML)에서, 정통 비극의 탄생에서, 스페이스워!(Spacewar!)나 그랜드 테프트 오토(GTA, Grand Theft Auto) 같은 컴퓨터 게임에서, 정보 이론(information theory)**과

---

* 철학적인 문제는 언어를 개혁함으로써 또는 우리가 사용하는 언어를 더 많이 이해함으로써 해결될 수 있다고 보는 시각.

** 데이터의 정량화를 연구하는 응용수학의 한 분야.

양자역학(quantum theory)과 게임 이론(game theory)*에서, 데카르트의 직교좌표계에서, 합리성이나 자아라는 개념에서 찾아볼 수 있다. 이것은 아이디어에 대하여 세상의 거의 모든 것을 살펴보는 접근 방식인데, 오직 이런 방법을 통해서만 우리는 패러다임이 변화하는 데 가장 중요한 그림을 놓치지 않고 파악할 수 있을 것이다.

변화를 동반한 계승

거대한 아이디어에는 무언가 낭만적인 속성이 있어서, 그것이 영웅적인 촉매작용의 순간을 거쳐 나왔으리라는 인식이 존재하는 것이 사실이다. 그러나 그것 역시 오해의 소지가 있다. 획기적인 아이디어가 모두 유레카적인 순간을 거쳐 탄생하지는 않는다. 오히려 인류가 얻어낸 가장 중요한 생각이나 노력의 산물은 물질적인 조건에 뿌리를 두지 않는다거나, 해당 분야가 발전해온 역사에 제약을 받지 않는다는 생각은 근거 없는 믿음일 가능성이 높다. 아르키메데스가 유레카를 외치던 순간은 물론이고, 획기적인 아이디어는 무(無)에서 탄생하는 기적이 아니다. 다른 모든 아이디어와 마찬가지로, 거대한 아이디어 역시 기존에 존재하는 아이디어가 재결합되어 만들어진다. 획기적인 아이디어는 처음부터 아예 완성된 형태로 태어나는 급진적으로 새로운 아이디어가 아니다. 오히려 그것은 S자 곡선의 밑바닥에서부터 거기에 필요한 재료가 차곡차곡 쌓이면서, 그러한 조건이

---

* 　　상호 의존적이고 이성적인 의사결정에 관한 수학적 이론.

어느 순간 특별하게 의미심장한 방식으로 조합되어 탄생한다.

그리고 거대한 아이디어가 어마어마한 영향력을 끼치는 것은 사실이지만, 그렇다고 해서 그것이 순식간에 완벽한 형태로 나타났음을 의미하지는 않는다. 자연선택과 진화에 대해 생각할 때면, 우리는 자연스럽게 찰스 다윈과 그가 1859년에 출간한 《종의 기원》을 떠올린다. 다윈의 진화론은 여러 가지 면에서 거대한 아이디어의 대표적인 사례라고 할 수 있다. 특정한 연도에 한 명의 저자가 출간한 책 한 권이, 세상을 거대하게 뒤바꾼 한 가지 개념을 다루기 때문이다. 그러나 다윈이 진화라는 개념을 '발명'한 것은 아니었다.

다윈은 아낙시만드로스(Anaximandros)와 루크레티우스(Lucretius), (그의 할아버지인) 이래즈머스 다윈(Erasmus Darwin), 장-바티스트 라마르크(Jean-Baptiste Lamarck)의 이론을 바탕으로 자신의 생각을 구축했다. 다윈은 애덤 스미스의 책을 읽었으며, 따라서 어떤 지역에서 수많은 소규모 개체가 특정한 방향성을 갖지 않은 채 경쟁하는 상황이 아주 특별한 결과로 이어질 수 있다는 생각에 이미 익숙했다. 애덤 스미스의 경우에는 그 결과가 경제성장이었다. 다윈은 또한 토머스 맬서스(Thomas Malthus)의 인구론에도 친숙했다. 그리고 찰스 라이엘(Charles Lyell)의 지질학에 대한 중요한 연구는 당대의 인식을 급진적으로 바꿔놓았다. 다윈은 특히 자신 이전에도 이미 34명의 인물이 '변화를 동반한 계승(descent with modification)*'을 인지하고 있었다고 밝혔다.[33] 실제로 그는 다른 전문가와의 광범위한 의사소통에 의존하던 박학다

---

*   찰스 다윈이 '진화(evolution)'라는 용어를 사용하기 전에 처음 제시한 표현.

식한 사람이었다. 그는 수백 명의 인물(최소한 231명)과 서신 왕래를 통해 끊임없이 논의를 진행했다.[34] 그의 연구는 몇 년 동안이나 비글호(Beagle)를 타고 동행하면서, 그리고 수십 년 동안의 끈질긴 조사로 꾸준히 완성된 필생의 역작이다.

그가 제시한 자연선택(natural selection)은 거대한 아이디어의 전형적인 사례다. 그러나 그것은 아주 오랜 기간의 복잡한 구상 단계를 거쳤으며, 이미 존재하던 수많은 이론과 아이디어가 혼합된 결과물이었다. 그리고 이런 점 역시 전형적인 특성이다. 거대한 아이디어는 처음부터 완벽한 모습으로 태어났다고 여겨질 수 있지만, 실제로는 그렇게 갑작스럽게 튀어나오는 것이 아니다. 오히려 그런 아이디어는 마치 진화하는 것처럼 스스로의 모습을 갖추며 성장한다.

갑작스러운 도약은 겉모습과는 다르게 점진적인 누적 과정과 매우 특이한 혼합의 결과인 경우가 많다. 거대한 아이디어는 흥미로운 방식으로 서로 다른 아이디어를 결합한다. 엘비스 프레슬리(Elvis Presley)는 가스펠(gospel)과 블루스(blues)를 접목했고, 구텐베르크(Gutenberg)는 포도즙 짜는 기계에 직인을 찍는다는 아이디어를 연결해 인쇄술을 만들어냈다.[35] 요하네스 케플러(Johannes Kepler)는 이전까지는 별개의 분야였던 물리학과 천문학을 통합했고, 덕분에 튀코 브라헤(Tycho Brahe)가 발견한 새로운 데이터를 활용하여 행성들이 타원형의 궤도로 공전한다는 사실을 입증할 수 있었다. 카를 마르크스(Karl Marx)의 자본론은 헤겔(Hegel)의 철학을 고전 정치경제학 및 당시 새롭게 떠오르던 사회주의와 결합한 것이다. 마찬가지로 프로이트는 무의식(unconscious)이라는 개념을 '창안'한 것이 아니었다. 무의식에 대한 아이디어는 이미 《우파니샤드(Upanishads)》*에서 토마스 아퀴나스(Thomas Aquinas)에 이르기까지, 몽테뉴(Montaigne)에서 낭만주의 예술가에 이르기까지 거의 모든 곳에서 그 이력을 발견할 수 있다. 파블로 피카소(Pablo Picasso)는 아프리카 등지의 '원초적'인 형태를 새롭게 도입함으로써 서양의 예술 전통을 파괴했다. 라이트(Wright) 형제는 새가 하늘을 나는 원리와 자전거 기술을 결합했다. 그 외에도 이러한 사례는 얼마든지 존재한다.

어떤 시대이든 그 시기를 자세히 들여다보면, 작가인 아서 케스틀러(Arthur Koestler)가 '이연연상(bisociation)'이라고 부르는 것을 발견할 수 있다. 이연연상이란 기존에는 서로 관련 없던 아이디어를 결합하는 사고를 말한다.[36] 아이디어는 융합의 산물이며, 오래된 아이디어를 생산적으로 결합한 것이다. '새로운' 모든 것은 새로운 합성물이다.[37] 이는 기존에 존재하는 아이디어의 특성, 체계, 의사소통 구조와 사회적 맥락이 다음에 나올 아이디어를 위한 강력한 조건이 된다는 것을 의미한다. 아이디어의 미래를 이해한다는 것은 아이디어의 과거와 현재를 명확하게 이해한다는 것을 의미한다.

이렇게 종합적으로 사고하다 보면 유레카적인 순간에서 점차 멀어지지만, 우리는 이러한 인식을 가지고 더욱 멀리 나아가야 한다. 아르키메데스의 일화에서는 결정적인 순간이 욕조에서 어느 순간 갑작스러운 깨우침과 함께 일어나는 것으로 묘사된다. 그러나 거기에서 우리는 아르키메데스가 수많은 실험을 수행하면서 그러한 결

---

* 고대 인도의 철학 경전.

과를 재확인하는 과정이 존재한다는 사실을 망각하기 쉽다. 그가 발견한 사실을 발표하는 것에 대해 신중하게 생각했다는 점이 생략되어 있다. 어쨌든 그는 권력 정치가 난무하고 사소한 질투로 가득 찬 너무나도 인간적인 궁정을 상대해야 했다. 그리고 그러한 일화에서는 아르키메데스의 통찰이 어떻게 해서 인류 지식의 일부이자 전 세계 교육과정의 주요 내용으로 하나의 정설이 되었는지 말하지 않는다. 누군가는 그의 깨달음을 글로 기록했을 것이고, 누군가는 그것을 가르쳤을 것이다. 그 어떤 아이디어도 스스로 퍼져나가거나 저절로 구체화되지 않는다.

실제로 획기적인 아이디어는 여러 단계의 분절적인 과정을 거쳐 나타난다. 모든 아이디어는 다음과 같은 과정을 거친다.

구상(Conception) : 아르키메데스는 욕조 안에서 구상을 했다. 뉴턴은 사과나무를 바라보면서 구상을 했다. 불꽃이 튀며 최초의 타화수정 (cross-fertilisation)*이 이루어지는 과정이다. 개념적인 점화가 이루어지는 순간이다. 때로는 이 과정이 놀라울 정도로 느리게 진행되기도 한다. 다윈이 최초에 의구심을 가진 이후에 자연선택 이론을 확립하기까지는 수십 년의 시간이 걸렸다. 깨달음이라는 것은 갑자기 솟구칠 수도 있지만, 찔끔찔끔 흘러나오기도 한다.

실행(Execution) : 다윈은 단지 자신의 아이디어를 철저히 파고들었

---

* 생물이 다른 종류의 계통과 수정이 이루어지는 것.

을 뿐만 아니라, 결국엔 그것을 책으로 출간했다. 실행은 최초의 논문이나 저서일 수도 있고, 개념 증명(proof of concept)*이나 프로토타입(prototype, 시제품), 최초의 공개 행사일 수도 있다. 이는 아이디어가 시연되고, 입증되고, 세상에 소개되는 과정이다. 획기적인 아이디어가 머릿속에만 머물러 있다면, 그것은 획기적인 아이디어가 아니다.

인정(Purchase) : 《종의 기원》이 즉시 모든 사람에게서 지지를 얻지는 않는다. (사실은 아직까지도 논쟁이 이어지고 있다.) 이에 대해서는 치열한 논의와 정밀한 검증, 보충 설명, 추가적인 증명, 진지한 토론과 적극적인 설득 작업이 필요했다. 그러나 결국 생물학 분야에 종사하는 모든 사람, 그리고 과학의 영향을 받는 거의 모든 사람이 이 책의 영향을 받았다. 이는 인정을 받은 것이다. 인정이란 획기적인 아이디어가 각 개인에게 영향을 미칠 수 있을 정도로 광범위하게 확산되거나, 널리 채택되거나, 보편적으로 수용되는 시점을 말하는 것이다.

시대에 따라 이러한 단계 가운데 어느 하나가 비교적 쉬워질 수도 있고, 어떤 단계에서는 정체 현상이 누적되기도 한다. 각각의 아이디어는 서로 다양한 지점에서 어려움을 겪을 수도 있다. 어떤 논문은 초기의 구상에서부터 출간에 이르기까지의 과정이 눈보라 치듯 순식간에 진행될 수도 있지만, 그것이 정작 세상의 주목을 받아 인정받기까지는 수십 년 또는 수백 년의 시간이 걸리는 경우도 있다. 거대

---

*   어떤 문제의 해결책이 타당함을 입증하는 것.

한 아이디어의 미래에 대해 파악한다는 것은 이러한 스펙트럼에서 현재 막혀 있는 지점을 찾아내는 것을 의미하기도 한다.

역사적 필연성이 만들어낸 일련의 우연성

거대한 아이디어는 매우 연약하며, 어느 개인이나 심지어 사회의 통제를 벗어난 위력에 겹겹이 노출되어 있다. 그러한 위력 가운데 두 가지는 아이디어가 어떻게 작동하는지 특히나 잘 보여준다. 첫 번째는 행운이다. 발명과 발견, 창조의 역사에서 뜻밖의 행운이 얼마나 커다란 역할을 했는지 살펴보면 가히 아찔할 정도다. 로베르트 코흐(Robert Koch)는 우연히 감자에 곰팡이가 생기게 방치해두는 바람에 세균 배양법을 만들어낼 수 있었고, 몇 년 뒤에는 알렉산더 플레밍(Alexander Fleming)이 이상한 날씨가 한동안 이어지던 와중에 어떤 배양균을 실험실의 개수대에 우연히 방치해두었다가 페니실린을 발견했다.[38] 방사선과 엑스레이는 둘 다 다른 것을 찾으려 실험하던 도중에 발견되었다. 콜럼버스는 실수로 '신세계(New World)'를 발견했다. 심장박동조절기는 원래는 심장박동을 조절하려던 것이 아니라 그것을 기록하기 위해 만든 것이었다. 이러한 뜻밖의 행복한 사고는 토머스 뉴커먼(Thomas Newcomen)이 증기기관을 발명한 것에서 다축 방적기(spinning jenny)와 가황 고무(vulcanised rubber)에 이르기까지 수없이 찾아볼 수 있다. 모든 아이디어가 다른 아이디어에서 만들어진 것과 마찬가지로, 이러한 위대한 아이디어 역시 어떤 생각의 무작위적인 만남, 행운의 실험, 방치해둔 시간, 우연한 발견, 뜻밖의 연결 등 우연적인 요소가 동반되어 있다.[39] 잘못된 해석이나 결함이 있는 모방, 우연히 들어맞은 실수 등의 사례는 아주 많으며, 그것이 오히려 의도한 노력이나 '탁월한 천재성'보다 더욱 강력한 역할을 하는 경우도 있다.[40]

또한 어떤 아이디어는 여러 곳에서 복수의 형태로 나타나기도 하는데, 많은 연구자가 동시에 비슷한 종류의 획기적인 아이디어를 찾아내는 경우도 자주 볼 수 있다.[41] 대표적인 사례로는 미적분학, 산소, 로그(logarithm), 진화론, 사진, 에너지 보존 법칙, 전화기, 소아마비 백신 등이 있다. 전구 발명에 기여한 사람은 에디슨 이전에도 최소한 23명이 존재했다.[42] 1920년대 초에 윌리엄 오그번(William Ogburn)과 도러시 토머스(Dorothy Thomas)는 과학계에서만 이처럼 중복된 발견 사례를 148건이나 찾아냈다. 그리고 이는 극히 일부에 불과했다.[43] 예술적인 움직임은 때로는 완벽하게 만들어진 양식이자 집단적인 형태로 대중에게 불쑥 나타나는 것으로 보일 때도 있다. 우연한 행운과는 대조적으로 보이는 이러한 동시다발적인 현상은 개별적인 노력이나 우연한 사건이 그다지 중요하지 않을 수도 있음을 암시한다.

어떠한 획기적 아이디어라도 세부적인 부분에서는 우연성이 어느 정도 상당히 역할을 하고 있지만, 그것 역시 적지 않은 시간이 걸리는 경우가 많다. 아서 케스틀러는 이러한 현상을 '원숙(ripeness)'이라고 불렀는데, 이는 어떤 새로운 아이디어가 제시되었을 때 사회가 그것을 받아들일 수 있는 시간이 필요하다는 것을 의미한다. 그는 증기기관을 예로 드는데, 그것은 이미 서기 1세기에 고대 이집트에서 알렉산드리아의 헤론(Heron of Alexandria)이 장난감 기계장치로 처음 만들었지만, 완전한 형태로 구현된 것은 18세기의 영국에서였다.

그 어떤 획기적 아이디어라도 자세히 들여다보면 너무나도 놀라운 일련의 우연이 겹쳐 있음을 발견하게 된다. 그런데 이를 넓은 범위에서 살펴보면, 그것은 마치 역사적인 필연성처럼 보인다. 실제로 역사적 필연성이 일련의 우연성을 위한 조건을 만드는 것이다. 더 넓은 맥락은 거의 임의적인 것처럼 보이는 불꽃이 붙을 수 있는 인화성 물질을 만들어준다. 이러한 경향은 거대한 아이디어가 우연한 만남, 대화, 날씨 등 미시적인 차원은 물론이고 경제, 문화, 지식의 역사 같은 거시적인 차원에서의 맥락과 궤적에 매우 민감하다는 것을 암시한다. 이는 아르키메데스나 알렉산드리아의 헤론과 마찬가지로 우리가 발을 딛고 있는 토대에 제약을 받는다는 것을 의미한다. 어떤 아이디어는 우리 사회에서 '원숙'해질 가능성이 크고, 어떤 아이디어는 우연한 기회에 그 가능성이 차단될 수도 있고 불이 붙을 수도 있다.

그렇다면 21세기와 그 이후의 아이디어는 어떨까? 우리는 누군가가 흥미로우면서도 혁신적인 아이디어를 구상하고, 그것을 실행하고, 결국엔 사회에서 인정받을 것이라는 사실을 알고 있다. 우리는 그것이 기존의 아이디어를 재구성하여 만들어질 거라는 사실을 알고 있지만, 그런데도 그러한 아이디어는 두드러져 보일 것이다. 우리는 그것이 사회적인 맥락에 기반을 두고 있지만, 역시나 행운이 중요한 역할을 하리라는 사실도 알고 있다.

문제는 우리가 현재 지속적인 진화를 위한 올바른 조건을 만들어내고 있는가 하는 점이다. 이러한 질문으로 눈을 돌리기 전에, 몇 가지의 주의사항이 있다.

아이디어에 대하여 생각할 때의 주의사항

사고능력의 중단

인류의 최전선이나 거대한 아이디어, 이처럼 거창하게 들리는 개념은 자연스럽게 다양한 질문을 던지게 만든다. 첫 번째는 연구의 범위다. 일반적인 차원에서 인류의 최전선과 거대한 아이디어를 살펴보는 것은 분명 상당히 힘에 부치는 작업이다. 한 명의 개인이나 팀은 물론이고, 심지어 기관 차원에서도 불가능한 연구일 수 있다. 그래서 나는 이것이 포괄적인 연구라고 주장하지는 않을 것이다. 이 책의 목표는 논의의 주제를 폭넓게 살펴보면서, 일반적으로 서로 연결점이 없는 분야와 관점에서 완전히 이질적인 통찰력을 연결하고 합성해내는 것이다. 그러면서도 완벽함에 대한 집착은 버릴 것이다. 이 책은 가능한 모든 토대를 아우르는 것을 목표로 하지 않는다. 그것은 가망 없는 기약일 뿐이다. 오히려 한 걸음 뒤로 물러서서, 서로 고립된 분야를 연결하고자 시도할 것이다. 이는 결국 많은 부분을 희생해야 하고, 많은 부분을 생략해야 하며, 수많은 주석을 달아야 함을 의미한다.

그 대신에 내가 선택한 다른 노선은, 우리 시대의 근본적인 질문을 다루기보다는 오히려 그것을 무시하는 것이다. 이것은 실수가 될 수도 있다. 이에 대해서는 논의가 필요할 수도 있다. 그러나 전반적인 그림을 살펴보는 것은 충분히 가치 있는 일이다. 도전적이며 해결되지 않는 문제에 의문을 제기하는 것은 당연히 가치 있는 일이다. 예를 들면, 아이디어의 발전을 키워주거나 막아서는 사회적인 환경은 어떠한 종류인가, 어떠한 지원체계나 제도가 그러한 아이디어의 형성을 도와주는가, 수많은 사람이 아찔한 속도감을 느끼는 상황에서도 그러한 획기적인 아이디어가 나타나는 속도는 왜 느려지는가 등과 같은 질문이 그런 것일 수 있다.

마찬가지로 독자 여러분도 내가 제시하는 거대한 아이디어의 정의나 최전선의 규정에 동의하지 않을 수도 있다. 그러나 설령 여러분이 세부적인 사항에 동의하지는 않더라도, 최소한 인류의 역사가 아이디어의 본질과 그 영향력에 의한 단계적인 변화 없이는 가능하지 못했을 것이라는 점에는 동의하기를 바란다. 어떤 사안을 좀 더 자세히 들여다볼수록, 그 그림은 언제나 더욱 복잡해져서 의견의 일치를 이뤄내기가 쉽지 않기 마련이다. 그렇지만 일부의 거대한 아이디어가 다른 소소한 아이디어보다 우리의 활동 영역을 더욱 멀리까지 밀어냈다는 사실조차 부인하는 것은, 마치 인류 역사의 전개과정을 기본적으로 오해하는 것이라고 생각한다.

내가 선택한 또 하나의 다른 접근법은, 과연 우리에게 거대한 아이디어가 정말로 필요한지, 또는 우리가 그것을 진심으로 원하는지 질문을 던지는 것이다. 실제로 우리는 그러한 아이디어가 간혹 위험하지는 않을까 궁금해하기도 한다. 인류 최전선에서 나오는 획기적인 아이디어가 언제나 긍정적인 것만은 아니다. 인류가 발견한 획기적인 아이디어의 상당수는 전쟁 과정에서 나온 경우가 많다. 야금 기술에서 전략적인 의사결정, 해부학에서 페니실린의 양산에 이르기까지, 여성의 투표권에서 복지국가에 이르기까지 수많은 것이 여기에 해당한다. 뿐만 아니라 획기적인 이론 역시 우리를 불안하게 하기는 마찬가지다. 코페르니쿠스나 다윈이 불러일으킨 거대한 동요에서 베르너 하이젠베르크(Werner Karl Heisenberg)와 쿠르트 괴델(Kurt Gödel)이 촉발한 불확정성과 불완전성에 이르기까지, 또는 기존의 지식체계에 대하여 비판이론(critical theory)* 진영이 개시한 공격이 대표적인 사례다.

새로운 기술은 기존의 일자리와 정치와 문화를 파괴하고 지장을 일으킬 수 있다. 새로운 기술은 거센 역풍을 동반하기도 한다. 산업화는 기후변화를 초래했고, DDT는 생태계를 파괴했으며, 프레온 가스는 오존층에 구멍을 냈고, 공산주의는 원래 인민 대중의 삶을 개선하려는 의도로 탄생했으나 결과적으로는 극소수 권력층의 이익을 위해 동원되었다. 텔레비전과 영화는 전체주의적인 선동을 위한 도

---

* 프랑크푸르트학파가 주도한 사회 변혁과 해방에 관한 이론.

구가 되었으며, 소셜미디어는 사람들을 하나로 결집하기보다는 오히려 적대적인 감정만 더욱 강화했을 뿐이다. 실리콘밸리는 분명 거대한 아이디어에 심취해 있지만, 그것으로 나타난 결과에는 제대로 대처하지 못하고 있다. 게다가 특히 오늘날의 기술은 심각한 위협과 실존적인 위기를 초래할 수 있고, 세계의 질서에 대하여 윤리적으로 새로운 경각심이나 충격을 가할 수 있으며, 불평등을 양산하며 더욱 악화할 수 있다.

그러한 위험성과 피해를 고려할 때, 우리는 아마도 인류의 최전선을 그대로 놔두어야 할 수도 있다. 거대한 아이디어라는 전반적인 개념은 어쩌면 조금은 구시대적이고, 유행이 지났으며, 오만한 것일 수도 있다. 오히려 조금 더 작고, 맥락에 부합하며, 풀뿌리적인 접근법이 필요할 수도 있다. 겸손하고 작은 것에도 나름의 가치와 미학이 있기 때문이다.

그리고 여기에 대해서는 그다지 반대할 이유가 없다. 작은 것을 중요하게 생각하는 경제나 정치형태, 또는 검소한 혁신(frugal innovation)*처럼 작지만 멋스러운 개념도 폭 넓은 관점에서 보면 거대한 아이디어일 수 있다. 그리고 물론 역사를 통해 우리가 목격했듯이, 증기기관에서 진화론에 이르기까지의 거대한 아이디어는 수많은 작은 아이디어가 서로 결합하고 상호작용해서 만들어진 결과물이기는 하지만, 그것이 완전한 형태의 거대한 아이디어임은 분명하다. 그리고 나는 (전부는 아니지만) 수많은 분야에서 그처럼 거대한 아이디어를 추구

---

* 재화의 가격은 낮추고 내구성은 높이기 위한 일련의 개선 과정.

하는 본질적인 이유가 있다고 생각한다. 예를 들어, 과학이나 철학, 미학 분야를 살펴보면, 근본적인 의문과 보편적인 질문에서 거대한 담론에 대하여 토론하고 거대한 아이디어를 찾아가는 것은 본질적인 가치가 있는 작업이다. 우리는 어린 시절부터 주변의 물리적인 환경을 이해하고 그것을 파악하기 위한 나름의 연구 활동에 푹 빠져 지낸 경험이 있다. 그러한 활동은 우리 자신의 일부분이다.

또한 인류는 거대한 아이디어가 필요하다. 재레드 다이아몬드(Jared Diamond)는 《문명의 붕괴(Collapse)》에서 여러 섬의 문명이 붕괴해 결국엔 영원히 소멸해가는 과정을 설명한다.⁴⁴ 이스터섬(Easter Island)이나 조그만 핏케언섬(Pitcairn Island), 또는 그린란드에 살았던 고대 노르드(Norse) 사람은 자신들의 내부에만 사로잡힌 채 스스로가 지속가능하다고 생각하는 생활방식을 찾아냈다. 그래서 인류 문명의 극히 변방에만 머물기는 했지만, 수백 년 동안 생존하면서 나름의 문명을 발전시킬 수 있었다. 그러나 점차 문제가 누적되었다. 기후가 악화되었고, 작황은 실패했으며, 폭력이 급증했다. 토양의 질이 나빠졌고, 침식이 일어났다. 자원의 착취는 돌이킬 수 없는 수준까지 이어져 결국엔 문명의 기반이 무너져내렸다. 이들 섬의 주민은 외부의 충격에 취약한 상태가 되었다. 그러는 동안 그들은 문화적으로 고립된 상태였기 때문에, 외부에서 일어나는 문제의 조류를 완전히 인식할 수도 없었고 그것을 고민할 겨를도 없었다. 문제는 그들이 똑똑하지 않다거나, 점점 쌓여가는 현안을 인식하지 못한 것도 아니었다. 그들의 문제는 마땅한 해결책이 없다는 것이었다. 외로이 고립되어 있던 그들에게는 해답이 없었고, 새로운 아이디어도 없었다.

우리는 모든 측면에서 그들과는 다르다. 한 가지 측면만 제외한다면 말이다. 그것은 바로 거시적인 관점에서 보면 우리 역시 하나의 섬에서 살고 있다는 점이다. 그러한 문명의 붕괴가 우리 머릿속에서 좀처럼 떨쳐지지 않는 이유도 바로 그것 때문이다. 우주적인 차원에서 바라보면, 지구라는 행성도 그저 조금 규모가 큰 이스터섬에 불과하다.

물론 우리는 그들보다 더욱 많은 경각심과 자원과 기술과 지식을 보유하고 있다. 그러나 이스터섬의 주민과 마찬가지로, 우리에게 위기가 닥친다면 그 누구도 우리를 구하러 오지 않을 것이다. 뉴욕이나 홍콩의 초고층 빌딩이 오랫동안 버려져 텅 비어 있다 보면, 마야 문명의 수많은 신전이 정글의 수풀에 뒤덮인 것처럼 폐허가 되리라는 사실은 어렵지 않게 짐작할 수 있다.

그리고 문명을 붕괴시키는 요인에는 이스터섬의 사례처럼 '생태계 파괴'만 있는 것은 아니다. 질병, 전쟁, 습격, 지배층의 경직화 등도 같은 결과를 초래할 수 있다. 기원전 146년에 로마인은 카르타고를 완전히 말살했는데, 심지어 그곳의 문명이 다시는 부활하지 못하도록 대지에 소금을 뿌리기까지 했다고 한다. 물론 시간이 지나면서 로마 제국도 스스로의 모순에 봉착하면서 '문 앞의 야만인들(barbarians at the gate)'에게 함락되고 말았다.

현재의 지구가 마주하고 있는 수많은 위험을 생각해보자. 지구의 기후위기, 태양 표면의 폭발, 생화학 무기, 핵무기, 사이버 공격, 항생제 내성, 악의를 가진 AI, 생물다양성의 붕괴, 깨끗한 물에서 희토류 금속과 비옥한 표토에 이르기까지 수많은 자원의 고갈, 치매와 세계의 고령화, 더욱 심각한 또 다른 팬데믹의 발생과 그 여파, 경제성장의 정체(물론 경제가 지속해서 성장하리라고 말하는 이들도 존재한다), 정치의 위기와 이념적 병폐, 문화적 배타주의와 외국인 혐오 등. 솔직히 이러한 위험성을 두려워하는 것이 전혀 근거가 없는 것은 아니다. 그리고 이러한 모든 문제가 기존에 존재하는 아이디어로 생긴 결과라거나 인류의 최전선을 움직여서 발생한 결과라고 말할 수는 없지만, 그래도 우리는 이러한 문제에 대한 해답이 필요하다.

　역사학자인 바버라 터크먼(Barbara Tuchman)은 완벽하지 않은 의사결정에 대하여 어마어마한 규모의 연구를 진행했는데, 그녀는 우리가 파멸적인 문제에 직면했을 때 수많은 국가나 집단, 개인이 올바르지 못한 결정을 내리는 이유의 상당 부분은 '사고능력의 중단 또는 정체(mental standstill or stagnation)' 때문이라고 설명했다.[45] 태평양에서 사라져간 섬들보다 훨씬 더 거대하며 더욱 긴밀하게 연결되어 있는 경우라 하더라도, 문화와 아이디어가 경직되고 지배계층이 자신들의 오래된 모델에만 도취되어 있으면, 결국엔 문제가 발생하여 그들을 압도하게 된다. 그녀는 사회가 새로운 문제를 해결하려면 참신한 사고가 필요하다고 말한다. 우리는 크레타섬에 살던 미노스 문명의 사람도 아니고, 앙코르와트를 건설한 크메르 사람도 아니지만, 우리가 어려운 도전과제를 마주했을 때 사고능력이 중단되는 일은 없을 것이라고 천진난만하게 생각하는 것은 상당히 오만하며 위험하기까지 한 태도다. 이와 관련하여 조엘 모키르는 이렇게 표현했다.

기술적인 진보가 전혀 위험하지 않은 것만은 아니지만, 그보다 더욱 문제가 되는 것은 정체가 초래하는 위험이다. 롤러코스터를 타고 있는 상태에서 중간에 뛰어내리는 선택을 할 수는 없다.[46]

현재와 같은 사회와 기술 발전의 수준이라면, 이 세계에서 수십억 명의 인구가 지속가능한 형태로 살아가기는 힘들다. 부유한 나라의 사람이 기존의 생활방식을 포기한다거나, 개발도상국의 사람이 야심찬 포부를 버린다고 기대하기는 요원하다. 인도의 시골에 사는 가족에게 지금까지 그들이 장만해서 애지중지 사용하는 자동차, 냉장고, 전자레인지 등을 더는 쓸 수 없다고 어찌 쉽게 말할 수 있겠는가. 단지 기술만이 아니라 모든 차원에서 인류의 최전선을 더욱 멀리까지 밀어내는 것만이 이러한 전례 없는 문제를 해결할 수 있는 진정한 방법일 것이다.

아이디어는 그 자체로 '좋은' 것이 아니다. 그러나 그간의 경험에 따르면 맬서스적 재앙(Malthusian catastrophe)*에서부터 동물에서 유래한 팬데믹에 이르기까지, 그러한 아이디어를 통해 우리가 현재 마주하는 어려움을 극복할 수 있다. 가장 영향력이 큰 아이디어를 무시하거나 적극적으로 억누르는 것은 그것을 추구하는 것보다도 더욱더 재앙으로 가는 지름길이다.

---

*   식량이나 자원의 공급이 인구증가의 추세를 따라가지 못해서 결국은 인구가 감소하는 현상.

· · ·

폴란드의 위대한 공상과학 작가인 스타니스와프 렘(Stanisław Lem)은 인터넷과 가상현실, 유전공학, 나노 기술을 예견했다. 그런 렘은 미래에 대한 예측만큼 빠르게 구식이 되어가는 것은 없다고 말했다. 마치 '화살이 날아가듯' 현재의 추세가 미래에도 지속될 것이라는 단순한 추정은 실제 현실을 만나면 무기력하게 허물어진다. 전문가의 예측은 빗나가기 일쑤였고, 터무니없을 정도로 틀리기도 한다.[47] '미래학(futurology)'에서는 미래에 대하여 세간에 널리 퍼진 예측과 의구심을 다룬다. 미래를 내다보는 연구에는 온갖 쟁점이 가득하다. 그중에서도 위대한 아이디어의 미래는 걷잡을 수 없고, 변화무쌍하며, 쉽게 모습이 그려지지 않는다. 따라서 그것은 확률론적인 퍼즐이 아니라 일종의 미스터리다. 또는 그 모두가 '급진적 불확실성'의 대상인 온갖 미스터리가 서로 얽히고설킨 집합체라고 할 수 있다.[48] 아이작 아시모프(Isaac Asimov)의《파운데이션(Foundation)》시리즈를 보면, 역사심리학(psychohistory)*이라는 학문이 미래의 모델을 수학적으로 정밀하게 만들 수 있다고 한다. 그러나 솔직히 말하면, 그 수준까지 이르기에는 아직도 요원한 상태라고 할 수 있다.

그런데도 아시모프와 렘은 단지 최근의 인공지능(AI)이나 유전자 실험에 대한 논쟁만이 아니라 미래에 대한 예측은 충분히 가치 있는 작업이라고 생각했다. H. G. 웰스(H. G. Wells) 같은 작가의 예측은 빗

---

* 심리학적인 방법으로 역사적 사건이나 인물을 분석하는 학문.

나가는 경우가 많지만, 그래도 그는 원자폭탄을 예측해냈다. 미래를 추정하는 작가들은 현재를 이해하는 것은 물론이고 그것이 미래에 대한 어떠한 조건이 되는지 탐구하는 데 아주 귀중하게 활용할 수 있는 질문을 제기한다.

이 책은 현재를 이해하기 위한 렌즈로 미래를 활용하고, 그 반대로도 활용한다는 생각으로 집필했다. 이 책에서는 2100년의 세계가 어떠한 모습일지 완벽하게 제시한다고 주장하지는 않을 것이다. 그러나 우리를 그곳으로 데려가는 힘이 무엇인지 설명하려고 노력할 것이다.

따라서 1부의 나머지 부분에서는 '거대한 침체(Great Stagnation)' 논쟁을 다룰 것이다. 나는 왜 그토록 많은 사람이 현재 우리가 인류의 최전선에서 정체되어 있다고 생각하는지 질문을 던질 것이다. 그리고 우리 주변의 아주 많은 부분이 변화할 때, 그리고 아이디어가 매우 풍부하게 보이는 상황에 대해 무엇을 의미하는지 고민해볼 것이다. 그렇다면 우리 모두가 관심을 갖는 분야부터 살펴보겠다. 그것은 바로 의학이다.

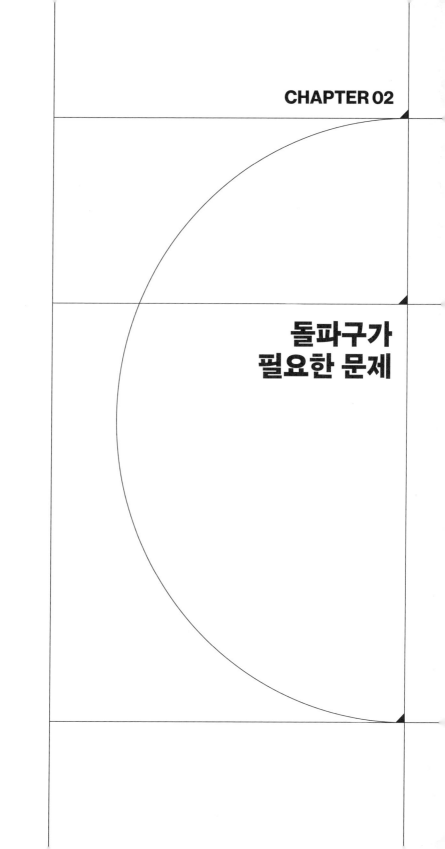

CHAPTER 02

돌파구가
필요한 문제

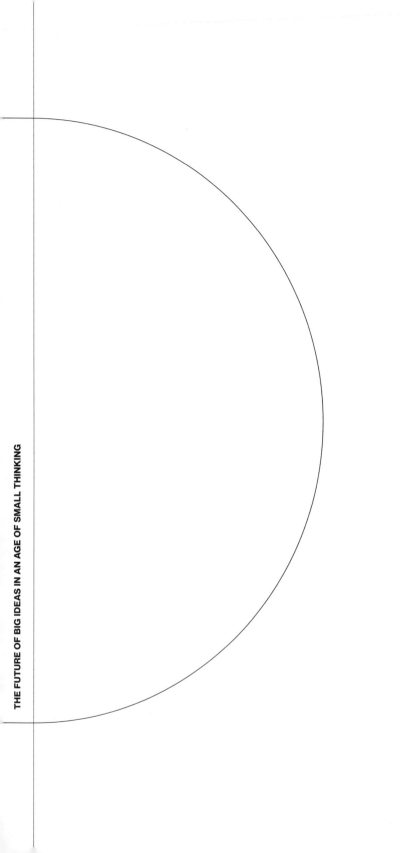

THE FUTURE OF BIG IDEAS IN AN AGE OF SMALL THINKING

삶과 죽음의 문제

파스퇴르, 인류의 생명을 구하다

1879년 여름, 당대의 가장 저명한 과학자 루이 파스퇴르(Louis Pasteur)는 이미 쉰일곱 살이나 되었지만 새롭고도 획기적인 아이디어를 내놓으려고 했다. 가을에 다시 연구실로 돌아온 파스퇴르는 오랫동안 방치해둔 실험 재료를 우연히 발견했다. 연구를 재개한 그는 그 오래된 간균(bacillus)을 한 무리의 닭에게 주입했다. 그런데 뜻밖에도 닭들은 심각한 병에 걸리지 않고, 오히려 잠시 앓는 듯 보이다가 회복되었다. 파스퇴르는 무슨 이유에서인지는 모르지만 자신이 주입한 배양균이 사라졌다고 추정했다. 그래서 그는 실험을 다시 해보았다. 이번에는 새로운 병원균을 배양해 기존의 닭들은 물론이고 새로운 닭들에게도 주입했다.

그러자 뭔가 흥미로운 현상이 벌어졌다. 새로운 닭들은 죽었지만, 이전에 오래된 배양균을 주입한 닭들은 이번에도 살아남았다. 그는 가능한 모든 합리적인 추정을 해보았다. 대체 이 닭들은 왜 살아남은 것일까? 전해지는 이야기에 따르면, 한동안 침묵을 유지하던 파스퇴르는 갑자기 무언가 환영이라도 본 것처럼 이렇게 외쳤다고 한다. "자네도 보았나? 이 닭들은 백신 접종이 된 거야!"[49]

백신 접종의 역사는 적어도 18세기 말까지 거슬러 올라가는데, 에드워드 제너(Edward Jenner)가 우두(cowpox)를 사용하면 당시만 해도 치명적인 질병이었던 천연두에 대한 면역성이 형성된다는 사실을 발견한 것이다.[50] 그러나 파스퇴르가 이런 사실을 깨닫기 전까지는 그누구도 그러한 배경지식으로부터 의학의 기본적인 원칙을 만들려는 노력을 하지 않았다. 파스퇴르는 제멋대로 자란 배양균과 천연두, 그리고 면역성 사이에 연관성이 있다고 생각했다. 백신 접종에 대해서는 모든 사람이 알고 있었지만, 당시에 결정적인 아이디어를 만들어낸 사람은 그가 유일했다. 파스퇴르는 '행운은 준비된 사람을 선호한다'는 말을 가장 좋아했다. 그리고 당시에는 파스퇴르만큼 준비된 사람이 거의 없었던 것이다.

배양균을 내버려둔 것이 갑자기 무한한 가능성을 펼쳐 보여주었다. 질병을 치료할 수 있는 잠재적으로 강력한 메커니즘이 있었던 것이다. 이러한 결과를 발표하는 자리에서 그는 이렇게 말했다. "배양 방식을 바꾸면 미생물의 독성을 감소시킬 수 있습니다."[51] 그렇게 백신은 한순간에 실험실에서 활발하게 생산될 수 있었다. 백신 접종법이 최초로 발견된 배경에는 이처럼 어느 정도의 우연이 작용했다. 그러나 파스퇴르는 잠을 잘 수 없을 정도로 흥분한 상태에서 백신 접종의 의학적 가능성을 지켜보았다.

그리고 그는 연구진과 함께 탄저병에 대해서도 실험을 했는데, 그 과정에서 한번 약해진 박테리아 종은 다음 세대에서도 약한 상태를 유지한다는 사실을 발견했다. 1881년 2월, 그는 자신의 연구 결과를 프랑스 과학아카데미(Académie des sciences)에 발표했다. 그 내용은 성서에 등장하는 고대 이집트의 전염병이자 가축을 죽게 만드는 끔찍한 탄저병을 통제할 수 있다는 것이었다. 탄저병은 이제 물리칠 수 있는 질병이었다. 이에 대해서는 격렬한 회의론이 일었고, 그리하여 공개적인 실험이 진행되었다. 이는 세간의 높은 관심을 끌었고, 잘 알려졌듯이 파스퇴르의 전문성이 옳은 것으로 입증되었다. 프랑스의 믈룅(Melun) 인근에서 진행한 실험에서, 사람들은 백신 접종을 받은 동물들이 죽을지 살아남을지 숨죽여 지켜보았다.

백신 접종을 받은 농장의 가축들에게는 치사량의 탄저균을 주입하고, 이틀 동안 그 결과를 기다렸다. 그의 발견에 비판적이던 사람들이 법의학적인 관점에서 결과를 분석했다. 그의 성공을 질투하기도 했고 그의 발견에 회의적이던 그들이 원하는 것은 파스퇴르의 아이디어가 거짓임을 증명하고 그의 화려한 경력도 끝장내는 것이었다. 현장은 일촉즉발의 상황이었다. 그러나 이틀이 지난 시점에서도 탄저균을 주입한 양들은 여전히 살아 있었다. 파스퇴르가 승리했다. 그리고 백신 접종이 거둔 승리였다. 면역학이라는 학문과 의료 분야가 탄생하는 순간이었다. 그리고 이는 이후에 수억 명의 생명을 구하게 된다.

그러고 난 후 파스퇴르는 광견병 예방 백신 개발에 착수했다. 이것은 그에게 개인적으로 중요한 프로젝트였다. 그는 어린 시절 고향에서 광견병에 걸린 늑대 한 마리가 마을을 휘젓고 다니면서 여덟 명의 목숨을 앗아간 일을 기억하고 있었다. 백신 개발을 위해 그는 훨씬 더 오래 작용하며 찾아내기도 더욱 어려운 미생물을 연구했다. 그것은 바로 바이러스였다. 파스퇴르는 광견병 바이러스를 직접 볼 수 없었는데도 면역력을 기를 수 있는 방법을 찾아냈다. 첫 번째 임상시험으로 그는 알자스 지방에 사는 조제프 마이스터(Joseph Meister)라는 소년에게 백신을 접종했다. 당시에 소년은 광견병에 걸린 개에게 물린 상태였다. 인간을 실험 대상으로 삼는 건 예정보다 훨씬 빠르긴 했지만, 당장 생사가 오가는 소년의 생명을 두고 머뭇거릴 여유는 없었다.

하지만 그것은 아주 위험한 실험이었다. 오랫동안 그의 연구를 도와준 에밀 루(Emile Roux)가 심지어 항의하는 차원에서 실험실 밖으로 나갈 정도였다. (그는 나중에 복귀해서 디프테리아 백신을 개발했다.) 그러나 파스퇴르는 아무것도 하지 않는 것은 사형선고나 다름없다고 생각했다. 그는 백신 접종을 하면 한 달 동안의 잠복기를 거친 후에 실제 효과가 나타날 것으로 추정했다. 그러기 위해서는 다른 어떤 증상이 나타나기 전에 먼저 바이러스를 주입해야 했다. 파스퇴르는 두려움을 안은 채 소량의 광견병 바이러스를 투여했다. 그는 이것이 끔찍한 결과로 이어질 수도 있음을 잘 알고 있었다. 그렇게 몇 주 동안이나 제대로 잠을 이루지 못하면서 모두 열두 차례 접종을 진행했다. 그리고 실험은 성공했다.

소년은 건강하게 성장해서 나중에는 파리에 있는 파스퇴르연구소의 경비원으로 일했다. 참고로 그는 제2차 세계대전 당시에 파리를 침공한 나치가 파스퇴르의 지하 무덤에 들어가려는 걸 막아서다가 그만 죽임을 당하고 말았다. 마이스터는 사람 중에서 광견병에 감염되었다가 살아난 최초의 사례로 알려져 있다. 전염병은 인류의 역사 이래로 거의 아무런 도전도 받지 못하고 맹위를 떨쳐왔다. 이제는 더이상 그럴 수 없었다.

선순환 구조를 만드는 위대한 진전

만약 파스퇴르가 백신 접종이라는 치료법을 단독으로 개발했다면, 우리는 그를 의학 역사의 위대한 거장으로 기억했을 것이다. 그러나 이것은 일련의 획기적인 사건이 모여 정점에 이른 것에 불과했다. 그리고 그것은 근대의 세계에서 전혀 상상도 할 수 없었던 일은 아니었다.

1822년, 파스퇴르는 쥐라(Jura)산맥에 있는 마을 아르부아(Arbois)에서 태어났다. 그의 아버지는 나폴레옹의 지휘하에 워털루 전쟁에 참전했다. 끈질기고 재능 있는 학생인 파스퇴르는 유기화학 분야에 관심을 가졌다. 1854년, 그는 릴대학교(Université de Lille)가 실용적인 연구를 위해 신설한 과학학부의 학장으로 임명되었다. 그는 프랑스에서 그렇게 높은 지위에 오른 최초의 인물이었다. 그곳에서 그는 연구 프로젝트에 자신의 모든 것을 쏟아부었다. 그는 과학적인 지식을 응용해 현실세계의 문제를 해결하고자 했다. 발효도 그러한 연구 가운데 하나였다. 때마침 마을에서 사탕무로 술을 만드는 양조업자 한 명이 어려움을 겪고 있었다. 그가 발효시킨 술이 계속해서 상해버린 것이다. 당시의 사람들은 발효의 원리를 제대로 이해하지 못했다. 그것이 화학반응인지 아니면 생물학적인 과정인지조차 알지 못했다.

파스퇴르는 양조장에서 몇 주 동안 지내며 세심하게 실증연구를 진행했다. 그는 일꾼들을 관찰하고 그들과 이야기를 나누었으며, 사탕무 설탕 샘플도 수집했다. 오랫동안 현미경을 활용하여 연구해온 덕분에, 그는 뭔가 놀라운 사실을 관찰할 수 있었다. 효모가 스스로 증식하는 과정을 확인한 것이다. 효모는 살아 있는 생물이라는 것이 명백했다. 발효는 생물학적인 과정이었다. 이로써 미생물학의 시대가 열렸다.

추가적인 실험도 뒤따라 진행되었다. 파스퇴르는 우유가 상하는 이유가 특정한 미생물 때문이라는 사실을 이해할 수 있었다. 오랫동안 숨겨져 있다가 17세기 들어서야 아주 어렴풋이 모습을 드러내기 시작한 미생물의 세계가 스스로 모습을 드러냈다. 파스퇴르는 이러한 미생물이 어떤 질병을 일으킬 수 있는지 의문을 갖게 되었다.

그러한 통찰력에 의지해 그는 당대의 과학계에 거대한 논란이 일고 있던 주제로 관심을 돌렸다. 그것은 바로 자연발생설(spontaneous generation)*이었다. 현미경으로 확대해서 들여다본 그의 실험을 통하여 공기 중에 미생물이 떠다닌다는 사실을 결정적으로 확인해주었다. 많은 사람이 생각한 것처럼 자연적으로 발생하는 것이 아니었다. 그것은 혁명적인 아이디어였으며, 격렬한 논란에 휩싸였다.

파스퇴르는 언제나 대중의 의견에 주의를 기울였다. 그래서 당대

---

* 생물이 무기물에서 우연히 자연적으로 발생한다는 가설.

의 주요 인사를 대상으로 소르본대학교(Sorbonne Université)에서 세간의 화제가 된 공개 강연을 개최했다. 그의 명성은 1860년대부터 점점 커졌는데, 그는 심지어 나폴레옹 3세 황제를 알현하기도 했다. 이자리에서 황제는 그에게 와인이 상하는 이유를 물었다. 다시 아르부아 마을로 돌아가서, 그는 직접 농부들과 일하고 표본을 채취하면서 오랫동안 연구를 진행했다. 그 결과로 나온 것이 바로 저온살균(pasteurisation) 기법인데, 이는 와인뿐만 아니라 우유, 사과주, 치즈 등을 상하게 만드는 미생물의 성장을 억제하기 위하여 은근하게 가열하는 방식이다. 파스퇴르는 이 기술에 대한 특허를 기밀로 유지하지 않고, 그 내용을 공개했다. 저온살균법은 지금도 여전히 먹을거리 유통에서 핵심적인 기술로 활용되고 있으며, 이 기술 덕분에 수백만 명의 생명을 살릴 수 있었다.

그는 또한 유럽의 누에를 죽이고 있던 전염병을 조사했다. 그는 몇 년 동안이나 누에를 관찰했는데, 실험을 통해 누에가 걸리는 병의 정체를 확인할 수 있었다. 이런 모든 사실은 질병을 일으키는 것이 미생물이라는 세균 원인설(germ theory)에 더욱 결정적인 증거가 되어주었다. 그리고 인간 생명에 대하여 당시에 가장 시급했던 수수께끼인 전염병의 본질에 대한 해답을 제시해주었다.

한편 1870년에 프랑스와 프로이센 사이에 전쟁이 벌어졌는데, 파스퇴르는 이 전쟁에서 부상자의 상처를 통해 세균이 유입되는 것을 막아야 했다. 그는 야전병원에서 더욱 위생적인 치료법을 시행해야 한다고 주장했다. 그러나 현장의 의료진은 의학적 배경지식이 없는 그가 주장하는 세균 원인설을 좀처럼 믿지 않았다. 병원이라는 곳에서 죽어가는 사람의 수가 어마어마했는데도, 그 모든 책임은 음식이나 날씨, 불운 탓으로 돌려졌다. 산부인과에서도 마찬가지였다. 의사의 손에 피가 낭자하고 병원균에 감염된 탓에 수많은 여성이 목숨을 잃었다.

이러한 현실을 개선하기에는 결코 만만치 않은 장벽이 가로막고 있었다. 단지 기술과 도구가 부족했기 때문만이 아니라, 외과의사, 임상의사, 수의사 같은 전문가 집단의 전반적인 이해 부족과 적대감 때문이었다. 그들은 수술실을 깨끗하게 유지해야 한다는 주장을 반대했고, 이러한 적대적 분위기가 파스퇴르의 노력에 심각한 걸림돌이 되었다. 질병에 대하여 나름의 확고한 이론을 갖고 있던 의사들은 세균에 대해 알고 싶어 하지 않았다. 화학자들은 발효가 생물학적인 과정이라는 사실을 믿고 싶어 하지 않았다.

파스퇴르가 자신의 아이디어를 연구하던 환경은 오늘날처럼 자금 지원이 풍부하고 뛰어난 인력이 상주하며 최첨단 기술을 갖춘 시설과는 아주 거리가 멀었다. 과학학부의 학장으로 재직하고 있었는데도 그는 다락방부터 시작하여 주로 작고 우중충한 방에서 연구를 했다. 그리고 기본적인 실험장비도 직접 만들거나 구입해야 하는 경우가 많았다. 초기에 그의 연구를 도와준 사람도 아내인 마리 파스퇴르(Marie Pasteur)뿐이었다. 나중에 아르부아를 비롯한 다른 실험실에서도 그는 비슷한 방식으로 직접 설계해서 대충 만든 장비를 활용했다. 파스퇴르에게 본격적인 최신의 실험실이 제공된 것은 나폴레옹 3세가 거듭해서 명령을 내린 다음에야 가능했다. 거기에 더해 그는 뇌에 혈전이 생기는 바람에 반신불수가 되었고, 이 때문에 직접 실험장비를 조작하는 일이 어려워졌다.

　인류의 역사가 시작된 이래로, 질병은 어쩔 수 없는 현실이자 미스터리의 영역이었다. 파스퇴르는 그런 인식을 바꾸었다. 질병의 세균 원인설, 저온살균 기법, 염증에 대한 지식, 진료에서 청결의 중요성, 광견병과 탄저병에 적용된 백신 접종 기술, 미생물의 세계와 그들의 수많은 상호작용에 대한 이해 등 그는 획기적인 아이디어를 연달아 세상에 선보였다. 이는 험난한 조건에서 현실적인 문제와 최첨단의 과학 사이를 쉴 새 없이 이리저리 오가며 변변치 않은 장비로 이루어 낸 성과였다. 그러나 이런 아이디어 덕분에 우리는 지식, 의학, 건강, 심지어 도덕적인 측면에서도 인류의 최전선을 확고하게 다질 수 있었다.

　파스퇴르는 요즘의 우리가 당연하게 여기는 모델을 제시했다. 위대한 진전은 우리의 지식과 기술을 모두 향상시켜 선순환 구조를 만들어낸다는 것이다. 그러나 지식과 기술은 언제나 각자가 마주한 문제를 상대로 힘겨운 싸움을 벌이고 있다. 파스퇴르는 그런 우리에게 결정적인 힌트를 제공해주었다.

　그렇다면 오늘날에는 파스퇴르 같은 사람이 얼마나 많이 활동하고 있을까? 다시 말해, 얼마나 많은 사람이 의학이나 미생물학 연구를 하고 있느냐가 아니라, 과연 어떤 연구가 그의 업적에 버금가는 영향력을 가질 수 있을까? 이에 대한 한 가지 견해는 파스퇴르가 획기적인 아이디어가 본격적으로 쏟아지기 시작한 초창기에 살았다는 것이다. 그러나 다른 견해도 존재하는데, 우리에게는 현재 수많은 아이디어가 있지만, 파스퇴르만큼의 중대한 영향력을 발휘할 수 있는 것은 거의 없다는 의견이다. 무언가를 생각하는 것이 좀 더 쉬워졌을 지는 몰라도, 위대한 생각을 해낸다는 것은 그 어느 때보다도 어려운 일이 되었을지도 모른다.

기대수명을 비약적으로 높여준 공중보건

19세기 말부터 현재까지 의학과 공중보건 분야가 놀라운 발전을 거 듭하면서 인간의 기대수명이 혁명적으로 개선되었다. 현대적인 의 미에서 최초의 의약품은 1907년에 합성된 물질로 만든 살바르산 (Salvarsan)이라고 할 수 있는데, 이것은 인류의 오랜 골칫거리였던 매 독을 치료하는 약이었다. 35년 뒤에는 훨씬 더 중대한 사건이 일어났 다. 페니실린이 발견되었고, 항생제를 비롯한 의약품의 대량생산 시 대가 찾아온 것이다.

물론 알렉산더 플레밍이 런던의 세인트메리 병원에서 박테리아 를 죽이는 곰팡이를 발견한 것은 1928년이었다. 그러나 알버트 알렉 산더(Albert Alexander)라는 경찰관이 장미 가시에 긁히는 바람에 심각 한 감염이 발생했고, 사상 최초로 그에게 페니실린을 사용하여 치료 한 때가 바로 1941년이었다.[52] 알렉산더의 임상 사례를 통해 감염이 얼마나 쉽게 치료될 수 있는지 극명하게 알 수 있었다. 그러나 그는 결국 사망하고 말았는데, 그 이유는 페니실린의 공급이 바닥났기 때 문이었다. 사실 항생제의 잠재력에 대해서는 유럽의 과학자들이 먼 저 눈을 떴고, 이러한 소식은 옥스퍼드에도 전해졌다. 그리하여 옥스 퍼드대학교에서 오스트레일리아 출신의 하워드 플로리(Howard Florey)

와 독일에서 망명한 에른스트 체인(Ernst Chain)이 플레밍의 연구결과를 따라 연구를 시작하게 되었다. 1941년 6월에 플로리는 미국으로 건너갔고, 그곳에서 그는 미국의 주요 제약회사 네 곳의 지원을 받아 페니실린을 본격적으로 출시할 수 있었다. 1945년에 제2차 세계대전이 막을 내리면서 플레밍과 플로리, 체인은 공동으로 노벨 의학상을 수상했다.

이러한 순환구조를 만든 것은 파스퇴르였다. 역사상 처음으로 의료 분야에서 꾸준한 발전이 이루어졌고, 심지어 어느 정도는 예상까지 할 수 있게 되었다. 우리는 의학의 '황금기'에 접어들었다. 이에 대해 어떤 사람은 이렇게 표현했다.

역사적으로 거의 대부분 영향력이 매우 제한적이었던 의학이 아주 갑자기 놀라울 정도로 기적적인 효능을 갖게 되었다. 1930년대 중반부터 1980년대 중반까지의 약 50년 동안은 하나의 황금기였으며, 거의 모든 것이 가능할 것처럼 보였다.[53]

이 시기에 이루어진 발견 덕분에 우리는 박테리아를 죽일 수 있고, 심장절개 수술을 할 수 있으며, 장기를 이식할 수 있고, 체외에서 아기를 만들 수 있으며, 알약으로 피임을 할 수 있고, 목숨이 위중한 사람의 생명을 집중치료실(ICU)에서 유지시킬 수 있게 되었다. 그리고 우리는 소아마비에서 천연두에 이르기까지 많은 질병을 없앨 수 있었다.[54]

그리고 인류 역사적으로 대부분의 기간 동안 거의 정체된 상태에 머물러 있던 기대수명도 향상되었다. 이 점에서는 당연히 의학의 진보가 많은 기여를 했지만, 여기에서는 또 하나의 위대한 아이디어인 공공의료정책이 등장한다. 전염병 학자인 토머스 매큐언(Thomas McKeown)은 1970년대 말에 이러한 사실을 입증해 보였다. 그는 영국에서 1838년 당시에는 100만 명당 4,000명 수준이던 폐결핵 발병 건수가 1960년에는 거의 사라졌다고 말한다.[55] 1945년에 출시된 초기의 항생제 가운데는 폐결핵을 치료하기 위한 의약품도 포함되어 있었다. 그러나 항생제가 출시되던 시점에는 폐결핵 발병률이 이미 100만 명당 350건 수준으로 떨어져 있었다. 다시 말해 의학이 직접적으로 개입하기 이전에 이미 폐결핵 발병 건수가 92퍼센트나 줄어든 것이다.

여기에는 공중보건의 개선이 중요한 역할을 했는데, 특히 도시의 위생 인프라 구축이 그 핵심이었다고 할 수 있다. 1910년대에는 각 가정의 실내에서 화장실을 이용할 수 있는 사람은 전체 인구의 10~20퍼센트에 불과했다. 1940년대가 되자 미국인의 60퍼센트가 가정에 화장실을 보유하게 되었다.[56] 수돗물은 훨씬 더 빨리 보급되었는데, 1920년대 말에는 인구의 대다수가 상수도의 혜택을 보게 되었다.[57] 유럽은 19세기 말에 이미 그러한 위생환경의 여건을 갖추면서 훨씬 더 앞서 나가고 있었다.

파스퇴르의 세균 원인설은 단지 질병과 싸운 것만이 아니라, 먹을거리 공급 같은 체계에서 공중보건을 중요히 고려하게 되었음을 의미했다. 교통수단이 말에서 자동차로 대체되면서, 길거리에서는 말똥이 말끔하게 사라졌다. 병원의 수가 급격하게 늘어났고(미국에서는

1870년에 현대적인 병원의 수가 약 120곳에 불과했으나, 1920년에는 6,000개 정도로 증가했다), 시설은 더욱 깨끗해졌다.[58] 의사의 숫자 역시 뚜렷하게 증가했으며, 시중에는 의약품이 풀리기 시작했고, 통조림처럼 장기간 보존할 수 있는 식품이 소비 패턴을 바꾸었다. 위생과 주거 환경, 영양이 개선되었고, 도시와 병원은 더욱 깨끗해졌으며, 의료서비스가 좋아졌고, 길거리는 더욱 안전해졌다. 그것은 아주 놀라운 변화였다.

근대 초기인 1880년 당시 주요 국가의 유아 사망률은 신생아 1,000명당 200~250명으로 추정되는데, 이는 신생아 1,000명당 215명의 유아가 사망한 튜더(Tudor) 왕조* 시기의 잉글랜드와 비슷한 수준이었다. 70년이 지나 1950년이 되자, 이 수치는 신생아 1,000명당 27명으로 줄어들었다. 1900년부터 1940년까지 40년 동안 미국 백인 남성의 기대수명은 48세에서 63세로 증가했는데, 이는 '전무후무할 정도로' 비약적인 발전이었다.[59] 영국 통계청(ONS)의 자료에 따르면, 1890년 당시 남성의 기대수명은 44.1세, 여성의 기대수명은 47.8세였다. 그런데 1950년에는 기대수명이 각각 66.4세와 71.5세로 늘어났다.[60]

그 추세가 현저하게 줄어들기는 했지만, 그래도 기대수명은 20세기 후반에도 꾸준하게 증가했다. 당시의 이러한 혜택은 주로 젊은이들에게 집중되어서 각 가정의 생활이 놀라울 정도로 행복하게 바뀌었지만, 시간이 지남에 따라 그들도 나이가 들면서 그러한 개선 효과가 장년층에게서도 나타나기 시작했다. 2000년이 되자 영국 남성의 기대수명은 76세, 여성의 기대수명은 80.6세가 되었다.[61] 증가 추세가

---

*   1485년부터 1603년까지 잉글랜드와 웨일스를 지배한 왕조.

거의 절반으로 줄어들기는 했지만, 그래도 이것은 분명한 진전이었다. 그리고 지금까지도 계속해서 증가해왔다.

그런데 여러 가지 이유가 있겠지만, 영국, 미국, 프랑스, 독일 등을 비롯한 여러 나라에서는 기대수명이 더 이상 개선되지 않는다는 첫 번째 징후가 보이고 있다. 실제로 미국은 2015년부터 2020년 사이에 기대수명이 꾸준히 하락했는데, 이는 제1차 세계대전이 발발하고 스페인 독감이 유행한 1915년부터 1918년 당시 이후로 가장 커다란 감소폭이다.[62] 영국에서는 2011년부터 뚜렷한 둔화 추세가 나타났는데, 2015년부터는 아무런 진전이 보이지 않는다.[63] 실제로 현재 영국은 제2차 세계대전 이후로 기대수명의 증가세가 가장 더딘 편이다. 코로나바이러스의 영향으로 이러한 수치는 더욱 낮춰질 것이 확실하다. 인류의 최전선에서는 현재 파스퇴르 스타일의 혁신이 맥을 못 추고 있다. 의약품이 예전만큼 그다지 힘을 발휘하지 못하는 것이다.

황금기가 끝나고 실망감의 시대가 이어지다

의약품 발견의 추세를 보면 확실히 이룸의 법칙(Eroom's Law)을 따르는 것으로 보인다. 이룸의 법칙을 간단히 설명하면, 10억 달러의 연구개발(R&D) 비용에 대하여 규제당국의 승인을 받는 의약품의 숫자가 9년마다 절반으로 줄어든다는 것이다. 이러한 패턴은 지난 70년 동안 거의 일정하게 유지되어왔다.[64] 1950년 이후, 신약 개발 비용은 최소한 80배 이상 상승했다.[65] 터프츠대학교(Tufts University)의 연구에 따르면 미국 식품의약국(FDA)의 승인을 받는 의약품 하나를 개발하는 데 드는 비용이 1975년부터 2009년 사이에 최소한 13배 이상 상 승했다고 한다. 2000년대 중반을 기준으로 그 비용은 대략 13억 달러 였는데, 현재는 26억 달러 이상을 기록하고 있다. 참고로 과학저술가 인 매튜 허퍼(Matthew Herper)는 그 비용을 40억 달러 정도라고 추산한 다.[66] 반면에 1960년대의 신약 개발 비용은 약 500만 달러 수준이었 다.[67] 적어도 코로나19 이전의 시기에는, 개발에 소요되는 기간도 꾸 준히 늘어났다. 이룸의 법칙에서는 신약을 개발하는 데 투입되는 노 력과 비용이 갈수록 증가한다는 사실을 보여준다. 제약 분야에서 획 기적인 성과를 이룩한다는 것은 갈수록 어려워지는 추세다.

이룸(Eroom)은 사람 이름이 아니다. 이룸의 법칙은 반도체에 들어 가는 트랜지스터의 수가 2년마다 두 배로 늘어나면서 컴퓨팅 능력 을 기하급수적으로 끌어올린다는 무어의 법칙(Moore's Law)에서 무어 (Moore)라는 이름을 거꾸로 쓴 것이다. 무어의 법칙은 기술적 낙관주 의의 전형을 보여주는 것이다. 반면에 제약업계에 깊게 뿌리를 내린 이룸의 법칙은 그 반대로 작용하고 있다. 좀처럼 진전이 이루어지지 않으며, 발전이 더욱 어려워지는 것이다. 그러나 도전과제는 더욱 커 져만 간다.

그러나 1980년대에도 이미 '신약 출시의 둔화 현상'이 뚜렷하게 나타났다.[68] 황금기가 끝난 후 '충족되지 않고 비현실적인 기대의 시 대이자 실망감의 시대'가 이어졌고, 그러한 추세는 더욱 강화되기만 했다.[69] 신약 개발 노력은 희귀 질병이나 혈압 같은 만성질환이라는 두 가지 분야에 집중되어 있다. 이 두 가지는 꾸준하면서도 예측 가 능한 수익을 만들어준다. 심각하지만 흔한 질병이 많이 약화되었지만, 일반적인 감기 같은 질병은 여전히 정복되지 않은 도전과제로 남아 있다. 한편, 신약 연구는 일반적으로 금전적인 손실을 일으키는 경향이 있는데, 이건 분명 우리의 미래에 바람직한 조짐이 아니다.[70]

이런 것들은 매우 이상한 상황이다. 연구개발 분야에 대규모 투자를 하면 대규모로 얻는 게 있다는 기본적인 상식에 반대되는 것이기 때문이다. 2014년에는 전 세계 제약 부문의 매출액이 사상 처음으로 1조 달러를 넘어섰다. 1988년에 영국 국민보건서비스(NHS)의 1년 예산은 235억 파운드였다.[71] 30년 후에는 그 예산이 1,000억 파운드 이상으로 치솟았다.[72] 그 사이에 인구는 20퍼센트인 1,000만 명이 증가한 반면, 공중보건 예산은 500퍼센트나 급증한 것이다. 물가상승을 고려하면, 실제 예산은 두 배 이상 늘어났다고 볼 수 있다. 의료 분야 지출은 매년 5퍼센트씩 증가하고 있다. 그리고 이러한 일반적인 측면에서 다른 나라와 비교해보아도, (적어도) 영국은 보건의료 부문의 발전 속도가 훨씬 더 가파른 편이다. 처방전의 발행 건수도 점점 더 늘어난다. 2006년부터 2016년까지만 살펴보면, 10년 사이에 처방전 발행 건수는 50퍼센트가 증가했다. 연구비 지출이 늘어나는 것과 이러한 상황을 전부 종합해보면, 분명히 더욱 뛰어난 성과가 나타났어야 마땅하다.

문제는 우리 인류가 과학과 기술 분야에서 엄청난 발전을 이룩했음에도 이러한 추세가 나타난다는 점이다. 1980년대와 1990년대를 거치면서 조합 화학(combinatorial chemistry)* 분야에서는 화학자 한 명당

---

* 단일 공정을 통해 수백에서 수백만 개의 화합물을 만들어내는 화학적 합성 기법.

합성해낼 수 있는 약물 같은 분자의 수가 800배나 증가할 정도로 눈부신 도약을 이뤄냈다. 의약품 연구에서 기본적인 건축 재료라고 할 수 있는 분자의 라이브러리(library)*가 거대하게 증가했다. DNA 염기서열 분석은 1970년대에 처음 시작된 이래로 10억 배 이상 향상되었다. 이러한 발전은 의약품 설계(drug design)에서 컴퓨터를 활용하는 등 강력하면서도 새로운 분야의 등장으로 더욱 힘을 얻고 있다.[73] 건강 관련 연구는 현재 인류 전체의 연구개발비 지출에서 25퍼센트를 차지하는데, 이는 1960년대의 7퍼센트에서 엄청나게 상승한 수치다.[74] 이처럼 과학과 기술, 경제적인 측면을 모두 고려할 때, 신약 개발은 더욱 속도를 높여야 하며 비용은 더욱 저렴해졌어야 한다.

이룸의 법칙은 파스퇴르와 함께 시작된 패턴과 반대되는 것이다. 그것은 신약 개발이 훨씬 더 어려워지고 있음을 의미하며, 이는 기대수명의 개선 속도가 둔화되는 현상과도 관련이 있다. 획기적인 의약품을 얻어내기 위해 매년 점점 더 많은 자금과 인력과 시간과 노력이 투입되고 있다. 우리 모두는 그러한 노력에 영향을 받는다. 그것은 우리의 가족과 우리의 친구와 우리의 기본적인 삶의 질과 연관되는 문제다. 우리가 사랑하는 누군가가, 또는 우리 자신이 직접 병원의 침상에 누워야 할 차례가 되면, 이런 문제는 더욱 절실하게 실감이 된다. 의학 분야에서 왜 그토록 진전이 더디게 이루어지는지 이해하는 일은 너무나도 중요한 사안이 되었다.

---

* 　분자 복제 과정을 통해 미생물의 군집 속에서 저장되고 전파되는 DNA 절편의 모음.

도달하기 힘든 목표

암을 퇴치하기 위한 힘겨운 싸움보다 이러한 추세가 가장 극명하게 드러나는 곳은 없다. 선진국에 사는 사람은 50퍼센트가 평생에 한 번은 암 진단을 받는다. 세계적으로 살펴보면 매년 1,700만 명의 사람이 암 진단을 받고 있으며, 2040년이 되면 그 수치가 2,750만 명으로 증가할 것으로 예상된다.[75] 상황이 이러한데도 지금까지 종양학(oncology) 분야에서 내놓은 치료법은 외과수술, 방사선 치료, 화학치료, 이렇게 세 가지에 불과하다. 곧 '잘라내고, 불태우고, 독살하는' 방법이 전부다. 시중에는 값비싼 약품이 아주 많이 출시되어 있지만, 그 성적은 그다지 좋지 못하다. 《종양학 연보(Annals of Oncology)》에 게재된 어느 연구에 따르면 NHS에서 특별 자금 지원을 받은 47가지 의약품 가운데 암 환자의 생존율을 늘린 것은 겨우 18개에 불과했으며, 그마저도 생명을 불과 3개월 정도 연장했을 뿐이라고 한다. 그리고 나머지 의약품은 기본적으로 아무런 효능도 없었고, 오히려 수많은 부작용을 일으켰다고 결론내렸다.[76]

그래도 이 분야에서는 희망적인 소식이 들려온다. 면역요법(immunotherapy)이 기적적인 아이디어가 될 수도 있다는 것이다. 면역요법은 '암과의 소모적인 전쟁'에서 혁명적인 치료법이 될 수도 있다며 관심을 받고 있다. 어떤 과학자는 면역요법을 페니실린의 발견에 비교하기도 한다. 암 치료 분야를 영원히 뒤바꿔서 수많은 사람의 목숨을 살리는 전환점이 될 수 있다는 것이다.[77]

면역치료는 우리 인체의 면역체계에 대한 다소 어려운 분자생물학적 지식에 기반을 두고 있는데, 그중에서도 백혈구의 일종인 T 세포(T cell)를 주목하고 있다. 지난 30년 동안, 과학자들은 면역체계가 암을 막기 위해 자체적으로 수행하는 안전점검 기능을 활용해 암이 T 세포를 속인다는 사실을 알아냈다. 다시 말해, 암이 신체를 속여 암세포를 공격하지 못하게 만드는 것이다. 만약 과학자들이 암의 이런 속임수를 억제할 수 있다면, T 세포를 비롯한 면역체계가 전투 현장에서 아무런 방해를 받지 않고 전진할 수 있을 것이다. 또 다른 기술로는 누군가의 T 세포를 채취해 특정한 개인의 암세포를 공격하도록 조작한 다음, 그것을 해당 환자에게 주입하는 방법이 있다. 이런 세포는 '키메라 항원 수용체 T 세포(CAR-T)'라고 부른다. 이 방법 역시 어마어마한 가능성을 내포하고 있다.

2018년의 노벨 생리의학상은 제임스 P. 앨리슨(James P. Allison)과 혼조 다스쿠(本庶佑)가 수상했는데, 이들이 바로 면역요법 분야를 개척한 선구자다. 그리고 2015년에는 암 투병 중이던 지미 카터(Jimmy Carter) 전 미국 대통령이 면역요법의 임상실험 대상자가 되어 암을 이겨냈다는 발표가 있었다. 면역치료법이 등장했다는 사실은 우리가 현재 이 문제를 극복해나가는 단계에 있으며, 결국엔 인과관계가 훨씬 더 복잡하고 생물학적으로 변화무쌍한 질환도 이미 좀 더 단순한 질환으로 분류해 '해결'해나가고 있음을 시사한다.

그러나 여기에도 문제점은 존재한다. 외부인이 보기에 그것은 마치 놀라운 치료법처럼 보인다. 그러나 실제 현실은 그것보다 훨씬 더 지난하면서도 복잡한 사정이 있다. 면역요법은 이미 오랫동안 숱한 문제를 거치며 연구해왔는데도 여전히 수많은 난관이 놓여 있기 때문이다. 그것은 오늘날의 거대한 아이디어가 가진 어려움이 어떠한 것인지 잘 보여준다. 우리는 언젠가 면역요법을 현실화할 수도 있을 것이다. 그러나 거기까지 가는 길은 어느 누구의 예상보다도 훨씬 더 길고 험난한 여정이 될지도 모른다.

지난 수십 년 동안 면역요법을 통한 암 치료는 막다른 골목으로 간주되었다. 그에 대한 이야기는 이미 19세기 말에 뉴욕에서 처음 제기되었는데, 면역치료는 가망성이 없는 것으로 여겨졌으며 실마리도 풀리지 않았다. 대부분의 과학자는 면역체계가 암과 싸워서 이겨낼 수 있다는 발상이 터무니없다고 생각했다. 그들은 암 세포가 외부에서 침입한 병원균처럼 인식될 수 있다는 생각을 믿지 않았다.

하지만 진전은 있었다. 성급하게 예측하는 사례도 흔했다. 1980년에 《타임(Time)》지는 표지 기사에서 아직 입증되지도 않은 면역치료를 '암에 대한 페니실린'이라고 예고하기도 했다. 그러나 현실은 이러한 대대적인 선전에 부응하지 못했고, 그것의 근본적인 원리에 대한 믿음을 뒤흔들었다. 몇몇 놀라운 데이터가 있기는 했지만, 임상실험의 결과는 들쭉날쭉하기 일쑤였다. 자금을 후원하는 이들은 명확한 결과를 원했다. 심지어 굳게 믿었던 사람들마저도 의심을 품기 시작했다.

한편, 암 연구는 엄청나게 늘어나서 어마어마한 규모의 자금이 투입되고 있다. 지난 50년 동안, 그 어떤 연구를 위한 노력도 자금 지원의 규모에서는 여기에 비할 수 없다. 1971년에 리처드 닉슨(Richard Nixon) 미국 대통령이 국가 암 법률(National Cancer Act)을 필두로 '암과의 전쟁'을 개시했다. 이러한 성전(聖戰)이 개시되었을 때만 하더라도,

암 치료법은 쉽게 찾아낼 수 있을 것으로 여겨졌다. 소아백혈병 치료법이 비교적 성공을 거두면서, 다른 심각한 암 질환에서도 비슷한 성과를 거둘 것이라는 기대감이 자연스럽게 뒤따랐다. 심지어 연구자들은 미국의 독립 200주년을 맞는 1976년에 정확히 맞추어서 그러한 성취를 거둘 수 있으리라고 생각했다.

암 연구 분야는 지금도 여전히 매년 천문학적인 규모의 자금을 지원받고 있다. 미국의 국립 암 연구소(NCI)는 연간 약 50억 달러의 예산을 받는다. 영국 암 연구소(CRUK)는 매년 거의 5억 파운드의 자금을 지출한다. 일부의 추정에 따르면, 닉슨의 전쟁 선포 이후에 약 5,000억 달러의 자금이 투입되었다고 한다. 다시 말해, 지난 40년 동안 미국인 한 명이 암으로 사망할 때마다 2만 달러를 사용한 것과 같다고 볼 수 있다. 닉슨의 선전포고 이후 45년이 지난 2016년, 당시 버락 오바마 대통령과 조 바이든 부통령은 이 질병을 최종적으로 무찌르기 위해 '암 정복 프로젝트(Cancer Moonshot)'를 출범시켰다. 이런 노력들 덕분에 암 환자를 보살피는 일에서는 개선이 이루어졌지만, 의학의 황금기에 볼 수 있었던 것과 같은 비약적인 발전은 아직까지 일어나지 않고 있다. 이러한 평가는 암을 연구하는 과학자와 연구기관의 피땀 어린 노력을 폄훼하려는 것이 아니다. 오히려 그들이 마주한 거대한 도전이 얼마나 험난한 것인지 더욱 부각시킨다고 할 수 있다.

이 분야에서 획기적인 수준에 도달하기 위해서는 암과 면역 연구에서 상당한 진전이 있어야 했고, 미국 국립보건원(NIH)에서도 수십억 달러의 자금 지원이 필요했다. 면역치료는 1992년에 FDA에서 처음으로 자금 지원을 승인받았지만, 당시에도 여전히 비주류 치료 분야에만 머물러 있었다. 이에 대한 근본적인 메커니즘이 알려지기 전까지는, 그 어떤 제약회사도 상당한 리스크를 감수하려 하지 않았다. 면역치료는 효과가 형편없었고 거대 제약회사도 리스크를 회피하면서, 이 분야에서의 임상시험을 승인받는다는 것은 엄청난 도전을 의미했다.

한편, 과학은 너무나도 방대해지고 각 분야가 별도로 세분화되면서 최신의 추세를 따라가는 것만으로도 벅찰 지경이 되었다. 한 분야에서 진전이 나타났다고 해서, 이제는 그것이 더 이상 자동적으로 다른 분야에까지 영향을 미치지 않았다. 명망 있는 저널은 제약회사와 동일한 이유로 면역요법에 대한 논문을 게재하지 않았다. 거기에는 헛된 시도가 너무나도 많았고, 온갖 돌팔이 과학이 난무한 것처럼 보였다. NIH를 비롯한 기관이 비록 미약하기는 하더라도 면역요법에 대한 지원을 지속했지만, 그보다는 다른 치료법에 대한 연구가 더욱 우선시되었다.

여기에서의 요점은, 면역요법이 어느 날 갑자기 나타난 획기적인 아이디어가 아니라는 점이다. mRNA 백신* 같은 성공 스토리와 마찬가지로, 면역요법 역시 수십 년 동안 거의 아무런 가망이 보이지 않았고, 수많은 기회를 날려버렸으며, 실패한 시도는 쌓여만 갔고, 한낱 주변부의 과학으로 취급을 받아왔다. 여기에 더해 기록적인 수준의 엄청난 연구 자금과 노력이 투입되었다는 점은 굳이 말할 것도

---

* 인공적으로 만든 메신저 RNA(mRNA)를 이용하여 후천성 면역 능력을 강화하는 백신으로. 코로나19 바이러스용으로는 모더나와 화이자 백신이 여기에 해당한다.

없다. 몇 명의 조수와 함께 초보적인 실험실에서 연구했던 파스퇴르의 사례와 비교해보라. 플레밍이나 플로리와 체인은 대학교의 학과 하나와 연구용 병원이 필요했다. 암 연구에는 전 세계의 최첨단 생체의학 연구센터에 퍼져 있는 수만 명의 연구자가 동원되었다.

하지만 아직까지도 목표에는 도달하지 못했다. 해당 연구에 밀접하게 관여하는 사람에게 물어보면, 그들은 임상실험 결과가 들쑥날쑥하다고 말한다. 면역치료는 일부 암과 환자에게 효과가 있는 것으로 보이지만, 어떤 이들에게는 그렇지 못하다. 일선에서 근무하는 의사는 치료약을 개발하는 회사보다는 냉정한 편이다. 2019년을 기준으로 임상시험이나 그 직전 단계에 접어든 면역치료법은 2,000가지가 넘지만, 이러한 풍요로움은 새로운 문제를 야기한다. 이런 치료법이 모두 출시될 만한 여유가 없을 것이며, 자금 지원은 언제든 급격하게 축소될 수 있다는 점이다. 게다가 면역치료에 드는 비용 역시 천문학적인 수준이다. 가장 잘 알려진 치료법은 통상적으로 수십만 달러가 소요된다. 노바티스(Novartis)의 CAR-T 치료에 드는 비용은 환자 한 명당 47만 5,000달러다. 중단기적으로 볼 때, 면역치료가 얼마나 널리 퍼질지는 논란이 있을 수 있다. 물론, 면역치료는 암을 이겨내고 의학의 최전선을 넓히는 데 매우 중요하다. 그러나 여기에 아무런 문제가 없는 척하고, 상당한 기간이 소요된다는 점을 무시한다면, 오늘날 의학적으로 획기적인 발전이 어떻게 일어나는지를 제대로 이해할 수 없을 것이다.

암에 대한 면역치료법의 등장은 진정으로 환영받을 만하고 고무적인 일이다. 그렇다고 해서 그것이 어려움에 처한 의학 발전의 전반적인 패턴을 거스르는 것은 아니며, 오히려 그러한 패턴을 잘 설명해 준다. 그것은 획기적인 아이디어가 가진 문제점에서 예외가 아니라, 오히려 그러한 문제점의 일부를 이룬다.

• • •

파스퇴르에서 화이자(Pfizer)에 이르기까지 지난 2세기 동안 의료와 공중보건 분야에서 이룩한 눈부신 발전을 목격하면서 우리는 기적을 기대하게 되었다. 그러나 차분히 살펴보면 그러한 기적은 점점 더 어려워지는 것이 사실이다. 이것은 파스퇴르 같은 인물이나 그들이 처했던 극한의 어려움을 폄하하려는 것이 아니다. 주류사회는 무시했고, 자원은 부족했으며, 도구는 형편없었고, 관련 이론이 거의 없는 상황에서도, 결국 그는 분명 전무후무할 정도로 그 누구보다도 더욱 멀리까지 더욱 빠르게 진전을 이루어냈다. 이것이 핵심이다. 지금도 어딘가에는 또 다른 파스퇴르가 있을 것이다. 아마 수많은 파스퇴르가 있을 수도 있다. 그러나 파스퇴르가 연구하던 당시보다 조건이 훨씬 더 나아졌고, 연구진의 규모도 훨씬 더 커졌으며, 관련 지식도 엄청나게 향상되었고, 이용할 수 있는 도구도 믿을 수 없을 정도로 발전했는데도, 그들이 독자적으로 파스퇴르만 한 영향력을 이뤄낼 수 있으리라고는 상상하기 어렵다.

이룸의 법칙만이 유일한 문제는 아니다. 아직까지 세상에 남아 있는 사안은 물론이고 새롭게 등장하는 문제는 모두 비할 데 없이 최고 난이도의 난제다. 그리고 어느 순간이 되면 이러한 모든 노력도 결국엔 막다른 골목에 부딪힐 것이다. 곧 새로운 위대한 아이디어가 만들어질 수 있을 정도로 우리의 능력이 개선된다고 하더라도, 실제로는 그러기가 쉽지 않을 것이다.

미래가 언제나 반드시 거대한 아이디어로 가득한 것만은 아니다.

다음 단계로의 이동
– 놀라울 정도로 정체된 우리의 변화 능력

인류 기동성의 최전선을 확장한 라이트 형제

1903년 12월 17일, 노스캐롤라이나의 키티호크. 바람이 너무 많이 불었다. 순간적으로 시속 50km의 돌풍이 불었기 때문에, 자칫하면 목숨이 위험할 수도 있었다. 항공 분야의 위대한 개척자인 오토 릴리엔탈(Otto Lilienthal)도 불과 몇 년 전에 비슷한 상황에서 추락 사고를 당하는 바람에 숨을 거둔 사례가 있다.

하지만 상관없었다! 몇 달 동안이나 연기해야 했고, 기술적인 문제들을 해결하고, 예비 장비를 들고 수없이 왔다 갔다 하는 여정을 마친 뒤였다. 그리고 몇 년에 걸쳐 시험을 하고, 프로토타입을 제작했으며, 연구를 거듭하고, 작업대에서 밤낮을 지새우면서, 그렇게 꿈을 이루기 위해 수십 년 동안 노력해왔다. 그리고 바로 이날, 이곳 아우터뱅크스(Outer Banks)에서는 대서양으로 거센 모래바람이 휘몰아치고 있었다.

인류는 수천 년 동안이나 하늘을 나는 상상을 해왔다. 이제 윌버 라이트(Wilbur Wright)와 오빌 라이트(Orville Wright) 형제는 그러한 꿈을 마침내 실현시키겠다고 생각했다. 그들은 수많은 역경을 무릅쓰고 비행기를 만들었다.

형제는 그들의 유니폼과도 같은 빳빳하게 풀을 먹인 칼라의 짙은 색 정장을 입고 있었다.[78] 그리고 이번에는 동생인 오빌이 비행할 차례였다. 두 사람은 악수를 나눈 다음, 그들이 플라이어(Flyer)라고 부르는 비행기로 오빌이 올라갔다. 비행기가 활주해나갈 방향에는 카메라가 한 대 설치되어 있었다. 이를 지켜보던 사람 중 한 명인 존 T. 대니얼스(John T. Daniels)는 이륙할 때 카메라를 작동시켜달라는 요청을 받았다. 오빌은 엔진이 예열될 때까지 몇 분 동안 플라이어의 가운데에 꼼짝 않고 바짝 엎드려 있었다. 윌버는 비행기가 흔들리지 않도록 우측 날개를 붙잡고 있었다. 위험한 시험이지만, 형제는 언제나처럼 성실하면서도 침착하게 대비했다.

10시 35분, 오빌이 플라이어에 묶여 있던 밧줄을 느슨하게 풀었다. 비행기가 실려 있는 수레가 나무로 만든 활주로를 따라 천천히 내려가기 시작했다. 윌버는 비행기와 함께 움직이면서, 기체가 역풍을 맞아 앞으로 휘청거리지 않게 중심을 맞춰주었다. 비행기가 활주로의 끝부분에 도착하자 마치 시간이 멈춘 것 같았다. 구경꾼이 모두 바짝 숨을 죽인 가운데, 플라이어는 덜컹거리며 허공으로 떠올랐다. 오빌은 그 순간이 '극도로 불안정했다'고 말했다. 비행기가 하늘로 솟구치는 순간, 대니얼스는 카메라의 고무 셔터를 꽉 움켜쥐었다.

플라이어가 공중에 떠올랐다!

비행기는 거칠게 튀어 오르면서, 이리저리 흔들리고 비틀거렸다. 걷잡을 수 없을 정도로 위험해 보였다. 오빌은 필사적으로 매달려 있었다. 그가 방향타를 움직일 때마다, 비행기는 '과민반응'을 했다. 그는 당시의 상황을 이렇게 말했다. "비행기가 갑자기 3미터 정도 높아졌다가, 방향타를 돌리자 갑자기 땅으로 곤두박질쳤습니다." 구경꾼은 많지 않았지만, 그들은 모두 이 놀라운 광경을 조마조마하게 지켜보았다. 이륙한 지 불과 12초가 지났고 활주로에서 35미터 정도밖에 날지 않았을 때, 비행기가 갑자기 지상을 향해 곧장 곤두박질치기 시작했다. 그리고 날개 한쪽이 모래바닥에 부딪히면서 플라이어가 마침내 땅 위로 내려왔다.

역사가 만들어지는 순간이었다. 오빌은 후에 이렇게 말했다. "겨우 12초 동안의 비행일 뿐이고, 걷잡을 수 없고, 이리저리 흔들리고, 기껏해야 살금살금 날았던 것에 불과하지만, 그래도 그것은 마침내 이루어낸 진짜 비행이었습니다."

오전 11시가 되었고, 이번에는 윌버의 차례였다. 그는 53미터 정도로 더 멀리 날았는데, 이륙도 매끄러웠고 비행도 깔끔했다. 날이 저물어가던 무렵이 되자, 윌버는 거의 1km를 날았다. 예측할 수 없는 돌풍이 끝없이 불었지만, 그들은 비행기의 조종법을 조금씩 이해하기 시작했다. 그리고 마지막 반전이 있었다. 하루가 끝나갈 무렵, 갑작스러운 돌풍 때문에 플라이어가 대니얼스를 향해 곤두박질쳤다. 270kg에 달하는 기계장치와 캔버스가 그를 향해 돌진했다. 그런데 거의 기적같이 플라이어가 갑자기 멈추었고, 그는 가까스로 탈출할 수 있었다. 그리고 비행기는 모래바닥에 부딪혀 산산조각이 났다. 이제 오빌이 오하이오의 데이턴에 있는 가족에게 전보를 치는 일만 남았다. 그가 보낸 메시지는 이렇게 시작했다. '성공.'

지역의 평범한 공장에서 일하는 아마추어 기술자인 형제는 바람이 부는 모래언덕 사이에서 놀라운 일을 해냈다. 공기보다 무거운 (heavier-than-air) 물체의 비행을 성공시킨 것이다.

이후 이 아이디어는 빠르게 입지를 다져갔다. 1904년, 라이트 형제는 고향인 데이턴에서 가까운 허프먼프레이리(Huffman Prairie)에서 시험비행을 재개했다. 라이트 형제의 놀라운 비행기를 구경하기 위해 사상 처음으로 많은 사람이 몰려들었다. 비행기는 이제 '플라이어 2'라는 이름의 새로운 모델로 발전해 있었다. 1905년이 되자 형제는 '플라이어 3'라는 좀 더 새롭고 개선된 모델에 올라탔다. 이번에는 25마력의 엔진이 장착되었고, 디자인도 좀 더 세련되게 바뀌었고, 방향타는 더욱 커졌고, 날개도 개선되었다.

1905년을 거치면서 라이트 형제는 비행 기술을 완성했는데, 윌버는 이를 두고 이렇게 말했다. "하늘을 난다는 건 수많은 사람이 꿈꾸던 일을 실현한 것이었습니다. 하늘을 날고 있으면 다른 무엇보다도 완벽하게 평화로운 기분과 함께, 모든 신경이 곤두설 정도로 사람들이 생각할 수 있는 극도의 흥분감이 뒤섞여 있습니다." 그해에 오빌은 플라이어 3를 타고 24km를 날았다.

1903년에 특허를 신청한 그들은 1906년 5월에 그 특허가 승인되었다는 통보를 받았다. 그러나 그때까지도 그에 대한 회의적인 시각이 널리 퍼져 있었다. 그런데 1907년부터 본격적으로 투자가 진행되기 시작했다. 군수업체인 플린트&컴퍼니(Flint & Company)가 50만 달러를 내고 유럽 판매권을 획득한 것이다. 곧이어 독일 정부가 비슷한 금액을 제시했다. 1908년 초, 라이트 형제는 오랜 협상 끝에 새로운 계약을 체결했다. 그전까지는 관심을 보이지 않던 미국 전쟁부(War Department)*가 플라이어 한 대에 2만 5,000달러를 주고 구입한다는 내용이었다.

프랑스의 르망(Le Mans)과 포(Pau)에서, 로마와 베를린에서 전설적인 시험비행이 진행되었다. 워싱턴 D. C.에서는 오빌이 추락 사고를 일으키는 바람에 탑승객이 사망하기도 했다. 뉴욕에서 진행된 행사에서는 자유의 여신상 옆을 지나 비행하면서 그 절정을 이루었다. 형제는 부와 명성을 거머쥐었다.《르 피가로(Le Figaro)》는 르망에서 개최된 시연에 열광적인 반응을 보였다.

그것은 단순한 성공이 아니라 대성공이었다. 항공에서 결정적인 승리였다. 이 뉴스는 전 세계의 과학계에 일대 혁신을 일으킬 것이다.

비행기는 엄청나게 뛰어난 아이디어다. 사람들은 언제나 하늘을 나는 새를 올려다보면서 자유를 꿈꾸었다. 다이달로스(Daedalos)와 이카로스(Icaros)의 신화에서부터 12세기 콘스탄티노플에서 자신의 팔에 날개처럼 생긴 장치를 부착하고 갈라타 타워(Galata Tower)에서 뛰

---

* 현 국방부의 전신.

어내렸지만 불행한 결말을 맞은 용감한 인물에 이르기까지 수많은 이야기가 전해진다. 공기보다 가벼운 비행 장치는 프랑스의 제지업자 몽골피에(Montgolfier) 형제가 1783년 6월에 뜨거운 공기를 이용한 열기구를 대중에게 최초로 선보이면서 18세기부터 시작되었다. 그러나 그것은 공기보다 무거운 비행체가 아니었고, 조종할 수도 없었으며, 동력을 활용한 비행도 아니었다.

라이트 형제에게는 비행이라는 것이 어마어마한 도전이었다. 그들은 정식으로 기술 교육을 받지도 않았고, 인맥도 거의 없었으며, 자원도 한정되어 있었다. 변변찮은 자전거 사업으로 버는 수입이 있기는 했지만, 정부나 군부에서는 아무런 지원도 받지 못했다. 그들의 첫 번째 돌파구는 획기적인 상상력에서 나오게 되었다. 그것은 사람이 새를 모방해야 하지만, 아예 그대로 모방한다는 것은 아니었다. 그들이 보기에는 새의 날개가 아치 형태로 굽어 있다는 것이 핵심이었다. 나무로 골격을 만들고 모슬린(muslin)이라는 면직물로 그걸 엮으면 새의 날개가 가진 기본적인 원리를 재현할 수 있을 것 같았다. 그러면 날개의 위쪽으로는 공기의 유속이 빨라지고 아래쪽의 공기압은 높아지면서 양력(위쪽으로 떠오르는 힘)이 생기게 된다.

곧이어 형제는 양력만이 핵심적인 요소가 아니라는 사실을 깨달았다. 비행기의 요동과 기울기를 평형상태로 맞추면서 균형을 유지하는 것 역시 필수적이었다. 새를 면밀하게 관찰한 결과, 윌버는 적극적으로 균형을 맞추는 것이 비행에서 아주 중요하다는 것을 알 수 있었다. 그러나 새를 모방하는 것만으로는 충분하지 않았다. 하늘을 난다는 것이 무엇인지 다시 한번 상상해보아야만 했다. 윌버는 새가 비행할 때 날개의 끝을 올리거나 내리면서 바람을 맞는 각도를 바꾼다는 사실을 알아냈다. 그는 그러한 '날개 비틀기(wing warping)'를 활용하면 비행기가 방향을 바꿀 수 있다는 사실을 깨달았다. 이 분야의 다른 개척자는 동력을 가장 중요하게 여겼고, 비행이라는 것을 자동차가 하늘을 나는 것처럼 생각했다. 그러나 균형을 중요한 요소로 바라보면서, 그들은 이제 비행기를 마치 하늘을 나는 자전거라고 생각하게 되었다.

또 다른 문제는 날개에 의해 만들어지는 양력과 항력(뒤로 끌리는 힘)을 측정하는 것이었다. 그들은 여기에 대해 특유의 독창적인 방식으로 대응했는데, 자신들의 자전거 가게 안에 초기 형태의 풍동(wind tunnel)을 건설한 것이다. 이로써 그들은 더욱 길고, 더 가늘고, 더 평평한 날개를 개발할 수 있었다. 오빌은 공기역학을 연구하면서 더욱 번뜩이는 상상력을 발휘했다. 어느 날 밤 잠들지 못한 채로 누워서 그는 한 가지 아이디어를 떠올렸다. '움직이는 방향타를 만들면 어떨까?' 윌버는 이런 아이디어를 듣자마자 마음에 들어 했고, 더욱 발전적인 제안을 했다. 곧 조종사가 날개의 비틀림을 제어하는 것과 동일한 메커니즘으로 방향타를 조절할 수 있어야 한다는 것이었다.

라이트 형제는 플라이어를 만드는 데 자신들의 자금으로 모두 약 1,000달러를 사용했다. 반면에 스미스소니언 협회(Smithsonian Institution)의 소장이었던 새뮤얼 피어폰트 랭글리(Samuel Pierpont Langley)는 '에어로드롬(Aerodrome)'이라는 걸 개발하는 데 7만 달러 이상의 공적자금을 소모했는데, 에어로드롬은 이렇게 값비싼 비행체였지만 성공적인 비행을 해내지 못했다.

최초의 기능성 항공기를 만드는 과정을 살펴보면, 우리는 획기적인 아이디어에 대한 핵심적인 이야기를 확인할 수 있다. 그것은 사람이 하늘을 날기 위한 독창적인 아이디어와 그것을 어떻게 해낼 수 있을지에 대한 심오한 통찰력이 결합되어 있었다(**구상**). 그리고 그것을 직접 제작하고 키티호크에서 플라이어의 시험비행을 거쳤다(**실행**). 그다음에는 전 세계에서 본격적으로 시험비행과 생산이 개시되었다(**인정**). 인류의 이동 능력은 순식간에 완전히 바뀌었다. 그것은 플라이어의 비행을 최초로 목격한 사람조차 거의 믿을 수 없는 일이었으며, 마치 불가능한 일이 실현된 것처럼 느껴졌을 것이다.

기초적인 도구만으로 작업을 했고, 자금이나 지원은 사실상 전무했던 무명의 형제가 교통과 기술, 우주와 지리학의 향방을 바꾸어놓았다. 단지 두 사람 개인만이 아니라, 그들은 인류 기동성의 최전선을 확장시켰다. 그들이 한창 연구하던 당시에, 인류의 교통수단은 세계의 전역에서 속도가 점점 더 빨라졌고 새로운 형태의 급진적인 교통수단이 나타나 한창 혁명이 벌어지고 있었다. 그전까지 약 150년 동안 모든 것이 지속적으로 가속화되면서, 세상의 모든 거리가 좁혀지는 것처럼 보였다. 하지만 그 이후에는 그러한 발전이 주춤거렸다. 교통수단의 발전에서 우리는 유리천장에 부딪히고 말았다.

더 이상 가속을 내지 못하는 이동수단

인류 역사의 대부분 동안, 다른 곳으로 이동한다는 것은 피곤하고, 불편하고, 위험하고, 느린 일이었다. 로마 시대 이후로도 여러 세기가 지났지만, 도로 사정은 눈에 띄게 나아지지 않았다. 선박은 빠르고 저렴해졌지만, 해양기술은 조금씩 더디게 발전했다.

그러다 변화가 찾아왔다. 도로가 개선되고, 선박의 발전과 운하의 개통으로 속도가 빨라지긴 했지만, 철도가 등장하면서 진정으로 전례 없던 변화가 일어났다. 비행기와 마찬가지로, 철도는 획기적인 아이디어의 교과서적인 사례였다. 세계 최초의 근대적인 증기기관 철로는 1825년에 영국의 스톡턴(Stockton)과 달링턴(Darlington) 사이에 건설되었다. 미국에서는 1830년에 볼티모어(Baltimore)와 오하이오(Ohio) 사이에 개통된 철로가 처음이었다. 그러자 운하는 대재앙을 맞았다. 철로는 동일한 비용으로 운하보다 50배나 빠른 속도로 화물을 운반할 수 있었고, 말을 이용한 운송과는 비교할 수조차 없을 정도로 효율적이었다.[79] 이러한 변화가 얼마나 빠르고 엄청난 것인지는 다음의 사례를 보면 실감할 수 있다.

앤드루 잭슨(Andrew Jackson) 대통령이 1829년 워싱턴에 도착했을 때, 그는 로마의 황제와 동일한 속도로 이동했다. 8년 후에 퇴임하면서 그는 기차를 타고 이동했는데, 그 빠르기는 오늘날의 대통령이 기차로 이동하는 계획을 세울 때와 거의 동일한 속도였다.[80]

1869년에 릴런드 스탠퍼드(Leland Stanford)가 유타 준주(Utah Territory)에 있는 프로몬터리 서밋(Promontory Summit)에서 마지막 골든 스파이크(golden spike, 황금 말뚝)를 박음으로써 유니언 퍼시픽 철도(Union Pacific Railroad)와 센트럴 퍼시픽 철도(Central Pacific Railroad)를 연결했을 때, 미

국은 사상 처음으로 철로를 통해 전역이 연결되었다. 대륙횡단철도는 순식간에 지리는 물론이고 시간과 공간을 바꾸는 것처럼 보였다. 그전까지는 6개월이나 걸리던 대서양 연안에서부터 태평양 해안까지의 이동은 불과 6일로 줄어들었다. 19세기의 후반까지 미국에서만 매일 21km의 철로가 새로 깔렸다.[81] 당시에 영국이나 프랑스처럼 미국보다 좀 더 작은 나라는 이미 복잡한 철도 네트워크로 연결되어 있었다.

모든 것이 움직이기 시작했다. 예를 들어, 배를 만드는 과정에서도 결정적인 변화가 있었다. 증기기관이 출현하기 전에는 영국의 해안에서 뉴욕까지 대서양을 서쪽으로 횡단하는 데 6주 정도가 걸렸다. 이 항로에 증기선이 처음 투입된 것은 1838의 이섬버드 킹덤 브루넬(Isambard Kingdom Brunel)이 설계한 SS 그레이트 웨스턴(SS Great Western)이었는데, 당시에 이 배는 대서양 횡단에 걸리는 시간을 불과 15일로 줄였다. 10년 뒤, 큐나드 라인(Cunard Line) 소속의 선박은 8일 만에 그 일을 해내게 되었다. 최초의 증기선이 대서양을 가로지른 지 70년이 지난 시점에서, 가장 빠른 선박은 불과 5일도 걸리지 않아 횡단할 수 있었다.[82] 철강업이 발전하면서 훨씬 더 커다란 배를 만들 수 있었고, 더욱 효율적이면서도 강력해진 터빈 엔진 덕분에 빠른 속도의 추진력을 낼 수 있었다. 이런 상황을 조엘 모키르는 이렇게 표현했다.

1815년 당시의 일반적인 선박은 1650년 시기의 일반적인 선박과 크게 다르지 않았지만, 1910년이 되자 상선과 군함 모두 불과 반세기 전에 증기선이 등장하기 이전의 배와는 공통점이 거의 없었다.[83]

당시에 등장한 새로운 문물 중에는 자전거도 있는데, 자전거는 훗날 세계에서 가장 인기 있는 이동수단 중 하나가 된다. 그리고 라이트 형제의 업적만큼이나 중요한 혁신과 아이디어가 싹트고 있었다.[84] 카를 벤츠(Karl Benz)의 모토바겐(Motorwagen, 자동차)은 그 역사가 1885년으로 거슬러 올라가는데, 이는 1879년에 최초로 제작한 엔진을 기반으로 만든 것이다. 그가 만든 내연기관은 교통의 혁명적인 변화에서 필수적인 요소였는데, 탱크와 장갑차에서 화물트럭과 트랙터에 이르기까지 거의 모든 면에 영향을 미쳤다. 요즘 같은 교외의 쇼핑센터나 풍부한 음식, 서로 멀리 떨어져 사는 가족 모두 그가 만든 내연기관 덕분에 가능할 수 있었다.

처음에는 터무니없을 정도로 비싼 호기심의 대상이었던 자동차는 얼마 지나지 않아 헨리 포드(Henry Ford)가 1907년에 출시한 모델 T(Model T) 덕분에 수백만 대씩 대량으로 생산되는 필수품이 되었다. 미국이나 유럽의 가정에서 자동차를 소유하는 것이 일반화되었듯이, 비행기 여행도 점차 주류문화로 성장했다. 1930년대 후반 무렵, 비행은 비록 고가의 대중교통 수단이긴 했지만 그래도 여전히 생존을 이어갔다. 더글러스 DC-3(Douglas DC-3) 같은 항공기는 한 번 연료를 가득 채우면 승객 21명을 태우고 1,600km를 날아갈 수 있었는데, 미국 대륙을 세 차례 쉬면서 15시간 만에 횡단할 수 있었다.[85] 도로와 선박 같은 기존의 교통체계도 개선되었고, 철도나 자동차, 비행기 같은 신기술에 의한 극적인 변화가 더해지면서 우리는 가속(acceleration)이라는 새로운 감각을 느끼게 되었다.

제2차 세계대전이 끝나고, 미군 병사가 고향으로 돌아가는 장면을 상상해보라. 당시의 병사는 75년 전에는 존재하지도 않던 교통수단을 타고 이동했다. 오늘날 유럽에서 미국의 고향으로 복귀하는 병사의 여정은 얼핏 보기에 제2차 세계대전 당시의 군인과는 매우 다를 것처럼 보인다. 좀 더 세련되고, 편안하며, 깨끗하고, 안심할 수 있을 것 같다. 1945년 당시의 병사가 갑자기 현재로 건너와서 그 모습을 본다면, 그것은 마치 엄청나게 발전한 미래처럼 보일 것이다. 그러나 자동차와 비행기의 모습은 여전히 비슷하다. 제2차 세계대전 이후로 75년이나 지났지만, 완전히 다른 형태는 아니다. 우리는 도심에서는 여전히 버스나 기차, 지하철 또는 택시를 타고 이동하며, 가끔 비행기를 타고 외국을 다니며, 저녁이 되면 차를 운전해 집으로 돌아오는 이도 있을 것이다. 제2차 세계대전 이후로는 이처럼 대중교통이 비교적 순탄하게 성장해왔지만, 그전까지는 온갖 새로운 이동수단이 등장했다가 사라졌다. 비록 설비나 디자인 측면에서는 발전했더라도, 이동의 패러다임 자체는 변하지 않았다.

사람들은 내게 세상이 확실히 점점 더 빨라지고, 모든 것이 속도를 낸다고 말한다. 그러나 아주 기본적인 수준에서 바라보면 이러한 인식은 사실이 아니다. 75년이나 지났지만, 우리는 훨씬 더 빠르게 이동하지는 못하고 있다.[86] 자동차와 트럭은 60년 전보다 더 많은 사람이나 화물을 실어 나르지 못한다. 대도시에서의 차량 속도는 시속 12km로, 빅토리아 시대(Victorian era, 1837~1901년)에 말이나 마차로 이동하는 것과 크게 차이가 없다.[87] 도로는 혼잡하고, 속도제한은 시간이 지나면서 높아지지 않고 오히려 더욱 엄격해지기도 하며, 기존의 인프라 시설 때문에 차량의 규격 역시 제약을 받는다. 시속 160km로

달리는 자동차는 이미 1940년대에도 구입할 수 있었다. 물론 오늘날에도 빨리 달릴 수는 있지만, 1940년대와 마찬가지로 지금도 실제로 시속 160km로 달리는 사람의 수는 (물론 나름의 이유가 있겠지만) 그다지 많지 않다.

제트 엔진은 지금도 꾸준히 발전하고 있지만, 그 시초는 1920년대와 1930년대로 거슬러 올라가며, 최초의 제트기인 드 하빌랜드 코멧(de Havilland Comet)은 이미 1951년부터 운항을 시작했다. 최초의 제트기 승객은 대서양을 8시간 만에 건널 수 있었다. 요즘에는 7시간 정도가 걸리긴 하지만, 그것도 공항에서의 복잡한 수속과정은 제외한 시간이다.[88] 상업용 초음속 여객기인 콩코드(Concorde)가 선을 보였지만, 결국 퇴역하고 말았다. 전 세계 항공 노선의 주력 기종인 보잉 747(Boeing 747)이 최초의 상용 비행을 개시한 것은 1970년인데, 지금도 여전히 건재하게 운항 중이다. 역사상 가장 빠른 비행기인 전설적인 록히드 SR-71 블랙버드(Lockheed SR-71 Blackbird)와 노스 어메리칸 X-15(North American X-15) 로켓 추진 제트기가 만들어진 시기는 1960년대였다. 에어버스(Airbus)의 A380은 혁명적인 시대를 열어젖힐 것으로 대대적인 선전을 했다. A380은 물론 셀 수 없이 많은 개선이 이루어진 훌륭한 비행기다. 그러나 생각만큼 거대한 여객기는 아니고, 그마저도 현재는 단종된 상태다.

달의 표면을 사람이 마지막으로 걸었던 것은 1972년인데, 그것도 불과 여섯 차례의 달 탐사 만에 이루어낸 쾌거였다. 인류 역사상 가장 빠른 속도로 이동한 사람은 아폴로 10호에 타고 있었는데, 그것도 1969년의 일이다. 달이나 화성에 기지를 건설한다는 건 여전히 공상과학의 영역으로 남아 있다. 인류는 그 누구도 유리 가가린(Yuri Gagarin)보다 지구 밖으로 더 멀리까지 나아가지 못하고 있다. 만약 우리가 1960년대의 아이들에게 오늘날의 인공위성이나 국제우주정거장(ISS)이나 대기권을 훑고 돌아오는 우주관광 캡슐을 보여준다면, 그 아이들은 대단히 실망할 것이다.

우리의 자동차와 기차, 배, 비행기는 더 깨끗하고, 더 날렵하고, 더 안전하고, 더 신뢰할 수 있게 되었다.[89] 그러나 자동차가 처음 등장해서 일상의 모든 활동을 바꾸어놓은 것처럼, 또는 비행기가 만들어지면서 이동 속도의 장벽을 깬 것처럼, 그러한 개선이 획기적인 변화를 일으키지는 못하고 있다. 품질이 향상되고, 가격이 내려가면서 더욱 기능성이 개선되고 시장에서의 경쟁력도 확보해가고 있다. 그러나 그러한 개선은 점진적인 발전에 불과하며, 작고 소소한 아이디어들이 수없이 많이 모여서 이루어지는 것이다. 위대한 혁신이라고 부르기는 어려운 것이다. 이 모든 일이 세계 최대의 업체와 연구소에서 이루어지는 현실이다. 참고로, 폭스바겐(Volkswagen)이나 토요타(Toyota) 같은 자동차 회사는 전 세계 모든 기업 가운데 매출액 기준으로 상위 10위 안에 든다. 신속한 이동은 정책입안자는 물론이고 우리 개인에게도 중요한 사항이다. 멋진 차량용 기기와 지중해로 떠나는 저가 항공편이 있다는 건 멋진 일이다. 그러나 어떤 장소에서 다른 곳으로 이동하는 것에서, 우리는 커다란 사고를 하지 못하고 있다. 우리는 꾸준하지만 안정된 발전 속도에 적응했다. 우리는 속도가 빠르다는 것이 무엇인지 알고 있지만, 더 이상 가속을 내지는 못하고 있다. 다시 한번, 우리는 돌파구가 필요한 문제를 경험하고 있다.

상상에서 현실로 나아가는 징후들

이런 패턴은 제약 부문이나 의학 분야와 닮아 있다. 초기에는 뛰어난 개인이 획기적인 진전을 이루어낸다. 시간이 지나면서 그러한 아이디어가 속도를 높이고, 더욱 축적되며, 서로에게도 많은 영향을 준다. 그러나 어느 시점이 되면, 비록 점점 더 많은 투자가 이루어진다고 하더라도, 근본적으로 획기적인 움직임 역시 변화를 멈추게 된다. 인류의 기대수명 개선은 둔화되거나 정체되었다. 평균적인 이동 속도는 일정한 수준에 머물러 있다. 라이트 형제의 시절이나 파스퇴르의 시대는 이미 지나갔다.

그러나 상황이 바뀔 수 있다는 징후들이 있다. 수십 년 동안 아주 조금씩 발전한 이후, 우리는 이제 뭔가 새로운 것이 나타나는 걸 목격하기 시작했다. 전기차가 보편화되면서, 내연기관의 시대가 마침내 막을 내리고 있다. 마찬가지로 이동이라는 것의 속성에서도 훨씬 더 근본적인 변화가 일어나고 있는데, 자율주행 차량의 분야에 엄청난 연구가 진행되기 때문이다. 확실히 자율주행 차량은 이미 가장 유망하면서도 진보적인 획기적인 아이디어로 여겨진다. 그리고 자율주행 차량의 무리가 일사불란하게 움직인다면 교통체계에서 분명 혁명적인 일이 될 것이다.

초음속 여행은 역사책에서나 볼 수 있을지도 모른다. 그러나 런던에서 뉴욕까지 마하 5의 속도로 90분 만에 주파할 수 있는 비행기 개발을 모색하는 기업이 있는 것에서 알 수 있듯이, 비행기 역시 재발명의 대상이 될 수 있다. 아마존(Amazon)의 프라임 에어(Prime Air) 프로그램 같은 배송용 드론은 현재 상용화를 위한 시험 단계에 있다. 독일과 미국, 중국, 뉴질랜드의 스타트업은 쿼드콥터(quadcopter)* 비행 차량을 시험하고 있다. 태양열 추진 비행기가 지구를 순항하고 있고, 돈이 많다면 제트팩(jetpack)**의 시제품도 구입할 수 있다.

일론 머스크(Elon Musk)나 리처드 브랜슨(Richard Branson), 제프 베이조스(Jeff Bezos)처럼 모험을 즐기는 새로운 세대의 기업가 덕분에 우주가 다시 열리고 있다. 미국항공우주국(NASA), 러시아연방우주국(RSA), 유럽우주국(ESA) 등 오래된 주역 외에도, 중국과 인도 역시 우주개발 프로그램에 박차를 가하고 있다. 중국의 톈궁(天宮) 우주정거장은 조만간 완전한 형태로 궤도에서 가동을 시작할 것이다. 달과 화성을 탐사하기 위한 야심찬 계획이 머지않은 시기에 연달아 계획되어 있다. NASA의 탐사 프로그램 아르테미스(Artemis)는 2024년까지 다시 달에 사람을 보낸다는 계획을 추진 중인데, 그 전망은 상당히 낙관적인 편이다.

미래에는 하늘이 멋진 비행선과 작고 빠르게 움직이는 드론, 극초음속 대륙 간 제트기, 태양열로 추진되는 장거리 여객기, 인공지능(AI)으로 제어되는 차량형의 수많은 교통수단, 서둘러 회의에 참석하려고 미친 듯이 날아가는 제트팩, 전 세계에 실시간으로 전송되는 정보로 가득 차서 북적거리는 장면을 상상할 수 있다. 그런 상상은 얼마든지 할 수 있고, 실제로 지난 한 세기 동안 그런 상상을 해왔다. 그

---

*   회전 날개가 4개 달린 헬리콥터.

**   개인용 분사 추진 장치.

러나 그런 미래는 아직까지 오지 않았다. 우리는 구상 단계에서는 상당히 능숙하지만, 실행 단계까지 가는 것은 쉽지 않으며, 사회적인 인정 단계까지 가는 것은 훨씬 더 어려운 일이 되었다. 대다수는 아니라고 하더라도 이런 기술 중 상당수는 여전히 검증되지 않은 위험한 기술이다. 그러한 목표를 이루기 위해 이미 이전의 기술을 만들어내기 위해 사용한 것을 훨씬 뛰어넘는 거대한 규모의 연구개발 자금이 소요되었다. 그러나 앞서 살펴보았듯이, 플라이어를 만들기 위해 수많은 박사가 동원된 것도 아니었다.

우주개발 전쟁이 한창이던 시기 이후로 최첨단 교통수단 개발 분야에 지금처럼 많은 투자를 한 적은 없다. 우주개발, 드론, 자율주행차량 같은 분야에 민간 자본과 공적 자금이 쏟아지고 있다. 보잉이나 폭스바겐 같은 전통의 강자도 마침내 그러한 도전과제에 눈을 뜨고, 급진적인 변화를 위해 어마어마한 노력을 기울이고 있다. 가능성이 있는 것은 분명하다. 그러나 그러한 아이디어가 왜 실체화되지 않는지 의구심을 갖는 것도 이해 못할 일은 아니다.

· · ·

의학과 교통수단은 모든 사람에게 영향을 미친다. 그것은 전 세계적으로 중요한 우선순위이며, 과학과 공학적 최전선을 정치와 정책과 연결해주는 분야다. 두 분야 모두 과거에 만들어진 획기적인 아이디어가 현대적인 생활방식의 근간을 이루고 있다. 그러나 빗나갈 가능성도 있는데, 둘 다 모두 돌파구가 필요한 문제가 있기 때문이다.[90]

우리가 가만히 있어도 위대한 아이디어를 빠르고 쉽게 도출해낼 수 있다고 생각하는 것은 실수다. 정체 현상이 강력한 위력을 떨치고 있다. 물론 어느 시대에도 돌파구가 필요한 문제가 있다. 그러나 바로 그게 핵심이다. 지금까지 엄청난 성공을 거두었는데도, 우리는 이 시대의 이슈를 극복하지 못하기 때문이다.

과거의 사람이 당대에 마주한 문제를 힘겹게 극복해냈듯이, 우리도 미래의 혁신을 이뤄내기 위해서는 그러한 문제를 제대로 이해하고 극복해내야만 할 것이다. 과거의 사람에게 그랬듯이, 그것은 우리 시대의 가장 거대한 질문이라고 할 수 있다. 그것은 한 번도 경험해본 적 없는 미래형 제트기와 우주선의 시대에 대하여 근거 없는 향수를 갖는 것이 아니다. 경제학자들은 한 세대 동안이나 이러한 정체 현상을 수치로 측정해왔다. 그들은 그러한 정체 현상이 단지 우리가 불가능한 것을 바란다거나, 공상과학 소설을 지나치게 많이 읽어서 생겨난 감각이라고 결론내리지 않았다. 오히려 그것은 경제적인 데이터에 기초한 실체적인 현상이다. 의학과 교통수단만 그런 것은 아니다. 그들은 단지 탄광 속의 카나리아*라고 할 수 있다.

---

*   탄광 개발 초기에 광부들이 환기시설이 없는 곳에서 안전하게 일하기 위해 메탄이나 일산화탄소 같은 유독가스에 민감한 카나리아를 갱도에 데려간 데서 유래한 비유로, 어떤 현상을 확인할 수 있는 바로미터를 말한다.

CHAPTER 03

약화되는
혁명

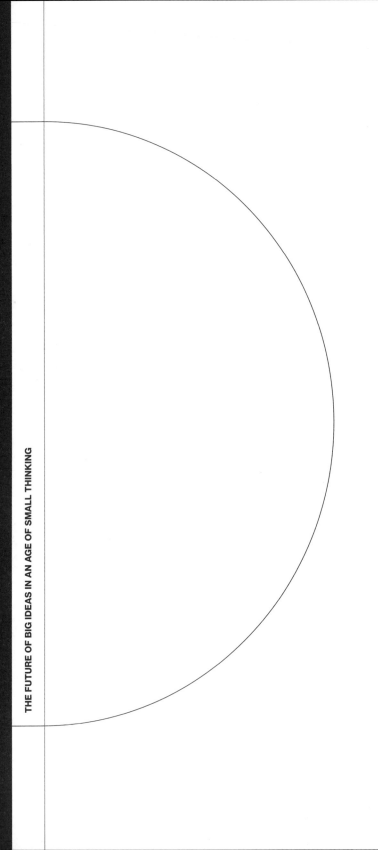

THE FUTURE OF BIG IDEAS IN AN AGE OF SMALL THINKING

1873년, 그리고 그 모든 것

전기와 자기, 그리고 빛에 대한 통찰력을 보여준 맥스웰

과학이나 기술, 문화적인 부문 모두에서 1873년에 인류가 거둔 가장 중요한 성취는 아마도 제임스 클러크 맥스웰(James Clerk Maxwell)이 《전자기론(Treatise on Electricity and Magnetism)》을 발표한 일일 것이다. 그것은 물리학의 판도를 완전히 바꾸는 내용이 집약된 작품이다.

이 책에 대해 알베르트 아인슈타인은 이렇게 말했다. "과학에서 한 시대가 끝나고, 제임스 클러크 맥스웰과 함께 또 다른 시대가 시작되었다."

1,000페이지가 넘는 방대한 분량의 이 책은 전기와 자기에 대한 지식을 모두 통합한 것이었다. 이 분야 최초의 교과서이자, 심층적인 개요를 담고 있으며, 전자기학이라는 개념을 창시한 선구자 역할을

한《전자기론》에서는 전자기파가 복사압(radiation pressure)*이라는 힘을 가한다는 주목할 만한 아이디어를 소개한다. 이는 햇빛이 1km²당 약 0.7kg의 압력을 가한다는 놀라운 제안인데, 이런 사실은 1900년에 실험으로 입증되었다.

맥스웰의 전기를 쓴 작가는 이 논문이 '탐험가의 보고서'이며, 물리학은 물론이고 과학의 역사를 통틀어 뉴턴의《프린키피아》다음으로 중요한 작품이라고 말한다.[91]

맥스웰 이전에도 전기와 자기에 대한 관심은 점점 더 커지고 있었다. 맥스웰이 나중에 알게 되는 한스 크리스티안 외르스테드(Hans Christian Ørsted), 샤를-오귀스탱 드 쿨롱(Charles-Augustin de Coulomb), 앙드레-마리 앙페르(André-Marie Ampère), 마이클 패러데이(Michael Faraday) 등의 물리학자가 두 가지 힘이 서로 연관되어 있다는 점을 보여주었다. 그러나 그것이 정확히 어떻게 연관되어 있는지는 여전히 미스터리였다. 그전까지 알려져 있던 사실은 단편적인 이론이었지만, 그래도 현대 과학과 수학의 최전선을 더욱 밀어냈다. 19세기 중반까지 그에 대한 수수께끼는 여전히 남아 있었다. 맥스웰이 거둔 업적의 핵심은 일련의 뛰어난 통찰력으로 전기와 자기를 통합하고 그러한 미스터리를 풀어내면서 전자기학의 법칙을 밝혀냈다는 것이다.

1831년 스코틀랜드에서 태어난 제임스 클러크 맥스웰은 갤러웨이(Galloway)의 드넓은 풍경에서 편안하게 자란 조숙한 아이였으며, 어려서부터 세상에 관심이 많았다. 에든버러아카데미(Edinburgh Academy)

---

*　　전자기파 또는 입자가 어떤 물체에 도달할 때 그 표면에 가해지는 압력.

에 재학 중이던 불과 14세의 나이에 그는 곡선의 수학에 대한 자신의 첫 번째 논문을 작성했다. 에든버러대학교(University of Edinburgh)와 케임브리지대학교 트리니티칼리지(Trinity College, Cambridge)를 거치면서 그는 한창 변화의 급물살을 타고 있던 영국 과학계의 한복판에 위치하게 되었다. 얼마 지나지 않아서 그는 애버딘의 매리셜칼리지(Marischal College)와 런던의 킹스칼리지(King's College)에서 자연철학 교수로 재직하게 된다. 그리고 불과 30세에 왕립학회(Royal Society) 회원으로 선출되었다. 그러면서 과학자로서 맥스웰의 경력도 전환점을 맞게 되었다.

맥스웰은 급진적으로 창의적인 모델을 활용하여 빛이 전자기파의 일종이라는 것을 깨달았고, 그러면서 전자기학의 세계를 열어젖혔다. 이전에는 연관성이 모호했던 영역이 세 가지 놀라운 특성을 서로 묶어주는 일련의 아름다운 방정식에 의해 하나로 통합되었다. 이것은 '역사상 가장 위대한 과학적 발견 가운데 하나'였다.[92] 전자기파에 대한 그의 연구는 시간이 지나면서 라디오, 텔레비전, 레이더 같은 혁신적인 산물로 이어졌다. 그것은 물리학이 뉴턴에 이어 두 번째로 엄청난 통합을 이뤄낸 것으로 여겨진다.

그러나 맥스웰은 훨씬 더 폭넓은 영역에서도 중요한 성과를 많이 남겼다. 그는 색채와 시각, 빛에 대한 이해를 한층 발전시켰으며, 그의 연구는 결국 1861년에 런던의 왕립학회에서 처음으로 선을 보인 세계 최초의 컬러 사진으로 이어졌다. 그가 정립한 빛의 3원색 이론은 향후 컬러텔레비전의 발명에 결정적인 역할을 했다. 그는 또한 당시 행성 물리학에서 가장 난해한 문제 가운데 하나인 토성의 고리에 대한 연구를 획기적으로 발전시켰다.*

전자기학 분야에 본격적으로 뛰어들기 전에, 맥스웰은 장(field)이라는 것에 대한 급진적인 아이디어를 이론적인 체계로 만들었다. 그는 기체를 연구하면서 과학에서 통계적인 모델을 활용했는데, 이는 확률과 통계를 중요하게 바라보는 현대물리학의 기초가 되었다. 여기에서 바로 맥스웰이 중요한 역할을 했다. 이후 물리학은 더욱 추상적으로 발전했고, 개념적으로 가장 복잡한 수학적 기법에 의존하게 되었다. 맥스웰은 자연계의 현상 중에서 일부는 인간의 직접적인 인식으로 접근할 수 없고, 다만 그러한 간극을 통계적인 기법이 메워줄 수 있다는 걸 이해했다. 맥스웰 방정식(Maxwell's equations)이 소개된 7개의 장으로 구성된 《전자기장의 역학 이론(A Dynamical Theory of the Electromagnetic Field)》에서 그는 이러한 새로운 물리학이 가진 진정한 힘을 보여주었다. 곧 기존에 알려진 역학의 법칙에서 출발해 전기와 자기, 빛이 어떠한 관계를 갖는지를 수학이라는 추상적인 방법으로 보여준 것이다. 이후 20년이 지나서야 하인리히 헤르츠(Heinrich Hertz)가 전자기파를 생성하고 측정함으로써 맥스웰의 이론을 실험적으로 입증했다. 여기에서도 맥스웰은 시대를 앞서 나갔다. 그는 이론을 먼저 제시했고 그것이 옳다는 사실은 나중에 실험으로 입증되었는데, 이는 현재의 물리학에서는 일반적인 패턴이다.

그가 진행한 맥스웰의 도깨비(Maxwell's Demon)라는 사고 실험**은

---

* 맥스웰은 토성의 고리가 하나의 단일한 고체 덩어리가 아니라, 수많은 작은 물질로 이루어져 있다는 것을 증명했다.

과학의 역사에서 아주 커다란 영향을 주었다. 맥스웰은 또한 전기 연구를 위한 단위 체계를 표준화하는 데도 중요한 역할을 했고, 위상수학(topology) 분야에서도 초기의 연구를 수행했다. 또한 기계장치, 제어와 피드백에 대한 연구는 1940년대의 인공두뇌학(cybernetics) 분야가 출발하는 데에도 도움이 되었다. 거기에 더해서 그는 케임브리지 대학교 캐번디시연구소(Cavendish Laboratory)의 초대 소장을 지냈다. 비록 3순위 후보였지만, 그는 전문 연구소를 개설하던 당시의 시대적인 추세를 따라잡기 위해 특별히 만든 이 신설 연구소의 탁월한 소장이었음을 증명했다. 이후 캐번디시연구소는 전자의 발견에서 DNA 구조의 규명에 이르기까지 수많은 획기적인 연구의 산실이 되었다.

1879년에 맥스웰이 복부의 암으로 사망할 때까지, 과학은 계속해서 변화를 거듭했다. 전기와 자기, 그리고 빛에 대한 그의 통찰력은 인류가 이룩한 가장 위대한 지적 도약 가운데 하나였다. 맥스웰이 1873년에 발표한 《전자기론》을 자세히 살펴보면, 그 안에서 현대의 물리학과 공학을 비롯하여 제도적 연구에 대한 기원을 찾아볼 수 있다. 맥스웰은 연결점이자 촉매제였다.

오늘날에는 그 어떤 개인이나 단체, 또는 그 어떤 기관조차도 맥스웰이나 그와 동시대를 살았던 파스퇴르만큼의 영향력을 발휘할 수 있다고 상상하기란 쉽지 않다. 단지 하나의 거대한 아이디어만이 아니라, 수많은 아이디어가 기존의 학문 체계와 세계관을 지속적으로 완전히 뒤바꾸어놓는다. 심지어 20세기 중후반의 물리학계를 대표

**   열역학 제2법칙이 언제나 성립하는지 검증하기 위하여 고안한 실험.

하는 리처드 파인먼(Richard Feynman)이나 머리 겔만(Murray Gell-Mann) 같은 거물조차 그렇게 보편적인 영향력을 미칠 수 없었다. 이제 과연 어떤 한 명의 연구자가 다윈이나 파스퇴르, 프로이트, 앙리 푸앵카레(Henri Poincaré), 앨런 튜링(Alan Turing), 아인슈타인이 그랬듯이 자신이 연구하는 분야의 본질과 궤적을 어마어마하게 바꾸어놓는 일이 다시금 가능할 수 있을까? 이것 역시 돌파구가 필요한 문제의 또 다른 사례처럼 보인다. 그러나 1873년은 맥스웰의 《전자기론》이 출간된 해일 뿐만이 아니라, 그보다 훨씬 더 중요한 의미가 있었다.

혁신의 추세 곡선

2005년, 캘리포니아에 있는 미국 해군 항공전 센터(NAWC)에서 근무하던 무명의 물리학자 한 명이 '전 세계적인 혁신에서의 가능한 감소 추세'라는 제목의 논문 한 편으로 거대한 선풍을 일으켰다.[93] 이 논문을 작성한 조너선 휴브너(Jonathan Huebner)는 과학과 기술에서 흔히 볼 수 있는 승리 위주의 서사에 균열을 내고자 했다. 그는 과학과 기술이 끊임없이 발전하는 추세를 따른다고 생각하지 않았다. 오히려 그는 반대되는 흐름을 감지했다고 주장했다. 그는 혁신의 추세를 따르는 곡선이 지난 수천 년 동안 처음에는 서서히 상승했고, 그다음에는 급격하게 증가하다가 가장 거대한 성취를 거둔 시점부터 서서히 하락하기 시작했다고 말한다.

그가 제시하는 데이터에 따르면, 인류의 혁신이 절정에 달한 시점은 20세기 말이나 21세기 초가 아니었다. 그는 그 시기가 1873년이라고 말한다. 인류 역사를 통틀어, 휴브너는 흥미롭게도 이처럼 구체적이면서도 예상치 못한 시기에 도착했다.

휴브너는 혁신의 속도를 살펴보는 것부터 시작했다. 그는 혁신의 속도를, 매년 세상에 나오는 중요한 기술의 수를 당시의 전 세계 인구로 나눈 값으로 정의했다. 이렇게 하면 어떤 기술을 만들어내기 위해서 얼마나 많은 사람이 필요했는지 대략적으로 파악할 수 있다. 그는 중세 이전의 암흑기부터 현재에 이르기까지 7,198개의 과학와 기술 개발 내용을 분석한 다음, 이를 미국 인구조사국(USCB)의 데이터에서 산출한 각 시대의 세계 인구 추정치와 비교했다.[94] 이렇게 비교해보면, 인구 한 명당 주요한 혁신의 비율이 1873년에 정점에 달했음을 알 수 있다. 이 시점 이후로 과학이나 기술에서의 중요한 혁신을 이루기 위해서는 점점 더 많은 사람이 필요해졌다.

인구는 다소 거친 기준이라고 말할 수도 있다. 그러나 통계적으로 좀 더 의미 있는 지표라고 할 수 있는 GDP나 교육비 지출을 기준으로 조사한 혁신의 비율과 비교해보면, 그 결과는 더욱 처참한 결과를 보여준다. 1인당 GDP는 9.62배 증가한 반면, 인구는 겨우 3.77배 증가했기 때문이다. 다시 말해, '혁신의 수치를 인구의 수로 정규화 (normalize)*했을 때보다 1인당 GDP로 정규화하면, 20세기 들어서 혁신의 추세는 2.55배나 더욱 급격하게 감소하는 것으로 나타난다.'[95]

GDP에 대한 비율로 기록된 교육비 지출은 훨씬 더 증가했다. 교육비에 대한 투자로 수치를 조정하면, 감소세가 더욱 가파르게 나타

---

* 　서로 다른 데이터를 비교할 수 있게 표준화하는 것.

났다. 게다가 20세기 말부터 기록된 혁신의 상당수는 그보다 이전에 존재하던 기술을 개선한 것에 불과하다. 인구와 비교한 특허 출원 건수를 보면 그 시점이 1916년으로 약간 늦춰질 뿐, 비슷한 패턴이 나타난다. 여러분이 위대한 발명을 하거나 눈부신 발견을 하고 싶다면 20세기나 21세기보다는 19세기에 태어나는 것이 더 나았을 것이다.

그의 논문은 즉시 파문을 일으켰다. 어떤 이들은 점점 더 빠른 속도로 변화하는 시대에 주목을 끌기 위한 자극적인 주장에 불과하다고 생각했다. 그가 제시한 1873년이라는 연도는 눈에 띌 정도로 구체적이면서도 직관에 반하는 것이었다. 가장 두드러지는 비판은 그가 선정한 혁신의 목록에 대한 것이었다. 역사에 대한 논쟁적인 해석 하나에 그토록 광범위한 비판이 쏟아졌을 만큼, 그의 주장은 다소 인위적인 것이 아니었을까? 그는 충분히 고려해서 혁신의 목록을 선정했겠지만, 그것은 당연히 자의적일 수밖에 없다. 해당 논문에서는 어떤 혁신이나 발견, 기술이 갖는 나름의 중요성과 가치 등을 고려해 선정했겠지만, 솔직히 말해서 그것 자체부터가 논쟁의 대상이다. 레이 커즈와일(Ray Kurzweil) 같은 사람은 그가 현재의 혁신이 이후에 얼마나 중요해질 수 있는지를 간과했다고 비판했다. 또 어떤 이들은 인구가 적절하지 않은 기준이라고 생각했다.

그런데도 휴브너의 주장은 상당히 흥미로운 것이 사실이다. 몇 년 뒤, 유전학자인 얀 페이흐(Jan Vijg)는 위키백과(Wikipedia)의 역사적인 발명 연대기를 기준으로 10년마다 중요한 발명의 수가 얼마나 되는지 살펴봤다.[96] 페이흐는 이 주제에서 위키백과의 자기수정 기능과 심의평가 모델이 특히나 귀중하게 작용했다고 말한다. 그 결과 비슷한 패턴이 드러났다. 1830년대부터 19세기 말까지 증가세가 나타났고, 20세기 초에 진정한 황금기에 접어들었고, 이후에는 하락하고 있었다. 2000년대는 눈에 띄게 저조한 수준이었다.[97]

휴브너의 논문이 결정적인 것은 아니지만, 그래도 상당히 생각해볼 부분이 있다. 그의 글은 관련 논쟁에 불을 지폈으며, 혁신이 과연 어디로 향하는지에 대한 불편한 질문을 제기하고 있다. 그리고 돌파구가 필요한 문제는 단지 몇몇 대표적인 분야에서만 동떨어져서 나타나는 것이 아니라, 인류 문명에서 전반적으로 작동하는 것임을 알 수 있다. 그리고 위대한 아이디어가 점점 더 줄어드는 추세라는 사실도 짐작할 수 있다.

그리고 이 논문은 맥스웰이 물리학에 일대 혁신을 일으켰으며 파스퇴르가 근대 의학을 창시한 1873년이라는 흥미로운 시기에 관심을 집중시킨다. 당시는 우리 선조의 생활방식에서 거대한 변화가 마지막으로 일어난 시기였다. 1873년은 인류 역사에서 무작위로 뽑은 연도가 아니다. 맥스웰과 파스퇴르는 인류 역사의 연대기에서도 그 토대가 특별할 정도로 비옥한 시기에 연구를 수행했다. 관점을 조금 더 넓혀보면, 1873년은 실제로 역사의 중대한 전환점이었을 가능성이 있다.

발전이 정체된 시대

산업혁명은 과학, 기술, 경제의 위대한 아이디어가 거대하게 무리지어서 나타나는 것이다. 에너지를 활용하는 방법에서, 정보를 수집하고 저장하고 퍼트리는 방법에서, 조직의 형태와 비즈니스 모델에서, 우리가 살아가는 방식에서, 일과 놀이가 어떤 의미인지에 대해, 무엇을 생산하고 소비할 것인지에 대해 혁신적인 아이디어가 쏟아진다. 그것들이 바로 거대하고도 거대한 아이디어이며, 모든 것을 한꺼번에 바꾸는 패러다임들의 패러다임이다.

1873년은 2차 산업혁명이라는 현상의 정점에 있었다. 1차 산업혁명이 근대의 도화선에 불을 붙였다면, 2차 산업혁명은 그것이 활활 불타오른 시기였다. 바츨라프 스밀(Vaclav Smil)이라는 박식한 연구자는 1867년부터 1916년 사이에 새로운 세상이 태어났다고 말하는데, 그의 표현을 빌리면 당시의 시기가 '20세기를 창조했다'고 한다.[98]

서문에서 2차 산업혁명에 대해 살펴보았다. 전구에서 깨끗한 상수도에 이르기까지, 엘리베이터에서 거대한 다국적 기업에 이르기까지, 대량 생산라인에서 사회보장제도에 이르기까지, 소비재 브랜드에서 전화기에 이르기까지, 라디오에서 타블로이드 신문에 이르기까지, 영화에서 자동차에 이르기까지, 근대의 편리함을 상징하는 거의 모든 것이 이 시기에 분출되었다. 맥스웰이 새로운 물리학의 탄생을 대표하는 것은 맞지만, 이 시기를 간단하게 살펴보는 것만으로도 거의 모든 분야에서 맥스웰만큼의 혁신가나 전자기학만큼의 혁신을 찾아낼 수 있다.

영국은 1차 산업혁명의 심장부였지만, 산업화의 첫 번째 거센 물결은 이미 1825년부터 평탄해지기 시작했다.[99] 그 배경에서는 중요한 연구가 지속되었고, 전기, 금속공학, 화학공학 등의 분야에서 이뤄낸 꾸준한 발전이 훗날 결정적이었음이 밝혀졌다. 2차 산업혁명은 첫 번째와 마찬가지로, 그리고 모든 주요한 혁신과 마찬가지로, 수십 년에 걸친 노력의 산물이었다. 이런 사실은 널리 통용되는 일련의 혁신에서도 분명하게 드러났다. 새로운 재료와 에너지를 기반으로 구축된 혁신은 느닷없이 혼자 탄생한 아이디어가 아니라, 다른 아이디어가 벽돌처럼 쌓여 이루어낸 진전이었다.

재료의 측면에서 보면, 2차 산업혁명은 강철의 시대였다. 새로운 베세머 기법(Bessemer process)과 그 이후에 나온 지멘스-마르탱 평로 제강 기술(Siemens-Martin process) 덕분에 강철이 풍부하게 넘쳐났기 때문이다. 1867년부터 1877년까지 단 10년 만에, 미국의 연간 강철 생산량은 2만 톤에서 100만 톤으로 급증했으며, 가격은 3분의 2나 떨어졌다.[100] 1차 산업혁명의 원동력이 석탄이었다면, 2차 산업혁명에서는 새롭고도 훨씬 더 풍부한 에너지원이 동력을 제공했다. 대표적인 것이 바로 석유였다. 1859년부터 1879년까지 20년 동안 미국의 석유 생산량은 정제원유 기준으로 8,500배럴에서 2,600만 배럴로 급증했다. 동시에 원유 가격은 배럴당 16달러에서 1달러도 안 되는 가격으로 떨어졌다.[101] 그리고 두 가지 신기술이 등장해 거대한 연쇄반응을 일으켰다. 하나는 바로 건물을 훨씬 더 높게 지을 수 있게 되었다는 것이고, 다른 하나는 교통수단이 더욱 효율적이며 강력해졌다는 것이다.

엄청난 발명이 빠른 속도로 모습을 드러냈다. 염료에서 다이너마이트에 이르기까지, 아스피린에서 비료에 이르기까지, 새로운 화학물질이 대량생산되면서 본격적으로 활용되기 시작했다. 역사상 가장 중요한 범용 기술(general purpose technology)*이라고 할 수 있는 전력 생산과 송전 네트워크가 본격적으로 발달하기 시작했다. 그리고 제조 과정 자체에서도 혁신적인 발전이 이뤄졌는데, 그 대표적인 사례는 바로 상호교환 가능한 부품과 분업화된 생산라인으로 대표되는 포드주의(Fordism)였다. 질산염의 사용에서 냉장 기술에 이르기까지 식품 공급 체계에서의 변화는 삶의 질을 개선하고 사람의 수명을 연장시켰다. 그리고 통신 매체의 혁명이 이루어지면서, 지금은 이미 익숙해진 정보전달 수단이 도입되기 시작했다. 사회와 정치의 영역에서는 정치적 평등, 민주주의, 혁명 같은 폭발적인 아이디어가 생겨났다. 미학적인 측면에서도 급진적인 실험이 시도되었다. 그리고 비즈니스 영역에서는 민간기업이나 업무조직 같은 새로운 개념이 도출되었다.

그러나 우리가 생각하는 근대는 훨씬 더 폭넓은 범위에서 형성된 것이다. 굳이 전화기나 내연기관, 또는 전기의 보급 같은 기념비적인 업적을 언급하지 않더라도, 1880년대처럼 19세기의 어느 10년만 따로 떼어놓고 살펴봐도 여전히 어마어마한 시기였음을 알 수 있다. 1880년대에 나온 대표적인 문물로는 회전문, 초고층 건물, 엘리베이터, 볼펜, 코카콜라, 자동판매기, 금전등록기, 전철, 다리미, 자전거, 땀 억제제 등이 있다.[102] 조엘 모키르는 당시의 기술적인 변화가 이토록 강력할 수 있었던 이유를 두고, 인류가 사상 처음으로 사물이 작동하는 방식의 이면에 숨은 심층적인 원리들을 이해했고 그것을 본

---

* 산업과 사회 전반에 많은 영향을 미치는 혁신적인 원천 기술.

격적으로 활용할 수 있었기 때문이라고 한다.[103]

　자연환경에 대한 통제력과 그것을 이해하고 변형할 수 있는 능력의 측면에서 보면, 역사상 그 어떤 순간도 제1차 세계대전 직전의 시기와 비견할 수 없다.[104] 1차 산업혁명이 역사가 일반적으로 흐르는 패턴과의 단절이었다면, 2차 산업혁명의 거대한 발명은 가히 비교를 거부하는 것이었으며, 이후의 아이디어에 대하여 아주 높은 기대감을 조성했다. 휴브너는 그러한 분위기를 이렇게 요약한다. 1873년은 전혀 임의적으로 뽑은 연도가 아니라, 거대한 아이디어의 폭발적인 맥동이 시작되는 서막이었다고 말이다.

　우리는 현재 또 한 번의 산업혁명을 경험하고 있는데, 대략 1970년대 이후의 이 시기를 3차 산업혁명이라고 부른다. 3차 산업에서 가장 중요한 요소는 디지털화인데, 이는 1차 산업혁명의 증기기관이나 2차 산업혁명의 전기와 맞먹는 것이다. 일자리, 소비, 지식, 사회생활, 인간관계 등 모든 것이 3차 산업혁명 안에 휘말린 것으로 보인다. 그리고 현재 어떤 이들은 4차 산업혁명이 진행된다고 말하기도 한다. 그런데도 이러한 새로운 산업혁명의 상대적인 가치와 규모에 대해서는 맹렬한 논쟁이 벌어지고 있다.

　인류의 최전선에 가장 가까이 다가가 있는 세계 최대의 선진국에서는 GDP로 측정한 장기적 경제성장세가 뚜렷한 둔화 패턴을 보이고 있다.[105] 미국의 1인당 실질 GDP의 성장률은 2.25퍼센트를 시작으로 20세기를 거치며 완만해지더니, 21세기에는 1퍼센트로 줄어들었다.[106] 그런데 이러한 성장세의 둔화는 이번 세기가 진행되면서 더욱 두드러지고 있다. 기술과 경제에 대한 지식이 성장세에 더욱 박차를 가해야 마땅한 시기에 이렇게 침체 현상이 나타난다는 것은 상당히 기이해 보인다.

경제 내에서 새로운 아이디어가 얼마나 도출되었는지 보여주는 유용한 지표인 생산성 관련 수치 역시 우려스러운 수준이다. 생산성 성장세는 예전보다 3차 산업혁명 시기를 거치면서 훨씬 더 낮아졌다. 총요소생산성(TFP)은 기술이 생산성을 얼마나 촉진시켰는지 보여주는 핵심 지표다. 그런데 1970년대 이후의 총요소생산성은 1920년부터 1970년까지의 수치보다 겨우 3분의 1 수준에 머무르고 있으며, 제2차 세계대전 직후의 추세보다는 73퍼센트나 뒤처져 있다.[107] 이에 대하여 타일러 카우언(Tyler Cowen)과 벤 사우스우드(Ben Southwood)는 이렇게 표현한다.

TFP 성장은 과학적 진보를 평가하는 데 아마도 가장 좋은 지표일 것이다. 그리고 TFP와 관련한 전반적인 평가수치는 GDP에 대한 퍼센트 수치로 표현되는 혁신의 속도가 하락세에 있음을 보여준다.[108]

간단히 말해, 최근에 나오는 아이디어는 이전 세대의 위대한 혁신과 같은 동일한 영향력을 발휘하지 못한다는 것이다. 심지어 미국의 의회예산처(CBO)와 연방준비제도이사회(FRB)조차 장기적인 생산성 성장세가 저조할 것이라고 예측했다.[109] 예전에는 중대한 혁신을 이뤄냈지만, 이제는 주변부적인 것을 개선하는 데 그치고 있다. 그 결과도 마찬가지다. 앞으로도 예전과 같은 위대한 아이디어가 나오리라는 기대는 근거가 불확실하다.

많은 사람에게는 이러한 현실이 거대한 침체 논쟁의 명백한 증거로 보였으며, 적어도 현재 진행되는 혁신의 규모에 대한 의구심을 촉발하고 있다. 이는 경제학자 사이에서도 여전히 논쟁이 활발한 주제다. 일부는 과학이나 혁신에서 정체가 있다고 보지만, 어떤 이들은 인구통계학적 변화와 서비스 부문의 성장 침체로 인한 영향을 주요한 원인으로 본다.[110]

그러나 다른 지표를 보면 혁신이 둔화되고 있다는 주장이 더욱 힘을 얻게 된다. 특허 출원의 절대적인 수치는 증가했지만, 질적인 측면에서는 그렇지 않다. 특허란 연구자가 참신함과 영향력을 정량적으로 측정하기 위해 활용하는 분야라는 것을 기억해야 한다. 그런 연구자도 독창성과 영향력을 기준으로 판단한 특허의 질적인 수준이 현재보다는 1850년대와 1860년대에 더욱 높았다고 결론을 내렸다.[111] 본질적으로 특허에 대한 연구는 위대한 아이디어의 시대였던 2차 산업혁명 이후로 혁신이 부족했음을 보여주는 것인지도 모른다. 그리고 좀 더 가까운 시기로 눈을 돌려, 3차 산업혁명이 본격적으로 진행되기 시작한 1990년대 중반 이후로는 그러한 획기적인 특허의 수가 눈에 띌 정도로 줄어들었다.

그러한 성장세 둔화의 원인이 무엇이든 간에, 기술적인 혁신이 현재 그러한 어려움을 극복해내지 못한다는 사실은 주목할 만하다. 현재로서는 인류 최전선에서의 경제성장과 충격적인 돌파구가 나타나기는 힘들어 보이며, 이는 획기적인 혁신이 침체되어 있다는 주장을 강하게 지지해준다.

2차 산업혁명 기간에는 주거에서 통신에 이르기까지, 교통수단에서 보건의료에 이르기까지 인류가 경험하는 모든 차원에 걸쳐 변화가 일어났다. 한편, 경제학자인 로버트 고든은 3차 산업혁명이 엔터테인먼트와 정보통신기술(ICT)에서의 거대한 아이디어를 근본적으로 진전시키는 데 집중되어 있었다고 주장한다. 물론, 해당 분야에서는 상당한 진전이 있었다. 그러나 고든은 사람들에게 이러한 질문을 던진다. 만약 1990년대 중반 이후에 일어난 모든 혁신을 가질 수 있거나, 아니면 가정에서 온수와 냉수가 흐르는 수돗물을 이용할 수 있거나, 둘 중 하나만 골라야 한다면 당신은 어느 것을 선택할 것인가? 아마도 대부분은 소셜미디어의 즐거움보다는, 추운 겨울 아침에 따뜻한 물이 나오는 욕실이 있고 저녁에 전구를 켤 수 있으며 자동차를 탈 수 있는 현실을 선택할 것이다. 굳이 정보통신기술을 언급하지 않더라도, 단지 전구나 자동차만이 아니라 전기, 냉장기술, 교통 인프라, 가사노동을 도와주는 제품 등 현대적인 생활에서의 상당한 진전은 이미 수십 년 전에 일어난 것이다.

시간당 생산량을 측정하든 1인당 생산량을 평가하든, 3차 산업혁명 시기에는 생산성의 성장세가 늦춰진 것만이 아니다. 곧 "3차 산업혁명 시기에 삶의 질이 엄청나게 개선되긴 했지만, 그보다 앞선 산업혁명 시기에 이뤄진 더욱 중요한 발전보다는 그 중요성이 덜하다"[112]고 할 수 있다. 이에 대해 경제학자 마틴 울프(Martin Wolf)는 이렇게 표현한다. "우리는 선조들이 창출해낸 것에 비해 기술적인 변화가 정말 느리고 지루한 시대에 살고 있다."[113] 피터 틸은 기술적으로 정체되어 있다는 견해를 다음과 같이 다시 한번 간결하게 표현했다. "나는 우리가 놀라울 정도로 기술이 빠르게 발전하는 시대에 살고 있다고 생각하지 않는다."[114]

실제로 3차 산업혁명은 저항이 가장 적은 소프트웨어 분야에 집중되어서 진행되었다.[115] 2차 산업혁명은 거의 모든 분야에 걸쳐 혁신을 보인 반면, 3차 산업혁명은 작은 화면으로 모든 것을 요약해서 설명할 수 있다. 3차 산업혁명 덕분에 우리는 쉽고 매끄럽게 확장할 수 있는 영역에서, 그리고 작은 기기 안에 포함된 유연한 코드의 세계에서 작업할 수 있게 되었다. 대학원생이나 자퇴생도 얼마든지 세계의 대표적인 소프트웨어 기업을 창업할 수 있게 되었다. 그러나 대학원생 한두 명이 모인다고 해서 제트엔진이나 원자력발전소의 설계를 다시 만들어낼 수는 없다. 그러한 물리적인 세계에서는 진입장벽이 너무 높다. 2차 산업혁명이 현대세계를 구축한 반면, 세계은행(World Bank)에 따르면 3차 산업혁명이 거둔 성과와 혁신은 범위가 좁고, 그것의 거시적인 차원에서의 경제적인 영향력은 놀라울 정도로 약했다고 한다.[116] 디지털 테크놀로지는 빠르게 발전한다는 느낌을 주지만, 무어의 법칙 같은 물질적인 세계의 기하급수적인 발전이 디지털 세계에서는 재현되지 않는다.

'전례가 없는' 것처럼 보이는 3차 산업혁명의 놀라운 성취를 실제로 살펴보면 그 뿌리가 오래된 것이 상당히 많다. 아마존이 기술 발전에 힘입어 '모든 것을 파는 가게'가 되기 한 세기 전에 이미 시어스로벅(Sears Roebuck) 백화점은 우편주문 비즈니스를 개시했고, 거의 1,200페이지에 달하는 카탈로그에서 매일 10만 건의 주문을 처리했다. 그들은 심지어 세계 최대의 상업용 건물을 지었는데, 여기에는 주문 처리를 위해 그 길이만 몇 킬로미터에 이르는 소규모 철로까지 완비되어 있었다. 우리는 애플과 구글을 상당히 거대하고 강력하며, 감히 필적할 수 없을 만큼 혁신적이라고 생각하지만, AT&T가 한때 다우존스(Dow Jones) 지수를 주름잡으면서 백만 명의 직원을 고용했고, 미국의 무선통신을 독점하다시피 했으며, 현대적인 컴퓨팅의 기초를 발명했다는 사실은 잊고 있다. (이에 대해서는 뒤에서 좀 더 논의할 것이다.) 물리적인 거리를 없앤 것도 인터넷이 한 일은 아니었다. 1840년대에 전신이 발명된 이후로, 현실 세계의 물리적인 거리는 이미 치명상을 입어서 죽어가고 있었다. 우리에게는 그래핀(graphene)*이 있지만, 1930년대에는 나일론(nylon)과 네오프렌(neoprene)이라는 합성고무와 테프론(Teflon)이라는 섬유가 탄생했다. 우리에게는 유전공학이 있지만, 그것의 기초는 이미 한 세기 전에 만들어진 것이다.

요즘을 두고 특히나 속도가 빠른 시대라고 생각하는 경우가 많다.[117] 그러나 이것은 착각이다. 오히려 우리는 속도 저하라는 새로운 현실에 적응하지 못하고 있다. 예를 들면, 1인당 에너지 사용량은 헨리 애덤스 곡선(Henry Adams curve)이라는 추세를 따라 몇 세기 동안 증가해왔고, 이러한 에너지가 기술과 사회의 변화를 뒷받침했다.[118] 이제 이러한 성장세는 멈추었다. 만약 1970년 이전의 에너지 사용 추세가 지속되었다면, 우리는 새로운 형태의 원자력이 전기를 공급할 수도 있을 것이고, 지금보다 30배나 많은 에너지를 마음껏 누릴 수 있을 것이다.[119] 그러나 인류의 최전선에서 살펴보면, 현대의 거의 모든 것을 뒷받침할 수 있을 만큼 우리가 사용할 수 있는 에너지의

---

*   꿈의 물질이라고 부르는 탄소 원자로 이루어진 얇은 막.

총량이 증가한 것은 사실이지만, 에너지의 사용량 증가 추세는 정체된 상태다.[120]

다양한 주요 지표에서도 변화의 속도가 전반적으로 현저한 감소추세에 있다는 것을 볼 수 있다. 특히 선진국에서는 단지 절대적인 경제성장률이나 주요한 혁신의 수나 에너지의 사용량뿐만이 아니라, (학자금 대출, 자동차 할부, 주택담보대출 등의) 부채, 매년 출간되는 책의수, 인구수, 그리고 인구와 관계된 출생률, 연인의 수, 결혼 연령, 생활 수준, 중간소득(median income)*, 부동산과 기타 자산의 인플레이션, 사람의 신장, 새로운 중요 가전제품의 등장, 고등교육기관 재학 인원수 등의 측면에서도 퇴행 추세를 보인다.[121] 코로나19로 우리는 수많은 비즈니스, 접객업, 이동, 콘퍼런스 개최 횟수, 삶의 속도 면에서도 극적인 속도 저하를 목격하고 있다. 경우에 따라서는 명백한 마이너스 성장을 보이기도 하는 이러한 침체가 반드시 나쁘다고만은 할 수 없지만, 이것은 우리가 역사적으로 어떤 변곡점에 도달했음을 의미할 수도 있다.

과거와는 대조적으로, 돌파구가 필요한 문제는 모든 분야에 걸쳐 존재하며, 그로 인한 촉수는 우리의 경제를 질식시키고 있다. (내 아이들 또래의) Z세대는 나와 비슷한 삶을 살거나, 운이 나쁘다면 그보다 못한 인생을 살아갈 수도 있다. 그들의 집과 직업, 건강, 가전제품, 일, 미디어 소비, 생활방식은 우리와 크게 다르지 않을 것이다. 나의

---

*   전체 인구 중에서 소득이 정확히 중간에 해당하는 값. 전체 소득을 전체 인구로 나눈 평균소득(average income)과는 다른 개념이다.

부모나 그들의 부모는 전혀 그렇게 생각하지 않았으며, 나의 조부모와 증조부모는 설마 그러리라고는 상상도 하지 못했을 것이다. '마지막으로 기대를 걸어볼 수 있는 인류의 최전선'인 자그만 화면을 제외하면, 지금은 경직의 시대라고 할 수 있다.[122]

그렇다면 4차 산업혁명이라고 추정되는 것은 어떨까? 이 부분은 뒤에서 다시 살펴볼 텐데, 4차 산업혁명은 어떤 하나의 개념이기도 하지만 이런 표현을 만들어낸 세계경제포럼(World Economic Forum)이 사용하는 마케팅 수단이라는 점을 기억해야 한다. 4차 산업혁명은 역사적인 사실이라기보다는, '사이버 물리 시스템(cyber-physical systems)*'에 대한 추상적인 논의 주제가 느슨하게 결합된 것이며, 잠재적으로 변화를 일으킬 가능성이 있지만 아직은 초기 수준에 불과한 기술을 하나로 모아놓고 부르는 편의적인 명칭이다. 그리고 이런 기술은 일련의 기술적, 윤리적, 사회적 장벽에 직면할 가능성이 있다.

그러는 동안 혁신은 피자를 주문하거나 더욱 멋진 셀카를 찍기 위한 방향으로 진행되었다. 이는 인류의 최전선 중에서도 가장 말랑말랑한 분야다. 솔직히 말해 구글 지도, 줌(Zoom), 마인크래프트(Minecraft), 스포티파이(Spotify) 등은 사회적으로 널리 받아들여진 멋지고 훌륭한 아이디어이며, 디지털 부문은 대체로 괜찮은 편이다. 그러나 다른 분야의 위대한 아이디어와 비교하면 그저 빛이 바랠 뿐이며, 이러한 주장으로는 총요소생산성(TFP) 같은 지표가 왜 그토록 하락했는지를 완전히 설명하지 못한다. 3차 산업혁명의 중요성을 과소평

---

*   사이버 시스템과 물리적 시스템을 통칭하여 부르는 개념.

가해서는 안 되지만, 그것의 영향력이 2차 산업혁명을 넘어서기는커녕 비슷하다고 말할 수도 없을 것이다.[123] 이러한 사실은 1873년이 정점이었다는 휴브너의 논지를 비롯한 이후의 유사한 주장에도 추가적인 근거를 제공해준다. 다시 말해, 우리는 위대한 아이디어가 계속해서 증가하는 시대가 아니라, 혼란스럽고 발전이 정체된 시대에 살고 있다는 것이다.

이것이 바로 거대한 침체 논쟁의 핵심이다. 획기적인 아이디어의 산출에 대한 우리의 기록은 점점 더 나빠지고, 혁명적인 사건도 줄어드는 것 같다. 인류의 최전선에서 우리의 아이디어는 예전보다 덜 중요해진 것으로 보인다.

획기적인 아이디어의 대가는 무엇인가?

경제성장의 중심 요소는 지식과 아이디어

경제학은 몇 세기 동안이나 모순에 시달렸다. 경제학의 한편에서는 자유시장에서 경쟁이 벌어지면 경쟁우위가 사라진다고 생각했다. 결국엔 모든 사람이 똑같은 가격에 도달해서 수익을 기대할 수 없기 때문이라는 것이다. 다른 한편에서는, 규모를 늘린다면 효율성이 발생하기 때문에 개방적인 경쟁이 경쟁우위를 없앴다는 주장과는 다르게 성장을 지속시킬 수 있다고 생각했다. 이러한 두 가지 생각이 애덤 스미스(Adam Smith)가 연구하는 기본적인 토대가 되었다. 한편에서 그는 핀 공장을 생각했는데, 이 공장의 규모가 커지고 새로운 전문기술이 발전하여 핀을 더욱 많이 생산하게 된다. 그리고 다른 한편에는 보이지 않는 손이 있어서, 그것이 마술을 부리면 결국엔 시장이 평형 상태에 이르게 된다고 생각했다.

현실에서는 수익이 증가하고 거대 기업은 더욱 규모를 키우는 경향이 있다는 증거가 나타났지만, 시장에 대한 수학적인 예측은 그들이 과도한 경쟁에 직면하여 수익이 사라져버리는 평형점으로 향하는 경향을 보여야 한다고 말했다. 이러한 미스터리는 경제학에서 더욱 근본적인 다음과 같은 질문으로까지 확대되었다. 다시 말해, 경제는 어떻게 성장하는 것인가? 데이비드 워시(David Warsh)가 기념비적인 저서인《지식경제학 미스터리(Knowledge and the Wealth of Nations)》에서 기록했듯이, 이러한 퍼즐은 1980년대까지도 풀리지 않았다.[124]

이 책은 경제학에서 어떻게 아이디어가 중심이 되었는지 이야기한다. 아이디어가 어떻게 형성되고 공유되는지, 그것이 어디에서 왔는지, 그것이 어떻게 작동하며, 그리고 결정적으로 아이디어가 창출되는 메커니즘과 도구가 무엇인지, 그것을 자극하는 동인과 비용이 무엇인지 이해하는 것이 현대 성장이론(growth theory)의 주변부적인 관심사에서 중심부로 옮겨갔다. 전통적인 관점에서처럼 경제가 노동, 자본, 토지가 투입되어 작동하는 것이 아니라, 경제 그 자체와 경제성장을 '아이디어, 사람, 사물'이라는 요소를 통해 바라보는 시각이 나타났다.[125]

20세기 후반 들어서 MIT의 경제학자 로버트 솔로(Robert Solow)가 경제성장에 대하여 중요한 설명을 내놓았다. 1950년대부터 그가 발전시킨 '경제성장의 원동력 모델'은 전후의 지배적인 패러다임이 되었다.[126] 솔로는 노동과 자본의 투입이 어떤 식으로 경제성장을 이끄는지 살펴보았다.[127] 이들 요소를 더욱 투입하면 경제가 성장했다. 결정적으로, 기술이 발전하면 경제의 생산성을 더욱 높였다. 그러한 '추가적인 부분'은 노동과 자본만으로는 설명되지 않는 핵심적인 요소였다. 그런 추가적인 요소에는 정부의 예산 지출에 의한 일시적인 경기부양 효과도 포함될 수 있지만, 그 특성상 대부분은 기술적인 것이었다.

솔로는 기술의 빠른 변화가 경제를 얼마나 더 성장시키는지 설득력 있게 보여주었다. 그러나 이런 기술은 흔히 생각하는 체제의 일부가 아니었다. 그것은 '외인성'이었고 외부적인 것이었으며, 대체적으로는 설명할 수도 없이 자동적으로 진행되는 프로세스였다. 그러나 그러한 외부적인 특징의 기술이 전부 모여 경제성장의 대부분을 차지한다는 것을 알 수 있었다. 기술에 의해 산출물이 증가하는 것을 총요소생산성(TFP)이라고 하는데, 앞에서 우리 시대에 점점 약해진다고 언급한 것과 동일한 항목이다. 확실히 이 부분에 대해서는 추가적인 설명이 필요해 보였다.

1980년대에 폴 로머(Paul Romer)라는 젊은 경제학자가 솔로의 이론에서 결정적으로 진전을 이뤄냈다. 그는 경제성장에 대한 새로운 해석을 제시하면서 경제학에서의 거대한 수수께끼를 해결하는 데 도움을 주었다.[128] 로머의 뛰어난 통찰력을 보여준 부분은 아이디어가 경제성장의 핵심에 있다는 것이었다. 솔로가 기술 발전을 경제 체제의 외부에 분류한 반면, 로머는 기술이 경제 내부의 '내생적' 요소인 모델을 제시했다. 연구자나 기업가는 체제의 외부에 있는 것이 아니며, 체제의 장려책에 자극을 받고 그것의 메커니즘 안에 포함되어 있다. 기술은 경제와 관계없이 동떨어진 프로그램이 아니었다. 오히려 기술이 경제성장을 이끌게 된다.

지금은 유명해진 〈내생적 기술 변화(Endogenous Technological Change)〉라는 논문에서 개괄적으로 설명하듯이, 아이디어가 중요하다는 점이 이제 명백해졌다. 로머가 보기에 현대 세계의 경이로운 이면에는 아이디어가 자리하고 있었다. 경제성장은 그것의 부산물이었다. 그는 경제사에 대한 분석을 통해, 부를 창출해낸 새로운 기술이나 상품이 등장한 분야에서는 언제나 새로운 아이디어와 기존의 것을 결합하는 새로운 방식이 발견된다는 것을 입증해 보였다. 이에 대해 그는 이렇게 설명한다. "100년 전만 해도 우리가 산화철(iron oxide)에서 얻어낼 수 있는 시각적인 산물은 캔버스 위에 칠할 수 있는 염료를 만드는 것이었다. (캔버스 자체도 선사시대의 동굴 벽화에 비하면 거대한 진전이었다.) 이제 우리는 산화철을 기다란 비닐테이프에 바를 줄도 알게 되었고, 그것을 구리, 실리콘, 석유, 철 등을 비롯한 여러 가지 원재료와 함께 사용해 텔레비전 수상기와 비디오테이프 레코더를 만들 수 있게 되었다."[129]

지식과 아이디어는 번창하는 경제의 중심 요소인데, 그 이유는 그것이 경제의 기타 현상과는 다른 특성이 있기 때문이다. 경제학은 전통적으로 노동, 자본, 토지, 물질적인 재료 등 한정된 자원의 분배를 연구했다. 이런 요소는 모두 공급이 한정되어 있다. 전문적인 용어로 그들은 경합성(rivalrous)을 갖고 있다. 나에게 사과 한 개가 있는데 내가 그걸 먹는다면, 당신은 그것과 똑같은 사과를 먹을 수 없다. 반면에 아이디어는 경합성이 없으며, 공유하거나 소비한다고 해서 줄어들지 않는다. 따라서 아이디어는 경합적이지 않기 때문에 수익을 증가시킬 수 있다는 것이다. 다시 말해 아이디어가 새로운 유형의 경제를 촉진한 것이다.

로머의 핵심적인 통찰은 한 가지 더 있다. 그것은 아이디어가 경합적이지 않을 뿐만 아니라, 현대의 경제학에서 말하는 '배제성(excluability)*'을 갖고 있다는 점이다. 지식재산권(IP)이나 상업적인 기밀 같은 법적인 수단을 결합하면, 아이디어는 일정한 기간 동안 보호받을 수 있다. 그러한 아이디어는 원칙적으로 일부 사람만 독점적으로 접근할 수 있다. 그러나 장기적으로 보면 그러한 아이디어도 특허 기한이 만료되어 널리 퍼지고 복제물이 양산되며, 공공의 지식 창고로 흡수된다. 개방적이며 경쟁적인 시장에서 수익의 증가가 어떻게 가능한지 설명해주는 것이 바로 이러한 배제성의 메커니즘이다. 이런 특성은 연구자나 혁신가가 어떻게 동기유발이 되는지, 그리고 새로운 아이디어가 더 이상 설명할 수 없는 부차적인 것이 아니며, 어떻게 해서 그러한 전체적인 프로세스가 경제의 내부로 들어올 수 있는지 설명해준다. 이러한 배제성의 중심에 있는 것은 아이디어다.

아이디어를 탐구하고, 성숙시키고, 보호하고, 결과적으로 그것을 퍼트리기 위한 사회적 규범은 더 이상 철학자나 역사학자의 영역이 아니라 경제학의 최첨단 분야가 되었고, 1장에서 살펴본 아이디어의 역사적인 역할을 재평가하는 데에도 도움이 되었다. 아이디어가 매우 중요하다는 이러한 주장은 경제적으로도 입증된다. 예를 들어 1980년 이후 20년 동안 미국의 실질 GDP는 두 배나 증가했는데, 그

---

* 　타인이 사용하지 못하도록 막을 수 있는 성질.

러는 동안에도 여기에 투입된 비연료 부문의 물리적인 무게는 거의 일정하게 유지되었다.[130]

로머의 이 논문은 하나의 혁명적인 '분수령'[131]이었는데, 이것은 그 자체로 획기적인 아이디어의 환상적인 사례였으며, 결국 그에게 노벨 경제학상을 안겨주었다. 그러나 여전히 해결되지 않은 질문이 남아 있었다. 로머는 새로운 아이디어에 대한 투자를 지속적으로 늘려간다면 그에 상응하는 비율의 수익이 실현될 것이라고 추정했다. 연구자를 더 많이 확보하고 그들의 생산성이 개선된다면, 이것만으로도 경제를 더욱 성장시킬 수 있는 자동적인 조건이 형성된 것이라고 생각했다. 따라서 연구자 규모나 연구개발 비용을 늘리면 경제성장이 촉진되어야 했다. 거대한 아이디어에 더욱 많이 투자할수록, 우리는 더욱 거대한 아이디어를 얻어냈어야 했다.

새로운 아이디어가 끊임없이 넘쳐나지 않는다는 증거들

1990년대 중반, 스탠퍼드대학교의 찰스 I. 존스(Charles I. Jones)라는 젊은 경제학자가 그러한 가정에 의문을 품기 시작했다. 로머가 1990년에 발표한 논문을 통해 아이디어에 대한 연구를 경제학의 확고한 영역으로 기반을 다졌듯이, 그보다 5년 뒤에는 존스가 아주 멋진 아이디어를 생각해냈다.

존스는 성장이론에서 흥미로운 점을 발견했다. 아이디어의 산출량이 연구개발에 투입된 노력과 일치하지 않은 것이다.[132] 1950년부터 1987년까지 미국에서 활동하는 과학자와 엔지니어의 수는 20만

명에서 100만 명으로 다섯 배나 증가했지만, 이러한 수치가 경제성 장률에는 (아주 약간이라도) 영향을 주지 않은 것으로 보였다.[133] 연구개 발 분야의 총비용은 계속해서 증가했지만, 연평균성장률은 그렇지 않았다. 존스는 실질적인 의미에서 새로운 아이디어를 생각해내기 가 점점 더 어려워진다는 증거를 발견했다.[134] 다시 말해 아이디어 역 시 수익성이 줄어드는 대상으로 보였다. 이것이 경제의 미래에 대해, 성장의 미래에 대해, 인류의 미래에 대해, 아이디어 자체의 미래에 대해 의미하는 것은 무엇일까? 존스는 이후의 연구를 통해 더욱 충 격적인 추세를 제시했다. 20세기의 후반에 이룩한 성장의 상당 부분 은 새로운 발견이 아니라 훨씬 더 오래된 아이디어를 기반으로 한다 는 점이었다.[135]

존스가 좀 더 최근에 동료인 닉 블룸(Nick Bloom), 존 반 리넨(John Van Reenen), 마이클 웹(Michael Webb)과 함께 작성한 논문 〈아이디어를 찾아 내기가 점점 더 힘들어지고 있는가?〉는 이러한 연구를 기반으로 한 것이다.[136] 이들은 상세한 실증연구를 통해 새로운 아이디어를 찾기 위한 고군분투를 구체적으로 보여주며, 시간이 흐르면서 그들 세대 가 어째서 새로운 아이디어를 찾아내기가 점점 더 힘들어졌는지 보 여주는 대단히 놀랍고도 새로운 모델을 만들어냈다. 그 핵심에는 경 제성장이 새로운 아이디어 창출에 의존하고 있으며, 새로운 아이디 어의 창출은 연구자와 그들의 생산성에 의존한다는 로머의 통찰력 이 자리하고 있다. 그러나 연구자의 수와 연구개발 비용이 증가하는 데도 그들의 연구 생산성(research productivity)은 하락하고 있다. 새로운 형태의 이동수단이나 생명을 구할 수 있는 신약을 개발하기 위하여 점점 더 많은 연구가 수행되고 있다. 그러나 휴브너가 기록했듯이, 새로운 아이디어를 만들어낼 수 있는 우리의 능력은 매년 시간이 지날 때마다 줄어드는 것으로 보인다.

표본으로 선정한 기업을 대상으로 설문조사를 진행한 결과, 조사에 응한 기업의 85퍼센트에서 연구 생산성이 하락하고 있었다. 평균적으로 연구 생산성은 매년 9퍼센트씩 줄어들었다. 이것들이 모두 합쳐지면 어마어마한 하락폭이 될 것이다.[137] 논문의 저자들은 또한 이것이 단지 성장에 힘을 실어주지 못하고 새로운 영역을 구축할 수 있는 새로운 아이디어가 나타나지 않는 데서 그치는 것이 아니라, 오래된 아이디어를 더욱더 꼼짝하지 못하게 만든다는 점을 분명히 했다. 그리고 당연하게도, 이러한 특성은 경제 전반에 걸쳐 전이되고 있다.

그들은 장기간에 걸친 미국 경제의 성장추세를 살펴봤는데, 그 성장세는 안정적이거나 하락하고 있었다. 그러나 그러한 현상의 다른 측면에서는 연구개발을 위한 노력이 거대하게 확대되고 있었다. 만약 우리가 계속해서 새로운 수익원을 찾아내고, 미개척 분야와 새로운 비즈니스를 지속적으로 열어젖혔다면, 새로운 아이디어와 새로운 분야가 계속해서 나타났어야 한다. 1930년대 이후로 연구개발에 들이는 노력은 23배나 증가했는데, 이는 연평균 4.3퍼센트가 늘어난 것이다. 그러나 미국 전체의 연구 생산성은 1930년대 이후로 41배나 감소했고, 이는 매년 5.1퍼센트씩 줄어든 것이다. 이걸 다르게 표현하면, 우리가 그저 현상유지를 하기 위한 것만으로도 연구개발에 들이는 노력을 13년마다 두 배로 늘려야 한다는 뜻이다.

참으로 처참한 추세다. 이것은 단지 경제성장, 건강복지, 그리고 기업의 역동성에만 해당하는 것이 아니다. 이것은 세계의 새로운 아이디어 구조 자체에도 강력한 영향을 미치고 있다.

블룸을 비롯한 저자들은 3차 산업혁명과 디지털 경제의 중요한 토대를 연구했다. 인텔(Intel)의 공동창업자인 고든 무어(Gordon Moore)의 이름을 따서 붙인 무어의 법칙은 집적회로(IC) 칩에 들어가는 트랜지스터의 수가 2년마다 두 배로 늘어날 것이라고 예상한다. 그러나 앞의 논문에 따르면, 실제 현실은 더욱 복잡하다. 무어의 법칙을 생각하면 기술 발전의 곡선이 위로 향하는 것처럼 보이지만, 곡선이 그러한 상승세를 유지하려면 점점 더 많은 비용과 노력이 필요하다. 컴퓨터 칩의 연구 생산성은 연평균 6.8퍼센트씩 하락하고 있다. "달리 말하면, 연구 생산성 감소로 오늘날에는 무어의 법칙에서 말하는 기하급수적인 성장을 달성하기가 1971년보다 18배나 어려워졌다."[138]

농업 부문의 산출량과 연구개발 현황 역시 비슷한 패턴을 보인다. 1980년대 이후 농업 생산성의 성장세가 둔화되었지만, 1970년부터 2007년 사이에 이 분야에 종사하는 연구자의 수는 두 배로 증가했다. 옥수수, 대두, 면화, 밀 등 농작물의 수확량은 장기간적인 차원에서는 대체로 상승하는 추세를 보이면서 1960년부터 2015년 사이에 두 배로 증가했다. 그러나 정부를 비롯하여 민간 부문에서도 병충해 저항성과 영양소 흡수율을 높이기 위하여 이종교배와 잡종 개발 연구는 물론이고, 제초제와 살충제의 효능 개선, 생명공학 분야, 파종 관련 작업의 자동화 등을 포함하는 연구개발에 지출하는 비용 역시 가파르게 상승했다. 무어의 법칙과 마찬가지로, 여기에서도 동일한 성장세를 유지하기 위해 더욱더 많은 연구자가 필요했다. 수확량 증가와 연구개발에 들이는 노력에 따라서 다르기는 하지만, 그 증가계수는 대체로 3에서 25 사이의 수치를 보인다. 반면에 옥수수 수확량의 평균 생산성은 같은 기간 동안 마이너스 9.9퍼센트를 기록했다.

존스와 블룸, 반 리넌, 웹은 또한 보건의료 문제도 언급했다. 그들은 미국 식품의약국(FDA)의 승인을 받은 '분자적 신물질(NME, New Molecular Entity)*'을 조사했다. NME는 화학물질이거나 생물학적인 것일 수도 있는데, 여기에는 중요한 영향력을 갖는 사실상 거의 모든 신약이 포함되어 있다. 1970년부터 2015년 사이에 연구개발에 투입되는 노력은 아홉 배가 증가했지만, 같은 기간 동안 연구 생산성은 다섯 배가 떨어졌다. 다시 말해 새로운 NME의 수는 증가했지만, 지금 현재 각각의 NME를 개발하기 위해서는 1970년보다 훨씬 더 많은 수의 연구자가 동원된다는 뜻이다. 여기에서도 이룸의 법칙이 강타하고 있다.

그러나 그들은 또한 질병에 대한 치료가 얼마나 더 확대되었는지 살펴봄으로써, 새로운 아이디어의 산출과 연구개발 사이의 관계를 파악하고자 했다. 기대수명은 기하급수적인 추세가 아니라 일직선 형태로 증가하지만, 그러한 산술적인 증가 추세를 이뤄내기 위해 연구개발에 대한 투자는 기하급수적으로 증가했다. 그 결과, 이번에도 우리가 투입한 노력에 대한 효율성은 하락하고 있었다. 논문에서는

---

* 미국의 FDA에 승인된 적이 없거나 미국에서 시판된 적이 없는 활성 부분(active moiety)을 포함하는 의약품.

미국에서 가장 많은 사망자가 발생하는 심장병과 암에 대해 조사했다. 그들은 연구를 위한 자료로 해당 질병과 관련한 출간물을 활용했다. 그래서 1975년부터 2006년 사이에 암에 대한 출간물의 수는 3.5배가 증가했고, 임상시험에 대한 출간물은 14.1배 증가했다는 사실을 발견했다. 해당 연구를 위한 노력의 일환으로 이처럼 상당한 증가세가 있었지만, 연장수명(LYS, life years saved)*은 오히려 떨어졌다.

1985년부터 2006년 사이에 연구 생산성이 하락했다는 것을 구체적으로 말하면, 암과 관련된 임상시험 출간물이 하나 발표될 때마다 전체 인구에서 10만 명 당 연장수명이 예전에는 8년 이상 증가했지만 이후에는 1년으로 줄어들었음을 의미한다. 1980년대 중반에는 임상시험 한 건당 약 16년이 증가했지만, 2006년에는 1년도 되지 않았다.

이 내용이 실린 논문은 언론에 빠르게 소개되었고, 수많은 콘퍼런스와 블로그에서, 그리고 여러 칼럼에서도 논의되었다.[139] 수많은 분야에서 아이디어를 창출하기가 점점 더 어려워진다는 것에 대해서는 명백한 근거가 있는 것으로 보인다. 만약 연구 결과를 전문적인 용어만으로 판단한다면, 문제점을 발견하기가 쉽지 않을 것이다. 그러나 널리 인정받은 아이디어의 비율로 평가한다면, 문제점을 찾을 수 있다. 예를 들어 이동수단과 관련해 이러한 분석을 해볼 수 있다. 이동수단 부문에서는 분명히 어마어마한 연구개발비를 지출하고 있

---

*   의료적 개입으로 늘어난 수명.

으며 계속해서 증가할 가능성이 크지만, 이동 속도나 편안함의 측면에서는 그만한 개선이 이루어졌다고 보기 힘들기 때문이다.

내생적 성장 이론에 대한 로머의 연구가 경제학에서 본격적으로 아이디어에 대해 논의하게 만든 결정적인 계기가 되었다면, 존스를 비롯한 동료들은 우리가 예상하는 것과는 달리 어째서 새로운 아이디어가 끊임없이 풍족하게 넘쳐나지 않는지 보여준다. 저자들이 말하듯, "우리가 살펴본 모든 분야에서 연구 생산성이 하락하고 있었다."[40] 인류의 최전선은 고착화된 것으로 보인다. 이러한 사실은 돌파구가 필요한 문제의 기저에 더욱 심층적인 추세가 작용하고 있음을 가리킨다. 이는 휴브너가 발견한 수익성 감소의 패턴에 더욱 무게를 실어주는 것이며, 침체라는 논의의 이면에 어떤 메커니즘이 자리하고 있음을 시사한다.

물론 이 책은 내가 획기적인 아이디어라고 부르는 것과 오래된 아이디어라고 부르는 것 사이를 구분하려는 것이 아니다. 아이디어에 대한 로머의 개념은 내가 사용하는 훨씬 더 폭넓은 범위의 개념과는 많이 다르다. 그러나 그의 연구는 위대한 사고에서 우려스러운 상황이 존재한다는 명백한 증거를 제공해준다. 그리고 경제학자 사이에서도 그러한 생각을 하는 이들은 존스를 비롯한 동료들만이 아니다. 경제학 분야 전반에 걸쳐서 관련된 증거가 수북하게 쌓이고 있다.

거대한 파괴적 혁신의 실제 모습

우리가 급진적인 혁신의 시대에 살고 있다는 주장에 대해, 경제학자들은 점점 더 회의적인 시각을 갖는다. 로런스 서머스(Lawrence Summers)나 로버트 고든, 타일러 카우언 같은 유명 인사는 '장기침체 (secular stagnation)'라는 개념을 만들었는데, 이는 서양의 경제가 겉으로 보기에는 기술적으로 풍부해 보이지만 실제로는 기이한 부진에 빠져 있다는 것이다. 카우언이 말하는 '거대한 침체'는 연구 생산성이 매년 5.1퍼센트의 속도로 떨어지는 현상을 정확히 설명해준다.[141] 1970년대 이전에는 생활수준이 20년마다 두 배로 증가했다. 중간소득(median income)은 그 이후로 거의 평탄한 수준으로 증가했다. 중간소득은 1947년부터 1973년까지 두 배로 오른 반면, 1973년부터 2004년까지의 실질소득은 겨우 22퍼센트 상승했다.[142] 만약 전후의 성장률이 지속되었다면, 2010년 미국 가정의 중간소득은 9만 달러가 되었을 것이다. 그러나 실제로는 5만 4,000달러였다. 금리가 영구적인 저금리 또는 심지어 마이너스까지 떨어진다는 것은 우리가 자금을 투자받기 위해 공격적으로 경쟁을 펼칠 수 있을 만큼 훌륭한 아이디어를 충분히 갖고 있지 않다는 것을 암시할 수도 있다.[143]

새로운 기술이 있었다면 새로운 비즈니스의 생성을 촉발했어야한다. 예를 들어 자동차의 발명으로 엔진 점화 플러그 공장에서 주차장 건설에 이르기까지 수많은 분야에서 일자리가 창출되었다. 거대한 아이디어는 수많은 새로운 분야를 생성해내며, 그러한 새로운 분야는 새로운 기업이 사업을 벌일 수 있는 공간을 열어준다. 따라서 거대한 아이디어가 왕성하게 생겨난다면 새로운 비즈니스를 빠르게 만들어내고 경제 전반에도 활력을 일으켜야만 한다. 그러나 현실의 경제는 거대한 아이디어가 넘쳐나는 시대의 고무적인 그림을 그려내지 못하고 있다. 심지어 코로나19 이전에도 이미 새로운 사고는 숨을 헐떡이고 있었다. 회사 창업은 40여 년 만에 최저 수준이다. 독일의 DAX 지수나 프랑스의 CAC 지수에 이름을 올린 기업 중에서 1970년 이후에 창업한 회사는 겨우 손에 꼽을 정도다.[144] 유럽에서 기업가치 상위 100대 기업 가운데 지난 40년 동안에 만들어진 곳은 거의 없다.

미국은 실정이 좀 더 낫긴 하지만, 성공적인 창업의 기세는 그곳에서도 저조한 편이다. 스타트업은 고전을 면치 못하고 있다. 스타트업의 수는 떨어지고, 파산하는 비율은 최악이다. 스타트업의 95퍼센트는 기대수익을 달성하지 못하고 있으며, 30~40퍼센트는 자기자본을 모두 잠식하고 있다.[145] 무엇보다도 가장 놀라운 것은, 신생기업의 수와 IPO(기업공개, 이는 증시 상장을 의미하는 경우가 많다)의 수치가 최고점에 달한 시기가 이미 수십 년 전이라는 사실이다.[146] 기업가의 활동 비율도 미국과 영국, 독일 같은 주요 경제국에서 감소했는데, 특히 고학력자 사이에서 하락세가 더 빨랐다.[147]

또 다른 착각은 어마어마하면서도 새로운 기술이 멀리 떨어진 곳에서 클릭 한 번만으로 수많은 산업을 무너트리는 시대에 우리가 살고 있다는 생각이다. 그처럼 강력한 기술이 발명되거나 혁신적인 기법이 나타났다면 아마도 기존의 일자리는 파괴되었을 것이다. 그러나 다시 한번 데이터를 살펴보면, 코로나19 팬데믹 이전에도 기존의 일자리가 파괴되는 비율은 이미 떨어지고 있었다. 새로 창업한 기업의 수만 줄어든 것이 아니었다. 일반적인 인식과는 다르게 기업가치 10억 달러 이상의 스타트업을 말하는 소위 '유니콘(unicorn)' 기업의 수도 확실히 줄어들었다.[148] 그리고 이러한 패턴은 심지어 화려한 기술 분야에서도 나타난다. 기술회사의 창업 수는 2000년에 정점에 달했고, 성장률은 1980년대 이후로 계속해서 하락세를 보이고 있다.[149] 실리콘밸리는 급진적인 혁신보다는 오히려 생존과 수익창출에 더욱 관심이 많은 거대기업이 지배하고 있으며, 그들은 높다란 장벽을 세워두는 경우가 많다.[150] 실제로 그들의 천문학적인 시가총액은 최정상에서의 영구적인 고착화가 진행되고 있음을 의미하는 것일 수도 있다. 이런 모든 사실은 비즈니스적인 아이디어가 실제로는 협소하며 그들의 혁신이 지나치게 과장된 것일 수 있음을 가리킨다. 지난 수십 년 동안의 거대한 파괴적 혁신(Great Disruption)과는 너무나도 다르게, 이곳의 실제 모습은 침체에 더욱 가깝다. 일자리의 파괴 현상 역시 2000년 이후로 그 기세가 더욱 급속도로 줄어들었다.[151]

대부분의 선진국은 명백한 독과점 경향을 보이고 있다. 예를 들어 은행, 에너지, 통신, 부동산, 소비재와 식품 소매업종의 주요 기업은 사실상 수십 년 동안 안정적인 지위를 유지해왔다.[152] 1987년에는 창업한 지 11년 이상 된 기업이 3분의 1에 불과했지만, 2010년대에는 절반에 달했다. 게다가 이렇게 오래된 기업이 미국 전체 노동력 고용의 80퍼센트를 차지하고 있었는데, 이는 1987년의 65퍼센트에서 상승한 수치다.[153] 그러면서 신생 기업의 비율은 지속적으로 하락했다. 또 다른 측면에서 이를 살펴보면, 1970년대에는 기존의 기업 100곳당 17개가 새로 창업을 했고 13곳이 문을 닫았다. 2000년 이후로는 이 수치가 각각 13개와 11곳으로 줄어들었다. 이는 신규로 진입하는 기업도 줄어들고, 문을 닫는 곳도 적어졌다는 것이며, 전반적으로 역

동성이 약해졌음을 알 수 있다.[154]

미국 정부는 《포천(Fortune)》에서 선정한 500대 기업이 미국 경제에서 차지하는 비중이 1955년부터 현재까지 두 배로 증가했다고 추산한다. 여기에서조차 최상위권이 더 많은 것을 가져가고 있다. 《포천》 500대 기업의 매출액에서 최상위 100대 기업이 차지하는 비중은 1994년에는 57퍼센트였지만 2013년에는 63퍼센트로 상승했다. 최고급 특허 가운데에서는 기존의 오래된 기업이 출원하는 비중이 가파르게 상승한 반면, 신생기업은 그러한 최첨단의 영역에 다가가기 위해 점점 더 고군분투하게 되었다.[155] 거의 같은 기간 동안 상장기업의 수는 인수합병으로 절반으로 줄어들었다.[156]

무어의 법칙이 계속해서 진행되려면 점점 더 많은 비용과 노력을 투입해야 한다. 그렇다면 가장 새로우면서도 생산성이 매우 폭발적인 단계에 있는 분야라면 어떨까? 그러한 정보를 파악하기는 쉽지 않지만, 휴브너와 페이흐는 두 가지 부정적인 사례를 제시했는데, 이들은 아이디어에 대한 논문을 쓴 저자인 만큼 이런 현상에 대한 나름의 설명을 시도한다. 인류가 이룩한 성과를 각각의 방식으로 분류하는 브래티니커 백과사전(Encyclopædia Britannica)이나 위키백과(Wikipedia) 역시 그러한 일반적인 경향을 확증해준다.

특허에 대한 내용을 다시 한번 살펴보면, 추가적인 증거를 더 많이 발견할 수 있다. 새롭고도 아주 중대한 발명이 이루어지면 단지 그 발명에 대한 개별적인 특허만이 아니라, 완전히 새로운 카테고리의 특허분류를 만들어낸다. 따라서 기존에 출원된 특허가 완전히 새로운 발명을 통해 나온 참신한 카테고리의 특허인지 재분류를 해보아야 한다. 다시 말해, 새로운 카테고리의 생성 비율이 늘어났는지 아니면 줄어들었는지 살펴보면 거대한 아이디어의 추세를 확인할 수 있을 것이다. 데이터가 다소 모호하긴 하지만, (적어도 미국에서는) 그 비율이 오랜 기간 동안 상당히 일정하게 유지되는 것으로 보인다.[157] 이런 사실은 연구 생산성이 하락했다는 주장을 뒷받침해준다. 연구자의 수와 지식과 가용할 자원이 더욱 많아졌는데도 우리는 새로운 특허분류 항목을 더욱 빠르게 늘려나가지 못하는 것이다. 오히려 그 기세가 조금씩 줄어드는 경향이 나타난다. 아이디어에 대해 논의하는 논문은 기존의 기술만을 살펴봤지만, 특허는 완전히 새로운 기술을 등록하는 것이다. 그리고 여기에서조차 우리는 결과물이 줄어들고 있음을 발견하게 된다.

· · ·

세계 최고의 경제학자 가운데에서도 놀라울 정도로 많은 사람이 거대한 아이디어의 미래 기반에 대하여 우려를 표하고 있다. 그들은 돌파구가 필요한 문제들이 일반적이며, 수익성 감소 현상은 단지 의료나 이동수단뿐만 아니라 인류의 최전선 전역에서 두드러지게 나타난다고 말한다. 사회 전체에서 새로운 아이디어가 고갈되는 것으로 보인다. 피터 틸 같은 기술계의 거물이나 닐 스티븐슨(Neal Stephenson) 같은 공상과학 작가가 인류의 성취에 대해 실망스럽다고 말한다면, 우리는 그저 어깨를 으쓱하고 말 것이다. 물론 그들이라면 실제로 그렇게 말할 것이다! 그들이 늘 말하는 것은 하늘을 나는 자동차나 달

표면의 인류 정착기지 같은 것이기 때문이다. 그러나 여기에서 살펴본 내용은 그저 하늘을 나는 자동차 같은 상상에 근거한 것이 아니다. 연구 생산성은 우리의 일상과 전혀 동떨어진 것이 아니다. 그것은 결국 우리가 의사소통을 나누는 것에서부터 어떤 의약품을 어떤 가격으로 책정할지에 이르기까지 우리 일상의 모든 측면에 영향을 주게 된다.

새로운 아이디어가 창출되는 구조와 속도는 문명을 가늠하는 척도다. 그것은 가장 거대한 규모에서의 성공을 거두기 위한 묘약일 수도 있고, 일상의 소소한 안락함을 얻기 위해 힘겨운 시련을 거치는 것일 수도 있다. 미래를 바라보는 사람이라면 거대한 아이디어를 만들어내기 위한 노력에 비해 그 결과는 변변찮을 수도 있다는 사실을 고려해야 한다. 우리가 이룬 성취와 능력은 훌륭하지만, 그 누구도 앞으로 수십 년 동안 새롭고도 영광스러운 계몽주의의 시대가 펼쳐질 것으로 태평스럽게 추정할 수는 없다.

경제학에서의 논쟁은 분명히 어떤 역할을 한다. 그러나 경제학자는 (대체적으로) 자신들이 이 세상에 대한 완전한 모습을 설명할 수 없다는 사실을 가장 먼저 인정했다. 거대한 아이디어는 단지 경제적이거나 기술적인 것에만 국한되지 않는다. 그렇다면 경제적으로 그 혁신을 평가하기 쉽지 않은 다른 분야의 최전선은 어떨까?

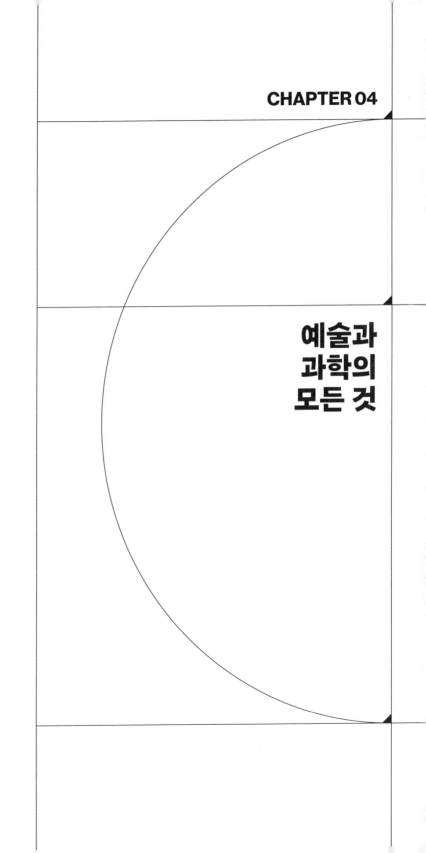

CHAPTER 04

예술과
과학의
모든 것

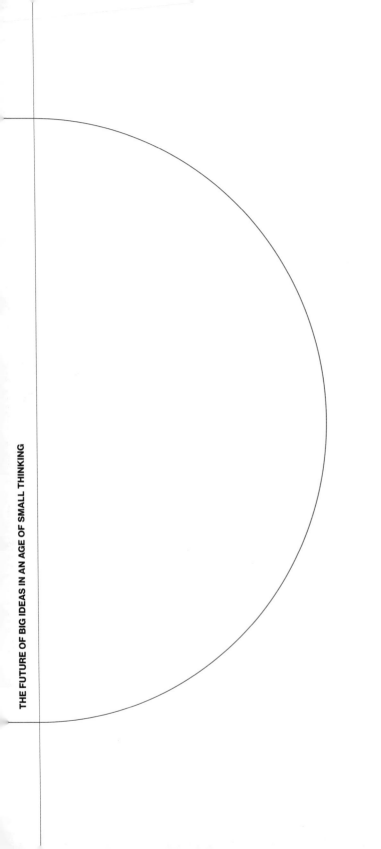

THE FUTURE OF BIG IDEAS IN AN AGE OF SMALL THINKING

1913년과 그 모든 것

음악과 공연예술에서 모든 것을 새로 쓴 〈봄의 제전〉

1913년 5월 29일, 파리 샹젤리제 극장. 그날 저녁 세르게이 디아길레프(Sergei Diaghilev) 단장과 그가 이끄는 발레뤼스(Ballets Russes) 발레단, 무용수 바츨라프 니진스키(Vaslav Nizhinskii), 작곡가 이고리 스트라빈스키(Igor Stravinsky)는 예술계에 일대 파문을 일으켰다. 그들은 음악과 공연예술에 혁명을 일으켰다. 제1차 세계대전이 발발하기 직전의 어느 뜨거운 저녁, 그렇게 〈봄의 제전(Le sacre du printemps)〉의 초연이 열렸다. 그리고 이제는 그 무엇도 예전과 같을 수는 없었다.

그날 저녁은 20세기의 신화에서 한 페이지를 장식했고, 문화와 음악의 역사에서 가장 많이 논의되고, 기념되고, 많이 연구된 순간 중 하나가 되었다. 그것은 음악적인 면에서나 공연예술적인 면에서나 모두 완전히 새로운 것이었다. 니진스키는 리허설을 하던 도중에 스트라빈스키에게 이런 편지를 썼다.

어떤 사람에게는 이 공연이 전혀 다른 햇빛으로 넘쳐나는 새로운 지평선을 열어줄 것입니다. 사람들은 새로운 색채와 새로운 선을 보게 될 것입니다. 완전히 다르고, 너무도 아름답고, 전혀 새로운 것이 될 것입니다.[158]

스트라빈스키는 1882년에 상트페테르부르크(St. Petersburg) 인근에서 음악을 하는 가족의 일원으로 태어났다. 디아길레프는 비교적 무명인 스트라빈스키를 발굴해냈다. 발레 작품 〈불새(The Firebird)〉의 음악을 작곡한 스트라빈스키는 하룻밤 사이에 파리의 유명인사가 되었다. 이것은 발레의 전통적인 사운드와 결별한 과감한 작품이며, 음악에서 진보적인 패러다임의 전환이 일어나리라는 초기의 암시였다. 디아길레프는 러시아의 '아시아 지역' 문화를 서양의 대도시 관객에게 전파하는 데 성공했고, 니진스키는 특유의 중력을 거스르는 듯한 스타일로 이미 유명했다. 그다음으로 발레뤼스와 디아길레프는 게삼트쿤스트베르크(Gesamtkunstwerk), 그러니까 하나의 완전한 시각 안에서 음악과 안무와 무대 디자인을 모두 통합하는 종합예술작품을 만들고 싶어 했다. 뭔가 급진적인 것을 만들 수 있는 재료들은 이미 준비되어 있었다.

〈불새〉가 성공한 후 더욱 많은 것을 시도해보고 싶어 한 스트라빈스키는 디자이너이자 고고학자인 니콜라이 뢰리흐(Nicholas Roerich)에게 음악과 무대와 의상에 대한 아이디어를 이야기했다. 이것이 바로 〈봄의 제전〉이 만들어진 기원이다. 처음에는 〈위대한 희생(The Great Sacrifice)〉이라고 불렸던 이 작품은 러시아의 토속문화에 뿌리를 두고 연극 분야의 새로운 이론을 참고해 의식적이면서도 비사실주의적인 예술을 지향했다. 그러나 당시의 스트라빈스키는 〈페트루슈카〉라는 발레 작품의 음악을 쓰느라 온통 정신을 집중하고 있었기 때문에, 원래 1912년으로 예정된 〈봄의 제전〉 초연은 연기될 수밖에 없었다.

그런데도 뢰리흐와 스트라빈스키는 긴밀하게 협력했는데, 초기에는 스몰렌스크(Smolensk) 인근에 있는 어느 예술가 마을에서 함께 작업했다. 그리고 바로 이곳에서 죽음에 대한 의례용 춤의 아이디어가 떠올랐다.

1911년 10월, 스트라빈스키는 레만호(Lac Léman)의 호숫가에서 놀라운 집중력을 발휘해 작곡을 했다. 디아길레프나 클로드 드뷔시(Claude Debussy) 같은 음악계의 거물 앞에서 가끔 시연을 하면서, 그는 1912년 말에 대부분의 곡에 대한 작업을 마쳤다. 그리고 니진스키가 안무 작업을 개시했다. 투어도 해야 했고 이런저런 다툼도 일어난 탓에 리허설을 하는 것이 수월하지 않았을 뿐 아니라, '원초적'이면서도 전통을 거스르며 로봇처럼 움직이는 춤 자체도 쉽지 않았다. 오케스트라는 예상치 못한 불협화음과 거친 소음 때문에 어려움을 겪었다. 그런데도 음악은 마치 돌연변이 같고 의상은 이국적인, 이처럼 기이하면서도 리드미컬한 이 작품이 특별하다는 것은 모두가 알고 있었다. 최종 리허설은 런던에서 진행되었다. (스트라빈스키는 리허설을 모두 130번 했다고 기억했는데, 다른 사람들은 더 많이 했다고 말한다.) 〈봄의 제전〉은 이제 거의 모든 준비를 마쳤다.

그렇게 5월 29일이 되었다. 디아길레프는 잔뜩 기대에 부풀었다. 부유한 사람들이 총출동했고, 예술가들도 모습을 드러냈다. 이날 참석한 대표적인 예술가로는 장 콕토(Jean Cocteau), 모리스 라벨(Maurice Ravel), 클로드 드뷔시가 있었다. 그리고 파블로 피카소(Pablo Picasso)와 거트루드 스타인(Gertrude Stein) 역시 관객석에 있었다는 소문이 있다.

열기가 가득한 극장 안에서는 좀 더 전통적인 방식으로 프로그램이 개시되었다. 그리고 〈봄의 제전〉이 시작되었다. 아직 커튼이 드리워져 있었지만, 오케스트라석에서 바순의 음이 흘러나왔다. 이처럼 특이한 작품은 관악기들이 복잡하게 더해지면서 빠르게 본 모습을 구성해나갔다. 그러나 불과 2분 만에 문제가 생겼다. 관객석에서 온갖 야유와 탄식이 터져 나온 것이다. 당시 현장에 있던 관객은 그 상황을 '폭풍'이 다가오는 것 같았다고 설명했다.[159]

춤이 시작되었지만 상황은 나아지지 않았다. 동작이 무거웠고, 고의적으로 불편하게 만든 안무였다. 음악은 불협화음을 냈고, 빠르기와 맹렬함이 더욱 거세졌다. 관객의 반발도 마찬가지였다. 이건 음악이 아니야! 이건 발레가 아니야! 스트라빈스키의 말에 따르면, 폭풍우가 몰아쳤다고 한다. 기존의 모든 규칙을 어긴 그 작품이 너무나도 마음에 들지 않았던 사람들은 저항의 수위를 한 단계 더 높였다. 근대주의자들은 거세게 반발했다.* 시끄러운 소동 때문에 음악은 들리지 않았다. 극장에서는 거센 소란이 일었다. 사람들은 실랑이를 벌이

---

* 　근대주의의 핵심은 이성과 합리주의였기 때문이다.

며 야유를 퍼부었다.

그런 상황에서도 오케스트라는 연주를 계속했다. 관객석에 있던 스트라빈스키는 불안을 느낀 나머지, 결국 자리를 떠나 백스테이지(backstage)로 갔다. 1막이 진행되는 동안 저항은 더욱 커져만 갔다. 일부의 주장에 따르면 디아길레프가 객석 조명을 켰다가 다시 껐으며, 신고를 받은 경찰이 출동해서 극장의 소란을 잠재우고 가장 시끄럽게 저항하던 관객 몇 명을 끌고 갔다고 한다. 관객은 자신들이 문화적으로 뭔가 의미심장한 장면을 목격했다는 느낌을 안은 채 극장을 떠났다.

비평가는 의견이 나뉘었다. 많은 비평가가 그 작품을 싫어했다. 하지만 역시나 많은 비평가가 비록 그 작품이 마음에 들지는 않았을지라도 '새로운 음악'이 탄생했다는 사실은 알 수 있었다.[160] 불협화음이 너무나도 심했기에 사람들이 지금까지 들어온 그 어떤 것과도 달랐고, 화음, 멜로디, 리듬의 규칙을 모두 새로 썼다. 원초적인 스타카토(staccato) 리듬과 비정상적인 운율로 구성된 충격적인 효과가 되풀이되어 전개되었다. 그것은 상당히 공격적인 소음이었다. 때로는 오케스트라 전체가 마치 거대한 드럼을 두드리듯이 울려댔다. 독창적인 사운드를 만들어내기 위해 현악기는 외곽으로 옮겨갔고, 목관악기와 금관악기와 타악기가 무대의 가운데로 이동해 있었다.* 그것은 고대적이면서도 극도로 현대적이었고, 기계적 문명이기도 했지만

---

* 일반적으로 오케스트라에서는 현악기가 맨 앞쪽에, 목관악기는 가운데, 타악기와 금관악기는 맨 뒷줄에 위치한다.

신화적 서사이기도 했다. 공연의 각 장면은 삭막했고, 분절적이었으며, 거의 입체파(cubism)적이었다. 모든 것이 굉장히 충격적이었다. 어느 비평가는 이렇게 말했다.

> 새로운 형식의 안무와 음악. 완전히 새로운 시각, 그전에는 전혀 볼 수 없던 것, 무대에서 시선을 뗄 수 없고 강력한 무언가가 갑자기 존재를 드러냈다.[161]

이 공연이 음악에 미친 장기적인 영향은 엄청났다. 그것은 경계를 허물었고, 모더니즘의 모든 것을 상징하는 순간이 되었다. 음악의 리듬, 발레의 주제, 소음의 속성, 실험의 범위, 공연의 가능성까지 모든 것이 바뀌었다.

오늘날 〈봄의 제전〉은 위대하면서도 새로운 예술적 아이디어의 대표적인 사례다. 그것의 영향력을 통계적으로 직접 측정할 수는 없다. 앨범이나 티켓의 판매량으로 평가할 수도 없다. 이 공연이 GDP에 기여한 것은 미미한 수준이며, 인류의 복지에 미친 영향이 무엇인지도 불명확하다. 그러나 이 공연은 위대한 아이디어의 전형이자 기준점이며, 그것이 추구한 야심과 급진성은 모두 의도된 것이었다. 그리고 당시에는 음악을 비롯한 예술 분야에서 급진적인 혁신이 일반적인 기준이 되었는데, 이 공연은 이러한 폭넓은 움직임의 일부이기도 했다. 〈봄의 제전〉은 독자적으로 나타난 것이 아니었다.

문화 전반에서 폭발한 인류의 상상력

다음 해에 워낙 중요한 사건이 벌어졌기 때문에*, 우리는 1913년을 간과하기 쉽다. 그러나 그 해를 제대로 평가해야 한다. 1913년의 세계는 신선한 사고와 창의적인 에너지가 넘쳐나며 활기를 띠고 있었다. 완전히 독창적인 아이디어를 만들고, 이전에 존재하던 모든 것에 도전하려는 의식적인 노력이 있었다. 그것은 창의적이며 지적인 분야의 전반에 걸쳐 수많은 아이디어를 실험하는 거대한 하나의 프로젝트였다. 오늘날 그들처럼 예술 자체의 전복이 자신의 목표라고 과감하게 선언할 수 있는 사람은 거의 없을 것이다.

그렇다면 〈봄의 제전〉 이외에도 어떤 일이 벌어지고 있었을까? 1913년은 빛의 도시(파리)에 전기가 공급되고, 말이 끄는 수레가 사라지기 시작한 해였다. 그리고 현대사회에 완전히 진입한 해였다. 유럽은 스트라빈스키 직전에도 이미 충격적인 콘서트를 목격했는데, 비엔나에서 아르놀트 쇤베르크(Arnold Schönberg)가 기존의 전통적인 음악 형식을 완전히 폐기해버린 것이다. 미국에서는 루이 암스트롱(Louis Armstrong)이 태어나 처음으로 트럼펫을 연주하면서 음악계에서 다가올 혁명을 예고했다.

시각예술도 전환점을 맞고 있었다. 뉴욕에서는 국제 현대미술전[아모리 쇼(Armory Show)]을 개최하여 미국에 현대미술을 소개했다. 카지미르 말레비치(Kazimir Malevich)는 0,10 전시(0,10 Exhibition)에서 '쉬프레

---

* 　　제1차 세계대전.

마티즘 선언(Suprematist Manifesto)'을 발표하여 〈하얀 배경 위의 검은 사각형(Black Square on a White Background)〉이라는 그림을 공개했다. 이렇게 완전한 형태의 추상화는 놀라운 것이었다. "그것은 예술의 종착점이었다. 그러나 동시에 완전히 새로운 무언가의 시작점이었다."[162] 1913년 말에 마르셀 뒤샹(Marcel Duchamp)이 선보인 〈자전거 바퀴(Bicycle Wheel)〉라는 작품은 마찬가지로 상당히 대담한 시도였으며, 이는 최초의 '레디메이드(readymade)' 예술이기도 했다. 1913년에는 열두 달 내내 추상미술이 최대한 멀리까지 뻗어나갔다.

아돌프 로스(Adolf Loos)는 이전까지의 대담 내용을 기반으로 쓴《장식과 범죄(Ornament and Crime)》라는 건축학 관련 서적을 출간하여, 이후에 많은 영향을 미치게 되는 깔끔하면서도 단순한 건축을 위한 기틀을 마련했다. 바우하우스(Bauhaus)의 설립자이자 로스와 함께 20세기 건축 분야의 또 다른 중심적 인물인 발터 그로피우스(Walter Gropius)는《현대 산업 건축의 발달(The Development of Modern Industrial Architecture)》이라는 에세이를 출간했다. 이후로 지배적인 양식이 된 엄격한 직선 형태는 이 시기에 그들이 만들어낸 것이다.

출간에 대한 이야기가 나온 김에 살펴보면, 이 시기에는 중요한 소설들이 엄청나게 많이 발표되었다. 제임스 조이스(James Joyce)가《젊은 예술가의 초상(A Portrait of the Artist as a Young Man)》의 첫 번째 원고를 에즈라 파운드(Ezra Pound)에게 보냈다. 버지니아 울프(Virginia Woolf)는 첫 번째 소설을 출판사에 전달했다. D. H. 로런스(D. H. Lawrence)는《아들과 연인(Sons and Lovers)》을 발표했고, 마르셀 프루스트(Marcel Proust)는《잃어버린 시간을 찾아서(À la recherche du temps perdu)》의 1권을 출간했다. 수많은 책이 연이어 출간되면서 문학의 저변이 바뀌고 있었다. 그리고 단지 문학만이 아니라, 철학도 마찬가지였다. 루트비히 비트겐슈타인(Ludwig Wittgenstein)은 1913년에 첫 번째 논문을 발표했으며, 이후 20세기 철학사에서 가장 중요한 저서 중 하나인《논리철학 논고(Tractatus Logico-Philosophicus)》를 열심히 작업하고 있었다. 카를 융(Carl Jung)은 (집단 무의식에 대해 설명하며 정신분석이라는 새로운 분야의 첫 번째 기틀을 형성한)《무의식의 심리학(The Psychology of the Unconscious)》을 막 출간한 상태였고, 프로이트도《토템과 터부(Totem and Taboo)》를 발표했다.

과학 역시 혁명의 소용돌이에 휘말리고 있었다. 알베르트 아인슈타인은 마리 퀴리(Marie Curie)와 함께 스위스의 언덕을 걸으며 1907년에 처음 떠올린 아이디어에 대해 조심스럽게 이야기를 꺼냈다. 이러한 그의 생각은 결국 시공간이 휘어져 있다는 매우 기발한 아이디어를 담은 '일반 상대성 이론'으로 완성되었다. 닐스 보어(Niels Bohr)는 물리학과 화학을 연결해 과학의 역사에서 가장 중요한 통찰력 가운데 하나를 이끌어냈고, 이전에 막스 플랑크(Max Planck)가 떠올린 직감이 옳다는 것을 확인해주었다. 찰리 채플린(Charlie Chaplin)은 자신이 만든 첫 번째 영화에 출연했고, 헨리 포드는 디트로이트에서 대량생산 라인을 도입했다.

그러한 혼란의 와중에 제1차 세계대전이 발발했다. 그런데도 서사극 영화에서 표현주의의 탄생에 이르기까지 모든 분야에서의 노력이 얼마나 새로웠는지 생각하면 그저 놀라울 따름이다. 철학과 예술에서는 새로운 체계와 이론적 기초가 생겨나면서 다양한 범주에서 폭발이 일어났고, 불과 한 세대 전까지만 해도 감히 생각할 수조차 없던 방식으로 완전히 처음부터 새로운 상상의 세계가 펼쳐졌다. 〈봄의 제전〉은 그처럼 위대한 아이디어가 세상을 바꿀 수 있다는 짜릿한 가능성을 상징하는 대표적인 사건이었다. 당시에는 물론 2차 산업혁명이 진행되던 시기였지만, 그것은 단지 산업에서만의 혁명이 아니었다. 그것은 인류의 마음과 상상력의 혁명이기도 했다.

그리고 그것이 잠시 반짝하는 순간으로 끝난 것도 아니었다. 당시에 탄생한 아이디어는 위대한 유산이 되어 이후에도 지속되었다.

20세기에 살던 사람은 언제나 뭔가 새로운 음악을 들었다. 존 콜트레인(John Coltrane)이나 존 케이지(John Cage), 조니 미첼(Joni Mitchell)이나 존 라이든(John Lydon), 로큰롤이나 힙합, 쇤베르크, 벨벳 언더그라운드(Velvet Underground)나 비요크(Björk), 데스 메탈이나 미니멀리즘, 가바 테크노(gabba techno)나 블루스 등, 20세기는 언제나 음악적으로 짜릿한 롤러코스터를 타는 것 같았다. 음악은 언제나 가장 대중적이면서도 모든 것을 아우르는 방식으로 스스로를 파괴하며 다시 태어났다. 사람들이 어떤 장르나 스타일에 익숙해지는 순간, 언더그라운드에서부터 새로운 악기와 테크닉, 애티튜드가 폭발하듯 터져 나와서 대중의 인식 속으로 파고들었다. 스트라빈스키에서 시작한 이런 현대음악은 계속해서 스스로를 정의하고 반란을 주동했다. 각각의 세대는 도저히 믿을 수 없다는 듯한 표정을 보이는 관객 앞에서 음악적 사운드와 문화에 대한 혁신적인 아이디어를 거칠게 토해냈다.

이런 추세가 아직도 이어지고 있을까? 별로 그렇지 않다. 나는 음악을 좋아하는데, 특히 새로운 음악이 좋다. 나는 매일 음악을 듣는다. 그러나 20세기의 위대한 음악적 패턴이 지금도 전혀 방해받지 않고 지속되지는 않는다. 아마도 음악적으로 가장 최근에 있었던 거대한 혁명이라면 힙합과 그 하위 장르의 성장일 것이며, 그 이후로는 엄청나게 다양한 일렉트로닉 장르가 뒤를 이었다. 각각의 장르를 들어보면 그 안에서는 다시 드릴(drill)이나 트랩(trap) 같은 세부 장르로 갈리기도 하고, 메인 테마를 수없이 퍼뮤테이션(permutation)*하는 등 여전히 어마어마하게 정교하게 공을 들인 노력을 엿볼 수 있다. 그러나 그런 음악이 록이나 재즈와는 다르지만, 그래도 분명 기존에 이미 확립된 어떤 방식을 변형하는 것이다. 패러다임의 전환은 그전에 이미 일어났다.

우리가 지금 듣는 거의 모든 음악은 이미 20년 전에 만들어진 것일 수도 있다. 20세기의 대부분 동안에는 그렇지 않았다. 1980년대의 음악은 1960년대에는 감히 상상할 수도 없는 것이었다. 1960년대의 음악을 1940년대에 상상할 수 없었던 것과 마찬가지다. 지미 헨드릭스(Jimi Hendrix)는 베라 린(Vera Lynn)과는 너무나도 달랐으며, 마돈나(Madonna) 역시 지미 헨드릭스와는 너무나도 달랐다. 그러나 지금 현재를 대표하는 스타를 20년 전에 최고의 인기를 누리던 스타와 비교하면, 아주 똑같지는 않더라도 사운드나 스타일의 본질을 재창조했다고 보기는 어렵다. 음악도 생산성의 증가라는 전반적인 맥락에서 살펴볼 수 있다. 음악을 비롯한 창조적인 예술 분야에서는 그 어느 때보다도 더욱 많은 기회가 있으며 그만큼 수많은 결과물을 내놓고 있다. 매일 하루에만 4만 곡의 노래가 스포티파이(Spotify)에 추가되고

---

* 음악을 이루는 기본 단위 내에 존재하는 요소를 재구성하여 반복하는 기법.

있다. 스포티파이에서 활동하는 창작자는 거의 400만 명에 달한다.[163] 우리는 이렇게나 많은 신곡을 가져본 적도 없고, 이렇게도 많은 인재가 음악을 생산한 적도 없다. 그러나 우리가 앞선 세대만큼이나 음악적으로 흥분된 시대를 살고 있다고는 말하기 힘들다. 우리는 옛 추억을 되살리고 약간의 혁신이 반복되는 순환 속에서 살아가고 있다.

작가 커트 앤더슨(Kurt Andersen)은 음악에 적용되는 것은 우리 문화의 거의 모든 것에 적용된다고 지적한다. 20세기 중에서 그 어떤 시기를 선택하더라도 앞뒤의 20년과는 확연하게 차이가 두드러진 반면, 현재의 패션이나 영화, 건축, 소설, 디자인, 예술 등에서는 더 이상 그렇지 않다는 것이다. 그는 이렇게 말한다.

> 최소한 지난 세기에는 어느 시기를 선택하더라도 20년 동안 늘 변화한 것에 비하면, 지난 20년 동안 (컴퓨터, TV, 전화기, 음악 플레이어를 제외하면) 세계의 모습은 거의 변하지 않았다. 예전의 과거가 다른 나라였다면, 2000년대나 1990년대, 심지어 1980년대의 대부분을 포함하는 최근의 과거는 거의 현재와 동일해 보인다.[164]

이러한 문화는 마치 영화 〈사랑의 블랙홀〉 같다. 계속해서 똑같이 되풀이되는 일상 속에서, 똑같은 TV 프로그램이 편성되어 재방송되고, 똑같은 건축 모티프와 재료를 사용하고, 시즌이 바뀌어도 매번 똑같은 편안한 옷차림의 패션이 등장한다. 언더그라운드에서 주류 문화로 편입하기까지의 거대한 여정은 요즘 같은 스트리밍과 반짝 스타와 유튜브의 시대에는 그 과정이 짧게 단축된 것처럼 보인다. 로스 다우덧의 표현을 빌리면, 이것은 끊임없이 스스로를 새롭게 단련시키며 활력이 넘치는 작업실의 문화가 아니라, 우리가 인터넷에서 무심결에 계속 찾아보게 만드는 박제된 박물관의 문화다.[165]

이전에는 반문화(counterculture)를 구성하던 것의 많은 부분이 지금은 무미건조해졌고, 이빨이 다 빠졌으며, 방향을 잃고 말았다. 문화적 반란은 이제 거세되고, 자본화되고, 테마파크 버전의 극단적인 대중예술로 길들여져 전 세계의 관객을 만나고 있다.

음악은 이제 더 이상 끓어오르는 서브컬처의 심장부가 아니라, 언제든 마음대로 시식해볼 수 있으며 소화하기 쉬운 메뉴가 되었다. 영화는 프랜차이즈 산업이다. 독창적인 아이디어는 박스오피스 앞에서는 무용지물이다. 1980년부터 2000년까지 매년 최고의 흥행을 기록하는 영화 400편 중에서 305개는 오리지널 작품이었다. 후속편이나 프리퀄(prequel), 리메이크, 시리즈 연작이나 스핀오프(spinoff) 작품이 아니라는 뜻이다. 그러나 2000년부터 2020년까지 매년 400편의 최고 흥행작 가운데 오리지널 작품은 189편에 불과했다. 시간이 지남에 따라 최상위 흥행작 10위 안에 드는 오리지널 작품의 수는 사실상 거의 사라졌다.[166] (그런 '오리지널' 작품조차 소설이나, TV, 비디오 게임을 원작으로 한 것이거나, 프랜차이즈 작품의 1편까지 포함한 것이다.)

나도 다른 사람 못지않게 〈스타워즈(Star Wars)〉나 마블(Marvel)의 작품을 좋아하는데, 예술이나 문화가 충격적으로 참신한 아이디어를 제시하던 시대는 지나갔다. 언더그라운드 문화가 아니라, 우리는 블록버스터를 갖게 되었다. 데이비드 보위(David Bowie)가 아니라 에드 시런(Ed Sheeran)을 좋아하게 되었다. 예술과 창의성에 대한 모든 고정관념에 도전하며 그토록 강력하게 몰아붙였던 아방가르드(avant-garde)는 무너져 내렸다.

1913년과 비교했을 때 우리는 모든 측면에서 더욱 많은 사람과 도구, 지적 능력, 그리고 더욱 많은 창의적 에너지와 결과물을 갖고 있다. 하지만 미학적인 리스크나 지적인 리스크에 대한 포용력이 줄어들면서, 21세기는 위대한 아이디어를 생산해내는 데 20세기에 비해 전혀 나아진 것이 없다는 느낌이 든다. 음악과 같은 무형적인 영역에서도 우리는 인류의 최전선에서 발견할 수 있었던 돌파구가 필요한 문제와 수익성 감소라는 똑같은 패턴에 갇혀버렸다. 위대한 아이디어는 서서히 사멸해가면서, 흔한 아이디어만 미친 듯이 창출되는 현실이다. 이런 패턴이 더 광범위한 문화 현상으로까지 전이된 것이다.

20세기의 지적 혁명

원근법의 발명, 셰익스피어의 독백, 공리주의 윤리학, 《하프라이프 2(Half-Life 2)》 등 거대한 아이디어는 인간의 경험을 측정할 수 없는 범위 이상으로 끌어올려주는 경유지 역할을 한다. 바퀴, 유일신 종교, 르네상스 인문주의, 민주주의 정부, 양자이론 등 위대한 아이디어는 대부분 양적인 평가를 거부한다. 그러나 평범한 패턴의 아이디어는 여전히 양적으로 평가할 수 있다.

확실히 그런 엄청난 아이디어는 여전히 존재한다. 예를 들어 컴퓨터 게임은 엔터테인먼트나 문화적인 측면에서 완전히 새로운 분야이며, 게임의 급속한 발전과 실험주의적인 경향 덕분에 이곳은 새로운 아이디어를 위한 매우 비옥한 원천이 되고 있다. 그러나 일반적으로 우리가 더욱 많은 예술작품을 만들어낸다고 해서 우리가 예술적으로 새롭고도 위대한 아이디어를 더욱 잘 창출하는 것은 아니다. 우리는 자동차 생산량을 대폭 늘린 것과 마찬가지로, 그 결과물의 규모를 늘린 것이다. 그러나 우리가 하늘을 나는 차량을 만들어내지는 못한 것처럼, 문화와 예술 역시 안전하고 예측 가능한 것이 되었다.

화가의 붓놀림이나 독특한 어휘나 음악 요소의 구성이 우리에게 본능적으로 충격을 줄 수 있었던 시절을 되살리는 것은 사실상 쉽지 않다. 예를 들면 소설이나 영화에서 가장 주류적인 이야기 장르는 수십 년 동안 변하지 않았다. 미학적인 경험의 모든 측면을 전복하려는 야망을 가진 근대주의의 충격보다는, 요즘의 예술은 아주 조금씩만 바뀌고 있다.

이것은 아마도 창의력이 감소되는 현상과도 관련이 있을 것이다. 1990년대 이후로 미국의 학생 사이에서 측정된 창의력 수치는 계속해서 하락하고 있으며, '창의성의 위기'에 대한 담론을 촉발하고 있다.[167] 여기에서는 독창적인 사고 능력(새로운 아이디어를 많이 창출하는 능력)이 떨어지는 것은 물론이고, 개방성 측면에서도 퇴보가 감지되고 있다. 창의적인 태도와 새롭고 색다른 아이디어를 반갑게 대하는 시각이 줄어드는 것이다. 이는 부분적으로는 수많은 형태의 급진적인 독창성을 억누르는 더욱 광범위한 역학관계 때문일 것이다. 이는 새로운 르네상스를 기대하기에는 좋은 조짐이 아니다.

순수한 사고의 영역이나 위대한 아이디어의 산실이라고 할 수 있는 곳에서도 우리는 잘 해내지 못하고 있다. 현재의 도덕적, 신학적,

철학적인 논의의 기원이 대부분 축의 시대(Axial Age)라고 하는 기원전의 마지막 천 년이라는 사실이 놀라울 따름이다.

우리는 지금도 불교, 자이나교(Jainism), 조로아스터교, 기독교 등 그 시대에 탄생한 종교를 여전히 믿고 있다. 공자, 맹자, 노자, 그리고 소크라테스, 플라톤, 아리스토텔레스 등, 이 시기에 유럽과 중국에서 활약한 현인이 인류의 역사에 기다란 그림자를 드리우고 있다. 또한 이 시대의 선지자와 철학자는 과학, 논리학, 생물학의 기틀을 마련했다. 예술이나 사상에서의 위대한 아이디어는 기술 분야에서 그랬듯이 시간이 흐른다고 해서 시대에 뒤처진 것으로 취급되지 않는다. 여기에서는 '진보'를 말한다는 것이 오히려 부적절하거나 시대착오적일 수 있다. 오히려 그것이 지금까지도 길게 그림자를 드리웠다고 표현하는 것이 우리 시대의 맥락에 그러한 사상이 얼마나 크게 기여하는지 설명해주는 것이다. 인류가 2천여 년 동안 열심히 고민해왔다고 해서, 우리에게 공자나 소크라테스 시절보다 더욱 위대한 아이디어가 저절로 얻어지는 것이 아니다. 그리고 지금부터 수십 년이 지난다고 해서 상황이 더 나아지지는 않을 것이다.

그렇다면 19세기를 한번 생각해보자. 우리의 지적인 활동의 기반 가운데 얼마나 많은 측면의 기원이 19세기로 거슬러 올라가는지 한번 생각해보자는 것이다. 대표적인 사례를 몇 개만 들어도 민족주의와 민족국가, 자본주의 기업과 산업생산, 대중문화와 전문분야로서의 과학 등이 있다. 그런데 19세기 중반부터 이처럼 위대한 사고들이 폭발하기 시작했지만, 동시에 펠리페 페르난데스 아르메스토(Felipe Fernández-Armesto)가 '아주 오래된 확신의 무덤'이라고 부르는 거대한 무효화가 시작된 시대이기도 했다.[168] 심지어 열역학의 법칙이나 다윈의 자연선택설처럼 당대에 탄생한 것조차 얼마 지나지 않아 거대한 혼란에 휩싸이게 되었다.

그런데 20세기로 넘어가면서 위대한 아이디어는 점차 이전에 가졌던 확실성이 하나씩 해체되었다. 사고의 거의 모든 측면이 패러다임의 변화를 겪었다. 개념의 창조적인 파괴, 인식의 파격적인 혁신이 시대의 규칙이 되었다. 아인슈타인과 앙리 베르그송(Henri Bergson)이 시간을 재정의했고, 그러는 한편 비트겐슈타인과 페르디낭 드 소쉬르(Ferdinand de Saussure)에서 자크 데리다(Jacques Derrida)에 이르기까지 모든 사람이 진실의 매개체인 언어를 부서진 거울의 방으로 바꾸어놓았다.

그러나 이것은 시작에 불과했다. 민족문화, 자아, 예술, 논리, 수학과 종교와 자연의 기초, 현실의 인식, 계급과 성별과 인종의 위계질서, 우주의 역사, 인류의 기원, 대륙이 고정되어 있다는 가정, 의미의 구조 등 고도의 전통적인 체계를 띠고 있던 모든 것이 수십 년 동안 급진적인 사고의 불꽃놀이가 펼쳐지면서 갈기갈기 찢겨져나갔다. 20세기의 지적 혁명은 모든 것을 다시 만들었다.[169] 위대하면서도 새로운 아이디어가 그전까지 존재하던 지식의 기반을 완전히 허물어트렸다. 그러나 아이디어의 역사를 연구하는 피터 왓슨(Peter Watson)이 지적하듯, 그 시기는 또한 매우 놀라운 발명의 시대이기도 했다. 1900년 전후만 하더라도 유전자와 전자, 양자가 발견되었고, 무의식이라는 개념이 만들어졌다.[170] 추상표현주의에서 입체주의(cubism) 등에 이르기까지 모든 분야에 걸쳐 대담한 '주의(ism)'의 향연이 펼쳐졌다.

그러한 위대한 아이디어의 시대는 설령 완전히 끝나지는 않았다 하더라도 그 에너지를 잃었다. 우리는 그렇게 엄청난 아이디어와 비슷하게라도 견주어볼 수 있을 만한 새로운 사고를 만들어내지 못하고 있다. 그러한 현실을 보여주는 한 가지 증상은 '지식인의 죽음'이다. 다시 말해, 거대하면서도 새로운 아이디어를 떠올리고 그것을 전달하는 기본적인 기능을 하는 사람이 사라졌다.[171] 의식을 갖고 있으며 진지한 사유를 하던 지성인은, 심지어 그들의 본거지라고 할 수 있는 파리의 좌안(左岸, Rive Gauche)에서조차 존재를 찾기가 힘들어졌다. 볼테르(Voltaire) 같은 18세기의 철학자에서 영웅적인 작가이자 사상가인 장 폴 사르트르(Jean Paul Sartre)에 이르기까지, 에밀 졸라(Emile Zola)에서 미셸 푸코(Michel Foucault)에 이르기까지, 프랑스에는 획기적인 사고를 부끄러워하지 않는 전통이 있었다. 그러나 지금은 라틴 지구(Latin Quarter)에서조차 지식인은 그저 추억의 집단에 불과하며, 현재에 지대한 영향력을 미치는 사람이라기보다는 검은색 터틀넥 셔츠를 입고 파이프를 입에 문 캐리커처로만 존재할 뿐이다.

창조적인 예술가와 마찬가지로, 지식인도 그들의 반란이 무력화되는 과정을 지켜보았다. 많은 사람에게, 거대한 아이디어를 갖고 그것을 폭넓은 일반 대중에게 전달한다는 것은 도저히 상상할 수도 없는 일이다. 그들은 협소한 분야에 전문화되었고, 그들만의 학술적인 언어로 의사소통을 한다. 물론 일약 유명인사가 되거나 TED 강연으로 대중에게 다가가는 사람도 있기는 하다. 어쨌든 위대한 아이디어는 좀처럼 볼 수 없게 되었고, 유행에 뒤떨어지며, 위험하고, 그릇된 생각이며, 다루기 불편한 것이 되었다.

분명 지난 20~30년 동안을 살펴보면 정치이론, 철학, 인류학, 사회학 등 지식의 전 분야에 걸쳐 인류 역사상 가장 많은 학자가 활약하고 있을 것이다. 그러나 그처럼 어마어마한 수의 학자가 각자의 분야로 파고들어 사람들이 거의 읽지도 않는 저널에 논문을 게재한다. 그 결과 학계의 지형은 더욱 안정적이 되었다. 20세기에는 인류학, 심리학, 컴퓨터 과학, 생화학, 경영학, 미디어 연구 같은 주요한 학문이 새로 생겨났다. 21세기를 보면 세분화된 전공의 석사 학위는 급증했지만, 지식의 중요한 분야로 새롭게 탄생한 학문은 거의 없다.

이런 시대를 독창적인 사고의 황금기라고 부를 사람은 거의 없을 것이다. 인류학자 데이비드 그레이버(David Graeber)는 인문학과 사회과학의 현실을 한탄하면서 야심찬 사고가 쇠약해졌다고 생각했다. 모든 사람이 1960년대와 1970년대의 사상가를 끊임없이 논하지만, 그에 견줄 만한 연구 성과를 만들어내지는 못하고 있다. "미국에서는 지난 30년 동안 사회 이론에서 중요하면서도 새로운 연구가 나오지 않았다."[172] 철학자인 아그네스 캘러드(Agnes Callard)도 여기에 동의하면서 이렇게 썼다. "나는 철학에서 다른 분야의 사람도 모두 일어나서 주목하게 만드는 '위대한 아이디어'의 원천이 무엇인지 질문을 받는다면, 1950년대 이후에 태어난 사람의 이름을 거론하는 것이 좀처럼 쉽지 않을 것이다."[173]

이와 비슷하게, 500명에 달하는 서양의 위대한 지성에 대한 연구를 보면, 줄리아 크리스테바(Julia Kristeva)에서 바츨라프 스밀(Vaclav Smil)에 이르기까지, 그리고 재클린 로즈(Jacqueline Rose)에서 브뤼노 라투르(Bruno Latour)에 이르기까지 1940년대에 태어난 사람은 상당히 많이 찾을 수 있지만, 1950년대 이후에 태어난 사람의 수는 급감하는 것을 확인할 수 있다. 이 연구의 저자는 이렇게 썼다. "1950년경부터 하락하는 현상은 경고 신호일 수도 있다."[174]

거대한 아이디어의 핵심 분야인 정치적 사고 영역에서, 지식인은 완전히 퇴보하고 있다. 20세기를 거치면서, 특히 소비에트 체제와 그 이데올로기가 붕괴하면서, 새로운 이데올로기를 만들어내고 추구한다는 생각 자체가 빛이 바랬다. 중국이든 러시아든 미국이든 관계없이, 정치는 시스템 안에서 모든 일을 처리하는 문제가 되었다. 21세기 버전의 마르크스주의나 자본주의나 자유주의나 심지어 무정부주의 같은 것조차 존재하지 않는다. (검은색도 흰색도 아닌) 회색의 오래된 정치적 아이디어가 이미 존재하는 메뉴처럼 계속해서 되풀이된다.

예를 들어, 공산주의가 붕괴된 후 세계 체제의 지배적인 원칙으로서 자본주의나 자유민주주의를 적절하게 대체할 수 있는 것이 무엇인지, 또는 그런 일이 가능하기나 한지 그 누구도 확고한 제안을 하는 사람이 없다. 민주주의와 자본주의 같은 개념은 일반적으로 위기에 처했다고 여겨진다. 미래에 대한 뚜렷한 방향이나 다른 대안도 존재하지 않은 채, 그들은 현재 휘청거리고 있다.

1980년대 말과 1990년대 초에 프랜시스 후쿠야마(Francis Fukuyama)는 이런 현상을 두고 '역사의 종말(End of History)'이라는 유명한 (그리고 좀 더 낙관적인 의미로) 표현을 했다. 그의 주장은 자유주의적 과대 해석의 전형으로 조롱받아왔지만, 널리 오해받아온 것도 사실이다. 그는 실제로 (사회주의의 붕괴 같은) 가장 중대한 일을 포함하여 역사적인 사건이 멈출 것이라고 믿었거나 주장한 것도 아니었다. 다만, 정부와 정치를 구성하는 원칙과 제도가 더욱 많이 발전할 것 같지 않다고 생각했을 뿐이다. 후쿠야마의 정치철학을 읽어보면, 자본주의적인 자유민주주의가 경제적으로 효율적이며 심리적으로도 만족할 수 있는 형태로 중대한 진화를 할 가능성이 크지 않다고 말한다.[175] 만약에 후쿠야마가 이를 좀 더 평범하게 '이데올로기적 진화와 거대한 정치적 아이디어의 종말'이라고 불렀다면, 지금보다는 덜 논쟁적으로 되었을 것이라고 말하는 사람도 있다. 게다가 후쿠야마는 자유민주주의가 확실하게 안심할 수 있다고 태평스럽게 주장하지도 않았다. 오히려 그는 자유민주주의가 외부 위협의 희생양이 될 수 있을 뿐만 아니라, 내부의 모순, 새로운 아이디어의 부족, 잘못된 집중, 사회적 무질서, 환멸, 부주의 등으로 내부적으로 약해질 수도 있다고 지적했다. 그가 지적한 우려 대부분은 우리가 현재 목격하는 현상이다.

우리의 아이디어가 정말로 종말에 도달했고, 그런 점에서 우리가 완벽한 합의에 도달했다는 사실을 받아들여야 할까? 현재로서는 유일하게 경계해야 할 만한 도전은 중국식 독재정치인데, 이는 20세기의 권위주의와 신자유주의를 기이하면서도 낯선 방식으로 혼합한 관리형 자본주의(managed capitalism)라고 할 수 있다. 그런데 후쿠야마가 권위주의적 독재상태라고 부르는 것과 자유민주주의 사이에는 국제정치와 이념적으로 모호한 영역이 존재한다. 그것은 자유민주주의가 '모순이 없는 완벽한 형태'라기보다는, 현재의 정치적 아이디어가 가진 사실상의 한계를 보여주는 것이다.

현재로서는 기존의 개념을 되풀이하지 않는 급진적으로 새롭거나 매우 야심찬 세상에 대한 상상은 존재하지 않는다. 대부분의 프로그램에서 사용되는 정책과 이념을 보면, 그것을 현재의 시스템에 적용하거나 그 시스템을 더욱 완벽하게 만드는 것을 목표로 한다. 우리가 격동의 시대를 살아가는 것일 수도 있지만, 요즘은 오히려 시대를 역행하는 형태를 취하고 있다. 권위주의, 독재적 권력, 파벌주의, 민족주의적 포퓰리즘 등은 비록 디지털화되고 세계화된 형태로 다시 열기가 끓어오른다 하더라도, 전혀 새롭거나 독창적인 아이디어가 아니다. 터키나 러시아 같은 나라가 이렇게 다시 강력해지는 권위주의를 고수하는 것과 마찬가지로 인종, 종교, 민족을 막론하고 집단의 정체성으로 다시 회귀하는 현상은 미얀마나 인도에서 미국과 브라질, 폴란드에 이르기까지 모든 곳에서 나타나고 있다. 자본주의에 대해 새로운 것이 없듯이, 종교적 근본주의와 네오파시즘(neo-fascism) 역시 전혀 독창적인 것이 아니다.

그러나 이러한 상황에서도 정치이론을 재창조하려고 노력하는 사람은 없다. 그 누구도 자신의 권위가 시민의 이익이 아닌 다른 무언가를 기반으로 한 것이라고 주장하지는 않지만, 그것이 실제로 무엇을 위한 것인지는 논란의 여지가 있다. 그 어떤 모델도 역사의 위대한 변증법적 발전을 지속하기 위하여 사회적 또는 정치적으로 더욱 진화할 수 있는 처음 보는 방향을 제시하지 않는다.

좌파와 우파라는 정치적인 카테고리의 기원은 수백 년 전으로 거슬러 올라간다. 일반적으로 우리는 시장 아니면 국가, 프리드리히 하이에크(Friedrich August von Hayek) 아니면 존 케인스(John Maynard Keynes), 개인 아니면 집단, 사회주의 아니면 자본주의 같은 이분법의 틀에 여전히 갇혀 있다. 정치적인 비유는 문화적인 것과 마찬가지로 힘없이 가난한 사람이든 탐욕스러운 금융업자든 관계없이 끊임없이 재활용된다. 국유화, 민영화, 세금 인상 또는 조세 감면 등 국가재정의 변화를 불러오는 급진적인 정책은 대부분 수십 년 전에 제시된 것들이다. 이러한 정체 상태는 '새로운 불안감'이 '오래된 이데올로기'와 직면하고 있음을 의미한다.[176]

물론 넛지 유닛(nudge unit)을 활용한 통치라든가, 기본소득, 현대화폐이론(Modern Monetary Theory) 같은 새로운 아이디어가 나오기도 한다.[177] 그러나 이렇게 발전하는데도 일반적으로 우리는 고독, 주거 문제, 사회복지, 노인요양과 아동보호 같은 다양하고 심각한 문제를 해결할 수 있는 아이디어가 부족한 실정이다.[178] 인종이나 젠더, 환경 같은 가장 활기 넘치는 주제조차 그 논쟁의 기원은 1960년대 이전으로 거슬러 올라간다.

코로나19 팬데믹의 초기 국면에만 하더라도, 이것이 우리 생활의 모든 국면을 바꾸고 있다고 여겨졌다. 코로나19의 파급력이 어마어마하긴 했지만, 이는 주로 디지털 기술처럼 이미 진행되고 있던 변화를 더욱 가속화하는 것이었다고 할 수 있다. 그러나 아마도 가장 놀라운 것은 구조적 측면에서는 거의 바뀌지 않았다는 점일 것이다. 물론 변화가 있기는 하지만, 정치경제학의 최전선은 꽁꽁 얼어붙어 있다고 할 수 있다.

그러나 (이데올로기는 그렇다 쳐도) 정책적 아이디어에서는 예전부터 혁명이 진행되었다. 19세기 초의 정부가 해야 할 일은 '법률과 전쟁'이 전부였다. 150년이 지난 지금, 정부는 박물관을 비롯한 문화에서 출생과 고령 문제에 이르기까지 거의 모든 측면에 관여한다.[179] 특히

19세기 말부터 1960년대까지는 국가에 대한 사고에서 대대적인 혁명이 있었다. 빈곤에 대한 조사에서 국가의 연금제도, 사회보장과 공공보건의 완전한 시스템 개발에 이르기까지, 정책의 목표와 속성에 대한 내용이 다시 쓰였다. 정부는 새로운 도시와 병원을 건설했다. 실업자나 노인에게는 인도적인 지원을 제공했다. 교육을 모든 계층으로 확대했고, 연구에 자금을 지원했다. 그렇다면 이제 정책적으로 대담한 의제는 확실히 사라진 것일까?

어떤 사람은 나름의 합당한 이유를 들어 이데올로기와 지식인 모두가 사라져서 속이 시원하다고 말할 수도 있다. 마오이즘(모택동주의)은 불필요한 기근으로 수천 만 명의 목숨을 앗아갔고 현대사에서 가장 처참하면서도 파괴적인 사건 중 하나인 문화대혁명에 착수했지만, 수십 년 동안이나 파리 좌안의 지식인을 기이하게 옥죄었다. 무솔리니(Mussolini), 스탈린(Stalin), 김일성, P. W. 보타(P. W. Botha), 폴 포트(Pol Pot)는 분명 정치적으로 거대한 아이디어를 갖고 있었지만, 우리는 그들이 돌아오는 것을 전혀 원하지 않는다. 그렇다고 해서 거대한 성장, 생활 대부분의 영역에서 두드러진 개선, 지구 대부분의 지역에서 더욱 공정해지고 개방적으로 된 정치, 예전과는 비교할 수 없을 정도로 문화와 예술에 대한 향유 기회의 확대 등 의심할 여지 없는 정치와 경제의 성취를 부정해서는 안 된다. 중요한 것은 은행계좌의 잔고를 늘리는 것만이 아니라, 더 나은 세상을 상상하는 것이다.

따라서 완전히 절망적이지만은 않다. 그러나 유발 하라리(Yuval Noah Harari)가 지적하듯이, 개인이나 사회, 또는 인류로서의 우리의 목적과 관련한 (종교적, 정치적, 문화적으로) 웅장한 서사는 그러한 발전에 걸맞게 재창조되지 못한 채 붕괴하고 말았다. 정책에서 건축에 이르기까지, 음악에서 철학에 이르기까지 수많은 영역에서 거대한 아이디어는 사라졌다. 인류의 최전선에 대한 이야기는 물론 언제나 논쟁의 여지가 있다. 그러나 나는 우리가 감상하는 영화에서 사회의 정치조직에 이르기까지 모든 것에서 역동성이 약해지고 더욱 안정화되었다고 주장한다. 우리는 무언가를 생산하는 데는 더욱 능숙해졌지만, 새롭게 생각하는 것에서는 그다지 능숙하지 않다. 그러나 모든 것을 통틀어 아마도 가장 근본적인 한 가지 분야는 예외일 것이다.

과학의 과학

기하급수적으로 증가하는 과학 연구 인력과 실험장비

과학을 구성하는 지식과 방법론의 영역은 인류가 거둔 가장 위대한 성취 중 하나일 것이다. 인류는 플랑크 길이(Planck length)*의 미시세계에서 거대한 우주까지 어마어마한 단위의 규모에서 연구하고 있다. 우리의 사고는 수십 억 년 전 우주가 폭발하며 팽창하던 시절까지 거슬러 올라갈 수 있다. 우리는 어마어마하게 복잡한 유기체의 화학적 기반과 내부 구조를 파헤칠 수 있다. 우리는 자연을 아주 자세히 설명할 수 있다. 천문학의 중력파에서 태양계 외부의 행성에 이르기까지, 새로운 질병에 대한 생화학에서 분자공학에 이르기까지, 과학에

---

* 우리가 아는 공간이 더 이상 존재하지 않을 만큼 극도로 작은 크기로, 약 1.6×10^{-35}m.

서는 놀라운 성공과 발견 사례를 찾기가 그다지 어렵지 않다. 최근의 몇 년 동안 어느 한 시기를 선택해 살펴보더라도, 그 기간에는 언제나 공학에서 외계 생명체에 대한 탐사에 이르기까지 어떠한 분야에서든 놀라우면서도 상당한 진전이 있었음을 확인할 수 있다. 과학이 벽에 부딪혔다는 이야기는 언제나 있었지만, 그러한 주장은 언제나 새로운 발견과 함께 무너져내렸다.

그런데도 여전히 의문은 남는다.[180] 연구의 초점이 점진적이며 안전한 방향으로 옮겨가는 경우가 많기 때문이다. 또한 현대의 과학 연구 중에는 '논쟁의 여지가 있거나, 신뢰할 수 없거나, 사용할 수 없거나, 아예 틀린' 경우도 상당히 많다.[181] 최근 수십 년 동안, 위대한 도약과 혁명의 시대는 지나갔다는 분위기가 명백하게 느껴졌다. 우리가 기술적 침체에 직면하는 이유의 일부는 과학 연구 역시 역풍을 맞고 있기 때문이다. 과학은 꾸준하지만 때로는 답답할 정도로 더딘 발전 속도를 유지하기 위해 더욱더 많은 자원을 투입하는 현실에 갇혀 있을 뿐만 아니라, 분명 그러한 침체의 근원이 될 수도 있다.

예를 들면 이런 경우다. 과학 연구의 결과물은 일반적으로 논문으로 공개되는데, 지난 수십 년 동안 출간된 논문의 수는 기하급수적으로 증가했다. 세부 분야에 따라 다르기는 하지만, 그 수는 10~12년마다 두 배로 증가했다.[182] 과학저널의 산출량 성장세는 매년 8~9퍼센트인데, 최근의 추세는 훨씬 더 빨라서 9년마다 두 배로 성장하는 셈이다.[183] 생의학 연구를 보면, 펍메드(PubMed) 데이터베이스에는 매년 100만 건이 넘는 논문이 등록되고 있다.[184] 물리학 연구의 주요 저장소인 아카이브(arXiv)에는 매달 1만 2,000에서 1만 3,000건의 논문이 업로드되는데, 이는 20년 전의 약 2,000건에서 급증한 수치다.[185] 어느 추정에 따르면, 구글 학술 검색(Google Scholar)에는 거의 4억 편의 문헌이 포함되어 있다고 한다.[186] 실제로 과학계량학(scientometrics) 연구에 따르면, 그러한 성장세는 지난 한 세기 동안 지식 분야의 전체적인 생산량이 급증한 장기적인 추세의 일부라고 한다.[187] 과학 분야에서는 이전의 그 어느 때보다도 더욱 많은 박사학위가 수여되고, 비교할 수 없을 정도로 더욱 많은 연구자금이 지원되고 있다. 논문 출간, 박사학위 수여, 연구자금 지원 등 세 가지 항목의 추이를 그래프로 그려보면, 전후 시기부터 현재까지 거의 수직으로 상승했다. 오늘날의 규모가 큰 연구 중심 대학에서는 100년 전의 유럽이나 미국에 존재했던 연구자를 전부 합친 것만큼이나 많은 과학자가 한 분야에서 연구하는 경우도 있다.

역사상 비교할 수 없을 정도로 압도적인 이러한 규모를 생각할 때, 우리는 놀라운 결과를 기대해야 마땅할 것이다. 그러나 논문 발표 건수는 기하급수적으로 성장했을지는 몰라도, 문헌 분석을 해보면 새로운 아이디어는 거의 직선에 가깝게 증가해왔음을 알 수 있다.[188] 그리고 새로운 아이디어 하나당 출간되는 논문의 수는 훨씬 더 많다. 이것은 우리가 새로운 기술에 대해 살펴본 것과 동일한 패턴이다. 그리고 영화나 소설 등 다른 문화 분야에서의 분석과도 유사하다는 것에는 의심할 여지가 없다.

과학자 마이클 닐슨(Michael Nielsen)과 기업인 패트릭 콜리슨(Patrick Collison)은 일류 과학자를 대상으로 설문조사를 실시해 이것이 어떤 차이를 만들었는지 확인했다.[189] 그들은 과학자들에게 노벨상 수상으로 이어진 발견을 비교해달라고 요청했다. 예를 들어 '우주배경복사(cosmic background microwave radiation)*와 중성자 발견 중에서 어느 것이 더욱 중요한 업적인가?' 같은 질문을 던진 것이다. 상당히 영향력 있는 과학자를 대상으로 충분히 많은 비교 샘플을 평가하면(그들은 모두 4,483개의 항목을 비교했다), 과학계가 자체적인 진보를 어떻게 이해하는지 설득력 있는 그림을 얻을 수 있을 것이다. 다시 말해 어느 특정한 시기에 이뤄낸 어떤 발견이 다른 시기의 또 다른 발견보다 더욱 중요한 평가를 받는지 확인할 수 있는 것이다.

물리학에서는 1910년대와 1930년대가 확실히 고득점을 얻으면서 현대 과학의 기반을 확고하게 다진 황금기로 나타났다. 그러나 1960년대의 단 한 차례 돌출을 제외하면(당시에는 우주배경복사가 발견되며 빅뱅 이론이 크게 힘을 얻었고, 입자물리학에서는 표준 모형(standard model)**이 수립되었다), 이후에는 그러한 중요성이 다시는 회복되지 않았다. 생리학과 화학에서는 약간의 상향 곡선이 보였지만 그 기울기가 크지는 않았으며, 그것마저도 수십 년의 기간 동안 편차가 아주 컸다. 과학의 전 분야에 걸쳐 이전의 시기에 비하여 최근의 연구를 더 낮게 평가하는 경향이 나타났다.

닐슨과 콜리슨은 이러한 사실을 극명하게 보여주는 비교적 최근의 사례로 중력파(gravitational wave) 발견과 힉스 입자(Higgs boson) 발견을

---

*   우주 공간을 균일하게 가득 채우고 있는 전자기파. 우주가 빅뱅을 통해 탄생했다는 중요한 근거다.

**   자연계의 기본적인 힘과 입자를 설명하는 이론.

언급했다. 둘 다 말할 것도 없이 환상적인 성과이기 때문에, 그들은 이를 예견한 원래의 이론과 비교했다. 1915년에 발표한 아인슈타인의 일반 상대성 이론은 공간, 시간, 질량, 에너지, 중력에 대해 우리가 알고 있던 것을 완전히 바꾸었다고 평가받는다.[190] 이를 실제로 입증한 것이 바로 중력파의 발견으로, 한 세기 전에 예측한 내용을 이제야 확인한 것이다. 마찬가지로, 힉스 입자 발견은 20세기에 중성자에서 반물질(antimatter)에 이르기까지 그전까지는 상상도 하지 못한 완전히 새로운 입자가 발견된 패턴과 정확히 일치한다.

2013년에 힉스 입자를 발견한 공로로 노벨상을 수상한 인물은 피터 힉스(Peter Higgs)와 프랑수아 앙글레르(François Englert) 두 사람뿐이다. 그러나 힉스 입자 발견에 핵심적으로 기여한 논문에 저자로 이름을 올린 사람은 모두 3,000명에 달한다. 유럽입자물리연구소(CERN)는 이곳의 주요 시설인 강입자 충돌기(LHC)를 건설하는 데만 약 60억 달러의 비용을 들였다. 물론 거기에 더해 노동자, 건설인력, 엔지니어, 지원인력 등의 노력이 추가로 소요되었다. 여기에서는 단지 한두 명의 과학자가 연구를 책임질 수 없다. 그런데도 이곳에서 이루어지는 모든 활동은 상당히 오래전에 개별 연구자들이 예측한 내용 위에서 수행되고 있다.

연구비 지출, 박사의 수, 논문 출간의 수 모두가 10배에서 100배 정도 증가했다. 그러나 현존하는 가장 중요한 지성의 눈으로 볼 때, 과학적인 진전이나 중요한 발견은 그에 미치지 못한다. 과학적으로 거대한 아이디어 역시 장기적으로 수익성이 감소하는 패턴을 보이는 것이다.

과학이 계속해서 성장하리라는 것을 의심하는 이는 없다. 특히 그 영향력이 비록 약해지더라도, 응용과학 분야는 더욱 발전할 것이다. 중요한 것은 과학이 스스로 혁신해서 관점을 어마어마하게 전환할 수 있는 능력이 있는가 하는 점이다. 우리는 과연 태양중심설, 다윈의 자연선택설, 멘델(Mendel)의 유전법칙, 양자역학, 물리학과 화학을 통합한 보어와 폴링(Pauling)의 업적, DNA의 구조, 빅뱅 이론 같은 중요한 발견을 또다시 할 수 있을까? 과학저술가인 존 호건(John Horgan) 같은 사람은 비록 그 주장이 논란의 여지가 있기는 하지만, 그럴 가능성이 적다고 생각한다.[191] 어쨌든 그러한 혁명을 이뤄내는 것은 더욱 어려워질 것이고, 더욱 많은 노력을 투입해야 할 것이다. 그렇다고 해서 반드시 결과가 보장되는 것은 아니다.

이는 현재 과학연구가 수행되는 방식을 보면 알 수 있다. 제2차 세계대전 이전에는 '거대과학(Big Science)'이라는 표현이 별다른 의미가 없었다. 오늘날에는 일반적인 것이다. 1955년에 과학을 대상으로 수행한 어느 연구에 따르면, 공학 논문 중 약 50퍼센트가 여럿이 팀으로 작성한 것이라고 한다.[192] 2010년대에 이르면, 이 비율은 90퍼센트가 된다. 오늘날 팀으로 작성한 논문이 1,000회 이상 인용될 확률은 (그렇지 않은 논문보다) 6배가 더 높다. 팀의 규모도 10년마다 평균 17퍼센트씩 꾸준히 성장하고 있다. 대부분의 과학 분야에서 이런 비슷한 결과가 발견된다. 네이처 인덱스(Nature Index)의 데이터베이스를 살펴보면, 저자의 수가 1,000명 이상인 논문의 수는 지난 10년 동안 0편에서 100편을 훌쩍 넘는 수준으로 증가했다. 한편, 웹 오브 사이언스(Web of Science)의 데이터베이스를 살펴보면, 그 기간을 2014년부터 2018년

까지만 한정해도 저자가 1,000명 이상인 논문의 출간 건수가 1,000건 이상을 기록했다.[193]

힉스 입자를 발견할 때와 같은 패턴이 지금도 계속해서 반복되고 있다. 한 명의 개인이나 소수의 팀이 시작한 일을 끝마치기 위해 수천 명이 필요한 것이다. DNA의 구조는 기본적으로 제임스 왓슨(James Dewey Watson)과 프랜시스 크릭(Francis Crick), 로절린드 프랭클린(Rosalind Elsie Franklin) 이렇게 단 세 사람이 발견했다. 그런데 최근에 있었던 가장 획기적인 발견 중 하나인 인간 유전체의 염기서열을 분석하는 과정에서는 전 세계의 수많은 연구팀이 서로 협력하기도 하고 경쟁하기도 하면서 13년의 시간이 걸렸는데, 보수적으로 계산해도 수만 명까지는 아니더라도 고도로 훈련받은 최소한 수천 명의 과학자가 참여했다. 핵에너지 분야에서도 비슷한 패턴이 존재한다. 어니스트 러더퍼드(Ernest Rutherford)는 케임브리지의 변변찮은 작업실에서 거의 혼자 원자핵의 구조를 밝혀냈지만, 맨해튼 프로젝트(Manhattan Project)에는 어마어마한 규모의 자금과 인력이 동원되었다. 그리고 아인슈타인은 혼자서 중력파의 존재를 예견했는데, 이러한 사실이 수십 년이나 지나서 수십억 달러의 자금을 쏟아붓고 나서야 겨우 확인된 것도 비슷한 패턴이다.

과학 분야의 많은 연구를 보면 인력과 실험장비의 규모가 점점 더 커지는 경향이 있음을 알 수 있다. 이는 과학에서 거대한 아이디어를 도출해내기가 예전보다 더욱 어려워졌음을 의미하는 것이다. (그리고 지금은 소규모 팀이 더욱 혁신적이며 훨씬 더 충격적인 연구를 수행할 수 있음을 보여주는 증거가 늘어나고 있다.[194]) 게다가 최근의 연구는 더욱 전문화되고 더욱 비좁은 분야로만 한정되는 경향이 있다. 그렇기 때문에 우리가 그 모든 진전을 이뤄냈더라도, 이름의 법칙이 나타나거나 새로운 교통수단을 쉽사리 만들어낼 수 없거나 우리 사회를 바꿀 수 없는 것도 그리 놀라운 일은 아닐 것이다.

이전의 시대와 비교했을 때, 현재는 과학이 발전한다고 해서 그것이 경제성장이나 생산성 개선으로 곧바로 이어지지 않는다는 것을 알 수 있다.[195] 지식체계를 구축하는 재료는 계속해서 증가하지만, 그 재료는 과거에 비해 무거워졌고, 다루기도 더욱 힘들어졌고, 바위투성이의 길 아래에 숨겨져 있다. 이는 다른 분야에서와 마찬가지로 과학에서도 거대한 아이디어를 얻어내려면 그 어느 때보다도 훨씬 더 많은 노력이 필요하다는 것을 의미한다.

현대 과학이 맞닥뜨린 재현성 위기

앞으로도 논의하겠지만, 자원에 대한 인류의 열망은 과학에 재정적, 사회적, 조직적으로 과도한 도전과제를 안겨준다. 과학계에서도 이러한 현실을 우려하는 사람이 있다. 그들은 이런 상황이 거대과학을 보수적이고 예측 가능하게 만들며, 마치 게임을 하듯 비뚤어진 장려책의 대상으로 폄하한다고 생각한다. 프리먼 다이슨(Freeman Dyson)의 표현을 빌리면, 과학자가 반역을 일으킬 여지가 지금도 여전히 남아 있을까? 일자리와 자원에 대한 경쟁은 더욱 치열하며 소모적으로 되었다. 과학계는 그 어느 때보다도 더욱 노인이 지배하는 분야가 되었다. 예를 들어 미국 국립보건원(NIH)은 젊은이를 위한 보조금을 대폭 삭감했다. 1980년에 NIH가 지원하는 보조금의 21퍼센트는 35세 이하의 젊은 과학자가 연구를 이끄는 팀에 지급되었다.[196] 2014년에는 그 비율이 약 2퍼센트로 줄어들었다. 한편, 66세 이상의 과학자가 연구를 이끄는 팀에 대한 지원금 비율은 약 1퍼센트에서 거의 10퍼센트로 늘어났다. 나이에 대한 것만으로는 많은 결론을 내릴 수 없겠지만, 시스템이 스스로 혁신의 도화선에 불을 붙이는 것으로 보이지는 않는다.

과학은 내부에서 문제제기가 나오고, 최전선에서의 증상도 나타나고 있다. 일부에서는 특히 과학이 한계에 부딪히면, 새롭게 제시되는 이론이 실증적인 실험과 검증을 통해 허위임을 입증할 수 없는 '탈실증적(post-empirical)' 상태가 되어 더 이상 과학으로서의 요건을 갖추지 못할 것이라는 불안감이 존재한다. 실제로 물리학은 거창한 아이디어로 가득하며, 분명 가장 거대한 아이디어가 난무하는 분야일 것이다. 에드워드 위튼(Edward Witten)이 끈 이론(string theory)*과 그것이 발전된 형태를 두고 M이론(M-theory)이라고 부른 것이 대표적인 사례다. M이론은 1970년대 말과 1980년대 초부터 과학적 사고와 수학이 집성되어 구축되어온 복잡하면서도 우아하며 방대한 이론 체계다. 그러나 실험적으로 입증되지는 않았다. 그 외에도 막 우주론(brane cosmology)이나 다중우주론(multiverse theory), 그리고 루프 양자중력(loop quantum gravity)과 영구적 팽창(eternal inflation) 등 이색적이면서도 흥미로운 수많은 아이디어가 서로 어깨를 나란히 하고 있다. 그리하여

---

* 　모든 것의 근원이 일종의 끈(string)으로 이루어져 있다는 이론.

입자물리학이나 우주론 같은 분야는 하나의 역설에 직면해 있다. 이들 분야에서는 거대하고 너무나도 흥미로운 아이디어가 수없이 난무하면서, 과학 특유의 객관적인 검증이 불가능한 경우가 자주 나타난다는 것이다.* 이렇게도 다양한 이론이 수십 년 동안 검증되지 않은 채 존재한다는 것은 (현대) 물리학의 역사에서는 매우 드문 일이다. 다시 말하지만, 거대한 아이디어를 구상(conception)하는 것은 문제가 아니다. 오히려 그것이 실행(execution)이나 인정(purchase) 단계에서 진행되지 못하고 막혀 있는 경우가 많다. 그래서 과학철학자 임레 라카토쉬(Imre Lakatos)는 '퇴보적(degenerating)' 연구 프로그램이라는 것을 만들었다.[197]

이와는 별도로, 현대 과학의 논의에서 '재현성 위기(reproducibility crisis)'라는 표현을 신물이 날 정도로 빈번하게 접할 수 있다.[198] 만약 과학실험의 (그리고 사회과학 논문의) 결과를 재현할 수 없다면, 그리고 이러한 일이 대규모로 벌어진다면, 이는 단지 위기라는 단어로 표현할 수 있는 것이 아니다.《네이처(Nature)》가 과학자 1,500명을 대상으로 진행한 설문조사에 따르면, 응답자 중 70퍼센트가 실험 결과를 재현하는 데 실패했다고 한다.[199] 어떤 분야에서는 연구 결과 재현에 실패하는 경우가 최대 50퍼센트까지 달하기도 했다.[200] 이러한 수치에는 수많은 과학 연구에서 표본의 크기를 작게 설정하거나, 통계적으로 부정확한 분석을 하거나, 편향적인 시각, 심지어 사기에 이르기까

---

* 입자물리학은 너무나도 작은 미시세계를 다루기 때문에, 그리고 우주론은 너무나도 거대한 거시세계를 다루기 때문에, 어떤 이론이 수학적으로는 타당해 보이더라도 실증적으로 입증하기가 현재로서는 거의 불가능하기 때문이다.

지 방법론적으로 형편없는 오류가 포함되어 있다. 이는 최대한 충격적인 결과를 얻어내기 위한 게임이 엄격한 검증을 압도하고 있음을 의미한다.[201] 또한 암 연구처럼 과학적 증거가 너무 많이 축적되는 것도 또 다른 문제를 야기한다. 과학자들이 소화해야 하는 관련 자료가 말 그대로 너무 많아지는 것이다. 그렇기 때문에 중요하지만 오래된 연구는 누락되는 경우가 종종 발생한다.[202]

물리학자인 리 스몰린(Lee Smolin) 같은 사람은 가장 근본적인 분야에서의 진전이 특히나 실망스럽다고 이야기한다. 양자이론과 중력의 관계, 또는 암흑물질(dark matter)*과 암흑에너지(dark energy)**의 본질 같은 질문은 여전히 답을 찾지 못하는 상태다. 스몰린은 18세기 말부터 물리학이 20년 간격으로 급격히 도약하며 발전했다고 주장한다. 그러나 그런 발전 속도는 이제 멈추었다. 우리는 '기본입자(elementary particle)***를 이해하고 있지만, 1970년대 말 이후로 진정으로 획기적인 진전이 없었다.'[203] 자비네 호젠펠더(Sabine Hossenfelder)는 여전히 냉정한 입장에서 이렇게 주장한다. "물리학의 근본에서는 아무것도 바뀌지 않았다. 과학계 내부의 자기성찰은 제로, 영, 나다(nada)****, 니히츠(nichts)*****, 그러니까 아무것도 없었다."[204] 《뉴 사이언티스트(New Scientist)》처럼 좀 더 세련되게 표현하면 "지난 30여 년 동안 나온 야심

찬 아이디어 가운데 정말로 좋은 것은 없었다."[205] 신경과학처럼 열기가 뜨거운 분야에서는 그 결과가 혼재되어 있었기는 하지만, 그처럼 고무적인 자극제가 투여된 것에 비하면 그만큼의 중대한 결과가 뒤따르지 않은 것은 분명하다.[206]

지금까지 놀라운 발전을 이뤄내긴 했지만, 거기에는 수많은 빈틈이 남겨져 있다. 지구에서 생명체의 기원에 대해 완전히 설명하는 것은 고사하고, 우주론적으로 아주 중요한 질문인 외계 생명체의 존재 가능성을 입증하거나 배제하지도 못한다. 인간 의식의 수수께끼를 풀지도 못했고, 노화 과정을 역전시키지도 못했다. 그리고 수많은 집단에서는 이런 질문을 하는 것조차 금기한다.[207] 시공간의 궁극적인 구성 요소를 밝혀내지도 못했고, 그야말로 완벽한 '모든 것의 이론 (theory of everything)'을 생각해내지도 (또는 그것의 의미에 동의하지도) 못했으며, 인간이 자연을 어디까지 통제할 수 있는지도 한계를 정하지 못했다. 이런 것이 반드시 당연시되어야 할 이유는 없다. 어쩌면 지금까지 과학이 기대 이상의 성과를 가져다주는 것에 익숙해졌는지도 모른다. 하지만 그러한 미스터리가 여전히 남아 있다는 것을 염두에 두는 것이 좋다.

그리고 자만의 위험성도 있다. 과학은 원래 체계적인 회의론을 중심으로 구축된 학문이다. 그런데 그것이 오만한 과학만능주의로 변질되어 그것의 교리만 지나칠 정도로 믿고, 자신이 보기에 이상하거나 비생산적으로 보이는 방식에 대해서는 관료주의나 편협하다는 이유를 들어 그러한 경로를 스스로 차단해버릴 가능성이 존재한다.

지금 이 글을 쓰면서, 나는 《사이언티픽 아메리칸(Scientific American)》

의 최신호를 잠시 훑어보았다. 이번 호에는 중성미자(neutrino)를 검출하기 위해 진행한 사상 최대의 실험, 새로운 입자를 찾고 암흑물질의 정체를 규명하기 위한 실험들, 초기 우주의 초대질량 블랙홀(supermassive black hole)에 대한 선구적인 연구, 중성자별(neutron star)의 내부 탐사, 양자 얽힘(quantum entanglement)* 등 다양한 내용이 실려 있다. 내가 사용하는 표현은 아니지만, 어쨌든 이것만 보면 과학은 어려움을 겪는 분야처럼 보이지 않는다. 그러나 과학은 이처럼 눈부시게 성공적이기도 하지만, 동시에 갈수록 수익성이 더욱 악화되는 분야이기도 하다. 특히 가장 급진적이며 중요한 것으로 가장하는 분야에서는 더욱 그렇다. '발견의 강물(river of discovery)'은 계속해서 흐르지만, 그 특성은 변했다. 그 강물이 더 넓어지거나 다른 지류를 더욱 많이 흡수하지 못했지만, 그에 비하면 그 내부에서의 발견은 더욱 줄어든 것이다.[208]

인류 최전선에서의 다른 노력과 마찬가지로, 과학은 현재 일련의 모순에 사로잡혀 있다. 그러한 모순은 과학의 미래를 만들 것이며, 마찬가지로 과학 및 그 자체의 모순은 미래의 모습을 만들 것이다. 진정으로 중요한 것은 과학이 번성하느냐 아니면 정체되어 있느냐가 아니다. 중요한 것은, 다른 시대와는 다르게 둘 중의 어느 하나로도 해석할 수 있는 지금의 시대가 가진 복잡하면서도 모순적인 속성이다.

---

* 고전물리학으로는 설명할 수 없는 입자들 사이의 상관관계.

합리적 비관주의

21세기가 맞이한 거대한 아이디어의 현실을 보여주는 옥스퍼드

오늘날까지 거의 천 년 동안 나의 고향 옥스퍼드는 사실상 도시의 중심 지구를 형성하는 거대한 교육기관인 같은 이름의 대학교가 지배하고 있다. 이 대학교의 많은 부분은 영속성과 영원함을 느끼게 해준다. 담쟁이덩굴로 뒤덮인 사암 건물에 둘러싸인 고요한 사각형 안뜰, 나무로 벽면을 덧댄 방안에서 가운을 입은 채 비밀스러운 의식과 기도와 토론을 진행하는 사람, 나른한 분위기의 《다시 찾은 브라이즈헤드(Brideshead Revisited)》에서 볼 수 있는 자신감에 찬 대학생 등이 대표적이다. 이 대학과 관련된 사람이라면 대부분 이런 설명을 부인하려 하겠지만, 이러한 클리셰(cliché)는 어느 정도 사실이다.

그러나 지난 200년 동안, 이 대학교는 놀라운 변화를 겪었다. 18세기만 하더라도 옥스퍼드는 지식의 낙후지역이었다. 중세의 철학과 신학에서는 선두를 달렸으며 17세기의 과학혁명에서도 중요한 역할을 했는데도, 그곳은 아늑한 무기력함에 빠져 있었다. 부분적으로는 영국 성공회의 신학대학이며 부분적으로는 잉글랜드의 엘리트가 되기 위한 예비학교인 그곳은 교조적이며 반계몽주의적이었다.

그러다 변화가 찾아왔다. 빅토리아 시대의 진취적인 인물들이 이 대학교를 현대의 반열에 올려놓았다. 대학을 연구의 본격적인 산실로 여기는 독일의 사고방식에서 자극받은 옥스퍼드는 힘들지만 다시 인류의 최전선으로 발걸음을 옮겼다.

1930년대가 되자 이곳은 이제 아마추어적인 취미의 수준을 탈피하고, 세계를 바꾸는 일련의 돌파구를 열어젖혔다. 여기에는 물리학자인 아인슈타인과 에르빈 슈뢰딩거(Erwin Schrödinger), 그리고 고전학자인 에두아르트 프렌켈(Eduard Fraenkel) 등의 망명자가 많은 도움이 되었다. 앞서 살펴봤듯이, 하워드 플로리와 에른스트 체인은 항생제에 대한 중요한 연구를 수행했는데, 이는 논쟁의 여지 없이 20세기 전체에서 가장 중요한 의학적 진보라고 할 수 있다. 도러시 호지킨(Dorothy Hodgkin)은 X선 결정학에 관하여 선구적인 연구를 시작해서 결국은 노벨 화학상을 수상했는데, 이후로 X선은 현재까지 모두 29차례의 노벨상 수상에 기여할 정도로 중요한 도구가 되었다. (그리고 당시에 호지킨 외에도 옥스퍼드대학교 화학자 두 명이 노벨상을 수상했다.)[209]

옥스퍼드는 빠르게 과학계의 중심지가 되었는데, 전통적으로 그러한 위치를 차지하고 있던 곳은 그들의 최대 라이벌인 케임브리지였다. 옥스퍼드의 연구자는 수많은 상을 수상했으며, 온갖 찬사를 한

몸에 받았다.

그러는 한편 사회과학도 역시 건재했고, 옥스퍼드가 전통적으로 강세를 보이던 예술과 인문학에서도 빛을 발했다. J. R. R. 톨킨(J. R. R. Tolkien)이나 C. S. 루이스(C. S. Lewis) 같은 문학계의 학자는 잉클링스(Inklings)라는 모임을 만들었다. 이를 통해 그들은 상상력으로 가득한 우주이자 오늘날 엔터테인먼트 산업의 주축이 되는 현대 판타지 장르를 만들어내는 데 어느 누구 못지않게 기여했다. 언어철학에서의 독특한 브랜드와 함께 길버트 라일(Gilbert Ryle), A. J. 에이어(A. J. Ayer), 존 랭쇼 오스틴(John Langshaw Austin), 갤런 스트로슨(Galen Strawson) 등 유명인 덕분에 옥스퍼드대학교 철학과는 단연코 세계에서 가장 영향력 있는 곳이 되었다. 몇 세기 동안이나 스콜라 철학에 심취해 있던 옥스퍼드는 다시 한번 전 세계 인식론의 최전선에 서게 되었다.

옥스퍼드는 이러한 역할을 현재도 유지하고 있다. 그러나 그 이후로 노벨상 수상 실적은 줄어들었다. 솔직히 말하면, 1963년에 네덜란드 동물학자인 니콜라스 틴베르헌(Nikolaas Tinbergen)이 노벨 생리의학상을 수상하고 2019년에 피터 랫클리프(Peter Ratcliffe)가 저산소증에 대한 세포 연구로 생리의학상을 받을 때까지는 단 한 명도 없었다. 참고로 이듬해에는 위대한 수학자이자 물리학자인 로저 펜로즈(Roger Penrose)가 노벨 물리학상을 수상했다. 그러나 전반적인 주요 지표는 모두 상승했다. 옥스퍼드대학교의 연간 수입은 16억 파운드가 넘는데, 만약 간행물 사업 부문의 매출액까지 포함한다면 훨씬 더 늘어나며, 실질적인 가치로 따져 봐도 1930년대보다 60배가 증가했다. 교수진의 규모는 1,817명으로 세 배가 늘었다. 연구에 집중하는 대학원생의 수는 1938년에는 536명이었지만 2016년에는 거의 1만 1,000명으로 20배 정도 급증했다.[210] 박사후 연구원(postdoctoral researcher)은 1930년대에는 아예 존재하지도 않았고, 1970년대에 들어서도 적은 수에 불과했다. 40년이 지나서 옥스퍼드에는 박사후 연구원이 약 5,000명 있으며, 이들은 모두 주로 연구에 전념하고 있다.

마찬가지로 연구보조금 수입은 1930년대에는 따로 분류하는 항목도 없었다. 1922년부터 영국 정부는 옥스퍼드대학교에 과학 연구를 위해 매년 10만 파운드를 지원했다. 1980년대 말에는 연구비 수입이 연간 4,000만 파운드에 이르렀고, 2016년에는 7억 2,300만 파운드를 넘어섰으며 이는 계속해서 증가하고 있다.[211] 세계 최고 수준인 옥스퍼드대학교 의학부는 그 자체만으로도 영국 최대의 연구기관 중 하나라고 할 수 있다. 연구 성과에 대한 모든 수치는 1930년대 이후로 급증했는데, 특히 1970년대와 1980년대 이후로는 더욱 가파르게 증가했다. 1939년 당시 옥스퍼드대학교에서 연구와 학업 이외의 부문에 고용된 직원의 수는 200명에 불과했다. 현재는 모두 6,665명이 근무하고 있으며, 옥스퍼드대학교 소속의 각 대학에서도 비슷한 숫자의 임직원을 고용하고 있다.[212] 부동산도 더욱 많이 보유하게 되었고, 연구 장비도 엄청나게 늘어났다. 옥스퍼드의 주요한 모든 연구센터에서는 강력한 컴퓨터와 실험장비를 흔하게 볼 수 있다. 옥스퍼드대학교가 추가적인 자금을 확보하고 싶다면 채권시장에서 수십억 파운드를 조달할 수도 있다.

그러나 이곳은 우리가 21세기에 맞이한 거대한 아이디어의 현실을 보여주는 하나의 축소판이다. 옥스퍼드가 이렇게까지 좋은 시절을 누린 적은 없다. 그리고 코로나19 백신을 개발하면서, 의학 연구에서도 뛰어난 위업을 기록했다. 옥스퍼드의 낡아 보이는 외관 이면에는 모든 주요 지표 전반에 걸쳐 눈부신 성장을 이뤄내는 거대한 조직이 존재하고 있다. 그들은 이렇게 수많은 학술적 연구를, 그것도 이렇게 뛰어난 수준으로 생산해낸 적이 없다. 그러나 옥스퍼드가 페니실린의 발견에 필적할 만한 연구를 이뤄내기까지는 80년이 걸렸다. 그리고 옥스퍼드는 표면상으로 보면 그렇게 훨씬 더 뛰어난 장비를 갖추고 있는데도, 도대체 왜 더 많은 노벨상을 수상하지 못하는지 의문이다. 그것이 의학 연구이든, 철학이든, 아니면 영문학이든 관계없이 가장 거대한 아이디어를 놓고 보면, 옥스퍼드는 1930년대보다 더욱 커다란 영향을 미치지 못하고 있다. 적어도 대학교 한 곳으로만 한정해서 보면, 이곳에서는 수익성이 줄어드는 것으로 보인다. 혹시라도 다른 대학교가 훨씬 더 빠르게 발전한 것이 아닐까 하는 생각이 들 수도 있다. 그러나 옥스퍼드는 세계 최고의, 또는 세계 최고에 근접한 대학교로 평가받고 있다. 다시 말해 이것은 특이한 사례가 아니라 일반적인 증상이라고 할 수 있다.

우리가 마주한 도전과제를 직시하는 일

현 상황을 침체라고 진단하기는 쉽지 않다. 널리 합의된 평가 수치도 없을 뿐만 아니라, 혁명적인 아이디어도 시대에 따라 어떤 식으로든 오르내림이 있을 것이기 때문이다. 아마도 이런 모든 것은 좀 더 깊은 근본적인 문제를 가리키기보다는 그저 '정상적인' 난기류에 불과할 수도 있다. 그리고 논점 자체가 명확하지 않기 때문에, 중립적인 입장에서 평가하기도 쉽지 않다. 아마도 우리 사회는 영향력이 덜한 아이디어가 점점 더 서서히 덜 충격적인 방식으로 나타나는 것에 익숙해졌는지도 모른다. 너무도 널리 흔하게 퍼져 있으며 '정상적인 모습으로 서서히' 진행되기 때문에 일반적인 시야에는 잘 보이지 않으며, 우리 스스로도 의식하지 못하는 사이에 매년 우리의 기대치를 재조정하는 것일 수도 있다.

합리적 낙관주의 진영은 실제로 세계가 급속도로 발전하고 있다는 강력한 근거를 제시한다. 당연히 그들은 평균적으로 인류는 그 어느 때보다도 더욱 오래, 건강하게, 더욱 부유하고 안전한 삶을 살고 있다고 주장한다.[213] 물리학자 데이비드 도이치(David Deutsch)는 우리가 새로운 형태의 지식과 이해를 기반으로 아이디어가 급진적으로 폭발하며 낙관적으로 진보할 수 있는 '무한의 시초(beginning of infinity)'에 있다고 주장한다. 그러한 전망이 과연 어떻게 거대한 아이디어의 생산이 늦춰진다는 주장과 부합할 수 있을까?

나는 우리가 현재 어디에 있는지 보는 것만이 아니라, 우리가 사용할 수 있는 모든 것을 고려할 때 우리가 어디에 있을 수 있는지 고려해야 한다고 생각한다. 그렇게 하면 앞의 질문에 대한 대답은 물론이고 합리적 비관주의를 이끌어내는 데에도 도움이 될 것이다.

오늘날처럼 인류의 발전을 위해서 더욱 많은 것을 기여할 수 있는 사람이 많은 적은 없었다. 우리는 그 어느 때보다도 더욱 풍성한 양질의 교육을 받았다. 학교에 다니는 사람의 수는 가파르게 상승했다. 1900년에는 미국인 중 불과 6.4퍼센트만이 고등학교를 마쳤지만, 지금은 그 수치가 90퍼센트를 넘는다. 미국에서는 1890년부터 1970년 사이에 학업 연수가 10년마다 0.8년씩 증가했다.[214] 게다가 특정한 측정 기준을 적용하면 세계가 점점 더 똑똑해지는 것처럼 보인다. 1920년대 이후로 세계의 인구는 IQ 수치를 25포인트 이상 올렸는데, 일부 국가에서는 더 많이 증가했다.[215] 그러한 증가치의 대부분은 분석 능력과 추상적인 추론 같은 분야에 집중되어 있다. 오늘날의 사람들은 또한 자신들의 관심사를 추구할 수 있는 여유 시간을 좀 더 많이 갖고 있다. 노동 시간이 짧아지고, 휴일은 늘어났으며, 조기에 은퇴할 수 있게 되면서, 우리가 평생 동안 일을 하면서 보내는 시간은 1960년 이후에 4분의 1이 줄어들었다.[216]

옥스퍼드만 그런 것도 아니다. 영국 전체의 대학교육 분야가 급성장했다. 제2차 세계대전 직후에만 하더라도 소수에 불과하던 대학의 숫자는 현재 168개에 이르며, 50만 개의 일자리를 떠받치면서 연간 350억 파운드가 넘는 수익을 거둬들인다.[217] 도서관의 책이나 실험실, 훌륭한 교육을 받은 교수진 등 이렇게 아낌없는 지원을 받은 적이 없다. 기부금에 대해 말하면, 미국의 대학 중에서 은행 계좌에 50억 달러 이상을 보유한 대학은 최소한 23곳이며, 10억 달러 이상을 보유한 곳은 100군데가 넘는다.[218] 미국의 고등교육 부문이 거두는 수익은 사우디아라비아나 아르헨티나 같은 국가와 맞먹을 정도다.[219] 전문 과학 분야에 종사하는 연구자는 약 780만 명으로, 단연코 역대 최고 수준이다.[220] 어떤 이는 지금까지 살아온 모든 과학자의 90퍼센트가 현재 활동하고 있다고 추정하기도 한다.[221] 미국에서 지식을 생산하는 노동자의 수는 20세기 동안에 19배가 증가했다.[222] 이러한 일반적인 증가세는 STEM(과학science, 기술technology, 공학engineering, 수학mathematics) 분야에만 한정된 것이 아니다. 창의적인 예술과 인문학에서도 학생과 교수진의 수가 크게 증가했으며, 탐구 역량에서도 커다란 진전이 있었다.

새로운 아이디어를 만들어내기 위해서는 자원이 필요하다. 일반적으로 자원의 가용성은 국가의 연구개발 관련 수치로 설명되는데, 이는 물론 예술이나 창조산업 같은 분야의 연구개발 수치가 확실히 과소평가되는 측면이 있기는 하다. 아무튼 여기에서도 긍정적인 모습이 나타난다. 전 세계의 연구개발 비용에 대한 추정치는 다양하지만, 적어도 두 가지는 분명하다. 첫째는 그것이 증가한다는 것이고, 두 번째는 그 총액이 현재 역대 최고치라는 것이다.

현재 전 세계의 연구개발비 지출액은 최소한 2조 2,000억 달러에 달한다.[223] 참고로 1973년에는 그 비용이 불과 1,000억 달러였으며, 2000년에는 7,220억 달러였다.[224] 전 세계 GDP에서 연구개발비가 차지하는 비중은 2퍼센트 범위 내에서 오르내림이 있긴 하지만, 현재는 2퍼센트 이상을 유지하고 있으며(OECD에 따르면 연간 2.3퍼센트 수준), 경제가 성장함에 따라 연구개발비 지출 역시 증가하고 있다.[225] 전 세계 상위 1,000개 기업이 연구개발 분야에 투자하는 금액은 매년 4.8퍼센트 성장하는 추세를 보이는데, IT 소프트웨어와 하드웨어, 의료, 항공과 방위산업, 자동차, 화학, 에너지 분야를 모두 포함하면 7,000억 달러 이상을 투자하고 있다. 이런 속도를 유지한다면, 연구개발비 지출액은 14년마다 두 배로 늘어나게 된다.

이러한 여러 수치를 보면 지금은 분명 아이디어가 풍부한 시기다.

위키백과 하나만으로도 우리 시대의 경이로움이라고 할 수 있다. 브리태니커 백과사전 전집은 모두 32권으로 구성되어 있다. 똑같은 방식으로 펼쳐놓으면 위키백과는 무려 2,818권에 해당하는 분량이다. 모든 측면에서 매년 더욱 많은 것이 만들어지고 있다. 오늘날에는 매년 1만 1,000편의 영화가 제작되고, 신곡은 600만 곡이 발표되며, 과학저널에는 260만 편의 논문이 게재된다.[226] 문화적으로 말하면, 모든 것이 과다할 정도로 넘쳐나고 있다. 그리고 인터넷에서는 매년 2조 건 이상의 검색 요청이 처리되고 있다.[227]

컴퓨터의 성능은 무려 1,000조 배나 증가했다. 이전에는 불가능했던 계산이나 도구가 이제는 하찮은 것이 되었고, 눈이 튀어나올 정도의 그래픽을 만드는 것에서 어마어마한 빅데이터를 분석하는 일까지 가능해졌다. 많은 사람이 몇 주 동안 매달려 수행해야 했던 작업을 이제는 순식간에 끝낼 수 있다. 이러한 발전 덕분에 시뮬레이션이나 설계, 프로토타입 제작, 모델링 등을 아주 쉽게 처리할 수 있다. 촘촘하게 연결된 인터넷은 역사상 가장 뛰어난 출간 공간이자 협업 도구가 되었고, 덕분에 인쇄나 제본 작업을 건너뛸 수도 있게 되었다. 아이디어가 사람과 정보 사이의 우연한 연결에 의해 나오는 경우가 많다는 점을 고려하면, 인터넷이 아이디어의 생산에서 지난 몇 세기 동안 일어난 일 중에서 가장 중대한 사건으로 평가받는 것도 놀라운 일은 아니다.

기원후 세 번째 맞는 천 년대가 시작될 때는 이러한 심도 깊은 추세가 최고조에 달했다. 우리는 더 나은 교육을 받았고, 더 뛰어난 장비를 갖게 되었으며, 더욱 강력한 도구를 확보했고, 인류가 이뤄낸 거의 모든 문화와 성취를 이용할 수 있게 되었으며, 앞에서 말한 모든 부분에 더욱 많이 투자하고, 인류의 최전선에서도 더욱 많은 노력을 투입하고 있다. 우리는 아이디어가 무작위로 혼합되면서 창출되는 과정과 유레카적인 순간에 도달할 수 있는 작업 모두에서 모든 조건이 더욱 뛰어나게 구비된 세상을 물려받은 듯했다.

이런 모든 점 때문에 기대감이 커질 수밖에 없었다. 확실히 거대한 아이디어가 마구 쏟아져 나오면서 더욱 빠르게 축적되고 점점 더 커지는 자신감으로 인류의 최전선을 더욱 밀어붙였어야만 한다. 1960년대에 허먼 칸과 앤서니 J. 위너가 그랬듯이, 분명 우리도 거창한 것을 기대할 수 있었고, 그래서 단지 기적적인 사건이 아니라 투입량이 증가하면서 논리적으로 뒤따를 수밖에 없는 정상적인 결과물로 어마어마한 양의 획기적인 아이디어를 목격했어야만 한다. 투입과 산출 사이에서 그러한 비례관계를 기대한다는 것은 전혀 비합리적인 일이 아니다. 마찬가지로 왜 우리의 생산성 증가세가 둔화되는지, 왜 최근의 연구와 기술의 산출물은 예전보다 파괴력이 덜한지, 왜 기대수명과 이동수단의 속도는 더 이상 개선되지 않는지, 왜 농작물과 컴퓨터와 음악과 정치 등의 수많은 영역에서 한때 우리가 해낸 것만큼 인류의 최전선을 밀어붙이지 못하는지 궁금하게 생각하는 것도 전혀 비합리적인 의구심이 아니다. 거대한 침체에 대한 논쟁은 복잡하다. 그러나 거대한 침체로 인한 영향은 실재하는 것이다.

나는 아이디어를 해석하는 것에서 문제가 있는 것은 아닐까 하는 의심이 든다. 다시 말해 아이디어가 대량으로 생산되는 현실과 그것의 질적인 측면을 혼동하는 것은 아닌지 하고 말이다. 어떤 문제를 분류할 때 우리 시대의 가장 커다란 오류는 광범위한 발전(extensive progress)을 집약적인 발전(intensive progress)으로 착각하는 것이다. 새로운 상품, 새로운 문화, 새로운 사물을 심층적이고 가속화되며 근본적인 변화로 착각하는 것이다. 우리는 그러한 편협한 시각 안에서 스스로 만족하게 되었다. 인류의 최전선에서는 수많은 활동이 정신없이 이루어지고 있지만, 그곳에서 실제로 성취하는 것이 얼마나 적은지는 간과하는 것이다. 이는 새로운 아이디어를 가질 수 있는 능력과 거대한 아이디어를 만들어낼 수 있는 능력 사이에서 역사적으로 비동조화(decoupling)가 일어났음을 의미한다. 다량으로 새로운 아이디어를 만들어내는 능력은 갖고 있지만, 지식이나 문화, 또는 기술을 가장 광범위한 규모로 변화시킬 수 있는 역량은 그러한 수준에 못 미치는 것이다.

도구를 만들 수 있는 능력을 가진 인류는 지금까지 300만 년 가까이 지구를 떠돌아다녔다. 그러나 우리가 아찔한 속도의 발전을 경험한 것은 겨우 지난 두 세기 정도에 불과하다. 따라서 지식의 역사에서 우리의 위치가 어디인지에 대한 명확한 시각이 없는 것은 당연한 일이다. 우리의 전체적인 세계관은 이러한 거대한 변화의 맥락 안에서 형성되어 있다. 우리는 낙관주의와 발전과 새롭고도 거대한 아이디어를 당연하게 여긴다. 그래서는 안 된다.

이것은 단지 파멸을 말한다거나 잃어버린 황금기를 갈망하려는 것이 아니다. 다만 우리가 마주한 도전과제를 직시하자는 것이다. 그것은 바로 우리가 진전시켜야 할 장벽일 뿐만 아니라, 진보 그 자체가 쌓아올린 장벽이기도 하다. 이제부터 살펴볼 텐데, 돌파구가 필요한 문제는 위대한 진전의 결과물이다. 과거에 작동하던 방식이 영원히 통용될 수는 없다.

인류의 최전선은 현재 갈림길에 놓여 있다.

낙관주의와 비관주의가 혼재된 상황

거대한 아이디어는 서로 충돌한다. 인류의 역사를 살펴보면, 미래에 더욱 거대한 아이디어가 나올 가능성이 있느냐는 질문에 대해서는 거의 대부분의 시기 동안에는 아마도 답하기 쉬웠을 것이다. 일반적으로는 '그렇지 않다'는 대답이 나왔을 것이다. 정체는 그처럼 인류의 역사에서 만연한 것이었다. 거대한 아이디어는 몇 세기에 한 번, 아니면 좀 더 긍정적으로 평가하면 수십 년에 한 번 나오는 것이었다. 그러나 다른 시기를 살펴보면, 특히 르네상스와 과학혁명과 계몽주의로 이어지는 일련의 성공적인 움직임이 나타난 후로는, 그러한 질문에 대한 대답은 '그렇다'가 되어왔다.

우리의 기본적인 대답은 여전히 '그렇다'로 설정되어 있다.

1부의 마지막 장에서, 나는 그런 대답이 그리 간단치만은 않음을 설명했다. 우리가 비틀거리고 있으며, 패러다임이 언제나 변화하는 것은 아니고, 새로운 지식과 기술이 생산되는 추세를 지속하려면 더욱더 많은 노력을 투입해야 하며, 급진적인 아이디어의 배후에 있는 사람과 기관이 인류의 최전선에서 일하기를 덜 선호한다는 증거가 점점 더 많아진다고 설명했다. 우리는 아이디어의 질적인 측면이나 중요성, 또는 대담성이 아니라, 단지 그 방대한 양에 현혹되어 있다.

우리에게는 스페이스X(SpaceX) 같은 민간기업이 있지만, 그들이 개발하는 건 아주 적은 사람만 탑승하는 매우 값비싼 우주비행이다. 우리에게는 물리학의 표준 모형이 있지만, 그것을 넘어서지는 못하고 있다. 우리에게는 인문학 연구 결과를 모아놓은 수많은 도서관이 있지만, 아무도 그것을 읽지 않는다. 우리는 수십 년 동안이나 암을 상대로 싸움을 벌여왔지만, 여전히 암으로 고통받고 있다.

우리 시대에는 블록체인, 모바일 소셜네트워크, 그래핀(graphene) 같은 꿈의 물질, 딥러닝(DL) 신경망(neural network), 양자생물학, 대규모 멀티플레이어 온라인 게임, 분자 기계(molecular machine)*, 행동경제학, 알고리즘에 의한 주식거래, 중력파와 외계행성 천문학, 파라메트릭 건축(parametric architecture)**, e스포츠(e-sports), 젠더와 성적 취향에서 금기하던 것의 종식 등 수많은 아이디어가 나타났다. 그러나 이러한 아이디어를 실행하고 사회에서 인정받으려면 과거에 비해 더욱 많은 어려움이 있다. 현재 인류가 가진 모든 역량과 비교하여 우리는 생각보다 더 허우적거리고, 경직된 상태이며, 일부에서는 쇠퇴하고, 선뜻 나서지 못한다는 증거가 많이 존재한다.

휴먼 프런티어(인류의 최전선)는 특이한 공간에 존재한다. 거대한 아이디어는 수익성 감소의 대상이 된다. 그곳에서는 역풍이 불어서 세계를 바꿀 수 있는 역량에 영향을 미친다. 21세기의 아직 초기인 지금이 흥미로운 이유는, 과연 미래에 현재보다 더욱 많은 거대한 아이

---

*　분자 단위에서 기계적인 움직임이 제어되는 시스템.

**　수학적 알고리즘을 활용하여 모델링이나 설계를 수행하는 건축 기법.

디어가 풍부하게 넘쳐날지 그 어느 쪽으로도 확실하지 않기 때문이다. 몇 세기 만에 처음으로, 거의 모든 차원에서, 우리가 나아가야 할 여정의 방향은 단순하지 않게 되었다. 이성적으로 판단해보면, 낙관주의나 비관주의 모두 타당하지 않다. 상황이 놀라울 정도로 혼재되어 있기에, 사회는 모든 실린더에 점화해야 할 것이다. 이것은 특별한 상황이다. 그리고 우리의 미래에 매우 중요한 순간이기도 하다.

당시의 계몽주의

- 거대한 아이디어의 실제

인류의 도덕적 지평선을 넓힌 '세계인권선언'

1948년 12월 10일, 스트라빈스키의 〈봄의 제전〉 초연이 열린 지 35년 후 파리에서는 또 한 차례의 거대한 밤이 찾아왔다. 새롭게 창설된 유엔(UN)이 파리에서 개최한 총회에서 '세계인권선언(Universal Declaration of Human Rights)'을 채택함으로써 불과 몇 년 전만 하더라도 상상할 수도 없던 일을 해낸 것이다. 몇 달간 치열한 논쟁을 벌인 이 선언에 대해서는 반대표가 단 하나도 나오지 않았다. 이로써 인류의 도덕적인 지평선이 더욱 넓혀졌다. 인권이 불가침의 자연권이라는 인류 역사상 가장 중요한 사상 중 하나가 전 세계에서 인정받은 것이다.

당시 유엔 인권이사회의 의장인 엘리너 루스벨트(Eleanor Roosevelt)가 세심하게 주도하는 가운데, 다양한 출신 배경의 인재가 모여

(세계인권선언을 포함하여) 전후의 새로운 세계를 위한 '국제권리장전(International Bill of Human Rights)의 초안을 작성했다. 이 과정에서 나치가 저지른 잔학행위가 대중에게 자세히 알려져 커다란 동요를 일으키기도 했다. 서른 개의 많지 않은 조항으로 작성된 인권선언은 20세기와 그 이후를 규정하는 법률이자 그 누구도 완전히 회피할 수 없는 도덕적 기준으로서 최소한 90개국의 헌법과 법률제도에 적용되었다.[228] 이로써 인간의 권리에 대한 담론이 철학적인 논의에서 국가와 국제법의 영역으로 옮겨갈 수 있게 되었다. 여기에는 개인의 자유에 대한 영미권의 전통은 물론이고 유럽 대륙과 라틴아메리카의 더욱 적극적인 국가, 그리고 이슬람, 유교주의, 힌두교, 공산주의의 영향을 받은 문화권의 법적, 윤리적 전통이 통합되어 있다.

인권선언을 향한 본격적인 여정은 전쟁이 끝나가던 1945년에 시작되었다. 유엔을 발족하기 위해 세계 각국이 샌프란시스코에 모인 자리에서, 인권이사회를 만들고 유엔 헌장에 인권에 대한 내용을 포함하는 데 합의했다. 그러나 그 내용은 모호한 수준이었다. 그래서 모든 개인과 국가 사이의 적절한 균형점을 찾아 실행 가능한 합의안을 만들어내는 일이 모두 인권이사회에 맡겨졌다. 무엇보다도 세계 각국 간에 서로 부딪히는 규율과 전통 사이에서 균형을 맞추며, 이를 통해 이제 초기 단계였으며 분열되는 경우도 많았던 국제기구로 모두 결집할 수 있을 만큼 절묘한 리더십의 원칙이 필요했다.

1946년 1월에 런던에서 유엔총회의 개회 세션이 개최되었다. 경제사회이사회(ECOSOC)는 엘리너 루스벨트에게 위원회를 하나 소집하도록 요청했는데, 이는 나중에 인권이사회로 발전하게 된다. 엘리너 루스벨트는 프랭클린 루스벨트 전 미국 대통령의 영부인인데 남편이 사망한 지 얼마 되지 않은 상태였다. 그런 만큼 아주 유명한 공인인 그녀는 활동가이자 저널리스트였으며, 그녀 자신도 국제 협력과 인권 신장에 헌신적이었고, 마침 자신이 기여할 수 있는 새로운 역할을 찾고 있었기에 이사회를 이끄는 인물로서 탁월한 선택이었다. 그녀는 이미 백악관에 있을 때 인종 및 여성 평등, 노동자의 권리, 국제 협력 분야에서 이룬 성과를 바탕으로, 인권이라는 문제가 백악관을 벗어난 자신이 기여해야 할 진보적인 의제라고 생각했다.

엘리너 루스벨트는 미국이 파견한 첫 번째 유엔 대표단의 일원이긴 했지만, 직업 정치인이나 외교관도 아닌 특별한 사람이었다. 그리고 그녀도 자신의 독자적인 사고방식이 미국 국무부의 엄격한 규율 체계와 충돌할 수도 있으리라는 걸 알고 있었다. 긍정적인 변화를 만들어내고자 하는 그녀의 바람은 결국 성과를 거두었지만, 그녀의 세계적인 명망과 사심 없는 실용주의 때문에 미국의 보수적이며 강경한 정책입안자와 불편한 관계에 놓이는 경우가 많았다.

인권이사회는 뉴욕주에서 회의를 시작했다. 루스벨트가 의장으로 선출되었고, 이사회는 자신들의 주요한 사업이 국제권리장전의 초안을 작성하는 것이라고 (그리고 그것을 어떻게 시행할지 생각하는 것이라고) 결정했다. 모두 열여덟 명으로 구성된 유엔인권이사회는 1947년 1월에 공식 업무를 개시했다.

수많은 사상과 역사, 각종 모델과 기존의 인권 관련 체계와 규정이 쏟아져 들어왔고, 그것을 모두 소화해야 했다. 그러나 처음부터 모든 것에서 논쟁이 벌어졌다. 공산주의적 관점과 (서양의) 고전과 자유주의적 견해가 부딪혔다. '덩치가 작은' 국가는 단호하게 자신의 목소리가 반영되어야 한다고 주장했다. 여러 논란과 서로 경쟁하는 체제가 논의의 발목을 잡았는데, 특히 사회적 권리와 경제적 권리라는 것이 있다면 그중에서 어떤 것을 포함해야 하는지 첨예하게 대립했다. 강대국은 자국에 대해 외부의 간섭을 정당화할 수 있다는 이유로 인권에 대한 어떠한 논의에서도 조심스러운 입장을 취했다. 때로는 이러한 우려 때문에 모든 프로젝트가 침몰할 수도 있을 것처럼 보이기도 했다. 논의 중인 규율을 어느 정도까지 강제력을 두어야 하는지 전혀 명확한 것이 없었다.

비록 인권선언에는 법적인 구속력이 없지만, 루스벨트는 그것이 가진 도덕적인 힘을 확신했다. 어떤 이들은 의미 없는 선언만을 원했고, 또 다른 이들은 법적인 구속력이 있는 조약이나 협정을 원했지만, 그녀는 하나의 선언만으로도 두 가지 측면에서 모두 의미를 갖게 될 것이며, 실제로 그것이 통과된다면 미래의 발전을 위한 문을 열어놓는 것이라는 점을 이해하고 있었다. 그렇지만 그것이 설령 강제력이 없다고 하더라도, 그것의 문구를 정하는 일은 쉽게 마무리되지 않았다. 모든 단어, 문장 한 줄, 조항 하나하나를 두고 토론을 벌였다. 그리고 그 모든 걸 찢어버렸다가 다시 합치는 일이 계속해서 반복되었다. 그녀가 이용할 수 있는 인재와 아이디어가 아무리 많더라도, 그것을 움직여서 결실을 만들어내기 위해서는 마지막 한 방울의 결단력까지 모두 동원해야만 했다. 다행히도 레바논의 찰스 말리크(Charles Malik), 중국의 장평춘(張彭春), 프랑스의 르네 카생(René Cassin) 등으로 구성된 철학자 겸 외교관 집단이 이 선언을 미세하게 조율하는

데 상당한 역할을 한 것은 사실이지만, 루스벨트의 끈기와 인내심, 명성과 중재력이 가장 중요했다고 할 수 있다.

마침내 1948년 말 파리에서 열린 총회에서 중요한 고비를 맞았다. 징조가 불안했다. 초안을 작성한 이들은 선언문이 완성됐다고 생각했지만, 1번 조항을 논의하는 데만 1주일이 걸렸다. 당시 경제사회이사회(ECOSOC) 의장인 찰스 말리크는 시간이 모자라는 일 없이 엄격한 일정을 지키기 위해 스톱워치를 사용했다.

마침내 모든 준비가 끝나고, 이제 표결만이 남았다. 사요궁(Palais de Chaillot)에서 열린 총회에 출석한 루스벨트는 '이 선언문은 전 세계의 모든 사람에게 국제적인 마그나 카르타(Magna Carta)가 될 것'이며, 미국의 권리장전(United States Bill of Rights)에도 비유하면서, 세계인권선언을 위대한 전통의 반열에 올려놓았다.[229] 찬성표가 마흔여덟이고, 소비에트연방 진영과 남아프리카 연방*, 사우디아라비아를 포함해 기권표가 여덟이었다. 그러나 중요한 것은, 아무도 반대표를 던지지 못했다는 것이다.

초안을 작성하는 과정은 너무나도 힘들었지만, 이 선언문은 거의 온전한 형태로 살아남았다. 하버드대학교 법대 교수 메리 앤 글랜던(Mary Ann Glendon)은 이 사건을 이렇게 평가한다. "역사상 처음으로, 수많은 국가가 조직으로 모인 공동체가 인권 및 기본적인 자유에 대한 공동의 선언을 발표했다. 인권의 보편성을 주장한 이 선언문은 자유

---

*　남아프리카는 1961년에 공화국이 되었으며, 이 글에서 설명하는 1948년 당시에는 영국의 자치령인 남아프리카 연방(The Union of South Africa)이었다.

를 얻기 위한 인류의 사명에서 새로운 전기를 마련했다."[230] 그러나 이것은 끝이 아니었다. 1966년 유엔총회는 '시민적 권리와 정치적 권리에 관한 국제규약(International Covenant on Civil and Political Rights)'과 '경제, 사회, 문화적 권리에 관한 국제규약(International Covenant on Economic, Social and Cultural Rights)'을 채택했다. 두 가지 규약 모두 1976년에 발효되었고, 국제적인 차원에서 인권에 대한 법적 구속력을 갖게 되었다.

세계인권선언은 루스벨트는 물론이고 그녀와 함께 초안을 작성한 사람들이 거둔 커다란 위업이었다. 그녀는 그것이 태어나서 전 세계의 인정을 받게 했고, 세기의 위대한 아이디어로 만들어내는 데 일조했다. 그러나 그것은 우리 인류가 거둔 승리였으며, 지금도 마찬가지다. 그것은 위대한 아이디어가 어떻게 여전히 이 세상에 영향을 미칠 수 있는지 떠올리게 해준다.

계몽주의 시대 인권사상의 명암

위대한 아이디어가 어떻게 실현되는지 생각해보면, 아마도 달 탐사 프로젝트처럼 무언가 새로운 것을 현실로 만들어내기 위하여 어마어마한 노력을 투입하는 일을 상상할 것이다. 세계인권선언 역시 일종의 달 탐사와 같은 것이다. 루스벨트와 세계인권선언은 인권이라는 개념이 마침내 전 세계에서 인정받는 순간을 만들어냈다. 그것은 쉽지 않았다. 그것의 틀을 짜는 과정은 전 세계의 수많은 사람이 참여하여 다양한 사상과 견해와 주장과 전통을 마치 모자이크처럼 겹겹이 맞추어가는 험난한 여정이었다. 앞으로 나아가려는 발걸음은 제지당하기 일쑤였다. 소비에트연방 등의 국가가 정해진 시간을 끌면서, 진전은 더디게만 진행되었다. 말리크와 함께 루스벨트의 명성이 지대한 역할을 하긴 했지만, 이것은 팀으로서 거둔 성과였다.

그러나 이 책의 1부에서 제시한 복합적인 측면을 고려하면, 이것은 다른 대부분의 아이디어와 마찬가지로 수 세기 동안에 걸친 노력을 기반으로 이루어졌다는 사실을 기억하는 것이 중요하다. 도덕적인 측면의 달 탐사 프로젝트라고 할 수 있는 이 선언은 단지 유엔의 위원회 회의실에서 며칠 동안 열띤 토론을 벌이면서 구체화된 것이 아니다. 인권에 대한 담론은 수십 년, 아니 수 세기에 걸쳐 오랫동안 지속되었다. 다른 대부분의 위대한 아이디어와 마찬가지로, 인권의 연대기는 아주 길게 이어져왔다.

인권이 박탈할 수 없는 자연권이라는 생각은 과거에도 이런저런 형태로 찾아볼 수 있는데, 대표적으로는 마그나 카르타, 키케로(Cicero), 또는 심지어 고대 바빌론의 함무라비 법전까지 거슬러 올라갈 수 있다.[231] 그러나 인권에 대한 담론이 비로소 현대적인 형태를 갖추게 된 것은 계몽주의 시대였다. 사상가들은 이성과 절제가 인간의 행복과 더 나은 삶을 이끌 수 있다고 주장했다. 그들은 우리가 이성적인 판단과 지성, 그리고 도덕적인 노력을 적절하게 적용한다면, 지구에서 평화와 진보를 이룰 수 있다고 생각했다.[232] 계몽주의는 더욱 합리적이고, 호기심 많으며, 국제적이고, 비판적인 입장으로의 변화를 시작했다. 그리고 차가운 이성을 강조한 것만큼이나, 정서와 감정을 바라보는 입장에서도 상당한 변화가 있었다. 이 두 가지 측면은 모두 인권에서 중요한 것이었다.[233]

수 세기에 걸친 극심한 종교적 갈등에 뒤이어 나타난 인권이라는 개념은 이성과 연민에 대한 호소를 기반으로 구축되었다. 당시만 하더라도, '자연법(natural law)'의 존재가 인간의 선천적인 존엄성에서 발현되는 것이라는 설명은 상당히 대담한 것이었다. 사상가들은 인권은 선천적이며, 모든 사람에게 동등하게 적용되는 것이라고 주장했다. 1690년에 출간된 존 로크(John Locke)의 《통치론(Second Treatise of Government)》은 인권에 대한 기본적인 틀을 제시했다. 그는 사람이 자유, 생명, 재산에 대한 자연권을 가진다고 주장하며, 신고전주의의 기초를 다지는 데 도움을 주었고, 자연적으로 발생하는 일련의 권리에 대한 구체적인 형태를 부여했다. 이후에는 《상식(Common Sense)》과 《인권(Rights of Man)》이라는 책을 통해 미국의 독립전쟁과 프랑스 혁명에 관여한 토머스 페인(Thomas Paine)이 더욱 구체적이고 발전된 시각으로 인권을 더욱 정교하게 만들었다. '인간'에 대한 이런 모든 이야기는 눈에 띌 수밖에 없었다. 프랑스의 극작가이자 시민활동가인 올랭프 드 구즈(Olympe de Gouges)의 《여성권 선언 및 메리 울스턴크래프트의 여성권 지지(Rights of Woman and Mary Wollstonecraft's Vindication of the Rights of Woman)》는 여기에 강력한 사례를 제시했다.

이러한 지적인 역사와 함께, 정치사상의 발전도 나란히 진행되었다. 1689년에 공표된 영국의 권리장전과 1776년에 나온 미국의 독립선언문, 그리고 1791년에 발표된 미국의 권리장전이 있다. 1789년에는 프랑스 혁명과 그들이 발표한 '인간과 시민의 권리선언'이 있다. 이것은 모두 현대적인 사상의 발판이 되었다.

그런데 우리가 현대적인 인권의 기원을 계몽주의 시대로 특정할 수 있는 만큼, 그 한계 역시 매우 뚜렷하다. 노예제도를 존속시킨 엄연한 사실 때문에, 그들이 인간의 '자연권'을 주장하는 것이 우스개처럼 보였다. 올랭프 드 구즈는 프랑스 혁명 이후에 출현한 공포정치(Reign of Terror) 시기에 여성의 권리에 대한 믿음을 이유로 단두대에서 처형되었고, 페인은 인권 신장을 위한 노력 때문에 투옥되었다. 공포정치는 그 자체만으로도 도덕적인 의도가 얼마나 빨리 훼손될 수 있는지 여실히 보여주었다. 게다가 당시에는 고전적 자본주의에서 말하는 제한된 자유를 넘어서는 권리에 대한 의식이 여전히 생소할 때였다. 19세기에 들어서 거대한 사회적 움직임이 있고 나서야 노동권이나 교육권 등을 포함하여 인권에 대한 더욱 폭넓은 개념이 도출될 수 있었다. 실제로 일부 학자는 계몽주의 시대의 인권사상이 과대평가되었다고 주장하기도 한다.[234]

존 로크로부터 1948년까지는 기나긴 여정이었다. 그러나 1942년부터 1948년까지도 기나긴 여정이었다. 히틀러의 기습공격과 대량학살이 전 유럽을 휩쓸면서, 그로부터 불과 몇 년 뒤에 유엔 같은 국제기구가 인권선언을 한다는 것이 불가능해 보였을 수도 있다. 그리고 만약에 총회에서의 표결이 1년만 더 늦게 이뤄졌다면, 중국, 한국, 중동, 동유럽에서 일어난 걱정스러운 사건 때문에 세계는 그러한 합의에 도달할 수 없었을 것이다. 당시는 소비에트연방과 미국 사이에 잠시 데탕트(détente) 분위기가 조성되었기에 가능했다.

그러나 세계인권선언이 통과되고 그것이 받아들여졌다고 해서 어떤 일이 완전히 마무리되었다는 느낌이 들지는 않는다. 심지어 지금도 인권이 무엇인지, 그것의 기반이 무엇인지는 법적으로나 철학적으로 합의가 이루어지지 않았다. 여전히 많은 사람은 그것이 보편적이라기보다는, 서양에서 도입된 것이라고 주장한다. 물론 실제로 인권은 여전히 무시되고 부정되는 경우가 많다. 그리고 지금도 여전히 해결되지 않고 남아 있는 문제가 있다. 예를 들면 표현의 자유와 개인의 사생활 사이에서 어디에 균형점을 두어야 하는지, 특히 통신기술과 감시기술이 빠르게 발전하는 요즘의 맥락을 고려하면 더욱 해답을 얻기가 쉽지 않다. 어떤 이들은 권리라는 개념을 동물이나 식물에까지, 그리고 심지어 생태계나 지구 전체로까지 확대해야 하는지 질문을 던진다.

이에 대한 인류의 최전선은 깔끔하게 정리된 공간이라기보다는 상당히 모호한 영역이다. 그것을 더욱 멀리 밀어내는 작업은 일관되지 못하고, 그 자체도 부서지기 쉬우며, 몇 세기 동안이나 논의되었지만 여전히 치열한 논쟁이 벌어지고 있다.

그러나 1부를 읽어보면서 상황이 나아질 수 있는 메시지를 받았다면, 낙담하지 말아야 한다. 인권의 발전이 그에 대한 충분한 증거가 될 수 있다. 그것은 문서로 작성된 대담한 제안과 실패한 실험과 서서히 축적되는 저변의 기류가 수십 년의 정체기 이후에도 어떻게 그 형태를 구축하고 공표될 수 있는지 보여주는 대표적인 사례다. 인권의 사례는 1장에서 살펴본 어느 정도의 행운과 동시다발적인 발견이라는 그림과도 일치하며, 그것이 제시되자마자 즉각적인 반발을 불러일으키며 위기를 맞았지만, 그것은 또한 기저에 흐르는 거대한 시대적 흐름의 결과이기도 하다. 따라서 위대한 아이디어는 수십 년, 몇 세기에 걸친 프로젝트라고 할 수 있다. 때로는 아무런 진전이 없

238

이 흘러가는 시기도 있지만, 그러다가 갑자기 반전이 일어나서 획기적인 돌파구가 마련되기도 한다. 위대한 아이디어는 계몽주의 같은 거대한 규모의 움직임에서 나타나기도 하지만, 때로는 날카로운 연설과 라이트 형제가 보여준 것처럼 조용하면서도 예견할 수 없는 실험에서 나타나기도 한다. 그것은 어느 측면에서 보면 한 편의 논문과 하나의 연설, 유명인과 사상가 개인에 의해 이루어지는 섬세하면서도 국지적인 범위에서 진행되기도 하지만, 사회주의 정당의 출현이나 미국의 독립혁명, 제2차 세계대전처럼 지구촌 전체를 뒤흔드는 거대한 사건일 수도 있다.

비관론에 대한 근거가 과장되어서는 안 된다. 이렇게 복잡한 과정에서는 단순한 기준으로 침체나 가속을 판단할 수 없으며, 그 안에는 다양한 시간의 척도와 심층적인 차원에서 수많은 원인이 거의 무한하게 서로 맞물려 있다. 단지 이번 연도나 최근의 몇 년 동안에 상황이 좋아 보이거나 아니면 나빠 보인다고 해서, 그것은 결코 확정적인 것이 아니다. 심지어 거대한 아이디어가 고르지 못한 것처럼 보이고 실제로 그렇다고 하더라도, 상황은 얼마든지 바뀔 수 있다. 지금 당장에는 속도가 둔화된 것처럼 보이더라도, 그 저변에서는 수많은 조건이 저력을 모으는 중일 수도 있다. 그리고 지금은 호황기를 맞았더라도, 그것은 이미 오래전에 발견된 아이디어 때문에 가능한 것일 수도 있다.

이제 2부에서 미래를 살펴볼 텐데, 그렇다고 해서 우리가 위기 상황을 모두 파악한다거나, 또 다른 루스벨트나 파스퇴르를 알아본다거나, 그들이 언제 어디에서 어떤 위업을 이뤄낼지 예측한다거나, 그것을 즉각 촉발하거나 차단할 수 있는 작지만 영향력 있는 일련의 소동을 예견한다거나, 그것의 핵심적인 내용이 어떻게 받아들여질지, 그것에 대한 지원금 신청이 받아들여질지 그 모든 것을 판단할 수는 없을 것이다. 그러나 거대한 아이디어의 근본적인 요소를 확인할 수는 있을 것이다.

그렇다면 이렇게 질문할 수 있을 것이다. 우리가 살고 있는 세상은 과연 루스벨트나 파스퇴르 같은 사람을 나오게 만들어서 그들이 자유롭게 발언할 수 있도록 힘을 실어주고, 리스크가 있는 시도를 장려해줄 가능성이 높은가, 아니면 그럴 가능성이 낮은가? 1938년을 살았던 사람은 1948년에 일어날 일을 예측할 수 없었을 것이다. 그러나 계몽주의적인 꿈을 갖고 있던 사람이라면 여전히 역사의 잠재력과 그것이 나아가야 할 방향을 감지할 수 있었을 것이며, 현실의 기반에서 여러 조건이 형성되면서 수많은 아이디어가 뒤섞이고 불꽃을 일으키며 가해지는 시대적 압력과, 다양한 의견이 표류하고 있다는 사실과, 거대한 사상이 점점 더 커지면서 늘어나는 무게감을 느낄 수 있었을 것이다. 결국 그처럼 더욱 깊은 구조적 요인은 루스벨트와 말리크 등을 비롯한 사람에게 무엇을 해야 할지 말해주었으며, 그들에게 그 일을 할 수 있게 만든 여건이었다. 이제부터 살펴볼 부분은 거대한 아이디어를 방해하거나 자극하는 구조적인 요인이다.

HUMAN
FRONTIERS

PART 02

거대한 아이디어의 내일

CHAPTER 05

아이디어의
역설

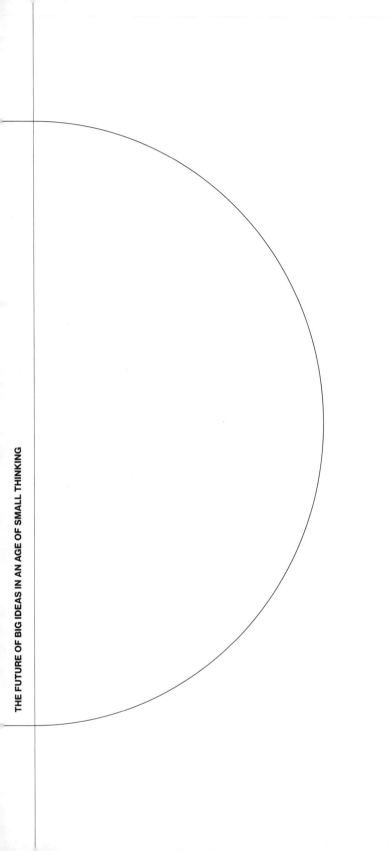

THE FUTURE OF BIG IDEAS IN AN AGE OF SMALL THINKING

또 다른 핵겨울(nuclear winter)

지성과 공학의 특급열차를 타고 달려온 원자력

1948년 9월 3일 테네시의 오크리지(Oak Ridge), 긴장감이 도는 날이었다. 원자력이 돌아온 것이다. 그것은 제2차 세계대전을 끝냈지만, 그것이 남긴 유산은 버섯구름과 방사선 질병과 아마겟돈(Armageddon)에 대한 위협이었다. 그것을 더 나은 방식으로 사용할 수는 없을까? 다행이라면 말 그대로 전구가 반짝이는 순간이 있었다는 것이다. 우라늄에서 플루토늄을 생산하기 위하여 전시에 가장 비밀스럽게 건설한 거대한 원자로가 이제는 전구에 불을 켜려 했다. 우라늄 농축은 물론이고 전쟁의 마지막 국면에서 아주 귀중한 역할을 한 오크리지 연구소는 이제 핵에너지를 평화적으로 이용하기 위해 전념을 다하고 있었다. 3년 동안 정신없이 연구한 끝에 그들은 시제품을 하나 만들었다. 그것은 전쟁이 최고조에 달했을 시기에 불과 11개월 만에 만든 X-10 흑연 원자로(Graphite Reactor)를 수정한 버전이었다.

인류가 통제된 핵반응을 최초로 일으킨 것은 X-10 원자로가 첫 선을 보이기 불과 몇 달 전으로, 1942년 12월 2일에 엔리코 페르미(Enrico Fermi)가 이끄는 연구팀이 시카고대학교의 스쿼시 코트에서 진행한 실험에서였다. 시카고 파일-1(Chicago Pile-1)이라고 알려진 그 원자로는 통제된 핵분열 반응을 일으키기 위해 흑연과 우라늄을 대충 쌓아올린 것이었다. 그리고 그 안에서는 우라늄 같은 무거운 원소의 핵이 두 개로 쪼개졌다.

X-10 흑연 원자로를 발전시키는 작업은 놀라울 정도로 빠르게 진행되었다. 불과 10년 전인 1930년대 초만 하더라도, 원자력의 원리는 완전히 이해되지 않은 상태였다. 어니스트 러더퍼드가 원자의 구조를 밝혀냄으로써 물리학이 핵의 시대를 맞이한 것은 불과 1911년의 일이었다. 그러나 숲이 우거진 테네시의 언덕에서, 과학자들은 히로시마와 나가사키의 처참한 악몽은 잊은 채, 무한한 에너지를 얻을 수 있는 시대를 열어젖히겠다는 희망을 품고 있었다.

원자로 자체는 예산에 쪼들리며 원자폭탄을 개발하려고 노력하던 맨해튼 프로젝트의 일부였다. 현재의 가치로 2,000억 달러에 달하는 자원을 투입하여, 물리학과 공학 분야에서 최고의 인재가 모여 전쟁을 끝낼 수 있는 무기를 생산하기 위해서 밤낮으로 연구했다. 원자가 쪼개지면서 폭탄이 품고 있던 에너지가 방출된다는 핵분열(nuclear fission)에 대한 최초의 아이디어도 불과 1930년대 말에 나왔다. 당시에 독일 이민자 출신의 저명한 화학자인 오토 한(Otto Hahn)과 프리츠 슈트라스만(Fritz Strassmann)이 이전의 10년 동안에 걸쳐 연구한 것의 진정한 의미를 비로소 깨닫게 되었다. 이것은 화학과 물리학에서의 뛰어난 연구와 상상력을 바탕으로 얻어낸 결과였다. 당시는 퀴리 부부의 실험에서 양자이론 연구자의 혁신적인 통찰력에 이르기까지 물리학계에서는 새로운 이론과 탐구의 황금시대가 이어지고 있었다. 그리고 1945년 8월 6일에 B-29 슈퍼포트리스(Superfortress) 이놀라 게이(Enola Gay) 폭격기가 무게만 4톤이 넘는 '리틀 보이(Little Boy)'라는 별명을 가진 우라늄-235 폭탄을 히로시마 상공에 떨어트렸다. 핵의 발전 속도는 빨랐는데, 특히 세계대전의 실재적인 위기 속에서 더욱 가속화되었다.

1948년 9월 3일에, 이 원자로의 스위치가 다시 켜졌다. 다행히 원자로는 작동되었다. 원자력은 1954년 6월 27일에 소비에트의 도시 오브닌스크(Obninsk)에서 사상 처음으로 전력을 생산했다. 2년 뒤, 영국의 콜더홀(Calder Hall)에서는 아직 공주 신분인 어린 엘리자베스 여왕이 세계 최초로 완전한 형태의 원자력발전소 스위치를 가동시켰다. 최초의 실험 단계에서부터 획기적인 이론을 거치며 발전해온 원자력은 지성과 공학의 특급열차를 타고 달려온 것 같았다. 관련한 발명과 아이디어는 정신없이 빠른 속도로 발전을 거듭하면서, 우주에 대한 우리의 지식을 다시금 재정비하게 했고, 그것에 대한 우리의 통제력을 완전히 바꾸어놓았다. 19세기 말에만 하더라도 핵물리학에 대한 이야기는 그 누구도 들어본 적이 없었다. 수십 년이 지나자, 그것은 파멸적인 위협을 가하는 동시에 냉장고 같은 기기에도 전력을 공급해주면서 마치 시대를 다스리는 거대한 존재처럼 보였다.

전후에 물리학자들이 훨씬 더 뛰어나고, 깨끗하며, 더욱 강력한 에너지원, 곧 별에서 일어나는 과정을 모방한 핵융합에 대한 이야기를 시작했을 때, 그것은 당연히 금방 가능할 것으로 여겨졌다. 핵융합은 10년, 기껏해야 30년이면 우리 곁에 함께 하고 있을 거라고 생각했다.[235] 핵융합은 안전하며 해로운 폐기물을 배출하지 않는다. 그리고 수소의 동위원소로 핵융합에서 쓰이는 두 가지 원료인 중수소(deuterium)와 삼중수소(tritium)는 핵분열에서 사용되는 연료*에 비해 자연계에 훨씬 더 풍부하다. 핵융합은 때가 무르익은 아이디어였다.

그랬던 핵융합은 여전히 30년이나 멀리 떨어져 있다. 핵물리학자들은 핵융합이 언제나 30년 후의 일이라고 농담하듯 말한다. 핵융합에서 가장 어려운 과제는 (기체, 액체, 고체 이외에) 물질의 제4의 상태라고 하며 태양의 핵보다 더욱 뜨거운 온도인 플라스마(plasma)를 만드는 것이다. 핵분열을 응용한 맨해튼 프로젝트는 이미 과학과 에너지 개발의 역사상 가장 거대한 시도 중 하나였고, 그것을 평시에 이용할 수 있게 만든다는 것만으로도 엄청난 도전과제였다. 예측할 수 없는 문제가 있다는 것은 누군가 예상한 것보다도 훨씬 더 심각한 도전이 계속해서 제기될 수 있음을 의미했다.

핵융합에서는 수소를 수억 도의 고온으로 가열해야 한다. 토카막(tokamak)이라고 부르는 도넛 모양의 장비 내부에서 형성된 자기장이 그런 수소를 붙들어놓는다. 그렇게 높은 온도에서 수소의 원자핵이 서로 충돌하고 융합해서 헬륨 원자핵을 만들어낸다. 이러한 과정에

---

*   우라늄-235와 플루토늄-239.

서 에너지가 방출되는데, 이 과정 자체가 공학적으로 어마어마하게 어려운 기술이다. 예를 들어 토카막의 크기를 키우면 핵융합 반응이 좀 더 쉽게 일어날 것으로 여겨졌다. 그러려면 토카막을 더 크게 만들어야 한다. 그러나 이는 실제로는 엄청나게 어려운 일이다. 물론 훨씬 더 많은 돈이 소요되는 것은 당연하다.

이론적으로 보면, 핵분열을 일으키기 위해서는 거의 에너지가 필요하지 않다. 그러나 핵융합은 지구에서 별의 중심부를 재창조하는 것과 비슷하다. 핵분열이라는 아이디어는 핵물리학에 대한 연구가 비약적으로 발전하는 과정에서 함께 도출된 것이었다. 그러나 핵융합을 위해서는 플라스마를 조절해야 하는데, 연구를 처음 시작했을 때만 하더라도 그 방법에 대해서는 거의 아는 것이 없었다. 핵분열은 제2차 세계대전 이후의 몇 년 동안 잠수함을 위한 원자로 등 군사적인 용도로 활용되며 정부가 확보해야 할 '필수 항목'으로 거듭난 반면, 핵융합은 그것과 경쟁하느라 고군분투했다.

이후 수십 년 동안 헛된 희망만 이어졌다. 1950년대에 영국이 만든 '제로 에너지 열핵 장치(ZETA)'가 그 일을 해낸 것처럼 보였지만 그렇지 않았으며, 마찬가지로 1989년에 유타대학교에서 두 명의 화학자가 거의 불가능한 것으로 여겨졌던 상온 핵융합(cold fusion)*을 성공시켰다고 주장했을 때는 그러한 과대선전이 극에 달했다. 새로운 단계로 진전이 이루어질 때마다 새로운 도전과제가 쏟아져나왔다. 프린스턴에서, 옥스퍼드에서, 모스크바에서, 그것은 2보 전진과 1.9보

---

* 거의 상온에 가까운 저온에서 일어나는 핵융합.

후퇴의 반복이었다.

핵융합을 이용한 전력 생산은 옥스퍼드 소재의 유럽공동토러스 연구시설(JET)에서 1997년에 진행된 실험에서 최초로 기록되었는데, 핵융합 반응으로 투입된 에너지의 60퍼센트에 해당하는 전력이 만들어졌다. 국제적인 협업을 통해 수십억 달러를 투자하여 출범한 5,000톤에 달하는 대규모 핵융합 프로젝트인 ITER나, MIT의 스파크(SPARC) 원자로 같은 후발주자가 핵융합의 발전 속도를 급격하게 높인다고 주장하지만, 많은 과학자는 실제 현실에 대해서 여전히 회의적인 입장이다. 레이저 압축 기술이 획기적인 돌파구를 마련해줄 수도 있지만, 아직까지는 준비가 되지 않았다. ITER 프로젝트가 일정대로 진행된다 하더라도, 적어도 21세기 전반에는 전기를 공급하지 못할 것으로 보인다. ITER는 규모도 워낙 거대했고 국제적인 협업으로 이루어지는 프로젝트였기 때문에, 처음부터 고통스러울 정도로 느리게 진행되었다. 참여한 나라끼리 첨예하게 서로 다투는 바람에, 이 프로젝트는 제대로 시작되지도 못한 채 하마터면 좌초할 뻔했다. 지금도 정치적인 문제가 그 기반을 흔들고 있다.

결국 여기에는 당초에 예상한 것보다 훨씬 더 거대한 문제가 연관되어 있는 것으로 드러났다. 핵융합을 실현하기 위해서는 과학기술적으로 수많은 혁신이 필요한데, 그것은 현재의 과학기술 수준으로는 극복할 수 없을 정도로 심도 있으며 서로 복잡하게 상호작용을 하는 문제다. 연구가 안정적으로 지속되기 위해서는 자금 지원을 비롯하여 수많은 요소가 필요했지만, 그것은 언제나 부족하기만 했다. 지금은 진전이 멈춰 선 상태다.

핵융합의 꿈을 가로막는 장애물

문명은 풍부하면서도 안정적인 에너지원을 확보해야만 발전할 수 있다. 사회의 붕괴는 에너지 공급의 위기와 밀접한 관련이 있다. 그러나 극지방의 얼음이 녹고 사막은 더욱 넓어지며, 바다는 가열되고 열대우림은 불타오르는데도, 전 세계에서 이처럼 판도를 바꿀 수 있는 기술에 투자되는 자원의 양은 거의 무시할 수 있는 수준이다. 1953년 이후로, 미국 정부는 현재 가치로 매년 5억 달러의 돈을 핵융합 분야에 투자해왔다. 그런데 이는 스텔스 폭격기 한 대의 가격에도 못 미치는 금액이다. 한편 전 세계 각국 정부가 에너지 분야에 투자하는 연구개발비는 매년 약 270억 달러로, 미국인이 반려동물 먹이를 구입하는 데 소비하는 금액에도 못 미칠 정도로 턱없이 모자란 수준이다.[236] 지구를 구하기 위한 것보다, 고양이 간식과 화장품 분야에 더 많은 자원이 할당되어 있는 것이다.

이론적으로 보면, 오크리지를 비롯한 원자력 관련 연구시설은 오늘날보다 더 나은 능력을 갖추고 있지도 않았고, 더 많은 자원이나 인재로 넘쳐나지도 않았다. 현재 오크리지 한 군데의 연간 예산만 해도 24억 달러에 달하고, 이곳은 미국 에너지부(DOE)가 만든 연구 생태계의 핵심이며, 세계 최대의 중성자 빔(neutron beam)*을 보유하고 있고, 세계에서 가장 강력한 슈퍼컴퓨터 중 하나를 갖고 있다. 그러나

---

* 과학 연구에 사용하기 위해 하나의 빛줄기처럼 일정한 방향으로 흐르게 만든 중성자의 흐름.

핵융합은 여전히 꿈으로만 남아 있다. 핵융합 분야의 위대한 개척자인 소비에트의 레프 아르시모비치(Lev Artsimovich)는 핵융합이 언제쯤 준비될지에 대한 질문을 받고 이렇게 대답했다. "핵융합은 사회가 필요로 할 때 준비될 것입니다."[237] 그러나 이처럼 거대한 꿈은 너무나도 오래 걸린다.

핵융합에 대한 과거의 이야기에서부터 향후에 대한 전망까지를 살펴보면, 거대한 아이디어가 어떻게 해서 커다란 도약을 그만두고 인류의 최전선을 더욱 밀어붙이는 걸 멈추는지, 그리고 막대한 비용이 드는 실험을 통해서만, 그것도 겨우 조금씩 전진할 수 있는지 보여준다. 아이디어를 구상한다 하더라도, 하늘에 떠 있는 천공의 성처럼 실현되지 않은 밑그림만 남겨둔 채 더 멀리까지 나아가지 못하는 것이다.

그렇다면 왜 그런 것일까? 이런 상태가 지속될까? 이 두 가지 질문은 단지 핵융합만이 아니라 인류 최전선의 거의 모든 영역에 걸쳐 적용되는 것이며, 이것이 바로 2부에서 다룰 핵심 주제이기도 하다. 다음에 이어질 두 개의 장에서, 우리는 거대한 아이디어의 미래에 대하여 억압요인으로 작용하는 두 가지 광범위한 영향력을 살펴볼 것이다. 그 두 가지 힘은 인류의 최전선에서 혼재된 양상을 보여주고, 아이디어를 구상하고 실행하는 일이 왜 점점 더 힘들어지는지, 그리고 미래가 왜 더욱 느리고 험난한 궤도로 이끌리는지 설명해줄 것이다.

첫 번째는 아이디어 자체의 본질에 내재된 문제다. 핵분열을 성공시켰다고 해서 핵융합이 저절로 마무리되는 것은 아니다. 실제로 어떤 문제를 풀어냈다는 것은, 그 뒤에는 더욱 해결하기 어려운 문제만 남겨져 있다는 것을 의미한다. 그런 문제가 풀리지 않고 남아 있는 데에는 나름의 이유가 있다. 때로는 한 가지 영역에서의 진전이 여러 영역에 걸쳐 발전을 가속화하는 경우도 있다. 그러나 때로는 그저 국지적인 최대의 성과에만 그치는 경우도 많다. 아이디어가 더 많아진 다고 해서, 거대한 아이디어가 생성되는 속도가 저절로 빨라지는 것은 아니다. 적어도 그러한 발전으로 유발되는 문제도 그에 상응하여 함께 커지지 않아야만 한다. 우리가 새로운 발명이나 발견을 통해 발전하다 보면, 어느새 우리는 어느 한계점에 다다르게 된다. 이번 장에서는 아이디어의 본질과 얽혀 있는 이런 종류의 도전과제에 대해 논의할 것이다.

두 번째는 사회적 맥락이 핵융합에 도움이 되지 않았다는 것이다. 기후변화라는 사안이 어찌 보면 제2차 세계대전보다도 궁극적으로는 더욱 실존적인 위협이라고 할 수도 있지만, 그렇다고 해서 당장에 맨해튼 프로젝트 같은 것을 개시해야 할 만큼의 긴박감은 느껴지지 않는 것 같다. 오히려 우리 사회는 단기적인 투자를 더욱 우선시한다. 핵융합에 자금을 지원한다면, 어쩔 수 없이 정치적인 어려움에 부딪힐 것이 분명하다. 이웃한 국가 간의 군사적 경쟁관계이든 아니면 단순히 상업적 이익을 내세운 국가주의 때문일 수도 있다. 소규모의 모험적인 실험은 기대에 못 미치는 저조한 성과에 그칠 것이다. 각종 규제로 인한 부담도 끝이 없을 것이다. 재정적, 행정적, 정치적인 장애물은 단시 핵융합만이 아니라 대부분의 영역에 해당하는 것이다. 이러한 사회적인 장벽에 대해서는 다음 장에서 살펴볼 것이다.

우리가 어떻게 대응하느냐가 앞으로의 우리를 규정할 것이다. 다행히도 낙관주의에 대한 근거가 존재한다. 다음 장에서는 거대한 아이디어를 새롭게 촉발하기 위해 그전까지는 목격하지 못한 속도와 규모로 미래를 준비하고 있는 영향력을 살펴볼 것이다. 우리의 미래는 이처럼 미묘하고도 섬세한 상호작용의 한가운데에 놓여 있다.

낮은 곳에 매달린 과일 수확하기

누군가 이미 지나간 뒤에는 동등한 영향력을 갖지 못한다

역사의 거의 전 시기를 통틀어, '더 이상 쪼갤 수 없는 물질'이 무엇인지 우리는 명확히 알지 못했다. 그것을 오늘날 우리는 '원소(chemical element)'라고 부른다. 과학자들은 우주의 물질을 구성하는 기본적인 요소를 발견했고, 그렇게 함으로써 화학의 기본적인 체계를 구축했다. 놀라운 성과였다.

이런 역사를 보면 과학이 일정한 속도로 발전해온 것이 아님을 알수 있다. 금이나 구리, 철 같은 일부 원소에 대해서는 이미 몇 세기 전부터 알려져 있었다. 초기의 연구자는 실험을 통해 탄소나 황 같은 원소의 특성을 밝혀내기 시작했다. 그러나 거기에서부터 더욱 깊이 탐구하기 위해서는 더욱 발전된 기술 인프라와 장비가 필요했고, 서로 지식을 공유하며 축적해나가야만 했다. 그럼에도 그림의 퍼즐이 하나씩 채워지면서, 개인 연구자라 하더라도 커다란 영향력을 발휘할 수 있었다. 대표적으로는 18세기 말에 영국의 화학자 험프리 데이비 경(Sir Humphry Davy)이 독자적으로 칼륨, 나트륨, 칼슘 같은 원소의 존재를 예측했고, 그 후에는 그런 원소를 분리해냈다. 동시에 수소, 산소, 질소 같은 원소의 기본적 특징이 밝혀지면서, 이제 화학이라는 분야가 완전히 바뀌었다.

　초기에 발견된 수많은 원소는 대부분 비교적 간단한 실험만으로도 그 존재를 입증할 수 있었다. 그러나 이후로는 점점 더 어려워졌다. 진전은 더디게 진행되었고, 획기적인 기술이나 통찰력이 새로운 문을 열어젖히고 나면, 다시 그러한 과정이 반복되었다. 예를 들면, 새로운 원소가 발견되는 속도는 19세기 중반에 최저를 기록했다가 세기말에 다시 가속화되었다. 드미트리 멘델레예프(Dmitri Mendeleev)가 1869년에 러시아 화학회(Russian Chemical Society)에서 주기율표(periodic table)를 처음으로 발표했을 당시에만 해도, 거기에는 모두 63개의 원소가 포함되어 있었다. 얼마 지나지 않아 새로운 기술이 개발되었고, 덕분에 아르곤이나 네온 같은 새로운 기체 원소를 발견할 수 있었다. 이후에는 폴로늄이나 라듐 같은 방사성 원소가 추가됐다. 그러나 이는 우연히 철을 발견하거나 심지어 산소를 분리해내는 것보다도 훨씬 더 험난한 작업임이 분명하다. 여기에서도 수익성 감소와 합리적 비관주의의 패턴이 나타났는데, 화학 분야에서 발표되는 논문 건수와 비교하여 새롭게 발견되는 원소의 수는 지금까지도 계속해서 감소했다.

새로운 원소가 계속 발견되기는 하지만, '초중량 원소(superheavy element)*'를 찾아내기 위해서는 거대한 장비와 극도로 희귀한 원재료가 필요하다. 초중량 원소는 찾아내기도 힘들고 불안정하며, 순식간에 붕괴해버린다. 실제로 러시아의 한 연구소에서는 6,000만 달러의 실험장비를 만들었지만, 겨우 119번과 120번 원소를 찾아냈을 뿐이다.[238] 몇 세기의 시간 간격을 두고 원소를 찾아내는 여정이 얼마나 달라졌는지는 다음의 글에서 비교할 수 있다.

117번 원소는 국제공동연구진이 미국 테네시에 있는 가속기에서 불안정한 버클륨(Berkelium) 동위원소를 하나 합성해낸 다음, 그것을 러시아에 있는 원자로로 옮겨서 티타늄 박막에 부착한 뒤, 또 다른 러시아의 도시에 있는 입자 가속기로 가져간 다음, 그곳에서 특별히 제작한 칼슘 동위원소와 충돌시켰다. 그리고 그 결과 데이터를 전 세계의 과학자로 구성된 연구진에게 보내서 결국 117번 원소가 몇 초 동안 존재했다는 증거를 찾아냈다. 반면에 근대적인 방식으로 최초로 발견한 원소는 인(P)인데, 이는 어떤 남자가 자신의 소변을 들여다보면서 발견했다.[239]

아직까지 발견되지 않은 원소가 얼마나 많이 남아 있는지는 아무도 모르지만, 주기율표를 살펴보면 우리가 낮게 매달린 과일을 먼저 딴 것은 분명해 보인다. 주기율표가 어디에서 끝나든 관계없이, 그것

---

* 원자번호 104번 이후의 아주 무거운 원소.

을 앞으로 나아가게 만드는 일은 훨씬 더 힘들어지고 있다. 험프리 데이비 경처럼 개인이 혼자서 발견하는 일은 더 이상 없을 것이다.

우리는 당연히 낮게 매달린 과일을 먼저 딴다. 그러나 그것이 정치나 비즈니스, 지적인 영역에서 어마어마한 영향력을 미친다는 사실은 거의 완전히 간과되는데, 심지어 거대한 침체 논쟁에 참여하는 수많은 사람 사이에서도 마찬가지다. 우리가 그런 과일을 먼저 따기는 하지만, 세계는 한 방향으로 흐른다. 로마 제국의 붕괴 같은 극단적인 사건을 제외하면, 어떤 것이 발견되거나 어떤 기술이 구현되거나 어떤 것이 발명되면 그것은 발견된 채로, 구현된 채로, 발명된 채로 유지된다. 다시 말해 위대한 아이디어는 단 한 차례만 나올 수 있는 것이다.[240] 그러한 아이디어가 나오기까지는 기나긴 역사가 있을 것이고, 수많은 우여곡절을 겪었으며, 처음 나온 다음에 수정되었을 수도 있지만, 어떤 위대한 아이디어를 일단 구상해서 실행하고 인정받고 나면, 이후에는 그와 똑같은 일을 한다고 해서 동일한 취급을 받지는 못한다. 인류의 최전선이 이미 움직였기 때문이다. 이러한 사실만으로도 지금의 복잡한 현실을 상당히 많이 설명할 수 있다. 그리고 미래가 왜 그토록 힘겨운 도전과제를 갖고 있는지에 대한 부분적인 이유이기도 하다.

비록 이러한 주장은 논란의 여지가 있기는 하지만, 점점 더 많은 과학자와 경제학자와 사상가는 낮게 매달린 과일을 먼저 수확하는 문제가 실재한다고 주장한다. 혁신적인 도구나 발견이 개입하거나, 또는 환경의 급격한 변화가 없다면(이런 거대한 문제는 모두 뒤에서 논의할 것이다), 위대한 아이디어가 생성되고 도출될 때마다 그것은 향후의 위대한 아이디어가 나올 수 있는 기준을 더욱 높이는 것이다. 객관적으로 보면, 모든 것이 평범해지면서 향후 100년 또는 200년 동안 중대한 아이디어를 실현하고, 도출하고, 제시하고, 상상하는 일은 지난 시절보다 더욱 힘들어질 것이다. 그렇다고 해서 낮게 매달린 과일이 더 이상 없으리라는 것은 절대 아니다. 그런 아이디어가 더 이상 존재하지 않는다는 것이 아니라, 단지 미래에는 그런 아이디어를 얻어낸다는 것이 더욱 드물고 까다로운 일이 된다는 의미다.

경제학자들은 이런 개념을 활용해 경제성장과 신기술의 발전 속도가 둔화되는 현상을 설명한다.[241] 앞에서 이미 논의한 '특별한 세기'에 인류의 평균적인 생활방식은 대부분의 사람이 거의 중세와 다름없는 환경에서 살 정도로 아주 변변찮은 조건에서 출발하여, 일부의 디지털 기기만 제외하면 오늘날과 거의 비슷한 수준으로 대폭 개선되었다. 다들 알다시피, 전화기에서 라디오까지, 냉장고에서 중앙난방에 이르기까지, 자동차에서 전구까지 거의 모든 것이 이 시기에 도입되었다.

지금은 물론 일반적인 가정이 1950년대에 비해서 훨씬 더 풍족한 생활을 누리기는 하지만, 이처럼 급격한 개선은 사실상 한 차례만 있었던 사건이며, 그것이 곧바로 끝없는 실험을 통한 기하급수적인 발전을 의미하는 것은 아니었다.[242] 따뜻한 주택이나 밝은 전구가 세상에서 아주 흔할 정도로 보급되었다면, 그렇게 되기 위한 결정적인 아이디어가 있었을 것이다. 그 이후에 나온 다른 가정용 난방이나 전구에 대한 아이디어는 그와 동일한 영향력을 갖지 못한다. 누군가 바퀴를 다시 만든다고 해도, 그것은 여전히 바퀴로 분류될 것이다.

예술에서도 비슷한 양상을 볼 수 있다. 앤디 워홀(Andy Warhol), 도리스 레싱(Doris Lessing), 엘비스 프레슬리, 자하 하디드(Zaha Hadid)는 각각 한 명만이 존재할 뿐이며, 그들의 기법을 반복한다고 해서 동일한 영향력을 갖게 되는 것은 아니다. 획기적인 작품이 만들어지고, 하나의 아이디어로서 확고한 기반을 다지게 되고, 낮게 매달린 과일을 수확하고, 인류의 최전선이 이동하면, 이제 그것은 기다란 그림자를 드리우게 되지만, 그 일은 이제 이미 일어난 사건이며 세계는 이미 변화한 것이다. 그림을 다시 그리고, 소설을 다시 쓰고, 공연을 다시 하고, 설계를 다시 한다고 해서 동등한 영향력을 갖지는 못한다. 미학적인 어떤 공간이 일단 열리면, 그것은 이제 열려버린 것이다. 그 안에서 자신이 원하는 것을 마음껏 펼쳐 보인다 하더라도, 그것을 위한 핵심적인 순간은 이미 지나온 것이다. 과학적인 발견에서도 마찬가지다. 코페르니쿠스의 연구를 수정하고, 개선하고, 대체할 수도 있지만, (고대 그리스의 과학자를 잠시 제쳐둔다면) 우리의 우주를 움직이는 기본적인 원리는 이미 제시된 것이다.[243]

누군가는 피카소처럼 그림을 그릴 수 있고, 인터넷 검색엔진이 아주 현명한 비즈니스라고 제안할 수도 있고, 산소를 분리해낼 수도 있지만, 그 누구도 그 사람의 독창성을 인정해주지는 않을 것이다. 이는 미래에 새로운 것이 나타나지 않을 것이라는 의미가 아니라, 그 기준이 더욱 높아지리라는 점을 유념해야 한다는 뜻이다. 인류의 최전선까지 이어지는 '명백한' 길은 이미 누군가 먼저 지나간 흔적이기 때문이다.

좀 더 탐험하기 쉬운 목적지

찰스 I. 존스(Charles I. Jones)는 아이디어의 생성이 더욱 어려워지는 메커니즘을 설명하기 위해 '낚아 올린 물고기(fishing out)'라는 표현을 사용하는데, 아이디어가 모여 있는 거대한 연못에서 살이 통통하고 게으른 물고기는 이미 모두 잡혔다고 말한다. 다시 말해, 어떤 아이디어를 계속해서 떠올릴수록 새로운 아이디어를 얻어내기가 더욱 힘들어진다는 것이다. 그렇다면 우리는 물고기를 모두 낚아버렸을까? 나는 그렇다고 생각하진 않지만, 존스는 돌파구가 필요한 문제점과 수익성이 줄어드는 현상을 고려할 때, 새로운 아이디어를 손쉽게 얻어내는 일은 갈수록 점점 더 드문 현상이 된다고 말한다.

아이디어는 오르기 어렵고 잘 보이지도 않는 사다리 위에 놓여 있다. 과거의 도구나 기법, 패러다임을 활용한다고 해서 그 사다리를 언제나 계속해서 올라갈 수 있는 것은 아니다. 오히려 그곳을 올라가기 위해서는 거의 예측할 수 없는 외부로부터의 돌파구가 필요하거나, 더욱 많은 자원을 투입하거나, 아니면 구식이기는 하지만 행운이 필요할 수도 있다. 때로는 이런 세 가지 요소가 모두 필요한 경우도 있다. 그러므로 우리는 위와 같은 도전에 맞서기 위한 환경이 필요하지만, 그러한 여건이 저절로 조성되지는 않을 것이다. 그렇다고 해서 과거의 도전과제가 쉬웠다거나, 과일이 낮은 곳에 가만히 매달려 있지는 않았다. 앞으로 나아가려는 시도가 있었기에, 새로운 과일이 있는 위치에까지 오를 수 있었던 것이다. 그렇게 이뤄낸 성과가 바로 우리 주위에 있는 모든 것이다.

고고학에서는 흥미로운 사실이 발견된다. 지구물리학을 활용한 조사나 정교한 연대측정 기법, 드론을 활용한 지도 제작, 자율주행 잠수정, 빅데이터 기술을 활용한 위성 이미지 분석, 라이더(lidar)* 스캔, 3D 이미지 처리 같은 기술 덕분에 고고학 분야가 더욱 탄탄해졌다. 고고학자들은 이제 어떤 것도 파헤치거나 들어내지 않고도 지표면의 아래나 구조물의 안쪽 깊숙한 곳을 들여다볼 수 있게 되었다. 그들은 더욱 많은 지식과 역량을 갖게 되었고, 덕분에 다양한 데이터와 각자의 전문성과 각종 도구를 공유하면서 협업하고 있다. 고고학적으로 중요한 발견을 해낼 수 있는 역량이 지금보다 더욱 뛰어난 적은 없으며, 실제로 최근에도 아직까지 완전한 형태로 남아 있던 고대 그리스의 범선을 비롯하여 가장 오래된 것으로 알려진 그림들, 6,000년 동안 숨겨져 있던 마야 문명의 건축물, 미라를 제작하던 작업장, 람세스 2세의 궁전, 인류 대이동의 증거, 선사시대 이전에 살았을 것으로 추정되는 선조의 흔적까지 상당히 인상적인 결과를 얻어낼 수 있었다.[244]

그러나 그 영향력은 초기에 거둔 성과와는 비교가 되지 않는다. 아서 에번스(Arthur Evans)가 크노소스(Knossos)에서 미노스(Minoan) 문명을 발견한 것이나, 위대한 하인리히 슐리만(Heinrich Schliemann)이 트로이 유적을 발견한 것, 예일대학교의 하이럼 빙엄(Hiram Bingham)이 모험을 통해 마추픽추를 발견한 것, 하워드 카터(Howard Carter)와 카나본 백작(Lord Carnarvon)이 이집트 룩소르(Luxor)에 있는 왕가의 계곡(Valley

---

*   레이저를 활용해 물체의 위치를 측정하는 레이더 시스템.

of Kings)에서 투탕카멘 왕의 무덤을 발굴한 것, 레너드 울리(Leonard Woolley)가 이라크에서 발굴 활동을 하여 수메르(Sumer) 문명을 비롯하여 이제껏 알려진 것보다 더욱 오래된 도시인 우르(Ur)와 우루크(Uruk)를 발견한 것처럼, 고고학계에서는 분명 획기적인 발견이 쏟아지던 황금기가 있었다. 물론 라스코(Lascaux)의 동굴 벽화나, 사해 문서(Dead Sea Scrolls)를 발견한 것 등은 굳이 언급할 필요도 없다.

이러한 일은 현대의 고고학자가 이뤄낸 업적이 아니다. 당시에는 아주 잘 익은 과일이 낮은 위치에 매달려 있었던 것이 사실이고, 우리가 아무리 노력하더라도 그렇게 경이로운 발견을 재현할 가능성은 많지 않다. 아무리 우리의 역량이 더욱 커지더라도, 시간이 지날수록 엄청난 발견을 해낼 가능성은 점점 줄어들게 된다. 그렇다고 우리가 아틀란티스를 발견하지는 못할 것이다. 만약 그곳이 실제로 존재했다면, 우리는 이미 그곳으로 관광을 다니며 기념품으로 냉장고 자석을 사왔을 것이기 때문이다.[245]

고고학은 발견할 수 있는 대상이나 장소의 수가 한정되어 있다는 점에서, 보편적으로 적용할 수 있는 사례가 아니다. 그럼에도 어떤 분야나 기술, 또는 비즈니스가 새롭게 나타났을 때 그 분야의 성장이 얼마나 더 가속되며 급속한 진전이 이뤄질 수 있는지를 보여준다. 그러나 이러한 추세가 영원히 지속될 수는 없다. 일단 낮게 매달린 열매를 수확하고 나면, 남아 있는 것은 좀 더 모호한 개념이거나 더욱 매듭이 복잡하게 얽힌 문제, 이미 성숙기에 접어든 시장, 발명의 다락방에서도 먼지가 더욱 두껍게 쌓인 모퉁이일 것이다.

아이디어의 본질을 고려하면, 우리는 그러한 어려움과 모호함으로 가로놓인 장애물을 넘어가야 한다. 앞으로도 계속 그렇게 해야 할 것이다. 자주 무시되는 경향이 있지만, 낮게 매달린 과일이라는 현상은 매우 뿌리가 깊은 문제다. 고고학과는 다르게 과학이나 기술 등의 문명은 경계가 없는 영역일 것이다. 그럼에도 우리는 좀 더 탐험하기 쉬운 목적지에 먼저 도착하게 되고, 지금까지 그렇게 해왔다. 그로 인한 결과는 명백하다. 모든 것이 평범해졌고, 이제 향후의 목적지는 더욱 도달하기 어려울 것이다.

지식의 과중

지식의 부담 현상

인류 역사상 물리학자인 토머스 영(Thomas Young)만큼 많은 걸 아는 사람은 거의 없을 것이다. 웨스트민스터 사원(Westminster Abbey)에 그를 기리며 만든 기념비에는 '인간이 학습할 수 있는 거의 모든 분야에서 뛰어난 사람(eminent in almost every department of human learning)'이라고 적혀 있다.[246]

    1773년 영국 서머싯(Somerset)에서 태어난 토머스 영은 언제나 비범한 박식가로서의 면모를 보여주었다. 그는 의사로서 수많은 사람에게 의술을 펼쳐 보였지만, 그것은 시작에 불과했다. 그는 겨우 30세에 왕립과학연구소(Royal Institution)에서 과학의 모든 분야를 가르치는 교수가 되었고, 왕립학회의 외무국장은 물론이고 경도위원회(Board of

Longitude)*의 비서관 등 다양한 직책을 맡았으며, 생명보험 산업에도 잠시 손을 댔다.

토머스 영은 독자적인 연구를 통해 뉴턴이 틀렸음을 증명했다. 그는 빛의 간섭(interference) 현상을 입증해 보임으로써, 뉴턴이 생각한 것처럼 빛이 '미립자(corpuscle)'의 흐름이 아니라 파장이라고 증명한 것이다. 그는 사람의 눈이 어떻게 초점을 맞추고 색채를 인식하는지 보여주면서 시각에 대한 원리를 제시했다. 그리고 로제타석(Rosetta Stone)에 쓰인 글을 해독하는 데 상당히 중요한 역할을 하여 고대 이집트의 상형문자 체계가 가진 미스터리를 풀어내는 데 도움을 주었다. 참고로 로제타의 비문을 완전하게 해독해낸 사람은 이 분야에서 그의 최대 라이벌이자 훨씬 더 전문가인 장 프랑수아 샹폴리옹(Jean-François Champollion)이다. 아무튼 토머스 영이 가진 천재적인 수학 능력은 물론이고, 아람어(Aramaic)에서 암하라어(Amharic)에 이르기까지 무려 14가지 언어에 대한 지식이 도움이 된 것은 의심할 여지가 없다.

현대적인 개념으로 에너지(energy)를 정의하고, 표면장력의 원리를 더욱 확장한 사람도 토머스 영이다. 그는 400개에 달하는 언어가 가진 문법과 어휘를 체계적으로 비교해서, (그 개념까지는 아니지만) 특정한 언어를 지칭하는 '인도-유럽어족(Indo-European)'이라는 명칭을 도입했다. 그는 악기를 조율하는 시스템과 의약품을 정량으로 투여하는 시스템을 만들었다. 그의 이름은 영률(Young's modulus)**,

---

* 　해양에서의 경도를 확인하는 문제를 다루던 영국의 옛 기관.
** 　물체의 변형 정도를 나타내는 탄성률.

영-라플라스 방정식(Young-Laplace equation), 영-뒤프레 방정식(Young-Dupré equation), 영의 법칙(Young's Rule) 등에서 발견할 수 있다. 브리태니커 백과사전의 편찬을 도와달라는 요청을 받은 그는 익명을 전제로 알파벳(Alphabet), 연금(Annuities), 인력(Attraction), 모세관 작용(Capillary Action), 응집력(Cohesion), 색채(Colour), 이슬(Dew), 이집트(Egypt), 눈(Eye), 초점(Focus), 마찰력(Friction), 후광(Halo), 상형문자(Hieroglyphic), 수력학(Hydraulics), 운동(Motion), 저항(Resistance), 선박(Ship), 소리(Sound), 강도(Strength), 조수(Tides), 파도(Waves), 그리고 '의학적 특성의 모든 것(anything of a medical nature)' 항목에 대한 내용을 작성했다.

그의 생애를 기록한 전기의 제목처럼, 그는 실제로 모든 것을 아는 마지막 사람일 것이다. 토머스 영은 루크레티우스에서 레오나르도 다빈치(Leonardo da Vinci)와 고트프리트 빌헬름 폰 라이프니츠(Gottfried Wilhelm von Leibniz)에 이르는 우오모 우니베르살레(uomo universale, 만능인) 또는 르네상스적 인간(Renaissance man)의 계보에서도 최선두에 있다. 그러나 물론 토머스 영이 정말로 모든 것을 알지는 않았다. 루크레티우스와 다빈치의 시대는 말할 것도 없고, 당대의 지식은 이미 그가 아는 수준을 훨씬 더 뛰어넘어 있었다. 그렇지만 토머스 영은 아마도 인류의 최전선에서 다방면으로 폭넓게 탐구한 마지막 사람일 것이다. 당시에도 이미 지식은 감당할 수 없을 정도로 방대해져 있었다. 그것은 인류의 오랜 숙원이긴 했지만, 지식은 매우 막강한 수준이었다. 토머스 영이 모든 것을 알아내기 위해 노력했지만 결국은 실패한 그 시대에 르네상스적 인간은 이미 죽어갔으며, 오늘날에는 완전히 사멸했다고 할 수 있다.

지식이 발전하면 언제나 알아야 하는 것도 많아진다. 그 결과는 고도의 전문화와 학습 기간의 장기화다. 벤저민 F. 존스(Benjamin F. Jones)는 이를 두고 '지식의 부담(burden of knowledge)' 효과라고 부르는데, 이는 지식의 급격한 증가와 세분화가 독창적인 사고의 걸림돌이 되는 것을 의미한다. 우리는 그 결과를 대체로 과소평가하는 경향이 있지만, 그로 인한 영향력은 거대하기 때문에 미래에는 그러한 추세가 더욱 심화될 것으로 예상해야 한다. 이러한 과중한 부담감이 어떤 것인지 느끼려면, 도서관을 생각해보면 된다. 17세기에 존 하버드(John Harvard)는 자신이 보유한 장서를 모두 어느 대학에 기증했는데, 당시에 그가 기증한 책은 320권 정도였다. 참고로 이 대학은 나중에 그의 이름을 따서 하버드대학교로 명칭을 바꾸었다. 현재 미국의 의회도서관이 보유한 장서는 모두 3,800만 권에 이른다.[247] 하버드대학교도 자체적으로 2,000만 권의 장서를 보유하고 있다. 이렇게 보유한 도서의 수가 기하급수적으로 급증한 것이 바로 지식의 부담 현상을 직접적으로 보여주는 사례다.

획기적인 사건은 지식의 최전선에서 일어난다. 그러나 그곳 최전선까지의 거리는 언제나 점점 더 멀어지고 있다. 우리는 모두 아무것도 없는 상태에서 원점에서부터 학습을 시작한다. 우리는 그러한 최전선까지 이동해야 하지만, 지식이 더욱 축적될수록 우리가 학습하고 습득하고 암기하고 실습하여 거기까지 다가가는 과정은 더욱더 길어진다. 존스는 이러한 추세를 수치로 정량화했다. 1975년부터 1999년까지 미국 특허청(USPTO)에 등록된 5만 5,000건의 발명특허 서류를 분석함으로써 '지식의 부담'에 대한 수치화된 모델을 만든 것이다. 그 결과 최초로 승인된 특허에 관여한 사람의 수와 그들의 나이가 모두 증가하고 있었다. 특허 하나를 출원하기까지의 기간이 더욱 길어졌으며, 심지어 거기에는 더욱 많은 사람의 손길이 필요해진 것이다. 1975년에는 특허 한 건당 평균 1.73명의 발명자가 있었지만, 1999년에는 2.33명으로 대상 기간 동안 35퍼센트가 증가했다. 그리고 이러한 결과를 밝혀낸 연구자는 이것이 매우 보수적인 추정치라고 말한다.[248]

미국 국립과학원회보(PNAS)에 게재되는 논문에서는 1990년대 이후로 저자의 수가 두 배 이상 증가했는데, 여기에는 우리가 앞서 살펴본 공저자가 수천 명에 달하는 논문은 제외되었다.[249] 이러한 변화가 언제나 자원에 허덕이는 과학계에서는 놀라운 일이 아닐 수도 있지만, 전통적으로 혼자서 연구하던 분야에서도 연구진의 규모가 커지는 패턴이 발견되고 있다. 경제학, 수학, 예술과 인문학 등에서 가장 중요한 연구는 이제 팀 단위에서 이루어지고 있으며, 기술이 발전했는데도 창의적인 결과물을 도출하기 위해서는 점점 더 많은 사람이 참여하게 되었다.[250] 지식이 더욱 많이 축적될수록, 새로운 지식을 도출하거나 발명을 해내기 위해서는 더욱 규모가 큰 팀이 필요하게 된다. 그리고 '인용 트리(citation tree)'가 커질수록, 다시 말해 새로운 특허를 만들어내는 데 인용되는 기존 특허의 수가 늘어날수록 연구진의 규모도 더욱 증가하게 된다.

내가 상황이 '더욱 힘들다'거나 '더욱 어렵다'고 말할 때는, 정말로 그렇기 때문이다. 지식의 부담 현상은 오늘날 어떤 아이디어 하나를 얻어내기 위해 필요한 사람의 수가 과거에 비하여 더욱 많아졌다는 것을 의미한다. 그리고 미래에 어떤 아이디어를 얻어내려면, 지금보다 더욱 많은 사람이 필요할 것이다. 연구팀의 규모가 커진다는 것은 협업을 위한 비용은 물론이고, 각 개인과 기관 간의 마찰을 조정하고 제약을 줄이려는 노력이 더욱 많이 필요하다는 것을 의미한다. 예전에 《네이처(Nature)》에 6,500만 건의 논문과 특허와 소프트웨어 제품을 분석한 논문이 한 편 게재되었는데, 그에 따르면 기존의 유형과 비슷한 아이디어를 만들어내는 데는 대규모의 팀이 더욱 유능했지만, 새로운 아이디어와 기회를 포착해 과학계와 기술계를 혁신하는 것은 비교적 소규모의 팀이었다고 한다.[251] 영향력이 더욱 커다란 연구일수록 이런 경향이 더욱 뚜렷하게 나타났다. 대규모의 조직과 소규모의 팀이 나름대로 모두 중요하긴 하지만, 연구진의 규모가 전반적으로 증가하는 추세는 급진적으로 새로운 아이디어를 얻어내는 데는 문제점으로 작용하고 있다.

지난 몇 세기 동안 전문화 추세 역시 강해졌다. (다른 요인이 미치는 영향은 배제한 채) 여러 다양한 분야에서 특허를 출원한 발명가의 숫자로 측정한 비교적 최근의 연구에 따르면, 발명가의 전문화 정도는 10년마다 6퍼센트씩 증가하는 것으로 나타났다. 예를 들어 미국 국립의학도서관(NLM)이 의학 문헌을 분류하기 위해 사용하는 표제어(MeSH)의 수는 1960년부터 2010년까지 50년 동안 100개에서 10만 개로 늘어났다.[252] 전문화 추세가 강해지면서, 지식 생산은 점점 더 세부적인 차원에서 이루어지고 있으며, 때로는 아주 사소한 것으로 흐르는 경향도 있다. 다시 말해 지식 영역의 최전선이 거대하게 확장된다 하더라도, 지식 그 자체의 구조와 축적 양상 때문에 거대하고 새로운 아이디어를 만들어내는 일에는 더욱 어려움이 가중되는 것이다.

그리고 연구자가 아주 작은 협곡에 빠져드는 것도 당연한 귀결이며, 그래서 그들이 전문 분야를 바꾸는 것도 쉽지 않게 되었다. 그들은 아주 협소한 세계관과 자신의 분야에만 매몰되어 있다. 다음 장에서 살펴보겠지만, 우리의 사회구조와 학문구조는 서로 뒤얽혀 있다. 사회가 퇴보하면 지식의 최전선은 어떤 분야의 내부에 포함된 하위-하위-하위분야로 좁혀지고, 관련된 사람은 점점 더 작은 연구 영역으로 몰리게 된다. 1950년대의 생화학자는 DNA를 전체적으로 바라보았고 언어학자는 새로운 언어이론을 만들었지만, 오늘날에는 두 분야에서 모두 아주 단편적인 부분만을 들여다본다. 때로는 그러한 틀을 부수는 사람도 있기는 하지만, 그들도 결국에 또 하나의 하위-하위-하위-하위분야를 만들고 마는 경우가 대부분이다. 이러한 극단적인 협소화는 최전선에서의 폭넓은 사고를 사실상 불가능하게 만드는데, 이것은 분명 특히 위대한 아이디어의 미래에서는 가장 강력한 방해물 가운데 하나일 것이다.

그것은 또한 연구자의 훈련 기간이 늘어나는 현상과도 잘 들어맞는다. 존스는 과학자나 발명가가 최초의 발명이나 발견을 해냈을 때의 나이가 얼마나 급격하게 높아졌는지 보여준다.[253] 사람이 일생에서 가장 중요한 업적을 이뤄내는 나이는 점점 더 늦어지고 있다. 가장 중요한 의미를 갖는 아이디어를 생각해내기까지의 시간이 점점 더 오래 걸리는 것이다.

박사학위를 취득하는 연령은 1960년대 이후로 꾸준히 상승했으며, 자신의 연구를 직접 주도하기 전에 박사후 연구원으로 재직하는 사람의 수는 눈에 띄게 증가했다. 박사후 연구원으로 지내는 기간이 10년을 부쩍 넘는 경우도 많이 볼 수 있다. 존스는 20세기 초에만 하더라도 향후에 노벨상을 수상하게 되는 사람이 독자적으로 연구를 시작한 나이가 23세라는 사실을 발견했다. 20세기 말에는 그 나이가 31세로 높아졌다.[254] 생리학, 화학, 물리학 부문 전반에 걸쳐 노벨상 수상자의 평균 나이, 그리고 그들을 노벨상 수상으로 이끌어준 연구를 시작한 나이가 모두 급격히 높아졌다.[255] 오늘날 무언가 새로운 것을 발견하기 위해서는 훨씬 더 많은 것을 알아야 하는 것이다. 이렇게 점점 더 나이가 많아지다 보면, 연구자의 일생에서 아이디어를 가장 왕성하게 생산해낼 수 있는 기간은 단축될 수밖에 없다.[256] 혁신의 잠재력이 줄어드는 현상의 30퍼센트 정도는 이러한 현실에 따른 것으로 설명할 수 있다. 그렇다고 해서 그들이 중년이 되었을 때 생산성이 더욱 커져서 그 차이를 만회하는 것으로 보이지도 않는다. 실제로 나이가 들어서 그렇게 추가적인 연구를 하더라도 장기적인 차원에서 사람의 잠재력을 증가시키는 것은 아니다.

나이가 그렇게 중요할까? 뉴턴이 수많은 연구를 이뤄낸 나이는 23세다. 스티브 잡스(Steve Jobs)가 애플(Apple)을 공동으로 창업한 나이는 21세고, 마크 저커버그(Mark Zuckerberg)가 페이스북(Facebook)을 창업한 나이는 19세다. 모차르트(Mozart), 에바리스트 갈루아(Évariste Galois), 메리 셸리(Mary Shelley), 알렉산더(Alexander) 대왕 등, 수많은 사람이 20대 초반이나 심지어 그보다 어린 나이에 수많은 성취를 이뤄냈다. 게다가 일반적으로 지식 분야에서 어떤 혁명을 겪고 나면, 그 분야에서 중대한 기여를 하는 사람의 나이는 더욱 낮아지는 경향이 있다. 어떤 분야에서 혁명이 일어나면, 해당 분야의 기성 권위는 점점 줄어들고 진입장벽은 더욱 낮아지기 때문이다. 그리고 구태의연한 방식에 얽매이지 않는 젊은 사람이 새롭게 넓혀진 영역을 마음껏 활보하고 다닌다.

이에 대한 대표적인 사례가 바로 양자역학과 표현주의 예술, 그리고 실리콘밸리다.[257] 양자물리학이 그 이론을 다시 써내려가던 당시에, 이 분야에서 중대한 기여를 한 인물의 나이는 상당히 어렸다. 베르너 하이젠베르크가 주요한 발견을 해낸 나이는 25세이며, 양자역학이나 입자물리학 분야에서 닐스 보어, 볼프강 파울리(Wolfgang Pauli), 폴 디랙(Paul Dirac), 엔리코 페르미가 중요한 발견을 이뤄낸 나이는 모두 30세 미만이었다. 토머스 쿤(Thomas Kuhn)이 말하는 이러한 혁명은 낡은 패러다임의 구태 안에서 교육을 받지 않은 젊은 연구자에게 기회의 창을 열어준다. 디랙과 아인슈타인이 필생의 최고 저작을 집필하기 시작한 나이는 26세 무렵이었다. 그러나 오늘날의 26세 물리학자가 그런 일을 해낼 가능성은 높지 않다. 젊은 사람이 그러한 최전선에서 일할 수 있는 기회 자체가 줄어든 것이다.

또한 거의 획기적인 발견이 될 수도 있었던 사례에 대한 연구를 보면 그것이 끝내 성공하지 못한 주된 이유가 '패러다임의 경직성(paradigm rigidity)'에 있음을 알 수 있다. 사람들이 연관성을 충분히 입증해서 어떠한 통찰을 만들어내지 못하는 이유는 기존의 체계를 파악하기 위하여 상당한 노력을 투입해야 하기 때문이다. 그래서 예외적인 사례를 놓치고, 해결책을 포기하고, 연관성을 간과하게 되는 것이다.[258] 오늘날의 연구자는 젊고 구태에 얽매이지 않고 행동하기보다는, 나이가 많고, 좀 더 신중하며, 지켜야 할 것이 있는 사람일 가능성이 높다.[259] 연구자 집단의 나이가 고령화된다면 그들은 기존의 패러다임에 더욱 깊이 천착하게 될 것이고, 잠정적으로는 연구자가 혁명적인 아이디어를 도출할 것이라고 기대하기가 더욱 어려워질 것이며, 획기적인 발견의 기회를 더 많이 놓치게 될 것이다.

고령화의 영향은 단지 연구 분야만이 아니라, 경제에서도 체감된다. 다음 장에서 보게 될 많은 내용은 사회의 전반적인 고령화 현상으로 설명할 수 있다. 이것은 단순한 편견이나 추정이 아니다. 2,000만 건의 연구 논문을 분석한 결과, 비교적 젊은 연구자가 새로운 아이디어를 시도할 가능성이 더 높은 반면, 나이 든 연구자는 좀 더 보수적이고 전략적인 면에서도 탐구적인 자세가 덜했다고 한다.[260] 막스 플랑크는 과학이 장례식을 한 번 치를 때마다 발전한다고 했는데, 실제로 슈퍼스타 연구자가 죽으면 외부인이 참신한 시각을 제시할 수 있는 새로운 공간이 열리면서 과학의 발전을 촉발하는 것으로 보인다.[261]

복잡성의 심화 현상

미래에는 한 분야를 마스터하는 데 더욱 오랜 시간이 걸릴 것이다. 인류가 축적한 방대한 체계 안에서 개인이 알고 있는 지식은 점점 더 작고 협소한 조각에 불과할 것이며, 다른 분야에서는 더욱 배제될 것이다. 거대한 아이디어를 산출하기 위해서는 점점 더 많은 사람이 필요할 뿐만 아니라 거기에 참여하는 사람의 연령도 더욱 높아질 것이다. 그리고 그들은 더욱 비좁은 분야에서 작업할 것이고, 훨씬 더 많은 마찰을 겪을 것이다. 벤저민 F. 존스는 이런 상황을 '해당 분야 내에서의 지식 축적'이라고 부른다. 다시 말해 시간이 지날수록 전문화가 심해지고 업무량은 증가한다. "혁신이 갖는 흥미로운 부작용이 있다면, 새로운 아이디어가 나올수록 미래의 혁신가에게는 학습에 대한 부담을 더욱 증가시킬 가능성이 있다는 것이다."[262]

지식의 부담 효과는 두 가지 측면에서 중요한 의미를 지닌다. 첫째, 이것은 이룸의 법칙이나 존스가 설명하는 내용의 이면에서 작동하는 메커니즘이자 다양한 분야에서 발견되는 현상인 수익성 감소의 원인을 설명해준다. 둘째는, 앞에서 살펴봤듯이 지식의 생산량은 여전히 강력한 기세로 증가한다는 것이다. 그러므로 우리는 지식의 부담 현상이 계속해서 심화될 것이라고 확신할 수 있다. 그리고 만약 서로 다른 분야에 걸쳐 거대한 아이디어가 나타난다면, 전문화로 인한 무게감이 더욱 거세게 우리를 짓누를 것이다. 연구의 방향이 더욱 비좁은 터널로 향할수록, 그러한 터널 사이를 연결하기는 더욱 어려워질 것이다.

벤저민 존스는 '낚아 올린 물고기'라는 표현이 잘못된 것이라고 주장한다.[263] 그런 비유를 적용하려면, 물고기가 물속 깊숙이 숨어서 잘 발견되지도 않고 웬만해서는 미끼를 물지도 않아야 한다. 그런 물고기를 낚으려면 좀 더 많은 사람이 필요하고, 더욱 길고 다루기 어려우며 전문화된 낚싯대가 필요할 것이다. 우리가 아이디어를 더욱 많이 낚을수록, 미래에는 더욱 새로운 도구가 필요할 것이다. 완전히 독창적인 기술이나 낚싯대가 없다면, 시간이 지날수록 우리가 물고기를 낚아 올릴 가능성은 점차 희박해질 것이다. 그럴듯한 비유다. 이러한 설명에서는, 우리가 더욱 기다랗고 기능이 뛰어난 낚싯대를 만들 수만 있다면, 더욱 많은 물고기가 거기에 걸릴 수 있다고 말한다. 그러나 여기에서도 새로운 아이디어가 줄어든다는 사실을 인정하고 있다. 그러한 아이디어는 그냥 저절로 나타나는 것이 아니라 언제나 낚아 올려야 하는 것이며, 그렇게 낚는 것도 늘 그렇듯 쉬운 일이 아니었다.

연구진의 규모가 커지고 전문화의 정도가 심화되는 현상을 이해할 수 있는 또 하나의 방법은 그것의 이면을 살펴보는 것이다. 그것은 모든 분야에서 나타나는 복잡성의 심화 현상이다. 다시 말하지만, 복잡성이 커진다고 해서 거대하고 놀라운 아이디어가 나오지 않는 것은 아니지만, 난이도의 차원을 더욱 추가하는 역할을 한다.

물리학 분야와 정책 분야를 각각 생각해보자. 물리학 분야에서 20세기에 나타난 한 가지 현상은 더욱 근본적인 입자가 발견되고 더욱 심층적인 이론이 제시되었다는 것이다. 그러한 아이디어를 제대로 이해하려면 다양한 단계를 거쳐야만 했고, 그러한 분야에 대한 접근성을 점점 더 어렵게 만들었다. 본질에 도달하는 작업 자체가 더욱 복잡해진 것이다. 그런데 마찬가지로, 새로운 정책을 만드는 일 역시 더욱 복잡해졌다. 배경이 되는 지식, 고려해야 하는 사항, 이해관계가 있는 집단, 관련된 규제가 점점 더 추가됨으로써, 새로운 정책을 설계하고, 그것의 타당성을 입증하고, 결국엔 도출해내기까지의 복잡한 과정은 매년 더욱 증가하기만 할 뿐이다. 복잡성이 증가하면,

획기적인 아이디어를 만드는 일도 더욱 어려워지게 된다.

이미 우리 사회는 다양한 사건의 복잡성을 대처하기 어렵게 만드는 '창의력의 격차(ingenuity gap)'를 마주하고 있다.[264] 스리마일섬(Three Mile Island)의 원자력발전소 사고나 영국석유회사(BP)의 기름 유출 사고처럼 복잡한 시스템이 작동하여 발생한 문제를 어느 한 개인이 이해한다는 것은 거의 불가능한 일이 되었다.[265] 보잉 747-400 기종 한 대는 600만 개가 넘는 부품으로 구성되어 있으며, 내장된 전선의 길이만 해도 275km에 달한다.[266] 요즘의 소프트웨어는 대체로 수백만 줄이 넘는 코드로 가동되며, 나노(nano) 크기로 만들어진 기기에서도 실행된다. 1990년에 처음 출시된 포토샵(Photoshop) 프로그램의 코드베이스(codebase)*는 이후 20년 만에 40배 이상 커졌다.[267] 이는 소프트웨어의 근원적인 수준에서 복잡성이 증가하는 것을 보여주는 전형적인 사례다. 게다가 소프트웨어는 자기반복(self-iteration)을 통해 스스로 점점 더 이해할 수 없는 방향으로 진화해간다.

시간이 지남에 따라 시스템 안에서는 다양한 계층이 형성된다. 법률 조항과 관련한 것이든 소프트웨어 사용과 관련된 것이든, 다양한 예외 상황과 극단적인 사례를 모두 고려하면 복잡성은 더욱 가중된다. 한 명의 개인이 시스템 내부의 모든 구성요소를 파악하거나 그것이 서로 상호작용하는 방식을 완전히 이해하는 것은 불가능하다. 그리고 도심의 기반시설이나 시장, 또는 기술이나 법률 등 하위 구성요소에서도 복잡성이 증가하기 때문에, 그럴 때마다 사회는 더욱 세분

---

*   어떤 프로그램이나 애플리케이션을 구축하기 위해 개발자가 작성한 소스코드 전체.

화되어야 하고, 따라서 최전선까지의 거리는 더욱 멀어진다. 이처럼 서로 맞물린 시스템은 거대하고 대담한 개입을 무력화하며, 따라서 우리는 어느 정도 타협해야 하고, 기존의 방식을 되풀이해야 하는 상황에 몰린다. 생화학 분야나 새로운 의약품의 출시를 둘러싼 규제 등을 살펴보면, 지나칠 정도로 세분화된 수많은 부분으로 구성되어 있음을 알 수 있다.

더욱 복잡해진 세상은 새로운 분야와 아이디어가 나타나는 방식을 바꾼다. 유레카의 순간은 현실에서 점점 더 멀어져간다. 복잡성(complexity) 그 자체에 대한 연구가 바로 좋은 사례다. (복잡성이란 초기의 조건에 매우 민감하게 반응하는 비선형적이고 불규칙적인 시스템이라고 여겨진다.)[268] 카오스(chaos)라고도 알려진 복잡성은 하나의 규칙을 갖지 않는다. 오히려 그것은 수많은 변형을 거치며 발생하는 거대한 아이디어의 전형을 보여준다. 그러한 시스템은 어느 일정한 수준이 되면 수없이 흩어진 현상이 서로 연결되면서 그러한 혼란이 하나로 우아하게 통합된다. 그럼에도 그 대상에 대한 완벽한 그림을 만드는 일은 개인의 능력을 완전히 넘어서는 것이며, 심지어 훈련을 받는다고 해서 가능한 것이 아니다.

카오스 이론은 처음에는 그저 컴퓨터로 기상 예측 모델을 만들기 위해 생겨났을 수도 있지만, 결국엔 컴퓨터 프로그래밍을 통해 멸종 위기에 처한 생물을 구하고, 세계 경제의 흐름을 예측하는 일에도 활용되고 있다. 컴퓨팅 기술과 컴퓨터 과학의 발전으로 힘을 얻은 카오스 이론은 수학, 기상학, 인구생태학, 전염병학, 물리학, 경제학 등 수많은 분야에 영향을 미쳤고, 인간 신체의 장기나 대기의 폭풍, 입자의 빔 같은 다양한 분야에 적용되었다. 복잡성 이론에 대해서는 에드워드 로렌즈(Edward Lorenz)나 메리 카트라이트(Mary Cartwright), 브누아 망델브로(Benoit Mandelbrot), 미첼 파이겐바움(Mitchell Feigenbaum)이 모두 지대한 공헌을 했지만, 이 분야에는 다윈이나 파스퇴르 같은 단 한 명의 위대한 선지자가 존재하지 않는다. 복잡성에 대한 연구는, 그다지 놀랍지도 않겠지만, 아주 복잡하고 기존의 학문 분야를 뛰어넘으며, 초점을 맞추고 있는 부분도 다양하고 하위 개념도 많이 존재한다. 그럼에도 거대하고 혁명적인 무언가를 계속해서 추가해낸다. 그것에 대해서는 심지어 합의된 명칭조차 없다. 하나의 학문 분야로 분류하기도 힘들다. 이것은 미래에 거대한 아이디어가 어떻게 형성될지 보여주는 하나의 전형이다.

서로 다른 학문 간의 경계 지대가 주요한 진전을 위한 비옥한 토대이기는 하지만(물론 우리가 탐색하는 영역에서 아직 낮게 매달린 과일이 있다는 것이 전제다), 그것은 지식의 부담 현상을 더할 뿐만 아니라, (서로 다른 학문 간의) 협업이라는 과제와 세계관의 충돌이라는 문제를 제기하게 된다.

예를 들어 유전자 과학은 현재 단지 생물학만이 아니라 화학, 물리학, 심리학, 경제학, 사회학 분야의 최신 연구를 통합해야 하며, 각 분야의 서로 다른 기법과 사고방식도 받아들여야만 한다. 과학계에서는 후생유전학(epigenetics)을 두고 '최근의 역사에서 일어난 가장 거대한 패러다임의 전환'이라고 불렀다.[269] 오랫동안 장-바티스트 라마르크(Jean-Baptiste Lamarck)가 남긴 불명예스러운 유산이자 일종의 유사과학으로 여겨지던 후생유전학은 환경적인 조건이 유전에 영향을 미친다고 주장한다. 그런데 어쩌면 후생유전학에서 말하는 복잡한 메커니즘을 거쳐 환경적인 요인이 유전자의 발현에 영향을 미칠 수도 있다.

유전학과 분자생물학은 이미 상당히 복잡한 상태였고, 가장 선견지명이 뛰어난 사람이 예측한 것보다도 그 실체가 더욱 방대하다는 사실이 지속적으로 드러났다. 한때는 단일한 유전자가 하나의 형질에만 관여한다고 여겨지기도 했지만, 형질은 수많은 유전자의 복잡한 상호작용에 의해 발현된다는 사실이 밝혀졌다. 후생유전학은 여기에서 한 차원 더 나아간다. 심리적인 요인과 인생의 궤적, 심지어 사회적 또는 역사적인 요인까지 관여한다는 것이다. 비록 첨예한 논쟁의 주제가 되기는 하지만, 현재는 많은 학자가 신다윈주의(Neo-Darwinism)에서 말하는 설명은 물론이고 신라마르크주의(Neo-Lamarckism)에서 주장하는 메커니즘까지도 모두 진화에 영향을 미친다고 생각한다. 그렇기 때문에 진화의 원리를 이해하기 위해 고려해야 하는 요인의 범위가 증가했다.[270] 이것이 바로 갈수록 더욱 일반화되는 규칙의 한 가지 사례. (더욱) 단순한 해답과 (더욱) 단순한 메커니즘은 그 어느 때보다도 진실일 가능성이 적다는 것이다.*

게다가 우리는 이렇게 증가하는 복잡성이 지식의 부담과 똑같이 작용한다고 확신할 수 있다. 그것은 지식을 획득하는 데 드는 비용을 증가시키고, 최전선에 다가가는 것을 더욱 힘들게 만든다. 실제로 복

---

* 과학에서는, 특히 물리학에서는 진실이란 최대한 단순하면서도 명쾌해야 한다는 인식이 존재한다. 현대의 가장 혁신적인 이론 가운데 하나인 끈 이론(string theory)을 일부에서 회의적으로 보는 이유도, 그것이 설명하는 자연과 우주가 지나치게 복잡하기 때문이다.

잡성이 가하는 제약은 너무도 강력해서, 이를 연구하는 앨릭스 메수디(Alex Mesoudi)는 그것이 우리의 문화가 진화하는 데 상한선을 만들 수도 있다고 생각한다.[271] 본질적으로 우리는 지식과 문화가 너무나도 복잡해져서 이미 존재하는 것을 이해하고 처리하는 일만으로도 벅차 허우적거리는 수준에 도달할 수도 있다. 지식의 축적이 언제나 발판 역할을 하는 것은 아니다. 때로는 그것의 무게가 우리의 발목을 붙잡기도 한다. 그리고 문제가 복잡해질수록, 인류 최전선에서의 복잡한 사안을 해결하는 데 필요한 학제 간 연구에서는 자금을 지원받을 확률이 지속적으로 낮아진다고 한다.[272]

눈을 들어 지평선을 살펴보면, 우리는 논문이 한 편씩 출간될 때마다, 특허가 한 건씩 출원될 때마다 인류의 최전선이 더욱 멀어진다는 것을 알 수 있다. 우리가 훈련에 더욱 많은 시간을 투자할수록, 연구진의 규모는 더욱 커질 것이다. 그러면서 여러 문제와 시스템, 기술은 우리가 이해하거나 개입할 수 있는 수준을 넘어서 더욱 복잡해질 것이다. 그리고 새로운 분야가 예측할 수 없게 생겨나고, 서로 합쳐지고, 갈라질 것이다. 모든 답안은 추가적인 질문을 촉발한다. 매번 앞으로 나아갈 때마다 더욱 복잡한 미로가 펼쳐지게 된다.

15세기 말에 포르투갈의 해변에 서 있던 탐험가*에게는 대서양이 마치 끝없는 바다처럼 보였을 것이다. 반면에 우주여행의 가능성까지 고려하는 지금의 우리는 그 수준을 훨씬 더 끌어올렸다. 그러나 은하계를 탐험하는 것이 훨씬 더 힘겨운 도전일 수도 있지만, 그렇다

---

*   크리스토퍼 콜럼버스.

고 해서 대항해 시대의 탐험가가 가진 용기와 능력을 폄하하는 것은 아니다.

우주여행자는 무엇을 예상해야 하는지 알고 있으며, 지구의 기지와도 연락을 유지할 수 있다. 오늘날의 우주비행사가 아무리 배고픔의 위험에 처하더라도, 그 옛날의 탐험가를 고통스럽게 하던 굶주림에 비할 수는 없을 것이다. 그럼에도 문제의 규모 자체가 어마어마하게 차이가 나는 것은 사실이다. 지구에서 가장 가까운 별과 행성계는 40조km 이상 떨어져 있다. 우주선이 시속 160만km의 속도로 날아간다 하더라도, 지구에서 가장 가까운 행성계인 알파 센타우리(Alpha Centauri)까지 도달하는 데는 3,000년이 걸릴 것이다. 그러한 과정에서는 당연히 지금까지의 그 어떤 시도보다 훨씬 더 힘겨운 공학적, 생물학적, 심리학적 도전과제가 연관될 것이다.[273] 인류는 화물을 운반하는 작은 범선에서 출발해 보잉 747 기종을 만들어냈지만, 아직도 그런 일을 해내기에는 턱없이 부족하다. 현대의 과학기술이 등장하기 이전에만 하더라도 대륙을 건너 이동한다는 것은 엄청나게 힘든 일이었다. 그러나 그것조차 낮게 매달린 과일이었다. 그리고 우리는 21세기에 살고 있다. 거대한 아이디어를 다루는 도전의 규모가 점점 더 커지고 있지만, 우리가 거기에 필요한 수단을 얼마든지 만들어내서 그것을 충족시킬 수 있다는 보장은 어디에도 없다.

지식은 자체의 문제를 만들어낸다. 우리의 이해력은 더욱 강력해졌고, 훨씬 더 뛰어난 도구와 역량을 갖추게 되었다. 그럼에도 그 과정에서는 다루기 힘든 문제가 더욱 많아질 수밖에 없다. 성공은 곧 짐이 된다.

한계점에 도달한 포화상태

비틀스를 뛰어넘어야 하는 문제

신비주의(mysterianism) 사상가는 인간의 두뇌는 물론이고 우리의 지성에는 명확한 한계가 있다고 주장한다. 그러므로 특정한 문제는 우리가 이해할 수 있는 범위를 영원히 넘어선다는 것이다. 금붕어에게 질병의 세균 원인설이나 맥스웰의 방정식이나 제임스 조이스의 소설을 이해할 수 있는 능력이 없듯이, 아마 우리에게도 정신과 육체 사이의 연관성이나 우주의 근본 같은 아주 오래된 질문과 철학적인 난제를 풀어낼 수 있는 능력이 없을지도 모른다. 어느 정도의 수준에 이르고 나면, 우리는 새로운 이론을 발견해낼 수도 없을지도 모르고, 설령 우리가 그러한 비밀에 가까이 다가간다 하더라도 그것이 작동하는 원리를 제대로 이해하지 못할 수도 있다.

리처드 파인먼은 이렇게 말했다. "양자역학을 제대로 이해하는 사람은 아무도 없다."[274] 이런 상태가 미래에는 일반적인 것이라면 과연 어떨까? 만약 우리가 어떤 한계에 부딪힌다면 어떻게 될까? 비록 개념 자체에 논란의 여지가 있기는 하지만, 만약 우리의 두뇌가 알 수 있거나 해낼 수 있는 것에 한계가 있다면, 우리는 분명 그러한 한계를 향해서 꾸준히 다가갈 것이다. 마찬가지로, 우리가 구축한 시스템의 복잡성이나 발견한 시스템의 세부사항을 생각해본다면, 거기에도 그러한 한계가 존재하며, 우리가 역시 그러한 한계를 향해 다가간다는 사실을 상상하기는 어렵지 않다.

인간의 두뇌는 우주에서 가장 복잡하다고 알려진 대상이다. 그러나 그것은 수백만 년에 걸쳐 진화해온 1.4kg의 유기체에 불과하며, 그조차도 저 머나먼 아프리카의 대초원에 최적화된 것이다. 호모 사피엔스(Homo sapiens)의 인지능력은 두뇌의 제약을 받을 수밖에 없으며, 우리의 두뇌는 아주 오래된 과거에 그 뿌리를 두고 있다. 우리가 새로운 아이디어를 무한히 생산한다거나, 어마어마한 복잡성을 이해하는 것이 당연시되어야 할 이유는 없다.

우리의 마음은 한 번에 7개 정도의 생각만 품을 수 있다. 우리의 지능은 심지어 침팬지보다 열등한 측면을 보이는 경우도 있다.[275] 우리의 기억력 또한 약하다. 우리는 기계에 비하면 정보를 암기하고 소화하는 속도가 매우 느리다. 기계는 백과사전 전체를 몇 초 만에 다운로드해서 색인까지 만들 수 있지만, 우리가 그 일을 직접 하려면 몇 달, 아니 몇 년은 걸릴 수도 있다. 우리가 가진 장기기억의 총량은 1기가바이트 정도다. 우리의 신경망은 컴퓨터보다 백만 배 이상 느

리며, 심지어 병렬처리 능력은 놀라울 정도로 뒤처지는 수준이다.[276]

우리의 인지 능력은 하품이 날 정도이며 감각은 한계가 있다. 미학적인 경험의 다양성도 우리에게 우호적이지 않다. 다른 대부분의 생명체와는 다르게 인간은 주로 시각과 청각에 의존하는데, 그런 감각조차 능력이 그리 뛰어나지는 않다. 우리는 전자기파 스펙트럼(빛)에서 겨우 일부의 대역폭만 감지할 수 있을 뿐이다. 우리의 후각 능력은 다른 수많은 동물과 비교하면 놀라울 정도로 약하다. 모든 생태계에는 '후각의 풍경(odourscape)'이라는 것이 살아 있어서, 동물은 의사소통 가능한 페로몬으로 그것을 파악하지만, 우리에게 그것은 죽어버린 능력일 뿐이다. 다른 유기체와 비교하면, 우리가 경험하는 소리, 온도, 전기장의 범위는 극히 제한적인 수준이다.[277] 인간은 감각에 의존하지만, 그것이 얼마나 제한적인지는 잘 생각하지 않는다. 우리가 경험할 수 있고 감지할 수 있는 것에 한계가 있다는 사실은 논쟁의 여지가 없으며, 따라서 우리가 인지하거나 인식할 수 있는 것에도 한계가 있을 수밖에 없다.

따라서 만약 우리가 낮게 매달린 과일을 이미 수확해서 어려운 문제만 남았고, 그러는 사이에 지식의 부담과 복잡성은 더욱 가중된 상황이라면, 고려해봐야 할 추가적인 측면이 있다. 우리가 떠올릴 수 있는 아이디어에도 한계가 있지 않을까 하는 점 말이다. 그리고 시간이 지남에 따라 우리가 그러한 한계에 부딪힐 가능성이 커지면 커졌지 줄어들지는 않을 것이다.

우주론이나 입자물리학에서 이뤄낸 성취를 보면, 우리는 현재 우리가 가진 능력으로 파악할 수 있는 한계점에 다다르고 있다. 이런 주장에 동의하지 않는 사람도 많겠지만, 쉽게 무시할 수만은 없는 지적이다. 물론 우리는 종이 한 장에서 슈퍼컴퓨터에 이르기까지 보조 도구의 도움을 받는다. 그러나 궁극적으로, 그리고 개념적으로, 만약 '우리'가 어떤 아이디어를 갖고 있다고 말하려면, 그것의 개념을 구체적으로 파악하고 있어야 한다. 그리고 우리가 질문을 던질 수 없는 문제에 대해서는 확신을 가질 수 없다. 나는 현재 영국의 왕실 천문학자(Astronomer Royal)인 마틴 리스(Martin Rees)의 견해를 공유하고자 하는데, 그는 다음과 같이 말했지만 인간이 가진 잠재력을 확신하고 있다. "우리가 아무리 노력하더라도, 자연에 대한 일부의 근원적인 진실은 너무나도 복잡해서 순전히 인간의 두뇌만으로는 완전히 파악하지 못할 수도 있다는 가능성에 대해 마음을 열어두어야 한다."[278]

그리고 결국 우리는 우리 자신의 한계만이 아니라, 잠재적으로는 물리적인 세계 그 자체의 한계 때문에도 어려움을 겪게 될 것이다. 만약 그렇다면, 이것은 우리의 지성이 한계가 있다는 생각보다도 훨씬 더 논란이 될 수 있다. 다시 말해 어떤 것에 대해 우리의 능력으로 파악할 수 있는 어떤 바닥(ground state)이 존재한다면, 우리는 언제나 그러한 상태에 더욱 가까이 다가갈 것이다. 그리고 우리가 더욱 많이 배울수록, 우리의 지식에는 더욱 한계가 드러날 뿐이다. 하이젠베르크의 불확정성의 원리, 괴델의 불완전성의 원리, 그리고 알 수 없음(unknowability)이라는 의미가 갖는 철학적 역설을 생각해보라. 그리고 우주의 크기나 기원에 대한 거의 끝을 알 수 없는 문제에 대해 그 누가 과연 대답할 수 있으며, 그러한 우주가 가질 수 있는 정보처리 능력의 총량에 제한이 있느냐는 질문에 우리는 과연 어떻게 설명할 것인가.[279] 만약 풀어낼 수 없는 질문이 존재한다면, 우리는 언젠가 그러한 질문을 마주하게 될 것이다. 버니바 부시(Vannevar Bush)는 과학을 '무한대의 최전선(infinite frontier)'이라고 불렀지만, 존 호건(John Horgan)은 이것이 정확한 표현은 아니라고 지적한다.[280] 이 점에 대해 나의 입장은 불가지론(agnostic)임을 밝힌다. 그리고 대부분은 아니지만 많은 과학자가 아직까지 우리는 그러한 한계에서 아주 멀리 떨어져 있다고 생각하거나, 또는 그런 것 자체가 존재하지 않고 과학의 최전선은 실제로 끝이 없다고 믿고 있다. 지금 단계에서는 어떤 것이 맞는지 알 수 없다.

그러나 만약 기술적인 한계가 존재한다면, 예를 들어 에너지의 저장 능력이나 이동 속도, 또는 인간이 살 수 있는 최대 나이, 일정한 조건이 갖는 컴퓨팅 능력 등에 한계가 있다면, 우리는 언젠가 그 수준에 더욱 가까이 다가가게 될 것이다. 그런데 우리가 워프 항법(warp drive)*이나 타임머신, 또는 우주에 대한 시뮬레이션 장치를 갖고 있지 못하는 이유는 그러한 개념 자체가 아예 가능성이 없기 때문일 수도 있다. 따라서 우리가 아무리 노력하더라도 그런 것을 가질 수는 없을 것이다. 어떤 면에서는 한계가 존재한다는 사실이 우리를 안심시켜줄 수도 있다. 어쩌면 그러한 능력의 한계까지는 한참이나 멀었고, 아직까지는 앞으로 나아갈 여지가 있다고 확신할 수 있기 때문이다. 그러나 어쨌든 우리는 하나의 방향을 향해 나아가고 있다. 과학의 가설이든, 신기술에 대한 제안이든, 문화적 경험이든 간에, 모든 것의

---

*　　빛의 속도보다 빠르게 이동할 수 있다는 가상의 이동 방법.

밑바탕에는 그러한 한계에 묶인 물리적인 제약이 존재한다. 만약 우리가 그러한 한계에 부딪힌다면, 그것은 앞으로 수십 년 내에 일어날 가능성이 있다. 그리고 결국 우리의 아이디어는, 좀 더 정확하게는 우리의 가까운 후손의 아이디어는 존재의 가장자리(edge of existence)에 이르러서 급정거를 할 수도 있다.

마찬가지로, 비록 우리가 인간의 최대 수명이나 경제성장 속도의 한계를 정확히 알 수는 없지만, 거기에 투입되는 자원이나 연구자의 수가 급증하는 것에 비례해 그러한 수치가 기하급수적으로 증가하지는 않을 것이다. 설령 우리가 인간의 기대수명을 늘리기 위한 연구 분야에 투입하는 자원의 양을 열 배로 늘리더라도, 현실적인 제약이 존재하기 때문에 수익성이 감소한다는 것은 거의 불가피한 사실이다. 다시 말해 우리는 인간의 수명이 열 배나 늘어날 것이라고 기대하지는 않을 것이다.[281] 만약 지금보다 열 배나 많은 경제학자와 기업가가 경제성장을 가속화하기 위한 일에 매진하더라도, 경제성장의 속도가 지금보다 열 배나 더 빨라질 거라고 기대하지는 않는다.

우리에게는 고대 그리스 시대보다 훨씬 더 많은 철학자가 있고, 엘리자베스 시대의 잉글랜드보다 훨씬 더 많은 극작가가 있지만, 인류의 최전선에서 플라톤이나 셰익스피어만큼의 거대한 영향력을 발휘하는 사람이 훨씬 더 많은지는 잘 모르겠다.

오히려 이 책의 앞에서 설명한 수익성 감소의 경향은 관련된 분야의 구조 자체에 고착화되어 피할 수 없는 숙명일 수도 있다. 투입량을 기하급수적으로 늘린다고 해서 그 때문에 수익이 기하급수적으로 증가할 거라고 기대해서는 안 된다. 그 결과 우리가 거두는 수익은 훨씬 더 못 미칠 것이다. 인류의 최전선을 단지 일정한 속도로 밀어내기 위해 점점 더 많은 노력을 투입해야 하는 상황은 위기의 징후가 아니라, 다만 우리가 받아들여야 하는 현실의 일부다.

조금 다르긴 하지만 그러한 포화상태를 좀 더 직접적으로 느낄 수 있는 사례가 있다. 우리는 이미 경제학과 과학계량학이 아이디어 창출의 추세를 수치로 계량화하는 방식을 살펴봤다. 그들은 아이디어가 가진 영향력을 살펴보고, 그것의 인용 횟수와 활용 사례를 측정하고, 수상 패턴을 분석하고, 정교한 통계 기법을 활용한다. 이렇게 수치화하는 방식에 익숙한 사람에게 내가 거대한 아이디어라는 주제를 말하면, 그들은 즉시 내게 그것의 거대함을 어떻게 측정하는지 묻는다.

그러나 이러한 관점은 거대한 아이디어의 '거대함'이 심지어 인류 최전선 그 자체도 일부분은 본질적으로 주관적인 특성을 갖고 있다는 점을 간과한다. 정성적(qualitative) 수단이 아니라면, 우리가 그것의 특성을 완전히 포착해낼 수 있는 방법이 없다. 바로 여기에 문제가 있다. 우리가 우주를 바라보는 관점에서, 우리의 기본적인 생활수준에 대해, 새로운 예술작품이나 비즈니스에서 어느 정도의 기대수준에 도달하고 나면, 계기판의 바늘을 더욱 높이는 일은 점점 더 힘들어진다. 예전에는 거대하게 느껴진 것이 이제는 작게 여겨진다. 거대한 아이디어를 규정하는 본질이 변화하는 것이다.

이런 사실을 한번 생각해보라. 우리가 살고 있는 우주에는 수천억 개의 은하가 존재하며, 각각의 은하는 다시 수천억 개의 별로 이루어져 있다. 그리고 다중우주(multiverse) 이론에 따르면, 최소한 수천억 개의 우주가 존재할 수 있다고 한다. 옥스퍼드대학교의 연구진이 추산한 것에 따르면, 우주의 크기는 7조 광년인데, 이러한 계산마저 보수적인 추정이라고 한다. 한편, 인간은 몇 조 개나 되는 세포로 구성된 집합체다. 인간의 신체 내에는 또다시 100조 개의 미생물이 상부구조의 도움을 받으며 살고 있다.[282] 우주, 시간, 인과관계 같은 항목은 모두 직관과는 다르게 작동한다. 하지만 우리는 그런 주제를 거의 신경 쓰지 않는다. 가끔 경외심을 갖는 순간을 제외하면, 우리는 곧바로 다시 이메일을 확인하고, 세탁물을 정리하고, 내일 할 일을 고민한다. 가장 어마어마한 사실과 기술, 통찰력은 우리의 생활에서 익숙한 것에 비하면 무미건조한 것으로 여겨질 따름이다.

경이로움의 크기는 선형적으로 증가하지 않는다. 막대한 수의 별이 있는 은하계에서 막대한 수의 은하계가 있는 우주로, 그리고 막대한 수의 우주가 있는 다중우주로 그 규모가 급격하게 커지더라도, 우리를 숨 막히게 만드는 경이로움마저 그 크기에 맞게 비례하여 커지지는 않는다. 사람들은 무한한 경이로움에 대해 이야기한다. 하지만 그것은 무한하지 않을 수도 있다. 만약 여러분이 다음에 페이스북을 스크롤하면서 놀라운 자연이나 물리학에 대한 콘텐츠를 무심결에 지켜보게 된다면, 여러분이 가진 경이로움은 과연 무한한지 한번 생각해보길 바란다. 결국 그것은 포화상태에 이르는 것이다.

쾌락의 쳇바퀴(hedonic treadmill)라는 개념이 있는데, 이는 인간에게서 즐거움을 느낄 수 있는 능력이 고갈될 수 있음을 암시하는 것이다. 우리는 행복한 상황에 적응한다. 새로운 장난감이든 새로운 연인이든 회사에서의 승진이든, 우리에게 순식간에 기쁨을 준 것은 금세 일상적인 것이 되어버린다. 아이디어에서도 비슷한 일이 벌어진다.[283] 한때는 우리가 정신을 못 차리게 만들고, 세상을 변화시키고, 길거리를 가득 메웠던 것이 이제는 훨씬 더 작게 느껴지고, 그저 어깨를 으쓱하는 것 말고는 별다른 반응을 이끌어내지 못한다. 우주의 크기를 추정하는 것이나 경험에 대한 기존의 고정관념을 뒤흔드는 것과 비견할 만한 무언가를 내놓기는 무척이나 어렵다. 그리고 그러한 놀라운 일은 혁명적인 아이디어의 기준으로 작용하는데, 당연히 거기에 대적한다는 것은 힘들기 마련이다.

오늘날 우리를 놀라게 하는 것은 무엇인가? 세상은 한때 코페르니쿠스와 다윈과 프로이트 때문에 격분했다. 기차나 비행기의 엄청나게 빠른 속도는 우리의 선조를 경악하게 했다. 마르셀 뒤샹(Marcel Duchamp)의 전시품 〈샘(Fountain)〉에서 로런스 스턴(Laurence Sterne)의 소설《트리스트럼 샌디(Tristram Shandy)》에 이르는 작품은 당대를 뒤흔들었다. 이제 우리를 놀라게 하는 것은 거의 없다. 시대를 거스르는 위험한 관행은 그저 시장이 과밀해졌음을 보여주는 또 하나의 신호에 불과하다. 기존의 관념을 뒤집고 사람들을 충격에 빠트리던 것이 당연한 일이 되고 나면, 이제 그렇게 다시 전복하고 충격을 일으킬 수 있는 여지는 줄어들게 된다.

다시 말해, 미래의 거대한 아이디어는 과거에 그런 것만큼 거대하게 느껴지지는 않을 것이다. 무한한 우주에서 무한한 다중우주에 이르기까지, 하우스(house) 뮤직에서 드럼 앤 베이스(drum and bass) 장르에 이르기까지, 구식 텔레비전에서 거대하고 호화로운 고해상도 텔레비전에 이르기까지, 전형적인 조각에서 추상주의 조각과 파운드 오브제(found object)에 이르기까지, 그것이 얼마나 웅대하든 관계없이 어느 시점이 지나면 변화는 상대적으로 미미한 것이 된다. 충격은 감소한다.

만약 우리가 진흙투성이 비포장도로에서 말과 수레를 끌거나 물을 구하기 위해 몇 킬로미터를 걸어가야 하는 시대에 살았더라면, 도로가 포장되어 그 위에 자동차가 다니고 가정에는 수돗물이 나온다는 것은 거의 상상하기도 힘들 만큼 어마어마한 일이었을 것이다. 정속주행 기능이 있는 안락한 디젤 차량에서 전기차와 자율주행 차량의 시대로 넘어가는 세상을 살아가는 우리에게는 그것이 물론 상당한 변화이기는 하지만, 옛날 사람이 겪은 것에 비하면 작게 느껴질 것이다. 이것이 특별히 놀라운 사실은 아니다. 왜냐하면 경험적으로 그 어떤 것도 영원히 가속하거나 무한히 상승할 수는 없기 때문이다. 옥스퍼드대학교의 지리학자인 대니 돌링(Danny Dorling)은 이렇게 말한다. "다음 세대의 사람에게 섹스, 마약, 로큰롤, 학교, 직업, 가정, 건강, 믿음, 견해, 경험, 이동 등과 같은 것이 지금과는 상당히 다른 것이 되리라는 보장은 없다."[284]

공상과학 소설 작가는 가능성의 한계에 있는 세계와 기술을 펼쳐 보였고, 우리는 그들의 방대한 상상 속에서 행복하게 성장해왔다. 빛보다 빠른 여행? 당연하다! 원거리 순간이동? 기본이다! 개인적으로 말하면, 획기적인 아이디어를 떠올리기가 힘들어진 이유는 우리가 이미 그것을 예상하기 때문일 수도 있다. 우리는 이미 그 경계를 훨씬 더 확장시켰고, 획기적인 아이디어의 한계라는 개념 자체가 거의 쓸모없는 것이 되었다. 원거리 순간이동을 기대하면서 자란 사람이라면, 그보다 못한 기술은 무엇이든 실망스러울 수밖에 없다.

경제에서도 비슷한 측면이 있다. 경제가 성장하고 다각화되면서, 어떤 분야에서든 도약을 이뤄내더라도 그 영향력이 예전보다는 더욱 적어졌다. 19세기에는 새로운 농업 기법이나 제조 기술이 국가 경제 전체에 걸쳐 어마어마한 영향을 미칠 수 있었다. 그러나 오늘날에는 아무리 가장 커다란 부문이나 산업이라 하더라도 그들이 전체 경제에서 차지하는 비중이 절대적이지는 않다. 예를 들어, 금속공학 분야에서 거대한 진전을 이뤄내더라도 예전과 동일한 영향력을 갖지는 못한다. 그리고 경제가 무질서하게 뻗어나가서 너무나도 복잡해졌기 때문에 심지어 범용 기술의 영향력조차 점차 약화되는 실정이다. 이에 대하여 역사학자인 앤턴 하우즈(Anton Howes)는 다음과 같이 말한다.

어떤 의미에서 보면, 혁신은 그것이 거둔 성공의 희생양이 되었다. 우리는 훨씬 더 많은 제품을 생산하고, 새로운 산업을 일으키며, 그것을 무수히 많은 전문분야로 다각화함으로써, 어떠한 하나의 개선이 가질 수 있는 영향력을 줄이게 되었다. 면화가 제왕이었을 때는, 일개 발명가라 할지라도 국가의 섬유산업 전체에 어떤 식으로든 영향력을 미치겠다는 희망을 품어볼 수 있었다. 오늘날에는 그럴 가능성이 존재하지 않는다.[285]

제약 연구에서는 이러한 현상을 '비틀스를 뛰어넘어야 하는 문제(Better than the Beatles problem)'라고 부른다. 의약품 특허의 독점 기간에는 한계가 있고, 이후에는 그것을 자유롭게 사용할 수 있다.[286] 특허 기간이 만료된 완벽하게 효과적인 의약품보다 더욱 뛰어난 약품을 어떻게 하면 계속해서 만들어낼 수 있을까? 이미 판도를 바꾸고 있는 기술보다 더욱 뛰어난 개선을 어떻게 하면 계속해서 이뤄낼 수 있을까? 아마 거기에 필적하는 성과를 이룰 수도 있고, 그것도 나름대로 괜찮을 수도 있다. 그러나 비즈니스 모델에서 더욱 확실한 개선이 필요하다면, 과거에 해낸 수준을 지속하는 것만으로는 충분하지 않다.

과잉생산이 낳은 포화상태

우리는 수백 년 동안 거대한 사고의 모험을 해왔다. 그러나 그런 여정은 더 이상 앞으로 나아가지 못한 채, 끝없이 되풀이되는 자기인식 속에 갇혀 있다. 앞의 4장에서 우리는 진실이나 아름다움처럼 객관적으로 보이던 범주가 다양한 사상에 의해 해체되는 것을 살펴보았다. 그러한 철학이나 사조에는 비트겐슈타인의 언어놀이(language game), 해체주의(deconstruction), 행동주의(behaviourism) 이론, 행동경제학(behavioural economics) 등이 있다. 보편적인 것은 아무것도 없고, 모든 것은 다만 상대적이다. 그 어떤 것이든 판단할 수 있는 외부의 절대적인 기준은 없다. 자연이나 자아 같은 기본적인 요소는 사회적으로 결함을 갖고 있다. 원하기만 하면 무엇이든 예술이 될 수 있다. 공산주의 같은 사회질서든 기술력이 삶을 개선할 것이라는 주장이든 관계없이, 총체적이거나 '웅장한' 서사의 개념은 무엇이든 갈기갈기 찢겼다. 모든 것은 이론적으로 평등해졌고, 실제로 새로운 개념의 슈퍼마

켓에서 동일하게 사용할 수 있었다.

　게다가 역설적 무심함이 일상적 태도가 되었다. 20세기 말에는 그 무엇이든, 특히 생각에 대해서는 그 어떤 것도 심각하게 받아들여지지 않았다. 미래의 꿈을 실현하는 것, 그러면서 놀라워하고 전율을 느끼는 것은 대부분의 역사에서 짜릿한 일이었거나, 아니면 위험한 것으로 여겨졌다. 그러나 이제는 더 이상 그렇지 않게 되었고, 오히려 당황스럽거나 아니면 순진한 행동으로 여겨진다. 거대한 아이디어는 거창하지만 시대에 뒤처진 서투른 담론이 되었다.

　문제는 여기에서부터 어디로 가야 할 것인가다. 우리는 거의 아무런 변화 없이 그저 스스로를 무한히 되풀이하게 될 운명인가? 필자가 서술하는 시기에 성장한 한 세대의 사상가, 예술가, 실천가에게 지적인 경계는 이제 그들 주위에서 너덜너덜하게 찢겨버렸다. 그러나 이전의 세대와는 달리, 그러한 경계를 다시 세우는 것은 역사를 반복하는 것일 뿐이다. 개인적으로는 새롭고 거대한 아이디어의 관점에서, 우리의 경계선은 사라졌고 다만 하나의 사이클에 갇혀버렸다고 생각한다. 경이로움이라는 감각과 함께 우리의 지적인 충격 역시 수익성 감소라는 벽에 부딪히고 말았다.

　좀 더 어려운 과학 분야에서도 비슷한 문제가 있을 것이다. 모든 것이 하나로 통합된 설명을 찾고자 하는 컨버전스(convergence, 융합)라는 개념은 '우주에서 가장 심오한 아이디어'라고 묘사되어왔다. 그것은 빅뱅으로 우주가 태어난 순간에서 현재의 지구에 이르기까지 모든 영역을 포괄하며 모든 것이 서로 맞물린 단 하나의 설명 체계를 제공한다. 그것은 우리에게 우주의 화학적 특성을 설명할 수 있고(이는 험프리 데이비 경을 비롯한 동료 덕분이다), 머나먼 은하계의 구조, 지각판의 움직임, 인간을 비롯한 생명체의 발달에 대해서도 우리에게 말해줄 수 있다. 그것은 문명, 도시, 글쓰기 등의 발전에 대해 설명할 것이고, 우리를 현재의 시점으로 데려다준 수많은 사람과 국가와 문명의 이야기로 우리를 데려갈 것이고, 우리의 정신과 심리를 탐구할 것이다. 언어, 기후, 생화학, 산업기술 같은 다양한 현상도 모두 이렇게 통합된 설명 체계의 일부를 이룰 것이다.

지금까지 거둔 성공을 고려해보면, 그런 상황에서 수익성이 줄어들지 않는다면 오히려 놀라운 것일 수도 있다. 그로 인한 영향은 측정될 수 있다. 어느 논문에 따르면, 새롭게 발견되는 생물종이나 우주에서 확인되는 물체, 과학적으로 발견되는 사실은 모두 '지수적 감쇠(exponential decay)'의 대상이라고 한다.[287] 그것은 낮게 매달린 과일의 이면에 있는 특성이다. 다시 말해 나무에 매달린 과일은 줄어들고, 새로 발견되는 나무도 적어지는 것이다.

물론 생명의 기원이나 지적인 생명체에 대한 질문, 존재 그 자체의 기원 등 이러한 설명과는 커다란 차이를 보이는 것도 있다. 그러나 여기에서의 핵심은 역사의 그 어느 때와 비교해보아도 우리의 지식은 놀라울 정도로 완전한 상부구조를 구축했다는 것이다. 대부분의 과학자는 이미 거의 완성된 건물을 금빛으로 빛나게 하는 일을 하면서 평생의 시간을 보내고 있다.

지식은 포화상태다. 시장도 포화상태다. 문화적 형태도 포화상태다. 이처럼 여러 다양한 영역이 포화되었기 때문에, 앞으로 새롭고 거대한 아이디어를 계속해서 내놓는 것이 얼마나 어려워질지 알 수 있다. 간단히 말해, 어떤 주어진 영역에서 더욱 많은 것을 갖게 될수록, 획기적인 것을 추가적으로 얻어내기란 더욱 힘들어진다.

부와 마찬가지로, 아이디어에서도 한계효용(marginal utility)은 감소하고 있다. 최초의 아이폰은 매우 획기적이었고, 새로운 형태의 전화기였다. 이후에도 더 나은 신형 스마트폰이 출시되었고, 더욱 널리 보급되었지만, 그것은 그저 또 다른 전화기일 뿐이었다. 아이폰과 마찬가지로 구글의 알고리즘은 소비자 기술과 컴퓨터 과학에서 거대한 혁신이었다. 그러나 현재 구글의 페이지랭크(PageRank)라는 알고리즘에는 수천 명의 전 세계 최고급 인재가 일하고 있지만, 초기에 만들어졌을 당시보다는 비교적 느린 속도로 개선되고 있다.

심지어 시간의 규모를 훨씬 더 길게 늘어서 살펴봐도 이러한 효과는 나타나고 있다. 인간의 지혜나 도덕성이 지난 수천 년 동안 훨씬 더 나아진 것은 아니다. 이런 점에서 우리가 불교나 스토아학파(Stoic school)를 확실히 넘어섰다고 말하기는 어려우며, 앞으로도 그러기는 힘들 것이다.[288]

그리고 여기에는 또 다른 메커니즘이 존재한다. 우리가 무언가를 더욱 많이 가질수록, 잠재적인 혁신을 간과하거나 오해할 수 있다는 것이다. 새로운 것으로 넘쳐나다 보면, 정말 중요한 것을 놓쳐버릴 수 있다. 위대한 과학이나 예술이 과잉생산의 홍수에 묻혀버리게 되는 것이다. 어느 정도의 수준에 이르면 지식의 부담은 너무도 커져버려서, 암 연구나 혁신의 경제학 같은 분야는 개인이나 팀이 이해하기에는 지나치게 비대해진다. 그 결과로 나타나는 것은 집단 내에서의 균열과 경쟁의식이다.

과잉생산은 수많은 문제점을 낳는다. 알츠하이머에 대한 연구논문 한 편이《사이언스(Science)》에 게재된 적이 있다. 이 연구는 재현에 실패하면서 4년 뒤에 철회되었지만, 이미 500회나 인용된 다음이었다. 이에 대해서 댄 새러위츠(Dan Sarewitz)는 이렇게 말한다. "형편없는 수준의 과학 연구가 게재되어 그 내용이 퍼지며, 거짓 주장 또는 아무런 의미 없는 지식과 신뢰할 수 있는 지식을 구분하는 것이 불가능해졌다."[289]

포화상태에 도달한 시스템은 이처럼 자기 수정의 불가능, 질식 상태, 부담의 과중 같은 모습을 보여준다. 재현성 위기의 우려가 제기되는 것도 놀라운 일은 아니다. 게다가 세상에는 너무나도 많은 문헌이 나와 있기 때문에, 그것이 아무리 극단적인 주장이라 하더라도 그것을 지지하는 증거나 생각을 어떻게든 찾아낼 가능성이 있다. 논픽션 서적을 쓰는 사람이라면 누구나 공감할 텐데, 학문적 생산의 과잉현상 때문에 요즘에는 우리가 무엇을 말하고자 하든 그것을 지지하는 논문 하나쯤은 쉽게 찾을 수 있다. 잘못된 아이디어는 단지 전파되는 데서 그치는 것이 아니라, 만약 거대한 아이디어가 잘못되었거나 오류가 있는 것이라면, 그것을 둘러싼 생태계 전체를 뒤틀리게 만들어서 새로운 아이디어의 형성과 발전을 막을 수도 있다.[290]

혁신을 연구하는 이론가와 경제학자는 새로운 아이디어와 경제성장이 모두 여러 분야와 세계관이 서로 만나는 지점에서 발생한다고 말한다.[291] 기술과 아이디어는 여러 다른 아이디어가 서로 모인 조합의 산물이다. 그런 사실을 감안할 때, 우리는 시간이 지날수록 유용하고 흥미로운 조합이 다시 한번 단일한 방향으로 진행될 것이라고 예상할 수 있다. '조합의 소진(combinatorial exhaustion)' 현상이 나타날 것이다. 다시 말해, 지금 당장이든 아니면 먼 미래의 일이든, 어느 수준에 도달하고 나면 생산적인 조합을 만들어내기가 점점 더 힘들어질 것이다.

그림 그리기를 예로 들어보자. 색채, 구도, 형태, 주제 등의 측면에서 우리가 캔버스에 무언가를 그릴 수 있는 방법은 사실상 무한하다. 그러나 사람을 기쁘게 하거나 흥미롭게 만드는 조합의 수는 분명 그것보다는 적을 것이다. 그럼에도 미술은 여전히 무한한 공간이며, 적어도 우리가 존재하는 한 그 위에서는 새롭고 아름다우며 매혹적인 그림이 만들어질 것이다. 그러나 인상주의나 입체파처럼 예술의 역사를 현저하게 바꿀 수 있는 조합의 수는 여전히 무한대보다는 훨씬 적다. 캔버스에 그림을 그리려면 그것보다 훨씬 제한된 조합만이 자격을 갖출 것이다.

어느 정도의 수준에 도달하면, 어떤 그림이 미술에 대한 개념을 바꾸게 될 가능성은 어쩔 수 없이 고갈될 것이다. 나는 우리가 이미 그 지점에 도달했거나, 조만간 그렇게 되리라고 주장하는 것이 아니다. 다만 사고실험을 통해 이것이 가능한 일이며, 시간이 경과하면서 그러한 가능성이 더욱 커지리라고 말하는 것이다. 아마도 다음 세기에 시각적 이미지의 생산이 과열되면, 우리는 예술의 역사적 차원에서 새로운 조합이 소진되는 경지에 조금씩 도달하게 될 것이다. 물론 시대의 맥락이 바뀌어 기존의 틀을 깨면서 새로운 논란이 벌어지고 기준이 바뀔 수도 있을 것이다. 그러나 시각적으로 포화상태에 다가감으로써 그림의 근원적인 측면에서 우리가 급진적인 독창성을 발휘할 수 있는 기회나 이제껏 보지 못했고 상상하지 못한 것을 만들어낼 가능성은 줄어들 것이다.

가능한 조합의 수는 이론적으로 무한하겠지만, 생산적인 조합이 무한하지는 않으며, 진정으로 중요하거나 판도를 바꿀 수 있는 조합은 훨씬 더 적을 것이다. 어떤 근본적인 변화가 일어나지 않는 한, 우리는 점점 더 그러한 조합의 가능성이 줄어드는 지점을 향해 가까이 다가간다.

이러한 측면에서 보면 역사를 통틀어 서로 다른 문화가 충돌한 것은 어찌 보면 풍요로운 생산을 위한 기반이 되었다고 할 수 있다. 유럽의 르네상스가 동양과의 무역으로 잃어버린 위업을 복구하면서 촉발되었다는 사실을 떠올려보라. 그리고 아메리카 대륙과 유라시아 대륙이 서로 이어지면서 일어난 콜럼버스의 교환(Columbian Exchange)*으로 먹을거리에서 경제에 이르기까지 모든 측면에서 대륙에 전체적인 변화가 촉발되었는지 생각해보라. 그러나 세계화는 결국 세계를 균질하게 만들었다. 우리는 (청바지, 정장, 야구모자 등) 동일한 의류를 착용하고, (피자, 국수, 맥주, 콜라 등) 동일한 음식을 먹고, (애플, 월마트, 폭스바겐, 네슬레 등) 동일한 기업에서 일하거나 그들이 만든 제품을 구입하며, (디즈니 등에서 만든) 동일한 영화를 관람하고, (영어 등) 동일한 언어를 말하며, (틱톡, 포켓몬, 비틀스 등) 동일한 대상에 열광한다. 사회적 교류는 매우 즉각적이며 총체적이어서 단일한 문화권에서는 모

---

* 콜럼버스가 아메리카 대륙을 발견하면서 신대륙과 구대륙 사이에 일어난 생물과 인구의 급격한 이동.

든 것의 경계가 흐릿해지며, 그러한 문화권 안에서도 가장 멀리 떨어져 있는 아주 작은 틈새만이 거대한 문화로 흡수되는 일에서 자유로울 수 있다. 아이디어와 문화의 교류는 불가피하게 줄어들기 시작했다. 우리는 세계적 차원에서 일종의 문화적 조합의 고갈을 경험할 것이다. 당연히 그에 대한 대응도 있을 것이다. 그러나 "현재와 같은 추세로 보면 머지않아 우리는 단 하나의 세계적인 문화를 갖게 될 것이다. 그래서 우리에게는 교류하거나 상호반응할 수 있는 문화가 더 이상 남아 있지 않을 것이다. 다른 은하계에서 다른 문화권을 발견해 생산적인 교류를 다시 시작하지 않는 한, 우리는 우주에서 외롭게 존재할 것이다. 그 결과는 아이디어의 종말이 아니라, 오히려 혁신적 사고가 평범한 수준으로 되돌아가는 일이 될 것이다."[292]

이러한 맥락에서의 평범한 수준이란 고대 이후로 지배적이었던 속도를 의미하며, 우리의 계산에 따르면 그것은 정말로 매우 느린 속도가 될 것이다. 다시 말하지만, 이것은 단지 낮은 곳에 매달린 과일을 수확해서 나타난 결과만이 아니다. 그것은 오랫동안 이어져온, 수세기에 걸쳐 진행된 오래된 소진의 과정이었다.

기술적인 한계에 다다르면 국가의 경제성장이 느려지는 것처럼, 우리가 아이디어의 한계점에 부딪히면, 다시 말해 우리가 커다란 변화에 익숙해지고, 가장 명확한 조합을 전부 소진하거나 한계에 도달하면, 그것의 성장세는 더욱 현저하게 느려질 것이다. 아이디어의 진보는 이동수단의 발전과도 비슷하다. 점점 더 빠른 속도에 도달할수록, 그로 인한 저항력도 점점 더 커지는 것이다. 물체가 빛의 속도에 근접할수록, 가속도는 더욱 줄어들고 그것을 얻어내기 위한 비용은 더욱 커진다. 포화는 지체를 의미한다.

인류의 최전선이 뒤로 밀려날수록, 그곳에 도달하기는 더욱 어려워지고 그곳을 뚫고 지나가기는 더욱 힘겨워진다. 그것을 뒤로 밀어낼 수 있는 수단이 당연하게 나타나는 것은 아니다.

앞으로 수십 년 동안, 그리고 몇 세기 동안 이러한 추세가 더욱 심화될 것이다. 우리는 이미 일부 분야에서 한계에 부딪히기 시작했다. 또 어떤 분야에서는 그곳의 문제가 가진 복잡성이나 깊이가 너무도 거대해서 우리의 현재 능력으로는 도저히 그것을 해결할 수 없을 정도다. 우리가 가능성의 한계에 다가갈수록, 그러한 문제는 더욱 복잡해지고, 더욱 다루기 어려워질 뿐이다. 새롭게 조사해볼 수 있는 급진적인 돌파구가 마련되지 않는다면, 우리는 꼼짝없이 멈춰 서게 될 것이다. 그리고 설령 새로운 영역이 열린다고 해서, 그것 자체가 지식의 부담이나 심리적인 쳇바퀴 현상을 바꾸지는 않을 것이다. 이러한 모든 것은 결국 내가 아이디어의 역설(Idea Paradox)이라고 부르는 일련의 중첩된 메커니즘을 구성하게 된다. 미래의 거대한 아이디어는 더욱 어려워지기만 할 것이다.

현장의 실무자에게는 이러한 설명이 일종의 변명처럼 느껴질 것이다. 그것은 마치 예전에 잘 나가던 사람이 게임을 시작하자마자 패배를 시인하는 것과 같다. 그리고 확실히 미지의 세계로 발을 들여놓는다는 것은 한 번도 간단하거나 편안하지 않았다. 그러나 지적인 역사의 지형을 무시하는 것은 도움이 되지 않을 것이다. 아이디어의 역설이 주는 교훈은 현재는 모든 것이 처참하다거나, 17세기에는 모든 것을 훨씬 더 쉽게 이뤄냈다고 말하려는 것이 아니다. 우리에게는 앞으로 더욱 커다란 낚싯대가 필요하다고 말하려는 것이다. 아이디어의 역설은 패배를 인정한다거나 과거의 도전과제를 부정확하게 인식하는 것과는 거리가 멀다. 그것은 우리가 대담하고 자신 있게 대응해야 한다는 점을 분명히 한다.

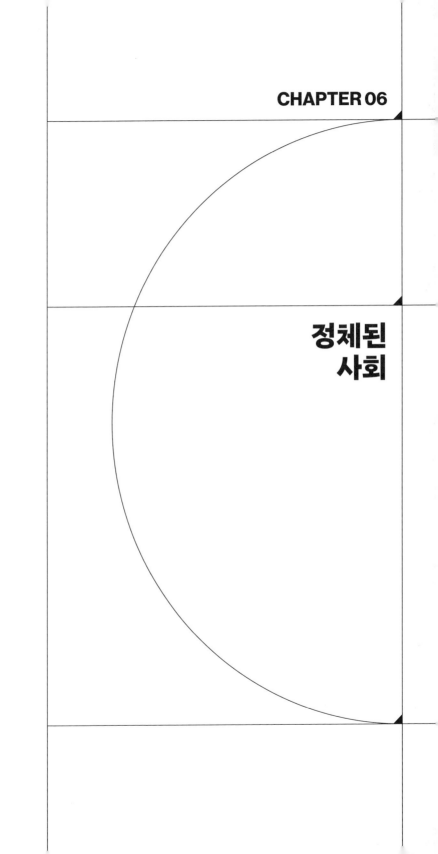

CHAPTER 06

정체된
사회

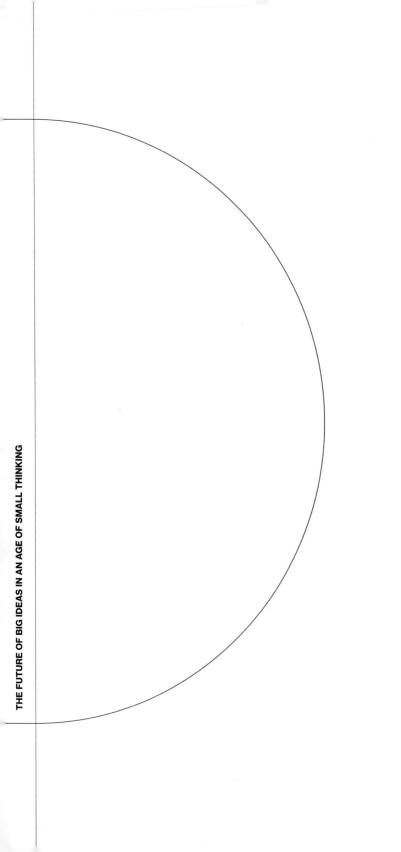

THE FUTURE OF BIG IDEAS IN AN AGE OF SMALL THINKING

21세기의 발명

고집 센 괴짜들이 마음껏 연구할 수 있는 벨 연구소

벨 연구소(Bell Labs)는 역사상 최고의 산업 연구소이자 20세기의 '아이디어 공장'으로 40년 이상 군림하면서 미래를 발명해왔다. 그런데 그러다가 멈추고 말았다. 왜 그랬을까?

21세기의 초기를 규정할 수 있는 위대한 아이디어 하나를 고르라면, 그것은 디지털 기술이라고 할 수 있다. 그것은 세계를 바꾸어놓은 범용 기술이다. 그런데 그것이 탄생한 이야기를 살펴보면 상당히 흥미롭다. 지금의 디지털 시대가 태어난 곳은 벨 연구소를 비롯해 영국의 블레츨리 파크(Bletchley Park)*, 미국의 프린스턴, 국립 고등연구계

---

*   영국의 버킹엄셔에 있는 저택으로, 제2차 세계대전 당시 독일의 암호를 해독하던 장소.

획국(ARPA), 제록스 팰토앨토연구소(Xerox PARC) 등이다. 이런 곳이 없었다면, 우리가 현재와 같은 기술 수준에 도달할 수 없었을 것이다. 위대한 아이디어의 생산과 보급은 특정한 상황에 따라 취약해질 수 있다. 그것을 아주 조금만 바꾸어도 획기적인 아이디어는 사라질 수도 있다.

벨 연구소에서는 지금까지 전부 아홉 개의 연구에 대해 모두 열세 명의 노벨상 수상자를 배출했는데, 가장 최근에는 2018년에 수상했다. 뉴욕에서 소규모로 시작한 벨 연구소가 내놓은 발명품의 중요성은 절대로 간과할 수가 없다. 대표적으로는 디지털 세계 전체의 근간을 이루게 되는 반도체인 트랜지스터가 있다. 뿐만 아니라, 태양전지, 쿼츠 시계(quartz clock)*, 전파천문학, 레이저, 위성통신, 이동전화 네트워크, 정보 이론, 유닉스(UNIX) 운영체제, C나 C++ 같은 프로그래밍 언어도 있다. 벨 연구소는 심지어 빅뱅의 핵심 증거인 우주배경복사를 찾아내는 과정에서도 중추적인 역할을 했다. 21세기의 밑바탕을 이루는 우리의 정보통신 인프라가 벨 연구소의 과학기술을 기반으로 이루어져 있다고 해도 과언이 아니다.

로어맨해튼(Lower Manhattan)의 웨스트스트리트(West Street)에 있던 예전의 연구소와 뉴저지에 있던 그들의 방대한 캠퍼스는 지각변동의 중심지였다. 전성기였던 1960년대에 벨 연구소에는 박사 1,200명과 당대의 가장 뛰어난 과학자, 수학자, 공학자, 기술자, 관리자를 포함하여 1만 5,000명 이상의 직원이 근무했다.[293] 이 연구소는 단지 과학

---

* 석영(quartz)의 진동수를 이용하여 시간을 표시하는 시계.

과 공학에서 성공을 거둔 것만이 아니라, 그들의 모기업인 AT&T와 전 세계를 위한 새로운 상업 시대의 토대를 마련했다. AT&T가 세계 최대의 통신시장이자 기술 강국인 미국의 전화통신 산업을 독점하려는 의도로 만든 벨 연구소는 겉보기에는 멀어 보이고 거의 불가능한 것으로 여겨졌으며, 모두가 보편적으로 연결된 세상을 추구했다.

연구소 전체에는 어떤 긴장감이 흐르고 있었다. 한편에서 보면 벨 연구소는 세계 최대의 기업이자 경쟁자를 부숴버리는 것으로 유명할 정도로 가장 무자비한 독점기업의 일부였고, 다른 한편으로는 고집 센 괴짜들이 엉뚱한 탐구과제를 마음껏 연구할 수 있는 자유를 부여받은 공간이었다. 수십 년 동안 벨 연구소는 사실상 AT&T의 방패막이 역할을 해왔다. 그들은 연구 내용을 다른 기업과 공유하기는 했지만, 핵심적인 독점 분야는 공개하지 않았다. '벨 아줌마(Ma Bell)'라고 불리던 AT&T는 보수적인 대기업의 전형이었던 반면, 벨 연구소는 예측할 수 없는 창의성이 흘러넘치는 곳이었다. 그것은 기이한 조합이었지만, 20세기 중반의 토양에서는 효과가 있었다.

그들은 오랫동안 뛰어난 인재를 영입했다. 그중에서도 특히 유명한 사람으로는 거칠고 불같은 윌리엄 쇼클리(William Shockley)가 있는데, 그는 1940년대 말에 고체물리학 부문을 이끌면서 팀원들과 함께 트랜지스터를 발명했다. 그는 이후에 실리콘밸리를 설립하는 데에서도 중요한 역할을 했는데, 그러다가 나중에는 그릇된 우생학에 빠져들었다. 그의 동료 존 바딘(John Bardeen)과 월터 브래튼(Walter Brattain)도 그들 나름대로 획기적인 업적을 이뤄냈는데, 비교적 엉성하긴 했지만 금박과 게르마늄 결정, 종이집게를 이용해 전기 신호를 증폭하거나 전환할 수 있는 반도체를 만들었다. 이들 세 사람은 1956년에 노벨 물리학상을 수상했다.

그리고 천재적이면서 다정다감한 클로드 섀넌(Claude Shannon)이 있는데, 그는 20세기에 나온 가장 중요한 통찰력 가운데 하나인 정보 이론(information theory)의 창시자다. 정보 이론은 디지털 시대의 근간일 뿐만 아니라, 이제는 존재 자체의 기본적인 토대로까지 여겨진다. 그리고 미주리 출신의 머빈 켈리(Mervin Kelly) 같은 단호하면서도 선견지명을 가진 관리자 그룹이 있었다. 그는 기술의 한계점에서 일하고 있었으며 규모가 급증하던 당시의 조직 내에서도 그들의 까다로운 모기업과 내부의 다루기 힘든 과학자 사이의 균형을 맞추는 데 탁월한 능력을 갖추고 있었다. 어느 동료는 그를 두고 '초능력을 가진 존재'라고 불렀다.[294]

켈리는 벨 연구소를 '창의적 기술의 연구기관'이라는 새로운 명칭으로 부르기 시작했는데[295], 그러면서 자신의 역할을 단지 발명가가 아니라 혁신을 위한 시스템의 발명가로 재정의했다. 켈리와 쇼클리, 섀넌은 청년 장교단(Young Turks)이라고 불리는 그룹의 일원이었는데, 여기에 속한 다른 인물 중에는 최초의 통신위성인 텔스타 1(Telstar 1)을 연구한 존 R. 피어스(John R. Pierce), 훗날 벨 연구소의 소장이 되는 제임스 피스크(James Fisk) 등이 있다. 청년 장교단은 위험을 감수할 수 있는 무제한의 자유를 갖고 있었다. 뛰어난 능력과 자유로움을 겸비한 이곳은 다른 유수의 연구대학과 비교해도 절대 뒤지지 않고 때로는 능가했으며, 실질적인 변화를 이끌어낼 수 있는 잠재력까지 갖춘 과학 공동체였다. 심지어 벨 연구소의 고위급 임원도 자신들의 자유로움에 개인적으로 놀랄 정도였다. 연구소에서 기초 분야를 연구하는 사람은 전체 인력의 약 20퍼센트에 불과했지만, 그렇다고 해도 여전히 수천 명의 과학자가 당대의 어느 비평가가 '쓸데없는 호기심'이라고 부르는 것에 매달려 있었다. 그것도 대학이나 개인적인 차원에서 연구한 것이 아니라, 수익을 중시하는 기업체의 연구소에서 그런 일이 가능했다.[296]

그러나 그러한 긴장관계의 공생이 영원히 지속될 수는 없었다. 막강한 '벨 시스템(Bell System)*'을 해체해야 한다는 주장이 주기적으로 제기되었다. 이곳은 수십 년 동안이나 버티며 살아남았지만, 연구소의 경이로운 성과조차 그들을 구해줄 수는 없었다. 1980년대 초가 되자, 미국의 레이건 행정부는 그러한 독점 상태를 더 이상 용인할 수 없게 되었다. 법적인 실랑이 끝에, AT&T와 미국 법무부는 벨 연구소의 모체인 벨 시스템을 각 지역의 전화회사에 매각한다는 데 합의했다. 표면적으로는 그러한 합의가 벨 연구소에 아무런 영향을 미치지 않았지만, 그 결정으로 그들은 이제 더 이상 세상을 바꾸는 '아이디어 공장'이 아니라 일반적인 산업연구소를 지원하는 지금까지와는 다른 유형의 조직이 되었다. 오늘날 그들은 여전히 대표적인 연구소로 남아 있다. 현재는 노키아(Nokia)가 소유한 이곳은 1980년대 이후로도 여전히 많은 찬사를 받고 있다. 그러나 지난 50년간 그랬듯이 앞으로 50년의 세계를 벨 연구소가 주도할 거라고 예상하는 사람은

---

*   '벨 시스템'은 북아메리카의 통신 시장을 사실상 독점하고 있던 회사로, 벨 시스템의 모기업이 AT&T이며, 벨 연구소는 벨 시스템의 연구조직이었다.

아무도 없다.

어떤 면에서는 이것이 혁신을 위해서는 나쁜 것이 아니었다. 시장에서의 경쟁을 통해 새로운 케이블이 출시되었고, 이는 결국 인터넷 혁명을 일으키고 촉진했기 때문이다. 물론 트랜지스터나 정보 이론처럼 획기적인 도약에는 못 미치긴 했지만 말이다. 몇몇 경우를 제외하면, 벨 연구소의 역사는 산업계의 연구 분야에서는 상당히 일반적인 사례이며, 자본주의에서의 변화가 시장에서 어떻게 '쓸데없는 호기심'을 밀어내는지에 대한 병적인 징후다.

벨 연구소의 이야기는 새로운 아이디어에 대한 우리의 기반이 좁아지고 있으며, 점점 더 압박과 불안감이 커지고 있음을 시사한다. 20세기에는 기업체의 연구소가 수많은 발명에 힘을 실어주었지만, 지금은 소수의 기술 기업을 제외하면 거의 유명무실한 수준이다. 벨 연구소는 언제나 훨씬 더 넓은 기업 사회의 혁신적인 생태계의 일부였다. 에디슨을 비롯하여 독일의 대기업이 만들어낸 이러한 생태계를 기반으로, 1910년대에 듀퐁(DuPont)이나 코닥(Kodak) 같은 회사가 소유한 연구소에서는 급진적인 신제품을 개발해나갔다. 듀퐁의 실험 스테이션(Experimental Station)에서는 (다른 무엇보다도) 나일론과 네오프렌과 케블라(kevlar)*를 개발하여 합성화학의 시대를 열어젖혔다. 1960년대에 이 회사는 MIT와 캘리포니아공과대학(Caltech)을 합친 것보다 더 많은 연구 논문을 《미국화학회저널(JACS)》에 게재했다.[297] 이후에도 머크(Merck), 다우(Dow), 전설적인 스컹크 웍스(Skunk Works) 연구

---

* 듀퐁이 개발한 고강도 섬유.

소를 운영한 록히드마틴(Lockheed Martin), 제록스 같은 기업이 운영하는 연구소가 각자의 분야에서 비슷한 위업을 이뤄냈다. 그리고 노벨상 수상자를 배출한 곳도 벨 연구소만이 아니었다. 제너럴일렉트릭, IBM, 텍사스인스트루먼트(Texas Instruments), 소니(Sony)에서 일하는 연구원도 노벨상을 수상했다. 1960년대에 토머스 왓슨 주니어(Thomas Watson Jr.)는 자신이 '야생의 오리(wild duck)'라고 부르는 것을 만들어내기 위해 IBM의 협력 프로그램(Fellowship Programme)을 만들었다. 야생의 오리란 길들여지지 않는 인물을 말하는데, 이들은 나중에 '공상가, 이단아, 독립적인 영혼, 고집스러운 사람, 천재' 등으로도 불리게 된다. 이 협력 프로그램을 통해 만들어낸 것은 포트란(Fortran)이라는 프로그래밍 언어에서 원자의 이미지를 포착한 최초의 기기까지 다양했다. 그리고 다섯 차례의 튜링상(Turing Award) 수상과 다섯 명의 노벨상 수상자를 포함해 수많은 수상 실적을 자랑한다.

이처럼 폭넓은 기반의 생태계는 침식작용을 거쳐왔다. 벨 연구소의 고위급 연구자인 앤드루 오들리즈코(Andrew Odlyzko)는 1980년대와 1990년대를 거치면서 자신의 연구소에서 일어난 일을 일컬어 '규제받지 않는 연구의 쇠퇴'라고 불렀다.[298] 이는 상당히 의미심장한 표현이다. 우리 사회는 클로드 섀넌 같은 사람이 정보 이론을 탐구할 수 있게 해주던 호기심 위주의 연구 환경 주변에 제도적인 사슬을 묶어놓았다. 연구는 협소하고 규제된 단위로 상품화되었다. 벨 연구소도 바뀌어서, 이제는 경제적으로 '합리적인' 의사결정을 하게 되었다. 1995년에 쓴 글에서 오들리즈코는 연구소의 벽면에 '합리적'이라는 표현이 붙어 있는 것을 보면서 경력을 키워왔다고 말한다. "조만간 규제받지 않는 연구로 돌아갈 가능성은 희박하다. 지금은 시장의 빈틈에 집중하는 것이 추세다."[299]

MIT의 연구에 따르면, 기업은 여전히 혁신을 위해 투자하지만, 그 초점은 기초과학이 아니라 실용적인 응용 분야다.[300] 본질적으로 그들은 R&D 분야에 더욱 많이 투자하기는 하지만, D(개발)에 치중한 나머지 R(연구)은 잊어버리고 있다.[301] 기업의 R&D 투자액에서 기초연구에 쓰이는 돈은 겨우 7퍼센트 정도이며, 응용연구에는 16퍼센트를 투입하고 있다. 그리고 이를 제외한 나머지는 전부 개발에 투자하고 있다.[302] 전 세계의 R&D 지출액에서 기업이 투자하는 금액이 여전히 커다란 부분을 차지하기는 하지만, 미국 같은 나라에서의 정부 측 연구비 지원이 상대적으로 감소했는데도 기초연구에서 기업의 투자액이 차지하는 비중은 여전히 20퍼센트 이하에 머물러 있다.[303] 공공과 민간이 함께 협력해서 이뤄지던 팀 단위의 연구는 정부에게 떠넘겨졌다.[304] R&D 수상 실적에서 최고급 저널에 실리는 논문에 이르기까지 기업과 관련한 수치는 모두 하향세를 기록하고 있다. AT&T가 발표한 논문의 수는 연구 예산이 대폭 삭감되고 회사가 출간의 우선순위를 낮추면서 1990년대부터 2000년대 사이에 81퍼센트나 급감했다.[305] 실제로 1980년대 이후, 기업이 출간하는 연구는 전반적으로 뚜렷한 하락세를 보였는데, 특히 '기초' 분야와 '영향력이 있는' 분야에서 더욱 두드러졌다.[306]

대기업에는 안전하면서도 예측 가능한 방식으로 기존의 아이디어를 발전시키는 것이 우선순위가 되었다.[307] 기업이 '쓸데없는 호기심'에 관여해야 한다거나, 그것이 기업의 활동과 미래의 성공에서 중요한 측면일 수도 있다는 생각은 점차 시대착오적 개념이 되었다.

기업은 자사의 리소스를 혁신의 관점에서는 가장 신중한 형태로 전환할 때조차 자신들에게는 혁신을 위한 역량이 있다고 주장한다. 경제학자 마리아나 마추카토(Mariana Mazzucato)는 구글이나 애플, 거대 제약회사 같은 혁신의 대표주자들이 실제로는 정부가 구축한 기술에 의존한다고 말한다. GPS, 정전식 터치스크린, 음성 지원 어시스턴트, 인터넷처럼 아이폰이 의존하는 기본적인 기술은 모두 정부가 자금을 지원해서 개발한 것이다. 구글의 핵심 알고리즘인 페이지랭크(PageRank) 역시 그들의 특허에서 그런 사실을 인정한다. 질병에 대한 새로운 치료법을 개발하기 위해서는 국립보건원(NIH) 같은 정부기관에서 막대한 보조금을 지원받아야 한다. 스타트업을 비롯한 기업은 관련 분야에서 기초 작업이 완료된 이후에나 발을 들여놓을 수 있다. 오늘날의 기업은 미래의 기술을 발명하지 않는다. (비웃으려는 것은 아니지만) 그들은 기존의 기술을 통합해 매력적이며 쉽게 소비할 수 있는 제품을 만들어낸다.[308]

자본주의가 변화하면서 기업의 우선순위도 바뀌었다. 주주 가치를 극대화하는 것인 최우선인 시대에는 기업이 더 폭넓은 사회적 재화에 투자하는 시간이 적을 수밖에 없고, 이는 기업의 사회적인 기여가 줄어든 이유를 상당 부분 설명해준다. 기초 분야의 R&D에 투자를 많이 하면, 그것은 그들의 회사보다는 사회에 더욱 많은 이득이 된다. 윌리엄 노드하우스(William Nordhaus)는 지식 분야에 사용되는 자금으로 거두는 수익의 2.2퍼센트만이 그것을 투자한 기업에 돌아가는 것으로 추정한다. 또 다른 연구에 따르면 그러한 수익의 57.7퍼센트는 회사가 아닌 사회로 돌아간다고 한다. (회사는 그러한 수익의 겨우 13.6 퍼센트만 갖게 된다.)[309] 전설적인 제록스 팰토앨토연구소의 최대 수혜자는 제록스가 아니라 스티브 잡스와 애플이라는 것은 유명한 일화다. 잡스는 그곳을 방문했다가 그래픽유저인터페이스(GUI)를 보았고, 그것을 참고하여 사용하기 편한 소프트웨어를 출시했다. 심지어 여건이 가장 좋은 시기에도 이런 무임승차 문제 때문에 지식 분야에 대한 투자가 저조하며 생산성도 떨어진다.

게다가 벨 연구소가 전성기이던 시절에는 기업이 거두는 이익과 임원의 급여에 높은 세금이 부과되었기 때문에, 차라리 R&D 부문에 투자하는 편이 더 나았다. 오늘날에는 정반대다. 주주나 최고위층 경영진의 보너스로 안전하게 자금을 회수할 수 있는데, 왜 굳이 R&D 부문에 투자해야 한단 말인가?

이런 모든 조건이 실질적인 차이를 만들어낸다. 기업 연구소의 부진은 경제 일선에서 과학이 설 자리가 사라진다는 것을 의미한다. 심지어 앞의 사례보다는 더욱 긍정적인 입장을 선택하여, 기업이 대학교나 스타트업에 연구 기능을 아웃소싱한다고 하더라도, 혁신적인 제품이나 결과물이 만들어지는 경우는 현저히 줄어든다.[310]

사회는 그 자체로 정체되어 급진적인 아이디어를 막아서는 역할을 하고 있다. 비록 실리콘밸리의 권위자는 거창하게 선언하지만, 우리는 획기적인 아이디어에 적대적이다. 우리는 생각보다 좀 더 보수적이고, 신중하며, 규칙에 얽매여 있고, 개성을 억누르며, 수익을 지향하고, 이념적으로 편협하고, 근시안적이다. 이러한 현실을 어떻게 바꿀 수 있는지는 답을 내리기가 쉽지 않다. 이것이 바로 사회적인 맥락이 우리의 미래에 그토록 커다란 부담을 주면서 아이디어의 역설을 심화시키는 이유다.

벨 연구소만 그런 것은 아니다. 오히려 그들은 기업의 시야가 손익분기점을 향해 좁아지고 있음을 보여주는 상징적인 사례. 거대한 사고를 할 수 있는 우리의 능력을 억누르는 방향으로 사회가 변화하고 있음을 보여주는 경고다.

극한의 창의력이 넘쳐나는 도시 비엔나

역사는 일직선으로 나아가지 않는다. 어떤 지점에서는 진전을 이뤄내는 것이 가능하겠지만, 다른 곳에서는 장애물을 만나거나 역행하는 일이 벌어질 수도 있다. 마찬가지로, 정점을 한참이나 지난 시점에서도 세상은 마치 앞으로 질주하는 것처럼 느껴질 수도 있지만, 화려한 불빛이 사라지면 황금기가 이미 지나갔다는 것이 분명해질 뿐이다. 그럼에도 역사가 순환된다는 것은 확실히 알 수 있다. 풍요와 약속의 시대가 있으면, 하락하는 시기가 뒤따른다. 어떤 한 세대의 문제는 이미 오래전에 잊힌 문제의 해결책에서 발원하기도 한다.[311]

독일의 사상가인 오스발트 슈펭글러(Oswald Spengler) 역시 여기에 동의한다. 제1차 세계대전의 잿더미 속에서 글을 쓴 극단적인 비관주의자인 그는 자신의 시대가 로마의 몰락과 평행선을 그리는 것을 목격하면서 역사가 오직 한 방향으로 발전한다는 생각을 철저히 부정했다.[312] 슈펭글러는 사회와 문화가 마치 유기체처럼 자연적인 생명 주기를 갖고 있다고 주장했다. 처음에는 비틀거리는 시기, 그다음에는 창의성과 성숙의 시기, 그리고 그다음에는 불가피하게 그가 겨울이라고 표현하는 쇠퇴와 위기의 시기가 찾아온다. 지나치게 자신만만하던 서양에 대해 슈펭글러는 좋은 시절은 이미 끝났다고 확신했다. 일단 문명의 붕괴가 시작되면, 결국엔 천천히 '데카당트(decadent)'의 단계에 도달하게 된다. 그는 이러한 황혼기가 도래했으며, 그러한 추세는 더욱 강해지기만 할 것이라고 믿었다.

슈펭글러는 침통한 회의론자 가운데 한 사람이다. 그러한 회의론자들이 생각하는 다소 불합리한 역사적 분류 체계는 오늘날 대부분 잊혔다. 그러나 사회가 창의적인 시기에서 침체 상태로 이동한다는 그의 주장은 여전히 힘을 갖고 있다. 그는 시대의 흐름을 잘못 파악한 괴팍한 사람일 수도 있지만, 그럼에도 더욱 커다란 그림을 보는 데는 나름의 일가견이 있었다. 뮌헨에서 활동한 그는 거의 자신의 문 앞에서 그러한 변화가 일어나는 것을 목격했는데, 인근의 비엔나에서 역사상 지적으로 가장 거대한 이야기 가운데 하나가 펼쳐지고 있었다.

《이코노미스트(The Economist)》의 표현에 따르면, 20세기는 '비엔나의 세기'였다.[313] 벨 연구소가 기술을 구축했듯이, 비엔나는 정신적인 건축물을 만들었고 도시적인 규모에 해당하는 아이디어의 산실을 구축했다. 당시는 오스트리아-헝가리 제국의 절정기였지만, 세기 말(fin de siècle)의 카페 센트럴(Café Central)과 카페 란트만(Café Landtmann)은 정신적인 모험과 예술적인 시도로 가득했다.

합스부르크(Habsburg) 왕국 말기의 비엔나에는 어디에서나 극한의 창의력이 넘쳐났다. 이곳은 초기의 심리학과 무의식, 그리고 어두운 원시적 충동과 자극적인 성의식의 세계였다. 모더니즘 건축의 깔끔한 선이 캔버스에서 새롭게 태어나던 미술 양식과 만났다. 이곳은 모더니즘과 논리적 실증주의(logical positivism), 독일 파시즘과 신자유주의 경제학의 탄생지였다. 비엔나는 좋든 나쁘든 현대 세계를 창조했다.

프로이트가 정신분석학을 만들고, 쇤베르크가 무조음악(atonal music)*을 썼으며, 아돌프 로스(Adolf Loos)가 모더니즘 건축을 만든 도시가 바로 이곳이었다. 에른스트 마흐(Ernst Mach)는 충격파의 물리학을 설명했으며, 테오도어 헤르츨(Theodor Herzl)은 시오니즘(Zionism)**의 체계를 확립했다. 비엔나는 작곡가 구스타프 말러(Gustav Mahler)와 화가 구스타프 클림트(Gustav Klimt)의 도시였다. 이곳은 의학과 철학의 중심지였다. 로베르트 무질(Robert Musil), 슈테판 츠바이크(Stefan Zweig), 아르투어 슈니츨러(Arthur Schnitzler), 알프레트 애들러(Alfred Adler), 에곤 실레(Egon Schiele), 루트비히 볼츠만(Ludwig Boltsmann), 논란의 화가인 오스카어 코코슈카(Oskar Kokoschka), 젊은 루트비히 비트겐슈타인(Ludwig Wittgenstein)이 활동하던 공간이었다. 그리고 다소 어두우면서도 놀랍게도 트로츠키(Trotsky)와 레닌(Lenin), 티토(Tito), 히틀러(Hitler)가 교차하던 갈림길이었는데, 이는 거대한 사상이 언제나 환영받지는 않는다는 걸 극명하게 상기시킨다. 제1차 세계대전에서 군사적 패배로 제국은 몰락했을지 모르지만, 그곳은 마지막 에너지의 물결을 일으켰다. 샤를로트 뷜러(Charlotte Bühler)와 카를 뷜러(Karl Bühler)는 아동발달에 대한 체계적인 연구를 수행했다. 루돌프 카르나프

---

*   조성이 없는 음악.

**   유대인의 국가를 건설하기 위한 민족주의 운동.

(Rudolf Carnap)와 오토 노이라트(Otto Neurath) 같은 유명한 인물이 이끌던 비엔나학파(Vienna Circle)는 20세기의 가장 독특하면서도 영향력 있는 철학 사조 가운데 하나를 만들었다.

이들 가운데 카를 포퍼(Karl Popper)도 있었다. 그는 아마도 20세기에 가장 중요한 과학철학자일 것이며, 정치적으로는 자유주의를 지지한 대표적인 인물이었다. 위대한 사상가를 빼놓고는 이러한 이민 세대를 설명할 수 없을 것이다. 피터 드러커(Peter Drucker)는 경영관리론을 창시했으며, 폴 라자스펠드(Paul Lazarsfeld)는 미국에서 사회학의 기초를 확립했다. 프리드리히 하이에크, 루트비히 폰 미제스(Ludwig von Mises), 조지프 슘페터(Joseph Schumpeter) 같은 오스트리아학파(Austrian School)의 경제학자는 현대 사회와 자본주의의 근간이자 현대적인 학문 분과로서 신자유주의의 기초를 확립했다.

이 시기 내내 비엔나는 모순의 도시였고, 불안감으로 분열된 분위기가 이러한 소요에 생명력을 불어넣어주었다. 질서정연함과 속물근성, 냉철함과 합리성, 정치적 자유주의자와 군주제 지지자와 무신경한 이들이 한꺼번에 뒤섞여 있었다. 동시에 정치와 미학에서는 기존의 관습에 대한 도전이 들끓고 있었다.[314] 슈테판 츠바이크의 묘사에 따르면, 당시의 세계는 헝가리인과 체코인, 유대인과 가톨릭 신자가 커피숍에서 서로 어울리며, 도전적인 아이디어를 두고 논쟁을 벌였다. 이곳은 제국의 수도였지만, 루테니아(Ruthenia)에서 루마니아, 슬로바키아와 슬로베니아에 이르기까지 11개의 서로 다른 민족 집단이 공존했다. 1910년에 비엔나의 인구는 200만 명으로 지구상에서 6번째로 커다란 도시였으며, 여전히 전통주의의 수렁에 박혀 있기는 했지만, 19세기 말을 거치며 빠르게 산업화가 진행되면서 비트겐슈타인 가문처럼 거대한 부를 축적한 이들도 나타났다. 이곳은 커다란 변화가 일어날 만큼 충분히 거대했지만, 아이디어가 빠르게 공유될 만큼 상당히 작은 공간이기도 했다. 이곳에는 위계질서와 전통주의가 여전히 존재했지만, 다양한 주제를 가르는 오래된 경계는 아방가르드(avant-garde)에 의해 무시되었으며, 성(sex) 같은 새로운 영역이 탐구 대상이 되었다. 그것은 과학, 책과 학문, 왁자지껄한 다성음악(polyphony), 개별성, 정체성의 불협화음으로 이루어진 하나의 문화였다. 오래된 근위대와 절대주의 군주가 전통 질서를 강제하기 위해 노력했지만, 이곳은 그러한 낡은 분류 체계를 무너트리는 장소였다.

이처럼 특별한 비엔나의 상황은 오랫동안 지속되지 않았다. 프로이트가 나치에 의해 쫓기듯 도시를 떠났을 때, 이곳의 에너지는 사라져버렸다. 벨 연구소와 마찬가지로, 21세기가 또 한 번 '비엔나의 세기'가 되리라고 말하는 사람은 아무도 없다. 그런데 중요한 점은, 현재의 비엔나가 지적인 호황기를 이루던 예전의 시대보다 사실상 거의 모든 측면에서 훨씬 더 발전된 도시라는 것이다. 비엔나를 방문하면 그들 특유의 쿨트르(Kultur, 정신문화)와 쿠헨(Kuchen, 케이크)을 발견할 수 있으며, 삶의 질에 대한 설문조사에서도 세계 최상위권에 자주 오를 정도로 부유하고, 아름다우며, 성공을 거둔 도시다. 이곳에는 일류 대학과 연구소, 국제기구와 유명 기업이 상주해 있다. 그러나 이곳은 21세기의 최전선을 더욱 밀어붙이는 대도시는 아니다. 오히려 이곳은 예전에 대한 향수와 약간의 보수적인 분위기에 머물러 있다. 만약 1905년의 비엔나와 2025년의 비엔나 가운데 어느 한 곳을 골라

일을 하거나 살아야 한다면, 아마도 사람들은 후자를 선택할 것이다. 그러나 만약 세계를 바꿀 수 있는 어떤 아이디어를 찾고자 한다면, 그 선택은 다를 것이다.

비엔나에 서양 세계 전체에 대해 말할 수 있는 뭔가 특별한 것이 있는지, 우리의 이념적인 환경을 비엔나화(Viennaification)하는 것이 무엇이 있는지 확인하기 위해 굳이 슈펭글러를 언급할 필요도 없다. 그것은 로마의 몰락이라기보다는 오히려 자기만족적인 부르주아 의식과 소심함, 무의미한 적개심, 그리고 세계적으로 팬데믹이 휩쓸고 있는 상황에서도 현 상태에 안주하는 심리가 뒤섞인 결과물이다. 벨 연구소와 마찬가지로, 이곳은 영광스러운 유산, 위대한 기반, 엄청난 추진력으로 축복받은 도시였다. 벨 연구소와 마찬가지로, 그리고 비엔나와 마찬가지로, 지금의 세계는 가장 혁명적이었던 시기를 지났고, 이제 전체적으로 좀 더 '데카당트'하고, 좀 더 안락하며, 좀 더 너그러워진 공간으로 변하고 있다.

17세기는 말할 것도 없고, 무엇을 하든 오늘날의 여건에서 하는 것이 벨 연구소의 전성기나 비엔나의 절정기보다 더 나은 성과를 만들어낼 것이다. 그러나 그 기반이 비옥해 보일지는 몰라도, 이곳에는 온갖 종류의 잡초와 독소가 축적되어 있다. 그 결과 우리는 아이디어의 역설이라는 도전을 회피하려고 한다. R(연구)이 아니라 D(개발)에 투자한다. 야심찬 사고를 방해하는 구조와 절차를 구축한다.

우리가 다음 세대에 이를 얼마나 획기적으로 돌파하느냐에 따라 침체된 사회를 규정하는 세 가지 힘에도 영향을 미치게 될 것이다. 우선 지나친 금융화(financialisation)의 영향에 대해 살펴보자.

마몬(Mammon)*의 제국

고도로 금융화된 세상

1980년 무렵, 자본주의가 바뀌었다. (당연히) 오스트리아학파 경제학자의 연구를 바탕으로, 일련의 개혁과 기업적 사고의 변화가 결합해서 시장이 더욱 개방되고 규제가 철폐되었으며, 시장의 메커니즘 자체가 절대적인 것이 되었다. 주주의 가치를 내세운 새로운 모델이 우위를 획득했다. 지금까지도 매우 유사한 상황이다. 그러나 이러한 변화가 우리가 새로운 것을 생각하는 능력을 어떻게 바꾸었는지는 거의 논의가 이루어지지 않고 있다. 만약 방 안에 가만히 앉아 있어도 어떤 아이디어가 떠오른다면, 이런 상황은 전혀 문제가 되지 않을 것

---

*   신약성경에 나오는, 인간을 타락시키는 탐욕의 화신.

이다. 그러나 실제로는 그렇지 않다. 새로운 암 치료법이든 신작 책을 출간하는 것이든, 이 세상에 어떤 아이디어를 가져오기 위해서는 자원이 필요하다. 그리고 자원은 곧 돈을 의미한다.

시장과 기업가의 속박을 풀어주면 파괴적인 혁신이 어마어마하게 일어날 거라고 생각했다. 그러나 3장에서 살펴봤듯이, 그 결과는 미적지근했다. 경제가 일종의 금융 부문으로 재편되면서 새로운 장벽이 생겨났는데, 매몰비용(sunk cost)과 왜곡된 인센티브 때문에 훨씬 더 먼 미래까지 예측 가능한 것이 되어야만 한다. 사회가 손쉽게 거두는 수익에 중독되면서, 신속함을 바라는 태도와 믿음이 사회와 제도적 구조를 잠식했다. 비즈니스, 과학, 문화적 관행, 정부가 할 수 있는 일은 신중한 회계와 주주의 수익을 중시하는 보수적인 범위로 한정되었다.

단기적인 성과를 우선시하는 분위기가 만연해 있다. 기업은 다음 분기의 실적에 초점을 맞추고 있다. CEO의 임기와 주식을 보유하는 기간은 장기적으로 줄어드는 추세인데, 1940년대에만 하더라도 주식을 몇 년 동안 보유하는 게 일반적이었지만, 2010년대 이후에는 몇 초 만에 팔아치우기도 한다.[315] 1,000여 명의 고위급 임원을 대상으로 진행한 설문조사에 따르면, 그들은 모두 단기적인 요인에 심한 압박을 받고 있으며, 이것이 장기적인 성공을 저해한다고 생각했다.[316] 거대한 아이디어를 만들어내려면 시간과 공간과 돈이 필요하다. 주식과 CEO가 빠르게 오가는 이런 세계에서는 그러한 자원이 부족해졌다. 단기적인 금전적 보상에 무차별적으로 초점을 맞추면서, 비용이 많이 들고 불확실한 아이디어를 추구하는 일은 불가능해졌다.

1990년대 초, 보잉(Boeing)은 기업의 미션을 비행기 만드는 것에서 주주에게 가치를 전달하는 것으로 바꾸었다. (역설적이게도 이런 결정을 내리자마자 보잉의 주가가 즉시 폭락했다.) 이후에 항공 분야에서 획기적인 발전이 없다는 사실도 그리 놀라운 것은 아니다.

앞에서 우리는 어떻게 서양에서 장기적인 생산성의 성장세가 둔화되었고, 성공적인 비즈니스의 창출이 줄어들었으며, 기존의 거대 기업에 대한 집중이 심화되었고, 전반적인 성장세가 낮아졌는지 살펴보았다. 1990년대에 보잉이 보여준 전환으로 대표되는 한 가지 중요한 변화는 소유권에 대한 것이다. 기업의 소유권은 이제 연구자가 '회색 자본(gray capital)'이라고 부르는 연기금, 국부펀드, 헤지펀드 등에 지배되는 경향이 갈수록 강해지고 있다. 미국 주식의 80퍼센트는 그런 기관이 보유하고 있는데, 영국에서는 그 수치가 더욱 높다. 따라서 대규모 혁신을 추진해야 할 기업의 소유권은 분산되어 있으며, 그들의 주식은 직접적인 책임도 없고 명확한 비전이나 리더십이 결여되어 있으며, 오직 분기 실적에만 줄기차게 초점을 맞추는 전문적인 자산관리자 집단에 관리 권한이 이양되어 있다. 따라서 이들 관리자에게 합리적인 선택은 오래 걸리고 위험하며 비용이 많이 드는 새로운 아이디어가 아니라 꾸준히 수익을 내는 것이다.

이런 변화는 그 어느 것도 더욱 역동적인 환경을 이끌어내지 않는다. 기업의 소유권이 기관 투자자에게 있으며 그 분야가 특정 기업에 대한 집중도가 높을수록, 기업은 R&D를 포함하여 전반적으로 투자를 훨씬 덜 하게 된다. 어떤 분야를 적은 수의 대기업이 장악하고 있다면, 그들은 경쟁에 대한 걱정 없이 수익을 내는 일에만 더욱 집중하게 된다. 오늘날의 경제가 역설적이게도 경직되었으며 폐쇄적인 것도 놀라운 일은 아니다. 기업의 투자가 전체에서 차지하는 비중은 1950년부터 2000년까지는 30~40퍼센트 수준이었지만, 2000년 이후에는 20~25퍼센트로 떨어졌다. 참고로 이는 코로나19로 인한 경기 침체는 말할 것도 없고, 금융위기로 인한 하락세는 무시한 것이다.[317] 현금은 리스크가 있는 모험에 투입되는 것이 아니라, 회사가 비축하거나 주주에게 돌아가는데, 그 금액은 가히 기록적인 수준이다. 내부의 현금 흐름 비율로 측정했을 때, 주주에게 돌아가는 현금은 1970년대보다 6배 더 많다.[318] S&P 500 기업은 몇 조 달러의 현금을 보유하고 있으며, 주식 환매(share buyback)에 사상 최대인 8,000억 달러, 배당금에 거의 5,000억 달러를 쏟아붓고 있다. 한편, 애플과 알파벳(구글의 모기업)은 독자적으로 수천억 달러를 깔고 앉아 있다.[319] 이들은 이렇게 거액의 현금을 비축하는 것을 '예방조치'라고 설명한다.[320]

이전까지의 자본주의에서는 소유주 겸 경영인이 위험을 감수하면서 새롭고도 혁신적인 비즈니스를 창출하려 했다면, 현대의 기업은 그와는 정반대로 '회색 자본'이 주식시장을 통해 지분을 보유하고 있으며 그들의 관계는 중개인을 통해 고도로 복잡하게 얽혀 있다. 기업에 세상을 급진적으로 변화시킬 수 있는 돈이 없는 것이 아니다. 관리자와 기관투자가가 굳이 나서서 그렇게 할 필요도 없고, 동기부여도 받지 못하는 것이다. 다시 말해, 현대의 비즈니스 관행은 자본주의에서 생산성 그 자체를 의미하는 창의적인 혁신을 억누르고 있다.

인구통계학적인 영향도 또 다른 역할을 한다. 연구에 따르면, 인구 집단 내에서 고령층 사람이 더 많아질수록 더욱 편중되고 오래된 기업이 많아지는 경향이 있으며, 이는 역동성을 저하한다고 말한다.[321] 인구가 고령화됨에 따라, 연기금(pension fund)에는 더욱더 많은 자금이 축적된다. 그들은 혼란을 원하지 않고, 안정적인 수입을 원한다. 사람들이 더욱 나이가 들수록, 경제는 점점 더 위험을 감당하지 않으려 한다.

일반적으로 사람들은 예전의 사회가 덜 역동적이었고, 리스크와 손실을 싫어했을 거라고 생각할 것이다. 그러나 어떤 이들은 경쟁이나 시장의 장벽, 또는 자본에 대한 제한된 접근성이 현대 기업이 리스크를 기피하게 만든다고 본다. 스타트업의 수가 줄어들고 시장의 집중화가 더욱 거세지면서, 기존의 지배적인 사업자를 자리에서 물러나게 하기 위해 필요한 자본의 양이 증가했다. 우푸크 아크치기트(Ufuk Akcigit)와 시나 T. 아테스(Sina T. Ates)는 시장을 주도하는 기업의 역할이 그 어느 때보다도 더욱 강력해졌다고 생각한다.[322] 그들은 기업의 부와 권력이 커지는 것과 함께, 그에 상응하여 특허 출원 활동이 공격적으로 늘어난다는 점을 지적한다. (이에 대해서는 다음에서 좀 더 자세히 다룬다.)

이렇게 규모는 커지고 분위기는 경직되면서, 기존의 기업이 실질적인 변화 없이도 시장을 지배할 수 있게 되었다. 기득권 세력은 잘 알지 못하는 것을 언제나 꺼리며, 깊게 참호를 파놓은 채 보상을 챙겨간다. 혁신보다는 지대추구(rent seeking)*를 하게 된다. 많은 기업은 손쉽게 계약을 따내려고 정부와 친밀하게 어울린다. 정실 자본주의

---

*   지대 수입 같은 비생산적인 활동으로 부의 증대를 추구하는 행위.

(crony capitalism)*는 여전히 존재한다. 기업이 기술적인 우위를 지키려고 하면서 시장은 정체상태가 되었고, 증시에서의 우량주 종목은 매년 변함이 없다. 이런 환경에서는 굳이 고통스럽게 변화를 추구하고자 하는 의욕이 시들해질 수밖에 없다. 실제로 거대한 인수 또는 합병 기회가 무산된 분야는 여전히 더욱 혁신적인 분위기를 유지하고 있으며, 더욱 많은 신생기업과 투자가 유치될 것으로 보인다.[323]

그 결과는 이미 살펴보았듯이, 연구(R)에서는 멀어지고 개발(D)로 더욱 향하는 경향, 수익을 재투자하기보다는 주주에게 돌려주는 것, 스스로 방해받고 싶지 않은 거대하고 오래된 기업의 합병, 예술에서 학계까지 어떠한 분야에서든 재정적인 수익성을 입증해야 하는 것 등의 확연한 변화로 나타난다.[324] S&P 500 기업의 가치 가운데 80퍼센트 이상이 무형자산이며, 기업은 그러한 상태를 급진적으로 변화시키는 것이 아니라 오히려 그런 자산을 보호하고 아끼려 한다.[325] 또한 소프트웨어 같은 무형자산을 지키려는 경향은 역동성 감소와도 연관이 있다. 이런 분야에서는 기업이 모험보다는 현상을 유지하려는 경향이 더욱 강하게 나타난다.[326]

이 모든 것은 마추카토가 '기생적 혁신 생태계(parasitic innovation ecosystem)'라고 부르는 것을 만들어내는데, 이는 기존의 강력한 거대 기업이 다른 곳에서 이뤄낸 성과로 손쉽게 이득을 얻는 것을 말한다.[327] 화려한 선전과는 다르게, 연중 콘퍼런스 일정이 가득하며 그럴듯한 말을 지겹게 반복하는 경영 컨설턴트 집단으로 구성된 이런 생

---

*   정치와 경제 관료가 유착관계를 형성한 체제.

태계는 단기적이고 정적이며, 리스크를 회피하고 수익을 중시하며, 소심하면서도 방어적인 시스템이다. 게다가 이러한 고도의 금융주의는 정부의 정책과 문화적 중심지, 독립적인 연구기관으로 스며들어, 이들 모두를 기생적 혁신 생태계의 기법과 규율이 적용되는 대상으로 만든다. 그것은 결국 제도적인 환경을 형성한다.

벤처캐피털(VC)은 만병통치약이 아니다. 실제로 그것은 기생적 혁신 생태계의 일부인 경우가 많다.[328] 생명과학이나 재료과학의 연구개발 기간은 벤처캐피털이 자금을 투입해 수익을 실현하기에는 너무 긴 경우가 많다. 소프트웨어와는 다르게, 최소기능제품(MVP)을 만들기 위해서는 자본과 인프라를 집중적으로 투입해야 한다. 클린테크(cleantech)*가 좋은 사례다. 2006년에 클린테크 분야에 투자된 금액은 17억 5,000달러였다. 2011년이 되자, 그 금액은 250억 달러로 급증했다.[329] 그러나 이후에 기업이 파산하면서 그러한 금액의 최소 절반은 손실로 기록됐다. 벤처투자가는 '현실 세계'의 기술이 훨씬 더 어렵고 소프트웨어나 일반적인 VC의 투자주기에 비해 훨씬 더 길다는 사실을 깨달으면서, 그런 부문에 대한 투자를 꺼리게 되었다. 클린테크는 피해를 입었고, 발전은 몇 년이나 뒤로 밀려버렸다. VC의 지원을 받는 R&D는 이런 형태의 물질적인 프로토타입을 만드는 데 어려움을 겪고 있으며, 이런 프로토타입은 웹사이트와는 다르게 초기비용이 상당히 많이 필요하며 학습곡선(learning curve)**도 가파른 편

---

*   오염 발생을 근본적으로 줄이는 친환경 기술.

**   시간에 따른 학습의 변화 양상을 그래프로 그려낸 것.

이다. 벤처투자가는 리스크가 가장 커다란 기초 작업이 완료된 이후에야 조용히 발을 들여놓는 경우가 많다. 그런다 하더라도 그들이 지원하는 금액은 극히 일부에 불과하다. VC에서 지원받는 스타트업은 약 0.2퍼센트에 불과하며, VC의 자금 지원은 실제 필요한 수요나 총투자, 경제 전체에 비하면 여전히 미미한 수준이다.[330]

이처럼 고도로 금융화된 세상은 또 다른 음험한 영향을 미친다. 지식재산(IP)에 대해 살펴보자. 특허나 저작권 같은 형태로 일정한 기간 동안 독점을 허용하는 지식재산이라는 개념은 발명과 창의성을 자극해 창작자가 위험을 감수하고 거기에서 이득을 얻을 수 있게 해야 한다. 그런데 이번에도 1980년대에, 특히 미국에서 그 시스템이 바뀌었다.[331] 특허를 취득하고 그것을 강제하기가 더욱 수월해진 것이다. 미국 특허청(USPTO)은 신청인이 지불하는 수수료로 기관을 운영하는 모델을 채택했고, 특허 승인 업무를 주요한 수입원으로 장려하기 시작했다. 그러나 그들은 여전히 자원에 허덕였고, 신청 서류를 적절하게 평가할 수 있는 전문성을 잃고 있었다. 특허청은 직원의 임금이나 전문성 측면에서 대기업과 상대가 되지 않았는데, 특히 복잡하며 빠르게 변화하는 분야에서는 이런 현상이 더욱 심했다. 그들은 특허청의 운영자금을 직접 벌어야 한다는 압박을 크게 받았고, 특허 심사관은 홍수처럼 몰려드는 신청서류에 압도당하고 있었다.

그 결과는 어땠을까? 특허의 승인 건수가 폭발했다. 1983년부터 2002년까지 매년 3배나 폭증했다.[332] 무차별적인 저인망식 특허 출원이 일반적이 되었다. 기업의 내부에서도 특허를 둘러싼 군비경쟁이 벌어졌다. 작은 기업, 특히 소프트웨어나 생명공학 분야의 소규모 기업은 그런 경쟁에 참여할 수 없었고, 시장에서 배제되었다.[333] 특허는 경쟁자를 공격하고 지대를 추구하기 위해 비축해놓는 공격적인 무기가 되었다. 지식재산권 분쟁에 휘말리면 어마어마한 비용이 발생하기 때문에, 특허 침해에 대한 두려움만으로도 새로운 시도를 차단하기에 충분했다.

특허 자체도 점점 더 황당해졌다. 아마존(Amazon)은 '원 클릭(one click)' 쇼핑 방식을 특허 출원한 것으로 유명하다. 다섯 살짜리 아이도 '그네를 흔드는 방법'에 대해 특허를 출원할 수 있다.[334] 즉석사진을 만드는 회사가 창업하면 폴라로이드(Polaroid)가 그들을 모두 폐업시킬 수도 있다.[335] 실제로 잼을 만드는 어떤 회사는 구운 샌드위치와 빵을 굽는 행위에 대해 특허를 출원했다.[336] 브리티시텔레콤(British Telecom)은 자신들이 하이퍼링크(hyperlink)에 대한 특허를 출원했다고 주장했는데, 만약 그렇다면 이론적으로 그들은 인터넷을 사용하는 모든 사람에게 특허 사용료를 청구할 수 있다.[337] 지식재산권 시스템 내에서는 새로운 아이디어에 대한 장려와 금지 사이에서 언제나 균형을 맞춰왔는데, 그러한 시스템의 주춧돌인 지식재산권은 이제 오히려 장애물이 되어버렸다.

왜곡된 방향으로 변질되는 보상 체계

'회색 자본'과 금융주의로 이루어진 세계가 경제를 식민화하면서, 재능 있는 개인에 대한 보상도 왜곡된 방향으로 변질되었다. 헤지펀드 매니저가 되어 다른 사람의 돈을 움직임으로써 수백만 달러를 벌 수 있다면, 굳이 치매 치료법을 개발하거나 새로운 에너지원을 탐구하는 데 노력을 쏟고 싶지는 않을 것이다. 완전히 새로운 탄소중립 비행기를 설계하는 것보다는 파생상품 거래 알고리즘을 구축하는 게 엔지니어로서는 훨씬 간단하면서도 많은 돈을 벌 수 있다. 스탠퍼드 대학교에서 MBA를 받은 학생 집단을 대상으로 수행한 연구에 따르면, 금융업종으로 진출할 때의 소득이 그렇지 않은 경우보다 3배나 더 많았다고 한다.[338] 하물며 저소득자가 거의 없는 스탠퍼드의 MBA가 그러했다. 고학력 사람에게 물리학자나 연극 제작자로서의 직업을 추구한다는 것이 지금처럼 매력적으로 보이지 않은 적은 없었다.

현대 경제의 왜곡된 사실 하나는 세계에서 가장 뛰어나고 똑똑한 사람 대부분이 가장 생산성이 높은 시기에 화면을 쳐다보면서 이메일을 작성하고 스프레드시트를 편집하는 데 보내고 있다는 점이다. 그것도 역사의 발전과는 거의 무관한 일을 하면서 말이다. 우리의 경제는 독창적이고 장기적으로 영향력을 갖는 활동보다는 사소하고 덧없는 업무에 보상을 해주고 있다.

금융 분야만 그런 것이 아니다. 거대한 아이디어에 대해 생각해보면, 최고로 뛰어난 사람이 페이스북의 광고를 팔고 있거나 골드만삭스(Goldman Sachs)에서 M&A에 대한 조언을 하는 등, 지금의 세계는 도저히 이해할 수 없는 규모로 인재를 잘못 할당하고 있다는 점이 분명하다. 세계에서 가장 뛰어난 두뇌가 유출되는 곳은 국가 사이에서 벌어지는 것이 아니라, 인류의 최전선에서 가장 동떨어져 있는 곳이다. 인구, 교육 수준, 부, 기술 역량 등이 모두 늘어났지만, 그들은 모두 지속적인 가치라고는 거의 없는 활동을 지향하고 있다.

시장에서의 전투적인 이데올로기는 거대한 아이디어에서는 그다지 이상적이지 않다. 그것이 대기업의 문제라고만은 할 수 없다. 어쨌든 AT&T나 구글도 모두 거대하지만 혁신적인 조직이기 때문이다. 그렇다고 해서 시장만의 문제도 아니다. 시장은 역사를 거쳐오면서 새로운 아이디어에 대한 강력하면서도 필수적인 원동력이 되어왔기 때문이다. 오히려 그것은 우리가 만들어냈고 지속되어온 기업과 시장이 어떤 것이었는지, 미래에는 그것이 어떠한 유형이 되어야 하는지, 그리고 더욱 중요하게는 혁신적인 생태계가 어떤 모습이어야 하는지에 대한 문제다.

컴퓨터 게임을 만들든, 소설을 쓰든, 하늘을 나는 자동차를 만들든, 우리 사회의 인센티브 구조는 급진적으로 새로운 무언가를 하는 과정에서 수반되는 느리고, 어렵고, 불확실하고, 다루기 힘든 조건을 선호하지 않는다. 우리 사회는 안정적인 임대료와 안전한 금고를 선호한다. 그리고 재정적으로 위기에 빠질 수도 있는 선택은 고려하지 않으려는 경향이 있다. 그러한 위기가 실제로 닥친다면, 그렇게 어려움을 마주하고 있는 바로 그 값비싸고 리스크가 있으며 어려운 분야에 대한 우선순위는 더욱 낮아질 것이다. 그리고 불행하게도 금융 분야에서만 이런 방해물이 있는 것은 아니다.

관리 지침을 따르시오

전문 행정가가 지배하는 오늘날의 대학

이처럼 신선한 새로운 자본주의는 전후의 답답한 관료주의를 날려
버리기 위한 것이었다. 그러나 그런 일은 일어나지 않았다. 오히려
완전히 새로운 종류의 관료주의가 축적되었고, 지금도 계속해서 진
행되고 있다. 우리는 자유분방하며 실험적인 시대가 아니라, 모든 것
들이 관리주의(managerialism)*의 대상이 되는 '규칙의 유토피아(utopia of
rules)'에 살게 되었다.

신속한 수익을 내는 데 방해되는 것이 있다면, 그것은 분명 성대하
게 번창했으며 널리 칭찬받는 대학일 것이다. 그곳은 기초연구와 특

---

*   전문적인 관리자의 통제와 효율적인 관리기법을 중시하는 믿음.

이한 아이디어의 산실이었다. 어쨌든 대학은 이렇게 좋았던 시절이 없었다. 그곳은 단지 잘 나가는 연구의 중심지였을 뿐만 아니라, 우리의 문화와 기술, 경제활동의 핵심적인 엔진이었을 것이다.

그러나 저명한 교수에서 이제 막 학위를 받은 박사에 이르기까지 내가 이야기를 나누어본 학계의 모든 사람은 제도에 대해 절망에 가까운 느낌을 받고 있었다. 그들에게는 대학이라는 상아탑이 외부의 사소하고 허황된 세계에 대한 최후의 보루라는 개념이 여전히 남아 있었지만, 이제는 그러한 생각이 왠지 우습게 보였다.

최근 수십 년 동안, 대학의 특성은 바뀌었다. 엘리트 교육기관이 더욱 부유해지고 강력해지면서, 그들 역시 경제를 장악하고 있는 우량 기업에서 이뤄지는 모든 악행을 모방하기 시작했다. 높은 연봉을 받는 전문적인 행정가 집단의 주도하에, 대학은 얽매이지 않은 자유로운 생각에 대해서는 망각해버렸다. 1975년부터 21세기인 현재까지, 대학에서는 그러한 관리자와 행정가가 급증했다. 미국의 공립대학에서는 그 수가 66퍼센트 증가했다. 사립대학에서는 놀랍게도 그보다 두 배가 넘는 135퍼센트나 증가했다. 이러한 수치는 교수진이나 학생 수의 성장세를 크게 웃도는 것이며, '전면적인 관리형 대학(all-administrative university)'의 형성으로 이어졌다.[339] 실제로 행정가를 비롯한 '전문가'의 수가 교수진의 규모를 능가하고 있다.[340] 1970년대 이후, 대학의 지출액은 3배 증가했지만, 교수-학생 비율은 그대로 머물러 있다는 점을 고려하면, 그 많은 돈이 어디로 갔는지 의문이 들 수밖에 없다. 학계 관계자와 나눠본 대화에 따르면, 그러한 지출은 기껏해야 낭비적인 지출로 여겨졌고, 최악의 경우에는 암울한 행정업무로 가득한 분위기를 적극적으로 조성했는데, 이는 거대한 사고를 하기에는 적대적인 환경이다.

총장, 부총장, 학장, 부학장, 학과장, 교수, 부교수 사무실 밖의 사람은 아무도 아이디어의 산실을 어떻게 지원해야 하는지 알지 못한다. 대신에 학생 지원 서비스에 대한 지출은 강의와 연구 활동에 대한 지출에 비해 지난 10년 동안 두 배 이상 증가했다.[341] 연구실이나 실험, 연구자에 대한 투자보다는 스포츠 경기장이나 체육관, 호화로운 레저 시설에 대한 투자가 주를 이룬다. 철학이나 언어, 예술 관련 학과가 문을 닫는 반면, 새로운 식당과 가게가 활짝 문을 열고 있다.

대학이 언론매체나 정부에 의해, 또는 내부적으로 감사를 받게 되면서, 고위급 관리자는 대학의 순위와 대중적인 이미지에 신경을 쓴다. 실제로 엘리트 대학은 모두 세계에서 좋은 순위를 확보하기 위하여 어마어마한 에너지를 소모하고 있다. 영국에서는 모든 대학과 교수가 연구와 강의의 모든 측면에 점수를 매기는 관행이 광범위하게 시행되고 있으며, 그들은 이러한 평가를 통해 자신의 존재를 정당화해야 한다. 그리하여 대학은 어떤 특성을 통계적으로 달성하는 것이 목표가 되면서 결국엔 그것의 본질적인 특성이 사라진다는 굿하트의 법칙(Goodhart's Law)의 전형적인 희생물이 되었다. 그러나 그들이 그러한 통계적인 조치를 더욱 추가하는 걸 막지는 못하며, 그러한 통계에 과도하게 의존한다고 해서 창의성이 약화된다는 명확한 근거도 없다.[342] 그리하여 기업계의 감사 문화는 대학 세계를 지배하는 원리로 확대되었다. 대학의 연구자는 기초연구에 써야 할 수많은 시간을 허비하면서, 그 시간에 연구보조금 신청서를 작성하고, 그러한 제안서를 평가하며, 위원회의 자리를 맡고, 보고서를 쓰고, 각종 양식을 기입한다. 이러한 수많은 활동은 대학이나 학과, 강좌에 대한 마케팅이나 PR과 관련된 것으로 보인다.

기업에서와 마찬가지로, 실제적인 실천은 사라지고 그 자리에는 비전과 혁신에 대한 온갖 실없는 이야기만이 난무한다. 이에 대하여 어느 비평가는 이렇게 표현했다. "전면적인 관리형 대학에서는, 경영학적으로 그럴듯해 보이는 용어를 늘어놓으면 그것이 마치 학문적인 비전처럼 보인다."[343]

대학에 소속되지 않은 학자인 알렉세이 구제이(Alexey Guzey)는 또 다른 사례를 강조한다.[344] 1933년에 하버드 연구원 학회(Harvard Society of Fellows)라는 단체가 설립되었다. 이 단체의 회원은 '모두 과거의 연구가 아닌 특출한 장래성을 기초로 선택되었고', 이곳은 '(박사가 되는 것이 아니라) 드물고도 독립적인 천재를 양성할 수 있는 대안을 제시하기 위해' 설립되었다. 하버드는 일반적인 경로의 밖에서 활동할 수 있는 괴짜를 원했다. 그러나 2018년이 되자, 이곳의 주니어 연구원(Junior Fellows) 39명 가운데 38명이 박사학위를 받았거나 박사과정에 등록되어 있었다. 이쯤 되면 '독립적인 천재'를 양성한다는 말이 무색해진다. 오히려 전통적인 과정을 거친 사람만이 그곳의 관문을 통과했다. 이것은 학력 지상주의의 증상이자 더 폭넓은 문제의 원인일 수 있으며, 전통을 따르지 않는 접근법이 어떻게 무시되는지 보여준다. 괴짜를 원한다는 그곳의 구성원조차 모두 기존의 틀에 맞는 사람이라면, 다른 곳에서는 어떤 희망이 있겠는가? 과학자는 박사후 연구원(postdoc) 직위나 h 지수(h-index) 등 협소한 지표로 평가받는다. 이제는 심지어 작가나 시각 예술가도 대학원 학위를 취득해야 하는 현실이다.

연구는 악순환에 빠졌다. 후원자와 대학은 리스크가 있는 연구나 그런 걸 연구하는 학자는 가치가 없다고 느낀다. 선진국에서는 박사를 대거 배출했는데도 학술 체계가 성장의 한계에 도달했으며 유의미한 확장을 멈추었다. 그 결과 일자리는 줄어들고 경쟁은 치열해지며 제로섬 게임이 되었다. 한번 삐끗하면 경력이 끝날 수 있다. 연구자는, 특히 아직 초기 경력의 연구자는 체제에 순응해야 하고 안전하게 움직여야 할 의무를 느낀다. 내가 이야기를 나눠본 모든 과학자가 그런 행동을 누가 시켜서 하는 것이 아니라고 말했다. 흥미롭긴 하지만 '위험성이 있는' 뜬구름 연구(blue skies research)*는 자금 지원을 전혀 받지 못한다. 만약 자금을 지원받더라도, 뒷문을 통해 몰래 들여오는 경우가 대부분이다.

승진과 종신 교수직 확보, 연구보조금 신청, 권위 있는 저널에 실리기 위한 동료심사 통과라는 세 가지 항목이 그들의 정신세계를 지배하고 있다. 이는 연구의 질을 담보하기 위한 필수적인 활동으로 보일 수도 있다. 그러나 이런 것에 집중하다 보면 거대하게 생각하고, 기존의 규범을 깨트리며, 기성의 지혜에 도전하는 행위는 자칫하면 오만한 범죄로 간주되어 처벌받을 수 있다. 이런 지표는 학자의 삶을 지배하지만, 그들의 연구 결과는 리스크를 회피하는 시스템의 수중에 맡겨진다. 모든 사람이 보조금 신청이나 유력 저널에서 동료심

---

* 현실 세계와의 관계나 실용성이 분명하지 않은 연구.

사가 가진 결점을 알고 있지만, 그것이 무엇을 위한 것인지는 의견이 일치되지 않는다. 그리하여 현 상태는 끝없이 악화되고 있다.[345]

어쩌면 이것이 변화하는 세상을 마주했을 때 나타나는 전형적인 불만이라고 생각할지도 모른다. 그러나 이것은 사람들이 어떤 아이디어를 추구하는지, 그리고 그것을 어떻게 추구하는지에 현저한 영향을 끼친다. 수많은 연구단체를 분석한 연구에 따르면, 새로운 기회는 희생되는 반면, 기존의 연구에 대한 관심이 더욱 증가하고 있다.[346] 기존의 지식에 깊이 파고들면서 그것을 통합하는 보수적인 연구 전략이 지식의 생산을 지배하고 있다. 그러나 해당 연구에서는 또한 더욱 모험적인 연구를 할수록 더욱 많은 발견과 수상 실적으로 이어진다는 것을 보여준다. 그런데 왜 그런 시도를 하지 않을까? 간단한 셈법 때문이다. "위험성이 있는 전략을 따르는 연구는 무시될 가능성이 더욱 높기는 하지만, 더욱 커다란 영향력을 얻고 더욱 많은 인정을 받을 가능성이 크다. 위험한 전략을 택하면 보수적인 전략에 비해 기대할 수 있는 보상이 더욱 크지만, 그러한 추가적인 위험을 감수하는 것에 비해 거기에 주어지는 추가적인 보상은 불충분하다."[347]

수치적 통계와 인용 횟수를 중시하는 문화는 더욱 안전하며 예측 가능한 연구를 지향하는 이러한 변화의 아주 많은 부분을 차지하고 있다. 제이 바타차리아(Jay Bhattacharya)와 미코 파칼렌(Mikko Packalen)이 과학의 침체를 주제로 쓴 중요한 논문에서, 인용에 대한 집착이 과학의 침체를 상당히 많이 설명해준다고 말한다.[348] 연구 경력을 쌓는 데 인용 횟수를 많이 모으는 것이 매우 중요하다는 사실을 떠올려보라. 이는 인용 횟수를 늘리고자 하는 강력한 동인을 만들어낸다. 그런데 어떤 논문이 인용될까? 여러분은 위험성이 있지만 지대한 영향력을 가진 논문이 많이 인용될 거라고 생각할 것이다. 그렇지 않다. 실제로는 '점점 더 비슷비슷해지는 과학 논문'이 훨씬 더 많이 인용되고 있으며, 출간 시스템은 극도로 참신한 내용에 대해서 전반적으로 편견을 갖고 바라본다.[349] 어떤 하나의 주제를 사람들이 더욱 많이 연구할수록, 관련한 출간물이 더욱 많이 인용되며, 그래서 더욱 많은 사람이 해당 분야에 몰려들게 된다.

한편, 탐사 연구는 실패하고 눈에 띄지 않는 경우가 많다. 설령 결국엔 성과를 거둔다 하더라도 그런 일은 수십 년이나 흐른 뒤에 발생할 수 있으며, 따라서 원작자가 혜택을 누리기에는 너무 늦어버릴 수도 있다. 예를 들어, 현재 코로나19 검사에서 널리 활용되는 중합효소 연쇄 반응(PCR) 기법은 DNA 분석과 관련된 모든 과학에서 필수적인 기술이다. 그런데 이 기술은 미국 옐로스톤 국립공원(Yellowstone National Park)의 온천에서 박테리아가 어떻게 살아남았는지 알아보기 위한 다소 이해하기 힘든 탐사 연구를 통해 나왔는데, 관련 논문이 출간되었을 당시만 하더라도 그다지 주목받지 못했으며 거의 인용되지 않을 것처럼 보였다. 그러나 이 기술이 없었다면, 인간 유전체 프로젝트를 비롯한 현대의 유전학 체계는 완전히 다른 모습이었을 것이다.

이런 이야기는 과학의 역사에서 아주 많이 볼 수 있다. 바타차리아와 파칼렌은 이 분야의 요즘 현황을 조사했는데, 새로운 탐구나 획기적인 발견과는 거리가 먼 수많은 연구가 확연하게 늘어났음을 확인했다. 이것은 정체다. 게다가 논문의 게재와 인용 횟수를 중요하게 평가하는 분위기는, 특정한 방향으로 연구 방향과 결과를 유도함으로써 폭넓은 범위에서의 연구 자체를 왜곡시킨다.[350] 사심 없는 태도는 끼어들 여지가 없다.

심지어 자금을 후원하는 이들도 지금의 연구 생태계가 더욱 단기적이고 보수적이며, 고립된 채 분열되어 있고, 모험을 덜 하며 이상을 추구하지 않게 되었다는 점을 인정한다.[351] 연구비 지원은 3~4년의 주기에 갇혀버렸다. 연구자는 어느 시점이 지나면 이후의 연구자금을 확보하기 위한 활동을 해야 한다. 실제로 연구 가능한 시간의 최대 40퍼센트는 보조금을 받으려는 업무에 소요되고 있다.[352] 그리고 자금 지원을 평가하는 사람이 참신한 연구를 꺼리거나, 또는 자신의 전공이 아닌 분야에 대해서는 우호적이지 않은 쪽으로 편향되어 있음을 보여주는 근거도 존재한다.[353] 그로 인한 최종 결과는 자금 지원이 기계적으로 결정되고, 동료심사는 동족의식에 의해 이루어지는 문화가 형성된다. 그리고 거대한 아이디어가 될 수 있는 1퍼센트의 연구는 과도한 책임감과 행정업무, 그리고 위험성에 대한 우려로 지원이 박탈되고 중단되는 현실이다. 혁신적인 연구는 그러한 문화 사이에서 표류하고 있다.

규제와 관리주의에 잠식당하는 발견과 독창성

괴짜와 특이한 사람은 더더욱 환영받지 못한다. 이에 대하여 물리학자인 리 스몰린(Lee Smolin)은 이렇게 표현했다. "젊은 아인슈타인이 만약 지금 살아 있다면 대학교에 채용될 수 있을까라는 질문이 오래

전부터 세간에 회자되었다. 그에 대한 대답은 분명 '아니오'다."[354] 젊은 마리 퀴리(Marie Curie)라면 어떨까? 아니면 스튜어트 카우프만(Stuart Kauffman)이나 린 마굴리스(Lynn Margulis), 데이비드 도이치(David Deutsch)처럼 좀 더 최근에 활약하고 있는 특이한 인물이라면 어떨까? (참고로 데이비드 도이치는 양자 컴퓨팅 분야의 선구자인데, 그는 최근에 자신의 연구가 오늘날이라면 자금 지원을 받지 못했을 것이라고 인정했다.)[355] 근대 시기의 윤리철학에 대한 가장 중요한 두 권의 저서 등을 출간한 데릭 파핏(Derek Parfit) 같은 사상가라면 끊임없이 수량을 우선시하는 시스템 안에서 기반을 마련할 수 있었을까? 진실을 말하면, 대학은 개성이 강한 사람을 좋아하지 않는다는 것이다. 지금의 학계는 더욱 넓은 세상과 마찬가지로 기존의 규범에 도전하고자 하는 사람을 더 이상 환영하지 않는다.

관리자에게 이것은 시스템이 그저 제대로 작동하는 것일 뿐이다. 독창성은 실험실이나 강의실보다는 언론 보도자료에서 더욱 잘 어울리는 것이 되었다. 학문의 자율성을 보장해주는 종신 교수 같은 안락한 자리는 점점 줄어들고 있다. 미국에서는 현재 교수의 약 30퍼센트만이 종신을 보장받았거나 그럴 예정인데, 참고로 1970년대에는 그 비율이 67퍼센트였다.[356] 인문학 강좌의 수는 1960년대에만 하더라도 5개 중 1개였지만 지금은 20개 중 1개 수준으로 줄어들었다. 인문학 관련 학과와 단과대학이 무더기로 폐쇄되면서 벌어진 일인데, 인문학 관련 단과대학의 수는 1990년대 이후로 40퍼센트가량 감소했다.[357] 학계에 설 자리가 매년 줄어들면서, 사고와 교육과 표현의 공간이 사라지고 있다.

한편, 웰컴트러스트(Wellcome Trust)가 연구 문화에 대하여 조사한 내용에 따르면, 응답자 중 75퍼센트는 창의성이 억압받는다고 느꼈으며, 23퍼센트는 특정한 결과를 내놓아야 한다는 압박감을 느낀다고 대답했다.[358] 자신의 진로가 안전하다고 느끼는 사람은 29퍼센트에 머물렀으며, 수치적인 평가 기법을 강조하는 문화가 연구에 도움이 된다고 생각하는 사람은 겨우 14퍼센트에 불과했다. 이는 이 세상을 자금 후원과 압박감, 출세 지상주의, 좌절감 등이 지배하고 있으며, 자율성이나 독창성을 발휘할 여지가 거의 없다는 사실을 보여준다. 그러한 세상에서는 생각의 자유가 서류상으로는 가치가 있지만, 실제 현실에서는 조직 내부의 정치, 승진을 위한 경쟁, 지나친 전문화, 연구비 삭감에 대한 불안감, 인용 횟수를 높이려는 시도, 학계 내부에서의 명성, 인정받는 영역의 차지, 연구의 출간에 대한 압박감 등이 어디에서나 우위를 차지하고 있다. 현실에서는 관료주의와 편협한 시야의 문화가 지배하고 있다.

전체적인 분야를 조사한 어느 논문의 표현에 따르면, 이러한 생태계는 획기적인 아이디어에서는 '처참한 상황'이라고 한다.[359] 관리주의적인 문화는 확실히 우리를 발견과 독창성에서 멀어지게 만든다. 금융주의에 대한 압력과 마찬가지로, 그것은 리스크를 회피하고 소극적으로 만들며 하나의 방향으로 향하게 만든다. 그리고 이는 기존의 권위나 주류의 흐름을 거부하기 어렵게 하고, 집단순응적인 사고의 유혹에 취약하게 만든다.

물론 관리주의가 대학에만 국한된 것은 아니다. 기업과 정부라고 해서 나을 것은 없다. 대기업에서 일해본 경험이 있는 사람이라면 누구나 증언하겠지만, 그들에게는 관리와 모니터링, 토론, 그리고 복잡한 조직구조의 재편 자체가 주요한 목표가 되었다. 기업은 한때 혁신을 위한 군더더기 없는 조직이라는 믿음이 있었지만, 지금은 그런 모습과는 거리가 멀다. 이메일을 통한 의사소통, 내부의 기획, 사내 정치, 잘못된 점은 은폐하고 좋은 점은 더욱 부각하는 것이 더욱 우선시된다. 비즈니스 관련 서적에서 이구동성으로 말하는 것과는 다르게, 반대의견은 좌절을 경험할 뿐이다. 그러는 한편 관리직은 온통 시간을 허비하고 있다. 어느 추정에 따르면 관리직 중 60~80퍼센트는 보고서를 작성하고 무의미한 회의를 하느라 시간을 낭비한다고 한다.[360] 보스턴컨설팅그룹(Boston Consulting Group)이 어떤 기업의 내부가 얼마나 복잡한지 측정하는 '복잡성 지수(index of complicatedness)'는 지난 50년 동안 매년 7퍼센트라는 놀라운 수준으로 높아졌다.[361] 혁신을 담당하는 임원을 대상으로 수행한 어느 설문조사에 따르면, 그들이 느끼는 가장 커다란 장벽은 자원이 아니라 사내 정치와 조직문화라는 점이 드러났다.[362] 다시 말하지만, 독창적인 사고에 대한 욕구가 줄어들었다. 중요한 것은 이것이 그저 단조로운 분야만이 아니라, 뛰어난 기술이나 엔터테인먼트 비즈니스에도 적용된다는 것이다.

공공기관도 자연스럽게 이와 동일한 관리주의적 병폐를 고수하는데, 때로는 극단적인 형태를 따르는 경우도 많다.[363] 각국 정부는 자신들이 새로운 아이디어를 엄청나게 지원한다고 공언하지만 실제로는 머뭇거리는 경향이 있기 때문에, 혁신은 실행단계에서 좌절되기 일쑤다. 그러는 동안 각종 규제와 인허가, 기준은 축적되어간다. 이렇게 온갖 규칙과 규제가 온통 뒤섞여 있다는 것은 새로운 아이디어가 그러한 모든 기준에 맞게 뒤틀리고 덧씌워져야 한다는 것을 의미한다. 특수한 이익집단이 큰 목소리를 내고, 자신의 살 길을 찾으며, 스스로를 보호하기 위해 온갖 규제를 만들어내면서, 새로운 가능성을 위해 열려 있던 공간은 서서히 숨이 막히게 된다. 이번에도 또다시 이러한 과정은 자유로운 행보와 실험을 위한 공간을 으스러트리고 만다.

다시 이동수단으로 돌아가서 잠시만 좀 더 살펴보자. 우리는 혁명의 정점에 서 있을 수도 있었지만, 변화하는 정책에 발을 맞추고 수많은 규제를 준수해야 하는 분위기가 변화를 불가능하게 만들 수도 있다. 자율주행 차량, 하늘을 나는 자동차, 도시 지하의 초고속 터널 등, 이 모든 것은 지금 당장이라도 얼마든지 실현할 수 있지만 규제 당국은 (어쩌면 이해할 수 있는 이유로) 신중한 입장이다. 이러한 조짐은 우버(Uber)와 관련해서 처음 볼 수 있었다. 파리에는 겨우 1만 8,000대의 정규택시와 1만 9,000대의 콜택시가 있고, 런던에는 2만 3,000대의 블랙캡(black cab)과 4만 대의 콜택시가 있다. 그럼에도 우버가 각 도시의 당국에서 거센 저항을 받아왔다. 이런 상황에서 하늘을 나는 차량을 기대할 수 있을까? 아니면 에너지는 어떨까? 우리가 사용할 수 있는 에너지의 성장세가 둔화되었다는 사실을 떠올려보라. (핵과 같은) 새로운 에너지와 관련한 규제가 근본적인 차원에서 그토록 억제 위주인 것도 그다지 놀라운 사실은 아니다.

우리 사회의 규제는 2000년대 초까지 몇 년 동안 감소했지만, 그 이후로는 다시 규제의 부담이 증가하는 시기에 있다. 미국의 일자리 4개 중 1개는 어떤 식으로든 직업과 관련하여 정식 면허가 필요하다. 변호사의 수가 수십 년 동안 빠르게 증가해왔다는 건 전혀 비밀이 아닌데, 1980년대 초 이후로 미국에서는 거의 네 배나 늘어났다. 1997년부터 2012년 사이에 미국 연방규정집(CFR)에서는 매년 1만 2,000개의 규제가 늘어났다.[364] 현재 이 규정집의 분량은 17만 5,000페이지가 넘는데, 상당수는 내용이 불투명하고 심지어 문서 내에서 서로 참조하는 항목이다.[365] 유럽연합(EU)은 자체 연구에 따라 그것을 안전하다고 선언한 지 몇 년이 지났는데도 기초적인 유전자 변형 같은 기술을 여전히 불법으로 규정하고 있다. 유럽연합의 일반개인정보보호규정(GDPR)은 개인정보를 보호하기 위해 마련되었지만, 심사숙고를 거치지 않은 수많은 규정이 그러하듯 신생기업의 비즈니스를 더욱 어렵게 만들고 있으며, 결과적으로 기존의 대기업에 도움을 주고 있다. 현재 전 세계에서 가장 빠르게 늘어나는 일자리는 사설 경비원이나 은행권의 준법감시인(compliance officer) 같은 직업인데, 이들은 사실 생산성이 거의 없는 역할이다. 기술 업계에서 물류, 건설, 은행권에 이르기까지 모든 분야에서 규정을 준수하기 위한 비용이 늘어나면서, 그것은 이제 상당한 진입장벽을 형성하고 기존의 지배적인 이해당사자에게 유리하게 작용한다. '규제 없는 혁신(permissionless innovation)'이라는 신화 속 개념은 더 이상 존재하지 않는다.

지나치게 의욕적이고 과도하게 복잡한 규제는 기존의 강자를 선호하고, 혁신을 억제하며, 이제껏 볼 수 없었던 형태의 간접비용을 발생시킨다. 예기치 못한 사고를 미리 방지하기 위한 원칙을 적당히 신중하게 적용하는 것은 필요하지만, '신중함'이라는 것은 균형을 맞추기가 까다로운 것이다. 나는 규제 그 자체에는 반대하지 않지만, 거대한 아이디어가 우리가 예상하는 것만큼 자주 나타나지도 않고 규모가 커지지도 않는 이유를 분석한 관점에서 보면, 그것을 어떻게 혼용하느냐가 중요하다고 할 수 있다. 또한 나는 관리주의 자체에 반대하는 것이 아니다. 벨 연구소의 머빈 켈리도 결국엔 관리자였고, 벨 연구소의 관리 시스템은 아주 효율적이었다는 점이 입증되었기 때문이다. 그러나 규제와 마찬가지로, 과도하거나 잘못된 방향으로 흐르는 관리주의가 문제다.

이런 모든 것이 미래를 압박하면서, 현상유지를 장려한다. 비즈니스나 정치 못지않게, 문화와 학술 분야에도 기득권이 있다. 갈릴레이에 반대하는 움직임은 가톨릭교회보다는 아리스토텔레스의 철학을 계승하는 이탈리아 대학계의 경쟁자에게서 시작되었다. 그러한 분위기에서 금융주의와 관리주의는 사람을 방어적으로 만들고, 막대한 매몰비용을 보호하려 노력하게 만든다. 기업은 현재의 상품과 브랜드, 그리고 공급망에 투자한다. 개인은 더욱 오랫동안 교육을 받고 경쟁력을 높이기 위해 각자의 인적자본(human capital)에 투자한다. 어떤 분야에서 권위를 구축하고 자신의 영역을 주장하기까지는 수십 년이 소요된다. 그 누구도 그러한 성채가 무너지는 것을 달가워하지 않는다. 석유회사나 병원장 등을 생각해보라. 시간이 지날수록 그들의 매몰비용은 더욱 커지기만 할 뿐이고, 따라서 그것의 가치를 보호해야 할 이유는 더욱 많아진다. 기성 권력의 관점에서 보면, 시간이 지남에 따라 새로운 아이디어를 내놓아야 하는 이유는 증가하지 않는다. 오히려 그 정반대다. 그들은 자신이 이미 알고 있으며 자신의 지위를 뒷받침하는 것을 유지하고자 하는 욕구가 커진다. 어느 기관이나 개인이든 매몰비용이 더욱 많아질수록, 각자가 가지고 있는 것을 지켜내고자 하는 의지가 더욱 커진다.

금융주의와 관리주의는 모두 불확실성을 싫어한다. 그러나 거대하고 새로운 아이디어를 생성하고 실행하고 인정받는다는 것은 거대한 불확실성이 가득한 과정이다. 기업이나 교육기관 또는 정부로서는 의도가 확실하고 매력적인 것을 놔두고 매우 불확실한 제안이나 성공 가능성이 불투명한 사람을 지지해야 할 이유가 거의 없다. 관리자, 이사회, 기관투자자, 자금을 지원하는 단체 등의 입장에서는 가능하면 저항이 적은 경로를 선택하는 것이 실제로 더 낫다. 규제당국의 직원은 지나치게 신중한 입장을 취한다고 해서 해고되지 않으며, 기업의 CEO도 견실한 성장방안을 선택했다고 해서 해임당하지는 않는다. 결과가 확실하지 않은 기회를 놓아버린다고 해서 심각한 타격을 입는 것은 아니다.

우리는 연구나 예술 분야가 아니라 규제 기능을 하는 분야에서 일자리가 가장 빠르게 늘어나는 세상을 만들었다. 과학이 아니라 규제 준수를 중시하는 세상을 만들었다. 그러한 세상에서는 새로운 발명이나 치료법이 시도되지 않으며, 기본 답안이 '아니오'이고 리스크 회피가 예술적인 형태이며, 편안한 기성 권력이 방해받지 않고 항해할 수 있고, '계량적 분석의 압제'와 복잡한 규칙과 과도한 관리체계가 새로운 것이 태어날 수 있는 여지를 약화한다. 이러한 영향력은 수십 년에 걸쳐 구축되었는데, 그것을 제거하거나 저항하는 것은 불가능해 보인다.

'고정관념에서 벗어난 사고'라는 표현이, 관리를 중시하는 오늘날의 사회에서 가장 우스운 표현이 된 데는 나름의 이유가 있다.

눈먼 행성

극단주의와 포퓰리즘이 지배하는 시대

영국에서 브렉시트(Brexit) 찬반 국민투표를 둘러싼 열기가 한창이던 2016년, 이 나라의 최고위층 정치인 가운데 한 명인 마이클 고브(Michael Gove)는 '영국 사람은 전문가라면 진절머리를 친다'는 놀라운 주장을 펼쳤다. 확실히 현대 세계는 전문가에게 많이 의존하고 있다. 암 진단을 받거나, 비행기를 운항하거나, 복잡한 법안을 심사할 때 전문가가 유용할까? 고브는 더 이상 그렇지 않다고 말했다. 그의 이런 발언은 영국 국민의 상당수에게 그럴듯하게 들렸다. 예상했다시피, 브렉시트 국민투표에서 대부분의 전문가는 고브의 설명에 친숙해진 대중에게 외면받았다. 대서양의 건너편에서도 이러한 메시지와 그러한 영향력은 동일했다. 당시 대통령 후보인 도널드 트럼프는

'전문가라면 끔찍하다'고 말했다.

그러나 우리가 새로운 복잡성과 어려움의 정점에 도달하고 그 어느 때보다도 전문성이 필요해진 시점에서, 이런 생각은 독소가 되었다. 사람들이 보기에 엘리트는 사리사욕을 추구하며 거만한 집단이었다. 그것은 문제점일 뿐, 해결책은 아니었다.[366] 이것은 전 세계에 불어닥치게 될 팬데믹에 대한 최선의 대비책은 아니었다.

포퓰리즘의 대대적인 공세는 아이디어가 부정적인 방향으로 다시 정치화되었음을 의미한다. 20세기가 끝나가던 무렵에도 새로운 아이디어를 탐구하는 것에 대해 논란의 여지가 덜했다고 느껴진 적은 없다. 그러나 이제는 그러한 시도가 마치 터무니없는 막간극처럼 보인다. 포퓰리즘은 일반적으로 2010년대 이후에 급증했으며 대체로 민족주의적인 정서의 물결로 받아들여지지만, 나는 가장 넓은 의미에서 그것이 서로 교차하는 사회적인 압력의 스펙트럼을 압축해서 보여주는 것이라고 생각한다. 선동적인 지도자에서 풀뿌리 민중의 반발에 이르기까지, 거센 강도의 당파적 논쟁에 이르기까지, 과대 선전과 자극적인 제목에 대한 관심에 이르기까지, 포퓰리즘은 심층적인 수준에서 그리고 전 세계적으로 격화되고 있다. 비록 논란의 여지가 있기는 하지만, 그것은 변화무쌍하면서도 불가피한 것이고, 모든 사안의 구석구석에까지 침투하고 있다. 앞으로 다가올 수십 년은 포퓰리즘의 급증으로 발생한 단층선과 균열 속에서 펼쳐질 것이다.

전문가는 권위의 위기에 직면해 있다. 많은 사람이 더 이상 의사나 언론인이나 국회의원을 믿지 않는다.[367] 정부와 언론에 대한 신뢰도는 전 세계에서 기록적으로 낮은 수치를 보여준다. 예를 들어, 미국인 5명 가운데 4명은 의회가 부패했다고 생각한다.[368] 그런데 이러한 신뢰의 결핍은 일반적인 기관과 전문지식 전반으로까지 확대되고 있다. 의료기관, 과학기관, 교육기관에 대한 신뢰도는 1970년대부터 곤두박질친 이후로 꾸준히 하락하고 있다.[369] 일선의 전문가를 대상으로 수행한 설문조사에 따르면, 사회과학 같은 분야에서도 그들에 대한 신뢰가 하락하고 있다는 사실을 발견했다.[370] 에델만(Edelman)이 매년 발행하는 신뢰 지표(Edelman Trust Barometer)에 따르면, 많은 나라에서 기관에 대한 신뢰가 사상 최저를 기록하고 있다. 새로운 아이디어를 만들어낼 수 있고, 또 그래야 하는 사람과 기관이 이토록 인기가 없었던 적은 없다.

양극화가 더욱 커지고 있으며, 공동의 기반은 고갈되고 있다. 당파성이 증가하고 사람들이 마음을 닫으면서, 함께 하는 탐구와 잠재적인 협력을 할 수 있는 관계가 끊어지고 있다. 이단으로 취급되어야 할 의견이 퍼지고, 사람들은 이념적으로 순수한 조건에서 무언가를 판단할 수 없게 되었다. 1990년대의 학계에는 좌파 성향의 교수 두 명 당 우파 성향의 교수가 한 명 정도 있었다. 2011년이 되자, 그 수치는 다섯 명 대 한 명이 되었다.[371] 예술, 인문학, 사회과학에서는 그 비율이 10대 1을 넘어서 그것을 훨씬 넘어서는 경우도 많다.[372] 심지어 사회과학 분야에서 가장 우파적인 경제학에서도 4대 1 정도로 좌편향적인 비율을 보인다.[373]

그러는 동안 학계는 (여전히 그것을 원하고 있다면) 젠더 및 인종 다양성에 대해 더욱 잘 이해하게 되었지만, 그것의 핵심적인 사상과 세계관의 측면에서는 균질화(homogenise)되었다. 나 역시 여러 측면에서 요즘 학계의 정치적인 편견을 공유하고 있다. 그러나 나는 그것에 단점이 있지는 않은지, 그리고 더욱 근본적인 차원에서 집단순응적인 사고의 징후가 보이지는 않는지 의문을 제기한다. 집단 내에서 나타나는 양극화의 또 다른 측면인 그러한 인지적 균질성(homogeneity)은 기업 세계에도 반영되었을 가능성이 높다. 학계의 분열은 사회의 분열을 반영하는 것이다. 미국에서는 특정한 정당을 지지하는 사람 중 81퍼센트는 반대편 사람에 대해 부정적인 견해를 갖고 있는데, 이는 아주 높은 수치다.[374] 어떤 의원이 사용한 문장 하나만으로도 그 사람의 정치적인 성향을 얼마나 쉽게 파악할 수 있는가로 규정되는 당파성(partisanship)은 19세기 말부터 1990년대까지만 해도 거의 변동이 없었다. 그러나 2000년대부터는 급증해서, 예전에는 그들이 사용하는 문장의 55퍼센트에서 그러한 당파성이 발견되었다면, 이제는 83퍼센트에서 확인되고 있다.[375]

온라인에서 더욱 힘을 얻은 동족의식이 지역 정치에서 의료나 육아에 이르기까지 모든 사안을 더욱 정파적으로 만들고 있다. 국내적으로나 국제적으로 모두 이렇게 너그럽지 않은 세상에서 어떻게 다른 종류의 생각이 번성할 수 있을까? 다른 정당, 다른 집단, 다른 나라는 어떤 문제에 대해 합의조차 할 수 없게 되었다. 소위 말하는 인식론적 양극화(epistemic polarisation)는 최종 목표에 충분히 동의할 수 있는 사람에게까지 영향을 미치고 있다. 그래서 단지 다른 사람이 제시한 증거를 불확실하다고 간주하는 것만으로도 인식의 양극화와 불신을 고조시킬 수 있다.[376]

이는 더욱 폭넓은 범위에서 사람들의 마음이 닫히는 현실을 반영한다. 1960년대의 학생은 학문의 다양성과 발언의 자유를 명분으로 시위를 벌였다. 오늘날에는 그들이 동의하지 않는 연사의 발언권을 막으려고 시위를 벌인다. 진실을 추구한다는 구시대적인 가치는 이데올로기적으로 유리한 입장에 맞게 타협이 이뤄져왔다. 안전한 담론과 안락한 공간에 대한 욕구는 논란의 불씨를 잠재운다. 지적인 영역에서의 합의와 안전 우선의 접근방식은 대부분의 학생 단체나 전문가 집단 모두에게 타협할 수 없는 것이 되었다.

사람들은 지나치게 눈치를 살피거나, 아니면 고의적으로 도발하는 경우가 많아졌다. 악플러나 극단주의자를 차단하는 걸 합법화할 수도 있는 아이디어가 공공 담론의 영역에 침투했다. 콜아웃 컬처(callout culture)*와 캔슬 컬처(cancel culture)**는 자기검열을 낳는다. 우리 대 그들이라는 대립 문화는 대화를 차단하고, 집단적인 협업에 대한 선의의 의식을 잠식한다. 이것은 '자유로운 연구, 반대, 증거에 기초한 논쟁, 지적인 솔직함'을 폐쇄하는 분위기다.[377] 만약 잘못된 발언을 하면, 공개적으로 망신을 당하게 된다. 잘못된 견해를 가졌다면, 발언 기회를 박탈당한다.[378]

이 모든 것은 위험하고 대담하며 독창적인 생각이나 발언에 대한 의욕을 위축시키며, 중요한 질문이나 답변으로 간주되는 연구나 방법론에 대한 주제로 흘러가는 과정을 차단한다. 그것은 또한 토론을

---

*   유명인이나 기업이 잘못을 저질렀을 경우 SNS 등을 통해 그것을 공개적으로 비판하는 문화.

**   유명인이나 기업이 잘못을 저질렀을 경우 그들에 대한 관심을 철회(cancel)하는 문화.

할 수 있는 문제를 제한한다. 특정한 개념이나 이야기에 대해서는 논의를 할 수 없고, 설령 우연하게라도 길을 벗어난 개인은 화를 입게 된다. 이러한 규율은 사람을 자기확증적(self-confirmatory) 거품 안에 갇히게 만든다. 나는 문학 연구에서 이런 현상이 일어나는 걸 목격했는데, 많은 사람이 경건해졌고, 내면에 천착하며, 지적인 의욕을 상실한 것으로 보인다. 이 분야 전체에는 청교도적인 교리가 가득 퍼져 있다.

우파의 일부에서는 '문화적 마르크스주의(cultural Marxism)*'나 포스트모더니즘이 전 세계 모든 문제의 근원이라는 터무니없는 주장을 내뱉는 등 상당히 좋지 않은 모습을 보인다. 포퓰리스트 우파의 많은 사람은 이성적인 주장이나 증거에 입각한 기준 등을 완전히 무시하면서 전문성과 엘리트주의에 대한 공격을 주도하고 있다. 미국에서는 어느 극단주의 우파가 반과학(anti-science)과 반지식(anti-knowledge)을 내세우는 새로운 세력을 만들었다. 공화당과 보수적인 교단의 위태로운 동맹 관계는 이와 관련하여 상당히 기이한 증상이다. 특히 토머스 제퍼슨(Thomas Jefferson)이나 벤저민 프랭클린(Benjamin Franklin), 존 애덤스(John Adams) 같은 '건국의 아버지들'이 과학적인 기준과 지식, 토론에 진심으로 헌신적이었다는 사실을 고려하면 더욱 그러하다.[379]

1980년대에 창조론의 교리를 지지한 레이건 대통령 시절에 처음 번성하기 시작한 이러한 현상은 계속해서 이어져 조지 W. 부시와 트럼프 행정부 체제에서 더욱 심화되었다. 포퓰리즘 진영은 의학적인

---

* 　마르크스주의가 서양의 전통적인 가치를 전복하려 한다고 주장하는 우파 진영의 음모론.

조언을 무시하고, 기후변화를 부정하고, 새로운 과학자의 앞길을 차단하면서, 진실 추구와 협업, 체계적인 사고를 위하여 신중하게 마련된 제도적인 기반에 대해 맹공격을 퍼붓고 있는데,《네이처(Nature)》는 이렇게 피해를 입은 과학계에 대한 대중의 신뢰를 회복하려면 수십 년이 걸릴 수도 있다고 말한다.[380]

이는 다시 반과학과 반이성(anti-reason)의 광범위한 조류를 일으키는 데 일조한다. 이에 대해서는 다양한 사례가 널리 퍼져 있다. 예를 들면, 동종요법(homeopathy)*이나 백신 접종에 반대하는 흑색선전, 또는 유명인을 내세운 건강 관련 사이트의 엉터리 치료법 같은 '대체의학(alternative medicine)' 분야에서 사이비과학(pseudoscience)이 지속적으로 역할을 하는 것이 대표적이다.

그리고 진화론을 부정하고 창조론을 주장하는 믿음, 기후변화를 부정하거나 경시하는 태도, 피해망상적인 음모 이론을 지역 내에서 또는 세계적인 차원에서 선동하는 행위, 민족 또는 인종에 기반을 둔 과학과 지식의 추구, 정치적 입장이라는 명분을 내세워 사회과학적인 데이터와 논의를 왜곡하고 비방하고 날조하는 행위, 조잡한 주장과 피해망상적인 태도를 기반으로 줄기세포 연구에서 유전자변형작물에 이르기까지의 과학적인 사실을 모두 부정하는 태도, 정치적 성향을 가리지 않고 모든 분파에서 볼 수 있는 소위 지식인이라고 불리는 사람들의 허울만 그럴듯한 가식 등도 마찬가지다.

어떤 이론이나 근거나 증거로 제시할 수 있는 아이디어는 언제든

---

* 어떤 질병과 비슷한 증상을 유발시켜 치료를 시도하는 의술.

준비되어 있다. 누구나 그러길 바라는 것이면 무엇이든 날조해낼 수 있고, 때로는 급진적인 포스트모던 이론과 온라인의 극우 매체가 기이하게 합쳐져서 만들어지기도 한다.

팬데믹 기간만큼 이러한 현상이 더욱 극명한 시기는 없다. 미국의 질병통제예방센터(CDC)나 식품의약국(FDA) 같은 정부기관은 정치적으로 극심한 압력을 받았다. 우한에서 워싱턴까지, 브라질리아에서 브뤼셀까지 어마어마한 도전에 대응하려는 수많은 아이디어는 모두 정치적이라는 비판을 받았고, 세상은 탐구의 공간이 아니라 자신의 적을 물리치기 위한 전장이 되었다.

정책이나 전염병학은 물론이고 심지어는 생물학까지 포함하는 수많은 영역이 정치적 검증의 대상이 되었다. 재택근무를 해야 하는지 또는 마스크를 착용해야 하는지 같은 질문은 답을 찾아야 하는 문제가 아니라, 그 사람이 정치적으로 지지하는 집단이 어디인지 나타내는 일종의 표식이 되었다.

쉽게 말해 코로나19는 포퓰리즘 진영이 숨 막힐 것 같은 수많은 아이디어와 극단적인 동족집단의 사고방식과, 본질보다는 기회주의에 편승하는 주장과, 거짓으로 점철된 수많은 정보를 내놓기 위해 활용하는 배양접시였으며, 건전한 담론의 공간과 과학적인 연구의 기준을 무너트리기 위해 활용하는 시험무대였다.

나는 이렇게 많은 것이 정치화된 현상을 비판하고자 하는 것이 아니다. 다만 이러한 문제에서 지적인 소요사태가 들끓고 있다는 사실을 지적하는 것이다. 그것이 진정될 기미는 보이지 않으며, 정치적 형태의 논의가 지나치게 우선시되면서 거대하고 독창적인 아이디어가 도출될 가능성을 막아버린다는 점을 지적하고 싶다. 그리고 더욱 우려스러운 것은 각각의 개별적인 논의가 아니라, 더 넓은 차원에서의 영향력이다. 반지성주의와 집단순응주의가 승리하는 탈진실(post-truth)* 세상의 망령이 보이기 때문이다. 현실이 이렇게 되기까지는 복잡하면서도 오랜 역사가 있었겠지만, 사상의 자유가 승리했다고 여겨지던 세상이었기에 가능하기도 했다.

캠퍼스 문화나 소셜미디어에서의 말싸움은 심각한 사건으로 전개되는 빌미가 된다. 전 세계의 정치와 문화에서 민족주의와 토착주의(nativism)로의 회귀 현상이 나타나면서, 지구상의 방대한 인구는 그러한 울타리의 내면으로 그리고 뒤쪽으로 고개를 돌리고 있다. (다른 나라도 아닌) 미국과 오스트레일리아의 정부는 국가의 자금이 어떤 의미로든 '애국적'인 연구나 문화적 프로젝트에 사용되어야 한다고 주장했다.[381] 브라질 정부는 창조론을 믿는 사람에게 국가의 과학 정책을 맡기고 있다. 인도에서는 정부가 국가에 해로운 것으로 간주되는 내용이 있다면, 그것은 교과과정에서 삭제된다.

미국, 터키, 러시아, 인도, 중국 등 사실상 거의 모든 곳에서 민족국가주의(ethno-nationalism)가 떠오르면서 기술국가주의(techno-nationalism)를 더욱 부채질하며, 이는 다시 지속적인 혁신에 필요한 공통의 기준을 분열하려 위협한다. 기업이나 비즈니스나 연구에서는 이제 국경을 가로지르는 협업의 가능성이 더욱 낮아졌다. 관세장벽은 교역을 감소시킨다. 특히나 문화 수출은 더욱 제약받고 있다. 시계(視界)는

---

*   객관적인 사실보다는 개인적인 감정과 믿음을 중요시하는 것.

줄어들었다. 거대한 불길이 일어날 가능성은 더욱 커졌다. 한때는 편지공화국(Republic of Letters)이 존재한 적도 있지만, 이제는 과시적인 민족주의가 21세기를 질식시키고 있다. 민족국가가 지정학의 영역에서 탄탄하게 자리를 굳혔기 때문에, 그들이 이 책에서 논의하는 초국가적인 질문에 답을 할 가능성은 크지 않을 것이다.

그리고 이번 세기를 거치며 다른 형태의 여러 근본주의(fundamentalism)도 계속해서 번성할 것이다. 인구통계학의 추세는 좀 더 평범한 사람보다는 가장 극단적인 형태의 종교에 더욱 우호적인 경향이 있다. 다시 말해, 종교적으로 더욱 극단적인 사람일수록, 자녀를 더욱 많이 갖는 것이다.[382] 역사에서 인구구성이 정말로 중요하다면, 이것은 그다지 좋은 징조가 아니다.

한편, 온갖 종류의 의도하지 않은 결과도 아이디어를 방해할 수 있다. 예를 들어, 아마존의 R&D 예산은 영국 정부 전체의 연구비 지출 규모보다 4배가 더 많다. 그러나 자유로운 혁신의 마지막 보루라고 할 수 있는 기술 기업이 전성기를 누리던 시절은 이미 지나갔다. 예전에는 기업이 많은 비용을 지출했을 뿐만 아니라, 할 수 있다는 사고방식과 신선한 생각을 가지고 있으며 다양한 연구소에서 혁신적인 실험을 하는 기업이 거대한 도전과제를 해결할 수 있는 최후의 희망이라는 인식이 있었으며, 대표적으로는 새롭게 거듭난 벨 연구소가 그러했다. (그리고 그것은 분명 스스로가 자초한 측면도 있기는 하지만) 이제 기술은 심각한 장애물에 직면해 있다. 그들은 사회의 규범을 위반하고, 특정한 부문을 독점하고, 일련의 포퓰리즘을 조장한다는 비판을 받으면서, 일반 사용자는 물론이고 워싱턴과 브뤼셀의 규제당국에서도 '테크래시(techlash)*'라는 역풍을 맞고 있다. 급진적인 혁신과 사고를 막대한 자금을 가진 서부 해안의 몇몇 기업에 맡겨둔다는 생각은 현명하지 못한 판단이었지만, 지금도 서양 세계의 많은 나라에서는 그처럼 무모한 전략을 선택하고 있다.

경제적 여건이 혁신을 위한 생태계를 왜곡한다면, 사회적인 압력역시 추상적인 아이디어의 생태계에 대하여 비슷한 영향을 미친다. 정치학자인 대니얼 드레즈너(Daniel Drezner)는 공공 영역이 '아이디어 산업'이 되었다고 말한다. 현대 세계의 화폐라고 할 수 있는 '관심과 주목'을 받기 위해 그것을 상품화하고, 정치화하고, 가다듬고, 깔끔하게 포장한다는 것이다.[383] 연구진과 신생기업과 정부부처는 모두 세간의 눈길을 끌 수 있는 홍보자료를 만들기 위해 최선을 다한다. 그렇게 화려한 선전으로 도배해야만 그들에게 영광을 가져다줄 수 있기 때문이다. 객관적인 증거를 확보한다거나 느리고 힘든 연구는 뒷전으로 하고, 숨 막힐 듯한 헤드라인으로 장식된 영광을 누리고자 한다. 그런데 이는 은밀히 퍼지는 포퓰리즘의 형태와 별반 다르지 않다. 우리의 관심은 '사회참여적인 지식인'에서 '사상적 지도자'로 옮겨갔다. 비평가와 회의론자에서 전도사로, 열린 마음에서 닫힌 마음으로, 비록 깊이가 얕기는 하더라도 전문지식보다는 개인적인 경험을 중시하는 방향으로, 장시간의 강의에서 10분짜리 TED 강연으로, 책에서 블로그 게시글로, 학자에서 계약직 컨설턴트로, 사심 없는 태

---

*   빅테크 기업의 영향력이 과도하게 커지는 것에 대한 반발 작용으로 발생하는 현상을 말한다. 대표적인 사례는 구글, 애플, 아마존, 메타(페이스북), 알리바바, 넷플릭스 같은 빅테크 기업에 대한 각국 정부의 규제다.

도에서 자극적인 의제로, 심층적인 취재에서 트위터의 메시지로, 연구자 자신을 위한 연구에서 재벌과 독재자를 위한 연구로 옮겨갔다.

학문적, 비판적, 탐구적인 가치에 전념하던 토론은 이제 고의적이고 도발적이며 점수를 매기는 방향으로 변화하고 있다.[384] 무의미한 서비스와 빠르게 버려지는 물품을 제공하는 것이 주된 목적인 상업 시스템에서도 유사한 점이 있다. 문화적 영역에서도 눈길을 끌지만 모두가 똑같아 보이는 작품을 끝없이 생산한다는 점에서 비슷하다고 할 수 있다. 제도적 기반은 침식당하고 있다. 싱크탱크 같은 곳은 명목상으로는 자유로운 연구 활동을 할 수 있지만, 실제로는 기업의 후원을 받으면서 이데올로기에 이끌리는 싸움꾼 역할을 하고 있다. 박물관이나 미술관은 후원을 얻기 위한 경쟁을 벌이면서 스스로를 검열한다. 그리고 수량적으로 측정할 수 없는 정신적인 기반에서도 어느 정도의 침식이 벌어지고 있을지도 모른다. 소셜미디어는 바쁘고 산만하게 깜빡이며 우리에게 끊임없이 알림 메시지를 보여주면서, 깊이 생각할 수 있는 우리의 능력을 조금씩 갉아먹고 있기 때문이다.

지금은 탈진실의 시대다. '대안적 사실(alternative fact)'이 난무하고, 동족 간의 충성심을 우선시하며, 빠르게 수익을 창출해야 하고, 정보를 둘러싼 전쟁이 벌어지는 시대다. 어느 정치학자의 표현을 빌리면, 그것이 전문가에 대한 불신이든 아니면 국가에 대한 믿음이든 다른 무엇보다도 '감정이 세계를 장악했다.'[385] 지금은 원시상태로의 회귀를 목격하는 시대다. 이성적인 논의의 기반은 사라지고 자신이 누구인지에 기반을 두고 판단하는 '정체성 방어적 인식(identity-protective cognition)*’ 현상이 부상하고 있는데, 심지어 어떤 곳에서는 이것이 합리적으로 보이는 경우도 있다. 특정한 이익집단이 대중의 담론을 장악한다. 외국인과의 협력보다는 그들에 대한 혐오가 압도한다. 극단주의가 호기심을 능가한다. 외부에서 유입되는 정치적이며 포퓰리즘적인 아이디어가 때로는 어떤 가치나 의의를 판단하는 중요한 기준이 된다. 그 결과, 새로운 아이디어를 제안하고 실험하는 데 자신감이 손상된다. 계몽주의 시대 이후로 우리는 사상이나 정책이나 이론이나 예술작품을 그것이 가진 가치로 평가했지만, 이제 그런 개념은 사라졌다.

이것은 우리의 관용에 대한 문제다. 낯선 것과 도전적인 것에 대한 개방성, 새로운 증거를 찾아내고 새로운 견해를 기꺼이 마주하고자 하는, 그리하여 명확하게 사고하며 얼마든지 다시 생각해볼 수 있는 사회적 의지에 대한 문제다. 그리고 그러한 역량이 어떻게 차츰차츰 사라져가는지에 대한 문제다.

거대한 도전을 가로막는 냉엄한 현실

우리 사회는 위대한 사상가에게 친절한 적이 한 번도 없었다. 소크라테스에게 물어보라. 예수에게 물어보라. 이단의 생각을 품었다는 이유로 발가벗겨져서 거꾸로 매달린 채로 화형당한 조르다노 브루노(Giordano Bruno)에게 물어보라. 오늘날의 우리는 그의 이단적인 생각

---

*　　자신이 속한 집단 내에서 우세한 믿음을 기반으로 어떤 사실을 판단하는 심리.

을 과학적인 사고라고 부른다. 이그나즈 제멜바이스(Ignaz Semmelweis)는 훗날 수백만 명의 목숨을 구하게 되는 손 씻기의 중요성을 역설했지만, 이러한 주장은 거의 인정받지 못하는 좌절을 겪었고, 오히려 정신병원에 수감되어 교도관에게 구타당했으며, 결국 그곳에서 감염으로 목숨을 잃었다. 2차 산업혁명이 한창이던 시기에 이탈리아의 우편전신부(Ministry of Post and Telegraphs)는 무선전신을 발명한 굴리엘모 마르코니(Guglielmo Marconi)에게 정신병원에 입원하라고 제안했다.[386] 혁신적인 사고의 용광로인 비엔나에서조차 프로이트는 조롱당하고 묵살당하기 일쑤였다. 역사에 기록된 대부분의 사례를 보면, 예술에서 '규칙'을 깨트리는 것은 전혀 멋진 일이 아니었으며, 오히려 기괴한 괴물 취급을 받았다. 그리고 식량, 안보, 토지, 권력, 성, 부 등과 비교했을 때, 아이디어라는 주제는 단 한 번도 중요한 의제로 취급된 적이 없다.

지금까지 살펴보았듯이, 획기적인 아이디어가 나오기에는 오늘날보다 더 나은 시기가 없는 것으로 보인다. 그러나 단순히 역사적인 사실을 비교한다고 해서 우리가 어떤 이상적인 조건에 도달했음을 의미하지는 않는다. 온갖 종류의 병폐와 문제점이 현대 세계의 모든 숨구멍을 흘러나와서 급진적인 아이디어를 끝없이 질식시키고 있으며, 그러한 문제는 너무나도 거대하고, 너무나도 널리 퍼져 있으며, 너무나도 서로 얽히고설켜 있어서 도저히 제거할 수 없을 정도다. 수익에 굶주려 있으며 소유권이 거미줄처럼 얽힌 채 끝없이 확장하는 거대한 기업집단, 고령화되는 인구, 규제의 누적, 극심하게 양극화되는 미친 듯한 사회 등 이러한 현실이 수그러들 것이라고 예측하기는 쉽지 않다. 유럽연합(EU)이나 미국 연방정부, 중국 공산당, 기술 대기업 등 세계에서 가장 막강한 집단조차 이러한 현실을 억제하거나 관리할 수 없다. 그리고 이 모든 것은 미래에는 일상적인 현실이 될 것이다. 훨씬 더 극심한 팬데믹, 전쟁, 국가의 실패 등으로 인한 대재앙은 상황을 오히려 더욱 어렵게 만들 것이다.

모든 사회는 다양한 방식으로 거대한 아이디어를 억압하지만, 또한 다양한 기회의 공간을 열어서 혁명적인 아이디어를 가능하게 만들어주기도 한다. 그것은 어떤 기관이나 개인, 메커니즘, 기금 지원 등일 수도 있고, 어떤 담론이나 출간물 등을 통하여 그러한 추세가 형성되는 것일 수도 있다. 문제는 그렇게 열리는 공간의 크기가 얼마나 되느냐는 것이다. 벨 연구소도 그런 곳 가운데 하나였다. 비엔나는 전반적으로 고루한 도시이기는 했지만, 그곳의 긴장감은 놀라울 정도로 수많은 공간을 조성해주었다. 우리가 열어젖힌 공간은 기대한 것에 비해 비좁아서 이미 가득 찬 상태다. 만약 정말로 그렇다면, 우리가 거대한 아이디어를 만들어내는 데 서투른 것이 아닐 수도 있다. 우리를 침체시키는 힘은 강력하게 널리 퍼져 있었고, 오래된 문제가 사라졌을 때도 그로 인한 영향력은 조용히 남아서 축적되어왔는지도 모른다.

의학적 진보에 대해, 그리고 지금 이 시점에서 우리 사회가 돌파구가 필요한 문제를 어떻게 가속화하는지 생각해보라. 의학 역시 아이디어의 역설이 적용된다. 좀 더 치료하기 쉬운 질환, 쉽게 생각해낼 수 있는 화합물과 의약품, 명백한 공공정책이 승리를 거두었고, 그것들은 이미 모두 도입되었다. 그리고 남은 것은 알츠하이머 같은 더욱 복잡하면서도 까다로운 질병이거나 마약성 진통제 남용 문제나 미세먼지 오염으로 인한 공중보건의 위기 같은 어려운 문제다.

그러나 사회적 맥락은 도움이 되지 않는다. 비뚤어진 보상 체계와 결함이 있는 모델, 그리고 부담스러운 (많은 경우에는 그것을 대체할 수 없는) 관료주의가 결합되면서 마찰이 일어난다. 의약품 발견에 대한 보상 체계는 왜곡되어 있다. 기업이 개입해 상황이 빠르게 해결된다면 그들로서는 별다른 이득이 없기 때문에, 그런 질병에 대해서는 크게 흥미를 느끼지 않는다. 민간 자금은 배당금에 굶주린 주주에게 확실하게 수익을 되돌려줄 수 있는 곳으로 향한다. 런던 소재의 보건경제학사무소(Office of Health Economics)라는 컨설팅 기업의 추정에 따르면, 만약에 새로운 항생제가 개발되더라도 그것의 순현재가치(NPV)*는 만성 신경근육질환 치료제에 비하여 20분의 1에 불과할 거라고 한다.[387] 항생제는 당장의 문제를 해결해주지만, 더욱 수익성이 있는 것은 만성질환이다. 거대 제약회사는 최근 들어서 뇌기능장애처럼 연구가 어려운 분야에 투입하는 노력의 규모를 줄였거나 완전히 철수했다.[388] 관련 규제가 어마어마하기 때문에, 신생기업이 시장에 진입할 수 있는 유일한 기회는 오직 거대 제약회사에 합병되는 것뿐이다.

그리고 예전의 황금시대에 비하여 윤리적인 안전기준 역시 훨씬 더 엄격해졌다. 바이오앤테크(BioNTech)가 코로나19 백신을 만들어내는 데는 겨우 몇 시간밖에 걸리지 않았지만, 임상시험을 거치고 규제 당국의 승인을 받기까지는 몇 달이나 소요되었다. 1960년대 말에는

---

* 어떤 금액을 투자하여 미래에 거둘 것으로 기대되는 총수익을 현재의 가치로 환산한 것.

간 이식 시술이 엄청난 업적으로 여겨졌다. 최초로 이식 수술을 받은 환자 13명 중에서 겨우 2명만이 살아남았는데도 말이다.[389] 만약 그렇게 사망률이 높은 치료법을 현재 시점에서 발표했다면, 해당 연구는 아마도 중단되었을 것이다. 그로 인한 부작용은 임상시험에 투입되는 비용과 복잡성이 갈수록 증가하는 것이며, 그런 임상시험을 수행할 수 있는 곳은 소수의 거대 제약회사뿐이다.

터프츠대학교(Tufts University)가 수행한 연구에서는 임상시험의 기간이 70퍼센트 증가했으며, 그것을 실행하기 위해 필요한 임상 직원의 수도 67퍼센트 늘어났다고 추산한다.[390] 일부에서는 기초적인 연구의 이러한 방향에 의문을 제기한다. 과거에는 자신만의 독창적인 방식이나 우연에 기댄 연구 기법이 간혹 효과를 거두기도 했지만, 막대한 예산이 소요되고 성과를 중시하는 기업조직에서는 더 이상 그런 것을 허용하지 않는다.

이동수단 분야의 돌파구가 필요한 문제에서도 이와 동일한 복합적인 요인이 근간에 자리하고 있다. 이 분야에서는 공학적으로 해결해야 할 도전과제가 어마어마한 수준이다. 화성으로 가는 것이 달에까지 가는 것보다 훨씬 더 복잡하지는 않다. 그러나 우리는 머나먼 우주공간을 오랫동안 항해하거나 밀폐식 생태계(CES)*를 활용한 영구적 정착지 건설에 필요한 인프라는 고사하고, 신뢰할 수 있으며 재사용 가능한 대형리프트발사체(HLV)**조차 만들어내지 못했다. 우주

---

*　　외부의 공급에 의존하지 않고 내부적으로 자급자족할 수 있는 인공적인 생태 환경.

**　　무거운 중량의 화물을 지구의 저궤도까지 올려놓을 수 있는 발사체.

탐사에 대한 야망은 고조되고 있지만, 현실에서의 예산은 그렇지 않다. 차기 달 탐사 계획인 아르테미스(Artemis)에 사용될 로켓을 만들기 위한 예산도 수십억 달러가 넘는다.[391] 차량의 자율주행 문제를 해결하는 것은 엄청난 도약으로 환영받았다. 그러나 분명 진전이 있었는데도 어느 유명한 투자자가 완전 자율주행 차량을 개발하기 위하여 기업 한 곳의 R&D 비용으로 쏟아부은 금액만 해도 최소한 400억 달러에 달한다.[392]

인정받기 위한 과정에도 견고한 장벽이 존재한다. 이동수단은 어떠한 형태가 되었든 광범위한 규제 대상이며, 새로운 형태의 이동수단이 보급되려면 새로운 인프라가 필요한 경우가 많은데, 이는 어마어마한 비용과 불편함을 수반한다.

하늘을 나는 자동차를 생각해보라. 이 아이디어는 실현가능할 것처럼 보일 수도 있지만, 정작 도시의 주민은 과연 비행체 무리가 머리 위에서 시끄럽게 윙윙거리며 날아다니는 것을 원할까? 그것이 착륙해야 할 장소에 대한 비용은 누가 지불할 것인가? 만약에 지나가던 사람을 치어 사망하는 사고라도 일어난다면, 그 이후에는 과연 어떤 일이 벌어질까? 보험사는 비용을 얼마나 책정할까? 이러한 장벽이 극복할 수 없을 정도는 아니지만, 자동차나 비행기가 보급되던 초기의 시절과 비교하면 상당히 까다로우며 여러 분야에 걸쳐 관여하는 것은 사실이다.

스티븐슨이나 벤츠나 라이트 형제는 비록 회의적인 대중이나 보수적인 정부나 적대적인 언론에 맞서서 힘겨운 싸움을 벌여야 했을 수는 있지만, 보험이나 면허나 안전규제나 소송이나 인프라나 성미급한 벤처투자가에 대해서 (그다지 많이) 걱정하지 않았다. 이에 대해서 J. 스토어스 홀(J. Storrs Hall)은 이렇게 지적한다. "만약 헨리 포드가 모델 T로 누군가를 치었을 때마다 매번 고소를 당했다면, 우리는 지금과 같은 자동차와 포장도로를 갖지 못했을 것이다."[393]

새로운 형태의 이동수단이나 의약품은 경제와 정책의 엄격한 한계에 부딪힌다. 콩코드(Concorde) 초음속여객기가 비행을 중단한 이유는 단지 안전에 대한 우려 때문이 아니라, 수익을 내지 못했기 때문이다. 하이퍼루프(Hyperloop) 열차나 극초음속 비행기, 달 궤도 기지를 건설하거나 화성 탐사선을 보내는 일도 가능하지만, 위험성과 규제, 투자에 대한 수익 등의 미묘한 균형 때문에 실현이 불가능할 수도 있다. 금융업체는 수요가 부족하거나 규제의 역풍을 맞을 수 있다고 생각하는 신규 서비스에는 자금을 지원하지 않을 것이다. 그리고 기술 자체도 워낙 어렵기 때문에, 하나의 작업실에서 두 명의 형제가 일한다고 해서 해결될 문제가 아니다. 새로운 아이디어는 실행하기도 전에 질식당한 채 의욕 넘치는 몇몇 기업가의 머릿속에서만 갇혀 있는 악순환의 고리에 빠졌다.

정체된 사회의 영향이 가장 극명하면서도 심각하게 드러나는 곳은 기후변화를 상대로 벌이는 싸움일 것이다. 기후변화와 관련된 사실들은 전혀 비밀스러운 것이 아니다. 그럴 가능성은 아주 낮지만, 지구의 기온이 겨우 2도만 상승하더라도, 2050년이 되면 수억 명의 기후 난민이 발생할 것이라는 전망이 있다.[394] 치명적인 열기는 흔해질 것이다. 해수면은 재앙 수준으로 상승하여 뉴욕에서 상하이에 이르기까지 세계에서 인구가 가장 밀집한 지역이 물에 잠길 것이다. 기상이변과 홍수 발생 가능성은 증가할 것이며, 그러면서도 야생 산불은 더욱 확산되고 사회적 갈등은 급증할 것이다. 식수는 부족해지고, 농업 생산량은 급감할 것이다. 최근 《네이처》에 게재된 어느 보고서에 따르면, 이미 전 세계적으로 기후변화를 막아주는 제방이 모두 무너지고 있어서, 지구의 기후가 사람이 거주하기 힘든 '온실 상태'가 시작되는 지점에 이르렀을 수도 있다.[395]

우리가 해야 할 일은 이미 알려져 있다. 2030년까지 이산화탄소 배출량을 45퍼센트 줄여야 하고, 2050년까지는 순제로(net zero) 상태에 도달해야 한다. 그러나 현대 사회는 우리가 먹는 음식, 우리가 마시는 물, 우리가 입는 옷 등 일상생활의 거의 모든 것을 탄소 배출에 의존하고 있다. 이에 대하여 데이비드 월러스-웰즈(David Wallace-Wells)는 이렇게 표현한다.

기술적 변화에 요구되는 규모가 어마어마해서 실리콘밸리에서 이루어낸 그 모든 성과를 무색하게 만든다. 실제로는 전기와 통신은 물론이고 심지어는 1만 년 전의 농업혁명까지 포함하여 인류 역사에서 지금까지 이루어낸 모든 기술적인 혁신을 무색하게 만든다. 그것들이 무색해질 수밖에 없는 이유는, (기술적인 변화의 대상에는) 그러한 모든 것이 포함되기 때문이다. 모든 것 하나하나가 마치 인공호흡기처럼 탄소로 숨을 쉬고 있기 때문에, 모든 것 하나하나를 그 뿌리에서부터 바꾸어야 한다.[396]

이러한 현실을 다른 식으로 표현하면, 2000년부터 2050년까지 50

년 동안 매일 빠짐없이 전 세계의 전력 공급망에 원자력발전소 하나씩을 추가해야 하는 실정이다. 물론 재생에너지가 훨씬 저렴해지긴 했지만, 2000년대가 되어서도 석탄 사용량은 여전히 크게 증가하고 있다. 에너지 혁명이 궤도에 오르긴 했지만, 현재의 속도로 원하는 수준에 이르려면 400년은 걸릴 것이다.[397] 우리가 앞으로 나서서 거대하고 새로운 아이디어를 내놓아야 하는 요구가 지구에서의 생존 문제보다도 더욱 시급한 사안은 없을 것이다.

효과를 발휘할 수도 있는 아이디어는 많이 있다. 우선은 탄소세 (carbon tax)를 어마어마하게 부과할 수 있을 것이다. 여행에서 식단에 이르기까지 모든 것에서 소비 패턴을 급진적으로 변화시킬 수도 있을 것이다. 탄소 포집 및 저장(CCS) 분야에 막대한 금액을 투자해 대대적인 연구에 착수할 수도 있다. 농업과 임업을 새롭게 지원할 수도 있다. 핵융합에서 잠재적으로는 지구공학(geoengineering)에 이르기까지 비현실적인 기술을 고려해볼 수도 있을 것이다.

그 외에도 생각해볼 수 있는 것은 아주 많다. 예를 들면, 지구 표면에 내리쬐는 햇빛을 몇 시간만 전부 모아도 오늘날 우리에게 필요한 것보다 더욱 많은 에너지로 활용할 수 있다. 그리고 전 세계에 부는 바람을 20퍼센트만 모아도 우리에게 필요한 것보다 7배나 많은 에너지에 해당한다.[398] 핵융합 에너지에 대해서는 앞에서 이미 살펴봤다. 그리고 토지, 농업, 식량 공급망에 대한 접근방식을 바꾸어 생산 방식의 물질적 토대와 상부구조를 개혁할 수도 있을 것이다. 생활과 소비에서는 진정으로 지속가능한 방식을 만들어낼 수 있을 것이다. 탄소중립(carbon neutral) 경제를 구축하거나, 더 나아가서는 탄소 네거티브(carbon negative)* 기술과 경제를 만들 수도 있을 것이다.

이러한 모든 일이 가능할 수도 있지만, 우리가 직면한 궁극적인 문제는 아마도 우리에게 집단 행동에 나설 수 있는 능력이 없다는 점일 것이다. 우리는 기업이나 국가의 이해관계에 얽매여 있다. 재무적으로는 단기적인 이익만을 추구하고, 비전은 편협하기만 하며, 정치적 집단과 민족주의를 내세우는 무리는 여전히 자신만의 이익을 추구한다. 지구는 불타고 있는데도 그러한 위기상황의 최전선에 내밀린 우리의 노력 중에서 그 어느 것도 거기에 미치지 못하는 것이 냉엄한 현실이다. 우리 사회가 정체되었음을 보여주는 첫 번째 증거는 바로 우리 스스로를 구해낼 수 있는 아이디어를 실행할 수 없다는 것이다.

여러분은 새로운 음악 장르를 만드는 것이 기후위기와는 거리가 멀다고 생각할 수도 있다. 어떤 의미에서는 그럴 수도 있지만, 다른 의미에서 보면 어떠한 한계에서 새로운 것을 시도하고 만들어내는 태도라는 점에서 역동성이라는 공통점이 있다. 역동성이 없다는 것은 현실에 깊이 안주하고 있음을 의미한다. 타일러 카우언(Tyler Cowen)은 이에 대해 많은 증거를 수집했다. 사람들은 거주지를 옮기지 않고, 똑같은 일자리와 사회적 계층에 머물러 있으며, 예전만큼 자주 집 밖으로 나서지도 않는다는 것이다.[399] 사람들은 서로를 가르고, 자기들끼리 어울리며, 리스크를 회피한다. 모든 사람이 새롭고도 도전적인 문화와 경험을 피하기 위해 열심히 노력한다. 물론 변화에 저항하는 것은 인간의 특성이다. 그러나 수십 년 동안 거대한 가능성

---

*　생산 과정에서의 탄소 순배출량이 마이너스인 상태.

이 열려 있었는데도 우리는 현재 제자리로 회귀했다. 현실에 안주하는 문명은 당대의 거대한 도전에 맞설 의지가 없다는 것이다.

• • •

지금까지 두 개의 장에서는 거대한 아이디어의 미래에 대하여 암울한 이야기를 했다. 1부에서 묘사하는 추세가 지속되거나, 심지어는 더욱 강화될 수 있다고 말한다. J. 스토어스 홀은 아이디어가 마치 지평선 위로 거대하게 밀려오는 물결과도 같다고 이야기한다.[400] 때로는 비옥한 계곡을 발견하고는 그곳으로 돌진해서 가득 채운다. 패러다임이 변화하고 국면이 전환될 때, 또는 인류의 최전선을 뒤로 밀어낼 때 일어나는 일이다. 아이디어가 안정되고 나면, 계곡은 이제 호수로 바뀐다. 스토어스 홀이 말하듯, 정체된 사회는 급물살을 포기하는 대신에 기존의 계곡을 막아서 댐을 만든다. 더욱 멀리 있는 계곡의 물을 얻으려면 힘들게 수로를 건설해야 하지만, 우리는 지금의 호수에 만족하는 것이다.

그러나 이야기는 여기에서 끝이 아니다. 여전히 가능성은 열려 있고, 새로운 수로를 실험적으로 건설하고 있다는 징후가 있으며, 멀리 떨어진 험난한 계곡을 향해서 열심히 나아가는 불빛이 보이기 때문이다. 따라서 아이디어는 현재 잔뜩 웅크린 상태다. 우리는 지금까지 돌파구가 필요한 문제에서 수익성 감소에 이르기까지 1부에서 논의한 많은 특징을 설명해주는 부정적인 영향력을 살펴보았다. 이제는 그러한 방정식의 반대편을 살펴보면서 자신감을 가져볼 차례다.

CHAPTER 07

세상의
새로운
도구들

THE FUTURE OF BIG IDEAS IN AN AGE OF SMALL THINKING

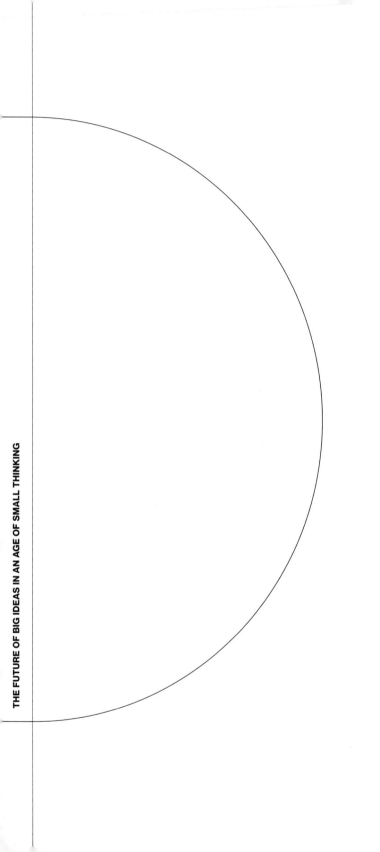

인공적인 아이디어들

새로운 발견의 르네상스를 열어젖힐 인공지능(AI)의 미래

단백질 접힘 문제(protein folding problem)는 현대 과학에서 가장 중요하면서도 어려운 주제 가운데 하나다. 간단히 설명하면 이렇다.

단백질은 생명체의 기본적인 구성단위로, 팔과 다리의 움직임에서 빛의 감지에 이르기까지 모든 것을 책임진다. 단백질은 신체의 조직, 근육과 뼈, 그리고 머리카락의 기초를 형성한다. 인간의 체중에서 수분을 제외하면 75퍼센트는 10만 가지의 서로 다른 단백질로 구성되어 있다.[401] 아미노산(amino acid)이 사슬처럼 결합되어 구성된 단백질은 가장 먼저 평평한 형태의 시트(sheet) 또는 나선형(helix) 구조를 만든다. 그런 다음에 이것이 정교한 3차원 구조로 접힌다. 단백질은 이런 식으로 복잡하게 접힌 모양에 따라서 그것의 기능이 결정된다.

예를 들면, 항체 단백질은 고리 모양을 만들어 바이러스와 박테리아에 달라붙는데, 이렇게 함으로써 인체의 면역체계가 그것을 공격할 수 있는 표시 역할을 한다. 그리고 연골이나 피부 같은 조직을 형성하는 단백질(콜라겐)은 노끈처럼 생겼다.

아미노산은 DNA로 프로그래밍되어 있다. 다만 프로그래밍되어 있는 것은 DNA의 염기서열뿐이다. 단백질이 실제로 어떻게 접히는지는 아직까지 풀리지 않은 문제다. DNA는 단백질이 무엇을 형성해야 하는지 지시하지만, 실제로 무엇이 될지 기계적으로 예측할 수는 없다. 결론적으로 말하면 DNA의 염기서열 분석에서 어마어마한 발전을 이루었는데도 유전자의 염기서열 정보를 바탕으로 단백질의 3D 구조를 쉽게 예측할 수는 없다는 것이다.

이 분야는 꾸준한 진전을 보였다. X선 결정학(X-ray crystallography), 핵자기공명(NMR, nuclear magnetic resonance), 초저온 전자현미경(cryo-electron microscopy) 등의 기술이 단백질의 형태를 밝히는 데 도움을 주었다. 강력한 알고리즘이 크게 기여한 것은 사실이지만, 그것의 비밀을 하나씩 밝혀낸다는 것은 터무니없는 일이다. 그런 식으로 단백질이 접히는 방식을 전부 계산하려면 우주의 나이보다도 더 많은 138억 년은 걸릴 것이다.[402] 그러나 어쨌든 단백질은 거의 순식간에 접힌다.

생명의 비밀을 이해하려면, DNA와 단백질 접힘의 관계를 더욱 잘 알아야만 한다. 그렇게 된다면 인간의 신체는 물론이고 생물학 전반을 이해하는 데 현저한 진전을 이룰 것이다. 인체의 세포를 구성하는 단백질 가운데 유전자 지도가 작성된 것은 현재까지 절반 정도에 불과하다. 이 비율을 높인다는 것은 우리가 희귀한 질병에 대해 더욱 많이 알게 된다는 것을 의미한다. 그렇게 파악한 지식을 기반으로 그러한 질병이 DNA 내부에서의 작은 변화에 의해 어떻게 유발되는지 이해할 수 있을 것이며, 의약품을 개발하는 데도 더욱 효과적으로 도움이 될 것이다. 실제로 의약품 연구의 모든 과정이 크게 힘을 얻을 것이다. 그러나 여기에서 그치는 것이 아니다. 단백질 접힘을 이해한다면, 단백질을 직접 설계하는 데도 도움이 될 것이다. 그렇다면 우리는 새로운 유기체를 만들어 기후변화와 싸우거나, 또는 쓰레기나 플라스틱 폐기물을 분해하는 데 도움을 줄 수 있을 것이다.[403]

지난 수십 년 동안 많은 연구진이 단백질 접힘 문제의 비밀을 조금씩 밝혀내왔다. 이를 비교하기 위하여, 그들은 각자의 방법론을 겨루는 토너먼트 시합을 열기로 결정했는데, 그렇게 해서 시작된 것이 2년에 한 번씩 개최되는 단백질구조예측정밀평가(CASP)라는 대회다.[404] 여기에 참가한 팀은 각자의 연구를 두고 서로 경쟁을 벌이며, 주어진 단백질이 어떻게 접힐지 가장 정확하게 예측한 팀이 우승을 차지한다. 이것은 진보를 위한 자극제였으며, 다양한 기술과 접근법을 시험해볼 수 있는 실험대였다. 그리고 시합이라는 가장 대중적인 방식을 벤치마킹해서 만들어졌다. 과학자들의 경쟁심을 자극하여 생물학에서 가장 어려운 난제를 게임처럼 만드는 것이었다. 1994년에 시작된 이 대회는 쉽지 않은 분야에서 진보를 이뤄내기 위한 리트머스 시험지가 되었다.

2000년대에 들어서면서 이 대회는 과학의 아웃소싱이라는 새로운 형태의 기법으로 주목받았다. 2007년에 워싱턴대학교가 '폴드 잇(Fold it)'이라는 소프트웨어를 만들어 단백질 접힘의 문제를 게임의 세계로 확장한 것이다. 이들은 연구를 진전시키기 위해 재미있으면서도 난해한 퍼즐이 제공되는 온라인 비디오 게임을 만들었다. 전 세계의 어디에서든 누구나 참여할 수 있으며, 간단한 형태의 모양을 만들면 그것으로 점수를 평가하는 방식이었다. 그렇게 만들어진 모양은 다시 과학자에게 전달되어 단백질이 접히는 모양에 대한 단서를 제공해주었다.

2008년과 2010년의 CASP에서 폴드 잇은 세계 최고의 팀에게 뒤지지 않았지만, 실력의 성장세는 이미 둔화되고 있었다. 그러나 2018년 멕시코 칸쿤에서 개최된 CASP13에서 새로운 참가자가 폭풍처럼 대회장을 휩쓸었다. 이 분야에서 그전까지 어떠한 기록이나 경력도 없던 그들은 98팀의 경쟁자를 물리치고 확실하게 승리를 기록했다. 주최측에 따르면, 그들은 '전례 없는 진전'을 이뤄냈다고 한다. 하버드 의학전문대학원의 모하메드 알쿠라이시(Mohammed AlQuraishi)는 칸쿤에서 목격한 그들의 압도적인 분위기가 놀라웠다고 말한다. 사람들은 모두 "무슨 일이 일어난 거야?"라고 물었다.[405] 알쿠라이시의 표현에 따르면, 당시 현장에서는 외부인이 기존의 일반적인 방식보다 2배 이상 더 빠르게 작동하는 이러한 혁신을 이뤄냈다는 사실에 일종의 '자괴감'과 '실존적인 고뇌'를 느끼는 분위기였다고 한다. 그것은 우리 시대의 가장 핵심적인 과학적 난제 가운데에서 이뤄낸 '이례적인 도약'이었다.

그래서 대체 무슨 일이 일어난 것일까? 구글의 모기업인 알파벳(Alphabet)의 계열사로 인공지능을 연구하는 딥마인드(DeepMind)는 알파폴드(AlphaFold)라는 소프트웨어를 조용히 개발하고 있었다. 딥마인드는 머신러닝(ML) 분야에서 새롭게 잠재력을 보여주는 딥러닝(deep learning) 신경망을 활용해 단백질이 어떻게 접히는지 예측한다. 이러한 신경망은 가중치를 변경함으로써 학습이 가능한 수학적 함수로 구성된 계층을 활용하여 인간 두뇌의 기능을 모방하는 것을 목표로 한다. 이것이 예측한 내용은 이미 알려진 것과 비교해서 점수를 매긴다. 그런 결과를 바탕으로 신경망은 학습을 지속하는데, 더욱 많이 추측할수록 정확도가 더욱 높아지며, 이를 통해 고도로 효과적인 모델을 만들어낼 수 있다. CASP13에서 알파폴드는 아미노산 쌍의 거리와 각도를 다른 팀보다 더욱 잘 예측했다. 이것은 단순하면서도 예상치 못한 기법이기는 하지만, 세계 최고의 공학기술과 머신러닝의 지원을 받는 강력한 접근방식이었다.

딥마인드는 이러한 접근법을 발명하진 않았지만, 그들은 이것을 다른 누구보다도 더욱 강하게 멀리까지 밀어붙였다. 그들은 과학적인 통찰력과 뛰어난 기술력을 결합했다. 제약회사와는 다르게 그들은 이 분야에서 아무런 지분이 없었지만, 그럼에도 거의 단숨에 최강자로 뛰어올랐다. 알쿠라이시는 거대 제약회사를 강하게 비판했다. 그토록 부유하며 매우 직접적인 이해관계가 있는 그들이 어찌하여 외부인에게 흠씬 참패를 당할 수 있었단 말인가? 그들이 기초연구를 그렇게까지 무시했다는 것이 '웃음거리'가 되었다. 약간 망설이기는 했지만, 학계는 이를 결국 긍정적으로 받아들였다. 진보는 진보였기 때문이다. 프랜시스 크릭 연구소(Francis Crick Institute)의 폴 베이즈(Paul Bates)의 표현을 빌리면 "그들은 이 분야를 완전히 날려버렸다."[406]

아이디어의 역설이 시사하듯이, 우리에게는 정말로 어려운 문제가 남겨져 있는 것이 사실이다. 그리고 단백질 접힘은 극도로 복잡한 문제다. 이 문제를 풀기 위해서는 기술과 방법론의 기어를 통해 꾸준히 속도를 올려야 한다. 그렇다면 과연 새로운 기어가 발견된 것이었을까?

딥마인드는 이미 머신러닝을 야심차게 활용하는 것으로 알려져 있었다. 2010년 런던에서 설립된 이 회사의 목표는 최신의 머신러닝 기술과 신경과학을 선도적으로 융합하고 발전시킴으로써 '지능의 비밀을 풀어내는 것'이었다. 그들은 단지 인공지능(AI)이 아니라 인간의 정신과 유사한 다목적 학습 엔진, 다시 말해 범용 인공지능(AGI)을 만드는 것을 추구했다. 딥마인드는 그들이 만든 소프트웨어가 사상 처음으로 바둑계의 인간 챔피언을 이기면서 헤드라인을 장식했다. 2016년, 딥마인드의 알파고(AlphaGo) 프로그램이 프로 바둑기사인 이세돌 9단과 서울에서 다섯 차례 승부를 벌여 네 번을 이겼다. 이는 CASP13에서 이룬 성과보다 훨씬 더 충격적인 결과였다. 이는 모든 사람이 예측한 것보다 최소한 몇 년, 심지어 수십 년은 앞선 것이었다. 관측 가능한 우주(observable universe)*에는 모두 10^{82}개의 원자가 있다고 추정되는데, 이에 비하여 바둑에서 가능한 경우의 수는 무려 10^{172}가지가 존재한다. 바둑은 체스보다 훨씬 더 어려운 게임이며, 따라서 전형적인 기계적 접근방식으로는 바둑을 이긴다는 것은 상상할 수 없는 일이었다.[407] 오직 AI에 대한 새로운 접근법만이 승리할

---

*   지구에서 이론적으로 관측될 수 있는 우주공간. 현재 우리가 관측할 수 있는 우주나 실제 우주의 크기와는 다른 개념이다.

수 있었을 것이다.

게다가 이세돌은 천재적인 거장이며, 아무리 따져보아도 힘겨운 상대였다. 이 대결의 가장 결정적인 순간은 이제는 전설이 되어버린 두 번째 대국의 37번째 수였다. 알파고는 바둑의 전통적인 사고방식에서 완전히 벗어난 수를 두었다. 도저히 말이 안 되는 것이었다. 그러나 결국 그것이 결정적이었다는 사실이 입증되었다. 바로 그 수로 바둑은 이제 영원히 바뀌어버렸다. 우리의 세계관도 마찬가지였다. 기계는 우리 인간이 볼 수 없는 새로운 경로를 개척할 수 있었다. 기계는 급진적으로 창의적일 수 있었고, 혁신적인 통찰력을 발휘할 수 있었다. 바둑의 역사에서 바로 그 37번째 수는 수천 년 동안 인간이 생각해내지 못한 거대한 아이디어였다. 이 프로그램 덕분에 이전에는 생각할 수 없던 수들이 이제는 바둑 교본의 일부가 되었다. 알파폴드와 마찬가지로 알파고는 기존의 한계를 벗어나 판도를 완전히 뒤흔들어놓았다.

딥마인드는 AI의 르네상스라고 하는 시대의 최선두에 있다. 사실 AI의 시초는 앨런 튜링이나 존 폰 노이만(John von Neumann), 마빈 민스키(Marvin Minsky) 같은 선구자가 활약하던 시절까지 거슬러 올라가며, 이미 그 당시에도 오토마타(automata)라는 형태의 꿈으로 존재했다. 최근 수십 년 동안, 컴퓨터 과학자들은 진화 알고리즘(evolutionary algorithm), 강화형 기계 학습(reinforcement learning), 심층 신경망(deep neural network), 역전파(backpropagation), 생성적 적대 신경망(generative adversarial network), 로지스틱 회귀(logistic regression), 의사결정 트리(decision tree), 베이즈 네트워크(Bayesian network) 등 새로운 세대의 기술을 한 군데로 끌어모았다. 병렬처리(parallel processing) 칩은 컴퓨팅 능력에 더욱 힘을 실어주었다. 머신러닝에서는 '훈련'을 위해 어마어마한 양의 데이터가 필요하다. 이러한 기술 발전은 여기에 필요한 데이터세트가 거대하게 폭발했기 때문에 가능했다.

각국 정부와 기업은 R&D 분야에 많은 투자를 했다. 이미지 인식이나 자연어 처리(natural language processing), 번역, 게임 플레이, 자율주행 등의 영역에서는 급속한 발전이 이루어지면서 서비스 분야를 바꾸어놓았고, 수많은 언론의 헤드라인을 장식했다. AI의 역사는 이렇게 한창 잘 나가다가 급격하게 분위기가 식은 적이 있다. '기호적(symbolic)' 방식이 전반적으로 실패하면서 1980년대부터 소위 말하는 'AI의 겨울'이 찾아온 것이다. 그러나 2010년대가 되자 다시 봄이 찾아왔고, 그 선두에는 딥마인드가 있었다.

AI를 둘러싼 대중적인 담론은 주로 직무의 자동화로 인한 위험성과 그것의 혜택에만 집중되었다. 물론 이것은 중요한 질문이다. 그럼에도 나는 아직까지 콜센터를 자동화하기 위한 목적으로 연구하는 AI 과학자를 한 명도 만나지 못했다. 오히려 그들은 우리의 현재 능력을 훨씬 뛰어넘는 지식을 얻어내고 발견을 해내기 위한 동기에 따라 움직인다. AI 과학자들은 너드(nerd)다. 그들은 다른 무엇보다도 과학과 아이디어에 관심이 많다. 그러나 AI의 잠재적인 영향력이 무엇인지에 대한 논의는 많았지만, 그에 비해 AI가 인간의 지식에 대해, 그러니까 무언가를 파악하고 이해하고 발견하고 만들어내는 우리의 능력에 대해 어떠한 영향을 미칠지는 그다지 다루어지지 않았다. 이런 분위기는 바뀌어야 한다.

AI는 인지(cognitive)와 관련한 기술이고 메타 아이디어(meta idea)*이기 때문에, 아이디어가 어떻게 생산되는지에 대한 핵심적인 질문으로 연결된다. 인간의 사고와는 상당히 다르며, 단지 우리의 도움을 받지 않는 능력을 넘어서는 새로운 형태의 지식과 인식이 아이디어의 생산을 가속화했다. 알파고와 알파폴드는 특정한 도구에 가장 가까이 있는 사람이 지식의 최전선을 더욱 멀리 밀어낼 수 있는 가장 좋은 위치에 있다는 것을 보여주는 이 시대의 이정표다. 이러한 도구에 가까이 있으면 발견 속도를 높이는 데 도움이 되며, 이제는 단지 딥마인드뿐만이 아니라 의료 진단이나 물리적 과정의 모델링 같은 분야로까지 확대되는 것은 물론이고, 서울이나 칸쿤에서 본 것과 같은 분수령의 순간을 만들어낼 수 있다. 37번째 수의 사례에서 알 수 있듯이, 이것은 단지 조금씩 전진하거나 인간을 모방하는 것에 대한 문제가 아니다. 그것은 지금까지와는 질적으로 다른 차원을 더하는 것이다.

만약 이것이 너무 지나친 해석이라고 생각된다면, 알파폴드의 이야기는 칸쿤에서 끝나지 않았다는 점을 고려해보기 바란다. 그로부터 2년 후 내가 이 책을 쓰고 있을 때, CASP14 대회에 알파폴드2(AlphaFold2)라는 새로운 프로그램이 출전했다. 그것은 첫 번째 프로그램과 비교해서도 놀라울 정도로 발전해서 예전보다 성능이 훨씬 더 뛰어났고, 실제로 일부에서는 단백질 접힘 문제가 마침내 해결되었다고 주장할 정도였다. 당시의 헤드라인을 보면 숨이 막힐 지경이

---

*   다른 아이디어의 창출을 가능하게 해주는 아이디어.

었다.《네이처》는 "그것이 모든 것을 바꿀 것이다"라고 했고,《사이언스(Science)》는 "게임의 판도가 바뀌었다"고 표현했다.[408] 알쿠라이시가 예전보다 훨씬 더 놀라움을 느낀 순간의 심경을 자신의 블로그에 남겼다. 그가 평생을 해결하기 위해 노력한 단백질 접힘 문제가 잠재적으로 해결됨으로써 이제 그는 집에서 자식을 떠나보내는 심정이라고 표현했다.[409] 그는 "최고의 획기적 사건이며, 확실히 내 일생에서 목격한 가장 중요한 과학적 결과 중 하나"라고 말한다. 50년 동안 진행된 과학계의 거대한 도전이 끝났고, 최신 AI 기술에 의해 생물학적으로 새로운 가능성과 이해의 영역이 열렸다. AI는 이미 과학적 발견을 다시 가속화하고 있다.

딥마인드의 공동 설립자이자 CEO인 데미스 하사비스(Demis Hassabis)는 AI가 가진 이러한 측면에 대해 다음과 같이 이야기한다. 그는 "AI의 미래를 말하자면, 그것은 우리 정신의 확장으로 기능하여 하나의 메타 솔루션(meta solution)*이 될 수 있을 것"이며, 그렇게 함으로써 "인간의 독창성을 더욱 배가시키는 역할을 하고 완전히 새로운 탐구의 영역을 열어줌으로써, 새로운 발견의 르네상스 시대로 우리를 안내할 것"이라고 말한다.[410]

우리가 가진 도구들, 그리고 그것들이 품고 있는 잠재력은 가만히 멈추어 있지 않다. 더욱 기다란 낚싯대가 나타날지도 모른다.

---

* 다른 솔루션의 기반이나 생태계가 되는 솔루션.

아이디어의 공동 창조자, 도구

도구는 생각과 창조의 과정에서 중립적이지 않다. 그것은 우리가 상상하고 행하는 것의 일부다. 그것은 단지 목적을 위한 수단이 아니라, 우리가 문제를 바라보고 발견하는 방식이다. 새로운 도구는 그자체로 거대한 아이디어를 대변한다. 그러나 그것은 또한 추가적인 아이디어를 가능하게 해주는 플랫폼이자 촉매제이며, 증폭기이자 조력자다. 급진적으로 새로운 도구는 우리가 거대한 아이디어를 둘러싼 문제를 뛰어넘고 막힌 구간을 해소할 수 있게 해줄 가능성이 가장 높은 수단이다. 그렇기 때문에 근간이 되는 도구가 업그레이드되는 것은 매우 중요하다.

근대 과학이 태어났으며 신석기 혁명 이후 인류의 역사에서 가장 중요한 순간이라고 할 수 있는 코페르니쿠스와 브라헤, 케플러의 과학혁명을 생각해보라.[411] 그 중심에는 아이디어 창출이 자동적으로 지속되게 해주는 강력한 개념적 도구가 있었다. '발견', '사실', '실험', '자연법칙', '가설', '이론' 같은 개념이 만들어져서 결국엔 과학적 기법이라고 알려지는 정신적인 구조를 확립했다.[412] 이러한 프레임워크가 없었다면 현대 과학의 그 어떤 것도, 그리고 단연코 현대 세계의 그 어느 것도 가능하지 않았을 것이다. 미적분학, 데카르트 좌표계, 대수학, 확률론 같은 지적인 도구도 아주 중요한 역할을 했다.

그러나 과학혁명은 또한 새로운 도구에 의해 더욱 활기를 띠었다. 중세시대에만 하더라도 벨럼(vellum)이라는 송아지 가죽에 글을 쓰는 것이 일반적이었다. 가격도 비쌌다. 헝겊으로 만든 종이가 나오면서 가격이 저렴해졌으며, 이는 정보가 더욱 쉽게 퍼질 수 있음을 의미했다. 그리고 이것은 이후에 발명되는 인쇄기에 비하면 아무것도 아니었다. 인쇄기는 활자와 함께 자세하면서도 정확한 그림까지 포함할 수 있게 해주었다. 그것의 뛰어난 생산성은 흩어져 있던 연구자를 하나의 공동체로 엮어주었다. 연구 결과는 더욱 빠르고 폭넓게 전파되었다. 더욱 멀리까지 보급되었을 뿐만 아니라, 공공의 영역에서도 더욱 잘 보존되었다. 인쇄기를 한 번 돌리면 수많은 단어와 데이터, 이미지가 거기에 담겨 사람들은 그 결과를 확인할 수 있었고, 그걸 검증하여 인류 공동의 지식체계인 표준화된 '사실'을 만들어냈다. 인쇄기는 체계적인 검증과 재현 같은 과학적 연구의 대표적인 특성을 조직화하는 데 필수적인 역할을 했다.

16세기의 또 다른 위대한 혁명인 종교개혁 역시 인쇄기의 기능에 크게 의존했다. 가톨릭교회에 대한 이전의 반란은 크게 힘을 얻지 못했지만, 루터의 메시지는 유럽의 전역에 퍼져서 (약간의 말장난을 하면) 임계질량(critical mass)*을 만들어냈다.

인쇄술은 읽고 쓰는 능력을 키워주었고, 이는 다시 학습 능력을 강화해주었다. 이는 우리 세계에 기계화되고 산업적인 워크플로우(workflow, 작업의 흐름)를 가져다주었다. 인쇄기는 (포도주 짜는 기구나 야금 기술 같은) 여타의 도구나 기술과 마찬가지로 하나의 도구에 불과했지만, 그것의 영향력은 가히 보편적일 정도로 중요했다. 우리가 르네상

---

* 핵물질이 연쇄반응을 지속할 수 있는 최소한의 질량. 여기에서는 비판적인(critical) 대중(mass)이라는 중의적인 언어유희로 쓰였다.

스라고 부르는 중요한 시대의 대표적인 발명품이자 당대의 원동력인 인쇄기는 우리 시대의 핵심적인 도구에 대해 곰곰이 생각하게 해준다. 그것은 역사적으로 위대한 아이디어일 뿐만 아니라, 새로운 위대한 아이디어를 위한 플랫폼이기도 했다. 그것은 단지 수동적인 물건이 아니라, 위대한 역사학자인 엘리자베스 아이젠슈타인(Elizabeth Eisenstein)의 말을 빌리면 '변화의 동인(agent of change)'이었다.[413]

광학기기 역시 과학혁명의 중심에 있었다. 갈릴레이가 초기에 이뤄낸 혁신은 원래 네덜란드에서 특허를 받은 망원경을 개량한 것이었다. 그가 살았던 파두아(Padua)는 베네치아공화국의 일부였는데, 이곳에서는 망원경이 해군에게 명확한 용도가 있는 도구였다. 1609년에 산마르코 종탑(St Mark's Campanile)에서 원로원을 상대로 진행한 그가 만든 망원경의 시연행사는 주목할 만한 성공을 거두었다. 그러나 갈릴레이의 망원경은 이 도시의 선장이 사용하기에는 너무나도 강력했다. 그의 망원경은 도시의 운하보다는 하늘을 올려다보기에 더욱 적합했다. 1610년이 되자, 그는 수백 개의 렌즈를 갈아 30배 배율을 만들어냈는데, 이는 당대에 일반적이던 6~8배 배율의 다른 망원경에 비해 성능이 훨씬 더 뛰어났다.[414]

갈릴레이는 이 렌즈를 이용해 일련의 놀라운 관측을 할 수 있었다. 이것은 낡은 프톨레마이오스(Ptolemaios)의 우주관을 영원히 묻어버릴 수 있는 발견이었다. 그는 목성의 위성을 발견해 유럽을 경악시켰고, 금성의 위상(phase) 변화를 관찰하여 금성이 태양의 주위를 돌고 있다는 사실을 입증했고, 토성의 고리를 관찰했고, 태양에 흑점이 있다는 사실을 목격했다. 이는 이전의 고정된 관념이 변해야 한다는 증거였다.[415] 은하수는 놀랍게도 '셀 수 없을 정도로 수많은 별이 무리를 이루어 모여 있는 거대한 하나의 덩어리'로 보였다.[416] 망원경은 일종의 우주여행을 가능하게 해주었으며, 이를 통해 태양계, 우주, 지구와 인류의 위치에 대한 인식을 바꾸었다. 우리의 지구처럼 우주의 어딘가에는 생명을 가진 존재가 살고 있는 또 다른 세계가 있을 수도 있음을 시사했다. 그리고 우주의 크기가 우리가 추정하던 것보다 훨씬 더 크다는 사실도 암시했다. 이것보다 더욱 거대한 아이디어를 떠올리기란 쉽지 않다.

이후 네덜란드에서는 안톤 판 레이우엔훅(Anton van Leeuwenhoek)이 500배 배율의 강력한 성능의 일안렌즈(single-lens) 현미경을 들여다보았다. 1676년에 그는 초점을 맞춘 렌즈를 통해 맨눈으로는 보이지 않던 살아 있는 생물체가 있음을 발견했는데, 이는 또 하나의 놀라운 실존체계였다. 갈릴레이가 관찰한 목성의 위성이 사실로 확인되기까지는 겨우 몇 달밖에 걸리지 않은 반면, 레이우엔훅이 발견한 미세한 유기체의 존재가 사실로 확인되기까지는 4년이라는 시간이 걸렸다. 그만큼 그는 엄청나게 작은 세계를 확대해서 관찰한 것이었다. 인간의 세계만큼이나 정교하면서도 복잡한 세상의 존재가 드러났다. 파스퇴르가 그토록 크게 기여한 미생물학의 발전은 이러한 새로운 도구의 도움으로 가능했다. 그것은 코페르니쿠스와 갈릴레이 같은 혁명적인 순간이었으며, 세상이 누구를 위하는지와 그것이 어떻게 작동하는지에 대한 모든 추정을 뒤엎어버렸다.

망원경과 현미경은 역사학자인 데이비드 우튼(David Wootton)이 '규모의 혁명(Scaling Revolution)'이라고 부르는 1610~1700년 시기의 핵심적인 도구였다. 규모의 혁명은 지적인 역사에서 가장 중요한 사건 가운데 하나였으며, 이 세계의 크기와 범위가 규모의 측면에서 급격하게 위와 아래로 확장되는 시기였다.[417] 그것은 인간의 감각기관이 가진 한계를 보여주었다. 그리고 우리가 얼마나 크고 복잡하게 생각하든, 그 모든 것을 다시 생각해야 한다는 점을 암시했다. 규모의 혁명은 우리의 정적이고 낡은 우주관을 코페르니쿠스보다도 더욱 가차없이 파괴했다. 결국 코페르니쿠스에게는 태양계가 여전히 정적인 곳이었고, 지구가 태양의 주위를 공전하는 것일 뿐 태양과 지구는 모두 우주에서 유일한 존재였기 때문이다. 그 모든 것이 무너지기 시작했다. 여기에서 볼 수 있는 우주는 광대하면서도 차가운 곳이었고, 우리의 상상을 훨씬 더 뛰어넘는 것이었다.

다른 도구도 변화를 만들어냈다. 예를 들면, 로버트 보일(Robert Boyle)의 공기 펌프, 뉴턴의 프리즘, 화씨(℉) 온도계 등이 있었다. 눈에 보이지 않던 것을 측정할 수 있었고, 측정할 수 있는 것은 이해할 수 있다는 의미였다. 나침반과 지도를 읽는 새로운 기법, 그리고 선박을 제조하는 새로운 기술은 '신세계(New World)'를 발견하는 데 핵심적인 것이었다. 수학이 발전하고 이것을 활용하면서 공학기술의 발전에도 박차를 가했다. 필리포 브루넬레스키(Filippo Brunelleschi)가 만든 피렌체의 두오모(Duomo) 대성당이 대표적이다. 생물학에서도 새로운 기술과 접근법이 선보이면서 해부학이 발전했다. 시계장치 메커니즘의 발전은 시간을 더욱 정밀히 측정할 수 있게 해주었고, 이는 다시 한번 새로운 공학기술의 발전에 박차를 가했다.

과학혁명은 단순히 아이디어의 혁명이 아니었다. 그것은 도구의 혁명이기도 했다. 그것은 지속적인 패턴을 만들었다. 과학이나 경제의 부수적인 산물이 아니라, 한 시대의 기저에 있는 도구로서 공동의 창조자 역할을 했다. 역사를 통해서 보아왔듯이, 그리고 모든 것은 상아탑에서 흘러내린다는 대중적인 믿음과는 반대로, 새로운 통찰력의 공간을 열어준 것은 일개 땜장이나 도구인 경우도 많았다.[418] 우리가 열역학의 법칙을 이해할 수 있는 것은, 그보다 앞서 증기기관이 발명되었기에 가능했다. 항체에 대한 지식을 쌓을 수 있는 것은, 그보다 앞서 백신 접종 기술이 세상에 나왔기에 가능했다. 파스퇴르는 순수한 과학적 필요성만큼이나 포도주 생산자와 비단 제조업자, 그리고 아픈 사람에 대한 실제적인 관심에 크게 동기를 부여받았다. 영화가 태어나려면 카메라가 있어야 했고, 컴퓨터 게임이 만들어지려면 먼저 컴퓨터가 필요했다.

이러한 도구가 없었다면 종교개혁이나 르네상스는 말할 것도 없고, 과학혁명은 매우 다른 모습이었을 것이다. 모든 도구와 아이디어는 함께 긴밀하게 연동되어 작동하기 때문이다.[419] 21세기에는 거대한 아이디어를 만들어낼 수 있는 우리의 역량이 다른 어떤 요소보다 도구의 개발에 달려 있을 것이다. 그렇기 때문에 인공지능(AI)이 중요하다. AI는 우리 시대의 미적분학이고, 망원경이고, 나침반이다.

데미스 하사비스도 AI를 가리켜 과학을 위한 일종의 범용 허블 우주망원경이라고 부르면서 그러한 연관성을 분명히 밝혔다.[420] 딥러닝 신경망이 거둔 대표적인 결과물인 알파폴드나 알파고 같은 거대한 아이디어는 여전히 가장 첨예한 현장에서 꾸준히 변화를 만들어내고 있다.

인류의 독창적인 영역인 창의성은 얼마나 더 지속될까?

AI가 아이디어를 어떻게 재구성하는지 살펴보려면, 현대의 실험에서 생산되는 데이터의 규모를 생각해보면 된다. 유럽입자물리연구소(CERN)의 강입자 충돌기(LHC)는 1초에 25기가바이트의 데이터를 만들어낸다.[421] 나사(NASA)의 우주탐사에서는 1초당 125기가바이트 이상의 데이터를 대량으로 쏟아낸다.[422] 기후과학자, 입자물리학자, 개체군 생태학자, 파생상품 중개인, 경제를 예측하는 사람도 모두 어마어마한 양의 데이터를 만들어내며, 또한 그것을 처리해야 한다. 인류가 꾸준히 진보하는 흐름을 유지하려면, 이처럼 변화무쌍한 데이터의 쓰나미를 잘 고려해야 한다. 이런 엄청난 규모에서, 그리고 이렇게 지나치게 상세한 수준에서, 이제는 그 누구도 아무런 도움 없이 연구를 수행할 수는 없게 되었다.

이미 머신러닝(ML)은 앞에서 열거한 모든 분야에 통합되어 홍수처럼 밀려드는 데이터를 분류하고 처리하는 일을 맡고 있다. 그러면서 돌파구가 필요한 문제에 가시적인 흠집을 내고 있다. 이룸의 법칙(Eroom's Law)에 대한 논문의 원저자들은 이제 머신러닝의 폭넓은 보급과 새롭게 발견된 효과 덕분에, 의약품 발견 분야에서 그동안 정체되었던 시대가 막을 내릴 수도 있다고 생각한다.[423] AI는 이제 암과 싸우는 최전선으로 이동하고 있다. 생물학 저널《셀(Cell)》에 실린 논문에 따르면, ML이 분자의 구조를 분석해 항바이러스제의 효능을 예측할 수 있다고 설명한다. 참고로, 해당 연구를 수행한 연구자들은 그 결과로 얻은 항바이러스 물질에 대해, 영화 〈2001년 스페이스 오디세이〈2001: A Space Odyssey〉〉에 등장하는 AI인 할(HAL)의 이름을 따서 '할리신(Halicin)'이라고 명명했다.[424] 우리가 미래에 발생할 수 있는 또 다른 팬데믹을 물리치려면 이런 항생물질이 필요하다. 핵융합 과학자는 AI를 적용한 덕분에 몇 년 이내에 결정적인 진전이 가능하리라고 생각한다. 핵융합 분야에서는 현재 핵심적인 문제에 대해 ML을 활용한 접근방식에 초점을 맞추고 있다.[425]

자연어 처리 분야에서도 획기적인 발전이 속도를 내고 있다. 인공지능 연구소인 오픈AI가 내놓은 GPT라는 이름의 눈길을 사로잡는 자연어 예측 시스템이 가진 매개변수(parameter)의 수는 불과 몇 년 만에 수억 개에서 수천억 개로 늘어났다. 그러면서 눈부시게 놀라운 결과를 선보였고, 어떤 주제에 대해서도 설득력 있는 글을 상당히 긴 분량으로 작성할 수 있게 되었다.[426] GPT-3는 어떤 글의 일부를 선택한 다음, 때로는 놀라울 정도로 타당성 있게 그 내용을 발전시킬 수도 있다. 이것은 실제 존재하는 강력한 애플리케이션이며, 이미 놀라운 아이디어를 쏟아내는 중이다. 만약 여러분도 이러한 텍스트 생성기를 직접 사용해볼 기회가 있다면, 이런 새로운 시대의 속도와 잠재력을 즉시 실감할 수 있을 것이다.

이렇게 정교함과 계산 능력이 커지면서, 인간이 인식할 수 있는 한계를 넘어서는 새로운 것을 데이터를 통해 발견할 수 있는 능력도 발전하고 있다. 구체적인 사례로는 재료과학 분야를 들 수 있다. 재료과학은 단지 호기심의 대상일 뿐만이 아니라, 심각한 도전과제에 직면한 분야다. 재료과학의 도움을 받는다면 핵융합 연구에도 박차를 가할 수 있고, 또는 배터리나 태양광 기술에서도 혁명을 일으킬 수 있다.

캘리포니아에 있는 로런스 버클리 국립연구소(LBNL)의 연구진은 1922년부터 2018년 사이에 1,000개가 넘는 저널에서 출간된 재료과학 분야의 논문에서 330만 개가 넘는 초록(abstract)을 수집했다.[427] 그러고 나서 이것을 단어 사이의 관계를 분석하는 워드투벡(Word2vec)이라는 알고리즘에 투입했다. 결과는 인상적이었다. 이 알고리즘이 새로운 열전물질(thermoelectric material)*의 존재를 미리 예측한 것이다. 그들은 그 시점에서 해당 분석을 중단한 다음, 몇 년 후에 실제로 일어난 일과 비교함으로써 이 알고리즘의 예측이 타당했음을 입증했다. 이는 알고리즘을 통해 과학의 발견을 더욱 빠르게 달성할 수 있음을 보여주는 구체적인 증거다. 단지 초록의 내용을 훑어보는 것만으로도 알고리즘은 주기율표와 결정체의 성질을 스스로 독학했다. 그리고 더욱 놀랍게도, 그것이 아직까지 알려지지 않았지만 더욱 새롭고 개선된 물질을 예측했다. 연구진은 그야말로 깜짝 놀랐다.

이것이 시사하는 점은 두 가지다. 첫째, 이것이 지식의 부담이라는 문제를 벗어날 수 있는 하나의 길을 제시했다는 점이다. 이것은 여느 인간이 소화하기 불가능한 어마어마한 양의 학습을 해결하기 위하여 특별히 설계된 시스템이다. 지식이 축적되면 워드투벡 같은 기술은 그것을 꼼꼼하게 살펴보고 추려낼 수 있다. 둘째, 비교적 초기 단계일지라도 중요하면서도 유용한 발견을 이뤄내는 데 AI가 낡은 도구와 비교할 수 없을 만큼 얼마나 강력한 잠재력을 가질 수 있는지

---

* 　열과 전기의 관계로 나타나는 현상인 열전효과(thermoelectric effect)를 보이는 물질.

보여준다.

AI는 우리가 미래에 대해 생각하고 상상하는 방식을 바꾸고 있다. 예를 들어, 수조 개에 달하는 실험도 불과 며칠 만에 실행할 수 있는데, 이는 과학의 연구 기법에서 상당히 근본적인 수준에서의 변화라고 할 수 있다. 이런 유형의 발견에는 선행 이론이나 가설이 필요하지 않으며, 다만 일종의 '급진적 경험주의(radical empiricism)'라고 할 수 있는 방대한 시행착오 과정을 통해 결론에 도달하게 된다. 그것은 또한 우리가 발명하는 방식에도 적용될 수 있다.[428] 예를 들어, 의학 분야에서 가장 커다란 도전과제 가운데 하나인 항생제 내성(antibiotic resistance)에 대해 우리는 비슷한 전략으로 공격하고 있다. 현재 약물성(drug-like) 분자는 무려 10^{60}개 정도가 있다고 알려져 있는데, 만약 AI가 없다면 원하는 효능이 있는 분자를 찾는 것은 상상하기도 힘든 도전이 될 것이다.

AI는 수많은 임상시험을 수행하고, 프로토타입을 만들고, 모델링을 하고, 설계를 수정할 수 있을 것이고, 그러면서 우리의 눈에는 쉽게 보이지 않는 관점을 제시할 수 있을 것이다. 몇 년 전, 애버리스트위스대학교(Aberystwyth University)와 케임브리지대학교의 연구자들은 아담(Adam)이라는 이름의 로봇을 개발했는데, 이는 가설을 만들어내고, 실험을 수행하고, 그 결과를 해석할 수 있는 단연코 최초의 자동화된 과학자라고 할 수 있다. 아담은 효모(yeast)의 신진대사를 연구하고 자동화된 실험장비를 활용해 효모 안에 있는 특정한 효소(enzyme)에 암호화된 유전자를 식별해냈다.[429] 성서의 인물에서 이름을 따서 지은 것처럼, 아담은 이제 겨우 시작에 불과하다.

AI는 과학이나 공학 이외의 수많은 분야에도 영향을 미치고 있다. 창의성이란 언제나 인류의 독창적인 영역이었다. 그러나 그것이 얼마나 더 지속될까? 기계는 이제 요한 제바스티안 바흐(Johann Sebastian Bach)의 음악과 렘브란트(Rembrandt)의 그림과 톨킨의 글쓰기 스타일이나 버즈피드(BuzzFeed)의 기사를 거의 똑같이 재현할 수 있다. 앞에서 언급한 GPT-3를 비롯하여 AI는 그것이 시든, 기사든, 한 줄짜리 농담이든 아주 그럴듯한 독창적인 텍스트는 물론이고, 현실을 완벽하게 구현한 이미지와 아주 매력적인 음악까지도 만들어내고 있다. 이들 중 일부는 인간의 작품을 단순히 모방한 것에 불과하지만, 때로는 인간이 가진 창의성의 한계를 벗어났을 때 어떤 것이 가능한지 보여주는 사례도 있다.[430]

이런 작품은 미학적으로도 아주 흥미로우며 나름의 가치도 갖고 있다. 수천 년 동안 이어지면서 진화해온 음악 작품이나 상상을 초월하는 그림 등에 비견할 수 있을 정도다. AI는 단지 똑같은 모사품이나 짜깁기만을 위한 것만이 아니라, 완전히 새로운 시각과 청각적 언어에 대한 것이다. 이는 도구를 활용하여 핵심적이면서도 전례 없던 차이를 만들어낼 수 있는 창의적 차원의 시작에 불과하다. 실제로 상상력은 지능 그 자체의 비밀을 푸는 열쇠가 될 수 있으며, 이것이 현재 AI 연구의 초점이 되고 있다.[431] 이에 대하여 유발 노아 하라리는 이렇게 말한다. "만약 우리가 예술을 인간의 정서적 키보드 위에서 이루어지는 일종의 놀이로 생각한다면, 그렇다면 나는 AI가 조만간 예술을 완전히 혁신할 것이라고 생각한다."[432]

역시나 도구에 많이 의존하는 인문학에서도 AI가 예상치 못한 곳에서 우리가 알고 있는 지식을 어떻게 바꿀 수 있는지 보여준다. 고대사 연구는 학자가 돌이나 도자기 같은 내구성 있는 재료에 새겨진 글자를 조사하는 금석학(epigraphy)이라는 학문에 의존하고 있다. 그러한 연구 대상은 수천 년 전에 살았던 사람의 마음을 들여다볼 수 있는 가장 좋은 창구다. 그러나 지난 수 세기 동안 그런 유적이 많이 손상되었다. 일부 조각이 분실되거나, 알아볼 수 없게 된 경우도 많다. 이 분야는 소위 '복원'이라는 작업에 의해 발전했는데, 복원이란 다른 비문 등을 통해 어렵사리 밝혀낸 연구를 기반으로 잃어버린 부분에서 이야기하는 내용이 무엇인지 추정하는 것이다. 연구자가 피티아(PYTHIA)라는 모델을 만들기 전까지만 해도 모두가 이런 식으로 연구를 했다. 그런데 엄청난 양의 비문의 내용을 이 모델에 입력하자, 피티아는 인간 전문가가 할 수 있는 것보다 더욱 정확하게 글자를 복원하는 방법을 학습했다.[433] 피티아 및 이와 비슷한 모델은 학자가 고대의 세계로 더욱 멀리까지 나아가서 그것의 비밀을 더욱 빨리 밝혀낼 수 있게 도와주고 있다. '디지털 인문학'이 완전히 새로운 것은 아니지만, 그것은 이제 AI에 의하여 훨씬 더 힘을 얻고 있다.

가까운 시일 내에 인공지능은 굳게 닫혀 있던 발견의 문을 열어주고, 아이디어의 역사에서 바로 이 시점에 우리에게 필요한 낚싯대가 되어주고, 산더미처럼 어마어마하게 축적된 데이터를 극복할 수 있게 해주고, 가능한 아이디어의 공간을 통한 탐사의 속도를 크게 높여주고, 보이지 않는 패턴을 드러내주고, 급진적인 사고를 위한 공간을 더욱 확대해줄 것으로 보인다. 우리는 빠르게 발전하는 이러한 범용 도구에 무감각해질 것이며, 지금도 이미 그러는 중이다. 여기에서 든 사례도 극히 일부에 불과할 뿐이다.

슈뢰딩거의 방정식(Schrödinger's equation)*을 다루는 문제든, 새로운 농업 기술을 만드는 것이든, 은하들에 대한 모델링을 하는 것이든, 새로운 투자전략을 고안하는 것이든, 풍력 에너지에 대한 수요를 예측하는 것이든, 새로운 교향곡을 작곡하는 것이든, 머신러닝은 이미 차세대의 거대한 아이디어를 풍부하게 생산해내고 있다. 그것은 단지 가공의 도구가 아니라, 학습이 가능한 기술이다. 그것은 단지 모방이 아니라, 창조를 할 수 있는 기술이다.[434] 그러나 이것은 끝이 아니다. 진정한 지능형 기계인 범용 인공지능(AGI)이라는 개념은 이미 거대한 사고의 가능성을 확장하고 있다. 물론 우리는 그러한 기계가 무엇을 할지, 그것이 무엇을 어떻게 생각할지는 확신할 수 없다. 다만 그것의 영향력이 엄청날 것이라는 사실은 확신할 수 있다.

범용 인공지능은 아마도 많은 종류의 지능을 만들 수 있을 것이다. 각각의 지능은 양적으로나 질적으로 모두 다를 것이며, 이 세계를 새로운 방식으로 이해하거나 이론화할 수 있는 새로운 전망을 만들어 낼 것이다.[435] 그렇게 된다면 그것은 단지 AGI가 아니라, AGI의 보고(寶庫)라고 할 수 있을 것이다. 이렇게 다양한 잠재력을 가진 인공지능이 무엇을 다룰 수 있을지 추측한다는 것은 분명 어려운 일이다. 그것의 잠재력은 지금까지 존재하는 도구보다 훨씬 더 거대하고, 더욱 자율적이며, 많은 사람에게는 어쩌면 두려운 것이 될 것이다. AI를 연구하는 사람은 그것의 지능이 어느 정도의 수준에 도달하면, 인

---

* 오스트리아의 물리학자인 슈뢰딩거가 만든 파동역학의 방정식.

공지능이 의도적으로 스스로를 개선할 수 있다고 생각한다. 실리콘의 시대(silicon time)*에 이러한 혁명은 생물체 내부에서 일어나는 유기적 반응에 비하면 빛의 속도로 진행될 수도 있다. 되풀이되는 자기개선은 결국 '지능의 폭발'로 이어지게 될 것이다.[436] 기계가 기하급수적인 곡선을 따라 스스로를 더욱 똑똑하게 만들어간다면, 그것은 결국 초지능(superintelligence)으로 이어질 것이다. 우리의 지능과 미생물의 지능을 비교할 수 없듯이, 그것은 인간의 능력을 훨씬 뛰어넘는 수준의 사고와 이해의 영역이 될 것이다.

이러한 '특이점(singularity)'은 우주적인 차원에서 보면 진정으로 의미 있는 사건이 될 것이다. 인류는 하나의 디딤돌이 될 것이다. 관념적인 차원에서 보면, 모든 통념은 무용지물이 될 것이다. 만약 초지능이 실제로 실현된다면, 거대한 아이디어의 미래는 우리가 상상할 수 있는 것보다 더욱 거대할 것이다. 우주의 물리적인 한계는 오히려 가능성의 조건이 될 것이다. 보잉 747기가 (최초의 진핵세포는 고사하고) 신석기 인류에게 가능했던 모든 규칙을 뛰어넘었듯이, 아마도 충분히 발달한 어떤 존재라면 우리가 현재 알고 있는 한계를 훨씬 더 능가할 것이다. 특이점이란 블랙홀을 연구하는 이론에서 말하는 개념이다.** 블랙홀의 본질에 대해 알 수 없는 것처럼, 초지능 역시 엄청나게 강력하고, 강렬하며, 무시무시할 것이다.

초지능은 가장 거대한 규모의 실존적인 질문을 제기한다. 많은 사

---

*   반도체가 세계의 경제에 크게 영향을 미치는 시대.

**   특이점이란 블랙홀의 질량이 모두 쏠려서 한 곳으로 집중되는 하나의 점을 말한다.

람은 그것의 실현가능성에 의문을 품고 있다. 그것이 단지 추측에 불과하다고 말하는 것은 그나마 절제된 표현이다. 그러나 우리는 그것에 대하여 고려해보아야 한다. 만약 그것이 실현된다면, 인간 수준의 인지능력은 구석기의 유물이 될 것이다. 10만 년 동안 세상을 지배한, 어쩌면 우주를 지배한 지능의 체제는 끝이 날 것이다. 초지능은 최후의 거대한 아이디어일 수도 있지만, 인간이 만들어낸 마지막 아이디어가 될 수도 있다. 우리가 만들어낸 도구가 우리를 멀리 뒤처지게 할 것이다. 인류는 결국 '노바세(Novacene)'*로 접어들 것이다. 그것은 생명의 역사에서 새로운 시대다. 그것은 초지능이 지배하는 시대다. 그것은 지금의 한계를 완전히 초월한 새로운 시대일 것이다.[437]

---

*   지구를 살아 있는 유기체로 파악하는 '가이아 이론'으로 학계에 큰 영향을 미친 영국 환경과학자 제임스 러브록(James Lovelock)이 인류세(人類世, Anthropocene) 다음을 의미하는 시대로 명명한 말. 그의 마지막 저서로 새 시대를 뜻하는 《노바세(Novacene)》에서 인간과 인공지능(AI) 로봇이 공존하는 지구의 모습을 그렸다.

새로운 천년을 위한 도구들

인공지능과 생명공학이 만들어낼 인류의 최전선

AI는 시작에 불과하다. 17세기에 그랬듯이, 기라성 같은 도구가 우주에 대한 우리의 인식을 바꿀 것이다. 많은 도전과제가 있기는 하지만, AI 이외에도 새로운 천년을 위한 도구의 윤곽이 서서히 드러나고 있다.

우리 역시 우리만의 망원경을 갖고 있다. 현재 가동될 예정인 것들을 살펴보자. 남아프리카공화국에 들어설 예정인 스퀘어 킬로미터 어레이(Square Kilometre Array)는 엑사바이트(exabyte, 10억 기가바이트) 단위의 데이터를 만들어낼 수 있다. 제작비용이 97억 달러인 제임스 웹 우주망원경(James Webb Space Telescope)은 허블 우주망원경보다 6배나 많은 빛을 모을 수 있다. 칠레에 들어설 예정인 초대형 망원경(Extremely

Large Telescope)은 39m에 달하는 주거울(primary mirror)이 인간의 눈으로 볼 수 있는 것보다 1억 배나 많은 빛을 모을 수 있고, 허블 우주망원경보다 16배나 더 선명한 이미지를 제공할 것이다. 브레이크스루 리슨(Breakthrough Listen)은 외계의 지적인 생명체를 찾아내기 위하여 국제적으로 협력하고 있다. 그리고 그들 가운데에는 차세대의 중력파(gravitational wave) 실험기구도 있다.

우리가 수행하는 실험의 규모는 점점 더 커지고, 당연히 비용도 많이 들지만, 그들은 새로운 세계에 대한 희미한 빛을 보여준다. 유럽입자물리연구소(CERN)와 미국의 브룩헤이븐 국립연구소(BNL), 페르미 국립가속기연구소(Fermilab) 등에서 수행한 최근의 실험 결과를 보면 새로운 물리학에 대한 비전을 간략하게나마 예측할 수 있다.[438] CERN은 현재 길이만 100km에 달하며 제네바의 주변 공간을 원형으로 순환하는 미래 원형 충돌기(FCC)를 계획하고 있는데, 이는 기존의 강입자 충돌기(LHC)보다 100배에 달하는 에너지로 입자를 서로 충돌시킬 수 있다. 이를 통해 힉스 입자(Higgs boson)*에 대하여 더욱 완벽하게 이해하는 것뿐만 아니라, CERN의 물리학자들은 지금까지 탐사되지 않은 더욱 많은 영역을 열어줄 수 있기를 바라고 있다. 최대 273억 달러가 소요될 것으로 보이는 프로젝트지만, 그 가능성은 여전히 '아마도'이다.

이런 사실을 보면 우리가 노력을 집중하면 어떤 것을 이뤄낼 수 있을지에 대한 가능성을 엿볼 수 있다. 더욱 중요한 것은 이러한 사례

---

*　우주공간에 가득 차 있는 기본 입자.

가 기본적인 도구이자 범용 기술, 그리고 생산적인 플랫폼이라는 점이다. 이것은 종이나 인쇄술, 증기기관, 전기, 컴퓨터의 레벨업 버전이라고 할 수 있다. 이러한 잠재력은 너무나도 강력하고, 진보에 대한 전망도 매우 긍정적인 편이다. 그래서 심지어 일찍이 거대한 침체를 이야기한 사람 중 일부는 그러한 현실에 '균열'이 나타나기 시작한 것은 아닌지 의구심을 가질 정도다. 인공지능과 생명공학 같은 분야에서의 급속한 발전은 과학의 진보와 경제의 성장이라는 새로운 복합체에 다시 한번 더욱 거대하게 힘을 실어주는 중이다.[439]

컴퓨터는 이미 지난 세기부터 가장 뛰어난 도구였으며, 지금도 매우 놀라운 위업을 수행할 수 있는 수단이다. 현재 슈퍼컴퓨터 한 대가 1초 만에 해낼 수 있는 연산을 인간의 두뇌로 계산하려면 630억 년이 걸릴 것이다.[440] 그럼에도 무어의 법칙은 어려움에 처해 있다. 머지않아서 그것은 물리적인 한계에 부딪힐 것이다.

양자 컴퓨터는 새로운 지평선을 열었다. 양자 컴퓨터는 입자가 미확정 상태로 존재하는 중첩(superposition) 같은 현상을 활용하여 컴퓨팅 능력을 엄청나게 증가시킨다. 그리하여 아주 적은 수의 원자라도 제대로 활용하기만 한다면, 우리가 알고 있는 우주 전체를 고전적인 (양자가 아닌) 컴퓨터로 활용했을 때보다도 더욱 강력한 성능을 가질 수 있다.[441] 지금 이 글을 쓰는 시점에, 양자 컴퓨터 기술은 아직 초창기에 불과하기는 하지만 빠르게 발전하고 있다. 구글이나 IBM 같은 조직은 수십억 달러를 투자하면서, '양자의 우위(quantum supremacy)'라는 중요한 문턱을 넘어서고 있다고 주장한다. 양자의 우위란 양자 컴퓨터가 기존의 기기로는 불가능한 계산 능력을 수행하기 시작하는 시점을 말한다. 구글은 자신들이 이미 그 시점에 이르렀다고 주장한다.[442] 그리고 그 너머에는 '양자 어드밴티지(quantum advantage)'라는 훨씬 더 유망한 단계가 있으며, 이는 양자 컴퓨터가 실제로 현실 세계에서 적용되는 시점을 말한다. IBM은 2030년대에는 그것이 가능할 것이라고 생각한다. 그러나 그러한 규모로 발전시킨다는 것은 여전히 힘에 부치는 일이다. 규모를 키울수록 더욱 많은 오류가 발생한다. 그러한 오류를 수정한다는 것은 여전히 거대한 난제로 남아 있다.[443] 양자 컴퓨터를 연구하는 사람은 가끔 자신의 연구가 핵분열보다는 핵융합에 더욱 가까울지도 모른다고 걱정한다.*

이러한 공학적인 문제는 극복될 것이다. 그렇다면 양자 컴퓨터로 무엇을 할 수 있을까? 인공지능과 마찬가지로, 양자 컴퓨터를 연구하는 과학자의 기본적인 동기는 발견을 해내는 것이다. 양자 컴퓨팅 분야에서의 커다란 희망이 있다면, 그것은 복잡하면서도 역동적인 물리적 체계, 특히 분자의 난해한 반응을 시뮬레이션해서 그것을 더욱 완전하게 이해하는 것이다. 이를 통해 현재 우리가 가진 역량을 훨씬 더 뛰어넘는 시스템과 프로세스를 모델링할 수 있을 것이다. 양자 컴퓨팅은 화학, 암호 기술, 재료, 제약, 금융, 물류 같은 다양한 분야에 영향을 미치고 있다. 사실 우리가 기대할 수 있는 결과가 무엇이며 어떤 연구가 가능할지 말한다는 것은 거의 불가능하다. 새로운 도구의 결과로 나타나는 수많은 발견은 거의 우연에 의한 것이 많으며, 그것은 양자 컴퓨팅에서도 마찬가지일 것이다. 그것은 새로운 도

---

* 핵분열보다는 핵융합이 훨씬 더 어렵듯이, 양자 컴퓨터가 그만큼 어렵다는 의미다.

구라면 어쩔 수 없는 특성이기도 하다. 여전히 발전하고 있으며 엄청난 잠재력을 갖고 있지만, 그 결과가 무엇인지는 어쩔 수 없이 여전히 희미한 것이 사실이다.

마찬가지로, 디지털 기술은 여전히 가야 할 길이 멀다. 우리는 아직까지도 가상현실(VR)이나 증강현실(AR)을 대규모로 활용하지 못하고 있다. 가상현실이란 디지털로 구현된 세계에 완전히 몰입하는 것이며, 윌리엄 깁슨(William Gibson)의 표현에 따르면 그것은 '합의된 환각(consensual hallucination)'이다. 증강현실은 실제의 현실 위에 디지털로 구현한 요소를 더하는 것이다. 가상현실과 증강현실은 우리가 상상했고, 실제로 구현했으며, 대대적으로 홍보가 되었고, 수없이 실패를 반복하는 기술이다. 구글 글래스(Google Glass) 같은 서투른 시도에 대해서는 비웃기 쉽지만, 어느 정도의 단계가 되면 어떤 애플리케이션이나 기기, 또는 특정한 서비스가 사람들에게 인정받을 것이다. 완전히 몰입할 수 있고, 친밀하며 환상적인 감각을 구현할 수 있다면, 그것이 가진 장래성과 그것으로 얻을 수 있는 잠재력은 너무나도 거대하다.

가상현실과 증강현실이 대규모로 쓰이게 된다면 그것은 개인용 컴퓨터(PC)나 스마트폰만큼이나 거대한 혁명이 될 것이다. 심지어 글쓰기에서도 마찬가지일 것이다. 이러한 환경에서 예술이나 문화, 정책에 대한 아이디어가 어떻게 솟아날지 생각하는 것은 어렵지 않다. 가상현실이 어디에나 존재한다면, '진짜' 세계라는 개념은 아예 사라질 수도 있다. 전면적으로 구현된 디지털 우주는 상상할 수 있는 모든 형태의 아이디어를 위한 무궁무진한 시험의 장이 될 것이다. 시뮬레이션이 끊임없이 반복되는 세계는 미래의 놀이터이자 실험실, 금광이 될 것이며, 무한한 상상력을 펼쳐 보일 수 있는 공간이 될 것이다. 우리는 이러한 가상현실의 풍경이 어떤 모습일지, 또는 무엇을 의미하는지 이제 겨우 수박의 겉만 핥았을 뿐이다. 이러한 모든 도구를 갖게 된다는 것은 아주 흥분되기도 하지만 동시에 불안한 마음이 들기도 한다.

그렇다고 '진짜' 세계가 무시되는 것은 아니다. 결국 우리가 머물러 있는 곳은 제트 엔진과 의약품과 사회적 자원이 있는 물질세계이기 때문이다. 그러나 물질은 그 자체로 변화 가능한 하나의 플랫폼이 될 수 있다. 처음에는 적층형 제조(additive manufacturing, 3D 프린팅)나 로봇공학 같은 분야가 발전하면서 시작될 것이고, 그다음에는 완전히 새로운 단계에 접어들 수도 있다. 나노 기술(nanotechnology) 또는 원자수준 정밀 조작(atomically precise fabrication) 기술을 활용하면, 디지털 기술이 정보를 처리하는 것처럼 물질의 가공 프로세스를 제어할 수 있다. 극단적으로는 어떠한 물건이라도 가장 기본적인 구성단위에서 빠르게 만들어낼 수 있을 것이다.[444] 우리에게 필요한 것은 '오직' 제작 매뉴얼뿐이다. 따라서 풍부한 재료에서 물건을 만들어낼 수 있으며, 낭비되는 폐기물도 없고, 사용하지 않은 재료는 다시 시스템의 기본적인 '공급원료'로 되돌려놓으면 된다.

우리의 모든 정치경제와 재료문화는 그러한 풍요로움으로 변화가 일어날 것이다. 마치 공상과학처럼 들리지만, 이를 지지하는 사람은 그런 모든 일이 물리적 법칙과 공학적 가능성 내에서 실현 가능하다고 말한다. 필요한 것은 단지 자원인데, 다만 많은 양의 자원이 필요할 것이다. 우리는 이미 나노 규모에서 훌륭히 작업을 수행해내고 있다. 그리고 글래스고에서 활동하는 리 크로닌(Lee Cronin)의 연구팀 등이 수행하는 연구를 보면, 분자 및 화학적 특성을 활용한 새로운 기계와 컴퓨터의 가능성을 엿볼 수 있다.

나노 공학기술은 아마도 이번 새로운 천년에서 인공지능과 함께 단연코 가장 중요한 도구일 텐데, 이는 단지 재료나 학습하는 기계만을 의미하는 것이 아니라 그 두 가지를 결합하는 것이다. 좀 더 정확히 말하면, 그것은 살아 있는 기술이라고 할 수 있다.

생명은 특별한 것이다. 생명이란 엔트로피(entropy)와 싸우기 위한 체계이며, 가장 단순한 바이러스에서 지구의 거대한 생태계에 이르기까지 모든 수준에서 다양한 에너지와 정보를 처리하기 위한 메커니즘이다. 그것은 원자 수준까지 정밀하게 스스로를 구성하며, 스스로를 치유하는 시스템이다. 이제 인류 역사상 처음으로 생명의 이러한 특성을 본격적으로 다룰 수 있을지도 모른다.

1차 산업혁명이 시작되었을 때부터 기술이 발전하면서 수많은 결과를 내놓을 수 있었던 이유는 물리학과 공학이 놀라운 방식으로 결합되었기 때문이다. 두 가지 분야는 서로 활발하게 영향을 주고 반응을 하면서, 도구와 아이디어가 상호 창조하는 교과서적인 사례를 만들어냈다. 그런 과정에서 출현한 실용적인 도구는 새로운 통찰력을 촉발했고, 그러한 통찰력은 다시 차세대의 도구를 가능하게 해주었으며, 이는 다시 사회를 재구성하고 상상력을 자극했다. 물리학과 공학 사이의 이러한 피드백 루프(feedback loop)는 전구에서 텔레비전에 이르기까지, 제트 엔진에서 핵발전에 이르기까지, 라디오에서 스마트폰에 이르기까지 현대 문명의 거의 모든 것을 만들어냈다. 이러한 기술적 진보가 가능했던 이유는 에너지와 전기, 그리고 원자의 구조와 특성에 대한 이해가 발전했기 때문이다.

우리는 아마도 그 당시와 비슷한 순간을 살고 있을 수도 있다. 다만 지금은 생물학과 공학이 통합되고 있다는 점이 다르다.[445] 그리고 이것은 이제 시작에 불과하다. 1760년대 당시에는 물리학과 공학을 결합하여 무엇을 만들어낼 수 있을지 예측하기 어려웠던 것과 마찬가지로, 지금도 그것이 무엇을 만들어낼지는 정확히 알 수 없다.

유전체 염기서열 분석(그리고 합성)에 드는 비용은 빠르게 하락하고 있는데,《이코노미스트(The Economist)》는 이를 두고 칼슨 곡선(Carlson curve)을 따른다고 말했다. 유전체의 염기서열을 최초로 분석하기까지는 30억 달러의 비용, 몇 년간의 연구, 그리고 수천 명의 과학 인력이 동원되었다. 이제는 불과 수백 달러의 비용으로 몇 시간이면 끝마칠 수 있다. DNA 분석과 합성에 소요되는 비용의 하락, 크리스퍼-캐스9(CRISPR-Cas9) 유전자 편집 같은 신기술, 머신러닝, 자주 활용되는 새로운 의학기술, 기막힌 생물학 기술과 노하우는 우리 삶의 거의 모든 부분에 영향을 미칠 것이다. 디지털 기술이 과학의 발전과 창의적인 표현에서 비즈니스와 정치적 가능성에 이르기까지 새로운 사고를 위한 문명 전체의 '플랫폼'을 제공했듯이, 생물학 또한 그것을 어떤 플랫폼이나 범용 기술로 변환시킬 수 있다면 엄청나게 광범위한 영향을 미치게 될 것이다.

유전자 편집이 좋은 사례다. 유전공학의 기원은 1973년으로 거슬러 올라가는데, 당시에 (초기에는 박테리아를 연구하던) 스탠리 N. 코언

(Stanley N. Cohen)과 허버트 보이어(Herbert Boyer)가 어느 유기체에서 얻은 유전 물질(genetic material)을 다른 유기체로 이식한 것이다. 그러나 발전 속도는 기대한 것보다 느렸다. 배아를 조작하는 작업에 몇 달이나 시간을 허비했지만 결국엔 실패하기 일쑤였다. 그러다 2001년에 인간 유전체의 지도를 완성한 것은 획기적인 사건이었는데, 30억 개의 염기로 구성된 인간 유전체의 정보를 해독해낸 것이다. 그러나 이번에도 그것 자체만으로는 많은 사람이 예상하는 급격한 도약대가 아니었다. 심지어 '아주 단순한' 유전자 변형조차 여전히 많은 시간과 비용이 소요되었다. 그러다 유전자 편집 기술이 등장했다.

작가인 네사 캐리(Nessa Carey)는 이것을 그전에 훨씬 더 원시적인 뿌리에서부터 성장한 디지털 혁명에 직접적으로 비유했다. "이 새로운 기술은 저렴하고, 놀라울 정도로 사용하기 쉬우며, 빠르다. 그리고 코언과 보이어가 처음 시도한 것이 일종의 밸브라면, 이것은 실리콘 칩이 될 수도 있을 것이다."[446]

2012년에 제니퍼 다우드나(Jennifer Doudna)와 에마뉘엘 샤르팡티에(Emmanuelle Charpentier)가 박테리아에서 딱정벌레에 이르기까지 모든 유기체의 유전자를 마치 컴퓨터 코드처럼 편집할 수 있는 시대를 열었고, 결국 두 사람은 그 업적을 인정받아 2020년에 노벨 화학상을 수상한다.[447] 이는 우리가 인간의 유전체를 포함하여 모든 살아 있는 유기체의 유전체를 놀라운 정확성으로 변형할 수 있다는 것을 의미한다. 이것은 아주 정밀한 편집이 가능할 뿐만 아니라, 난자와 정자를 생산하는 생식세포에서 인간의 신체에 있는 40조 개에 달하는 모든 세포에 이르기까지 상당한 변화도 가능할 것이다. 이러한 유전적 변화는 인간의 생식계통 내에 영원히 내재되어 다음 세대에 전해질 것이다. 자연선택은 완전히 강력하게 탄력을 받게 되었고, 아마도 우리는 그것의 한계를 극복할 것이다.

크리스퍼(CRISPR) 같은 유전자 편집 기술은 거의 모든 생물종에게서 비교적 쉽게 활용할 수 있다. 따라서 그러한 기술은 호기심을 위한 일종의 플랫폼의 역할을 하여 상상력을 동원한 실험을 가능하게 하고, 지식의 생산을 촉진하며, 과학적 능력을 더욱 향상시킬 것이다. 유전자 편집을 활용하여 가능한 연구의 사례는 나비가 어떻게 해서 날개의 독특한 패턴을 만들어내는지 연구하는 생물학자에게서 얻을 수 있다. 그들이 발견해낸 것은 단지 나비 수집의 차원을 넘어서, 진화의 역학에 새로운 빛을 비춰주었다. 그런데 이처럼 중요한 실험은 그전까지는 불가능한 것이었다. 이와 관련하여 어느 일류 과학자는 이렇게 말했다. "이것은 우리가 불과 몇 년 전만 하더라도 그저 꿈속에서만 생각할 수 있던 것이었다. 나의 연구 경력에서 가장 어려웠던 주제가 하루아침에 학부 프로젝트가 되어버렸다."[448]

그러나 이것도 아직 시작에 불과하다. 50년 전의 컴퓨터와 비슷한 단계이며, 따라서 그 안에 무한한 용도의 가능성이 내포되어 있다.[449] 합성생물학은 유기체를 설계하고 만들어내는 새로운 분야다. 이것은 정보기술과 비슷한 궤적을 따라갈 수 있다. 1960년대에만 하더라도 반도체 회로는 여전히 메스를 활용하여 손으로 조각해서 만들었다. 지금의 반도체 회로는 정신이 아찔할 정도로 복잡하며, 우리의 주머니 속에는 수십억 개의 트랜지스터에 해당하는 기기가 들어 있다. (아이폰의 CPU 1개만 하더라도 110억 개의 트랜지스터에 해당하며, 1초당 1조 개가 넘는 연산을 수행할 수 있다.) 만약 유기체의 구조가 이와 유사한 추세를 따른다면, 원자적 수준까지 세밀하게 조작할 수 있다면, 그래서 실험실의 작업대에서 손으로 공들여 작업하던 초기의 반도체에서 산업 전체를 좌우하는 지금의 스마트폰처럼 발전한다면 어떻게 될까? 컴퓨터가 비행기와 전자회로의 설계를 지원했듯이, 유전공학도 비슷한 영향을 미칠 것이다. 다른 말로 하면, 우리는 복잡한 기능을 세포 안에 프로그래밍할 수 있는 도구를, 인간의 세포를 포함하여 유전자의 일부를 알고리즘에 의해 설계할 수 있는 도구를 갖게 되는 것이다. 현재는 그저 시뮬레이션 정도로만 존재하는 개념이 나노 기술과 합성생물학 덕분에 생각보다 상당히 빠른 시점에 현실에서 가능해질 수 있다.[450]

생명공학이 융합하여 활용될 수 있는 분야를 예상해보면 상당히 놀라운 수준이다. 예를 들면 바이러스가 배터리를 만들거나 단백질이 물을 정화할 수도 있다.[451] 저렴하고 개인화된 암 백신이 만들어지고, 저렴한 비용은 이룸의 법칙(Eroom's Law)을 부수는 또 하나의 해머가 될 것이다. 농작물은 병충해에 강해질 것이다. 스마트폰의 화면은 미생물로 만들어질 것이다. 돼지 같은 가축은 장기이식에 활용될 수 있는데, 이것은 소위 이종장기이식(xenotransplantation)으로 하버드대학교의 과학자인 조지 처치(George Church)와 그의 연구실에서 이미 그것을 실현하기 위하여 수많은 난관을 극복하는 중이다. 그리고 유전자 드라이브(gene drive)* 기술은 질병을 퍼트리는 곤충이나 급속히 번

---

*   유전공학 기술을 활용하여 어떤 개체군 내에서 특정한 형질의 발현을 촉진하는 것.

지는 종의 번식 능력을 떨어트려, 그런 생물종의 개체수를 줄일 것이다. 나노의학(nanomedicine)은 코로나19와의 싸움만이 아니라, 다발성 경화증 같은 다른 질환도 치료할 수 있는 시대를 앞당길 것이다.

생물학은 해조류로 만든 바이오플라스틱(bioplastic)에서 새로운 틈새 식품에 이르기까지, 주요한 특용 작물에서 의약품과 패션, 그리고 심지어 바이오컴퓨터(biocomputer)에 이르기까지 모든 산업 부문에서 거대한 규모로 활용될 것이다. 그러한 사용처는 산업 전반의 공급망과 비즈니스, 그리고 소비 경험을 재편하면서 더욱 늘어날 것이다. 새로운 에너지원에서 살아 있는 건물에 이르기까지, 정보를 생물학적으로 저장하는 방식에 이르기까지, 그것은 그야말로 놀라운 도구가 될 것이다. 매킨지글로벌연구소(McKinsey Global Institute)는 현재 세계 경제에 물리적으로 투입되는 양의 60퍼센트는 생물학적으로 생성된 것으로 대체될 것이며, 10년 안에 4조 달러 규모의 비즈니스가 되어 이후에도 성장을 지속할 것이라고 예측한다.[452] 합성생물학은 기후변화와의 싸움에서도 중요한 역할을 할 것이다. 우리는 토양의 염분을 제거하는 작물을 만들고, 산성화된 해양에서 생존할 수 있는 물고기를 만들고, 오염물질을 빨아들이는 식물을 만들어낼 수도 있다. 물론 그 수준까지 도달하려면 아직도 가야 할 길이 멀다.

바이오의 최전선은 거대한 파장을 일으키며 계속해서 그 기세를 이어갈 가능성이 크다. 여기에서도 우리가 계획하고 있는 용도의 너머에는, 우리가 아직까지 볼 수 없거나 상상할 수조차 없던 어떤 우주가 펼쳐질 수도 있다. 단백질을 조합해낼 수 있는 경우의 수는 거의 무한히 존재한다. 생명공학을 연구하는 과학자라고 해서 그것이 활용될 수 있는 분야를 전부 예상할 수는 없다. 그것은 마치 튜링과 폰 노이만이 틱톡(TikTok)이나 위키백과, 피싱(phishing) 공격까지 예견하지 못하는 것과 마찬가지다. 그러나 우리는 적어도 인공지능이나 합성생물학 같은 도구가 '기술'이라는 이름이 붙은 밀폐된 보관함 안에 갇혀 있지는 않을 거라고 확신할 수 있다. 오히려 그런 것은 모두 시장, 관료주의, 이데올로기, 미학 같은 분야에 의미심장하면서도 예측할 수 없는 영향을 미칠 것이다.

인공지능과 생명공학은 서로 스펙트럼의 정반대에 있는 것처럼 보일 수도 있지만, 가장 급진적인 도구는 그들이 서로 교차하는 지점에 도달할 수도 있다. 그리고 이는 서로 다른 분야를 넘나드는 또 하나의 연결고리를 만들어 우리의 마음과 인류의 최전선에 심오한 영향을 미치게 될 것이다. 앞으로 수십 년 혹은 수백 년 동안 우리는 두뇌의 원자와 전기적 작용, 화학적 반응이 우리의 마음을 어떻게 만들어내는지 자세한 그림을 그려낼 수 있을 것이다. 기존의 인공적인 도구, 다시 말해 글쓰기와 종이에서 정보를 저장하는 것에 이르기까지, 망원경과 나침반에서 컴퓨터와 인터넷, 인공지능에 이르기까지 모든 것이 서로 합쳐지고 변화될 것이다. 그리고 인공지능에서 우리의 인지부하를 외부화하는 가상세계 기술에 이르기까지, 우리의 인지와 인식을 더욱 강화해줄 합성 약물에 이르기까지, 그리고 궁극적으로는 유기물과 무기물을 융합한다면 우리의 지능과 의식을 더욱 진화시킬 수 있을 것이다. 두뇌와 기계를 가르고 인공적인 것과 생물학적인 것을 구분하는 경계선은 허물어질 것이다. 이런 모든 이야기는 다소 거창하지만 걱정스럽게 들리기도 한다. 실제로 그렇다.

10억 유로 규모인 유럽의 '인간 두뇌 프로젝트(HBP)'나 미국의 '혁신적 응용 신경과학기술을 통한 두뇌 연구(BRAIN) 이니셔티브' 또는 국립보건원(NIH)의 '휴먼 커넥톰 프로젝트(HCP)' 같은 세계 최대의 신경과학 및 신경기술 연구 프로그램에는 많은 투자가 이루어지고 있다. 학문이 발전하면서 기술에서도 진전이 이뤄지고 있다. 신경보철학(neuroprosthetics)은 사람이 휠체어나 인공 팔다리를 제어할 수 있게 해줄 것이다. 브레인게이트(BrainGate) 연구 프로젝트 같은 신경기술은 신경이 마비된 사람이나 신경퇴행성 질환을 앓는 사람의 운동 기능이나 의사소통 기능을 복원할 수 있을 것이다. 일론 머스크의 뉴럴링크(Neuralink)나 미국 고등연구계획국(ARPA)의 브레인 이니셔티브는 인간의 두뇌와 기계 사이의 인터페이스를 만들고자 하는 대표적인 프로젝트다. 이것은 확장 가능하고 높은 대역폭을 가진 시스템인 마이크로 전극(microelectrode) 가닥이 마치 로봇처럼 두뇌와 컴퓨터를 서로 연결해주는 것이다. 이 연구는 아직 초기 단계에 불과하지만 결국엔 인간의 두개골을 열어야 할 텐데, 이는 상당히 까다로우면서도 섬세함을 요구하는 작업이 될 것이다. 그러나 인간에게 피해를 끼치지 않는 두뇌-기계 인터페이스가 상당히 야심찬 시일 내에 가능할 것이라고 생각하는 사람도 있다.

　　그러한 기술이 인간의 인지능력에 어떤 식으로든 영향을 미칠 것이다. 우리가 사고하는 바로 그 과정이 급격하게 변화할 수 있다. 비록 우리가 지금도 유전학이나 지능, 두뇌에 대해 충분히 이해하지는 못하지만, 지금처럼 클라우드 서비스에 연결하는 것조차 우리의 두뇌가 가진 능력을 훨씬 더 뛰어나게 재설계하는 것이라고 생각할 수 있다. 이러한 기술이 불편하게 느껴지더라도, 그렇게 변화된 우리의 두뇌가 어떠한 아이디어를 만들어낼지에 대해서는 호기심을 갖을 수밖에 없다. 지금 말할 수 있는 건, 우리의 의식과 사고 패턴의 진화 과정은 그러한 기술의 발전과 연관되어 있다는 점이다. 그렇다면 이것은 어느 정도는 우리의 아이디어에 해당한다고 할 수 있다. 두뇌와 기계의 연결은 우리가 지금까지 경험한 그 어떤 것보다도 획기적인 도약이 될 것이다.

또한 생물학적인 영역과 기술적인 영역이 융합된다면 인 실리코 (in silico)를 통하여 인간의 마음을 재현할 수 있을 것이다. 인 실리코란 인간의 두뇌에 있는 860억 개에 달하는 뉴런 전체와 그것들 사이의 100조 개에 달하는 시냅스 연결까지 그대로 재현한 전뇌 에뮬레이션 (whole brain emulation) 혹은 엠(em)이라고 부르는 것, 또는 최소한 그것과 동일한 효과를 만들 수 있도록 하여 이론적으로 한 명의 개인을 기계 기반의 새로운 인격체로 재창조하는 것을 말한다. 우리의 두뇌는 더 이상 우리의 두뇌가 아닌 것이다.

그런 엠은 그 옛날 사바나에 살던 조상과 우리의 거리가 먼 것처럼, 지금의 우리와는 상당히 거리가 먼 존재일 것이다. 서버와 냉각 장치가 밀집된 물리적인 구조로 구현된 가상현실의 내부에 무리를 이루어 존재하면서 (1년이 천 년 이상으로 느껴질 정도로) 엄청나게 가속화된 시간의 척도로 작업을 할 것이다. 그리고 엠의 무리는 그들의 의지로 스스로 번식하고, 지금과 같은 현실에서는 거의 상상할 수도 없는 직업을 갖고 일을 하게 될 것이다.[453] 그런 엠이 움직이는 속도는 우리보다 수백만 배나 더 느릴 수도 있고 더 빠를 수도 있다. 만약 엠이 충분히 스스로를 다시 프로그래밍할 수 있다면, 실로 어마어마한 수의 엠이 인간과 비슷한 시작점에서 출발하여 훨씬 더 멀리까지 빠르게 진화해 도저히 갈피를 잡을 수 없는 수많은 엠의 생태계를 만들 것이다. 인공지능에 대한 생각과 마찬가지로, 엠이라는 아이디어 역시 기본적으로 거창하면서도 이질적이며, 심지어 신화나 신적인 영역으로 조금씩 다가가는 것처럼 느껴진다.

이러한 기술이 언제 어디서 나타날지, 아니면 도대체 나타나기는 할지는 명확하지 않다. 현재의 연구와 모델링 현황, 프로그래밍의 추세를 따라가다 보면, 그것이 언젠가는 실현될 거라고 생각할 수 있다.[454] 그렇게 된다면 그것은 의식의 본질에서 또 하나의 획기적인 변화를 의미할 것이고, 우리의 의식체계를 재편할 것이며, 양자 현상을 금방 이해한다거나 어마어마하게 다양한 규모와 속도로 존재할 수 있는 사이보그 같은 종을 만들어낼 것이다.[455]

1초에 몇 조 번의 계산을 한다는 것은 어떤 느낌일까? 상상력을 극한으로까지 밀어붙여서, 오늘날의 세계에 존재하는 것보다 더욱 많은 지식과 처리 능력이 있다는 것은 어떤 기분일까? 범용 인공지능(AGI)과 마찬가지로, 그러한 초월적 인류의 정신이 어떤 아이디어를 생산할 수 있는지, 그들이 어떤 예술을 창조해낼지, 어떠한 사회적 규범이 생성될지, 그들의 정치형태는 어떻게 구성될지 상상한다는 것은 사실상 불가능하다. 다만 거대한 아이디어를 가로막는 수많은 장벽이 더 이상 의미가 없어지리라는 것은 알 수 있다. 너무나도 인간적인 우리의 두뇌를 제한했던 불가해한 한계 역시 마찬가지일 것이다. 그리고 인류의 최전선 역시 마찬가지일 것이다.

새로운 도구가 안전하고 지속가능해야 하는 이유

이제 냉정을 되찾을 시간이다.

앞에서 소개한 도구 가운데 그 어느 것도 이 책에서 이미 서술한 역학체계에서 면역력을 가진 것은 없다. 그러한 기술은 어떤 자동화된 고속도로를 타고 내려오는 것이 아니다. 오히려 이러한 도구는 예측하지 못한 장벽, 반전, 문제, 장애 등이 있을 가능성이 크다. 폭넓은 시야에서 봤을 때와 마찬가지로, 각각의 진전 속도는 들쭉날쭉할 것이다. 지금까지 세상에 존재한 가장 위대한 도구조차 불완전하다.

현재 진행되는 이런 연구는 이미 개념적으로 수많은 성과를 이뤄내고 있다. 그러나 그 과정은 쉽지 않았다. 현재의 호황이 있기 전까지, 인공지능은 인기도 없었고 자금도 지원되지 않는 겨울을 견뎌냈다. 그리고 분명 이러한 호황이 아직까지 실제로 벌어진 일은 아니다. 그 어떤 분야도 최근의 인공지능 분야처럼 투자액이 거대하게 급증한 곳은 없다. 불과 지난 5년 동안, AI 분야의 스타트업에만 830억 달러의 벤처캐피털 자금이 쏟아졌다.[456] 전 세계의 수많은 기업과 각국 정부도 최소한 그와 비슷하거나 그 이상의 금액을 투자하고 있다. AI를 주제로 출간되는 논문은 매년 6만 건이 넘는다. 그리고 그러한 금액과 노력을 쏟아붓는데도 우리가 지금 일반적으로 목격하는 기술은 이미 10여 년 전에 처음 제안된 것이다. AI 분야의 거대한 아이디어는 거의 모두 이러한 거액이 투자되기 이전에 제안된 것이고, 오히려 그러한 거액의 투자를 이끌어냈다. 그리고 AI가 효과가 있더라도, 특정한 폐쇄적 조건에서만 작동하는 경우가 많다. 게임의 조건이

제한된 공간에서는 효과가 좋지만, 현실 세계의 모호하고 혼란스러운 환경에서는 그렇지 못한 것이다. 현재로서는 AI가 마법의 지팡이라기보다는 일련의 통계적 추론을 위한 엔진에 불과하다.

동시에, 관련된 실험은 점점 더 비싸지고 컴퓨팅 집약적으로 되는데, 컴퓨팅 능력을 원하는 그들의 갈망은 불과 몇 달 만에 두 배씩 늘어날 정도다. 어느 논문에 따르면, 만약 어떤 예상치 못한 돌파구가 마련되지 않는다면, 이러한 추세는 기껏해야 10년 동안만 지속가능한 수준이라고 한다.[457] 딥러닝이 (경제와 환경적 제약은 말할 것도 없고) 컴퓨팅과 기술적 제약에 부딪히게 될 것이라는 인식이 점점 커지고 있다.[458] AI 분야는 점점 더 커지고 있지만, 그에 상응하는 개념적인 패러다임의 전환을 만들어내지는 못하고 있다. 그것은 어떤 특정한 발전경로에 갇혀버린 것 같은데, 심지어 일부에서는 그것을 현실세계에 적용할 수 있을지 점점 회의적인 시각이 커지기도 한다. 다양한 접근방식을 제치고 새로운 정통성의 교리가 우위를 차지하면서 연구 분야가 확실히 좁아졌다. 이는 궁극적으로 진보의 속도를 늦추는 정체된 사회에 가해지는 압력과 정확히 같은 교리다.[459]

그래서 이 분야의 몇몇 사람이 범용 인공지능(AGI)이나 초지능 같은 개념이 공학적인 목표이기보다는 검은색의 백조, 범주화의 오류, 신화적인 개념에 가깝다고 말하는 것도 놀라운 일은 아니다. 핵융합과 마찬가지로, 지난 60년 동안 AI 전문가는 AGI가 15~25년이면 실현될 거라고 자신 있게 예견해왔다.[460] AI를 좀 더 면밀히 들여다볼수록, 그것의 수익성은 감소하고 있으며 돌파구가 필요한 문제라는 사실을 더욱 확실히 알 수 있다. 양적인 측면에서 연구가 기하급수적으로 늘어난다고 해서, 그에 상응하는 진전으로 이어지지는 않는다. 그리고 물론 이것이 인류의 최전선과 관련하여 도대체 무슨 의미가 있는지는 잠시 제쳐두고, 이렇게 물어볼 수 있다. 만약 우리가 만든 기계의 개념이 무엇인지 이해하지 못한다면, 그러한 개념이 대체 어떤 의미에서 우리의 것이라고 말할 수 있을까?

아이디어의 역설은 우리가 언제나 더욱 어려운 문제를 마주하게 되리라는 점을 시사한다. 그러한 역설을 따라잡기 위해서는, 오직 우리가 가진 도구의 수준을 더욱 끌어올릴 수밖에 없다. 그러나 많은 경우에 그러한 도구 자체도 매우 복잡하며, 더욱 커져버린 복잡성의 역학관계에 사로잡혀버리는 경우가 많다. 그렇다고 해서 사회가 뭔가 자동화된 도약대는 아니다. 오히려 우리는 온갖 문제와 압력이 가득 담긴 도구를 만들어내는데, 이에 대해서는 마지막 장에서 간략하게 살펴볼 것이다. 그러한 도구는 값비싸고, 위험하며, 개발 속도가 느리다.

독자들도 21세기의 가장 중요한 도구가 극심한 사회적, 정치적, 경제적, 윤리적 딜레마를 드러낸다는 사실을 알고 있을 것이다. 자동화에 대한 우려는 차치하고라도, AI는 여전히 안전성과 제어, 설명가능성(explainability)*, 가치의 우선순위 판단, 의도하지 않은 결과 등의 문제를 안고 있다. 이러한 문제를 해결하지 못한다면 심각한 결과를 야기할 수 있다. 그리고 유전공학은 사람들을 불안하게 만든다. 사람들은 새로운 능력을 프로그래밍할 때 어떠한 생식계통을 따를지에 의문

---

*   인공지능이 어떤 판단에 대한 이유를 사람이 이해할 수 있는 방식으로 제시할 수 있는 것.

을 던지면서, 그것이 세대를 거치며 더욱 증폭되어 DNA 자체에 인위적인 불평등을 고착화할 것이라고 말한다. 간단하게 말하면, 가장 부유한 사람이 모든 것을 가지게 될 것인가 하는 문제인데, 이에 대해서는 나라마다 추진하는 규제 방향이 다를 것이다. 무엇보다도 나는 코로나19 팬데믹 이후 발생할 수도 있는 생물학적 테러의 가능성 때문에 몸서리가 쳐진다. 그러나 이러한 도구의 발전이 없다면, 우리는 또 다른 팬데믹이 발생할 때 마땅한 대응방안이 없을 것이다. 문제는 간단하지 않다.

망원경이나 개인용 컴퓨터와는 다르게, 인공지능이나 합성생물학 같은 도구와 기술은 어느 정도의 실존적인 위험을 수반하게 된다. 그것은 우리에게 적어도 잠시 멈춰서 생각을 하게 만들 것이다. 당연히 일부에서는 이렇게 논란이 많은 기술에 대한 연구를 전면 중단해야 한다고 주장한다. (이에 대해서는 마지막 장에서 좀 더 자세히 다룰 것이다.)

사회는 다른 방식으로 개입할 수 있을 것이다. 유전자 편집이 좋은 사례다. 크리스퍼(CRISPR) 기술이 빠르게 발전하고 기업이 새로운 치료법을 개발하는 동안, 이 분야는 들쑥날쑥한 규제와 지식재산권을 둘러싼 다툼에 시달려왔다. 지식이 전속력으로 앞서 나가자, (제니퍼 다우드나가 재직하고 있는) 버클리와 매사추세츠 소재의 브로드 연구소(Broad Institute)는 법정에서 치열한 싸움을 벌였다. 유전자 편집은 세상을 바꿀 준비가 되어 있지만, 일부 영역에서는 과도한 규제와 특허 전쟁과 과학적 민족주의가 결합해 이 분야를 무겁게 짓누르고 있다. 한편 가상현실(VR)이 세상에 소개된 지는 이미 몇 년이나 지났지만, 지금까지 그것이 제대로 제품화되었거나 시장에서 자리를 잡았는지는 의문이다. 아마도 그것은 다중우주(multiverse)의 밝은 가능성을 보여줄 준비가 되었을 수도 있다. 그러나 아마도 우리 대부분은 그것을 TV에서 보는 것만으로 만족하고 있을 것이다. 주요한 도구는 과대광고와 거대한 실망감으로 이어지는 악순환에 빠졌다.

그리고 코로나19가 지나가더라도 이미 금융화된 세계는 혁신적인 아이디어를 위하여 계속해서 증가하는 비용을 과연 감당할 수 있을까? 현재까지 미국 정부는 로런스 리버모어 국립연구소(LLNL)에 있는 레이저 핵융합 연구 시설인 국립핵융합발화연구소(National Ignition Facility)에 수십억 달러의 비용을 투자했지만, 어느 비평가는 이곳에서 '어떠한 가시적인 결과도 없었다'고 평가했다.[61] 대표적인 사례로 유럽입자물리연구소(CERN)는 새로운 입자가속기에 270억 달러의 비용을 투입할 예정인데, 정부를 비롯한 공공부문은 그러한 지출의 필요성에 의구심을 갖기 시작했다. 심각한 경기 침체로 각국 정부와 기업은 리스크가 높은 연구 분야에 대한 투자를 더욱 꺼린다. 이러한 도구에 대한 투자의 상당 부분은 기술 대기업이 담당하기 때문에, 지금 같은 R&D 투자의 수준을 유지하기 위한 책임은 거의 오롯이 기술 대기업에 달려 있다고도 할 수 있다. 물론 그들이 살아남아서 그렇게 할 수 있다면 말이다.

이런 새로운 도구를 만들면 우리는 차세대의 거대한 아이디어를 실현할 수도 있고, 가능성의 한계를 극복할 수도 있을 것이다. 그러나 그러한 도구를 성공적으로 안전하게 완성하기 위해 어려운 일을 극복했다고 해서 다 끝난 것은 아니다. AI와 마찬가지로, 전체적인 환경은 여전히 불완전하며 불확실하기 때문이다. 그렇기 때문에 우리는 아직까지 화성에 식민지를 건설하지 못했고, 하늘을 나는 차량이나 완전한 형태의 가상현실을 만들어내지도 못한 것이다. 우리는 아직 목적지에 도착한 것이 아니라, 여전히 여행하고 있는 것이다.

아이디어가 발전하는 역사에서 우리의 위치를 돌이켜보면 이런 사실을 확인하는 데 도움이 된다. 그러한 역사의 깊은 배경에는 (대략 7만 년 전에 일어났으며, 추상적 사고와 언어, 예술, 상상력, 복잡한 사회 규범 등이 도입된) 인지혁명(Cognitive Revolution), (1만~1만 2,000년 전의) 농업혁명(Agrarian Revolution), (5,000여 년 전에 글쓰기가 개발된) 문자혁명(Textual Revolution)이 있다. 그 후의 근대는 르네상스 시대, 과학혁명 시대, 계몽주의 시대라는 세 개의 시기로 나눌 수 있으며, 이 책에서는 그 시기를 1470년부터 1770년까지 대략 300년 동안 지속되었다고 계산한다. 그다음에는 장기 산업혁명(Long Industrial Revolution)이 뒤를 이었다. 넓은 시점에서 보면, 1770년부터 1970년까지의 200년은 산업화 이전의 시기에서부터 완전히 산업화된 시기로 이행하는 가장 첨예했던 시대에 대한 하나의 연속적인 이야기를 이룬다. 그 시기를 거치면서 세계는 좀 더 작은 혁명을 겪었다. 1차 산업혁명과 2차 산업혁명이 대표적이고, 수력 제분소에서 증기기관을 활용한 공장과 대량생산이 가능한 석유 또는 전기로 가동되는 공장에 이르기까지, 그리고 운하에서 기차와 자동차와 비행기에 이르기까지, 그러한 산업혁명의 하위에 포함되는 혁신도 있었다. 그러나 그들 모두는 훨씬 더 폭넓은 한 가지 패턴의 일부를 이룬다.

1970년경부터 경제가 탈산업화(de-industrialising), 비물질화(de-materialising)되고, '특별한 세기(special century)'가 끝난 후로는 성장이 둔

화되면서 뭔가 새로운 것이 시작되었다.[462] 그러한 변화는 기술, 자본주의, 사회, 문화에서 두드러지게 나타났다.[463] 인터넷의 전신이라고 할 수 있는 아르파넷(ARPANET)이 1969년부터 가동되었다. 리처드 아크라이트가 영국 더비셔의 크롬포드에 있는 제분소에서 산업혁명에 불을 붙인 지 200년이 지난 1971년에 인텔(Intel)이 최초의 마이크로프로세서를 출시했다.[464] 2년 후에는 유전공학의 첫 번째 성과가 나타났다. 그로부터 1년 뒤에는 빈트 서프(Vint Cerf)와 밥 칸(Bob Kahn)이 인터넷을 제어하는 TCP/IP 프로토콜을 발표했다. 이제 정보화 시대(Information Age)가 시작된 것이다.

이러한 맥락을 고려하면, 3차 산업혁명이나 더욱이 4차 산업혁명에 대해 이야기한다는 것은 현재와 미래에 대한 지나치게 협소한 시대 구분이기에 시기상조라고 할 수 있다.[465] 오히려 이 두 가지는 1970년경에 시작된 새로운 시대가 여전히 진행되고 있음을 보여주는 사례다. 우리는 산업화 시대(Industrial Age)를 대체할 수 있는 새로운 시대의 초입 단계에 있다. 과학혁명의 시대는 100년 동안 이어졌으며, 산업화 시대는 200년 동안 지속되었다. 지금의 탈산업 시대와 디지털 시대, 풍부한 정보의 시대는 50년 정도 지났으며, 나는 이 시대가 가진 수명의 기껏해야 겨우 절반을 지나왔을 뿐이라고 생각한다.

따라서 이러한 혁명을 아직까지는 완전한 모습으로 평가할 수 없으며, 정체 현상 역시 그러한 맥락에서 바라봐야만 한다.[466] 20세기 초의 인권이라는 개념과 마찬가지로, 우리는 앞으로 여러 가지 난관을 만날 테지만, 결국엔 그보다 훨씬 더 많은 것을 얻어낼 것이다.

인쇄기가 발명된 후 40년이 지난 시점에서도, 책은 여전히 고대의 문서와 비슷한 형태였다. 베니스의 알두스 마누티우스(Aldus Manutius) 같은 인쇄업자가 고문서와 그것의 활자체, 레이아웃과 크기 등을 새롭게 만드는 방법을 익히고, 책자를 대량으로 인쇄할 수 있게 된 다음에야 인쇄술은 비로소 르네상스의 거대한 촉매제가 될 수 있었다. 마찬가지로 제조업자가 증기엔진을 중심으로 생산방식을 전환하는 데에도, 그리고 그다음에는 전기로 바꾸는 데에도 모두 수십 년의 시간이 걸렸다.

3차 산업혁명이나 4차 산업혁명은 역사에 기록된 유산이 아니다. AI는 계속해서 발전할 것이고, 훗날의 역사는 그것이 여전히 진행되는 역동적인 사건이라고 말해줄 것이다. AI 기술을 되돌아보라. 그것은 컴퓨터의 태동과 함께 시작되었으며, 대형 컴퓨터가 둔탁하게 소리를 내며 데이터를 처리하면서 발걸음을 떼기 시작했다. 그리고 컴퓨터가 통신망과 결합하여 인터넷을 만들어내면서 거대한 변곡점을 맞이했다.[467] 이제 우리는 여기에 학습(learning)이라는 세 번째 요소를 추가하고 있다. 향후에는 여기에 실제 지능을 더할 수도 있을 것이다. 실제 지능이라는 것이 무엇으로 밝혀지든 말이다.

21세기의 초반 몇십 년은 무언가가 거대하게 전개되는 과정의 한가운데에 놓여 있다. 세상의 새로운 도구는, 그리고 그것을 대표하고 그것을 가능하게 해준 혁명은 여전히 구성이 진행 중이며, 앞으로 수십 년은 더 지속될 것이다. 우리는 이미 이런 도구가 우리의 시대를 규정할 수 있는 아이디어를 만들어내고, 아이디어의 역설을 넘어서 다음 단계로 올라가고, 정체된 느낌을 모두 완전히 떨쳐낼 수 있다는 사실을 알아가는 중이다. 그리고 우리가 그것의 도움 없이는 볼 수 없었던 어떤 연결점을 발견할 수 있고, 그것을 조합하고 재조합해낼 수 있다는 사실을 조금씩 깨달아가고 있다. 중요한 것은 그것이 어떠한 형태이거나, 어떤 잠재력을 지니는지가 아니다. 진정으로 중요한 질문은 우리가 그런 것을 구축해낼 수 있는지, 만약에 그럴 수 있다면 그것을 안전하며 지속가능한 것으로 만들 수 있느냐는 것이 되어야 한다.

그것은 결국 새로운 아이디어를 만들어내는 사회, 문화, 제도, 조직의 유형이 무엇인지에 달려 있다. 오늘날의 문명에는 혹시 정체된 사회를 뒤흔들 수 있는 또 다른 측면은 없을까? 그것은 어떤 모습일까? 그러한 도구를 만드는 것이 가능할까? 다음 장에서는 이러한 질문을 탐구해볼 것이다. 다시 한번, 여기에도 유망한 조짐이 보인다.

CHAPTER 08

거대한
컨버전스

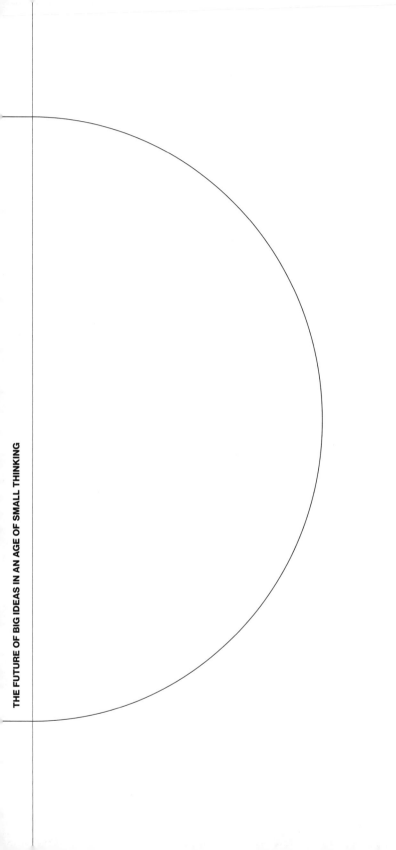

THE FUTURE OF BIG IDEAS IN AN AGE OF SMALL THINKING

규모의 확대

무모한 과학자가 저지른 창조주 놀이

과학계가 충격에 빠졌다. 2018년 11월 28일 홍콩에서 급하게 기자회견이 열렸고, 중국 광둥성에서 쌍둥이 자매가 태어났다고 발표했다. 아이들의 이름은 (공개된 내용에 따르면) 루루(露露)와 나나(娜娜)다.

그것은 행복한 일이어야 했다. 그러나 그보다 앞서 며칠 전에 《MIT 테크놀로지 리뷰(MIT Technology Review)》의 폭로로 놀라우면서도 섬뜩한 사실이 드러났다. 크리스퍼(CRISPR)의 '분자 가위(molecular scissors)'를 활용하여 태어난 이 무고한 쌍둥이는 과학자가 직접 조작한 유전자 물질을 갖고 태어난 최초의 인류였다. 선전(深圳)에 있는 남방과학기술대학(南方科學技術大學)의 허젠쿠이(賀建奎)는 최첨단 유전자 편집 기술을 루루와 나나의 DNA에 적용했다. 유전자 편집 기술을 인간에게 사용한 것이다.

이 계획은 2016년 6월에 시작되었고, 2017년에는 실험에 참여할 부부를 모집하면서 본격화되었다.[468] 2018년 초에 여아들이 태어났다. 아이들이 아직 작은 세포였을 때, 허젠쿠이는 체외에서 아이들의 유전체를 편집했다. 규정을 위반한 것이다.

미국에서 몇 년을 보낸 후 중국으로 돌아간 허젠쿠이 교수는 초기에만 하더라도 자신이 숭고한 목적으로 HIV(Human Immunodeficiency Virus, 인간면역결핍 바이러스)와 연관된 CCR5* 유전자의 편집을 연구한다고 주장했다. 그는 이 결과를 '자랑스러워'했다. 쌍둥이는 '행복하며 건강하다'고 했다. 그 외에도 이미 임신한 여성은 더 있었으며, 이 프로젝트에서는 더욱 많은 사례가 나올 예정이었다. 표면적으로 보면 이것은 21세기의 획기적인 사건이었다.

여론은 즉시 반발했다. 크리스퍼 연구의 창시자인 제니퍼 다우드나와 에마뉘엘 샤르팡티에를 필두로 한 과학계는 거침없이 비난하고 나섰다. 다우드나는 '섬뜩하고 충격적'이라고 했다. 이 과정에서 어떤 윤리적인 안전기준이나 고려사항이 있었을까? 이렇게 엄청난 영향력이 있는 연구를 감시하는 법적인 틀이나 국제적인 공조는 어디에 있었을까? 조사 결과 안전성 검사는 불충분했고, 환자를 찾는 절차는 무시되었으며, 윤리성을 검토한 문서는 위조된 것으로 드러났다. 곧바로 해당 대학과 중국의 관계 당국은 그의 연구를 알지 못

---

* 에이즈의 원인 바이러스인 HIV 수용체. HIV 바이러스는 T세포의 수용체인 CCR5(수용체 이름이자 이를 생성하는 유전자의 이름)를 통해 T세포 내부로 들어간다.

했다고 주장했다. 그들은 빠르게 그와 관계를 끊었으며, 대학은 그를 휴직 처리했다. 결국 허젠쿠이는 형사재판에서 300만 위안의 벌금과 실형을 선고받았다.

그 과정과 결과에서는 동료의 검토를 거치지도 않았다.[469] 과학계의 문제점이 적나라하게 드러났다. 그것보다 절박한 연구가 얼마든지 있는데 굳이 인간의 유전자를 편집해야 하는지는 의문이다. 게다가 허젠쿠이는 연구를 어설프게 한 것으로 보이는데, 당초에 의도한 대로 HIV에 대한 면역성을 밝혀내는 데는 도움이 되지도 않았을 것이다. 그 실험은 반드시 해야만 하는 것도 아니었을뿐더러, 쌍둥이 여아를 다른 질병에 더욱 취약하게 만들 수도 있었다. 어느 윤리학자는 그 실험을 두고 '괴물 같은' 것이라고 묘사했다. 사람들이 기대하는 획기적인 사건은 이런 것이 아니었다. 그것은 창조주 놀이를 한 어느 무모한 과학자가 저지른 악몽이었다.

언론의 보도는 도덕적인 문제와 생체공학적인 의미에 초점이 맞춰져 있었다. 언론은 이러한 새로운 도구가 가진 윤리적 우려를 구체적으로 조명했고, 엄청난 논란을 일으킨 사건에 대한 형량이 낮다는 문제점을 부각시켰다. 역사가 만들어졌다. 그러나 유수의 과학자는 이런 사건이 일어나는 걸 의도하지는 않았다고 말했다.

허젠쿠이의 사건에는 또 한 가지 중요한 측면이 존재한다. 그것이 일어난 장소다. 20세기와 21세기 초만 하더라도 이 분야에서의 획기적인 연구는 크리스퍼를 탄생시킨 장소에서 주로 볼 수 있었다. 예를 들면, 캘리포니아의 버클리나 케임브리지, 매사추세츠 같은 곳이었다. 허젠쿠이가 실험을 진행한 선전은 1979년까지만 해도 존재감이 없던 도시였다. 그러나 루루와 나나가 태어날 당시에 이곳은 인구가 1,250만 명인 거대도시였으며, 중국 기술 산업의 중심지가 되어 있었다. 그리고 이제는 최초의 유전자 편집 인간이 살고 있는 도시가 되었다. 이것은 하나의 실험을 넘어서는 훨씬 더 넓은 무언가를 암시한다. 아이디어의 지리학은 그 어느 때보다도 빠르게 변화하고 있다. 아이디어의 역사에서 새로운 국면이 전개되면서, 우리가 가지고 있던 기존의 모델과 추정을 뒤엎으려 하고 있다.

생명공학에 관심이 많은 사람에게는, 쌍둥이 여아의 출생과 그 지역이 전혀 놀라운 사실이 아니었다. 미국과 영국의 연구자도 곧이어 비슷한 연구를 발표하긴 했지만, 2015년 3월에 이미 광저우의 연구팀이 최초로 인간 배아의 유전자를 편집한 적이 있기 때문이다.

중국은 이 분야의 선두를 차지하기 위하여 지난 수십 년 동안 노력해왔다. 1990년대와 2000년대 초반, 중국은 자국의 베이징유전자연구소(BGI, Beijing Genomic Institute)를 통하여 인간 유전체 프로젝트(Human Genome Project)에 약 1퍼센트를 기여했다. 그러나 이후 몇 년이 지나자 BGI는 세계 최대의 유전자 연구소 가운데 하나가 되었으며, 그들의 유전자 염기서열 분석 능력은 미국 전체와 맞먹을 정도가 되었다. 이 연구소는 공공과 민간 사이에서 다소 모호하지만 유리한 위치를 점유하고 있다. 그들은 중국 정부에서 수십억 달러의 신용한도(credit line)를 지원받지만, 그러면서도 민간 부문에서 상당한 자본을 조달할 수도 있다.[470]

서양의 과학자들은 과학적 규범과 윤리적 안전장치를 대하는 베이징 당국의 태도가 느슨하다는 것을 오랫동안 지켜보았다. 유럽이나 미국의 규제당국과 비교하면, 중국이 어떤 프로젝트를 승인하는 과정은 더욱 빠르게 진행되었고 정밀한 조사도 덜 거쳤다. 비록 중국 정부는 허젠쿠이의 연구에 대한 관련성을 부인했지만,《사이언스(Science)》에서는 중국의 유전자 편집에 대한 규제 수준을 두고 '관대함(permissive)'이라고 평가했다. 중국은 리스크에 대해서는 심지어 미국보다도 덜 신경 쓰는데, 이러한 태도가 규제의 간섭이 약한 환경을 조성하는 것으로 보인다. 생물학계의 어느 누구도 중국의 기술이 현재 어디까지 이르렀는지 확신하지 못한다. 서양에서의 일반적인 상황과는 다르게, 방법론이나 임상결과를 포함하여 중요한 연구의 상당수가 전혀 출간되지 않는 것 같다. 심지어 100명이 넘는 사람이 유전자 편집 시술을 받았다는 추정이 있을 정도다.[71]

중국 정부는 미국이 디지털 테크놀로지의 진원지가 됨으로써 엄청난 권력과 명성과 부를 얻어낸다는 사실을 잘 알고 있다. 만약 생명공학이 세상을 바꾸는 또 하나의 범용기술이라면, 그들은 이 게임에 기꺼이 참여하기를 원할 것이다. 역사를 통해 그들이 배운 전반적인 교훈은 명확할 것이다. 서양은 발견과 연구의 속도를 설정하는 데 독점 권력을 가진 것이 아니며, 세상의 새로운 도구는 무조건 반드시 동양에서 만들어져야 한다고 말이다. 과학의 연구와 개발에서 진정으로 다극화(multipolarisation)된 새로운 현실이 모습을 드러내고 있다.

인류의 최전선으로 통하는 길은 대부분의 역사에서 대부분의 사람에게 폐쇄되어 있었다. 18세기에 유럽이 격차를 벌리기 시작하던 시점을 거대한 발산(Great Divergence, 대분기)이라고 부른다면, 우리는 지금 그에 대한 반동으로 거대한 컨버전스(Great Convergence, 거대한 융합)의 시대를 살아가고 있다. 준비가 됐든 안 됐든, 사고의 최전선에서 우리는 인류가 하나로 융합하는 것을 지켜보고 있다.[472] 바로 이곳이 우리가 새로운 도구를 만들어야 하는 지점이다. 그것의 결과는 앞으로 수십 년 동안 아이디어에 대한 모든 것을 형성할 것이다.

과학과 기술 분야에서 세계 최강대국으로 부상하는 중국

중국의 부상과 각국의 평준화는 일반적으로 경제적이거나 지정학적인 측면에서 바라보는 경우가 많다. 그러나 이러한 해석은 아주 중요한 의미를 놓치고 있다. 그것은 또한 아이디어를 만들고 육성하며 사회적으로 인정하게 만드는 우리의 능력에서 일어나는 범문명적인 변화이기도 하다. 이러한 변화는 경제 발전에 비해 몇 년 정도 뒤처져서 일어난다. 거대한 컨버전스에 의한 완전한 영향력은 이제부터 앞으로 수십 년 동안 경험하게 될 것이다.

중국은 인류의 역사에서 오랫동안 세계를 이끌었다. 농경 문명의 요람이었던 중국은 수천 년 전으로 거슬러 올라가는 문명의 흐름을 이어오고 있다. 오랜 시간 동안 중국은 세계 최대의 경제대국이었다. 1차 산업혁명이 시작되어 영국이 급격한 변화를 맞고 있던 18세기에도, 중국은 유럽의 주요 강국보다 더욱 거대한 경제권이었다. 대부분의 중국인과 상당수의 아시아인은 중국이 다시 세계의 최선두로 나서는 것을 그다지 놀랍게 여기지 않는다.

지난 2세기 동안 서양은 인류에게 거대한 아이디어의 산실인 중국의 역사적 역할을 간과해왔다. 그러한 착오는 시간이 지날수록 더욱 명백한 것으로 드러났다. 기원전 1천 년대의 주(周)나라 시절, 중국은 청동기에서 철기 문화로 전환했고, 수문학(hydrology)과 (십진법을 포함한) 수학 분야를 개척했으며, 비단을 만들었다. 전국시대(戰國時代)에는 손자(孫子) 같은 현인을 배출했고, 도교(道敎)가 만들어졌다. 기원전 202년부터 서기 220년까지 한(漢)나라 시절에는 유교 사상의 기틀을 다졌다.

그리고 흔히 '4대 발명'이라고 말하는 화약, 나침반, 종이, 인쇄술이 나타나면서 고대 중국의 영광스러운 시대를 열었다. 프랜시스 베이컨(Francis Bacon)은 이것을 세계에서 가장 중요한 발명품이라고 평가했는데, 이는 당시는 물론이고 이후에도 그다지 특이한 생각이 아니었다. 수정주의 역사학자는 이러한 4대 발명품 선정에 의문을 제기하기도 하는데, 그 이유는 중국에서 발명된 중요한 발명품이 너무 많기 때문에 그렇게 몇 가지만 고르는 것이 쉽지 않기 때문이다.

서양이 로마 제국 당시에 눈부시게 발전했듯이, 아시아 역시 이슬람 칼리프(caliph)가 통치하던 시절에 새로운 황금기를 누렸다. 바그다드의 압바스(Abbas) 왕조는 지혜의 집(House of Wisdom)을 창건했고, 천문학과 의학, 수학을 발전시켰으며, 종이를 적극 활용해 그리스와 로마의 고전을 연구했다. 그리고 중국에서는 당(唐, 618~907년)과 송(宋, 960~1279년) 왕조를 거치면서 학문과 문화가 새롭게 꽃을 피웠다. 유럽이 주춤거리는 사이, 중국은 대운하(大運河)를 건설했다. 중국의 인구는 세계의 4분의 1을 차지했으며, 인구밀도 역시 뛰어난 농경 기법과 기술 덕분에 훨씬 더 높았다. 그들은 공예와 제조 분야에서 세계를 이끌었고, 대륙을 가로지르는 교역로를 마음껏 누렸으며, 학자이자 관료인 계층이 평생에 걸쳐 통치하며 사상을 발전시킬 수 있도록 지원했다. 10세기경, 당나라의 황실 도서관은 대략 8만 권의 장서를 소장하고 있었다. 반면에 스위스의 어느 수도원에 있는 유럽 최대의 도서관이 소장하고 있던 도서는 800권 정도에 불과했다.[473] 그들은 거대한 다리와 웅장한 건물을 건설했고, 먼 바다까지 항해할 수 있는 정크선(戎克船)을 만들었으며, 호화로운 천과 직물을 짜냈고, 고급 도자기를 빚어냈으며, 정교한 시계장치와 관개(irrigation) 시스템을 만들어냈고, 인쇄술과 종이를 활용하여 지식을 널리 전파했다. 전체적으로 중국의 당과 송, 그리고 이슬람의 칼리파 왕조는 놀라울 정도로 체계적인 문명을 자랑했으며, 당대의 유럽을 훨씬 능가하는 혁신을 이뤄냈다.

그런데 19세기 후반 들어서 상황이 바뀌었다. 중국의 청(淸) 왕조는 인구가 넘쳐나고 빈곤에 허덕였으며, 생산성을 향상시키기에는 농기계나 비료가 턱없이 부족해 국민을 먹여 살릴 수 없었다. 제국의 통치 시스템은 불신으로 가득했다. 1850년부터 1864년까지 태평천국의 난(太平天國之亂)이 일어나 나라의 곳곳을 황폐화했는데, 이는 수많은 반란 중 하나에 불과했다. 몇몇 예외적인 사례를 제외하면, 중국에는 철도, 전신, 공장, 광산, 철갑선 같은 현대적인 요소가 결여되어 있었다.[474]

고고학자이자 역사학자인 이언 모리스(Ian Morris)는 이를 다음과 같이 해석한다.[475] 그는 최대 도시의 크기, 에너지 접근성, 정보저장 수단 등의 데이터를 통해 서로 다른 문명을 조사한 다음, 그들의 사회발전지수(social development index)를 측정했다. 그는 자신이 문명의 핵

(core)이라고 생각하는 두 지역에 초점을 맞추었다. 하나는 기원전 9000년경 서남아시아에서 시작하여 시간이 지남에 따라 서쪽으로 이동한 문명이고, 다른 하나는 그로부터 2000년 뒤에 황하(黃河)와 장강(長江, 양쯔강) 사이에서 형성된 문명이다. 로마 제국과 한(漢) 제국이 서로 교류했듯이, 이들 두 문명도 때로는 가깝게 지냈다. 그러나 두 문명이 주기적으로 교류하면서 동시에 절정에 달했던 시기는 없었다. 다시 말해, 아주 오랜 예전에는 인류의 최전선을 더욱 밀어내려는 전 세계적인 노력이 없었다는 것이다. 모리스는 서쪽의 문명이 역사적으로는 훨씬 더 일찍 출현했기에 많은 이점이 있었지만, 서기 550년부터 대략 1750년까지는 동쪽의 문명이 세상을 지배했다는 사실을 보여준다. 당시만 하더라도 서쪽의 문명이 동쪽에 대하여 거대한 융합을 할 것이라고는 예상하기 어려웠다. 서로 입장이 뒤바뀌기는 했지만 지금의 현실도 마찬가지다.

역사를 통틀어 많은 사회는 지역, 문화, 지식, 자원의 제약을 받는 '지리의 죄수들(prisoners of geography)'이었다. 지금은 그것을 옭아매던 녹슨 쇠사슬과 족쇄가 모두 허물어지고 있다. 신석기 시대의 인류에서 출발하여 원자력과 컴퓨터의 시대까지 도달하는 동안 모리스의 사회발전지수는 900포인트 상승했다. 그러나 만약 이러한 추세가 지속된다면, 21세기가 지나면서 그 지수는 4,000포인트라는 놀라운 수준에 도달할 것으로 전망된다. 앞으로 수십 년 동안, 우리는 지난 수천 년 동안 경험한 것보다 더욱 놀라운 발전을 목격하게 될 수도 있다. 이에 대하여 모리스는 이렇게 썼다. "이것은 역사에 대한 조롱이 아니고 무엇이란 말인가!"[476] 역사의 깊은 곳에 자리하던 패턴들이 물러나고 있다. 선진국과 개발도상국을 가르는 낡은 구분법, 발전의 여지에 대한 수많은 가정, 혁신을 국부적인 관점에서만 바라보는 오래된 관념은 지금 인류의 최전선에서는 아무런 의미를 갖지 못한다. 중국은 다음 세기에 거대한 아이디어가 이제는 더 이상 한 곳에 집중되지 않고 어떻게 전 세계로 확산될지, 그리고 모든 분야에서 인류의 가장 깊은 잠재력까지 끌어낼 것임을 보여주는 가장 분명한 사례다.

중국을 향하고 있는 이러한 전환에서 핵심이 되는 사건을 몇 가지 꼽을 수 있다. 1960년대부터 녹색혁명(Green Revolution)이 일어나 전 세계의 인구를 먹여 살리기 시작했는데, 대기근(大飢饉, 1959~1961년)을 겪은 중국의 소작농도 그들 가운데 하나였다. 그러다가 (실제로는 상향식인 경우가 많았지만) 덩샤오핑(鄧小平)의 개혁이 역사의 축을 돌려놓았다. 베를린 장벽이 무너지고 인터넷이 전 세계를 정보가 풍부한 커뮤니케이션의 상부구조로 엮어내면서 세계는 하나의 경제체제로 편입되었다.

그 결과는 매우 분명하게 알 수 있다. 1990년에는 세계 무역의 60퍼센트가 선진국 사이에서 이루어진 반면, 개발도상국 사이의 교역은 6퍼센트에 불과했다. 그러나 그 이후로는 후자의 영역이 두 배나 빠르게 성장했다.[477] 아시아는 지난 40년 동안 전 세계 성장세의 가장 커다란 몫을 가져갔다. 2012년, 중국은 세계 최대의 제조국이 되었다. 1990년 이후 25년 만에 달러로 환산한 중국의 수출액은 40배나 증가했고, 여전히 가파른 상승세를 이어가고 있다.[478] 텐센트(Tencent), 바이트댄스(Bytedance), 알리바바(Alibaba), 디디(Didi), DJI 등 중국의 하이테크 기업은 시가총액, R&D 지출, 사용자 수, 획기적인 기술의 활용 등의 측면에서 몇몇 경쟁자를 제외한 세계의 모든 기업을 앞지르고 있다. 2010년대부터는 그 누구도 새로운 기술이 서양의 전유물이라고 주장할 수 없게 되었다.

중국의 연구 분야는 풍부한 자원을 확보하고 있으며, 점점 더 세계를 이끌어가는데, 특히 새로운 도구를 만드는 데서 그러한 특징이 두드러진다. 중국은 R&D 분야에 매년 5,000억 달러 이상을 지출하고 있는데, 이는 유럽연합(EU)보다 상당히 많은 금액이며 미국에도 근접한 수준이다. (여러분이 이 글을 읽을 시점에는 아마도 미국을 추월했을 가능성이 크다.)[479] 2000년부터 2016년 사이에 전 세계의 과학 연구 생산량에서 중국이 차지하는 비중은 네 배 증가했다. 2000년 이후 중국 혼자서만 전 세계 R&D 성장세의 3분의 1을 담당했고, R&D 강도(R&D intensity)*는 한국에 이어 2위를 차지했다.

2016년은 하나의 분수령이 되었다. 중국이 사상 처음으로 미국보다 많은 양의 과학 연구 논문을 출간하여 세계 최대의 과학 지식 생산국이 된 것이다. (수치상으로는 이렇게 나타나는데, 인용 횟수로 측정한 질적인 측면에서도 중국의 과학 연구 수준은 네 배나 향상되었다.)[480] 엘제비어(Elsevier) 출판사와 닛케이(日経) 신문이 수행한 연구에 따르면, 가장 '핫(hot)'한 30개 분야 중 23개 분야에서 중국 연구자의 논문이 가장 많이 인용되었다고 한다.[481] 중국은 국제특허나 전 세계 STEM(과학science, 기술technology, 공학engineering, 수학mathematics) 분야 연구자의 숫자에서도 그전까지 세계 최강국이었던 미국을 앞지르고 있다. 실제로 세계에 출원

---

*   연구개발(R&D) 비용을 매출액으로 나눈 수치.

된 특허군(patent family)* 중 약 50퍼센트는 중국인이 출원한 것이다.[482] 중국 연구인력의 교육 수준도 더욱 향상되었다. 1990년부터 2010년 사이에 대학 졸업자 수는 매년 800만 명 수준으로 10배가 늘었고, 같은 기간 동안 대학원 이상의 학위 소지자는 15배가 늘어서 미국의 수치를 넘어섰다. 그리고 중국 대학의 세계 순위도 급등했다.[483]

이러한 추세의 핵심에는 단지 생명공학만이 아니라 특정한 고급 분야가 존재한다. 인공지능(AI) 분야의 선구자인 앤드루 응(Andrew Ng)은 중국어의 복잡한 특성과 거액의 투자 덕분에 그들은 자연어 처리 분야에서 서양을 앞서게 되었다고 말한다. 한편, 구글의 전 CEO 에릭 슈밋(Eric Schmidt)은 중국이 근시일 내에 AI 분야에서 미국을 앞지를 것으로 예상하고 있다.[484] 영국이 양자 컴퓨팅 개발을 위해 기껏해야 1억 5,000만 파운드(2,400억 원)를 투자하고 있는 데 비하여, 중국은 지금까지 150억 달러(19조 6,400억 원)를 투자했으며 이는 계속해서 증가하고 있다.

중국의 국립양자정보과학연구소(National Laboratory for Quantum Information Sciences)는 이 분야에서 세계 최대의 연구시설이다. 세계 최초로 달의 뒷면에 착륙해 탐사를 진행하고 있는 창어4호(嫦娥四号) 탐사선이나 직경 500m 구면전파망원경(500米口徑球面無線電望遠鏡) 같은 프로젝트, 그리고 배터리나 광전지(photovoltaic) 같은 클린테크(cleantech) 분야의 발전은 매년 연구비 지출을 12퍼센트 이상 늘려온 덕분에 이뤄낸 성과다. 베이징에 있는 중관춘(中關村)이라는 이름의

---

* 상호 연관된 특허의 묶음.

연구단지는 그 규모만 해도 $100km^2$가 넘으며 2만 개 이상의 기업이 입주해 있다. 신화통신(新華通訊)은 중국이 달의 남극에 기지를 건설할 예정이며, 목성의 위성인 칼리스토(Callisto)에 탐사선을 착륙시키기 위한 프로젝트가 진행 중이라고 보도했다.[485] 이러한 기세가 앞으로 수십 년 이내에 멈추지는 않을 것이다. 반면에 서양에서는 이러한 움직임이 보이지 않는다. 만약에 이러한 추세가 지속된다면, 과학과 기술 분야에서 중국이 세계 최강대국이 되는 건 시간문제일 것으로 보인다.

중국은 또한 디지털로 작동하며 국가 주도로 영리를 추구하는 완전히 새로운 일당 통치체제를 추구해왔다. 그것은 오래된 통치 모델을 21세기에 맞게 변형한 버전이며, 새로운 사회와 정치 질서에 대한 의욕적인 청사진이기도 하다. 중국은 건축과 공학에서도 극한을 추구하는 하나의 시험무대가 되어왔다. 중국의 기술과 문화 비즈니스는 새로운 형태의 디지털 문화와 참여방식을 개척해왔다. 중국은 천인계획(千人計劃)이라는 프로그램을 장기간 진행하면서 스타급 연구자와 인재를 끌어모으고 있다. 그리고 지금까지 전 세계에 500개의 공자학원(孔子学院)이 설립되었다. 코로나19 팬데믹에 대한 그들의 대응과 비교하면, 서양의 국가는 그저 쩔쩔매는 수준이다. 일대일로(一帶一路)는 수조 달러를 투자하여 전 지구적으로 인프라를 건설하는 매우 독창적인 프로젝트이며, 단연코 21세기의 거대한 아이디어라고 할 수 있다. 그런데 이러한 상황이 단지 경제적 자원을 투입하는 것이 아님을 주목해야 한다. 그것은 새로운 아이디어를 향한 야심, 일련의 가치관, 광범위한 문화에 대한 것이다. 그러한 환경은 더 이상 서양만의 것이 아니다.

다극화된 세상은 이런 모습이다. 우리는 단지 정치권력의 역할이나 경제성장을 위해서만이 아니라, 그 모든 것을 뒷받침하는 바로 그거대한 아이디어를 위하여 이러한 현실이 갖는 의미를 제대로 이해해야 한다. 앞으로는 루루와 나나 같은 사례가 이례적인 사건이 아닐것이다. 물론 쌍둥이 자매에게는 아무런 잘못이 없으며, 그것은 인간을 대상으로 진행한 부적절하면서도 극히 드문 사례가 되기를 바랄뿐이다.

아시아, 라틴 아메리카, 아프리카의 발전과 도전

아시아에는 광활한 땅덩어리를 가졌으며 세계 최대의 인구를 가진나라들이 있기 때문에, 미래에는 아시아가 세계의 중심이 되리라는사실을 그 누구도 의심할 수 없다. 이는 단지 중국이나 인도만이 아니라, 인도네시아, 파키스탄, 필리핀 같은 인구 대국도 포함하는 것이다. 싱가포르나 카타르 같은 나라의 인구 1인당 소득은 세계 최상위 수준이다. 아세안(ASEAN)이나 아시아인프라투자은행(AIIB) 같은각종 기구의 영향력도 커지고 있다. 중국이나 싱가포르, 한국, 홍콩, 대만, 일본 등의 국가는 국제학생평가프로그램(PISA)의 학력평가 순위에서 상위권을 장악하고 있으며, 로봇 제조와 반도체 제조 같은 첨단 산업에서도 우위를 점하고 있다. 21세기 들어서 시간이 지날수록그들의 잠재력이 더욱 구체화되고 있다.

이러한 동아시아 외에도, 파키스탄에서부터 이란을 거쳐 인도와 인도네시아에 이르는 거대한 원호 형태의 지역은 약 25억 명의 인구가 있는 역동적인 지역으로, 이들 역시 세계 경제의 최전선을 강타할 태세를 취하고 있다.[486] 그들은 단지 서양을 따라잡는 정도가 아니라, 아예 뛰어넘을 가능성도 있다. 어느 쪽이 되었든, 이러한 상황은 아이디어의 역사에서 다음 단계가 펼쳐지리라는 것을 예고한다.

중국을 뒤따를 수 있는 가장 좋은 여건을 갖춘 나라는 인도다. 그들은 유럽이나 미국, 동아시아의 강국에 맞먹는 자원을 바탕으로 어마어마한 인구를 활용하여 그 어느 때보다도 많은 능력과 더욱 강해진 영향력을 갖추게 될 것이다. 서양인의 눈에는 잘 보이지 않았지만, 중국과 마찬가지로 인도 역시 화려한 유산을 갖고 있다. (서양인이 인도에 대해 아는 것이라고는 요가, 발리우드, 카레가 전부다.) 서기 3~4세기경 굽타(Gupta) 왕조 치하의 인도는 지식의 강국이었다. 그들은 마하바라타(Mahabharata) 대서사시를 완성했고, 0의 개념과 체스를 창안했으며, 위대한 날란다대학교(Nalanda University)에서는 불교를 탐구했다. 18세기까지의 다섯 세기 동안 인도는 제조 부문에서도 거대한 허브 역할을 했다. 그리고 유럽의 국가들이 부상하면서, 인도 역시 중국과 마찬가지로 뒤처지게 되었다.

불과 수십 년 만에, 인도는 1,000억 달러 규모를 수출하는 IT 산업을 구축했다.[487] 그들에게는 급속하게 성장하는 페이티엠(Paytm) 같은 기술 업계의 유니콘(unicorn) 기업이 있으며, 중국이나 미국과의 격차를 줄일 수 있는 역량을 보유하고 있다. 비록 아직까지 세계 최고의 대학에 필적하지는 못하지만, 인도공과대학교(IIT)는 세계 최고의 엔지니어와 프로그래머와 수학자를 엄청나게 배출하고 있으며,

인도에서는 지금도 세계 최고의 의사를 아주 많이 길러내는 중이다. 마이크로소프트, 알파벳, 어도비(Adobe), IBM 같은 세계 최고의 기업을 이끄는 CEO는 모두 인도 출신이다. 인도는 홍채인식 소프트웨어를 기반으로 만든 세계 최대의 생체인증 신분증 시스템인 아드하르(Aadhaar) 같은 기술을 대대적으로 도입했고, 지금은 그것을 기반으로 인디아스택(IndiaStack)이라는 거대한 디지털 신원 시스템을 구축하고 있다.

게다가 인도는 고령화가 진행되는 중국에서는 더 이상 불가능한 인구통계학적 장점을 여전히 마음껏 누리고 있다. 인도에서는 2025년까지 1억 7,000만 명이 새롭게 노동인구에 편입될 것이다.[488] 2010년대에 인도는 사회 기반시설 구축과 규제 마련에 초점을 맞추고 대대적인 개혁에 착수했다. 중국과 마찬가지로 인도 역시 단지 1등급(first-tier) 도시만이 아니라 최첨단 기술력을 갖춘 '2등급(second-tier)' 도시도 구축하고자 했다. 그렇게 푸네(Pune)와 하이데라바드(Hyderabad) 등을 비롯하여 델리(Delhi) 주변에도 여러 도시가 조성되었다. 한편, 인도는 주가드(jugaad)라는 그들만의 독창적인 경영 철학을 선보였는데, 이는 가진 것이 많지 않고 지불 능력도 부족한 사람이 혁신을 이뤄내기 위한 방식이다. 이러한 철학은 그 자체로 진보를 추구하는 방식에서 하나의 거대한 아이디어라고 할 수 있다. GE나 지멘스(Siemens) 같은 기업도 차세대의 저비용 의료기술을 만들기 위한 목적으로 인도에 R&D 허브를 구축하면서 그들 역시 주가드 철학을 적극 받아들이는 중이다.[489] 인도의 통신기업 지오(Jio)는 저가의 모바일 네트워크를 구축해, 순식간에 수억 명의 사람이 인터넷에 접속할 수 있게 해주었다. 인도우주연구기구(ISRO)는 슈크라얀 1호(Shukrayaan-1)라는 탐사선을 금성에 보내려고 계획 중인데, 이 탐사선은 금성의 대기에 생명체가 존재할 수도 있다는 가설을 확인하는 데 중요한 역할을 할 전망이다.

젊고 비교적 개방적이며 야심찬 인도는 이러한 특성을 기업 경영과 의학, 학문 분야에서 기틀을 다진 오랜 전통과 결합하고 있다. 인도는 독특한 규범과 문화, 통치체계가 있기 때문에, 미국이나 중국과 비교하여 흥미로운 대비를 보여줄 것이다. 그들이 가진 잠재력은 명확하며 매력적이다. 현재 기준으로 인도의 R&D 투자는 670억 달러로 한국의 1,200억 달러나 일본의 1,900억 달러에 비하면 적은 수준이다. 참고로 중국은 그들보다 훨씬 더 많다. 그럼에도 상황은 빠르게 바뀔 것이다. 우리는 아마도《신들의 강(River of Gods)》같은 SF 소설 속의 장면을 볼 수도 있을 것이다. 인도가 독창적으로 발전시킨 최첨단 기술과 사회구성체(social formation)가 나타날 것이다. 인공지능(AI)과 증강현실(AR) 소프트웨어는 힌두교의 신들처럼 모습을 드러낼 것이며, 인도의 생명공학은 고대 인도의 의학과 문화, 그리고 로봇공학에서 각종 규제에 이르기까지 다양한 가치와 전통을 교훈 삼아 세계의 최선두에 나설 것이다.

그러나 이러한 현실은 단지 인도나 중국 같은 거대 강국에만 중요한 것이 아니다. 그들은 마치 새로운 미국이나 유럽과 같은 문명으로 발전하여 우리의 문화와 과학적인 상상력을 자극할 것이다. 사람들은 이제 자신이 가진 잠재력을 마침내 진지하게 탐구할 수 있게 될 것이다. 이것은 전 세계적인 변화다.

일본은 물론 오랫동안 최전선에 있었다. 그들은 로봇공학, 청정에너지, 생명공학, 사물인터넷(IoT), 자동화, 요양 기술 등의 분야에서 탁월한 역량으로 여전히 최선두를 지키고 있다. 일본에는 세계 최대의 벤처캐피털(VC) 펀드*가 있으며, 그곳의 사람들은 진취적으로 새로운 기술을 받아들이고 있다. 동남아시아도 부상하고 있다. 거의 7억 명의 인구가 살고 있으며, 아세안이라는 기구를 통하여 긴밀하게 협력하는 동남아시아는 제조업 분야의 차세대 중심지로 빠르게 성장하고 있다. 걸프(Gulf) 지역의 화려한 석유 왕국들 역시 그들 나름대로 세계의 주요한 세력으로 떠오르고 있다.

라틴 아메리카에도 긍정적인 전망이 넘쳐나고 있다. 라틴 아메리카는 광활한 대지 전역에 걸쳐 활기와 창의력이 넘치는 수준 높은 지역인데도 이곳의 수많은 대학과 기업은 지금까지 세계적으로 크게 영향력을 미치지는 못했다. 그러나 지금은 변화의 조짐이 뚜렷하게 나타나고 있다. 예를 들어, 브라질에서는 지난 10년 동안 특허 출원 건수가 크게 늘었다. 지난 몇 년 동안 그곳을 방문한 이들은 21세기에 라틴 아메리카가 가진 영향력을 무시하면 안 된다고 말한다. 아마도 다른 어느 지역보다도 그들은 우리를 더욱 놀라게 할 것이다. 마술적 사실주의(magical realism)**에서 해방신학(liberation theology)에 이르기까지 우리에게 수많은 것을 안겨준 라틴 아메리카는 이제 거대한 역

---

* 　소프트뱅크(Softbank)의 손정의 회장이 출범시킨 비전펀드(Vision Fund).
** 　라틴 아메리카에서 발전한 다소 몽환적인 분위기의 문학 사조로, 대표적인 작가로는 가브리엘 가르시아 마르케스(Gabriel Garcia Marquez)가 있다.

할을 하게 될 것이다. 이렇게 활기차면서도 특별한 지역에서 새로운 아이디어가 출현한다는 것은 정말로 흥분되는 일이다.

아프리카 역시 변화하고 있다. 2000년 이후 세계에서 경제가 가장 빠르게 성장한 국가 10곳 중 6곳이 아프리카의 나라다. 1990년대 이후로 극빈층의 비율은 절반으로 줄어들었다.[490] 아프리카의 성장은 지속될 것으로 예측되며, 인구의 증가세는 인도보다 더욱 클 것이다. 아프리카에는 2040년까지 6억 명이 노동인구에 추가될 것이다.[491]

아프리카에서 가장 인구가 많은 나이지리아가 이러한 변화에서 중요한 부분을 담당할 것이다. 지난 20년 동안 이 나라의 1인당 실질소득은 거의 두 배가 늘었으며, 극빈층 인구의 비율은 60퍼센트에서 30퍼센트로 줄어들었다.[492] 한편, 나이지리아의 인구는 1990년부터 2020년 사이에 거의 두 배로 증가했다. 그러나 이건 앞으로 벌어질 일에 비하면 아무것도 아니다. 나이지리아의 인구는 21세기를 거치며 5억 명이 추가될 것으로 보이는데, 이는 그 어떤 나라보다도 많은 숫자다.[493]

나이지리아의 라고스는 사하라 남부 아프리카의 금융, 미디어, 기술 분야에서 중요한 허브가 되었으며, 대륙 전체에서 기업가적 야망을 일깨우는 온상 역할을 하고 있다. 그들의 도전은 쉽지 않을 것이다. 그들에게는 일차원적인 경제, 에너지 부족(그들이 가진 석유를 생각하면 다소 역설적인 상황이다), 고질적인 빈곤 등 쉽지 않은 문제가 남아 있다. 이러한 모든 어려움을 극복하고 잘 해내려면, 그들은 제도와 사회 기반시설에 상당한 투자를 해야만 한다. 그럼에도 전망은 밝은 편이다. 나이지리아 같은 나라가 지식을 생산하는 문화 강국으로 떠오르기 때문이다.

　이러한 과정에는 정치, 산업, 문화적으로 중요한 측면이 있다. 아시아는 서양과 비교하여 더욱 기술관료적인 통치 형태를 지향하고 있으며, 새로운 형태의 정부 체제가 발전하는 것을 볼 수 있었다. 중국은 기술의 영향에 크게 힘입은 새로운 형태의 유교 이념을 찾을지도 모른다. 싱가포르처럼 크게 성공한 도시국가는 지난 두 세기 동안 느리게 움직인 민족국가에 비하여 더욱 작고 민첩하며 효율적인 정치 체제가 가능하다는 것을 보여줄 수 있다. 만약 기존의 자유주의를 탈피하려는 움직임이 있다면, 탈자본주의의 질서는 아마도 좋든 나쁘든 아시아에서 만들어질 가능성이 크다. 그러나 상황이 이렇게 전개된다면 결정적인 새로운 아이디어는 미국이나 유럽처럼 이념적으로 공백 상태인 곳보다는 그러한 토양에서 생겨날 가능성이 더욱 크다. 미국과 유럽의 낡은 법률과 사회 인프라는 점점 더 한계점을 드러낼 것이다. 과학기술에 관대한 태도를 보이는 중국의 규제 체제가 미국이 공식적으로 관계를 단절한 지역에서 이미 상당한 영향력을 발휘하고 있다는 점을 주목해야 한다.

　그리고 서양의 것과는 다른 다채로운 흐름이 생겨나면서 세계의 문화 지형을 바꾸고 있다. 정교하게 다듬어진 한국의 케이팝(K-pop), 발리우드의 뮤지컬과 놀리우드(Nollywood, 나이지리아)의 영화, 일본의 애니메이션, 브라질과 멕시코의 텔레비전 드라마, 세계적으로 인기를 얻으며 수출까지 하는 터키의 대하 역사 드라마, 우크라이나의 10대가 장악한 게임 대회, 틱톡(TikTok)이나 위챗(WeChat)처럼 세계를 강타하는 중국의 소셜미디어 등을 생각해보라. 이제 서양은 더 이상

세계의 문화를 지배하지 못하고 있으며, 창의적인 작품이 폭발적으로 나오고 있다. 전 세계의 독자는 이제 무라카미 하루키, 한강, 마리오 바르가스 요사(Mario Vargas Llosa), 오르한 파묵(Orhan Pamuk)의 소설을 즐겨 읽는다. 봉준호, 알레한드로 곤살레스 이냐리투(Alejandro González Iñárritu), 알폰소 쿠아론(Alfonso Cuarón) 같은 영화감독, 코지마 히데오(小島秀夫)나 미야모토 시게루(宮本茂) 같은 비디오 게임 업계의 선지자와 제작자, 노벨상을 수상한 야마나카 신야(山中伸弥)나 (여성으로는 중국 최초로, 그리고 의학 및 생리학 분야에서도 여성으로는 처음으로 노벨상을 수상한) 투유유(屠呦呦) 같은 과학자를 생각해보라.

그러나 하룻밤 사이에 바뀌는 것은 없다. 미국의 대학은 지금까지 그들 뒤에 있는 다른 29개국을 모두 합친 것보다도 더욱 많은 노벨상 수상자를 배출했다.[494] 그러나 이러한 비율이 과연 언제까지 이어질 것인가? 미국이 연구 분야에서 보이는 생산성이 어느 날 갑자기 멈추지는 않겠지만, 향후 수십 년에 걸쳐 그러한 균형점은 움직이기 시작할 것이다. 그러한 변화는 예전에도 있었다. 20세기 초에만 하더라도 미국의 과학은 유럽에 비해 뒤처져 있었다. 1930년 이전까지 미국이 수상한 과학 분야의 노벨상은 6퍼센트에 불과했다. 그러나 그런 상황은 지속되지 않았다. 1990년대 전체를 통틀어 노벨상을 수상한 사람 중 72퍼센트가 미국인이다.[495] 오늘날의 미국 과학자는 1920년대의 프랑스나 영국, 독일의 과학자와 크게 다르지 않다.

도시의 확장과 인재의 이동이 가져올 거대한 변화

앞에서 정체의 영향력이 얼마나 광범위하며 널리 만연해 있는지 살펴보았다. 현재는 거기에 대항하여 인류의 경계를 더욱 확장하려는 압력이 맞서고 있다. 인류의 최전선을 향한 역사적으로 비교할 수 없을 정도로 어마어마한 기회가 전 세계에 걸쳐 나타나고 있다. 이러한 긴장관계 속에서 우리에게 어떤 도구가 생겨날지, 그리고 더 나아가서 우리에게 가능한 아이디어의 사다리를 얼마나 더 높이 올라갈 수 있을지 판가름될 것이다.

규모가 커진다는 것은 단지 많은 나라가 인류의 최전선에 집결하는 걸 말하는 게 아니다. 지금까지는 다양한 형태의 잠재력이 소외당하면서 인류의 발전을 저해했는데, 여성의 지위에 대한 문제가 대표적이다. 역사 대부분의 시기에서, 인류의 절반은 그러한 최전선에 대한 접근이 사실상 차단되어 있었다. 굳이 도덕적인 기준을 들이대지 않더라도, 그것의 효율성만 판단해보아도 그것은 분명 우리에게 좋지 않은 것이었으며, 인류 전체가 마치 한 손을 뒤로 묶은 채 움직여온 것이라고 할 수 있다.

비록 지역마다 차이가 있기는 했지만 수십 년 전부터 이러한 상황이 바뀌기 시작했으며, 객관적으로 그러한 문제가 완전히 사라졌다고 말할 수는 없지만 거의 모든 곳에서 예전보다는 상황이 더욱 긍정적으로 바뀌고 있는 것은 사실이다. 인류의 전반적인 교육 수준이 높아졌는데, 특히 여성에게는 향상 속도가 더욱 빨랐다.[496] 현재 전 세계적으로 대학 졸업생의 수를 살펴보면 여성이 더 많아졌다.[497] 거의 모든 지역에서 출산율이 빠르게 떨어지면서 부부 한 쌍당 아이 2명 수준에 근접하고 있으며, 덕분에 여성은 출산과 육아의 굴레에서 좀 더 자유로워지고 있다.[498] 예전에는 닫혀 있는 문이었고, 금지된 길이었으며, 유리 천장으로 가로막혀 있던 영역이 이제는 해제되고, 부서지고, 허물어지고 있다.

물론 완벽한 상황은 아니다. 경제학에서 코딩에 이르기까지 많은 분야가 아직까지도 여성에게 그다지 친절하지 않기 때문이다. 여성의 지위가 향상되었지만, 심지어 선진국에서도 여성 연구자의 비율은 겨우 3분의 1 수준에 불과하다.[499] 지금 이 글을 쓰는 시점에서 노벨상 수상자 가운데 여성의 비율은 6퍼센트도 되지 않는데, 이는 코넬대학교(Cornell University)나 베를린 훔볼트대학교(Humboldt University) 출신 수상자의 수와 비슷한 수준이다. 유색인종 여성의 목소리를 듣기는 훨씬 더 어렵다. 영국 대학의 교수진 중에서 여성의 비율은 아직도 4분의 1 정도에 불과한데, 이는 역사적으로 보면 높은 수치지만 인구에 비하면 크게 뒤처지는 수준이라고 할 수 있다.[500] 그러나 여기에서도 긍정적인 신호가 보인다. 미국, 캐나다, 오스트레일리아에서는 종신 교수의 지위를 확보한 사람 중 49퍼센트가 여성으로, 더 평등한 미래를 예고하고 있다.[501]

그러나 자본을 조달하는 기업 중에서 여성이 창업자인 곳의 비율은 여전히 20퍼센트에 불과하다.[502] 그럼에도 이는 2009년 이후 두 배로 증가한 것이며, 여기에서도 올바른 방향으로 변화가 일어나고 있다. 같은 기간 동안 여성이 창업한 스타트업의 수는 네 배가 늘었다. 크런치베이스(Crunchbase)의 보도에 따르면, 2019년 한 해에만 여성이 창업한 '유니콘'의 수는 21개에 달했다고 한다. 2018년 이전까지만 하더라도 그런 사례는 거의 한 자릿수에 불과했다. 아직도 가야 할 길이 멀지만, 긍정적으로 느껴야 할 이유는 많다. 전 세계를 폭넓게 살펴봐도 알 수 있듯이, 더욱 많은 잠재력이 해제되고, 더욱 많은 관점이 자유롭게 제시되어야 한다. 그리고 결국엔 더욱 많은 사람이 아이디어의 창출에 기여할 수 있어야 한다.

거대한 컨버전스 현상을 수치로 확인할 수 있는 또 다른 사례는 도시의 지속적인 성장이다. 역사 이래로 도시는 언제나 가장 중요한 아이디어가 태어나는 중심지였고, 지식과 자본이 축적되는 본거지였으며, 뜻밖의 만남을 촉진할 수 있는 원심분리기였고, 교역과 상호교류의 복합체였다. 원격근무가 확대되면서 기존에 도시가 가지고 있던 중요성이 줄어들 수도 있다는 징후는 있지만, 도시는 여전히 아이디어 확산의 주요한 엔진이자 그러한 아이디어의 재조합이 이루어지는 산실의 역할을 한다. 실리콘밸리, 시티 오브 런던(City of London)*, 할리우드 같은 도시 내의 클러스터는 아이디어가 흘러넘치는 중요한 장소이자, 아이디어가 경제성장을 뒷받침한다는 이론의 핵심적인 증거이기도 하다. 예를 들어, 특허를 신청하는 사람은 같은 도시에서 출원한 다른 사람의 특허를 인용할 가능성이 더욱 높다.[503] 도시의 클러스터가 없다면, 미국의 특허 출원 건수는 지금보다 매년 약 11퍼센트가 적었을 것이다.[504]

1800년 당시만 하더라도 도시에 살고 있는 인구는 겨우 2퍼센트

* 런던의 금융 중심지.

에 불과했다. 그리고 1900년에는 5퍼센트, 1950년에는 30퍼센트였다. 세계 인구의 대다수가 도시에서 살기 시작한 것은 겨우 2008년부터이며, 그로 인한 영향력을 완전히 체감하기에는 충분한 시간이 아니었다.[505] 그럼에도 우리의 주변에서는 엄청난 변화가 일어나고 있다. 국제연합(UN)에 따르면, 앞으로 10년 동안에만 아마다바드(Ahmadabad), 하이데라바드(Hyderabad), 보고타, 요하네스버그 등을 포함하여 100군데 이상의 도시가 새롭게 인구 100만 명을 넘어서고 10군데 이상의 도시는 1,000만 명을 넘어설 것이라고 하는데, 이는 역사상 가장 빠른 변화다.[506] 유럽에서는 무려 2세기에 걸쳐서 진행된 도시화가 눈부신 속도로 이뤄지는 것이다. 게다가, 미래가 유망한 많은 도시는 상하이나 상파울루, 라고스처럼 우리에게 친숙한 신흥 도시가 아니다. 오히려 이번 세기가 끝날 무렵이 되면, 방글라데시의 다카(Dhaka), 수단의 하르툼(Khartoum), 콩고민주공화국(DRC)의 킨샤사(Kinshasa), 탄자니아의 다르에스살람(Dar Es Salaam), 아프가니스탄의 카불, 이라크의 바그다드, 파키스탄의 카라치(Karachi) 같은 곳이 수많은 가능성과 기회로 가득 찬 글로벌 거대도시가 될 것이다. 대규모의 실험적인 건축과 도시화 프로젝트는 구세계보다는 아라비아반도나 인도네시아의 군도에서 훨씬 더 많이 찾아볼 수 있다.[507] 만약 우리가 지난 40년이라는 시기가 우리에게 미친 완전한 영향력을 이제야 체감하는 것이라면, 지금 진행되는 이러한 모든 변화를 제대로 실감하려면 좀 더 시간이 걸릴 것이다.

역사를 살펴보면, 뉴욕에서 뉴델리에 이르기까지 주요한 대도시가 특히 거대한 아이디어를 도출해내는 데 엄청난 역할을 했다는 것을 알 수 있지만, 그러한 도시가 미래에도 거대한 아이디어를 생산할 것이라는 예상은 단지 추정에 근거한 것이 아니다.[508] 도시의 성장세는 '초선형적(superlinear)*' 양상을 보이는데, 이러한 추세는 도시를 더욱 창의적으로 만들어준다. 도시의 규모가 두 배로 커지면, 전체적인 부의 양, 소득 수준, 특허의 출원 건수, 대학이나 창의적인 사람의 수는 두 배 이상으로 늘어난다.

도시의 클러스터는 또한 인류의 최전선에서 마주하게 되는 급진적이며 다양한 아이디어를 훨씬 더 잘 받아들이는 경향이 있다. 특허 기록을 분석한 어느 연구에 따르면, 도시가 커질수록 그 도시에서는 더욱 새로운 특허가 나올 가능성이 더욱 커진다고 한다. 다시 말해, 거대한 도시는 다른 곳보다 인류의 최전선에 더욱 가까이 있다는 의미로 해석할 수 있다.[509] 그리고 다양한 규모의 도시에서 출원된 특허를 분석한 또 다른 연구에 따르면, 가장 급진적이며 파격적인 특허는 가장 거대한 도시에서 나온다고 한다.[510] 이런 특허는 멀리 떨어져 있는 최첨단의 아이디어를 서로 연결해서 나오는 것이다. 도시에는 젊고 다양한 기업과 단체의 비율이 더욱 높고, 새로운 일자리와 대학 졸업자가 더욱 많기 때문에, 그러한 혁신은 거대한 도시의 흐름 속에서 더욱 쉽게 일어날 수밖에 없다.[511]

이러한 세계적인 현상은 연결성(connectivity)과 관련된 것이기도 하다. 경제성장과 인터넷 덕분에 가능한 연결성이라는 두 가지 힘은 이번 장에서 설명하는 변화의 심층적인 부분을 받쳐주는 영향력이다.

---

*   일정하게 증가하는 선형적(linear)인 양상을 훨씬 뛰어넘는 수준.

드론이나 위성, 심지어 풍선*을 활용한 인터넷 기술은 세계 전역의 연결성을 더욱 높여줄 것이다. 2030년대 말이 되면, 전 세계 인구의 90퍼센트가 휴대전화나 스마트워치 같은 기기를 이용하여 인터넷에 연결될 것이다.[512] 최근의 몇 년을 비롯하여 앞으로 수십 년 동안 수십억 명의 사람이 인터넷에 합류할 것이라는 사실에 대해서는 그동안 논의가 많이 이루어지지 않았다. 그렇게 된다면 지식과 기회가 세계에 확산되는 방식도 변화할 것이다. 이에 대하여 기업가인 패트릭 콜리슨(Patrick Collison)은 이렇게 말한다. "수십억 명의 사람이 최근에 세계에서 가장 활기찬 도시들로 이주했는데, 그럼에도 시스템은 아직까지 평형(equilibrium) 상태에 이르지 못했다."**[513]

규모가 확대된 세계는 그 흐름을 받아들일 수 있다. 정보에 관한 것은 분명하지만, 사람에 대한 것도 마찬가지다. 코로나19 팬데믹 이전까지의 수십 년 동안, 나라 사이를 오가는 여행은 600퍼센트 증가했다. 용기 있는 사람은 자신의 꿈을 실현하기 위해 다른 나라로 이주했다. 비록 코로나19로 단기적으로는 타격을 받았지만, 21세기에도 이러한 추세는 지속될 것으로 보인다. 이민자와 그들의 자녀는 구글, 애플, 아마존, 인텔, 페이팔(PayPal), 테슬라, 3M, 그리고 유니콘 스타트업의 절반가량을 포함하여 우리 시대의 수많은 일류 기업을 이끌고 있다.[514] 미국에서 STEM을 전공하는 대학원생 중 3분의 1 이상은 외국 출신인데, 최상위 대학에서는 그 비율이 더욱 높아진다.[515]

---

*　　구글이 추진하는 프로젝트 룬(Project Loon).

**　　시스템을 변화시킬 수 있는 역동적인 에너지가 여전히 남아 있다는 의미.

특허 출원 건수의 측면에서 살펴보면, 이민자 출신 졸업생의 수가 조금만 증가하더라도 혁신을 현저하게 자극하는 것으로 보인다.[516] 인재들이 자유롭게 움직이는 세상은 거대한 사고에 도전하고, 리스크를 기꺼이 감수하며, 파괴적인 혁신을 일으킬 가능성이 더욱 크다.

지금 우리의 세계는 규모가 더욱 커지고 있다. 거대한 아이디어가 더욱 가속화된 속도로 생산된다면, 그것은 이러한 과정에서 드러나는 외부적인 효과다. 1970년 이후 우리가 새로운 시대에 진입하면서, 세계의 수많은 나라와 사람이 인류의 최전선에 모여들기 시작했다. 도시들이 급성장하면서 이전까지는 소외되었던 기회가 모습을 드러내기 시작했고, 디지털 공간을 연결했으며, 경제를 개방하고, 최근에는 대학에도 더욱 힘을 실어주고 있다. 그러나 인류의 최전선에서 그러한 영향력이 완전하게 모습을 드러내기 시작한 것은 2010년대와 2020년대에 이르러서였다. 수십 년 동안 성장하고 발전했지만, 미국이 전 세계에서 완전하게 우위를 점한 것은 제2차 세계대전이 끝난 이후였다. 지적인 능력이 상승하고 있는 아시아를 비롯한 세계의 여러 지역에서도 마찬가지다.

역사의 초기에는 인류의 최전선에서 이루어지는 작업은 언제나 고르지 못했고, 연약했으며, 어느 지역에만 지나치게 집중되었다. 그것은 여분의 시간이나 에너지가 없는 배고픈 인류가 휘두르는 자그마한 창끝이었다. 불균등하고 연약한 속성이 완전히 사라진 것은 아니지만, 그래도 인류는 지금까지 그 어느 때보다도 훨씬 더 많이 발전해왔다. 이러한 현실은 거대한 아이디어에 대한 전망을 과연 어떻게 바꿀 것인가?

움직이는 세계

인구증가와 기술 변화의 상관관계

1부에서 가용한 자원의 규모를 고려했을 때 인류는 왜 생각보다 멀리까지 나아가지 못했는지 물었다. 아마도 그 해답은 단순히 자원이 불충분했기 때문일 수도 있다.

그러나 규모가 어마어마하게 커졌다는 현실 자체가 어떤 차이를 만들어낼 수도 있다.[517] 고전 경제학이 시작된 이후로, 규모는 성장에서 중요한 요소로 여겨져왔다. 경제가 커질수록 노동의 전문화와 분업화의 가능성 수준이 더욱 커지고, 생산성의 성장세가 더욱 커져서, 결국 경제도 더욱 성장하게 된다. 그리고 지금은 사회가 가진 기술의 속성과 복잡성, 인구 사이의 관계에 대해서도 비슷한 해석이 이루어지고 있다. 역사를 통틀어 인구의 규모가 크고 상호연결성이 좋을수록 기술의 발전을 더욱 자극했다. 노벨상 수상자인 마이클 크레이머 (Michael Kremer)는 이러한 관계를 기원전 100만 년까지 거슬러 올라가는 연구를 진행한 것으로 유명한데, 그리하여 인구증가와 기술 변화 사이에는 강한 상관관계가 있음을 발견했다.[518]

좀 더 최근의 연구에서도 거대한 인구가 발명과 혁신에 우호적이라는 생각을 지지해주고 있다. 단지 사람이 많아지는 것만으로도 기존의 것을 재조합하고 행운의 실수가 일어날 가능성이 높기 때문에 더욱 많은 발명이 이루어질 가능성이 커지며, 그것이 다른 사람에게 영향을 미칠 가능성도 높다.[519] 그러나 새로운 아이디어가 진화하며 전파되는 데는 문화적 상호연결성과 사회성의 수준이 중요하다. 사회가 더욱 상호연결되어 있을수록, 그 안에서 만들어진 발명이 더욱 확산될 수 있다. 우리는 효과가 있는 것처럼 보이는 것을 베끼고 모방함으로써 아이디어를 학습한다. 그리고 우리가 더욱 상호연결되어 있을수록, 분명 모방할 가치가 있는 것을 마주칠 기회가 더욱 늘어날 수밖에 없다.

아이디어가 확산되고 인정받는다는 것은 수많은 사람이 그러한 활동을 기반으로 상호교류를 하면서 새로운 아이디어나 어떤 행동 또는 새로운 기술을 받아들인다는 것을 의미한다. 교통수단과 통신 기술은 더욱 많은 사람이 접촉할 수 있게 자극함으로써 그러한 발명과 혁신에 더욱 박차를 가할 것이다. 이러한 측면에서 말이라는 탈것과 글쓰기는 좋은 자극제였다. 그러나 비행기와 인터넷은 그보다 훨씬 더 좋은 도구일 것이다. 역사적으로 태즈메이니아(Tasmania)처럼 외부와 단절되어 있으며 인구도 적은 지역은 기존에 갖고 있던 지식과 도구마저도 점차 사라지는 퇴행을 경험했다. 태평양에서도 인구가 많은 섬이 그렇지 못한 곳에 비해 더욱 많은 도구를 가지고 있다.

지금 이 글을 쓰는 시점에, 우리가 약 80억 명의 인구가 살고 있고 전 세계가 하나로 통합되어 있으며 고도로 발전된 기술을 가진 사회를 형성하고 있다는 사실 자체도 상당히 중요하며, 이러한 사실은 앞으로도 더욱 중요해질 것이다. 중국의 거대한 인구가 아이디어 창출에 중요한 역할을 했다는 점은 쉽게 간과된다. 중국의 인구는 미국이나 캐나다, 유럽 전체보다 더욱 많으며, 일본, 한국, 대만 등 동아시아 국가와 오스트레일리아의 인구를 합친 것보다도 더 많다.

이러한 변화를 좀 더 확실하게 체감하려면, 오늘날의 대표적인 지식노동자라고 할 수 있는 소프트웨어 개발자를 살펴보면 된다. 소프트웨어 개발자의 수는 앞으로 10년 동안 약 2,300만 명에서 4,500만 명 수준으로 거의 두 배가 될 전망이다. 이러한 증가세는 동아시아에서 가장 빠르게 나타날 것이며, 그다음으로는 라틴 아메리카가 뒤를 이을 것이다. 그리고 개발자를 가장 많이 보유한 국가의 자리는 미국을 제치고 인도가 차지하게 될 것이다.[520] 이 분야의 인적자본(human capital)은 지난 40년 동안 발전해왔지만, 그러한 수준의 발전은 앞으로 10년이라는 압축된 시간 동안 또 한 번 이뤄낼 수 있을 것이다. 이러한 경향은 아이디어와 관련된 거의 모든 직업에서도 발견된다. 마찬가지로, 개인 또는 조직적인 네트워크의 규모가 새롭고 가치 있는 아이디어를 창출할 수 있는 역량과 관련되어 있다는 연구도 상당히 많이 존재한다.[521] 도시가 더욱 크고, 인구가 많으며, 연결성이 더욱 높다는 것은 사회적인 네트워크가 훨씬 더 방대하다는 것을 의미한다.

역사적으로 대부분의 거대한 아이디어를 책임진 것은 소수의 엘리트였다. 그리고 일부의 예외를 제외하면, 이러한 상황은 오늘날에도 여전히 마찬가지다. 그러나 엘리트의 풀 자체가 엄청나게 확대되었다. 소수의 집단에게만 허용되던 지식의 통로는 이제 지구촌의 (거의 모든) 전역으로 확장되었다. 인류의 최전선으로 향하는 길이 폭넓게 열리면서, 더욱 많은 화가와 양자물리학자와 발명가와 기업인을 위한 더욱 넓은 공간이 만들어질 것이다.[522] 학자, 시인, 고고학자, 도서관 사서, 자연과학자, 관료, 궁궐의 신하, 외교관, 법조인, 계몽주의의 영향을 받은 성직자 등 교육을 받은 사람이 편지를 주고받으며 형성된 네트워크인 편지공화국(Republic of Letters)의 규모가 프랑스 혁명이 막 일어나려던 시점에 약 3만 명 수준에 달하며 최대로 성장했다는 사실을 생각해보라.[523] 16세기에는 그 규모가 겨우 1,200명 정도에 불과했다는 사실을 고려하면 경이로운 증가세라고 할 수 있다.[524] 그러나 오늘날의 지식 네트워크는 약 3,000만 명에 이른다고 가정해도 크게 무리는 없는데, 그것조차도 세계 인구의 극히 일부에 불과하지만 18세기 말에 비하여 1,000배나 늘어난 것이며, 그보다 앞선 시대에 비하면 훨씬 더 어마어마한 발전이라고 할 수 있다.[525]

국제수학올림피아드(IMO)에서 뛰어난 성적을 거두는 학생을 대상으로 수행한 연구에 따르면, 그런 학생이 새로운 아이디어를 창출하는 데 얼마나 중요한지 보여준다. 우선 첫째로 올림피아드에서의 뛰어난 성적은 수학 분야에서의 성취와 밀접하게 연관되어 있다. 그러나 또 하나 중요한 점은, 가난한 나라들이 이런 학생의 발전을 막아서는지에 대한 부분이다.[526] 가난한 나라 또는 중간소득 국가 출신은 교육 수준이 낮고 관련 인프라와 기회도 부족한 탓에 연구에 기여하거나 영향력을 발휘할 가능성이 더 낮은 것으로 나타났다. 그런 학생은 설령 매우 뛰어난 재능이 있더라도, 단지 가난한 나라 출신이라는 이유로 지식의 생산자가 될 가능성이 더 낮았다. 만약 연구자 그룹이 모두 부유한 나라 출신이라면, 그들이 내놓는 연구 성과는 지금보다 17퍼센트가 더 높았을 것이다. 간단히 말해 거대한 아이디어를 생산해내는 데 재능도 중요하지만 지리적 요인 역시 중요하다는 것이다. 세계 각국이 규모를 키워감에 따라, 인류의 최전선에서 활약할 수 있는 능력을 지닌 천재의 영향력은 더욱 뚜렷하게 가시화될 것이다. 아마도 수익성 감소나 거대한 아이디어에 대한 1인당 기여도가 줄어드는 현실은 중요하지 않을 수도 있다. 그러한 수치는 점점 더 무의미해질 것이며, 결국엔 거대한 통계에 파묻히게 될 것이다.[527]

물론 우리가 수많은 연구자와 창의적인 아이디어를 무한히 추가할 수는 없을 것이다. 그래도 다행인 점이라면, 적어도 앞으로 수십 년 동안에는 상당히 많은 아이디어가 추가될 것이다. 현재 전 세계에는 약 800만 명의 과학자가 있다. 그러나 20세기의 증가세를 유지한다면, 2071년에는 6,400만 명의 과학자가 존재할 것이다.[528] 그런데 이는 그 시기에 도달할 것으로 보이는 전 세계의 예상 인구에 비하면 1퍼센트도 되지 않는 수치다. 규모가 어마어마하게 커진다는 점을 고려하면, 이러한 수치가 비현실적으로 느껴지지는 않을 것이다. 실제로는 더 많을 가능성도 얼마든지 존재한다. 그리고 만약 그들이 연구에 투입되는 어마어마한 시간과 노력을 획기적으로 줄일 수 있다면, 1부에서 살펴본 문제에서 벗어나 올바른 길로 들어설 수 있을 것이다.

개인들도 더욱 잘 대비가 되어 있다. 대부분의 사람이 예전보다 더 나은 여건에서 생활하고 있다. 식량 부족이나 전쟁 같은 충격적인 사건은 사람들의 인식에 상처를 남기고 사회를 파괴한다. 따라서 그러한 문제가 더욱 많이 사라질수록, 사람들도 더욱 많이 기여할 수 있을 것이다.[529]

사람들의 교육 여건도 더욱 좋아졌다. 경제학자들은 장기적으로 볼 때 인적 자본을 자극하는 것이 혁신을 촉진하는 데 가장 단순하면서도 좋은 방법이라고 말한다.[530] 1800년에는 전 세계 인구의 88퍼센트가 문맹이었다. 1950년이 되면 그 수치는 65퍼센트로 줄어든다.[531] 그러나 전 세계의 인구가 30억 명을 돌파하면서 1980년대 이후로는 문맹률이 15퍼센트 밑으로 떨어졌다. 그리고 현재는 압도적인 다수의 사람이 초등교육은 물론이고 고등학교 졸업 이상의 학력을 갖고 있다. 이와 관련하여 앞에서 특히 여성이 혜택을 많이 받았다는 점과, 인재들이 자신의 역량을 가장 마음껏 펼칠 수 있는 곳으로 이동한다는 사실을 살펴보았다. 1950년에는 전 세계의 평균 재학 연수가 2년에 불과했지만, 2010년에는 7.2년으로 늘어났다. 물론 학교에서는 관리도 더 잘 되고 자원도 더욱 풍부해졌다.[532]

세계의 대학 부문은 서양의 오래된 브랜드가 가진 명성을 벗어나서 번성하고 있으며, 과학, 문화, 기술 분야에서 새로운 유형을 만들어내는 중요한 인큐베이터 역할을 하고 있다. 20세기가 시작될 당시만 하더라도 대학은 드물었다. 1900년의 중국에는, 참고로 이 나라는 당시에도 지금처럼 세계 최대의 인구 대국이었는데 대학은 겨우 네 군데에 불과했다. 두 번째로 인구가 많았던 인도에는 대학이 다섯 개 있었다. 사하라 남쪽의 아프리카에는 네 개, 오스만 제국에는 이스탄불대학교 단 하나만이 존재했다.[533] 현재 전 세계에는 최소한 17,000개 이상의 대학이 있으며, 재학생 수는 1억 5,300만 명이 넘는데, 일부에서는 재학생이 2억 700만 명을 넘는다고 추산하기도 한다.[534] 그리고 대학을 비롯한 지식의 서고 역시 개방되고 있다. 온라인 자료실이 생겨나면서 누구나 쉽게 그들이 보유한 지식에 접근할 수 있다. 최근까지도 실질적인 교육을 거부당하고 있는 수십억 명의 사람 중에서 적어도 수백만 명은 분명 예술이나 과학, 기업 경영 분야에서 재능을 갖고 있을 것이다. 사상 처음 하나로 연결된 세상에 이제 수백만, 수십억 명의 사람이 떠올리는 번뜩이는 상상력이 나타나서 힘을 실어줄 것이다.

인류의 최전선을 향해 이렇게 몰려드는 거센 속도와 거대한 규모는 우리가 이전까지 가지고 있던 모든 능력을 폭발시키고 있다. 그리고 OECD의 통계에 따르면, 코로나19가 발생하기 전까지의 21세기 동안에만 사람들의 소득이 16배나 증가한 것으로 보인다고 한다. 현재 전 세계의 평균 소득은 2010년대의 화폐가치를 기준으로 17만 5,000달러다.[535] 이는 훨씬 더 많은 기술과 더욱 많은 예술을 만들어 낼 수 있으며, 연구와 사고에 투입하는 시간도 더욱 늘어날 수 있다. 비록 최근에는 성장세가 둔화되긴 했지만, 장기적인 측면에서 살펴본 성과는 여전히 놀라운 수준이다. 2,000년에 걸친 경제의 역사를 설명하는 다음의 그림을 살펴보자.

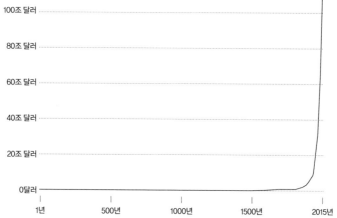

세계 경제의 총생산량, 물가상승률이 반영되었으며 2011년 달러화 가치로 환산한 수치임.

출처 : 세계 GDP-세계은행 및 매디슨 프로젝트 기반의 데이터를 통해 살펴본 우리 세계(2017)
OurWorldInData.org/economic-growth

이것을 보면 최근의 둔화는 상대적임을 분명히 알 수 있다. 수직
에 가까운 최근의 성장 규모를 보면 세계적인 동력은 소진된 것이 아
니라 오히려 이제 겨우 시작에 불과할 수도 있다는 사실을 시사한다.
장기지속(longue durée)*의 관점에서 보면, 기술 혁명은 지금도 전개되
는 중이다. 따라서 최근의 성장 둔화는 이처럼 더욱 폭넓고 장기적인
관점에서 살펴봐야 한다. 속도가 느려지기는 했지만, 만약 이 그래프
가 인류의 최전선에 대하여 무언가 심오한 의미를 제시하지 못한다

---

*   프랑스의 아날학파(Annales School)가 장기적인 차원에서 역사를 분석하기 위해 채택
한 개념.

면 그것이 더욱 놀라운 일일 것이다.

이론적으로는 이런 상황이 R&D 같은 부문의 규모를 전례 없을 정도로 키웠어야 한다. 그런데 세계은행의 데이터에 따르면 1인당 연구자 수가 가장 많은 국가는 실제 연구자 수가 인구 100만 명당 7,000명을 조금 넘는 스웨덴, 이스라엘, 한국 같은 나라다. 아니면 미국, 중국, 일본, 독일, 한국, 프랑스, 영국, 러시아, 대만, 이탈리아 등 R&D 부문에 가장 많은 비용을 지출하는 상위 10개국 외에도[537], 이스라엘이나 북유럽 국가, 캐나다, 스위스, 싱가포르 등도 상당한 금액을 투입하고 있다. 연구는 지금도 여전히 소수의 부유한 선진국에 집중되어 있다.

이러한 격차를 따라잡을 수 있는 가능성은 엄청나다. 인도의 연구자 수는 인구 100만 명당 겨우 200명이며, 나이지리아는 100만 명당 30명에 불과하다. 이런 수치가 세계의 선두 국가에 근접하는 세상을 상상해보라. 그러나 R&D 부문의 규모가 얼마나 많이 늘어났느냐와는 관계없이, 지역에 따라 편차가 심하긴 하지만 그들은 훨씬 더 높이 솟아오르는 중이다. 구매력평가지수(PPP)로 따져보면, 중국은 이미 세계 최대의 경제대국이다. 2050년이 되면 인도는 세계 2위, 인도네시아는 미국에 이어 4위의 경제대국이 될 것이다.[538] 브라질, 멕시코, 터키 역시 강국으로 성장할 것이다. R&D 지출액 순위도 그에 따라 조정될 것이며, 그들의 지출 총액 역시 증가할 것이다. 2조 3,000억 달러조차 적게 느껴질 것이다. 그리고 물론 높은 평가를 받고 있는 인도공과대학교가 있기는 하지만, 인도에는 아직까지 전 세계에서 250위 안에 드는 대학교가 단 한 곳도 없다. 그런데 만약 앞으로 인도에 그런 대학교가 수십여 개로 늘어난다면 어떻게 될까? 인류의 최전선을 향하여 집중적으로 투입되는 사람들과 그들의 연결 관계와 자원의 양이 확대되면, 과학기술 분야의 전반에 걸쳐 수익성을 증가시키기 시작한다는 사실을 과거의 여러 증거를 통해 알 수 있다.[539] 만약 이러한 추세가 미래에도 거시적인 규모에서 지속되고, 예상보다 훨씬 많은 결과물을 만들어낼 수 있다면, 지금의 거대한 침체는 일시적인 현상으로 보일 것이다.

실리콘밸리의 사례를 살펴보면 초기의 정부 투자와 이후 벤처캐피털(VC)의 투자가 그들의 성공에서 얼마나 중요했는지 알 수 있다. 개발도상국에서는 그 두 가지가 모두 취약한 경우가 많다. 인도나 아프리카 같은 곳에서는 투자를 진행할 수 있는 벤처캐피털의 규모가 작으며 네트워크도 훨씬 더 작기 때문에, 분명 수많은 기회를 놓치고 있을 것이다. 그러나 이번에도 여러 방면에서 이를 따라잡으려는 노력은 흥미진진하다. 2015년까지만 하더라도, 미국의 벤처캐피털은 전 세계의 나머지를 모두 합친 것보다도 규모가 컸다. 그 규모가 여전히 빠르게 성장하기는 하지만, 지금은 그렇지 못하다. 전 세계의 나머지 지역이 훨씬 더 빠르게 성장하기 때문이다.[540]

이에 대한 전체적인 그림을 이런 식으로 살펴볼 수도 있다. 아이디어를 위한 시장의 역사를 보면, 지금까지 우리는 공급의 측면에서 거대하게 성장해왔다. 다시 말해, 인재와 자원과 (이후에 살펴볼 예정인) 가능한 시스템을 더욱 많이 투입해왔다.[541] 동시에 수요의 측면에서도 거대한 자극이 일어났다. 우리의 경제는 새로운 비즈니스, 새로운 상품, 새로운 형태의 엔터테인먼트, 새로운 과학기술 역량 등에 굶주려

있었다. 세계의 각국은 그러한 아이디어를 찾기 위해 치열하게 경쟁
을 벌였다.

이러한 규모의 확대와 만회의 노력을 단순한 경제적 환원주의
(economic reductionism)와 동일시해서는 안 된다. 더욱 부유해진다고 해
서 자연스럽게 더 나은 사고능력을 갖게 되는 것은 아니다. 지리역사
적인 발전이 지혜로운 사상이나 창의성을 위한 충분조건은 아니다.
이에 대해서는 부처에서 오비디우스(Ovidius)에 이르기까지 수많은
사상가가 증언해줄 수 있을 것이다. 그러나 아이디어를 생산하는 역
량에서 물질적인 조건이 가지는 진정한 영향력을 부정하는 것 역시
잘못된 일이다. 배고픔이나 기본 장비의 부족에 이르는 장벽을 제거
하면, 그리고 베이징유전자연구소(BGI) 같은 조직이나 실험적인 문
화 등을 적극적으로 구축한다면, 분명 차이를 만들어낼 것이다.

인지적 다양성이 불러올 거대한 컨버전스

거대한 컨버전스는 또한 정체된 사회라는 문제에 정면으로 맞서고
있다. 인도나 중국 정부가 관료주의적이지 않다고 말할 수는 없으나,
경제적 역동성과 기업가 정신의 부재는 선진국 경제에서 흔히 볼 수
있는 현상이다. 비록 포퓰리즘과 과대선전의 물결이 모든 분야에 흘
러들기는 하지만, 허젠쿠이의 사례에서 보았듯, 규제 체제가 다르면
기술 발전의 속도에도 상당한 영향을 미칠 수 있다. 그것이 서양에서
는 우려의 근원이겠지만, 그럼에도 지금의 새로운 세상에서는 무시
할 수 없는 특성일 것이다.

거대한 컨버전스와 관련하여 잠재적으로 변화할 수 있는 또 하나의 측면이 존재한다. 그것은 바로 인지적 다양성(cognitive diversity)이 꽃을 피울 수 있다는 점이다. 혁신적인 아이디어의 중심에는 언제나 사고의 다양성이 자리하고 있는 경우가 많다.[542] 새로운 아이디어는 다양한 분야와 세계관과 사물이 서로 만나는 지점에서 교차수분(cross-pollination)*과 재조합을 통해 나타난다는 사실을 떠올려보라. 맷 리들리(Matt Ridley)는 이를 두고 '아이디어들이 성관계를 하는 것(ideas having sex)'이라고 표현한다.[543] 과학자들이 가득 찬 방에서 소설가 한 명의 관점은 가치 있을 수 있고, 마찬가지로 법조인들이 가득 찬 방에서는 과학자 한 명이 새로운 시각을 제시할 수 있으며, 당연히 그 반대의 경우도 마찬가지다.

거대한 컨버전스 덕분에 이제는 수많은 집단과 국가 내부에서, 지금까지의 역사상 그 어느 때보다도 다양한 출신의 다양한 사람과 다양한 스타일의 인지적 다양성이 생겨날 가능성이 더욱 커졌다. (물론 지금도 단일민족 문화권은 너무나도 많다.) 연구실에서 기업의 임원 회의실에 이르기까지 거의 모든 장소는 몇 세기 동안이나 남성이 장악해왔다. 그러나 집단에 대한 연구를 보면, 여성의 비율이 높을 때 조직이 더욱 효과적으로 작동한다는 점을 알 수 있다. 인류의 최전선에 더욱 많은 여성이 참여한다면, 분명 폭발적인 사고를 일으키는 데 도움이 될 것이다.[544]

과학적 발견에 대한 연구를 보면 과학적으로 가장 다양한 배경을

---

* 다른 개체의 꽃가루로 수분이 이루어지는 것으로, 타가수분(他家受粉)이라고도 한다.

가진 사람이 모여 있고 폭넓은 범위에서 다양한 교류가 이루어지는 연구실이 중요한 획기적인 발견을 일으킬 가능성이 더욱 높다고 한다.[545] 지금까지와는 다른 규제 체제 또한 더욱 다양한 결과로 이어질 수 있다. 아이디어와 지식과 도구에 접근하는 방법을 바꾸는 것 역시 질적인 변화를 일으키게 된다.

거대한 컨버전스가 인지적 다양성이라는 것에 어떻게 거대한 규모로 영향을 미칠지 생각하면 흥미로울 따름이다. 사회심리학 분야의 엄청나게 많은 연구를 보면, 여러 다양한 문화권에서 인지적 패턴이 서로 상당히 다르다는 점을 가리킨다.[546] 동아시아 사람과 서양 사람은 서로 다른 방식으로 사고를 한다. 그 누구도 그러한 차이를 극복할 수 없다고는 말하지 않는다. 다만 서로 다른 문화와 언어는 서로 다른 사고방식으로 이어질 수 있으며, 그러한 차이는 아리스토텔레스와 공자의 시대까지 거슬러 올라갈 수 있다.

서양인은 대체로 대상과 범주화에 초점을 맞추면서, 개별적인 동인과 논리의 형식적인 규칙을 살펴본다. 아시아인은 맥락과 모순, 상호관계에 더욱 주의를 기울이면서, 조화를 추구하고 집단을 중요하게 생각하는 전통적인 특징을 보여왔다. 서양은 개인주의를 향하는 경향이 있다. 서양의 아이는 명사(대상)를 더 많이 배우는 반면, 동양의 아이는 동사를 더욱 많이 학습한다. 이는 인과관계에서도 서로 다른 인식으로 이어진다. 서양인은 대체로 확실하게 구별할 수 있는 개별적인 원인을 찾아내려 해온 반면, 아시아인은 맥락과 연관된 복잡한 인과관계의 그물망에 주의를 기울인다.

수조의 이미지를 바라볼 때, 서양인은 개별적인 물고기에 초점을 맞추는 반면, 아시아인은 전체적인 맥락에 관심을 가진다. 부모가 아이와 놀아주는 방식도 다르다. 서양의 부모는 장난감이라는 대상에 초점을 맞추지만, 일본의 부모는 아이와 장난감의 관계에 초점을 맞춘다. 험난한 계단식 논에서 복잡한 관개(irrigation) 시스템에 의존해 쌀을 재배하던 농부는 밀을 재배하던 농부와는 매우 다른 사고방식이 필요했을 것이다. 전자는 좀 더 '집산주의(collectivism)*'적인 사고가 필요했을 것이고, 반면에 밀 생산자는 좀 더 개인주의적인 사고방식이 필요했을 것이다.[547]

이렇게 서로 다른 사고방식의 만남을 통하여 이미 영적인 부분이나 의료의 전통이 혼합되면서 변화가 일어나고 있다. 아시아인은 미국식의 복음주의적인 초대형 교회를 받아들였다. 미국인은 태극권을 연습하며 침술을 시술하고 있다. 이는 논쟁과 토론, 비즈니스 관행, 법적인 절차, 의학적 고려사항, 조사 방식, 정치적 필요성, 계약에 의한 관계 등에서도 모두 다양한 스타일이 나타날 것이며, 아이디어가 확산된다고 해서 그 결과가 단순히 비슷한 모조품으로 넘쳐나지는 않을 것이라는 사실을 암시한다. 인지적인 측면을 비롯한 여러 다양성은 이제 이 세계의 불가피한 특성이 되었으며, 그것은 단지 대륙의 규모에서만이 아니라 우리의 사무실에서, 스튜디오와 실험실에서, 가정에서, 그리고 디지털 미디어에서 일상적으로 경험하는 것이다. 이것은 문명의 수준에서 매우 빠르게 진행되는 교차수분이다.

또한 역사를 보면 창의적인 아이디어나 독창적인 기술은 특정한

---

*   생산 활동이 중앙 집중화된 전체주의적인 방식.

장소와 시기에 고도로 집중적으로 폭발하는 경향이 있음을 알 수 있다. 이는 거대한 아이디어의 생산이 고착화되고 둔화되는 것을 막으려면 다양성을 더욱 키우는 것이 중요함을 의미한다. 카드월의 법칙(Cardwell's Law)에서는 어떠한 사회든 그들 자체로만 내버려두면 결국엔 정체 상태로 향하는 경향이 있음을 시사한다.[548] 그러나 설령 어느 한 곳에서 그렇게 활발했던 불길이 꺼지더라도, 그러한 불꽃은 다른 곳에서 다시 점화될 수도 있다. 16세기 말부터 19세기 말까지, 인류의 최전선은 이탈리아에서 네덜란드로, 영국으로, 독일로, 그리고 미국으로 건너갔다. 각각의 단계마다 혁신의 불씨가 먼저 환하게 불타오른 후에 잦아들긴 했지만, 그러한 불꽃이 옮겨갈 다른 곳은 언제나 존재했다. 카드월의 법칙을 극복하려면, 인류의 최전선을 향해 유의미한 경쟁을 할 수 있게 하는 방안이 필요하다. 근대 초기와 현대의 유럽에서는 정치와 종교, 지적인 환경이 파편화되면서 그렇게 경쟁할 수 있는 여건이 조성되었다. 하나의 균질화된 제국이었던 중국과는 다르게, 유럽에서는 이질적인 사고가 수많은 틈새에서 번성할 수 있었다. 당시의 환경은 반란적인 사상을 지원했고, 불꽃이 이동할 수 있는 장소를 제공했다.

다시 21세기로 돌아와보면, 전 세계적으로 규모가 확대되었다는 사실은 그 불꽃이 지금도 다른 곳으로 건너질 수도 있음을 시사한다. 경쟁은 활발하며 건재하다. 냉전 직후의 자기만족적이던 일극체제에는 균열이 일어났다. 만약 인류의 최전선에서 경쟁에 대한 압력과 다양성이 사라지면, 우리는 과거에 번성했던 제국과 동일하게 정체와 몰락과 수익성 감소의 운명을 맞게 될 것이다. 아이디어의 관점에서 바라본 불편한 진실은, 오직 규모를 키우는 것만이 우리가 계속해서 앞으로 나아갈 수 있게 해주는 유일한 대안으로 보인다는 것이다.

그렇다고 해서 정체된 사회에서 나타나는 아이디어의 역설을 극복할 수 있는 메커니즘이 마치 당연하게 존재하는 것은 아니다. 다만 새로운 아이디어가 나타날 가능성이 더욱 커졌을 뿐이다. 코로나바이러스처럼 부정적인 사건은 사회에 심각한 타격을 입힐 수 있다. 실제로 코로나19와 비슷한 사건은 거대한 컨버전스를 중단시킬 뿐만이 아니라, 대규모의 퇴보로 이어질 수도 있다. 게다가 21세기의 세계에 기여해야 하는 수많은 나라가 기후변화라는 엄청난 문제에 매우 취약한 상황이다. 사하라 남부의 아프리카, 중동, 인도에서는 파괴적인 폭염과 가뭄이 발생할 수 있다. 해수면이 상승하면서 런던에서 자카르타에 이르기까지 세계의 주요 대도시가 물에 잠길 수 있다. 인지적 다양성과 창의력을 논하기에는 너무나도 심각한 사안이다.

권위주의를 더욱 강화했으며 더욱 음울한 감시사회가 된 중국과 이념적 순수성을 표방하는 시진핑의 공산당은 새로운 아이디어와 관련된 위험성이 있는 실험이나 자유로운 의사소통에서 그다지 좋은 환경이 아니다. 실제로 그들은 심지어 잠재적인 동맹국 및 협력국과의 관계가 악화되고 나라의 인구는 급격하게 고령화되는데도 안정과 정통성이라는 미명하에 인류 최전선에서의 노력을 질식시키고 있다. 개방적이지 않은 사회가 인류의 최전선에서 진정으로 무언가를 내놓은 선례는 적어도 현대에 들어서는 거의 없다. 시진핑의 중국은 자유민주주의적인 수단을 활용하거나 예측할 수 없는 방식으로 사상이 발전하도록 허용하지 않고도 새로운 세대의 아이디어를 창출할 수 있다고 생각하는 것으로 보인다. 그러나 이는 역효과를 맞을 수 있다. 명(明) 왕조의 중국은 스스로 문호를 걸어 잠갔다가 첨단 기술에서 뒤처졌다. 나의 예감으로는 중국식 모델이 잘 정의된 문제를 해결하는 데는 효과적이라고 입증될 것으로 보인다. 이미 구상을 끝냈으며 부분적으로 실행되는 아이디어가 사회적으로 널리 인정받게 하는 데 도움이 될 수도 있을 것이다. 특히 서양에서는 쉽게 논의를 꺼내기가 쉽지 않은 부분에서 더욱 그럴 것이다. 그러나 장기적으로 보면, 그러한 방식은 급진적으로 새로운 무언가를 구상하고 실행하는 데는 어려울 것이다.

기업가를 억압하고 비판세력을 침묵시키는 사회가 과연 이 책에서 논의하는 의미에서 진정으로 스스로를 혁신할 수 있는지는 의문이 들 수밖에 없다. 게다가 예전보다 더욱 첨예해지는 중국과 서양의 무역전쟁은 지금은 어떻게든 잠잠해지더라도 언제든 다시 나타날 가능성이 더욱 큰데, 이러한 갈등은 어쩌면 거대한 아이디어를 불러일으킬 수도 있지만 상상할 수 없을 정도의 재앙이 될 수도 있다.

그렇다고 해서 중국이 낙관적인 경제 모델을 제시할 것으로 보이지도 않는다. 비록 중국이 서양을 따라잡는 성장의 모범적인 선례를 만들기는 했지만, 다른 나라는 그것을 모방할 만한 규모나 기회가 없을 수도 있다. 자동화된 시스템과 공급망이 생산시설과 별개로 분리되면서, 후발 국가의 성장은 좀 더 험난한 경로를 거칠 수도 있다.[549] 이념적이고 관료적인 압력, 숨 막히는 독재정치와 고질적인 부패가 다른 신흥국가에서 아예 없다고 할 수는 없다. 그러나 이러한 문제 중 어느 하나라도 크게 불거진다면, 새로운 사고를 위한 자유의 폭은 더욱 줄어들어서 다른 모든 장점을 억누를 것이다. 그리고 무엇보다도, 허젠쿠이는 앞으로 펼쳐질 미래에 대한 바람직하다거나 위안을 주는 사례가 될 수 없다.

그럼에도 전 세계의 연결성이 증가하고 그로 인한 장점이 축적되면서, 1970년대와 1980년대부터 걸려 있던 제동장치가 앞으로 몇 년 동안 풀릴 것이다. 지난 20년을 돌아보면, 그것을 위한 새싹을 볼 수 있었다. 다가오는 수십 년과 그 이후에 우리는 그것의 완전한 결실을 볼 수 있을 것이다.

이것은 그러한 과정의 마지막 폭발이 될 것이다. 그러나 우리 모두가 인류의 최전선에 선다고 하더라도, 사람들을 연결하거나 증원하거나 교육하는 것에서는 더 이상 신속한 성과를 거두지는 못할 것이다. 5장에서 살펴봤듯이, 문화적 상호작용이라는 교차수분은 언젠가는 결국 그 자체로 힘을 잃을 것이다. 이번 세기가 끝날 때쯤이면 인구가 감소할 텐데, 아마 급감할 수도 있다. 중국 한 곳에서만 6억 명이 줄어들 수도 있다.[550] 따라서 지금의 거대한 컨버전스는 수백 년 동안 속도를 높여온 과정의 마지막 기회이자 최후의 크레셴도(crescendo)라고 할 수 있다. 만약 여기에서 결실을 맺지 못한다면, 그에 따른 결과는 한 가지일 것이다. 수익성 감소와 돌파구가 필요한 문제를 끌어안고 사는 것이다.

그러나 아직까지 그런 결론을 말하기에는 이르다. 이러한 컨버전스는 거대하고 심층적이며, 우리는 이제 겨우 그것을 체감하기 시작했을 뿐이다. 낙관해야 할 이유는 많다.

시스템의 혁명

아이디어의 역사는 시스템 성장의 역사

일반 대중이 전기를 사용할 수 있게 해준 토머스 에디슨(Thomas Edison)과 니콜라 테슬라(Nikola Tesla)만큼 영웅적인 발명가의 사례를 찾기는 힘들 것이다. 오늘날에도 그들은 현대 세계의 창조자이자 위대한 아이디어의 대명사로 상당히 추앙받고 있다. 두 사람의 개인적인 교류나, 에디슨의 직류(DC, direct current)와 테슬라의 교류(AC, alternating current)가 서로 치열하게 다툼을 벌인 '전류 전쟁(current war)' 같은 경쟁관계는 이들의 이야기에 더욱 감칠맛을 더해줄 뿐이다.

그러나 이것은 하나의 신화다. 현실에서의 두 사람은 모두 당시의 그 시점까지 발명이라는 것이 얼마나 시스템과 관련된 사안이었는지 여실히 보여주었다.

에디슨은 오하이오의 시골에서 가난하게 자랐으며, 디트로이트로 이어지는 그랜드 트렁크 로드(Grand Trunk Road)에서 신문을 팔면서도 끊임없이 무언가를 실험하고 만들어 고독한 천재라는 인상을 심어주었다. 보스턴에서 전신 기술을 혁신하기 위해 연구하던 초기의 그는 거의 원맨밴드(one-man-band)에 가까웠다. 그러나 그가 후기에 거둔 성공의 기반에는 세계 최초이자 산업계에서 가장 유명한 R&D 연구소가 있었다. 그가 태어나던 1847년에만 하더라도 사상가나 혁신가는 혼자서 일하는 것을 당연하게 생각했다. 그러나 그가 죽던 1931년에는 연구소라는 새로운 형태가 발명계를 장악하고 있었다.

에디슨은 멘로파크(Menlo Park)에 있는 자신의 실험실에서 처음에는 15명 정도의 사람과 긴밀하게 일했지만, 그곳의 인원수는 결국 200명까지 늘어난다. 그는 이렇게 일하는 것을 일컬어 '발명 비즈니스(invention business)'라고 불렀다. '녀석들(muckers)'이라고도 불리던 이곳의 엔지니어는 기술 혁신의 잔해가 어지럽혀져 있는 하나의 커다란 실내에서 일했다. 그들은 오랜 시간을 힘들게 일했다. 이곳의 분위기는 한편으로는 연구소, 한편으로는 기계공장, 한편으로는 남자들의 클럽이었다. 이곳에서 녀석들은 중요한 존재였다. 그중에서도 숙련된 제도사이자 정비공인 찰스 배첼러(Charles Batchelor)가 특히나 중요한 역할을 했는데, 무엇이든 일단 직접 해보는 그의 접근법이 에디슨의 방식을 아주 많이 보완해주었고, 덕분에 그는 그들이 공동으로 발명한 것에 50퍼센트의 지분을 인정받을 정도였다.

이곳의 업무는 전신, 전기, 철도 같은 분야의 고객을 위한 연구와 특허를 따내기 위한 R&D로 나뉘어 있었다. 그러나 그 경계선은 명확하지 않았다. 에디슨은 자유분방한 접근방식을 좋아했지만, 멘로파크는 꼼꼼하고 체계적이었다. 최초의 탄소 필라멘트에 적합한 재료를 찾기 위해 그들은 최소한 6,000가지 종류의 재료를 시험했다. 니켈-철 축전지(nickel-iron battery)를 개발할 때는, 약 5만 번의 실험을 수행했다.

뉴저지 멘로파크의 연구소에 길게 놓여 있던 작업대에서는 1876년부터 1881년 사이에만 진공 펌프에서 필라멘트와 전구, 발전기, 등사기(mimeograph), 전압계, 축음기, 완전히 개량된 형태의 전신기와 전화기에 이르기까지 눈부신 발명과 혁신이 일어났다. 이곳에서는 6년 동안 400건이 넘는 특허를 쏟아냈다. 이곳은 발명의 대명사가 되었다. 이런 모든 활동에는 자금이 소요되었다. 에디슨은 당대의 저명한 금융업자인 J. P. 모건(J. P. Morgan)에게서 자금을 지원받았는데, 만약 모건이 없었다면 에디슨은 살아남기 위해 고군분투했을 것이다.

세르비아 태생의 발명가이자 때로는 에디슨의 협력자이기도 하고 때로는 경쟁자이기도 한 니콜라 테슬라는 고독한 천재로서 명성을 쌓았는데, 그는 다른 동료 없이 거대한 아이디어를 생산해내는 뛰어난 석학이었다. 그는 교류전기(AC)로 작동하는 모터와 라디오를 구성하는 부품의 배후에 있는 사람일 뿐만 아니라, X선과 리모컨에서 로봇공학과 전자레인지와 TV에 이르기까지 거의 모든 것에 영향을 미쳤다. 영화 〈프레스티지(The Prestige)〉 덕분에 테슬라에 대한 대중적인 이미지는 콜로라도의 황야에 홀로 떨어져 기술과 과학에 혁명을 일으킨 남자의 모습이 되었다. 하지만 그는 다음과 같은 글을 통해서도 이러한 인상을 심어주었다.

호젓하면서도 방해받지 않는 고독한 상태에 있을 때 정신은 더욱 날카롭고 예민해진다. 생각을 하는 데는 커다란 실험실이 필요하지 않다. 독창성이란 우리를 두들겨서 창의적인 정신을 무력화하는 외부의 영향력으로부터 자유로운 호젓한 상태에서 자라난다. 혼자가 되어라, 그것이 발명의 비밀이다. 혼자가 되어라, 그때 아이디어가 태어난다.

테슬라의 방식이 고독한 발명가의 이미지에 가까운 것은 의심할 여지가 없는 사실이다. 그는 마음속에서 뛰어난 선견지명과 계산 능력을 발휘했다. 심지어 어렸을 때 나이아가라 폭포의 사진을 본 그는 그 폭포의 물살을 이용해 전기를 만들어내는 거대한 수차를 상상하기도 했다. 그렇지만 테슬라에게도 조수와 실험실과 도구가 필요했다. 심지어 테슬라는 자금 후원자를 찾기 위해 많은 시간을 보냈는데, 그가 찾아다닌 후원자 중에는 J. P. 모건과 함께 존 제이콥 애스터 (John Jacob Astor)도 있었다.

한편, 에디슨과 전류전쟁을 시작한 사람은 조지 웨스팅하우스 (George Westinghouse)라는 기업가다. 웨스팅하우스는 지멘스(Siemens)의 발전기를 구입하여 송전 네트워크를 확장하면서 에디슨과 치열한 각축전을 벌였다. 테슬라가 본격적으로 이 전쟁에 뛰어들 무렵, 웨스팅하우스는 교류전기(AC)에 모든 것을 걸고 이미 맹추격을 하던 상황이었다.

결국 웨스팅하우스의 도박이 성공을 거두었다. 1890년대 초에 치열한 홍보전을 펼치며 거의 파산 직전까지 갔던 웨스팅하우스와 테슬라가 시카고에서 개최되는 1893년 만국 박람회(Columbian Exposition)

에 불빛을 밝히는 계약을 따낸 것이다. 이로써 장거리를 전송할 수 있는 교류 방식이 승리를 거두었다. 그러자 J. P. 모건은 에디슨일렉트릭(Edison Electric)을 제너럴일렉트릭(General Electric)으로 바꾸었다. 그러나 여기에는 또 하나의 반전이 있다. 테슬라가 전류 전쟁에서는 이겼을지 몰라도, 그는 죽을 때까지 사람들에게서 인정받지 못한 괴팍하고 늙은 괴짜였다. 에디슨은 세계에서 가장 역동적인 연구소와 가장 커다란 기업 가운데 하나를 설립한 사람이자 발명의 화신으로서 영예로운 죽음을 맞이했다.

에디슨은 전류 전쟁에서 패배했다. 하지만 그는 20세기의 발명과 혁신이 어떤 방식을 추구해야 하는지에 대한 싸움에서는 승리했다. 체계가 잘 갖추어진 거대한 연구소는 발명과 혁신과 아이디어 창출 과정의 중심이 되었다. 아이디어의 발명 방식, 그가 실제로 발명한 방식이 표준이 되었다. 그가 발명한 전구, 발전기, 축음기, 영사기의 배후에 있던 것은 시스템적인 발명 방식이었다. 그가 구축한 것은 아이디어의 공장이었다. 에디슨의 말에 따르면 그것은 '빠르고 저렴한 발명의 개발'을 위한 것이었는데, 구체적으로는 '10일마다 작은 발명을, 6개월여마다 커다란 발명을' 하기 위한 것이었다. 그것은 정확히 시스템, 네트워크, 조직이었으며, 이제는 이런 것이 중요해졌다.

19세기 초에 전신을 발명한 새뮤얼 모스(Samuel Morse)의 본업은 화가였다. 혼자 활동하는 글쟁이와 사상가도 흔했다. 예를 들면 토머스 베이즈(Thomas Bayes) 같은 영국의 목사나, 다윈 같은 상류층의 사상가, 니체(Nietzsche)에서 마르코니(Marconi)에 이르는 외톨이와 아웃사이더가 있었다. 그러나 전화기, 라디오, 자동차 같은 발명이 여전히 개인에 의해 만들어지긴 했지만(물론 그런 발명품을 구현해내기 직전인 사람은 많이 있었다), 이들 각각의 발명품은 벨코퍼레이션(Bell Corporation), RCA코퍼레이션(RCA Corporation), 제너럴모터스(General Motors) 같은 대기업의 성장으로 이어졌다. 사람들에게서 인정받기 위해서는 이제 그 어느 때보다도 더욱 많은 자원이 필요해졌다. 1차 산업혁명은 공장을 만들었고, 2차 산업혁명은 아이디어 창출의 모든 측면을 시스템으로 만들었다.

맨해튼 프로젝트가 있기 전까지 세계 최대의 연구 프로젝트는 독일의 화학 대기업인 바스프(BASF)가 공기 중의 질소로 화학비료를 만드는 하버-보슈법(Haber-Bosch process)을 완성하기 위한 것이었다. 참고로 만약 이 기술이 없었다면 현재와 같은 세계는 상상할 수 없을 것이다.[551] 다양한 분야가 발전하고 복잡성이 증가하면서, 과학자가 대학이나 기업연구소의 외부에서 활동하는 경우는 드문 일이 되었다. 마찬가지로 기업가의 주된 관심사도 시스템을 구축하는 것이 되었다. 전기는 조직의 밀도를 더욱 높여주는 특별한 촉매제였다. 미국의 엔지니어 수는 1900년의 4만 5,000명에서 1930년대에는 23만 명으로 늘었는데, 그들 중 90퍼센트 이상이 산업계의 조직에 속해 있었다.[552] 무언가를 만들고 그것의 규모를 더욱 키우기 위해서는 더 이상 개인이 감당할 수 없는 시간과 돈과 인력이 필요해졌다.

바로 이 지점에서 토머스 에디슨이 역사적으로 중요한 위치를 점하고 있다. 그는 뛰어난 능력이 있는 한 명의 발명가이기도 했지만, 또한 자신의 회사 연구소와 함께 더욱 시스템이 갖춰진 미래를 위한 기틀을 마련했다. 이 책의 앞부분에서 이와 비슷한 방식으로 대형 과학 프로젝트가 출현하는 것을 살펴보았다. 20세기 초에 마리 퀴리는 라틴 지구에 있는 작은 실험실에서 거의 독자적으로 자신의 실험을 수행할 수 있었다. 그러나 불과 몇십 년이 지나자, 핵물리학에서는 역사상 가장 거대하고, 가장 많은 자금을 지원받으며, 가장 복잡한 과학 연구 조직이 필요해졌다. 1950년대 후반까지만 하더라도, 개별 저자나 발명가가 세상을 바꾸는 논문을 쓰거나 눈부신 발명품을 만들어낼 수 있었다. 그러나 5장에서 살펴보았듯이, 21세기에 들어서 이런 분야는 점점 더 큰 규모의 팀 단위로 작업해야 하는 영역이 되었다.[553] 아이디어가 이렇게 네트워크와 시스템에 의존하게 되자, 시간에 지남에 따라 거기에 관련된 프로세스는 공식화되면서 더욱 확장되었다. 에디슨과 테슬라는 정말로 영웅적인 개인이지만, 또한 거대한 아이디어가 얼마나 시스템적인 기반 위에 놓여 있는지 보여준 대표적인 사례였다.

인식은 시스템의 영향을 받는다. 인류학자인 메리 더글러스(Mary Douglas)의 말에 따르면 '사고는 시스템에 의존한다.'[554] 그렇다면 아이디어의 역사가 시스템 성장의 역사라고 해도 과언이 아니다.[555] 예를 들면, 책과 지식을 보관하는 도서관, 실험을 수행하는 연구소, 사람을 치료하는 병원, 정책을 만들어내는 의회와 싱크탱크, 상품과 서비스를 생산하는 기업, 창의적인 작품을 제작하는 스튜디오 등이 있다. 시스템은 우리가 활동하기 위한 자원과 규범과 플랫폼을 제공한다. 시스템은 공동의 지식과 관행과 합의의 영역을 만들어낸다. 시스템은 필수적인 도구와 재료를 구축하고 소유한다. 현재 경제학자와 조직이론을 연구하는 학자는 특히 지식을 비롯한 체계를 거대하게 구축하는 맥락에서, 시스템이 그러한 발견에 어떻게 도움을 주고 더욱 증폭시키는지 계량적으로 분석하기 시작했다.[556]

시스템은 자원과 동료만이 아니라 정신적인 프레임워크도 제공한다. 시스템은 우리에게 무엇이 중요하고, 무엇을 해야 하며, 왜 해야 하는지 말해준다. 그런 다음에는 그것에 대하여 행동에 나설 수 있는 능력을 제공해준다. 시스템은 지식을 보관하고, 변형하고, 배포한다. 시스템은 경험을 통해 학습한다. 실제로 조직은 지적으로 뛰어난 능력을 발휘한다. 그들은 조직의 주변에서 일어나는 일을 모니터링하고, 그것에 맞게 대응한다. 그들은 자의식과 목표를 가지고 있으며, 이러한 기능을 복잡한 병렬 프로세스(parallel process)로 통합할 역량을 갖추고 있다.[557] 이 모든 것은 다양한 시스템과 조직의 수, 그러한 시스템의 설계와 구조, 그리고 그들을 후원하는 것이 아이디어의 생산에서 강력하게 영향력을 미친다는 것을 의미한다.

고대 세계로 거슬러 올라가더라도, 아이디어 탐색의 중심부에는 시스템이 있었다. 고대 그리스의 좀 더 개방적이고 사색적인 정치와 형이상학이 어떻게 탈레스(Thales)와 데모크리토스(Democritos)에서 플라톤(Platon)과 히포크라테스(Hippocrates)에 이르기까지 거대한 사상의 흐름으로 이어졌는지 생각해보라. 이곳에서는 또한 특정한 조직이 형성되었다. 소크라테스가 아고라(agora)에서의 활동에 만족하는 동안, 플라톤은 아카데미아(Academy)를, 아리스토텔레스는 리시움(Lyceum)을 설립했다. 아르키메데스는 고전시대에 학문의 고동치는 심장부인 위대한 알렉산드리아 도서관(Library of Alexandria)에서 많은 시간을 보냈다. 심지어 그 이전에도 메소포타미아 문명의 여명기에는 관료조직과 금융기관이 글쓰기와 수학의 발전을 이끌었다.

개인 사상가들은 언제나 종교와 같은 거대한 기관이나 수도원과 같은 특정한 조직 형태 내에서 수련을 했다. 그러나 역사의 상당 기간 동안 그러한 시스템은 비좁은 영역을 벗어나는 거대한 아이디어를 억압했다. 그럼에도 거대한 아이디어가 생성되고 전파되기 위해서는 그것을 지원하는 사회적 규범과 구조가 필요하다. 그리고 과학혁명으로 새로운 도구가 생겨나면서 독창적인 사고의 탐구와 전파를 촉진하는 구조가 만들어졌다. 앞에서 살펴보았듯이 당시에는 편지공화국이 있었는데, 그것은 유럽의 사상가와 저술가가 끊임없이 대화를 나누는 공간이었고, 여러 지역에 분산된 수많은 동료가 서로 의견을 검토하는 메커니즘이었으며, 커뮤니케이션 플랫폼이자 멘토링 시스템이었다. 이러한 무정형의 시스템은 1장에서 살펴본 아이디어의 혁명을 촉발하는 새로운 가치를 받아들임으로써 더욱 힘을 얻게 되었다. 그들은 참신함을 기꺼이 수용했고, 고대의 지식을 비판적으로 바라보았으며, '유용성'과 '개선'에 초점을 맞추었다.

비록 속도는 느리지만 확실하게 이러한 혁명에 헌신하는 더욱 전문화된 시스템이 성장했다. 갈릴레이와 베살리우스(Vesalius)가 교수로 재직했으며 윌리엄 하비(William Harvey)와 코페르니쿠스가 졸업한 파도바대학교(University of Padua) 같은 일부 오래된 연구 중심 대학도 이러한 추세에 적응하기 시작했다. 덴마크의 벤(Hven)이라는 섬에서는 천문학자인 튀코 브라헤(Tycho Brahe)가 세계 최초의 근대식 연구 및 실험시설이라고 할 수 있는 우라니보르그(Uraniborg)를 설립했다. 17세기 후반이 되자, 이런 조직이 아이디어를 창출하는 데 구조적으로 점점 더 중요한 역할을 하게 되었다. 1660년에 영국에서 왕립학회가 설립된 것은 역사적으로 중요한 순간이었다. 마찬가지로 모험적인 상인은 합자회사를 설립하기 시작했으며, 예술가는 학교로 모여들었고, 신문과 학술저널과 소설 같은 커뮤니케이션의 중요한 형태가 만들어졌다.

영국에서는 18세기와 19세기에 지식 부문을 중심으로 결성된 '학회'가 성장했는데, 왕립학회에서 출발한 이러한 형태는 지식과 사상의 발전에 특화된 왕립예술학회(RSA), 왕립예술원(RA), 왕립과학연구소(RI)처럼 (대부분 왕실의 허가를 받은) 공식적인 조직으로 성장했다. 그리고 수많은 대학과 비공식 토론 클럽, 공공 도서관, 정비사 협회 같은 기관과 단체는 물론이고, 1843년에 설립된 영국 고고학학회(BAA)에서 그보다 10여 년 전에 설립된 런던동물학회(ZSL)에 이르기까지 더욱 전문화된 학술단체의 설립으로 이어지는 거대한 물결이 일었다. 유럽에서도 이런 현상이 나타났는데, 대표적으로 프리드리히 2세(Frederick the Great)는 프로이센 과학아카데미(Prussian Academy of Sciences)를 대대적으로 개편했다. 17세기에는 학술단체가 걸음마 단계였지만, 1880년이 되자 런던에만 118개가 활동하고 있었다.[558] 대학도 거침없는 행보를 계속했다. 스코틀랜드의 대학은 스코틀랜드 계몽주의(Scottish Enlightenment) 운동에서 중추적인 역할을 했고, 이후에는 독일에서 개혁이 일어나 대학이 연구의 산실로 바뀌었으며, 미국의 대학도 이런 흐름을 뒤따랐다. 이러한 시스템적인 변화는 아이디어의 창출에서 확실한 영향을 미쳤다. 예를 들면, 출간되는 서적의 수가 가파르게 증가했다. 그리고 1752년부터 1852년까지 영국에서 출원된 특허를 조사한 연구에 따르면 어떤 분야에서 위와 같은 '지식에 접근할 수 있는 시스템'이 더욱 많을수록, 향후 10년 동안 더욱 많은 특허가 출원되었고, 그러한 특허가 가진 영향력은 더욱 커지며, 1851년 개최된 대영 박람회(Great Exhibition)에 출품한 사람과 수상자도 더욱 많아진다는 사실을 보여준다.[559]

심지어 개인의 창작행위를 가장 중요하게 생각한 후기 낭만주의의 미술계에서도, 인상주의를 비롯한 저항적인 예술 양식이 태어나는 데 중요한 역할을 한 낙선전(Salon des Refusés) 같은 중대한 사건 중 상당수가 집단적인 노력의 산물이었다. 우리가 흔히 상상하는 페인트가 흩뿌려진 외딴 다락방에서 작업하는 예술가의 이미지는 절반의 진실에 불과하다. 화가는 혼자서 작업할 수는 있지만, 그들이 완전히 혼자서 창작한 것은 아니었다. 그들 주위에는 동료와 친구, 재료 공급업자, 중개인과 갤러리 주인, 예술학교와 비평가 집단 등 시스템적인 구조가 자라났으며, 또한 그 너머에는 미술품을 거래하는 시장, 명성과 탁월함에 기반을 둔 경제, 참신함과 혁명의 이데올로기가 자리하고 있었다.

이렇게 수 세기에 걸친 선순환이 시작되었다. 이러한 문화와 그것이 가진 가치는 최첨단 연구와 탐구의 자유, 동료의 평가, 실험이나 개선을 위한 태도 등을 자극하기 시작했다. 이러한 가치는 공식화된 시스템의 생성을 가능하게 해주었다.[560] 그런 시스템의 성공은 그들의 문화에 더욱 힘을 실어주었다. 시간이 지남에 따라, 탐구와 창작에 전념하는 효율적인 시스템과 문화적인 모체가 생겨났다. 20세기가 되자, 시스템의 맥락을 거치지 않고 거대한 아이디어가 나온다는 것은 정말로 드문 일이 되었다. 심지어 소설가와 음악인도 출판사나 음반사와 관계를 맺고 있었고, 그들만의 일상적인 네트워크와 평가 체계를 갖고 있었다. 이쯤 되면, 우리는 다시 에디슨과 멘로파크에 다다르게 된다. 이제 원칙적으로 아이디어는 시스템적인 맥락 안에서 시스템을 통해 생성된다.

따라서 중요한 아이디어를 생산해내는 사회의 역량은 시스템적인 기반에 달려 있다. 그리고 아이디어는 점점 더 많은 사람과 자원이 필요하기 때문에, 아이디어의 창출은 그러한 기반에 더욱 크게 의존하게 된다. 규모의 확대라는 현실은 바로 이 지점에서 낙관주의의 이유를 제시해준다. 품질 관리, 새로운 지식에 대한 프리미엄, 오래된 권위를 존중하는 것이 창의성을 저해한다는 인식, 기본적인 자원에 대한 필요성 등 시스템과 관련한 많은 기본적인 개념이 세계에서 널리 받아들여졌다. 우리는 복잡한 세계에서 대규모로 행동하기 위한 주요한 수단으로서 집단지성이 갖는 속성을 파악하기 위해 애쓰고 있다. 무엇보다도 규모가 커진 세계는 더욱 뛰어나고 장비를 잘 갖춘 조직을 만들어내는데, 이는 아이디어에 대한 탐사에서 또 하나의 자극제다.

혁신과 발명, 아이디어가 탄생하는 조직의 특징

거대한 아이디어는 대부분의 조직에서 그다지 중요하지 않은 이슈다. 많은 조직은, 아마도 그들 대부분은 편협한 사고를 한다. 심지어 그들이 그렇지 않다고 주장할 때도, 그들은 정체된 사회가 가하는 압력이 있다는 점을 인정한다. 거대한 컨버전스 덕분에, 우리가 발전하는 데 필수적인 것으로 보이는 그러한 조직은 국가와 도시와 개인을 위하여 경쟁우위를 더욱 확장한다. 나는 그들을 획기적인 조직이라고 부른다. 그들은 특별히 거대한 아이디어를 지향하는 시스템의 형태를 갖춘 조직이다. 그들은 드물고 때로는 허술하기도 하지만, 구글 X(Google X)나 캐번디시연구소(Cavendish Laboratory) 같은 대표적인 조직은 널리 알려져 있으며 빠르게 확장할 수 있는 곳이다. 뛰어난 능력이 있는 사람으로 가득하며 그들이 마음껏 누릴 수 있는 공간과 자유는 그들에게 어마어마한 영향력을 미친다. 그러한 조직은 새로운 분야를 개척했고, 원자의 구조를 밝혀냈으며, 최초의 컴퓨터를 만들어냈다. 아이디어의 미래는 상당 부분 21세기가 이러한 조직을 건강하고 풍부하게 만들어내고 육성할 능력이 있느냐에 달려 있다.

알파벳이나 케임브리지대학교나 디즈니나 인도 과학기술부 같은 획기적인 조직의 규모는 최근 전 세계의 관련 분야를 모두 합친 규모와 같아질 것이다. 그들은 정체된 사회가 주는 압력을 경험하고 있지만, 또한 정체 사회의 해로운 영향을 받지 않는 공간을 창출하는 중심적인 메커니즘이기도 하다. 내가 6장에서 언급한 공간은 대부분 인센티브와 규칙, 지적인 영역과 물질적인 자원으로 구성된 필수적인 구조를 만드는 이런 조직을 말한다. 그리고 앞선 장들에서 살펴봤듯이 인류의 진전을 저해하는 추세가 강화되기는 하지만, 베이징유전자연구소나 인도우주연구기구(ISRO) 같은 조직이 성장함에 따라 거기에 맞서 균형을 맞추고 있다. 전 세계적으로 규모가 확대된다는 것은, 알파벳이나 케임브리지대학교에 맞서서 텐센트(Tencent)나 칭화대학(清華大學)이 자신들만의 상당한 공간을 만들어낼 것임을 시사한다. 전 세계의 대차대조표에서 점점 증가하는 유능한 조직에 더욱 균형이 실린다는 것은, 아이디어가 태어날 수 있는 더욱 많은 공간이 열릴 수 있음을 의미한다. 라틴 아메리카나 아프리카의 획기적인 엘리트 조직이 인류의 최전선에서 미국의 대학이나 중국의 기술 기업과 경쟁하지 말란 법은 없다. 혁신과 발명, 아이디어는 지금까지 몇몇 도시와 저명한 기관에 집중되어 있었다. 그렇기 때문에 선전(深圳)과 실리콘밸리, 뭄바이와 뉴욕에서 보이는 비교적 좁은 틈조차 하나의 혁명을 예고한다.

　나는 이처럼 공간을 창출하는 조직에 세 가지 유형이 있다고 생각한다. 첫 번째는 내가 창의적인 네트워크라고 부르는 조직이다. 이런 유형은 느슨하면서도 창의적인 집단이 모여 새로운 것을 상상한다. 이들은 획기적인 조직 가운데는 가장 오래되었으며 가장 자연스러운 형태라고 할 수 있다. 라이트 형제 및 그들과 교류하던 집단이 대표적인 사례다. 그들은 마치 산업혁명 초기에 중요한 역할을 한 버밍엄 달빛학회(Lunar Society of Birmingham)나 미국의 독립을 주도한 건국의 아버지들(Founding Fathers), 홈브루 컴퓨터 클럽(Homebrew Computer Club)*처럼 좀 더 동호회 같은 조직일 수도 있다. 브라이언 이노(Brian Eno)는 고대의 아테네, 피렌체, 에든버러, 비엔나, 샌프란시스코처럼 화려하게 꽃을 피운 지역을 두고 '천재(genius)라는 개념의 집단적 형태인 시니어스(scenius)'라고 불렀다.[561] 그러한 네트워크는 인상파에서 잉

---

*　　1970년대에 실리콘밸리에서 결성된 초기 컴퓨터 애호가들의 클럽.

클링스(Inklings) 모임에 이르기까지, 펑크(punk) 음악에서 바우하우스(Bauhaus)에 이르기까지 창의적인 프로세스의 중심이었다. 아이디어를 활발하게 논의하는 집단 내에서 그렇게 창의성이 폭발했다.

이러한 네트워크는 알렉산드리아 도서관이나 앤디 워홀의 더 팩토리(The Factory)나 스튜디오54(Studio 54)처럼 물리적인 장소에 기반을 두는 경우도 있다. 오늘날에는 이런 네트워크가 어떤 기업의 내부에서 재창조된다. 픽사(Pixar)의 브레인트러스트(Braintrust)나 일류 TV 드라마를 만드는 작가의 작업실을 생각해 보라. 거대한 아이디어는 이제 이러한 네트워크에서 나오는 경우가 아주 많다. 이러한 현실은 비엔나학파(Vienna Circle)에서 프랑크푸르트학파(Frankfurt School)에 이르는 아이디어의 역사와도 너무나 놀랍도록 정확하게 겹치는 부분이다.

두 번째는 실험적인 공간이긴 한데, 이들은 리스크가 높은 시행착오를 위해 특별히 설계된 좀 더 공식적인 기관이다. 벨 연구소나 제록스 팰토앨토연구소, 또는 록히드마틴의 스컹크 웍스, 애플의 디자인팀이나 나이키(Nike)의 이노베이션 키친(Innovation Kitchen)처럼 앞서 살펴본 산업체의 연구소가 좋은 사례다. 12명의 노벨상 수상자를 배출한 MRC 분자생물학연구소(MRC Laboratory of Molecular Biology)나 유럽 입자물리연구소(CERN), 로런스 리버모어 국립연구소(LLNL) 등 세계의 대표적인 연구소도 여기에 포함된다. 그리고 프린스턴의 고등연구소(Institute for Advanced Study), MIT 미디어 랩(MIT Media Lab), 산타페 연구소(Santa Fe Institute), 일본의 이화학연구소(RIKEN, 理研), 그리고 막스플랑크 연구소(Max Planck Institute), 파스퇴르 연구소(Institut Pasteur), 프랜시스 크릭 연구소(Francis Crick Institute) 등 다양한 혁신적 사고를 지원하는 여러 연구소도 마찬가지다. 그러나 여전히 더욱 중요한 것은 다양성이다. 옥스브리지(Oxbridge)* 대학의 구조가 실험적인 공간을 창출한 것은 맞지만, 와이컴비네이터(Y Combinator) 같은 조직 역시 스타트업의 아이디어에 대해, 또는 미국 고등연구계획국(ARPA) 같은 기관은 기술 분야에 대해 일반적으로 동일한 역할을 하고 있다.

마지막 세 번째는 훨씬 더 순수하게 획기적인 조직이다. 이들은 특정한 아이디어를 실행하기 위해 구체적인 임무를 부여받은 조직이다. 제2차 세계대전 시기에 만들어진 블레츨리 파크(Bletchley Park)나 맨해튼 프로젝트가 대표적인 사례다. 이들은 어마어마한 문제를 풀어내거나 엄청난 도전과제를 해결하기 위해 소집된 일종의 태스크포스(TF)다. 이러한 형태는 어쩌면 우리가 마주한 가장 거대한 문제를 다룰 수 있는 유일한 방식일 수도 있다. 구글의 딥마인드나 인간유전체 프로젝트, IBM의 양자 컴퓨팅 센터도 이와 비슷한 유형의 조직이며, 목표가 명확하고 그것을 이뤄내기 위한 수단을 갖고 있다. 지금 당장 생각해보면, 이런 수준에 맞먹는 획기적인 조직이 그다지 많이 떠오르지 않을 수도 있지만, 화성 탐사를 추진 중인 스페이스 X(SpaceX), 외계인의 존재를 찾기 위한 외계 지적생명탐사(SETI) 프로젝트, 핵융합을 연구하는 ITER 프로젝트 등을 예로 들 수 있다.

시간이 지남에 따라 관리 기법과 조직 이론이 발전하고 혁신에 대해서도 더욱 잘 이해하게 될 것이다. 따라서 우리는 적어도 이론적으로는 실험적인 새로운 형태의 조직을 포함하여 획기적인 조직을 설

---

* 옥스퍼드와 케임브리지를 합쳐서 부르는 표현.

계하고 구축하고 유지할 수 있어야 한다.[562] 그렇게 할 수 있다면 수많은 사회적인 압력과 편향된 통계수치와 불공정한 인센티브는 무시될 것이다. 부유한 기술 기업에 재직하는 연구자는 논문의 인용 횟수나 보조금 지급 일정을 그다지 걱정하지 않을 것이며, 자금 지원을 잘 받는 실험적인 예술대학은 샴페인을 탐닉하는 예술 수집가를 덜 신경 쓸 것이다. 또한 기존의 거대한 조직에서도 밝은 전망이 있을 수 있다. 특허 기록에 대한 연구를 보면, 최고의 팀에서 나타나는 특징인 지식의 다양성이 획기적인 혁신에 도움이 된다는 것을 알 수 있다.[563] 어느 연구에 따르면, 우리가 지금까지 살펴본 부정적인 측면이 있더라도 팀의 규모가 커질수록, 특히 거대하고 다양한 팀일수록, 나쁜 아이디어와 잘못된 방식을 제거해 진정으로 중요한 사안에 더욱 잘 집중할 수 있다고 한다.[564] 거대한 문명과 마찬가지로, 그들 역시 더욱 흥미롭고 참신한 조합과 특이한 발상을 토해낸다. 대규모 팀을 지원하는 조직은 비용도 많이 들고 압박도 더욱 심할 테지만, 그만큼 더욱 많은 이점이 있을 것이다.[565]

인터넷 같은 도구는 창의적인 네트워크에 더욱 힘을 실어주고 그러한 네트워크를 더욱 쉽게 형성하도록 해줄 것이다. 이와 관련하여 실망스러운 부분이 있지만, 캐글(Kaggle)*이나 위키백과(Wikipedia) 같은 도구를 보면 인터넷이 새로운 형태의 획기적인 조직을 만들 수 있음을 알 수 있다. 인터넷은 막대한 양의 자원을 사용할 수 있게 해줌으로써, 획기적인 조직이 추구하는 임무를 지원해준다. 실험적인 공간

---

* 　구글이 만든 데이터 과학 및 머신러닝 관련 온라인 커뮤니티.

은 인터넷을 통해 전 세계로 확산하면서 인재를 끌어들이고 있다.

사회의 정체로 인한 압박이 있지만, 시스템은 회복탄력성과 성장의 잠재력을 명확히 보여준다. 영국 정부는 뜬구름 연구(blue skies research)의 중요성을 뒤늦게 인식하고, 고등연구발명국(ARIA)이라는 영국 버전의 ARPA(미국 고등연구계획국)를 설립했다. 웰컴트러스트(Wellcome Trust) 같은 후원단체는 리스크가 있는 연구 분야에 대한 자금 지원을 제한하는 반면, 벤처캐피털은 소위 말하는 '기저기술(deep tech)' 분야에 서서히 눈길을 돌리고 있다. 생산성 저하가 일률적으로 나타나는 것도 아니다. 가장 높은 생산성을 자랑하는 최상위의 소수 기업은 지속적으로 혁신하며, 지속적으로 성장한다.

코로나19 팬데믹에서 경험했듯이, 강력한 역량을 갖추었으며 자유로운 연구기관이나 조직은 그들이 필요한 경우에 얼마나 가치가 있는지 잘 보여주었다. 제너 연구소(Jenner Institute) 같은 시설이나 바이오앤테크(BioNTech) 같은 스타트업처럼 말이다. 팬데믹으로 인한 전반적인 영향이 설령 보수적이며 독과점으로 흐르더라도, 미래에 결정적인 차이를 만들 수 있는 분야에는 어느 정도의 자유를 남겨두어야 한다.

그러나 시간이 지남에 따라 획기적인 조직도 주주의 성화, 상충하는 관료의 요구, 내외부에서의 정치적인 압력, 분열, 집중력 저하, 소셜미디어의 양극화 등 사회적 정체에서 수많은 압력을 받을 것이다. 심지어 과학기술의 진보에 대하여 가장 낙관적으로 지켜보는 이들도 획기적인 조직이 지속적으로 성공을 거두는 데 가장 '심각한 우려 사항'으로 시스템의 혼재로 인한 리스크를 꼽는다.[566] 아이디어의 난해함과 거기에 관여하는 도구, 기술, 수단 사이에 긴장관계가 있는 것처럼, 시스템과 그것에 가해지는 압력 사이에도 긴장이 존재한다.

아이디어의 미래에 대한 가장 시급한 질문은 지식, 사람, 자본이 거대하게 축적된 집합체와 규모의 확대로 인한 효과가 과연 차세대의 거대한 아이디어를 위한 혁신의 공간을 충분히 만들어낼 수 있는지 여부다. 그러한 미래는 점점 빠른 속도로 획기적인 조직을 생성해낼 수 있는 확장된 세계의 역량과 복잡하고 도전적인 아이디어에 가로막혀 끊임없이 혁신을 억압하는 우리의 현실 사이에 놓여 있다. 이런 긴장관계에 대해서는 다음 장에서 다시 논의할 것이다.

앞의 질문에 대한 나의 대답은 '잠정적으로 그렇다'이다. 우리는 그러한 공간을 만들어낼 수 있다. 이러한 문명적 전환은 실제로 하나의 단절을 이룰 것이다. 그러나 우리가 그것을 의식적으로 추구할 때만 그렇다. 거대한 컨버전스는 그러한 조직을 만드는 것이 절대적으로 가능함을 의미한다. 진정한 문제는 의지에 관한 것이다.

· · ·

기관과 조직은 '집단적인 두뇌', 다른 말로 하면 '초의식(supermind)'이다.[567] 한 명의 의식만으로는 현대의 국가를 운영하거나, 수백만 대의 정교한 아이폰을 제조하거나, 크리스퍼(CRISPR) 기법을 만들어내기는커녕, 구석기 시대의 도구나 음식 저장 방법을 만들어내지도 못했을 것이다.[568] 오직 조직화된 집단적 의식만이 그렇게 할 수 있었다. 인간의 거의 모든 활동은 그것을 가능하게 해주는 정교한 시스템의 네트워크에 의해 뒷받침된다. 건물, 도로, 자동차 등 인간이 개발한 모든 것의 물리적인 무게는 대략 30조 톤으로 추산된다.[569] 그 30조 톤의 무게는 모두 초의식의 산물이라고 할 수 있는 거대한 시스템의 기반 위에 놓여 있다.

이러한 네트워크가 전환기를 맞고 있다. 우리는 이미 아이디어의 생성에서 규모와 상호연결성이 중요하다는 점을 살펴봤다. 규모와 상호연결성의 측면에서 볼 때, 우리 사회의 운영체제는 기록적인 수준에서 실행되고 있다. 그러한 성숙도와 규모만으로도 질적인 차이를 만들어낼 수 있다. 인간의 두뇌를 생각해보라. 인간의 두뇌에는 860억 개의 뉴런이 있지만, 개개의 뉴런 하나가 인간 두뇌의 놀라운 능력을 발휘할 수는 없다. 다만 집합적으로 모여 있을 때만 의식과 지성을 발휘할 수 있다. 두뇌 안의 뉴런 개수는 지능의 수준을 가늠할 수 있는 좋은 지표다. 마치 하나의 칩 안에 더욱 많은 트랜지스터가 들어 있을수록 칩의 성능이 더욱 향상되는 것과 마찬가지다.

규모는 물론 중요하지만, 조직 역시 중요하다. 인간 두뇌의 능력은 뉴런이 그물망처럼 촘촘하게 연결된 것에서 나온다. 애덤 스미스의 핀 공장 실험이 매우 중요한 이유는, 그러한 조직적인 변화가 생산성의 빠른 향상으로 이어졌기 때문이다. 노동자 1명이 혼자 작업하면 하루에 몇 개의 핀만 만들 수 있지만, 더욱 많은 사람을 투입해 제대로 된 방식으로 조직화하면 기하급수적으로 더욱 많은 핀을 생산해낼 수 있는 것이다.

규모와 협업은 새로운 유형의 지능과 질적으로 다른 사고를 만들어낸다. 만약 그것이 인간의 조직에도 사실이라면, 현재의 순간은 특히 중요하다.

현재 지구상에는 80억 명의 사람이 있으며, 그 어느 때보다도 많은 기회가 있다. 그들을 서로 엮어주는 도구는 어마어마한 수준이다. 현재 최소한 150억 대의 기기가 있으며, 앞으로도 더욱 늘어날 것이다. 천문학적인 숫자의 트랜지스터가 각자 그들의 두뇌와 뉴런을 통해 네트워크에 연결되어 있다.[570] 인간과 기계는 이제 복잡한 공생관계에서 살아가고 있으며, 기계와 인간의 협업으로 이루어진 수많은 패턴 속에 서로 얽혀 있다. 심지어 친구와 함께 저녁식사를 하는 아주 기본적인 일조차 이제는 기술과 생물학이 복잡하게 뒤얽혀서 춤을 춘다는 점을 생각해보라. 친구들과 모임이라도 한 번 하려면 우리는 우선 문자 메시지를 보내고, 캘린더를 동기화하고, 전 세계 곳곳에서 기르고 만들어진 음식을 인터넷으로 주문한다. 다양한 시장과 기술적인 인터페이스를 통해 한 곳의 주방으로 모든 것이 조율되어 이동한다.

인간 두뇌에서 연결되어 있는 뉴런의 수와 밀도가 지렁이와는 비교할 수 없을 정도로 강력하듯이, 규모와 연결성의 측면에서 이렇게 거대해진 현실이 인류에게 어떠한 의미가 있는지 생각해보아야 한다.

우리는 이미 더욱 높은 수준의 집단지성과 전 지구적인 하나의 새로운 의식, 그리고 무수히 많은 상호작용을 통해 고동치는 상호 연결된 집단 두뇌의 시대로 이미 전환되었거나, 또는 막 진입하려 하는지도 모른다. 그것은 뉴런과 트랜지스터가 반짝이는 지식의 저장고이며, 조밀하고 강력한 시스템과 현대의 광섬유 네트워크를 통해 연결되어 있다. 가이아 빈스(Gaia Vince)는 문화와 생물학, 그리고 변화된 환경의 상호작용과 그 수준이 인류를 새로운 유형의 초개체 (superorganism)로 만들 것이라고 생각한다.[571] 그녀는 긴밀하게 상호 연관된 세계의 네트워크를 통해 하나로 엮인 채 서로 자원을 공유하며, 유전자와 기계, 인간의 의식과 외부화된 기술 및 제도적 시스템이 뒤엉킨 상태를 호모 옴니스(Homo omnis), 또는 줄여서 홈니(Homni)라고 부른다. 홈니는 마치 규모가 커진 두뇌처럼 작동하는 이런 모든 양상의 새로운 특징을 의미한다. 1세기 전, H. G. 웰스(H. G. Wells)는 그것을 세계 두뇌(world brain)라고 불렀다. 피에르 테일라르 드 샤르댕(Pierre Teilhard de Chardin)은 그것을 누스페어(noosphere)라고 부른다. 케빈 켈리 (Kevin Kelly)는 그것을 수십억 개의 인류의 의식과 컴퓨터 칩과 인공지능으로 구성된 지구의 새로운 차원을 의미하는 홀로스(holos)라고 부른다. 우리는 모두 하나의 단일한 개체로 연결되어 있다. 따라서 우리는 추가적인 전환으로 나타나는 결과를, 그것이 해제할 수 있는 변화를 예상해야 한다. 그것은 가령 가장 정교한 도구나, 또는 모든 것을 바꾸는 거대한 아이디어가 될 수도 있다.

이러한 컨버전스는 지금까지 지구상에서 일어난 것 가운데 가장 거대하고, 가장 복잡하며, 가장 놀라운 사건으로 인식될 것이다. 유리와 구리, 그리고 허공의 전파로 신경을 엮어내면서, 우리 인류는 모든 종교, 모든 프로세스, 모든 사람, 모든 인공물, 모든 감각, 모든 사실과 개념을 지금까지 상상하지 못한 복잡성의 거대한 네트워크로 연결할 것이다. 초기의 인터넷에서 우리의 문명을 위한 협력 인터페이스가,

이전까지의 그 어떤 발명품보다도 강력한 의식과 인지적 도구가 탄생할 것이다.[572]

이것이 바로 그 모든 것을 끝장낼 수 있는 획기적인 조직 홀로스다. 그렇다면 거대한 컨버전스는 단지 경제적인 격차를 따라잡거나 스마트폰이 확산되는 것보다 더욱 거대한 프로세스다. 그것은 그모든 것을 아우르며, 그 이상을 의미한다. 그것은 인류의 의식 그 자체의 위상 전환을 의미한다. 아마도 우리는 인공적인 초지능이나 증강된 의식을 완전히 새로운 것으로 상정하지는 않아도 된다. 그와 비슷한 것은 이미 존재하기 때문이다. 거대한 컨버전스는 여느 국가나 조직의 차원을 넘어서는 것이다. 그것은 머지않은 미래에 사람과 도구가 거대한 규모로 엮이는 그야말로 지구적인 순간일 것이다.

전 지구적인 하나의 의식을 형성하게 되리라는 것을 믿든 안 믿든, 이렇게 규모가 커진다는 명백한 사실과 그것이 아이디어에서 가질 수 있는 의미는 참으로 놀라운 것이다. 집단적인 두뇌의 형성으로 이어진 이전 단계의 중요한 변화는, 다른 무엇보다도 민주적인 통치 시스템, 현대적인 과학, 그리고 산업혁명이었다.[573] 지금의 단계는 여전히 한창 진행 중이다. 아이디어의 역설이라는 도전에 정면으로 맞서게 될 주체는 사회적 차원에서 새롭게 나타난 놀라운 개체일 것이다. 만약 그 무엇이든 그러한 사다리를 올라가서 돌파구가 필요한 문제를 극복하고 수익성 감소의 문제를 뒤엎거나 역전시키는 것이 있다면, 그것은 이 새로운 주체가 될 것이다.

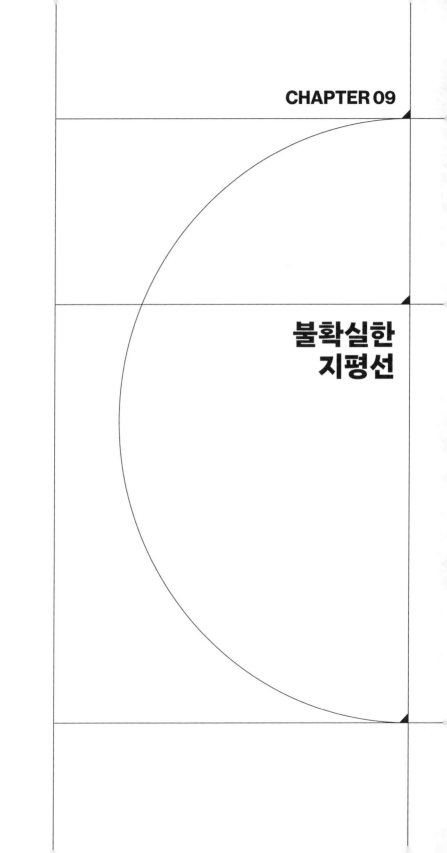

CHAPTER 09

불확실한
지평선

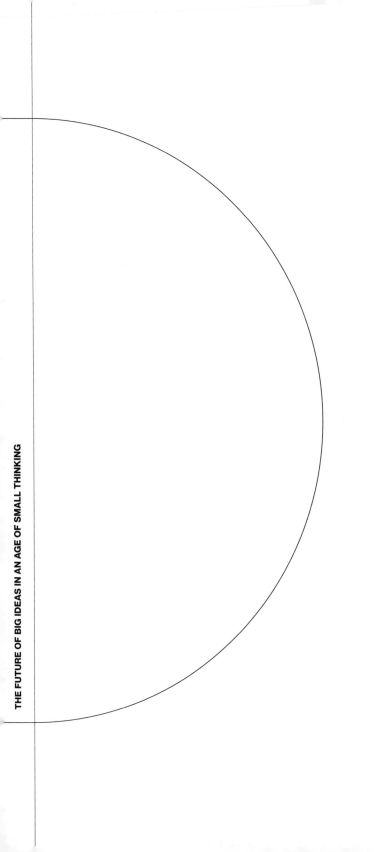

THE FUTURE OF BIG IDEAS IN AN AGE OF SMALL THINKING

세 개의 궤적

미래의 시나리오와 궤적

거대한 아이디어의 미래는 어느 쪽으로 기울어질지 모른다. 한쪽은 어려움과 복잡함이 끊임없이 증가하고, 우리가 이미 밟아온 경로이며, 답답한 정체의 지옥이다. 다른 한쪽은 새로운 도구가 약속되어 있고, 점점 더 빠른 속도로 규모가 커지며, 전 세계가 빠른 속도로 인류의 최전선에서 합류하는 미래다. 그들 사이의 구조적인 상호작용은 철저하게 불확실하지만, 인간 사고의 미래는 이러한 두 가지 힘 사이에 놓여 있다.

미래를 이해하는 가장 좋은 방법은 사고 실험을 통해 마치 일기예보처럼 다음에 일어날 수 있는 가장 그럴듯한 이야기를 찾는 것이다. 예측은 틀리는 경우가 많고, 아예 엇나가기도 한다. 우리의 미래는 결말이 열려 있기 때문에, 그러한 사고 실험의 과정에서는 다양한 불확실성을 염두에 두고 진행하는 것이 좋다. 미래의 시나리오와 궤적에 대하여 스케치를 해보면 우리는 더 깊이 이해하게 될 것이고, 변화무쌍하며 모순적인 풍경 전체를 살펴보며 생각해볼 수 있는 정신적인 도구를 제공해줄 것이다.[574]

또한 거대한 아이디어의 미래는 여전히 누구에게나 기회가 열려 있다. 이번 장에서는 그러한 과정에 도움이 될 수 있는 실질적인 단계나 정책, 또는 태도, 프로젝트가 무엇인지 다룰 것이다. 하지만 먼저, 가능성이 있는 세 가지 궤적을 좀 더 자세히 살펴보자.

기나긴 황혼

진보를 당연하게 생각하는 것은 바보 같은 일이다. 역사를 살펴보면, 지식의 최전선에 도달했다가 몰락한 문명의 사례는 많이 있다. 이런 점에서는 로마 제국의 이야기가 유익하지만, 여러분이 생각할 수도 있는 이유 때문에 그런 것은 아니다. 로마의 몰락에 대한 고전적인 설명에 따르면, 이 제국은 점점 더 퇴폐적으로 되고 엇나가기 시작하면서, 그들을 약탈하려는 북방 야만인에게 점점 더 쉬운 먹잇감이 되었다. 그리하여 고대시대가 막을 내리고, 한때 암흑시대(Dark Ages)라고 알려졌지만 지금은 고대 후기(Late Antiquity)라고 부르는 시기로 이어졌다. 그러나 굳이 수정주의적인 시각이 아니더라도, 이러한 시각에는 분명한 허점이 존재한다. 이러한 설명에서 놓치는 것은, 지적인 측면에서 볼 때 '몰락'이 어찌하여 그렇게 빨리 찾아왔으며, 왜 그토록 다양한 이유가 있느냐는 점이다. 그리고 이 점에 대해서는 로마의 무기력한 황제들만큼이나 예수에게도 책임이 있다.

로마가 몰락하기 전, '서양 정신의 종말(closing of the Western mind)'이라는 서사시가 펼쳐졌으며, 이는 앞으로 몇 세기 동안이나 울려 퍼지게 된다.[575] 서기 4세기가 되기 전까지 로마는 개방성을 중시하며 지적인 탐구를 추구하던 헬레니즘(Hellenism) 문명의 불꽃을 꺼트리지 않고 있었다. 그들에게는 프톨레마이오스의 천문학과 갈레노스(Galenos)의 의학적인 통찰력과 플로티노스(Plotinos)의 철학이 있었다. 그곳은 이성과 탐구정신이 자리 잡은 사회였다. 그러다 서기 312년에 콘스탄티누스(Constantinus) 황제가 기독교로 개종했다.

기독교의 전통은 오래전부터 그리스 문명에 대항하여 나타나기 시작했다. 특히 성 바울(St. Paul)이 그리스의 철학자를 공격했다. 성 바울은 그들이 파멸을 맞을 것이며, 이성적인 모든 생각은 이단이라고 생각했다. 콘스탄티누스 황제가 기독교로 개종한 이후, 그의 새로운 통치 이념은 신앙에 기반을 두게 되었으며, 그것을 거스르는 일은 용인되지 않았다. 새롭게 이단으로 낙인이 찍힌 사람의 책은 금지되었으며, 경우에 따라서는 사형에 처해질 수도 있었다. 신플라톤주의 수학자이자 철학자인 알렉산드리아의 히파티아(Hypatia) 같은 사람은 길거리에 질질 끌려가면서 갈기갈기 찢기고 기독교 무리에 의해 불태워졌다. 어느 역사학자의 말에 따르면, 그녀의 죽음은 '그리스 수학 시대의 종말'을 의미하는 것이었다.[576] 알렉산드리아 도서관은 대화재로 파괴되었다고 추정된다. 실제로는 사회적으로 학문이 폐기되면서 그곳은 세월이 흐르며 오랫동안 무시되고 방치된 채로 서서히 허물어졌다.[577] 방대한 양의 고전 문헌이 이 시기에 고의로 파괴되어 영원히 소실되었다. 우리에게 남은 것은 고대 문명의 문헌 유산에 대한 짤막한 묘사뿐이다. 플라톤의 아카데미아는 900년 동안 유지되었다. 그러나 유스티니아누스(Justinianus) 1세 치하의 절대적 교회 권력 앞에서 결국 532년에 문을 닫았고, 그곳에 마지막으로 남아 있던 초라한 행색의 철학자들은 페르시아로 달아났다.

그리스의 유산인 관용과 다원주의, 유연한 활기는 독단적인 강압에 분쇄되었다. 한때는 주변부의 숭배사상이었던 것이 이제는 대중 추수주의적인 막강한 권력으로 성장해 새로운 사고의 통로를 폐쇄했다. 초기의 교회는 후원금과 함께 세금감면 혜택을 받았고, 속세의 권력은 교회의 엄격한 교리를 강요함으로써 통제를 더욱 강화했다.

앨프리드 노스 화이트헤드(Alfred North Whitehead)가 《과학과 근대세계(Science and the Modern World)》에서 적어놓았듯이 "1500년의 유럽은 기원전 212년에 죽은 아르키메데스보다도 아는 것이 적었다."[578] 과학과 철학이 로마 시대 이전에 이미 정점에 달했다는 것은 상당히 이례적인 일이다. 잘 알려져 있다시피 아리스타르코스(Aristarchos)는 태양이 중심에 있는 지동설 모델을 생각해냈으며, 피타고라스(Pythagoras)와 유클리드(Euclid), 아르키메데스는 수학을 발전시켰다. 이후 몇 세기 동안 유럽은 퇴행의 길을 걷게 된다. 심지어 그와 비교되는 르네상스 시기에도, 사람들은 아리스토텔레스의 정적인 우주관을 갖고 있었고, 하늘에는 천사들이 사는 완벽한 세계가 있다고 믿었다. 그러한 인식이 그토록 오랫동안 완전하게 지속되었다는 사실은, 인간의 생각을 이해하려는 사람이라면 잠시 멈춰서 곰곰이 반추해봐야 할

지점이다.[579]

　지치고 무능한 군대에 급료를 지급하는 것도 버거울 정도로 쇠약한 제국이라면 이제 곧 엉망이 되리라는 것은 쉽게 예측할 수 있다. 그러나 그러한 전환기를 살아가는 당사자라면, 내부적인 요인이 사회의 토대를 어떻게 무너트리는지 파악하기란 쉽지 않다. 또는 에도 막부(江戶幕府) 시대의 일본처럼 외부 세계에 등을 돌린 나라에서도 마찬가지다. 물론 다른 방식으로 몰락할 수도 있다. 기근이나 질병, 또는 초원이나 바다를 건너온 침략자 같은 외부의 충격으로 파탄에 이른 문명도 많이 있다. 지금은 그런 문제와 맞서 싸울 수 있는 훨씬 더 뛰어난 도구를 갖고 있지만, 우리 역시 그러한 외부적인 충격의 먹잇감이 될 수 있다. 나는 로마의 사례가 매우 교훈적이라고 생각한다. 왜냐하면 그들의 몰락은 미묘하며 느린 속도로 서서히 진행되었으며, 지적인 체계와 문화적 관행에 변화를 주면서 시작되었기 때문이다. 하나의 거대한 아이디어가 떠오르면서 다른 모든 것을 완전히 끝장내버린 사례다.

　21세기에는 과연 그와 비슷한 일이 일어나지 않을 것이라고 말할 수 있을까? 극단적으로 단편적인 사고가 불타올랐다가 빠르게 시들어버린 사례는 비교적 최근에도 존재한다. 중국의 문화대혁명(文化大革命), 크메르루주(Khmer Rouge) 정권, 이슬람 국가(Islamic State) 등을 생각해보라. 심지어 북한 정권 같은 체제는 여전히 이어지고 있다. 그러나 로마 제국의 몰락 같은 사건은 천천히 일어나는 일이고, 지금 같은 시대에는 일어나지 않기 때문에 우리는 그런 영향을 받지 않으리라고 생각하는 것은 순진한 발상이다. 최근의 시기는 우리 사회가 선동적인 정치가에 대하여, 이념의 편협함에 대하여, 다양성의 공간을 폐쇄하는 것에 대하여, 반대 의견을 용인하지 않는 것에 대하여 얼마나 취약한지 보여주었다. 21세기 사회는 로마가 아니다. 그러나 로마를 완전히 떨쳐낸 것도 아니다. 현재 명백하게 부정적인 영향력 가운데 하나라도 기세를 올린다면, 우리 역시 로마가 될 수 있다.

만약 오늘날 그와 비슷한 상황으로 전개된다면, 그것은 과연 어떤 모습일까? 그에 대한 답을 상상하는 데는 디스토피아를 그린 작품이 어느 정도 도움이 될 것이다. 최악의 경우에는 종말 이후의 세계를 그린 영화 〈매드 맥스(Mad Max)〉나 〈더 로드(The Road)〉에서 보이는 모습과 상당히 비슷할 것이다. 만약 어떤 거대한 충격이 현대 사회의 기반 전체를 손상시킨다면, 인류의 최전선은 앞으로 몇 세기 동안 멈추게 될 것이라고 말할 수 있다. 생존을 위한 몸부림과 기본적인 자원을 수집하려는 노력과 피에 젖은 부족 정치가 제2의 암흑시대를 지배할 것이다.

앞의 8장에서 살펴본 이언 모리스의 분석처럼, 문명은 사회적 발전에서 그들이 더 이상 돌파할 수 없는 한계에 부딪힐 수 있다.[580] 기원전 1100년경에 그런 일이 있었고, 그다음에는 로마와 중국의 송나라에서도 있었다. 60개의 문명을 별도로 조사한 연구에 의하면, 그들 문명의 평균 존속 기간은 400년이 조금 넘는 것으로 나타났다. 로마 역시 예외는 아니었다.[581] 1차 산업혁명에 이르러서야 이러한 패턴이 끝나는 듯 보였지만, 만약 우리가 앞으로 수십 년 안에 그러한 한계에 부딪힌다면 어떻게 될까? 내부의 부정적인 영향력에 더해서 기후변화, 팬데믹, 자원 고갈 같은 외부의 충격이 결합된다면, 그것은 전형적으로 한계에 부딪히는 사건처럼 보일 수도 있다. 문명 발전의 속성에 의해 어쩔 수 없이 맞이하는 결말이다. 1장에서 살펴보았듯이, 그러한 붕괴 우려가 우리 사회를 떠돌고 있다. 역사의 패턴이 무너지는 것처럼 보일 수도 있지만, 단지 그렇게만 예상하는 것은 현명하지 못한 일이다.

이러한 하락세를 더욱 암울하게 예견하는 해석도 존재한다. 그것은 바로 페르미 역설(Fermi Paradox)이라는 것이다. 위대한 물리학자 엔리코 페르미(Enrico Fermi)는 1950년에 로스앨러모스 국립연구소(Los Alamos National Laboratory)에서 동료와 함께 점심을 먹으며, 위대한 물리학자가 그러하듯 외계인에 대해 이야기를 나누게 되었다. 그는 이렇게 물었다. "그런데 외계인이 어디 있는 거죠?" 그는 만약에 외계 문명이 존재한다면, 우리 은하의 크기를 고려할 때 우주를 가로지르며 항해하는 은하 규모의 문명이 적어도 하나는 만들어졌어야 한다고 생각했다. 드레이크 방정식(Drake equation)에 따르면 외계에 수천 개의 문명이 존재할 수 있다고 한다. 1967년에 이오시프 시클롭스키(Iosif Shklovsky)와 칼 세이건(Carl Sagan)은 은하수 주변에 대략 100만 개의 외계 문명이 '반드시' 존재해야만 한다고 말했다.[582] 그럼에도 우리가 외계에서 아무런 소식도 듣지 못했다는 것이 참으로 기이하며, 심지어 참으로 놀랍기까지 하다. 아마도 생명체는 스스로를 파괴하는 경향이 있다는 우주적인 법칙이 있을지도 모른다. 다시 말해, 최초의 다세포 유기체가 탄생하는 순간부터 범은하적(pan-galactic) 초문명(super-civilisation)으로 발전하기 전까지의 사이에, 그러한 생명체 혹은 문명을 파괴하거나 자멸을 일으키는 '거대한 여과기(Great Filter)'가 있을지도 모른다. 이러한 설명을 들으면 한 가지 상상이 머릿속에서 떠나지 않는다. 우리가 아무리 위대한 아이디어를 떠올리더라도, 결국 흔적도 없이 사라질 운명의 궤적을 절대로 바꾸지 못하리라는 것을 말이다.[583]

가령 우리가 실존적인 위협은 아니지만, 아주 단단한 한계에 부딪히거나 사회를 뒤흔들 정도로 거대한 사건에 희생되어 거대한 충격을 받았다고 가정해보자. 그렇게 된다면 결국 우리 사회는 정적인 상태가 될 텐데, 이는 아이디어가 자라기에 비옥한 환경은 아니다. 로버트 해리스(Robert Harris)의 소설《두 번째 잠(The Second Sleep)》을 보면, 거대한 충격을 겪은 사회는 결국 보수적이며 신앙에 깊이 매몰되었던 중세시대로 되돌아간다. 그리고 몇 세기가 흐른 뒤에도, 그들은 문명의 몰락과 그로 인한 혼돈 상태를 지식과 문화와 기술이 자유로웠던 예전 시대의 분위기 탓으로 돌린다. 새로움보다는 안정이 우위에 있다. 진실보다는 엄격한 믿음이 우위에 있다.

만약 그런 일이 일어난다면, 아마도 모두 깜짝 놀랄 것이다. 그런데 이보다 더욱 그럴듯한 디스토피아도 있다. 예를 들면《화씨 451(Fahrenheit 451)》이나《멋진 신세계(Brave New World)》같은 고전에서 광분하는 포퓰리즘의 다양한 양상을 볼 수 있다.《화씨 451》에서는 자유로운 사고를 근절하려는 미국 정부의 명령에 따라 '방화수(fireman)'가 책을 불태워버린다.《멋진 신세계》에서는 사회가 마약이 주는 쾌락에 지나칠 정도로 심취한 나머지, 생각이라는 것에 전혀 신경을 쓰지 못한다. 이런 두 가지 방향으로 조금씩 진행되는 것은 여전히 가능하다. 인공지능(AI)과 생명공학은 아주 흥미로운 도구일 수 있지만, 그것은 우리에게 칼날이 될 수도 있다. 그리고 가상현실(VR)이 실제 현실보다 정말로 더 나을 수도 있지만, 그래봐야 가상의 현실일 뿐이다.

좀 더 평범한 시나리오라면 연구의 생산성이 계속해서 떨어지는 것이 있다. 새로운 도구를 만들어내는 일은 지나치게 어려워져서 무기한 지연된다. 새로운 아이디어를 만들어낸다는 것은 감당할 수 없을 정도로 거대한 과제가 된다. 문화는 경직된다. 정치적 실험은 너무나도 위험한 것이 된다. 인구는 감소한다. 기후변화가 닥치면서 세계 경제는 제로섬을 향해 조금씩 나아갈 것이다. 이러한 시나리오라면 아이디어의 영역은 이제 헤르만 헤세의 소설 《유리알 유희(The Glass Bead Game)》와 비슷한 모습이 될 것이다. 지식과 문화는 너무나도 희귀하고 복잡해서 도저히 불가해한 것이 되어, 결국엔 세속에서 격리된 엘리트 계층의 무의미한 놀이가 될 것이다.

이것은 나쁜 결과 중에서도 그나마 우리가 바랄 수 있는 최선의 결과다. 최종적인 파국은 아니지만, 기나긴 황혼이다. 그럼에도 이 모든 것은 한 가지 거대한 가정에 기초하고 있다. 새로운 도구와 규모가 커진 세계조차도 우리가 정체되는 것을 구해주지는 못한다는 것 말이다.

새로운 유토피아

만약 일이 잘 풀린다면 어떻게 될까? 다시 말해 가장 놀라운 일련의 추가적인 변화를 위한 모든 요소가 마련되어 있다면 말이다. 이론적으로는 최근 몇 세기 동안 발전해온 것만큼 우리의 생활방식이 더욱 개선되지 않는다거나, 아직 남아 있는 문제에 대한 해답을 찾지 못할 것이라고 볼 이유는 없다. 그러나 우리의 상상 속에서는 디스토피아적인 전망이 우세하다. 그럼에도 미래에 대해서는 다채로운 전망이 있는 것이 사실이다.[584] 획기적인 혁신을 위한 엔진이 멈칫거리면서, 우리는 제2차 세계대전 이후의 빛나는 유토피아 같은 꿈을 꾸지 않게 되었다. 수많은 문제가 커지는 지금과 같은 시대에는, 결론이 어떻게 날지 숙고해보는 것이 더욱 흥미롭고 적절할 것이다.

기나긴 황혼과 마찬가지로, 새로운 사고에 대한 우리의 역량이 가파르게 상승한 명확한 선례가 존재한다. 여기에서 역사적 사고실험을 하나 해보자. 만약 당신이 16세기 초에 지구를 방문한 외계인이라면, 과연 어떤 나라가 과학혁명과 산업혁명을 일으킬 가능성이 가장 높다고 예상하겠는가?[585]

아마도 영국을 고르지는 않을 것이다. 가장 유력한 후보 국가는 방대한 인구, 강력한 군사력, 거대한 경제, 그리고 행정, 과학, 기술, 학습의 측면에서 발전된 문화를 보유하고 있던 중국이나 인도일 것이다. 명(明) 시대의 베이징이나 오스만 제국 시절의 콘스탄티노플(현 이스탄불)은 모두 당시의 런던보다 규모가 10배는 더 컸다. 중국인은 영국이나 유럽에서 만든 것에 그다지 감흥을 느끼지 못했기 때문에, 그들이 멀리서 찾아온 서양인에게 원하는 것은 오직 은뿐이었다. 중국인은 얼마 전까지만 하더라도 당시의 유럽인이 겨우 만들 수 있는 그 어떤 선박도 왜소해 보이게 만드는 거대한 함대를 구축했으며, 오스만 제국은 발칸반도를 가로질러 유럽의 심장부를 향해 질주하고 있었다.

그런데 만약 다른 외계인이 당신에게 그 후보가 유럽에 있다는 힌트를 주었다면, 당신은 어디를 고르게 될까?

그렇다 하더라도 여전히 영국을 고르기는 쉽지 않을 것이다. 영국은 발칸반도에서 아주 멀리 떨어진 눅눅하고, 가난하고, 개발되지 않은 섬이었고, 이웃한 나라조차 야만스럽다고 여기는 곳이었다. 런던은 그보다 세 배나 큰 당시의 파리나 나폴리와는 비교할 수도 없었다. 그렇다고 피렌체나 베니스, 제노바, 밀라노 같은 이탈리아 북부의 도시국가처럼 세련되지도 않았다. 저지대 국가(Low Countries)*에서는 도시 거주 인구가 10퍼센트에 달했던 데 비해 영국에서 도시에 거주하는 인구는 3.5퍼센트에 불과했다. 그렇다고 영국이 1인 기준으로 특별히 부유하지도 않았다. 오히려 스페인, 이탈리아, 프랑스, 저지대 국가에 비해 명백히 차이가 날 정도로 가난했다. 영국의 해군력은 약했고, 외국의 식민지를 가진 제국도 아니었으며, 정부의 관료조직은 규모 면에서 비슷한 나라의 4분의 1에 불과했으며, 정치와 종교의 위기는 일상적이었고, 산업은 거의 존재하지 않는 것과 마찬가지였으며, 정교한 유리 세공이나 야금 기술에 대한 지식이 부족했고, 그나마 최신의 도구라도 생산하려면 독일의 전문지식을 수입해야만 했다. 그러나 그로부터 300년 뒤에, 이 작고 습한 나라인 영국은 대영박람회를 개최하여 자신들이 지구상의 그 어느 나라보다 가장 부유하고, 가장 강력하며, 기술적으로 가장 발전했고, 문화적으로도 가장

---

* 북해 연안의 벨기에, 네덜란드, 룩셈부르크 등의 지역을 부르는 이름.

영향력이 큰 세계의 지배자라고 선언했다.

영국의 이러한 발전은 두 가지 방식으로 해석할 수 있다. 첫째, 규모와 발전 수준에서 아무리 우위에 있더라도, 그러한 우위를 모두 날려버릴 수 있다는 것이다. 1550년대의 영국과 같은 시대를 살았던 명나라가 대표적인 사례다. 그러나 더욱 중요한 교훈은 1장에서 이미 언급했는데, 아이디어는 가장 불운한 시작점에서 출발했다 하더라도 그 자체로 아주 놀라우면서도 예측할 수 없는 변화의 촉매작용을 일으킬 수 있다는 점이다. 만약 1550년대의 영국이 모든 여건에서 불리했지만 세계적인 제국의 용광로가 될 수 있었다면, 오늘날의 우리 사회는 그 모든 장점과 함께 분명 똑같이 할 수 있을 것이다.

코로나19가 끝나면 거대한 가속(Great Acceleration)*은 거대한 침체(Great Stagnation)에 단호하게 대응하기 시작할 것이다.[586] 가령 우리의 시스템이 차세대 도구의 출현을 가로막는 장애물을 약화할 수 있다고 가정해보자. 게다가 엄청난 노력으로 그러한 시스템을 확실하며 '충분히 유익한' 기반으로 만들 수 있다고 해보자. 그렇다면 새로운 르네상스나 풍요로운 시대, 기하급수적인 발전은 더 이상 꿈같은 일은 아닐 것이다. 우리가 현재 상상할 수 없는 아이디어가 나타나 우리의 세계관을 바꿔줄 것이고, 그 자리에서 뭔가 놀라운 것이 나타날 것이다. 장기적인 차원에서 우리에게는 이언 M. 뱅크스(Iain M. Banks)의 《컬처(Culture)》 시리즈에서 볼 수 있는 것처럼, 초지능을 가진 상냥한 AI가 질병이라는 건 오래전에 잊어버린 인류를 돌봐주는 세상이

---

*   20세기 중반 이후에 인간 활동의 거의 모든 분야에 걸쳐 일어난 급격한 성장세.

주어질 것이다.

　아마도 나는 내 또래의 전형적인 사람에 불과할 텐데, 미래가 이럴 것이라는 데 모든 것을 걸기는 부담스러운 일이다. 그럼에도 오늘날의 시점에서 그러한 결론이 전혀 터무니없는 것은 아니다.

　그러나 이러한 궤적을 더욱 많이 살펴볼수록 한 가지는 더욱 확실해진다. 먼 훗날의 세상은 황혼이나 유토피아, 둘 중 하나가 될 가능성이 높다는 것 말이다. 다만 지금 이 시점에서는 불확실성이 더욱 커질 뿐이다. 범용 인공지능(AGI)이나 합성생물학의 혁명, 기후변화, 또는 추가적인 팬데믹 등이 그러한 불확실한 시나리오의 변수다. 그러나 최근 수십 년 동안의 혼란이 무한정 지속되지는 않을 것이다. 장기적인 차원에서 우리의 아이디어와 그것에 기대고 있는 모든 것은 극한의 결과를 향할 것이다. 우리는 인류의 최전선에서 빠르게 움츠러들거나, 아니면 계속해서 그것을 향해 돌진할 것이다. 그때가 되면 아이디어는 너무나도 거대하고 강력해서, 우리는 쇠퇴나 초월 둘 중 하나를 향해 나아가게 될 것이다.

험난한 길

다시 다가오는 수십 년의 시간대로 돌아가보자. 전혀 상상하지도 못하던 사건이 일어나지 않는 한, 우리는 앞에서 말한 두 가지 방향 중 하나로 향하게 될 것이다. 여기에는 두 가지 중요한 함의가 있다. 첫째는 우리가 아이디어를 창출하는 추세는 고르지 못한 속도를 여전히 유지할 것이라는 점이다. 둘째는 우리가 인류의 최전선이 나아가는 궤적에 대하여 좋든 나쁘든 간에 어느 한쪽으로 향하도록 여전히 영향을 미칠 수 있다는 점이다.

따라서 지금의 우리는 서기 312년이나 1550년대보다 역사적으로 훨씬 더 중요한 갈림길에 서 있을 수도 있다. 지금까지는 그런 적이 전혀 없었는데, 이제 지구 전체와 그곳에 살고 있는 수많은 생물종의 미래는 우리의 아이디어에 그 운명이 달려 있다. 물론 어느 시대나 그들이 역사에서 가장 첨예한 전환기를 차지한다고 생각하는 경향이 있다. 그럼에도 대부분의 역사에서 시간은 흐르고, 흐름과 추세는 계속해서 움직인다. 그러한 추세는 기다란 곡선을 그린다. 그런데 이제는 아이디어의 규모가 커지면서 그것은 상당히 다른 의미를 갖게되었다. 인류는 스스로를 멸종시킬 수 있는 핵무기라는 기술을 만들어냈다. 지금이라도 핵무기를 더욱 많이 만들어낸다는 건 얼마든지 가능한 이야기다.

거시적 관점에서 보면 아이디어의 역사는 이렇게 흘러왔다. 대체로 정체된 시기가 오랫동안 이어졌고, 점진적으로 점점 더 많은 아이디어가 생산되었으며, 몇 차례 문명의 개화기를 맞았고, 그리고 뒤이어 모든 차원에 걸쳐 지속적인 동력이 모이기 시작했으며, 결국은 전례 없는 생산성을 자랑하는 지금의 시대에 이르렀다. 물론 일부의 영역은 맹렬히 진전하고 있지만, 일부에서는 여전히 놀라울 정도로 힘겹게 분투하는 분야도 존재한다.

이러한 추세는 지속될 것이다. 이는 결국 우리의 미래는 앞으로 10~20년 동안 아이디어의 창출을 자극하고 그것의 방향을 어디로 결정할지에 대한 우리의 선택에 따라 앞에서 살펴본 두 가지 궤적 가운데 하나를 따라가게 될 것임을 의미한다. 그러는 과정에서 우리는 지난 50년 동안 그랬듯이 험난한 길을 따라 이동하게 될 것이다. 그것은 최소한 수십 년 동안 이어질 현재의 시대가 끝날 때까지는 지속될 것이다. 우리는 다가오는 몇 년 안에 목적지를 정하게 될 것이다.

비록 앞으로의 전망에 불확실성이 있기는 하지만, 우리가 어디로 향하는지도 알게 될 것이다. 이 책의 주제를 간추려서 말하면, 서양은 현재 더욱 많은 비용을 투입하고 있지만 똑같은 것을 계속해서 똑같은 방식으로 수행하기 때문에 성취하는 것은 더욱 적겠지만, 전 세계의 아이디어가 모이면 그러한 침체를 깨트리고 더욱 많은 도구를 생산하게 되어 결국엔 거대한 아이디어의 생산을 더욱 가속화할 수 있다는 것이다. 만약 이 책에서 살펴본 많은 가능성 가운데 하나를 선택해야 한다면, 그것은 인류 전체의 방향에서 가장 중요한 선택이 될 것이며, 인류의 최전선에서 해야 할 일과 그것이 어디로 향해야 하는지 지시해줄 것이다.

예를 들어 다음과 같은 시나리오가 전개될 수 있다. 사회에서는 부를 축적하고 교육 수준을 높이고 능력을 더욱 키우며 계속해서 인류의 최전선을 향한 컨버전스가 지속될 것이다. 그러나 코로나바이러스나 내생적인 금융위기 같은 충격적인 사건이 폭발할 수도 있다. 그럼에도 새롭게 열리는 시장과 국제적인 협력 및 경쟁에 더욱 자극을 받으며, 규모가 커진 세계에서 지원을 받고, 기존의 형식을 파괴할 수 있으며, 기반이 탄탄하고 적절하게 설계된 혁신적인 세대의 조직이 새로운 아이디어의 중심지가 될 것이다. 사회가 정체되는 것을 막아줄 수많은 발명의 산실이 될 수 있는 이러한 기관은 새로운 도구를 만들어낼 것이며, 결정적으로는 중요한 탐구와 기술과 상상력의 영역을 열어젖힐 것이다. 궁극적으로 이러한 도구는 아이디어의 역설이 가진 수많은 측면을 뛰어넘을 것이다. 우리는 그러한 도움 없이는 사다리를 오를 수 없을 것이다. 이 시점에 이르면, 인류는 지금까지 걸어온 험난한 길에서 가장 위험한 단계로 접어들 것이다. 이러한 도구와 아이디어가 어떠한 형태를 취하게 될지가 모든 것을 좌우할 것이다.

중기적인 차원에서는 새로운 도구를 만들기 위한 R&D 지출이 증가할 것이다. 그러나 연구개발을 위한 조직이 존재하는데도 그러한 지출액의 상당수는 불균등하게 지출되어 자금 부족에 허덕이는 곳이 있을 것이다. 주로 점진적인 혁신을 하거나, 지대추구(rent-seeking) 행위를 하거나, 무기개발 등의 분야에 집중될 것이다. 이처럼 인색한 집중화 현상이 일어나도 연구개발 분야에서는 전반적으로 거대한 발전이 일어날 가능성이 있다. 가령, 워싱턴과 실리콘밸리를 축으로 하는 미국과 중국이 기술 측면에서 군비경쟁을 벌인다면, 두 강대국은 최첨단의 생성적 기술(generative technology)* 분야에 자국 내 최고 인재와 자원을 대거 투입할 수도 있다. 20세기에 보았듯이, 유의미한 경쟁은 미국이 새로운 정점을 향해 나아가도록 박차를 가할 수 있다. AI는 개념적인 발전에서 잠시 주춤거릴 수도 있지만, 그것은 국제적으로 점점 더 치열해지는 경쟁과 강화되는 협력에 힘입어 양자 컴퓨팅 분야에서 새로운 전망을 이끌어낼 수도 있다. 그러나 물론 양자

---

* 스스로 발전하면서 새로운 것을 계속해서 만들어내는 기술.

컴퓨팅에 대한 희망이 기대에 못 미칠 수도 있다. 단기적으로 보면, 양자 컴퓨팅은 사이버 공간이나 화학 분야에서 잘 알려지지 않은 영역에는 어느 정도 영향을 줄 수 있지만, 아마도 가까운 시일 내에 획기적인 돌파구를 마련하지는 못할 것이다.

그럼에도 진취적인 스타트업이나, 또 다른 IBM이나, 심지어 애플 같은 소비자 중심의 기업이 나타나 수많은 애플리케이션이나 괜찮은 제품을 만들어낼 수도 있는데, 그중에는 원자 수준으로 정밀하게 제조하는 것을 도와주는 참신한 형태의 생물학적인 애플리케이션이 있을 수도 있다.[587] 세계는 갑작스럽게 변화하기 시작할 것이다. 그리고 인간 유전체 프로젝트의 진정한 영향력이 뒤늦게 나타난 것과 마찬가지로, 시간이 지남에 따라 연구의 방향과 가능성에서 조금씩 진전이 있을 것이다. 생물학적 컴퓨팅이나 화학적 컴퓨팅이 크게 힘을 얻을 수도 있고, AI에 대한 새로운 접근법이 발견될 수도 있다. 그러한 시점에 이르면, UN 산하에 세계 기술 및 실존적 위험성 이사회(World Technological and Existential Risk Council) 같은 조직이 구성되어 새로운 형태의 숙고와 협력을 시도한다고 약속할 것이며, 이에 부응하여 문화계와 정치권에서는 세계 질서를 재편하려는 새로운 노력이 생겨날 것이고, 각국 정부는 디지털의 파고에서 기술에 대한 선제적인 관리가 필요하다는 것을 깨달을 수도 있다.

앞의 시나리오는 다소 거창하기는 하지만, 그에 맞는 세부적인 이야기는 얼마든지 찾을 수 있다. 예를 들어 계절성 폭풍우에 시달리며 히말라야의 국경에서 중국과의 갈등이 점점 더 고조되는 인도가 AI 분야의 기술력을 키워야 한다고 판단할 수도 있다. 전 인도 AGI 연구소(All India Institute of AGI) 같은 조직을 만들어 중국의 비밀주의와는 대조적으로 이 분야에서 매우 개방적인 협업 방식으로 접근할 수 있을 것이다. 학계 및 산업계와 협력한다면, 클라우드로 구성된 오픈소스(open-source) 기반의 인도식 AGI라는 중대한 혁신으로 이어질 수도 있다.

아니면 그동안 거의 영향력이 없던 지역에서 시가총액이 무려 100조 달러에 달하는 세계 최초의 다국적 기업이 탄생할 수도 있다. 예를 들면, 물리적인 여건이나 물류 인프라가 열악해 기존의 서양 기업이 진출하기에는 쉽지 않았던 리우데자네이루, 라고스, 카이로, 아디스아바바, 카불, 다카 같은 도시의 슬럼 지역이 될 수도 있다. 어쩌면 새로운 형태의 비즈니스를 하는 기업이 나타날 수도 있는데, 예를 들면 쿼드콥터(quadcopter)를 이용해 배송서비스를 시작한 그룹이 브라질과 나이지리아의 증시를 모두 합한 것보다도 더욱 거대한 기업으로 성장해서, 기존의 기술 대기업의 영향력을 훨씬 벗어난 현실 세계의 어려움까지 이겨내면서 자본주의 자체와 협업의 규칙을 새로 쓸 수도 있다. 아니면 이런 기대보다는 좀 더 어두운 시나리오도 전개될 수 있는데, 서양이 쇠퇴하거나 지정학적으로 치열한 경쟁이 벌어지거나 기후위기에 역행하여 극단적으로 대응하는 등 더욱 힘겨운 상황을 예상해볼 수도 있다. 그러나 이런 경우가 발생하더라도 마찬가지로 어떠한 행동을 자극할 것이다. 기후변화는 분명 힘겨운 도전이 될 테지만, 중국의 부상이 서양에는 다시금 활력을 줄 수 있는 것과 마찬가지로, 그러한 도전에 맞서는 것이 변화를 위해 중요한 역할을 한 것으로 밝혀질 수도 있다.

이러한 상상을 하는 것은 꽤 즐겁기는 하지만, 가장 중요한 부분은 이러한 일이 진행될 전반적인 공간에 대한 것이다. 지금의 거대한 침체가 규모가 커진 세계를 마주하는 상황, 아이디어의 역설이 새로운 도구를 만나게 될 현실에 대해 생각해보아야 한다. 인류 최전선의 지평선이 어떤 모습인지는 세부적인 사항까지 확실하게 알 수는 없지만, 대략적인 윤곽은 확실한 편이다.

다섯 가지 제안

인류의 최전선은 고정된 것도 아니며, 대중적인 스포츠도 아니다. 다음에 무슨 일이 벌어질지는 우리에게 달려 있다. 그래서 여기에서는 번영하는 미래를 위하여 전반적인 차원에서 다섯 가지 제안을 하고자 한다.

임무 착수

버니바 부시(Vannevar Bush)는 전쟁에서 눈부시게 활약했다. MIT의 공학부 학장을 지냈으며 워싱턴 D. C.에 있는 카네기과학연구소(Carnegie Institution for Science)의 소장을 맡고 있던 그는 제2차 세계대전이 임박했을 당시에 미국이 처한 어려움을 일찌감치 간파했다. 미국의 군수기술은 물론이고 그것을 뒷받침하는 과학적 기반이 부실했기 때문이다. 그전까지 역사에서 경험한 그 어떤 어려움보다도 이것은 상당히 골치 아픈 문제였다. 부시의 아이디어는 간단했다. 똑똑한 과학자들을 모아, 그들에게 많은 연구비를 주고, 그러한 현실을 바꾸게 한다는 것이었다.

전쟁이 끝날 무렵이 되자 부시의 휘하에서 일하는 사람은 3만 명이 있었는데, 특히 미국 전역의 물리학자 가운데 3분의 2가 이곳에 모여 있었다. 자금 지원의 규모는 전쟁 전에 비해 7배로 늘어났다.[588] 그러나 부시는 거기에서 그치지 않았다. 전쟁이 승리로 끝나자 그는 이 모델이 가진 잠재력을 보았는데, 그러한 자신의 생각을 〈끝없는 국경(Endless Frontier)〉이라는 보고서에 담은 것으로 유명하다.

그는 평화를 쟁취하기 위하여 이 프로그램을 더욱 야심차게 확장하도록 제안했다. 자금을 충분히 지원받는 독립적인 과학자가 미래를 건설한다는 계획이었다. 그러한 간극을 기업이 채울 수도 없고, 채워서도 안 된다고 생각했다. 오직 대학이 주도하고 연방이 자금을 지원하는 거대한 연구 정책만이 원하는 효과를 거둘 수 있으며, 이는 미국의 지도력과 발전에 더욱 추진력을 더해주기 위하여 1944년에 제정된 제대군인지원법안(G. I. Bill) 같은 고등인력 양성 프로그램으로 뒷받침될 수 있을 것이라고 제안했다.

비록 회의적인 시각과 약간의 저항에 부딪히기는 했지만, 결국 노련한 행정가인 부시가 대세를 주도했다. 자유로운 과학 연구와 군수 위주의 연구개발 프로젝트가 미국 전역에서 전개되기 시작했다. 이러한 분위기는 소비에트연방이 스푸트니크(Sputnik) 인공위성을 쏘아올리면서 더욱 힘을 얻었다. 스푸트니크는 현실에 안주하던 미국의 엘리트를 충격에 빠트렸으며, 그것은 이 나라의 과학계를 향해 발사된 상징적인 로켓과도 같았다.

부시의 선견지명이 가져온 결과는 극적이었다. 자금 지원의 규모만 보더라도, 역사에서는 비교할 만한 사례를 찾기가 힘들 정도였다. 1940년부터 1964년까지, 의욕 넘치는 목표를 갖고 추진한 미국 연방 전체의 R&D 자금 지원 규모는 20배가 증가했다.[589] 그것은 가히 '끝없는 현금'의 강물이었다. 맨해튼 프로젝트만 하더라도, 거기에 종사한 인원은 13만 명에 달했다. 아폴로 달 탐사 프로젝트는 다섯 배나 더 많은 비용이 소요되었는데, 연방 정부 지출의 2.2퍼센트를 투입하며 그 정점에 달했다. 수많은 조직이 새롭게 구성되어 이러한 추세를 지원했다. 1958년에 출범한 조직만 하더라도 항공우주국(NASA)과 방위고등연구계획국(DARPA)이 있는데, DARPA가 이뤄낸 대표적인 성과로는 인터넷을 비롯하여 GPS, 드론, 스텔스(stealth) 기술, 평면 스크린, 더욱 개선된 인공 팔다리 등을 개발해낸 것이 있다. NASA가 설립된 지 불과 몇 년 만에, 미국 정부는 그곳에서 추진하는 로켓 및 관련 기술 연구에만 전체 GDP의 0.7퍼센트를 투입했다.[590]

그 결과, 그러한 규모에 부응하여 거대한 아이디어가 연달아 실현되었다. 이 기간 동안에는 항생제에서 소아마비 백신과 피임약 출시에 이르기까지 제약과 의료 분야에서 놀라운 발전이 줄을 이었다. 또한 레이더(radar), 컴퓨터의 아키텍처(architecture)*, 현대식 통신기술과 인터넷이 만들어졌다. 그리고 로켓, 우주여행, 제트기, 인공위성

---

*   시스템의 구성 체계.

을 만들어냈다. 그 어느 때보다 더욱 많은 사람이 대학 교육의 기회를 갖게 되었고, 중산층의 생활수준이 지금까지 경험한 것 중에서도 가장 빠른 속도로 개선되는 즐거움을 누렸다. 이 시기는 시민권 운동(Civil Rights Movement)*과 복지국가, 대중교통, 멀티미디어 엔터테인먼트, 보편적인 교육과 의료의 시대였다.

정부의 자금과 연구기관, 민간기업, 대학이 실질적인 문제를 해결하고, 기술적인 혁신과 기초분야의 연구를 위해 모두가 합심했다. 이들 중 그 누구도 이것을 거래나 교환이라고 여기지 않았다. 오히려 그들은 달을 탐사하고, 원자폭탄을 만들고, 더 나은 세상을 만든다는 다양한 전망을 가진 임무와 관련하여 긴밀히 협력했다.

달 착륙의 성공은 역사상 가장 값비싼 이벤트이기는 했지만, NASA의 탐사 프로젝트 덕분에 정확한 GPS, 가정용 단열재, 유아식, 귀 체온계, 메모리 폼, 비행기 날개의 공기역학적인 개선, 긁힘과 자외선 방지 안경, 공기 청정기, 디지털카메라에 사용되는 센서 등 약 2,000가지 발명이 쏟아졌다.[59] 인공위성은 해양구조 분야에서 일기예보에 이르기까지 일상적인 것이 되었다. 그리고 물론 그 모든 것은 컴퓨팅 비용을 저렴하게 만드는 데 도움이 되었다. 컴퓨터 산업의 급속한 도약은 연방의 보조금과 함께 국방부가 전후 수십 년 동안 주요한 고객으로 있었기에 가능했다. 아폴로 프로젝트의 어느 단계에서는 여기에 컴퓨팅 부문을 담당하는 파트너로 참여하고 있던 MIT 기

---

*　　1950년대부터 1960년대에 걸쳐 미국에서 흑인이 시민권을 쟁취하기 위해 벌인 대중적인 운동.

계장치연구소(MIT Instrumentation Laboratory)가 미국에서 제조된 모든 칩의 60퍼센트를 구입하고 있었는데, 다른 분야에서는 이에 대한 수요가 아직까지 미미한 수준이던 시점에서 이는 컴퓨팅 산업에 상당히 귀중한 힘이 되어주었다. 마거릿 해밀턴(Margaret Hamilton)이 이끌던 이 연구소의 소프트웨어공학 부문은 달 탐사 우주선에 탑재된 소프트웨어를 개발했는데, 이는 이 분야의 기초를 확립하는 데 상당히 중요한 업적이었다.[592]

1951년 이후 50년 동안, 이처럼 어마어마한 혁신은 미국 경제성장에 절반 이상 기여했다.[593] 관련 연구에 따르면 미국 과학연구개발국(OSRD)이 전쟁 중에 체결한 계약의 가치를 알 수 있다. 그들이 체결한 계약은 2,000건이 넘으며, 이를 통해 발명 7,000건, 특허 2,700건, 논문 2,500편을 만들어냈다. 전후의 산업 성장 및 R&D의 중심지였던 연구 분야는 그 정도로 많은 보조금을 지급받았다.[594] 이러한 투자는 매우 중요했음이 밝혀졌는데, 그렇게 형성된 동일한 클러스터가 오늘날까지 미국은 물론이고 전 세계의 혁신과 경제적 지형을 형성하고 있기 때문이다. 버니바 부시가 그러할 것이라고 주장했듯이 이러한 투자는 매우 중요한 것이었고 이후에도 그 영향력은 지속되었다.

아쉽게도 그런 시절은 끝났다. 연방 차원의 자금 지원은 GDP 전체 대비 0.7퍼센트로 줄어들었는데, 21세기 초반 이후의 자금 지원 규모는 그것이 절정에 달했을 당시보다 2,400억 달러가 부족하다. 정부, 기업, 대학, 과학계, 기술계, 생산 부문으로 구성된 네트워크는 뿔뿔이 해체되어 서로 적대적으로 되었다. 특히 모두가 참여해야 하는 국가 차원의 사명이자 프로젝트라는 공감대가 무너져내렸다. 거액의 투자는 좋지 않은 생각이라는 인식이 정부 조직 전반을 가로지르는 신조가 되었다. 수많은 프로젝트와 획기적인 생각이 가득하던 모험의 세계는 20세기의 유물처럼 느껴지기 시작했다. 고등연구계획국(ARPA) 같은 조직은 지적인 자신감이 전반적으로 위축되면서 리스크를 감수하려는 경향이 줄어들었다.

거대한 아이디어를 위해서는 새로운 프로젝트의 르네상스가 필요하다. 단지 부시 같은 혁신적인 비전만이 아니라, 맨해튼 프로젝트나 아폴로 탐사 같은 거대한 규모를 일으킬 수 있는 절박한 의식이 필요하다. 투철한 장인정신이나 뜻밖의 우연한 발견으로도 충분한 시절은 오래전에 지나갔다. 파종기나 증기기관을 만드는 데 효과가 있던 방식이 핵융합 프로젝트에는 적용되지 않는다. 지적인 역사와 기술의 역사에서 맞이하는 이러한 새로운 국면에서는 더욱 크고 더욱 합심할 수 있는 무언가가 필요하다.

그렇다고 해서 과거의 달 탐사 같은 프로젝트를 그대로 재가동해서 모든 것을 한곳에 쏟아부어야 한다는 의미는 아니다. 다만 거대한 규모의 연구를 이끌어내기 위해서는 조직화가 필요하다는 점을 말하는 것이다. 피에르 아줄레(Pierre Azoulay)와 다니엘레 리(Danielle Li)는 도전적인 모험을 발전시키는 데 대규모의 연구 프로젝트가 어떻게 도움이 되는지 다음과 같이 설명한다. 실패할 확률이 99.999퍼센트인 사안에 100만 달러를 거는 것은 현명하지 못한 도박이지만, 그러한 도박이 20만 개로 늘어나서 2,000억 달러 규모의 연구 프로그램으로 확대되면, 성공 확률이 87퍼센트로 급증한다는 것이다.[595] 그러나

20만 개의 프로젝트에 자금을 지원할 수 있는 유일한 방법은 정부의 대규모 지원 아래 그것을 모두 모아 명확하며 긴급한 하나의 목표로 만드는 것이다. 그렇지 않으면 자금을 조달하는 사람과 연구자는 아마 당연하게도 극도로 리스크를 회피할 것이다.

마리아나 마추카토(Mariana Mazzucato)는 전후의 호황기 시절과 마찬가지로, 공공 영역과 민간 부문이 가진 최고의 장점을 활용하여 거대한 도전과제에 맞서는 프로젝트 위주의 접근방식을 선호한다. 훌륭한 프로젝트는 사람들에게 영감을 줄 것이며, 그렇게 영향을 받은 사람들은 대담해지고 야심을 갖게 되어 본능적으로 리스크를 감수하게 될 것이라고 그녀는 말한다. 또한 명확하게 규정된 목표와 정해진 일정을 염두에 두고 연구에 임할 것이다.[596] 그들은 장기간에 걸쳐 학문 분야와 연구의 영역을 확장할 것이다. 그녀가 말하는 방식은 지시에 따라 이루어지는 하향식 프로세스를 의미하는 것이 아니다. 훌륭한 프로젝트는 다양한 접근방식과 실험을 수용할 수 있는 것이다. 그러한 프로젝트는 시장을 부정하기보다는 오히려 새로운 시장을 만들어내고 개척한다. 또한 상향식 탐구를 지원하고 장려한다. 이것은 '승자를 고르는 것이 아니라, 의지를 확인하는 것'이 되어야 한다. 그러한 가능성이 있는 프로젝트는 전혀 부족하지 않으며, 거대한 아이디어가 나타나기를 기다릴 것이다. 예를 들면, 대규모의 탄소 네거티브(carbon negative) 기술이나 핵융합을 통한 전력 생산, 치매(또는 노화) 치료, 우주에 영구적인 정착지를 만드는 일 등이 있을 것이다.

최근의 프로젝트는, 예를 들어 암 연구 같은 분야를 보면 맨해튼 프로젝트나 아폴로 탐사에 버금가는 긴급성이나 헌신성이 결여되어 있다. 미국이 주도하는 지속가능한 발전 목표(Sustainable Development Goals)에서 1,000억 달러 규모의 끝없는 국경 법안(Endless Frontier Act) 같은 자금 지원의 확대에 이르기까지, 그리고 화성 탐사를 추진하는 스페이스X나 전 세계의 정보를 체계화하는 구글에서 코로나19로 과학계의 협업 연구가 상당히 힘을 얻는 등 긍정적인 신호가 있기는 하지만, 그러한 프로젝트가 충분히 무게감을 가졌다고는 느껴지지 않는다. 만약 전 세계 GDP의 0.5퍼센트만이라도 R&D 분야로 전환된다면, 이는 연간 7,000억 달러에 달하는 어마어마한 금액이 될 것이다. 그러한 자금이 가장 심각한 도전과제를 해결하고 가장 거대한 목표를 실현하기 위해 사용된다면 어떨지 상상해보라.[597] 미국과 중국이 서로 힘을 합쳐 프로젝트를 만들고, 그러한 프로젝트를 중심으로 그들 사이에 긍정적이면서도 특별한 관계가 더욱 활기를 되찾게 된다면, 인류의 최전선에 어떠한 영향을 미치게 될지 상상해보라. 그것은 분명 우리 시대에 최대의 기회가 될 것이다.

또한 방대한 분량의 연구에 따르면, 공공자금을 투입하면 민간자금을 밀어내기보다는 오히려 끌어모으는 것으로 나타났다. 미국 국립보건원(NIH)에서 보조금을 받은 연구 중 40퍼센트 이상은 나중에 민간 부문의 특허에서 인용되고 있다. 참고로 세르게이 브린(Sergey Brin)도 스탠퍼드대학교에 다닐 때, 미국 국립과학재단(NSF)에서 학위논문 장학금을 받았다. 군수 부문은 R&D에 투자해 커다란 수익을 거둔 분야다. 미국 국방부가 R&D에 1달러를 투자할 때마다 그들은 2.5달러에서 5.9달러 사이의 수익을 거둔다고 한다.[598] 정부가 R&D 분야에 지원하는 자금을 늘리면 경제 전반에 걸쳐 상당한 생산성 개선 효과가 나타난다. 그리고 우리는 제2차 세계대전 당시의 투자가 수십 년이 지난 후에도 여전히 그 대가를 내어주었다는 사실을 알고 있다. NASA에서 추진한 프로그램을 통해 수많은 혁신이 넘쳐났다는 점을 떠올려보라. 현재 진행되는 프로젝트도 그러한 효과를 거둘 것이다. 그러한 프로젝트를 정치적으로 반대하는 사람이 내세우는 실패 사례는 소수에 불과하며, 그것은 주로 방대한 양의 좋은 점을 가리기 위해 사용되는 경우가 많다. 모든 R&D에는 리스크가 있기 때문에, 실패에 관대해지는 것이 중요하다. 그로 인한 전체적인 수익은 막대하기 때문이다.

야심찬 프로젝트는 현재의 도전과제를 처리하기 위한 최선의 방식일 뿐만 아니라, 그와 관련해 훨씬 더 많은 것을 내어줄 것이다. 거대한 아이디어를 원한다면, 우리는 그것을 찾기 위한 임무에 착수해야 한다. 그래야만 할 것이다.

천 개의 프로젝트 꽃 피우기

기술 기업이 여전히 반짝이던 시절을 기억하는가? 예전의 구글은 회사 경영에서 20퍼센트의 시간을 급진적인 실험에 쓰는 것으로 유명했다. 직원은 주중의 근무일 중에 하루는 자신이 원하는 것을 무엇이든 할 수 있었다. 그래서 그들은 다양한 실험을 했고, '괴상한' 아이디어를 시도했다. 그러한 방침은 그들의 기업문화에 상당히 핵심적이었으며, 기업공개(IPO)를 할 때에도 언급될 정도였다. 구글의 창업자들은 기업공개를 할 당시에 이렇게 썼다.

우리는 정규적인 프로젝트 외에도 직원이 각자의 근무 시간 중에서 20퍼센트는 자신이 구글을 위해 가장 이득이 된다고 생각하는 일을 할 수 있게 격려하고 있습니다. 이것은 그들이 더욱 창의적이고 혁신적일 수 있게 해줍니다. 우리가 이룬 중대한 성취 중 상당수는 이러한 방식에서 나올 수 있었습니다.

실제로 이런 프로젝트는 중요했다. 현재 전 세계 18억 명 이상이 사용하는 지메일(Gmail)을 비롯해, 구글 뉴스(Google News)도 그렇고, 구글의 전체 비즈니스를 위하여 수익을 창출해주는 애드센스(AdSense)도 그렇게 해서 탄생했다.

그런데 구글이 20퍼센트 프로젝트를 실시한다거나, 심지어 구글의 직원이 그렇게 20퍼센트의 시간을 사용한다는 이야기를 마지막으로 들은 것은 벌써 몇 년이나 지난 일이 되었다. 결국 그들도 13만 명의 직원을 거느린 거대한 기업이 되어버린 것이다. 조직의 핵심인 엔지니어와 창의적인 직원의 규모는 점점 더 줄어드는 반면, 회사는 이제 영업직원과 변호사와 인사관리 전문가가 장악하고 있다. 각 지역의 사무실에서 광고 판매를 담당하는 직원이 20퍼센트의 자유재량 시간을 갖는다면 과연 무엇을 할까? 구글은 또한 R&D에 대해서는 더욱 공식적인 프로세스를 갖추게 되었다. 동시에 수천 명의 직원이 말도 안 되는 프로젝트를 만지작거리고 있어서도 안 되고, 가뜩이나 부족하고 비싼 시간을 낭비할 이유도 없다. 공식적으로는 20퍼센트의 원칙이 여전히 존재하는 것으로 추정되지만, 비공식적으로는 이러한 대담한 시도가 이미 시들해진 것으로 보인다.

참으로 유감스러운 일이다. 만약 세계의 모든 사람이 자신의 일에서 20퍼센트의 시간을 자유롭게 쓸 수 있다고 상상해보라. 당연히 낭비되는 시간도 많을 것이다. 그러나 그러한 자유는 수치화할 수도 없고 상상하기도 힘든 결과를 만들어낼 것이다. 우리는 일상의 강압적인 분위기가 사무실에서, 실험실에서, 스튜디오에서 우리의 아이디어를 어떻게 짓누르는지 잘 알지 못한다. 그러나 나는 20퍼센트의 시간이 단순히 특이한 경우가 아니라 많은 직업군에서 공통적인 요소였다면, 우리는 현재 훨씬 더 많은 아이디어를 얻게 되었을 것이라고 장담한다.

우리가 일상에서 아이디어를 얻어내는 방법은 꽉 막혀 있다. 아이디어를 만들어낼 수 있는 구조와 방식은 부서졌지만, 이러한 상황이 개선될 것으로 보이지는 않는다. 우리는 그것을 다시 상상해야 한다. 우리에게는 아이디어를 얻어내는 방법에 대한 새로운 아이디어가 필요하다.[599]

이와 관련해서는 동료심사(peer review)의 폐기나 개혁, 무작위 또는 블라인드 심사를 통한 프로젝트 지원금 분배 등 창의적인 제안이 넘쳐난다. 예를 들면, 동료심사 시스템의 문제점을 우회할 수 있으며, 실제로 독일에서 최근에 알렉산더 폰 훔볼트 재단(Alexander von Humboldt Foundation)과 폭스바겐 재단(Volkswagen Foundations)이 시도한 실험에서 일부 성공을 거둔 복권식 접근법이 있다. 이는 전체 인구에게 자금 지원 절차를 개방해 사람들이 직접 투표하도록 하는 것이다. 자금 배분 절차에서 인간의 판단을 제거하고 그것을 일련의 알고리즘에 맡긴 다음, 다양한 수정을 거치며 실험을 한다. 과학 분야의 여러 연구팀이 그렇게 크라우드펀딩(crowdfunding) 방식으로 자금을 지원받았다.[600] 학계에서는 '저널에 논문을 게재하고 박사후 연구원 자격을 얻는 방식'에서 벗어나, 좀 더 다양하며 참신한 경로를 통해 연구 경력을 기를 수 있는 방법을 시도해볼 수도 있다.

연구의 인센티브 구조에 대해서도 야심찬 개편을 실험해야 한다. 앞에서 인용 횟수에 대한 강박관념 때문에 실험적이며 리스크가 큰 연구가 얼마나 많이 사라지는지 살펴보았다. 이제 그것을 바꿔보자. 제이 바타차리아(Jay Bhattacharya)와 미코 파칼렌(Mikko Packalen)은 참신함을 기반으로 연구에 대해 보상해주는 새로운 평가기준을 도입해야 한다고 주장한다.[601] 새로운 아이디어는 새로운 언어와 새로운 문법을 만든다. 따라서 그것은 실험적인 탐구와 리스크가 큰 연구를 보상해주는 강력한 시스템을 만들 수 있을 것이다. 이것은 아이디어를 평가하고 인센티브를 주기 위한 더 나은 방식을 모색하는 '대안지표(altmetrics)'라는 급성장하는 분야에서 나온 한 가지 제안에 불과하다.

어쩌면 연구진이 전 세계에 얼마나 크게 기여할 수 있는지를 기준으로 보조금이 지급될 수도 있을 것이다. 젊은 사람에게는 훈련이나 교육을 적게 받는 대신, 어느 정도의 책임감을 갖고 다양한 시도를 하도록 장려할 수도 있을 것이다. 정부의 R&D 보조금은 기업이 공공의 영역에서 얼마나 많은 역할을 하느냐에 따라 지급될 수도 있을 것이다. 예술 분야에서는 비영리적인 작품 활동에 대한 자금 지원을 늘릴 수 있을 것이다. 그렇게 하면 지금처럼 이미 성공이 보장된 프로젝트와 사람을 후원하는 지원금 제도를 뒤집을 수도 있을 것이다. 학력주의를 완화하고, 늦은 나이에 직업을 변경하는 것과 같은 선택을 지원하는 정책이 도입될 수도 있을 것이다. 킥스타터(Kickstarter) 같은 혁신적인 자금 지원 메커니즘을 더욱 많이 개발하고, 실험을 위한 새로운 도구를 만들어낼 수 있을 것이다. 아이디어의 영역에서는 위키백과 같은 방대한 온라인 협업 시스템이나, 레드팀(red team)*이나 워 게임(war game, 모의 전쟁) 같은 기법, 익숙하지 않은 분야에 대해 사용하는 무작위 대조시험(RCT) 같은 방식이 더욱 널리 적용되어야 하지 않을까? 천 개의 실험이 대기하고 있다. 그것이 실행될 수 있게 해야 한다.

새롭게 각성한 21세기의 후원 시스템은 실제로 도움이 될 수 있다. 그리고 이것은 단순히 연구 생태계의 생리에만 반향을 일으키지는 않을 것이다.[602] 데카르트, 케플러, 갈릴레이, 스피노자도 후원자에게서 자금을 지원받았다. 그리고 오늘날 규모가 더욱 확장된 후원 시스템은 창의적인 사고를 에워싸고 있는 가시덤불을 헤쳐나갈 수 있을 것이다. 알렉세이 구제이(Alexey Guzey)는 여기에 두 가지 요소가 있어야 한다고 주장한다. 첫째는 보조금을 10~20년에 걸쳐 장기간 지급하는 실질적인 정상화다. 그런 다음에는 재능이 매우 뛰어난 사람이 연구할 수 있는 적절한 환경이 무엇인지 알아내고, 그러한 환경을 더욱 강화해주어야 한다. 모든 것을 연구할 수 있도록 벨 연구소를 재건해야 한다.

이러한 제안은 단지 추정에서 나온 것이 아니다. 명문 하워드 휴스

---

* 조직이 가진 전략의 취약점을 발견하기 위해 구성원이 직접 가상의 적이나 경쟁자 역할을 맡아 진행하는 의사결정 기법.

의학연구소(HHMI, Howard Hughes Medical Institute)가 집행한 보조금과 국립보건원(NIH)의 보조금을 비교한 유명한 연구가 있다.[603] 하워드 휴스는 고결하고 부유한 민간 연구소다. NIH는 돈이 많지만 그것은 공공자금이기 때문에, 지출 근거를 명확히 해야 한다. HHMI에서 나온 보조금은 더욱 장기간에 걸쳐 지급되었고, 연구 방향이 열려 있었으며, 실패를 용인하고, 지적인 실험을 장려했다. 그곳의 보조금은 일반적으로 5년 동안 지급되었는데, 정해진 기간이 종료되어도 추가로 자금 지원이 이어지는 경우가 많았다. 반면에 NIH의 보조금은 결과물이 좀 더 명확하게 규정되어 있으며, 일회성이었고, '연구 방향 수정이나 전환을 용납하지 않는다'는 원칙을 고수했다. 연구자가 HHMI의 지원을 받을 때 획기적인 발견을 해내는 경우가 훨씬 더 많았다는 것은 놀라운 일이 아니다. 더욱 자유로운 연구가 더욱 창의적이며, 더욱 거대한 영향력을 만들어낸다. 급진적인 실험을 원한다면, 그것을 위한 시스템을 설계해야 한다. 그러나 우리는 그렇게 하지 않는다.

이 책을 쓰기 위해 인터뷰를 하면서, 나는 똑같은 말을 계속해서 몇 번이고 들었다. 프로젝트가 아니라 사람에게 자금을 지원해야 하고, 아주 오랜 기간에 걸쳐 그렇게 해야 한다고 말이다.[604] 단기간에 결과물을 산출해야 한다는 압박을 제거해야 한다. 더욱 좋은 결과물을 만들어낼 수 있게 해야 하고, 더욱 균형 잡힌 인센티브를 주어야 한다. 효과가 있는 것을 테스트해서 좋은 방식을 찾아야 한다.

보조금이나 후원금과 마찬가지로, 예술계든 과학계든 관계없이 상을 주는 것 역시 실험적인 작업에 대한 강력한 원동력이 될 수 있다. 그러나 여기에서도 모든 것을 더욱 개선할 여지가 있다. 상이라는 것은 예전과 똑같은 오래된 학제의 비좁은 틈으로 사람을 몰아넣는다. 그것은 경계를 강화한다. 그러한 경계를 허물기 위한 상을 만든다면 어떨까? 현재로서는 학제 간 연구가 어렵다는 현실을 고려한다면, 훨씬 더 많이 개선해낼 수 있을 것이다.

새롭고 더욱 복잡한 현실에 맞서서, 명예라는 것의 메커니즘을 다시 생각해보자. 세상에는 엄청나게 많은 분야가 존재하지만, 노벨상이 구분하는 학제 간 경계에서는 그러한 수많은 다양성을 무시해버린다. 예를 들면, 생명과학과 물리학을 넘나드는 분야, AI 연구, 네트워크 과학, 지질학 등은 노벨상의 어떤 부문에도 들지 못한다. 노벨상은 19세기에 만들어진 학제의 틀에 우리의 인식을 동결시킨다. 그러한 구분법이 1900년의 노벨 재단(Nobel Foundation)에는 당연했을 수 있지만, 21세기의 기회와 도전을 위해서는 이치에 맞지 않는다. 노벨상은 학제 간 연구에 대해서도 시상해야 하고[605], 필즈 메달(Fields Medal)*은 팀 단위의 협업에 대해서도 시상해야 하며, 그래미상(Grammy Awards)은 새로운 분야를 개척한 이에게도 상을 줘야 할 것이다. 여기에서도 희미한 희망이 보이는데, 예를 들면 브레이크스루상(Breakthrough Prize)이나 엑스상(X Prize) 같은 사례가 존재한다. 만약 예술 분야에서도 이런 노력을 한다면, 하나의 장르나 예술 형식에만 상을 수여하는 기존의 방식을 넘어선다면, 아카데미상(Academy Awards)

---

* 국제수학연맹(IMU)이 수학 분야에 크게 기여한 젊은 수학자에게 주는 상. 수학계에서는 가장 영예로운 상으로 여겨지며, 노벨상에 수학 부문이 없기에, 필즈 메달을 두고 흔히 '수학계의 노벨상'이라고 부른다.

에서 부커상(Booker Prize)*에 이르는 명예로움의 세계 전체를 다시 상상할 수 있을 것이다. 그리고 그 결과는 경이로울 것이다.

메타 아이디어(meta idea)를 얻기 위하여 더욱 개방적이며 실험적으로 접근한다는 것은 더욱 많은 것을, 훨씬 더 많은 것을 시도한다는 것을 의미한다. 그것은 리스크가 있는 실험을 관리하는 공간을 만드는 것이지, 위원회의 심사나 과도한 예방조치나 기득권의 무게로 그러한 실험을 분쇄하는 것이 아니다. 그것은 억압하는 구조를 무시하거나 우회하는 것을 의미한다. 대형 프로젝트와 개별적인 실험은 서로 모순되는 것이 아니며, 우리에게는 둘 다 필요하다. 훌륭한 프로젝트라면 이러한 실험을 제한하는 것이 아니라 오히려 더욱 활성화해야 한다. 그 둘 중 하나를 고르라는 것은 아이디어를 실현할 수 있도록 장려하기보다는, 오히려 그보다 위에 있는 정치적인 시각을 유지하는 것에 가까운 주장이다.

노벨상을 두 차례 수상한 라이너스 폴링(Linus Pauling)은 언젠가 이렇게 말했다. "좋은 아이디어를 얻고 싶다면, 많은 아이디어를 생각해야 한다. 그들 중 많은 것은 틀리겠지만, 우리가 배워야 하는 것은 그들 중에서 어느 것을 버릴 것인가이다." 현명한 조언이다. 우리는 아이디어를 만드는 방식과 관련한 분야 전체에 걸려 일련의 실험을 해야 한다. 빨리 시작할수록 더 좋다.

---

*   영국에서 시상하는 세계적인 문학상.

교육의 재학습

이 책에 쓰기 위하여 논의할 때, 나는 언제나 사람들에게 우리가 무엇을 바꿔야 하는지 물었다. 자금 지원을 늘려야 한다거나 새로운 유형의 프로젝트를 만들어야 한다는 건 내가 예상한 반응이었다. 그런데 내가 예상하지 못한 것은 많은 사람이 교육 문제가 시급하다고 말한 것이다.

그것은 내가 대화를 나눈 사람들 사이에서 놀랍도록 광범위하게 하나의 목소리로 울려 퍼졌다. 그들은 지금까지 많은 개선이 이루어졌지만, 21세기의 수많은 도전과제를 해결하기 위해서는 전 세계적으로 교육 부문에서 현저한 개혁이 이루어져야 한다고 말했다. 미래의 연구를 위하여 가장 생산적인 분야 중 상당수가 여전히 간과되고 있다. 그들은 창의적인 사고에 의해 추진되지만, 기존의 학제 구분에서는 주변부적인 것으로 여겨져왔다. 그리고 언제나 좋은 결과만을 추구하는 현실에서는 늘 평가절하되어왔다. 우리는 이들이 차이를 만들어낼 수 있다는 사실을 알고 있다. 교육 방식과 발명의 비율 사이에 연관성이 있음을 보여주는 연구도 이미 존재한다.[606]

일부에서는 현재의 교육과정을 마치 군대식 시스템이 적용된 것으로 묘사하기도 한다. 학생들은 칠판을 마주보고 빽빽하게 모여 앉아 암기를 하며, 전능하신 선생님이 말해주는 내용을 받아 적는다는 것이다. 그러나 대부분의 나라에서는 더 이상 그렇지 않다.

그렇지만 변화를 추구해야 할 이유는 여전히 존재한다. 교육은 다른 분야처럼 현실의 변화에 맞추어 빠르게 적응하거나 진화하지 못한다. 여러 이유가 있을 것이고, 무작위 대조시험이나 반복적인 실험을 통해 개선할 여지가 있기는 하지만, 수많은 아이와 학생의 미래를 두고 자유롭게 실험할 수는 없기 때문이다. 그리고 좀 더 지나치기 어려운 문제가 있는데, 교육이 지나치게 기계적이라는 것이다. 교사는 정부와 학부모의 압력에 시험을 잘 보기 위해 학생을 가르친다. 시험에서는 부정행위가 일어날 수 있다. 그리고 시험은 세상 전체를 점점 더 구식이 되어가는 과목이라는 범주 아래에 가둔다. 고등학교와 대학교의 교육은 암기한 내용을 따분하게 보여주던 형태에서 주어진 학습과제를 이수했는지 여부를 점검하는 활동으로 바뀌었다.

세계 각국의 정부는 모두 교육이 최우선의 정책이라고 공언하지만, 심지어 최상위 대학에서조차 교육이 단순한 경제적 기능으로 전락하는 경우가 많다. 학교라는 곳이 스프레드시트를 잘 관리할 수 있는 차세대의 생산적인 예비 노동자를 양산해내는 기관이 되어버린 것이다. 획기적인 아이디어가 나오기에 좋은 환경은 아니다. 사람들은 교실에서 배운 것을 적용하려 애를 쓰지만 쉽지 않다. 그렇게 배운 내용이 얼마나 빠르게 잊히고 버려지는지 감안하면, 시험은 지식을 습득하거나 역량을 기르는 것이라기보다는 과시행위에 불과하다는 말까지 나온다. 자신이 얼마나 성실한지 보라는 것이다.[607]

교육은 놀라울 정도로 퇴보하고 있다. 나는 물리학 연구나 1차 산업혁명의 기원과 관련된 주제에 거의 집착할 정도로 관심이 많은 편이다. 나는 그 두 가지 주제에 대해 학교에서 배웠지만, 다른 대부분의 반 친구와 마찬가지로, 그것이 상당히 재미가 없다고 생각했다. 얼마나 이상한 일인가! 이에 대해서는 젊은이는 그것의 진정한 가치를 이해하지 못한다는 오래된 격언으로 설명할 수도 있을 것이다. 그러나 당연히 교육에서는 그것을 전달하는 방식도 중요하다. 이와 관련하여 맷 리들리(Matt Ridley)는 이렇게 말한다. "나뿐만 아니라 심지어 나의 아이들도 과학이라는 과목을 도전해야 하는 흥미로운 수수께끼가 아니라, 반복해서 암기해야 하는 사실의 목록처럼 배웠다. 아이들에게 보일의 법칙(Boyle's Law)을 암기하게 하지 말고, 블랙홀과 은하를 보여주어야 한다!"[608] 전적으로 맞는 말이다.

하버드대학교의 생물학자인 에드워드 O. 윌슨(Edward O. Wilson)의 강의는 언제나 광범위하면서도 가장 흥미로운 질문으로 시작하고, 그다음부터 기술적인 세부사항으로 돌아간다. 대학에 다니던 시절, 나는 물리학과의 학부생이 예술대학의 학생인 나보다도 물리학을 열심히 공부하지 않는다는 사실을 알고는 놀랐는데, 아마 다른 전공도 마찬가지였을 것이다. 비판만 하려는 것은 아니지만, 어쨌든 대부분의 교육 체계가 그것이 할 수 있는 것만큼 제대로 작동하지 않는 것이 사실이다.

대부분의 교육은 그 자체만으로는 그다지 효과적이지 않다. 교육의 질은 국가 사이에서도 차이가 있고, 심지어 같은 나라 안에서도 지역에 따라 편차가 있지만, 실상은 조금 다르다. 대학원 학위를 취득하고 졸업하는 이들의 상당수는 수학이나 과학에 대한 기초적인 개념도 이해하지 못한 채 학교를 떠난다. 영국에서는 심지어 국회의원도 통계나 확률에 관한 기초적인 사항에 대해서도 틀리는 경우가 많다.[609] 왕립학회의 추산에 따르면, 영국은 수학 교육을 받은 사람을 나라 전체에서 필요한 수준의 3분의 1밖에 길러내지 못한다. 한편 지식의 부담(burden of knowledge) 효과가 점점 더 가중되는 가운데, 예일대학교에 재직하는 두 명의 연구자는 300만 개의 강의계획서를 분석한 결과를 바탕으로 '교육과 혁신 사이의 격차'를 설명했다. 그들은 많은 대학이 인류의 최전선에서 동떨어진 지점에서 학생을 가르친다고 말한다.[610]

우리의 형편없는 단기 기억력 때문에, 전통적인 강의에서 배운 내용 중에서 계속 남아 있는 것은 겨우 30퍼센트도 되지 않는다. 게다가 학생들은 커다란 그림을 보지 못하는 경우가 많으며, 다른 강의를 계속 들으면서 그들의 지식은 점점 더 파편화되고 해체된다. 21세기의 교육에서는 비판적 사고(critical thinking), 창의성(creativity), 협업(collaboration), 소통(communication), 이렇게 4C가 중요하다고 자주 이야기하는데, 거기까지는 아직도 가야 할 길이 많이 남아 있다.

다시 한번 살펴보자. 아마도 우리는 발견과 실험을 중심으로 커리큘럼을 재편할 수 있을 것이다. 이수 항목을 점검하는 것을 벗어나서, 상상력과 아이디어를 자유롭게 펼칠 수 있는 방향으로 나아갈 수 있을 것이다. 현재 전 세계의 모범이 된 핀란드의 성공 사례와, 영역을 가로지르는 사고 같은 교수법에 기반을 둔 그들의 교육 원칙을 보라. 일선 학교는 아마존 창업자인 제프 베이조스(Jeff Bezos), 구글 창업자인 래리 페이지(Larry Page)와 세르게이 브린(Sergey Brin), 위키피디아 창업자인 지미 웨일즈(Jimmy Wales) 등을 교육한 몬테소리 학교(Montessori Schools)에서 더욱 많은 통찰력을 얻어내야 한다.[611] 몬테소리 학교의 성공은 자기 주도적 학습과 친구에게서 배우는 학습의 가능성을 보여준다. 인도에서 수행한 연구에서는 학생이 컴퓨터로 프로그래밍을 하면서 아무런 도움 없이도 스스로 아주 효과적으로 학습할 수 있다는 점을 보여주었다. 친구에게서 배우는 방식의 힘은 대학 차원에서도 잘 적용될 수 있다.

노벨상 수상자인 칼 와이먼(Carl Weiman)은 자신이 가르치는 대학원생이 17년 동안이나 뛰어난 교육을 받았는데도 연구 프로젝트를 수행하는 방법을 모른다는 사실을 깨닫고는 충격을 받았다.[612] 그들에게 무슨 일이 있었을까? 그들은 서로 손을 잡지 않고 쩔쩔매며 질문을 던지기만 했다. 더욱 최악인 것은, 그들이 물리학 분야에서 학위를 갖고 있는데도 물리학이 무엇인지 정확하게 이해하지도 못한다는 것이다. 뭔가 잘못되고 있었다. 그래서 와이먼은 과학 교육 이니셔티브(SEI)라는 프로젝트를 만들었다. 단지 가만히 서서 사실을 전달하는 대신에, 와이먼은 과학 교육이 학생 스스로 탐구하고 학습할 수 있도록 도와주어야 한다고 생각했다. 이 프로젝트는 독자적인 사고를 장려했고, 학생이 적극적으로 퍼즐을 맞춰나갈 수 있도록 허용했다. 여기에서는 동료 교수법(peer instruction)*이 핵심이었다. 학생들은 서로 학습을 도와줄수록 더욱 적극적으로 되었고, 하나의 강좌에서 배우는 지식이 기존의 방식보다 세 배나 높았다. 학생들은 자신의 동료가 생각하는 방식을 파악한 다음, 그에 맞추어 자신이 가르치는 방식을 가다듬었다. 심리학적으로 그들은 정규 교수와는 다른 방식으로 서로에게 영향을 줄 준비가 되어 있었다.

이런 아이디어는 시작에 불과하다. 교사와 연구자는 네 살짜리 아

---

*   같이 배우는 친구나 동료끼리 서로 가르치고 배우는 교육 기법.

이든 성취도가 높은 학부생이든 관계없이 최고의 교육 방식이 무엇인지 밝혀내고자 한다. 아주 기초적이지만 어느 정도 개선 효과가 있는 것도 있다. 예를 들어, 만약 교사가 정답을 늦게 가르쳐줄수록 그것이 오히려 학습에 도움이 된다. 개인 교수법(tutoring)이나 직접 교수법(direct instruction)*, 완전 습득 학습(mastery learning)** 같은 기법은 누구에게든 학습에 도움이 될 수 있다.[613] 이러한 교육학적 여정에서 기술은 이제 겨우 시작 단계에 불과하다. 물론 코로나19 팬데믹으로 봉쇄조치가 내려지면서 크게 자극을 받은 것은 사실이다. 시뮬레이션, 장기 수행 과제, 급진적으로 개인화된 학습과 커리큘럼은 모두 차이를 만들어낼 수 있을 것이다. 교육에서 소프트웨어를 효율적으로 작동하게 만든다는 것은 까다로운 일이지만, 그것이 가능하다는 증거는 존재한다.[614]

MIT, 칭화대학, 임페리얼 칼리지 런던(Imperial College London), 옥스퍼드 마틴 스쿨(Oxford Martin School) 같은 대학은 전통적인 교과 과정을 좀 더 문제나 주제 위주의 접근방식으로 바꾸고 있다. 그들은 전통적인 교과의 구분을 없애면서, 좀 더 실제적이고 학제 간의 연구가 필요한 주제를 향해 접근하고 있다. 우리는 좀 더 군살이 없고, 신속하며, 응용에 초점을 맞춘 박사의 새로운 시대를 열어야 한다.

교육을 변화시킨다는 건 언제나 쉽지 않다. 와이먼의 시도는 좀 더 의미심장한 이야기로 마무리된다. 프로젝트 보조금이 바닥나자, 연

---

*   명시적인 방식으로 학생을 가르치는 교수법.

**   낙오되는 학생이 발생하지 않게 하려는 교육 방식.

구 동력이 멈춰버린 것이다. 그러한 일이 세대 차원에서 일어나지 않도록 해야 한다. 교육을 다시 학습해야 한다.

기타 시스템의 혁명

식민지 시대의 델리에서, 당국은 끔찍한 코브라가 많이 출몰하는 것을 우려했다. 어떻게 해야 할까? 코브라를 죽일 수 있는 사람에게 금전적인 보상을 제공하는 것이 현명해 보였다. 당국은 해결책을 아웃소싱해서, 모든 사람이 코브라를 사냥하게 했다. 그렇게 코브라 문제는 해결되어야 했다! 그러나 오히려 사람들이 보상금을 싹쓸이하려고 코브라를 무분별하게 번식시키는 일이 성행했다. 이와 비슷한 사건은 하노이에서 쥐를 박멸하려고 했을 때도 일어났다. 그리고 마오쩌둥 주석이 벌인 제사해운동(除四害運動)은 참새를 멸종시켜 오히려 해충의 수가 늘어났고, 이는 결국 부분적으로는 3년 대기근(三年大飢饉)으로 이어졌다. 이런 이야기는 왜곡된 인센티브가 의도하지 않은 결과를 일으킬 수 있는 아주 흥미로우면서도 보편적인 사례다.

아이디어의 역사는 의도하지 않은 결과로 점철되어 있다. 그런 뜻하지 않은 우연적인 순간과 사건을 먼저 살펴보자. 위대한 경제학자인 로버트 머튼(Robert Merton)은 뜻하지 않은 우연한 발견에 관해서도 연구를 했다. 그는 시간과 돈의 압박, 세계의 복잡성, 오류의 가능성 등이 어떻게 다층적이며 끊임없는 연쇄작용을 일으켜 의도하지 않은 결과를 일으키는지 연구했다.[615]

앞에서 살펴봤듯이, 거대한 아이디어와 관련한 사안에서는 복잡하지 않고 그저 '좋기만 한 것'은 없다. 무기와 전술에 대한 아이디어는 의학의 치료법이나 위대한 문학작품만큼이나 엄청난 것이다. 아이디어는 파괴적인 영향력을 미칠 수 있다. 해군력과 항해 기술이 아메리카 대륙의 원주민에게 미친 결과를 생각해보라. 또는 종교개혁이 거대한 혼란을 일으키는 씨앗이 되었다는 점을 떠올려보라. 비료가 있어서 전 세계를 먹여 살릴 수 있었고, 내연기관은 세계를 움직이게 만들었다. 비료와 내연기관이 자연에 피해를 일으키려는 의도를 가진 것은 아니었지만, 결과적으로는 그렇게 되었다.

어떤 생각이나 행동이 일으킬 수 있는 수많은 결과를 전부 다 헤아릴 수는 없다. 특히 그것이 완전히 새로운 것이라면 더욱 그렇다. 세계는 너무나도 복잡하기에, 어떤 것이 일으킬 수 있는 2차, 3차, 4차의 결과는 고사하고, 1차적인 결과조차 무엇이 될지 파악하기가 극도로 어렵다. 그렇다 하더라도 아이디어의 속도가 점점 더 빨라지는 세상에서 오직 좋은 결과만을 만들어내려고 의도하는 것은 잠재적으로 문제가 있다.

핵무기에서 녹고 있는 북극의 얼음에 이르기까지, 우리의 아이디어에는 점점 더 실존적인 위기가 겹쳐진다. 어떤 측면에서 보면, 이것은 모든 것에 영향을 미친다. 그것은 프레온 가스에서 소셜미디어에 이르기까지 거의 모든 것에서 이차적인 피해를 일으킬 수 있는 '위험 사회(risk society)'에 대한 것이다.[616] 인터넷이 흥미로운 이유는, 그것이 가능하게 해주는 창의적인 협업과 시민 저널리즘과 네트워크로 연결되는 과학 때문이었다. 그러나 인터넷은 곧바로 시간 때우기, 무의미한 복수심, 광고의 공간이 되었다가, 그다음에는 독점 자본주의와 정교하게 의도된 프로파간다를 실험하는 공간이 되었다. 인공지능이나 합성생물학 같은 기술과 함께, 그리고 고도로 산업화된 규모와 힘 덕분에, 거대한 아이디어는 이제 인류라는 종 차원에서의 실존적인 결과를 일으킬 수 있다. 이번에는 정말 다르다.

이렇게 결과가 걷잡을 수 없이 커지는 효과는 사회과학 분야에서도 발견된다. 카를 마르크스가 인류의 역사에서 '영웅사관(Great Man theory)'을 무시했지만, 그가 수많은 민족국가의 궤적을 바꾸어놓았다는 사실은 흥미로운 아이러니다. 빅토리아 시대 중반에 100년도 안되는 시간을 살았던 그가 대영박물관(British Museum)의 열람실에서 휘갈긴 글이 어떻게 수십억 명의 사람에게 영향을 끼쳤으며, 오늘날까지도 여전히 반향을 일으킨다는 사실을 생각하면 정신이 아찔해지기도 한다. 학자와 정책 전문가, 기업인이 모여서 만든 몽 페를랭 소사이어티(Mont Pelerin Society)라는 소규모 그룹은 1980년대 초반부터 국제사회를 지배하게 되는 신자유주의의 기틀을 마련했다. 간단히 말하면, 마르크스 진영과 신자유주의 세력에 대해서는 모두 많은 비판의 목소리가 있다. 요점은 바로, 어떤 사상이나 아이디어가 의도한 것이든, 그것이 얼마나 이로운 것이든, 얼마나 철저한 사고의 과정을 거친 것이든 관계없이, 세상은 그러한 아이디어에 취약하다는 것이다. 좋은 아이디어와 나쁜 아이디어는 모두 거세게 흘러넘쳐서 우리에게 떠넘겨진다.

과연 우리가 더 잘할 수 있을까? 나는 그렇다고 생각한다. 이는 우리가 아이디어를 생성해낼 수 있는 일련의 새로운 시스템과 규범, 메커니즘을 만들어내야 한다는 것이다. 아이디어를 차단하는 세상에서 아이디어가 빠르게 발전할 수 있는 시스템을 만들어야 한다. 동시에 대부분의 심각한 단점은 완화해야 한다. 지나친 규제와 관료주의에서 기업의 정실 자본주의(crony capitalism)에 이르는 거대한 장벽이 리스크를 가진 아이디어의 작동을 틀어막고 있다. 따라서 우리는 딜레마에 빠져 있다. 한편으로는 일이 그냥 진행되도록 내버려두는 것은 무모한 선택이 될 것이다. 다른 한편에서는, 우리가 그것을 지나칠 정도로 억누르고 있다.

이것은 21세기에 맞이하는 시스템적으로 거대한 도전이다. 이것은 범용 인공지능(AGI)을 구현하거나, 모든 것의 이론(Theory of Everything)*만큼이나 어려운 도전이다.

이에 대해서는 다양한 수준에서 대응할 수 있다. 첫째는 연구와 아이디어 도출에 대하여 윤리와 안전에 대한 관리 체계를 구축하는 것이다. 그 두 가지 체계는 모두 현재 인공지능 연구에서 주요한 주제가 되었는데, 그것은 마치 제임스 와트나 카를 벤츠에게 환경적인 측면을 고려해야 한다고 주장하는 것과 비슷하다고 할 수 있다. 그러나 윤리나 안전에 대해서는 아직도 해야 할 일이 너무나도 많이 남아 있다. 특히 그것의 초점이 좀처럼 일관적이지 않다는 점을 고려하면 더욱 그렇다. 일부 그룹에서는 심각하게 생각하는 반면, 다른 이들은 그렇지 않을 수도 있다. 앞으로 몇 년 동안, 우리는 생명과학에서 '이중적으로 사용할 우려가 있는 연구(DURC, dual use research of concern)'라고 부르는 사례를 더욱 많이 보게 될 텐데, 이는 원래의 목적을 벗어나

---

*   자연계의 네 가지 힘인 중력, 전자기력, 약력, 강력을 하나로 통합할 수 있는 궁극의 이론.

새로운 생물학 무기를 생산하기 위한 목적으로 전용될 수도 있는 생명공학 연구를 말하는 것이다. 그런 우려가 있는 연구는 초기에 식별해내서 해당 분야에서는 더욱 신중하게 논문을 출간하게 하고, 지식을 공유할 때도 특별하게 주의를 기울이게 될 것이다. 그 외에도 혁신을 가능하게 할 수 있다는 규제에 대한 의문이 제기되는데, 특히나 여전히 발견해낼 수 있는 엄청난 이득이 남아 있으며 점점 더 치열해지고 흥미로워지는 연구 분야에서 더욱 그렇다.[617] 리스크를 최소화할 수 있는 적절한 유형의 전략을 선택하는 것이 중요할 것이다.

우리에게는 이러한 일을 어떻게 할지 거대한 아이디어가 필요하다. 최고의 사상가들은 그러한 상황을 개선하기 위해 최선을 다할 것이다. 그렇게 한다면 지금의 세기를 대표할 수 있는 개념이 만들어질 수도 있을 것이다. 그러한 개념이 없다면, 우리 사회는 두려움 때문에 가능성의 문을 닫아버리면서 새로운 도구가 태어나는 걸 억압할 수도 있다. 더욱 안 좋은 상황이라면, 좋지 않은 결말을 위해 그러한 도구를 고의적으로 추구할 수도 있다.

그럼에도 낙관적으로 생각할 이유는 있다. 철학, 법률, 경제, 사회 정책 등에서는 강력하면서도 널리 확산된 기술의 급진적인 영향력과 힘겨루기를 하면서 새로운 세대의 아이디어가 생겨날 것이다. 그러한 아이디어가 도출되는 프로세스조차 독창적인 것이 될 수 있다. 예를 들면, 여러 국가가 모여 불확실하지만 엄청나게 강력한 기술과 관련하여 국제적인 합의에 이를 수 있는 진지한 논의의 메커니즘일 수도 있다. 인공지능에 어떤 가치를 부여하기 전에, 우리는 먼저 그러한 가치에 동의해야 할 것이다. 인류 전체를 대표하는 그러한 가치에 동의하는 것이 중요하다는 사실은 아무리 강조해도 지나치지 않다. 그러나 바로 그 이유로, 그러한 합의가 언제나 인류의 최전선에 자리하고 있는 것이다.

낮게 매달린 과일을 확실하게 찾을 수 있는 한 가지 분야는 바로 규제 및 정책 환경 부문이다. 해당 분야는 잠재적으로 많은 성취를 거둘 수 있다. 예를 들면, R&D 투자에 대한 세액공제(R&D 투자에 대한 세금이 10퍼센트 낮아지면, 장기적인 차원에서는 R&D 분야에 대한 투자가 최소한 10퍼센트 늘어날 것이다), 지식재산(IP) 체계의 급진적인 혁신, 학계 구조의 재편, 정부가 창의적인 연구에 자금을 지원하는 방식에 대한 점검 등이 있을 것이다.[618]

우리에게는 또한 더 나은 형태의 사회적인 회계 시스템이 필요하다.[619] 벤처투자가에게는 투입과 산출이 중요하다. 그들의 투자는 결국 돈이 들어가고 나오는 것이다. 이런 방식은 수많은 아이디어와는 어울리지 않는다. 예를 들면, 과학 연구는 막대한 금액의 자본이 필요하지만, 단지 금전적인 시각에서만 보면 그에 따른 성과는 절대로 이해할 수 없다. 자선활동이나 인류애적인 봉사활동도 마찬가지다. 따라서 우리가 거대한 아이디어를, 그것도 좋은 아이디어를 장려하고자 한다면, 좀 더 큰 그림에서 온갖 종류의 아이디어가 가진 다양한 측면을 고려할 수 있는 사회적 회계 시스템이 필요하다. 그러한 시스템은 더욱 다양한 측정 기준으로 사회 전체에 대한 더욱 넓은 차원에서의 기여도를 평가할 것이다.

마지막으로, 새롭거나 오히려 더욱 뛰어난 초국가적 시스템에 대한 영역이 있다.[620] 탄소 네거티브(carbon negative) 기술에서부터 대규모

멀티플레이어 온라인 게임에 이르는 다양한 아이디어는 모두 글로 벌한 것이다. 여기에서도 의도하지 않은 결과가 나올 수 있다. 세계가 새로운 강대국의 경쟁 시대로 진입하는 바로 이 시점에 우리는 유의미한 협업이 필요하다. 새로운 기술, 새로운 조직, 새로운 역량, 새로운 협력에 투자하는 사람은, 그것은 우리 모두가 될 수도 있는데, 그런 사람은 모두 이러한 부분에 대해 생각할 수 있으며, 반드시 생각해야 할 것이다.

이런 일을 제대로 해낸다면, 그것은 아이디어에 대한 거대한 자극제가 될 것이며, 우리에게는 새로운 실험을 할 수 있는 훨씬 더 커다란 자신감을 줄 것이다. 올바르게 이루어진다면 그것은 연구를 방해하는 것이 아니라, 오히려 거기에 필요한 사회적 공간과 제도적인 기반을 만들 것이다. 제대로 해낸다면, 우리는 확실한 미래를 보장할 수 있다. 그리고 이제 마지막으로 제안할 내용에 대한 기반도 마련할 수 있을 것이다.

더욱 대담해져라

주요한 발견을 이뤄낸 수많은 과학자가 동시에 음악가이자 작가이자 철학자이자 활동가이자 지식을 전달하는 사람이었다는 점을 주목해야 한다. 알베르트 아인슈타인, 리처드 파인먼, 베르너 하이젠베르크 같은 물리학자는 뛰어난 음악가이기도 했다. 마리 퀴리, 프리츠 하버(Fritz Haber), 에르빈 슈뢰딩거는 시를 썼다. 루이 파스퇴르와 조지프 리스터(Joseph Lister), 알렉산더 플레밍과 하워드 플로리, 도로시 호지킨 같은 생물학 및 의학 연구자는 예술가이기도 했다. 여기에 어떤 연관성이 있지 않을까?

20세기에 영국, 프랑스, 독일, 미국에서 나온 수백 가지 연구와 저명한 과학자를 연구한 J. 로저스 홀링스워스(J. Rogers Hollingsworth)는 한 가지 명확한 답변을 내놓았다. 그것은 바로 '인지 복잡도(cognitive complexity)*'라고 알려진 수치가 높을수록 중요한 발견을 해낼 가능성이 훨씬 더 높다는 것이다.[621] 과학자는 여러 가지 다양한 맥락과 배경과 분야를 내면화하고, 그것을 자신의 머릿속에서 동시에 품을 수 있으며, 모호하고 모순된 것도 편안하게 받아들인다. 그리고 다양한 관점에서 바라볼 수 있고, 다양한 범위에 걸쳐 복잡하게 빠져들 수 있는 사람이 가장 거대한 성취를 이뤄냈다.

연구자가 자기 분야에만 전문화되고 편안한 상황에만 머물러 있을수록, 이러한 종류의 선천적인 인지적 다양성(cognitive diversity)이 나오기는 더욱 어려워진다. 과학자가 예술이나 사상에도 조예가 깊다면 그것은 그들의 정신세계가 풍부한 다양성을 갖고 있음을 나타내며, 그러한 다양성은 과학적인 발견에서도 질적으로 전혀 다른 스타일로 이어지게 된다. 예를 들어 최고의 과학자는 여러 다양한 주제를 이리저리 오가는데, 그러한 변화는 놀라울 정도로 빠르게 이루어진다. 실제로 그런 과학자가 처음에 발표한 100편의 논문 가운데 주제가 바뀌는 경우는 43번이었다.[622] 어떤 분야를 깊게 파 들어가도록 장려되는 상황에서도, 우리는 그것을 더욱 넓게, 이해할 수 없는 영역

---

* 복잡도가 높은 것을 인지해낼 수 있는 능력.

까지 훨씬 더 넓게 혜엄을 치는 것이 중요하다. 이는 연구 프로젝트의 수준에서도 똑같이 적용할 수 있는 부분이다.[623] 그렇다. 가능성이 없을 것 같은 외부의 영역으로 더욱 멀리 나아갈수록, 그 프로젝트가 중요해질 가능성이 더욱 크다.

거대한 아이디어는 놀라운 것이다. 1865년까지 거슬러 올라가 미국의 특허 기록과 1,900만 편의 생체의학 관련 논문을 조사한 연구에 따르면, 연구의 맥락과 내용 모두에서 놀라움이 중요하다는 사실이 발견되었다. (맥락에서의 놀라움은, 예를 들면 이전의 연구와는 멀리 떨어진 저널에 연구 결과가 실리는 것이 있다.) 그러한 패턴은 모호하지 않고 명확하게 드러났다.

전반적으로 어떤 논문이나 특허가 중요한 것으로 판명될 가능성은 그 내용과 맥락의 참신함의 정도에 따라 증가했다. 참신한 논문이 '히트'할 가능성은 다섯 배가 더 높았다. 특이한 배경과 협업도 도움이 되었다. 다시 한번, 이러한 놀라운 요소가 차이를 만들어냈다. 그러나 더욱 중요한 것은 '지식의 탐험(knowledge expedition)'이다. 그것은 연구자가 자신의 고향과도 같은 영역을 벗어나서 새로운 분야와 주제의 영역을 탐험하는 것이다. 실제로 그러한 '탐험의 참신성'은 획기적인 발견이 이루어질 가능성에 대한 가장 강력한 예측변수로 떠올랐다. 가장 멀리 떨어진 분야로 도약할 준비가 되어 있는 과학자가 가장 커다란 영향력을 미쳤다.

다양한 분야에 걸쳐 1,790만 편의 과학 논문을 분석한 별도의 연구에서도 같은 결과를 보여주었다. 가장 영향력 있는 논문은 전통과의 연결고리도 있지만, 또한 그 내부에는 급진적으로 '이례적인 것'을 포함하고 있었다.[624] 특이한 지식과 기존의 맥락을 벗어난 정보와 기술이 더욱 존재감을 드러내는 경향이 있었다. 로버트 훅(Robert Hooke)에서 제너럴일렉트릭의 연구소에 이르기까지 과학계에서는 예상치 못한 행보의 역할이 중요한 주제가 되어왔음을 고려한다면, 이것은 전혀 새로운 사실이 아니다.[625] 그러나 신중한 계획과 미리 정의된 예상이 중요시되는 시대에는 그것이 사라져버렸다. 홈구장을 멀리 벗어나서 탐험하는 일은 더 이상 장려되지 않았다.

여기에서는 공통적인 실마리를 하나 발견할 수 있는데, 그것은 해당 문헌에서 몇 번이고 되풀이되어 나타났다. 그것은 바로, 사람들이 자신의 안락한 영역을 벗어날 때, 멀리 떨어진 세계와 연결될 때, 겉보기에는 이질적인 것을 조합하고 아무도 볼 수 없는 패턴을 발견할 때 거대한 아이디어가 형성된다는 것이었다.

거대한 아이디어를 위해서는 매우 이례적인 사고방식이 필요하다. 데이비드 엡스타인(David Epstein)은 그것을 '다양성(range)'이라고 부르는데, 주어진 영역과 범위를 뛰어넘고 그 사이를 오가는 것이다. 그것은 변화를 수용하는 것이며, 경계와 규칙을 무너트리고, 현실에 안주하려는 태도를 극도로 경계하는 것이다. 그것은 때로는 자랑스럽고 때로는 두렵기도 한 야심에 대한 것이다. 그것은 아무리 무작위적이라 하더라도 모든 가능성을 위해 활짝 열린 자세로, 스스로 모든 것을 새롭게 보도록 강제하는 것이다. 그리고 편협한 회의주의, 집단순응주의적 사고, 권위주의, 정해진 경계, 표준적인 관행과 전통에 저항하려는 수많은 노력이 이루어지고 있다. 그것은 우리가 발전과 진보의 속도가 더욱 느려질 운명에 처해 있다는 인식을 거부하는 것이다.

이 책에서 전하려는 메시지를 요약해 정리하면 다음과 같다.

일반적인 채널에서 벗어나라. 멀리까지 자유롭게 떠돌아다녀라. 불편하고 불확실하게 느껴지는 곳으로, 물이 더욱 깊은 지점으로 가라. 현실에 순응하지 마라. 될 것 같지 않은 일을 시도하라. 잘 되지 않을 경우에도 다시 시도하라.

그리고 더욱 많은 리스크를 감수하라.

이 책을 쓰면서 나는 수많은 분야를 가로질렀다. 각 분야에는 세상에서 가장 똑똑하며 가장 창의적인 사람이 가득했다. 그러나 어떤 하나의 세계관에 갇힌 채 특정한 학문의 영역에 깊이 파묻혀버리는 것은 놀라울 정도로 쉽게, 거의 필연적으로 일어나고 있었다. 최고의 경제학자는 다만 경제학자처럼 생각할 뿐이었다. 예술가는 예술가처럼 사고한다. 그들은 다른 동료에게서 관심받는 것에 많은 관심이 있었고, 예술가의 의식과 관행과 제도에 사로잡혀 있었고, 예술을 가르치고 퍼트리는 일에만 매진하고 있었다. 수많은 분야가 더욱 발전함에 따라, 그리하여 그들이 다른 분야에서 더욱 멀리 떨어짐에 따라, 그리고 그들이 다른 분야와 분리되어 내부로만 향하면서 스스로와만 대화하고, 예상치 못한 다양성의 에너지가 결핍되면서, 자신들끼리 인용을 하면서, 앞으로 나아가는 일은 더디게 진행되었다. 그러한 추세에 저항해야 한다.

무엇보다도 우리는 실패를 두려워해서는 안 된다. 그런 사고방식은 '실패하려면 빠르게 실패하라' 같은 격언에서 볼 수 있듯이, 실리콘밸리에서 언제나 외치는 신조 가운데 하나였다. 그런데 나는 사람들이 실패를 받아들이라고 말하는 것에 대해서는 대체로 회의적인 편이다. 그것은 보통 가장 부유하며 가장 성공한 사람이 우리와 같은 사람에게 실패는 괜찮다고 말하는 것이기 때문이다. 그것은 살아남은 자의 전형적인 편견이다. 반면에 현실 세계로 돌아가보면, 실패는 끔찍한 것이다. 우리에게는 끝없이 기회가 주어지지 않으며, 실패는 우리의 경력에 흠집을 내고 끝장을 내버릴 수도 있다. 심지어 가장 관대한 분야에서도, 실패는 우리에게 아픔을 준다. 그럼에도 실패는 중요한 것이다.[626] 시행착오는 우리가 인류의 최전선을 더욱 밀어내는 과정에서 옵션으로 선택할 수 있는 항목이 아니다. 개인이든, 조직이든, 정부든 간에, 획기적인 발전을 이룬다는 것은 실패를 과감하게 받아들인다는 것을 의미한다.

만약에 다른 사람에게 자금을 지원한다면, 어떤 사람은 그러한 지원에 대해 거의 20년 동안 아무런 성과를 내지 못할 수도 있다. mRNA 백신의 선구자는 학계와 산업계의 거친 황야에서 수십 년의 시간을 보냈다. 기금을 지원하는 이들과 학술 저널은 그들을 무시했고, 심지어 어떤 경우에는 '쓸데없는' 연구라고 폄하하기도 했다.[627] 그것은 진보의 대가다. 혁신에는 리스크가 있다. 천연두를 예방하는 관행을 영국에 처음으로 소개한 메리 워틀리 몬태규 부인(Lady Mary Wortley Montagu)은 그 치료법을 자신의 아들에게 가장 먼저 시험했다. 라이트 형제에게 아주 많은 영감을 준 오토 릴리엔탈은 자신이 만든 글라이더를 타다가 죽음을 맞이했다. 증기기관을 만지다 보면, 그것이 얼굴에 터질 수도 있다. 잘못된 책자에 잘못된 글을 실으면 감옥에 가거나 더욱 심한 일을 겪을 수도 있다.

그렇다고 해서 자신의 아이를 상대로 실험을 하거나, 건물에서 뛰어내리는 모험을 하라는 말은 아니다. 다만 그 정도로 헌신적인 수준에 가깝지 못하다고 느낀다면, 더욱 대담해져야 한다는 것이다. 우리 시대의 가장 힘겨운 도전과제를 해결하려면, 새로운 종류의 프로젝트를 만들어야 한다. 아이디어가 만들어지는 방법에 대해 가차없이 실험해야 한다. 배고픔을 감수하고, 이리저리 배회하며, 용기 있는 정신을 기를 수 있도록, 교육에 혁명을 일으켜야 한다. 리스크를 감수할 수 있는 제대로 된 기반을 수립하고, 그다음에는 실제로 리스크를 감수해야 한다. 현재 팬데믹과 불확실성의 격랑에 휩싸인 세계의 현실에 대해 가장 좋게 말한다면, 그것은 기존의 세상에 대해 야심차게 다시 생각해볼 수 있는 계기가 될 수 있다는 점이다. 침체될 위험성이 명확하다면, 그것은 오히려 활기찬 분위기를 되살리고 쇄신하고 다시 상상해보는 시간이 될 수 있다.

휴먼 프런티어(인류의 최전선)는 우리가 책임져야 한다. 장기적으로 그것은 어떤 평형상태나 일정한 증가세를 따라 조금씩 요동치지는 않을 것이다. 역사적인 평균치로 회귀하는 일도 없을 것이다. 그것의 방향은 아직 정해지지 않았다. 우리는 이 일을 제대로 해내야만 한다.

풀려난 패러다임

1960년대에 러시아 천문학자 니콜라이 카르다셰프(Nikolai Kardashev) 는 외계의 문명을 탐지할 수 있는 방법에 대해, 그들이 어떤 신호를 보낼지, 우리가 그것을 어떻게 해석해야 하는지 생각을 해보았다.[628] 그는 그러한 존재들이 특히 거의 모든 가능성에 따라 다르기는 하지만, 그래도 에너지를 이용할 것이라는 사실을 깨달았다. 그래서 그는 우주에서의 문명이 사용하는 에너지의 수준에 따라 등급을 매겨 카르다셰프 척도(Kardashev scale)를 만들었는데, 이는 가장 거대한 단위에서 아이디어의 한계를 측정해볼 수 있는 수단이 되었다.

　카르다셰프 척도에 따르면, 0유형의 문명은 지구처럼 행성(planet) 에 내리쬐는 에너지 가운데서 일부를 이용할 수 있는 문명을 말한다. 행성급 문명(planetary civilization)이라고 부르는 1유형은 하나의 행성에 내리쬐는 에너지를 모두 활용하고 저장하는 문명을 말한다. 그다음으로는 2유형의 항성급 문명(stellar civilisation)이 있는데, 이는 하나의 항성(fixed star)에서 나오는 에너지를 모두 활용하는 문명을 말한다. 그리고 그보다 훨씬 더 발전한 형태인 3유형의 은하급 문명(galactic civilization)은 어떤 은하계 전체의 에너지를 이용하는 문명을 말한다. 예전에 칼 세이건은 이 척도에 따라 우리의 문명을 0.7단계라고 추정했다. 물리학자인 미치오 가쿠(加来道雄)는 우리의 문명이 온전한 1유형이 되기까지 100~200년 남았다고 평가했다. 이것은 우리 인류에게는 하나의 중요한 분수령이 될 것이다.[629]

이 책의 중심적인 논지 가운데서 한 가지 긍정적인 버전이 일어난다고 가정해보자. 다시 말해, 인류가 차세대의 새로운 시스템을 구축하고, 규모를 키우며, 새로운 도구를 찾아내는 것이다. 그리고 우리는 지난 몇 세기 동안 목격한 눈부신 궤적의 흐름을 이어가서, 거대한 아이디어는 소멸하지 않고 오히려 더욱 속도를 높이는 것이다. 카르다셰프 척도를 간단하게 적용하면, 우리가 어디로 향하는지 생각하는 데 도움이 된다. 그래서 이제부터는 한 가지 추측을 해보자. 조금은 재미도 있을 것이다.

1유형 아이디어 (머지않아 가능한 수준)

상온 초전도체(room-temperature superconductor)*에서 원자 크기의 트랜지스터에 이르기까지, 새로운 기술이 등장해 변화를 주도하게 된다. 거

---

*   영하 230℃ 이하의 극저온에서 발생하는 초전도 현상을 일상의 온도에서 일으키는 물질.

대한 침체는 오래전에 지나간 일이다. 새로운 혁신적 시스템이 수없이 등장해, 우리는 양자의 어드밴티지(quantum advantage)*를 완전히 달성하고, 놀라운 능력을 가진 머신러닝(ML) 기술을 활용하게 된다. 생물학적 컴퓨터와 화학적 컴퓨터는 컴퓨팅의 방식 자체를 재정의할 것이다. 손에 만져질 정도로 완전한 감각이 구현된 증강현실(AR)과 가상현실(VR)은 마침내 임계질량(critical mass)에 도달해 일상생활의 여러 측면이 될 것이며, 우리가 매일 마주하는 현실의 경험을 영원히 바꿀 것이다. 인공지능(AI)의 도움으로 지식의 부담(burden of knowledge) 현상은 무효화될 것이다.

완전히 개인화된 진료와 원격의료가 저렴한 비용으로 가능해지며, 이룸의 법칙(Eroom's Law)은 물론이고 거의 대부분의 질병이 단숨에 사라질 것이다. 이는 파스퇴르 이후 의학 분야에서 거둔 최대의 변화일 것이다. 이는 당연히 암과 치매에 대한 치료법을 찾았음을 의미한다. 자동 백신 프로그램이 개발되어 팬데믹에 대한 대응 방식은 크게 바뀔 것이다.

로봇공학과 로켓기술, 자기조립(self-assembly) 시스템이 엄청나게 발전한 덕분에, 우리는 화성에 가서 영구적인 정착지를 구축할 것이다. 그리고 실험실에서 제조한 고기에서 유전자 변형으로 만든 플라스틱을 먹어치우는 물질에 이르기까지, 공기직접포집(DAC)** 기술에

---

* 　양자 컴퓨터가 기존의 슈퍼컴퓨터의 성능을 능가하는 상태인 양자의 우위(quantum supremacy)보다 더욱 우월한 상태.

** 　공기 중에서 이산화탄소를 직접 포집하는 기술.

이르기까지, 우주에 있는 태양에너지를 이용하는 기술에 이르기까지, 기술이 발전하면서 우리는 기후변화에 대하여 대대적인 반격에 나설 것이다. 말하자면 우리의 해결책은 결코 고갈되지 않을 것이다.

다른 수많은 분야에서도 혁명이 일어날 것이다. 새로운 도구는 기초과학의 속도를 다시금 높여서, 연구자는 우주의 본질을 이해하는 데 한가운데 자리하고 있는 암흑물질과 암흑에너지에 대한 심오한 미스터리를 풀어낼 수 있을 것이다. 그리고 암흑물질과 암흑에너지를 연결해주는 작용을 한다고 가정한 '암흑력(dark force)'을 발견할 수도 있을 것이다.

우리는 컴퓨터 게임으로 만든 셰익스피어, VR로 구현한 베토벤, DNA를 통해 다시 만나는 J. K. 롤링(J. K. Rowling) 등 차원이 다르면서도 완전히 새로운 대중예술을 경험하게 될 것이다. 완전히 새로운 장르의 예술과 새로운 매체가 등장할 여지가 있다. 아마도 우리는 언젠가 가장 인기 있는 TV 프로그램의 시청 횟수와 맞먹는 수준의 설치미술 작품을 보게 될 수도 있다. 새로운 형태의 위대한 미국 소설(Great American Novel)*이 선보일 것이다.

최초의 포스트휴먼(posthuman)**이 그들만의 독특한 문화를 개발하면서, 철학에서는 트랜스휴머니즘(transhumanism)***이 나타날 가능성에 대비하여 새로운 개념의 생명윤리를 만들어낼 것이다. 학교와 대

---

* 　미국의 정수를 정확하게 포착해낸 기념비적인 소설을 일컫는 표현.

** 　로봇기술이 발전하면서 나타날 것이라고 추정하는 새로운 인류.

*** 　과학기술을 이용하여 인간의 몸과 정신을 개선할 수 있다는 생각.

학과 저널에서 아주 오랫동안 획일화되어 있던 과목 범주가 해체되고, 흥미롭고 생산적인 새로운 형태로 융해되면서, 거대하면서도 풍부한 분야에서 실험적인 철학이 꽃을 피울 것이다. 지식과 전통의 영역에서는 거대한 재조합과 교차수분(cross-pollination)이 일어날 것이다. 이는 인간의 행동방식에 대한 완전한 이론과 인류 문화의 기원에 대해서도 더욱 완벽한 해석을 이끌어낼 수 있을 것이다.

경제학에서는 여러 차례에 걸쳐 패러다임의 변화가 일어나고, 아마도 생물학의 발전과도 긴밀하게 협업하면서, 마침내 신고전주의 경제학의 틀을 버리고 더욱 정교한 형태에 이를 수 있을 것이다. 예측하지 못한 충격을 견뎌내면서 성장할 수 있는, 진정으로 회복력을 갖춘 경제와 사회를 구축하는 방법에 대한 새로운 이론이 생겨날 것이다.

더 이상은 현실에 안주하지 않을 것이다. 발명 및 혁신의 과정과 집단지성의 프로세스에 대해서는 더욱 강도 높은 연구가 진행될 것이고, 각 분야별로 돌파구가 필요한 문제를 해결하고 가장 완전한 형태에 가까운 설명을 도출해낼 수 있을 것이다. 거대한 컨버전스를 계기로, 점점 더 규모를 키워가면서 성장하게 될 것이다. 차세대의 컴퓨터와 혁신적인 경제 모델을 활용해 사회의 발전을 통계적인 방식으로 예측하는 역사동역학(cliodynamics)이라는 새로운 과학이 빠르게 성장할 것이다. 결국 그것은 마치 일기예보처럼 사용될 것이다. 기업과 대학은 생소한 형태로 진화해서, 이제는 수억 명에 달하는 사람이 자급자족적이고 자체적인 체계를 갖춘 하이브리드 형태의 창의적인 연구 집단에서 종사하게 될 것이다.

인가 도시(charter city)라는 것이 아마도 바다 위나 우주 궤도를 떠다닐 수도 있는데, 이러한 도시는 정치적인 실험의 온상이 될 것이고, 더욱 새롭고 독자적인 정치구성체를 만들어낼 것이다. 이처럼 자유롭고 새로운 소규모 국가는 이러한 혁신의 수많은 부분에서 중심지의 역할을 할 것이고, 그들 스스로는 민족국가의 탄생 이후로 국가의 의미에 대하여 가장 거대한 실험의 장이 될 것이다.

지구의 궤도 주변에 쏘아 올린 거대한 태양광 패널 덕분에 점점 더 많은 태양 에너지를 수집하여 우리는 결국 1유형의 문명에 도달하게 될 것이다. 그 이후의 구체적인 상황은 현재로서는 희미한 안개 속이라고 할 수 있다.

2유형 아이디어 (중기적으로 기능한 수준)

항성급 문명에서는 마침내 모든 결핍이 사라진 사회가 나타나고, 경제적, 사회적, 정치적으로 새로운 영역이 생겨나 그것을 중심으로 법률과 사회과학의 틀이 전면적으로 재편될 것이다. 경제의 낡은 관념은 불필요해질 것이다. 좌파나 우파 같은 정치적인 사상은 이제 현재적으로는 아무런 의미가 없는 오래된 유물이 될 것이고, 그 대신에 새로운 반대 세력이 발달할 것이다. 초국가적인 정교한 의사결정 시스템이 주요한 모든 사안을 처리할 것이다. 특히 새롭게 만들어진 다양한 기술과 전 지구적으로 함께 추진하는 거대한 프로젝트 같은 문제를 다룰 것이다. 이러한 시스템의 중심에는 새로운 도덕적 원칙과 기존의 이데올로기를 벗어난 새로운 규약이 만들어져서 기독교, 이슬람교, 불교와 영향력 면에서는 거의 동일하지만 기존의 종교적인 관념을 벗어난 도덕 체계가 형성될 것이다.

과학 연구는 또 한 번 놀라운 도약을 할 것이다. 인간의 것이 아닌 지능의 본질과 그것의 경험 등을 포함하여 의식의 수수께끼가 풀릴 것이다. 과거에는 초자연적인 현상이라고 부르던 것의 실체가 드러날 것이다. 만물에는 의식적인 요소가 포함되어 있다는 범심론(汎心論, panpsychism)은 점점 더 진지하게 받아들여져서, 결국엔 실험적으로 입증될 것이다.

그와 관련해서 외계 지적생명탐사(SETI) 프로젝트는 마침내 돌파구를 마련할 것이다. 우주생물학자는 심지어 이렇게 멀리 떨어진 존재가 어떤 모습인지 추측할 수 있을 것이다. 지구 생명체의 기원에 대한 확실한 근거가 수립될 것이다.

아직까지는 거대하게 통합된 모든 것의 이론(Theory of Everything)을 찾아내지는 못했겠지만(그래도 저런 표현이 더 이상은 유행하지 않을 것이다), 양자중력(quantum gravity)*에 대한 이론은 물리학 분야에 더욱 근본적인 분야를 열어줄 것이다. 그래서 양자역학이 뉴턴의 물리학에 그랬듯이, 이러한 새로운 물리학도 양자역학의 위치를 차지할 것이다. 그렇다고 해서 끈 이론(string theory)이 옳다는 증거는 되지 않을 것이다!

이 모든 것은 기술의 추가적인 진화를 뒷받침할 것이다. 핵융합 전력이 모든 곳에 보급될 것이며, 소형화된 형태도 등장할 것이다. 화성의 정착지는 이 붉은 행성을 마치 지구처럼 사람이 거주할 수 있는

---

*   양자 단위에서 작용하는 중력.

환경으로 만들 것이며, 세레스(Ceres) 소행성에 있는 채굴 기지는 토성에 있는 타이탄(Titan) 위성의 정착지 건설을 도와줄 것이다. 그리고 반물질 엔진(antimatter engine)*, 라이트 세일(light sail)**, 램제트 핵융합 엔진(ramjet fusion engine)***, 나노십(nanoship)**** 등 소위 말하는 5차 기술 파동이 시작될 것이다. 로봇공학 기술이 한층 더 정교한 수준으로 성장해서 우주공간에 방대하면서도 섬세한 거대한 구조물을 구축하는 동안, 나노 기술은 현실 세계를 쉽게 변형할 수 있는 창의적인 플랫폼으로 바꾸고 있을 것이다. 그러나 더욱 중요한 것은 처음으로 완전하게 작동하는 폰 노이만 탐사선(Von Neumann probe)이 등장한다는 사실이다. 이 탐사선은 은하로 발사되어 스스로 자기복제를 하는 로봇으로, 끊임없이 자기증식을 하면서 결국엔 우주 전역으로 무수히 뻗어나가는 개체군을 형성할 것이다. 완전한 형태의 2유형 문명은 결국엔 태양 주위에 다이슨 구(Dyson sphere)를 구축하고 그 에너지를 모두 수집함으로써 실현될 것이다.

다시 지구로 돌아와보면, 뇌 전체를 에뮬레이션(emulation)할 수 있게 되면서 새로운 엠(em) 문명의 시대가 열릴 것이다. 범용 인공지능(AGI)이 마침내 실현되고 지능의 폭발이 일어나면, 또 한 차례 모든 것이 바뀔 것이다.

---

* 　　반물질(antimatter)로 추진력을 얻는 우주선의 엔진.
** 　　우주선에서 돛의 역할을 하는 태양광 패널.
*** 　　핵융합으로 추진되는 램제트(ramjet) 타입의 우주선 엔진.
**** 　　레이저빔으로 추진력을 얻는 우주선.

3유형 아이디어 (장기적으로가능한수준)

이 정도가 되면 아이디어는 점점 더 희미하게 변한다. 그것은 마치 아주 멀리 떨어진 별을 바라볼 때, 그 별빛이 아른거리고 흐릿해지고 희미하게 보이는 것과 같다.

초지능은 빛보다 빠르게 우주를 여행하는 방법을 터득했을 것이다. 인간이 거주할 수 있는 행성을 위한 씨앗이라고 할 수 있는 '창조하는 기기(genesis device)' 덕분에 우주공간에서 거주 가능한 환경을 만드는 일은 거의 자동화될 것이다. 태양계 밖에 있는 수많은 행성은 우리 후손의 놀이터가 될 것이다. 거기에서 벌어질 창의적인 행위나 정치적인 일을 추측하기는 어렵지만, 그들이 생각하는 아이디어도 거의 어마어마한 규모일 것이다. 예를 들면, 그들이 만드는 예술작품의 규모는 심지어 태양계나 은하계 크기가 될 수도 있다. 에너지는 가히 상상할 수 없을 정도로 이용된다. 아마 암흑에너지도 이용될 것이며, 음(-)의 에너지를 생성하거나 플랑크 에너지(Planck energy)*에 접근할 수도 있을 것이다.

정신이 아찔할 정도의 아이디어는 일상적인 일이 될 것이다. 모든 지식은 통합될 것이다. 종교나 형이상학적인 질문은 한때 과학이라고 부르던 것과 융합될 것이다. 신학적인 것과 물질적인 것은 마침내 하나로 이어질 것이다. 그런데 우리는 과연 수많은 빅뱅이 있었으며 이전의 우주와 평행의 우주가 무한히 존재한다고 말하는 다중우주

---

* 블랙홀의 에너지에 맞먹을 정도로 어마어마하게 거대한 에너지.

에 대한 질문에 해답을 찾게 될까? 우리는 완전히 다른 물리학의 법칙을 갖게 될까? 그러한 법칙은 어떻게 작동하는 것일까? 우리가 그러한 법칙 사이를 이동하면서 그들을 모두 활용할 수 있을까? 어쩌면 우주라는 것이 머나먼 곳에 존재하는 서버에서 실행되는 시뮬레이션 프로그램에 불과하다는 사실이 드러날 수도 있다. 그리고 이러한 추론을 통해 그러한 시뮬레이션의 코드를 풀어내고 우주의 법칙 그 자체를 다시 작성하는 법을 배울 수도 있다. 그렇게 된다면 아이디어의 역설은 마침내 진정으로 해소될 것이다. 추정에 따르면 그렇다는 것이며, 당연히 추정에 불과할 수밖에 없다. 이 정도가 되면 우리의 보잘것없고 흐리멍덩한 두뇌로 상상할 수 있는 수준을 훨씬 더넘어서게 될 것이다.

• • •

이와 같은 상상은 0.7유형의 문명 단계인 현재의 최전선에서 가까운 미래와 먼 미래에 대하여 예상해볼 수 있는 것이다. 그리고 그것은 실제로 거대한 아이디어이며, '인간'의 영역을 훨씬 더 뛰어넘는 것이다. 만약 우리가 이런 길을 가게 된다면, 휴먼 프런티어(인류의 최전선)가 가진 궁극적인 운명은 넘어설 수 없는 문턱이 아니라 그 자체로 역사의 유물이 되는 것이라고 할 수 있다.

어쩌면 우리가 이러한 개요를 간략하게나마 그려볼 수 있다는 바로 그 사실만으로도 낙관적으로 되어야 할 또 하나의 이유가 될 것이다. 아이디어의 모험과 최전선에서의 거대한 프로젝트는 아직 끝나지 않았다. 그리고 이를 통해 다른 사실도 부각될 수 있다. 만약 우리가 0.7문명에 불과한 21세기의 관점으로 머나먼 미래에 일어날 모든 가능성까지 철저하게 조사할 수 있다면, 오히려 그것이 이상하다는 점이다. 오히려 우리에게는 맹점이 있고, 우리가 상상할 수 없는 수많은 가능성이 열려 있다는 점에 안도해야 한다. 그러한 생각은 너무 급진적이고 낯설어서, 말 그대로 그것에 대해 논의한다는 것을 상상하기가 쉽지 않다. 가장 거대한 아이디어는 진정으로 우리를 놀라게 하는 아이디어다.

아이디어가 그렇게 할 수 있다면, 우리의 미래는 밝다. 인류의 최전선이 기다리고 있다.

이 책은 내가 이전에 펴낸 《큐레이션(Curation)》의 초고를 완성한 직후인 6년 전에 시작되었다. 나는 이 책이 이렇게 오래 걸리거나, 이렇게나 많이 바뀌거나, 이토록 폭넓은 범위를 다루게 될 것이라고는 예상하지 못했다. 아마도 그렇게 예상하지 않은 게 다행이다!

많은 사람이, 정말 많은 분이 수없이 많은 방식으로 이 과정에 참여했다. 나 스스로도 책을 직접 출간하는 일을 하는 사람으로서, 어떤 책을 한 권 출간하기 위해 팀 단위의 노력이 얼마나 많이 소요되는지 아주 잘 알고 있지만, 이번에는 그 어떤 책보다도 더욱 많은 노력이 들어갔다.

나의 뛰어난 에이전트인 소피 램버트(Sophie Lambert)가 아주 중요한 역할을 했다. 초기에 작성한 수많은 제안서는 정중하게 거절되기를 반복하다가, 그녀의 생각에 마침내 본격적으로 진행해도 될 듯한 형태를 갖게 되었다. 그리고 나의 편집자인 팀 와이팅(Tim Whiting)이 새로운 아이디어를 위주로 출간하는 브릿지 스트리트 프레스(Bridge Street Press)라는 임프린트(imprint)를 만들었다는 이야기를 들었을 때, 나는 그 즉시 그가 이 책에 관심을 가질 것이라는 희망을 품었다. 다행히 실제로 그는 관심을 보였고, 제목과 부제를 짓는 것에서부터 전반적인 접근방식에 이르기까지 이 책의 틀을 만드는 데 놀라운 일들을 해주었다. 그들의 도움이 없었다면 이와 같은 프로젝트는 가능하지 않았을 것이다.

원고를 수없이 고쳐준 홀리 할리(Holly Harley)와 편집 과정에서 많은 것을 지도해준 조이 걸런(Zoe Gullen), 훌륭한 작업으로 이 책을 훨씬 더 좋게 만들어준 교열편집자 스티브 고브(Steve Gove), 그리고 이런 모든 일을 가능하게 해준 리틀, 브라운(Little, Brown)의 모든 구성원에게 감사드린다.

또한 캐나다와 미국에서 이 책을 출간하기로 한 결정과 그들이 보여준 환상적인 일처리에 대해 앤-마리 보노(Anne-Marie Bono)와 그녀의 MIT 프레스(MIT Press) 팀원에게도 감사드린다. 그리고 스페인어판 출간을 위해 힘써주었으며 몇 년 동안 나를 성심껏 지원해준 멕시코의 로치오 마르티네스 벨라스케스(Rocio Martinez Velazquez)를 비롯하여 폰도 데 쿨투라 에코노미카(Fondo de Cultura Economica)에게도 감사드린다.

이와 같은 프로젝트를 추진하면서 가장 좋았던 측면의 하나라면 세계에서 가장 흥미롭고 독창적인 수많은 사상가와 이야기를 나눌 수 있는 특권을 얻었다는 점이다. 그들은 믿을 수 없을 정도로 친절

했다. 초기 단계에서 전반적인 이야기를 나눈 것에 대해, 커피를 마시며 특정한 주제에 대해 이야기를 나눈 것에 대해, 팬데믹이 닥쳤을 때도 내가 보내는 성가신 이메일에 답변을 해준 것에 대해, 추가적인 읽을거리로 PDF 파일이나 참고 목록을 보내준 것에 대해 다음의 분들에게 감사드린다.

감사한 분들 : 유언 에디(Euan Adie), 아짐 아자르(Azeem Azhar), 코트니 바일스(Courtney Biles), 프랜시스 케이슨(Francis Casson), 크리샨 차드하(Krishan Chadha), 센 차이(Sen Chai), 벤 체임벌레인(Ben Chamberlain), 톰 챗필드(Tom Chatfield), 해리 클리프(Harry Cliff), 맷 클리포드(Matt Clifford), 대니얼 크루(Daniel Crewe), 리 크로닌(Lee Cronin), 파이엘 다스(Payel Das), 대니 돌링(Danny Dorling), 에릭 드렉슬러(Eric Drexler), 프레드릭 에릭슨(Fredrik Erixon), 제러미 파라(Jeremy Farrar), 이어슨 가브리엘(Iason Gabriel), 이언 골딘(Ian Goldin), 로버트 J. 고든(Robert J. Gordon), 너무나도 그리운 고(故) 데이비드 그레이버(David Graeber), 알렉세이 구제이(Alexey Guzey), 앤턴 하우즈(Anton Howes), 윌리엄 아이삭(William Isaac), 매튜 조커스(Matthew Jockers), 벤저민 F. 존스(Benjamin F. Jones), 리처드 A. L. 존스(Richard A. L. Jones), 빅토리아 크라코브나(Victoria Krakovna), 로먼 크르즈나릭(Roman Krznaric), 프랑수아 라퐁(François Lafond), 제임스 르 파누(James Le Fanu), 조엘 모키르(Joel Mokyr), 제프 멀건(Geoff Mulgan), 미코 파칼렌(Mikko Packalen), 카를로타 페레스(Carlota Perez), 마크 피싱(Mark Piesing), 벤저민 라인하르트(Benjamin Reinhardt), 맷 리들리(Matt Ridley), 잭 스캐널(Jack Scannell), 베라 셰퍼(Vera Schafer), 벤 사우스우드(Ben Southwood), 피터 왓슨(Peter Watson), 마이클 웹(Michael Webb).

혹시 내가 빠트린 이름이 있다면, 미리 사과드린다. 이 책의 초고를 읽고 조언을 해주었으며 많은 이야기를 나눠준 앤서니 블레이크(Anthony Blake), 제임스 블록(James Bullock), 앵거스 필립스(Angus Phillips), 대니얼 슬레이터(Daniel Slater), 무스타파 슐레이만(Mustafa Suleyman), 조지 워클리(George Walkley)에게 특별히 감사드린다. 이 책에 있는 모든 오류는 전적으로 나의 책임이며, 독자들도 어쩌면 그런 실수를 발견할 수 있을 거라고 생각한다.

나의 전작과 비교했을 때, 나는 이 책에서 다루는 내용이 수많은 블로그와 뉴스레터와 팟캐스트 등에서 논의되고 있음을 잘 알고 있다. 그중에서도 이 책을 쓰면서 특히나 많은 도움을 받은 것은 〈발명의 시대(Age of Invention)〉, 〈타일러와의 대화(Conversations with Tyler)〉, 〈기하급수적인 시각(Exponential View)〉, 〈아이디어 기계(Ideas Machines)〉, 〈부차적인 혁명(Marginal Revolution)〉, 〈내러티브(Narratives)〉, 〈태양 아래 새로운 것들(New Things Under the Sun)〉, 〈닌틸(Nintil)〉, 〈노아피니언(Noahpinion)〉, 〈급진적인 과학(Radical Science)〉, 〈정치를 말하다(Talking Politics)〉, 〈8만 시간 팟캐스트(The 80,000 Hours Podcast)〉, 〈틈새의 생각들(Thoughts in Between)〉 등이 있다.

그리고 신이 도와주셨는지, 나에게는 트위터(Twitter)가 있었다. 또한 급성장하는 여정을 걷고 있는 나의 스타트업인 카넬로(Canelo)의 모든 동료에게 감사드리며, 특히 어떤 경우에도 끊임없는 지원을 아끼지 않은 공동창업자 이언 밀러(Iain Millar)와 닉 바레토(Nick Barreto)에게 감사의 말을 전한다. 그리고 딥마인드(DeepMind)로 나를 초대해준 무스타파를 비롯한 팀원들에게도 감사드린다.

마지막으로, 가장 커다란 감사의 말은 언제나 나의 아내인 대니엘(Danielle)에게 전하고 싶다. 특히 이 책이 나오기까지 오랜 기간 동안, 한 명도 아닌 두 명의 아이가 태어났다는 점에서 더욱 그렇다. 이 책은 그 두 아이에게 헌정한다. (이 책이 나오기까지 그렇게 오래 걸린 이유이기도 할 것이다.) 당신에게는 모든 점에서 고마움을 전한다.

몇 년 전, 덴마크 코펜하겐에 있는 닐스보어연구소(Niels Bohr Institutet)를 찾아간 적이 있다. 마침 코펜하겐으로 출장을 갈 일이 있었는데, 나는 마치 유명한 관광지라도 찾아가는 것처럼 일부러 시간을 내서 그 연구소로 향했다. 그럴만한 가치가 충분히 존재하고도 남는 장소이기 때문이었다. 특히 역자처럼 물리학 키드인 사람에게는 말이다. 이 책의 저자인 마이클 바스카(Michael Bhaskar)는 합스부르크 왕국 말기의 비엔나를 두고 극한의 창의력이 넘쳐나는 도시라고 소개한다. 그리고 역자인 나는 20세기 초의 코펜하겐이 물리학의 역사상 가장 눈부신 상상력과 창의력으로 넘쳐났던 도시라고 생각한다. 그러한 창의력의 중심부에 있던 곳이 바로 닐스보어연구소였다.

이 책의 저자는 조너선 휴브너(Jonathan Huebner)의 논문을 인용하여 인류 역사에서 혁신이 절정에 달했던 시기가 1873년이라고 말한다.

그리고 1867년부터 1916년 사이에 새로운 세상이 태어나며 '20세기가 창조'되었다는 바츨라프 스밀(Vaclav Smil)의 말을 소개한다. 실제로 물리학 분야에서 가장 위대한 업적이라고 할 수 있는 연구나 발견은 대부분 19세기 후반부터 20세기 초반에 나왔다고 해도 과언이 아니다. 당시에는 제임스 클러크 맥스웰(James Clerk Maxwell)이 전기와 자기에 대한 이론을 통합했고, 알베르트 아인슈타인(Albert Einstein)은 상대성 이론으로 뉴턴의 고전역학 체계를 뒤집어 놓았으며, 베르너 하이젠베르크(Werner Heisenberg)는 현대물리학의 양대 산맥이라고 할 수 있는 양자역학의 기반을 닦아놓았다.

그런데 그 이후에 전개된 물리학의 역사를 따라가다 보면 조금은 맥이 풀리는 기분이 든다. 19세기 후반부터 20세기 초반까지 불과 수십 년 동안에 전자기학과 상대성 이론과 양자역학이 태어났다는 사실을 고려하면, 그 이후에는 훨씬 더 어마어마한 발견을 통해 세상을 깜짝 놀라게 했어야 한다는 기대를 할 수밖에 없기 때문이다. 그러나 우리 인류는 20세기의 눈부신 성장을 목격했고 21세기의 최첨단 문명을 갖게 되었지만, 나는 과연 물리학이 그러한 물질적인 성장에 비견할 만큼 놀라운 발전을 이뤄냈는지는 늘 의구심을 품고 있었다. 물리학은 확실히 휴먼 프런티어(인류의 최전선)에 멈추어 서 있는 것처럼 보였다. 그것은 돌파구가 필요한 문제였다. 한때 끈 이론(string theory)이 그러한 돌파구가 될 수 있을지도 모른다는 기대를 안겨주었지만, 이 책의 에필로그에서 저자도 밝혔듯이 끈이론이 옳은 것으로 입증되기는 쉽지 않을 것이다.

이 책은 어찌 보면 사소할 수도 있는 이러한 궁금증에서 시작하여 흥미진진한 상상의 나래를 펼치고 결국엔 은하와 우주의 너머에까지 이르는 거대한 지적인 여정이라고 할 수 있다. 이 책을 따라서 우리는 저자와 함께 과학과 기술, 예술과 문화, 정치와 사회, 산업과 비즈니스의 역사를 되돌아보고, 현재에 우리 인류가 서 있는 지평선이 어디인지 다시 한번 둘러보게 되며, 우리가 수천 년 동안 발전시켜온 문명이 과연 어디로 향할지 생각해보게 된다. 그러나 저자가 이런 거대한 담론에 대하여 명쾌한 해결책이나 답변을 제시해주는 것은 아니다. 다만 그는 방대한 영역에 대한 관심과 거의 모든 분야에서 전문가적인 수준에 이르는 통찰력, 그리고 좋은 글을 쓰기 위한 저자로서의 집요함과 성실함으로 우리에게 여러 가지 생각할 거리와 질문을 던진다.

이 책을 번역하면서 역자가 가장 많이 떠올린 사람은 바로 베르너 하이젠베르크다. 젊은 하이젠베르크는 닐스보어연구소에 머물면서 자신의 이론을 발전시켰다. 그러나 독일인인 그는 제2차 세계대전에서 나치의 원자폭탄 개발 프로젝트에 동원되었다. 이 때문에 과학사의 흐름을 바꿀 정도로 뛰어난 업적을 남긴 천재 물리학자는 전후에 영국의 MI6에서 조사를 받았다. 참고로 그는 나치의 프로젝트에 비협조적이었던 것으로 밝혀지며 나중에 풀려나 독일로 돌아갔다. 코펜하겐의 닐스보어연구소와 하이젠베르크와 양자역학과 제2차 세계대전은 이 책의 주요한 논지를 압축해 보여주는 하나의 메타포일지도 모른다는 생각이 든다.

인류가 어떻게 마음을 먹느냐에 따라 우리는 기후위기를 비롯한 수많은 문제를 현명하게 극복하고 더욱 찬란한 문명을 건설할 수도 있을 것이다. 아니면 이 책에서 잠시 언급한 영화 〈매드 맥스〉 같은 디스토피아를 맞이할 수도 있을 것이다. 진지한 성찰과 숙의가 필요한 시점이다.

2022년 가을
강릉 초당에서
전리오

1   지오반니 디 파스쿠알레, 《시라쿠사의 아르키메데스》, 2018, 14페이지

2   같은 책, 29페이지

3   이러한 최전선들은 분명히 그 특성이 매우 다르다. 지식의 최전선에 대해서는 미학의 최전선보다는 좀 더 쉽게 합의할 수 있다. 그러나 미학의 최전선에 대해 말하면, 비록 우리가 예술에서 수많은 서로 다른 최전선이 가진 다양한 특성과 그 체계를 잘 파악하고 있어야 하지만, 새로운 미디어와 스타일 형식이 우리가 경험할 수 있는 가능성의 저변을 유사한 방식으로 확대하는 것으로 볼 수 있다.

4   허먼 칸, 앤서니 J. 위너, 《2000년, 향후 33년의 추정을 위한 프레임워크》(1967)

5   앨런 그린스펀, 에이드리언 울드리지, 《미국 자본주의의 역사》(2018), 35페이지

6   같은 책

7   데이비드 그레이버, 《하찮은 일자리, 그 이론》(2018), 105페이지

8   로스 다우덧, 《퇴폐 사회: 우리는 어쩌다 우리가 이룩한 성공의 희생물이 되었는가》(2020)

9   조엘 모키르, 〈혁신의 과거와 미래: 경제사에서 배울 수 있는 몇 가지 교훈〉(2018)

10 디어드리 낸슨 매클로스키, 《부르주아적 평등: 자본이나 제도가 아니라, 어떻게 아이디어가 세상을 계몽시켰는가》(2017)

11 같은 책, xiii페이지

12 이러한 현상의 기저에 있는 좀 더 심층적인 심리적 요인에 대해서는 허먼 칸, 앤서니 J. 위너, 《2000년, 향후 33년의 추정을 위한 프레임워크》(1967)와 조지프 헨릭, 《세상에서 가장 이상한 사람들: 서양은 어떻게 심리적으로 특이하며 특별히 번영할 수 있었는가》(2020)를 참조하라.

13 앤턴 하우즈, 〈개선의 확산: 1547~1851년 사이에 영국에서는 왜 혁신이 가속화되었나〉(2017)

14 마거릿 C. 제이콥, 《최초의 지식경제: 1750~1850년의 인적 자본과 유럽 경제》(2014)

15 조엘 모키르, 《성장의 문화: 현대 경제의 기원》(2017)

16 대부분의 학자가 어느 하나의 입장을 선택하는 경우가 많지만, 조엘 모키르가 일생을 바쳐 연구한 내용에서 알 수 있듯이, 현실은 언제나 겉으로 보이는 것보다 훨씬 더 복잡하다.

17 이러한 표현을 제안해준 것과 관련하여, 딥마인드(DeepMind)의 연구기술자인 대니얼 슬레이터(Daniel Slater)에게 감사드린다.

18 이러한 아이디어의 모델에 대한 사례는 J. 로저스 홀링스워스의 〈고도의 인지복잡도와 주요한 과학적 발견의 생성〉(2007)을 참조하라.

19 토머스 S. 쿤,《과학혁명의 구조》(2012), xliii페이지

20 같은 책, 174페이지

21 같은 책, 85페이지

22 같은 책, 207페이지

23 스티븐 제이 굴드,《단속 평형이론》(2007), 3페이지

24 그는 이 개념을 다른 분야에 그대로 적용하기보다는 '상동성(homology)'을 탐구하고자 했지만, 일부 제한된 조건에서만 가능했다. 같은 책, 266페이지.

25 조엘 모키르(Joel Mokyr), 〈2차 산업혁명, 1870~1914〉(1999)

26 클레이튼 M. 크리스텐슨,《혁신기업의 딜레마: 새로운 기술이 위대한 기업을 실패하게 만드는 경우》(2013), 카를로타 페레스,《기술혁명과 금융자본: 거품시기 황금기의 역학관계》(2002) 참조. 좀 더 국부적인 차원에 대해서는, 루이스 갈람보스(Louis Galambos)가 말하는 '결정적 혁신(formative innovation)'이나 클레이튼 크리스텐슨이 말하는 '파괴적 혁신(disruptive innovation)'을 참조하라.

27 사피 바칼,《룬샷: 전쟁, 질병, 불황의 위기를 승리로 이끄는 설계의 힘》(2019)

28 피터 틸,《제로 투 원: 스탠퍼드대학교 스타트업 최고 명강의》(2014)

29 브라이언 T. 켈리 외, 〈장기적인 차원에서의 기술적 혁신에 대한 평가〉(2020)

30 기술을 활용한 다른 기법의 사례를 보고 싶다면 미코 파칼렌과 제이 바타차리아의 〈특허에서의 언어: 발명에서 연구에 투입되는 요소와 혁신성의 가치〉(2012) 또는 러셀 펑크와 제이슨 오웬-스미스의 〈기술적 변화의 동적 네트워크 측정〉(2017)을 참조하라.

31 과학에서 범주를 나누는 것에 대한 사례는 미코 파칼렌과 제이 바타차리아의 〈국립보건원의 자금 지원과 첨단과학의 추구〉(2020)와 같은 논문을 참조하라.

32 매튜 L. 조커스,《거시분석: 디지털 기법 및 문학의 역사》(2013) 또는 프랑코 모레티,《멀리서 읽기》(2013) 참조.

33 조지프 헨릭, 〈혁신으로 강화되는 제도의 진화〉(2009)

34 데이비드 엡스타인,《늦깎이 천재들의 비밀: 전문화된 세상에서 늦깎이 제너럴리스

트가 성공하는 이유》(2019)

35 기술의 결합(technology brokering)이라는 개념에 대해서는 앤드루 하가돈의 《획기적
    인 사건은 어떻게 일어나는가: 기업들이 혁신하는 방법에 대한 놀라운 진실》(2003)
    을, 또는 재조합형 혁신(recombinant innovation)에 대해서는 맷 리들리의 《혁신의 작
    동 원리》(2020)를 참조하라. 창의성에서 재조합의 중요한 역할에 대해서는 하워드 가
    드너(Howard Gardner) 같은 창의성 전문가의 연구를 참조하라.

36 아서 쾨슬러, 《창조 행위》(1970)

37 이에 대한 훨씬 더 자세한 사례는 다음의 문헌을 참조하라. 스티븐 존슨(Steven
    Johnson)의 《탁월한 아이디어는 어디서 오는가: 700년 역사에서 찾은 7가지 혁신 키
    워드》(2011), 28~29페이지; 아서 쾨슬러, 《창조 행위》(1970), 119페이지; 조지프 헨릭, 〈혁
    신으로 강화되는 제도의 진화〉(2009).

38 제임스 르 파누, 《현대의학의 거의 모든 역사》(2011); 조지프 헨릭, 〈혁신으로 강화되
    는 제도의 진화〉(2009)

39 과학, 기술, 심지어 인문학과 정치학에서도 우연한 발견이 얼마나 중요했는지에 대한
    더욱 많은 사례는 로버트 K. 머튼과 엘리노어 바버의 《우연한 발견의 여행과 모험》
    (2003)을 참조하라.

40 더 많은 사례는 스티븐 존슨의 《탁월한 아이디어는 어디서 오는가: 700년 역사에서
    찾은 7가지 혁신 키워드》(2011) 또는 조지프 헨릭의 〈혁신으로 강화되는 제도의 진
    화〉(2009)를 참조하라.

41 로버트 K. 머튼, 〈과학적 발견의 단항과 배수: 과학사회학의 한 장〉(1961)

42 맷 리들리, 《혁신의 작동 원리》(2020), 119페이지

43 미카엘 비카르트(Michael Bikard)는 '아이디어 쌍둥이(idea twins)'라는 데이터베이스
    를 만들었는데, 여기에는 모두 10,927개의 항목이 있다. 좀 더 일반적인 배경에 대해
    서는 말콤 글래드웰(Malcolm Gladwell)의 〈허공에서, 누가 위대한 아이디어를 드물다
    고 말하는가?〉(2008)를 참조하라.

44 재레드 다이아몬드, 《문명의 붕괴: 과거의 위대했던 문명은 왜 몰락했는가》(2005)

45 바버라 터크먼, 《바보들의 행진: 3천 년을 이어온 오만한 통치자들의 역사》(1985)

46 조엘 모키르, 〈위대한 아이디어: 기술의 용에 올라타기〉(2014)

47 필립 E. 테틀록, 댄 가드너, 《슈퍼 예측, 그들은 어떻게 미래를 보았는가》(2015)

48 존 케이, 머빈 킹, 《급진적 불확실성》(2020)

49 아서 쾨슬러, 《창조 행위》(1970), 112페이지

50 백신 접종의 기본 원리인 접종(inoculation)법은 이미 훨씬 오래전부터 알려져 있었다.

51 켄달 A. 스미스, 〈루이 파스퇴르: 면역학의 아버지〉(2012)

52 제임스 르 파누,《현대의학의 거의 모든 역사》(2011), 14페이지

53 시머스 오메이허니,《의학은 치유될 수 있는가? 어느 전문 직종의 타락》(2019), 7페이지

54 아프가니스탄이나 파키스탄 같은 곳에서는 여전히 소아마비가 발생하지만, 다른 곳에서는 거의 완전히 사라졌다.

55 제임스 르 파누,《현대의학의 거의 모든 역사》(2011), 353페이지

56 로버트 J. 고든,《미국의 성장은 끝났는가: 경제 혁명 100년의 회고와 인공지능 시대의 전망》(2016), 124페이지

57 같은 책, 216페이지

58 같은 책, 228페이지

59 같은 책, 209페이지

60 영국 통계청 (2015)

61 같은 자료

62 이러한 수치들은 널리 알려졌으며 많은 논의를 거쳐온 자료다. 맥스 로저의 〈미국의 기대수명은 왜 다른 선진국보다 낮을까?〉(2020)를 참조하라.

63 더 자세한 내용은 알렉스 테리언의 〈영국의 기대수명이 '사상 처음으로 멈추다'〉(2018)를 참조하라.

64 잭 W. 스캐널 외, 〈의약품 연구개발의 감소세 진단〉(2012)

65 같은 책

66 프레드릭 에릭손, 비요른 바이겔,《혁신의 환상: 그토록 힘들게 그렇게나 많은 시간을 연구하는 것에 비해서 만들어지는 것은 왜 이토록 적은가》(2016), 142페이지

67 제임스 르 파누,《현대의학의 거의 모든 역사》(2011), 283페이지

68 같은 책

69 시머스 오메이허니,《의학은 치유될 수 있는가? 어느 전문 직종의 타락》(2019), 11페이지

70 잭 W. 스캐널과의 대화, 2019년 4월 5일

71 제임스 르 파누,《현대의학의 거의 모든 역사》(2011), 6페이지

72 킹스펀드, 〈NHS의 예산 및 그 변화 양상〉(2020)

73 잭 W. 스캐널 외, 〈의약품 연구개발의 감소세 진단〉(2012)

74 스티븐 핑커,《지금 다시 계몽: 이성, 과학, 휴머니즘, 그리고 진보를 말하다》(2019), 333페이지

75 영국 암 연구소, 〈세계 암 통계〉(2019)

76 시머스 오메이허니,《의학은 치유될 수 있는가? 어느 전문 직종의 타락》(2019), 145페

이지

77   찰스 그레이버,《암 치료의 혁신, 면역항암제가 온다》(2018), 5페이지

78   데이비드 매컬로의 《라이트 형제: 전설의 배후에 숨어 있는 극적인 이야기》(2015)와 개빈 웨이트먼의 《유레카: 발명은 어떻게 이뤄지는가》(2015)의 서술을 참고했다. 그리고 라이트 형제에 대한 자세한 사항에 대해서도 두 권의 책을 참조하라.

79   앨런 그린스펀, 에이드리언 울드리지, 《미국 자본주의의 역사》(2018), 53페이지

80   같은 책, 55페이지

81   같은 책, 96페이지

82   바츨라프 스밀, 《숫자는 어떻게 진실을 말하는가: 넘겨짚지 않고 현실을 직시하는 71가지 통찰》(2020), 181~184페이지

83   조엘 모키르, 〈2차 산업혁명, 1870~1914〉(1999)

84   실제로 라이트 형제의 업적에 중요한 영감을 준 획기적인 아이디어였다.

85   앨런 그린스펀, 에이드리언 울드리지, 《미국 자본주의의 역사》(2018), 263페이지

86   로버트 J. 고든, 《미국의 성장은 끝났는가: 경제 혁명 100년의 회고와 인공지능 시대의 전망》(2016)의 2장에 자세히 설명되어 있다.

87   필립 코건, 《더: 1만 년에 걸친 세계 경제의 발전》(2020), 328페이지

88   바츨라프 스밀, 《숫자는 어떻게 진실을 말하는가: 넘겨짚지 않고 현실을 직시하는 71가지 통찰》(2020), 183페이지

89   모든 측면에서 더 나아진 것은 아니다. 실제로 현대식 자동차의 무게 대비 적재량 비율은 예전의 차량보다 더 나쁜 수준이다.

90   에너지, 농업, 건축, 제조업 등 다른 분야도 유사한 체계의 돌파구의 문제점이 있다. 과학, 문화, 비즈니스 성장 분야도 마찬가지인데, 이에 대해서는 차례대로 살펴볼 것이다.

91   바실 메이헌, 《모든 것을 바꾼 사람: 전기와 자기의 신비를 풀어낸 위대한 과학자 제임스 맥스웰의 생애와 업적》(2004), 163페이지. 이후에 나오는 맥스웰에 대한 설명도 주로 같은 책을 참고했다.

92   같은 책, 65페이지

93   조너선 휴브너, 〈전 세계적인 혁신에서의 가능한 감소 추세〉(2005)

94   인류 문명의 발전에 대해서는 브라이언 번치(Bryan Bunch)와 알렉산더 헬레만스(Alexander Hellemans)의 《과학과 기술의 역사(The History of Science and Technology)》에 대략적으로 설명되어 있다.

95   조너선 휴브너, 〈전 세계적인 혁신에서의 가능한 감소 추세〉(2005)

96   얀 페이흐, 《미국의 기술적 도전: 21세기의 정체 및 쇠퇴》(2011). 그리고 다음의 위키백

과 항목도 참조하라. https://en.wikipedia.org/wiki/Timeline_of_historic_inventions

97 휴브너 이외에 이런 추세를 수치적인 분석으로 보여준 연구가 페이흐만 있었던 것도 아니다. 좀 더 종합적인 조사에 대해서는 타일러 카우언과 벤 사우스우드의 〈과학적 진보의 속도가 늦춰지고 있는가?〉(2019)를 참조하기 바라는데, 그들에 따르면 어떤 분야에서든 혁신의 추세를 장기적으로 살펴보면 비슷한 패턴이 나타난다고 한다.

98 바츨라프 스밀, 《20세기의 형성: 1867~1916년의 기술 혁신과 그것의 지속적인 영향》 (2005)

99 같은 책, 그리고 조엘 모키르의 〈2차 산업혁명, 1870~1914〉(1999)

100 앨런 그린스펀, 에이드리언 울드리지, 《미국 자본주의의 역사》(2018), 132~133페이지

101 같은 책

102 바츨라프 스밀, 《숫자는 어떻게 진실을 말하는가: 넘겨짚지 않고 현실을 직시하는 71 가지 통찰》(2020), 《20세기의 형성: 1867~1916년의 기술 혁신과 그것의 지속적인 영향》(2005)

103 조엘 모키르, 〈2차 산업혁명, 1870~1914〉(1999). 참고로 모키르는 이 책에서 논의하는 다른 사상가에 비해 위대한 아이디어의 미래에 대해 훨씬 더 낙관하는 사람이라는 것을 언급해둘 필요가 있다.

104 바츨라프 스밀, 《20세기의 형성: 1867~1916년의 기술 혁신과 그것의 지속적인 영향》 (2005)

105 로버트 J. 고든의 《미국의 성장은 끝났는가: 경제 혁명 100년의 회고와 인공지능 시대의 전망》(2016), 타일러 카우언과 벤 사우스우드의 〈과학적 진보의 속도가 늦춰지고 있는가?〉(2019) 등을 참조하라.

106 디트리히 볼래스, 《성장의 종말: 정점에 다다른 세계 경제, 어떻게 돌파할 것인가》 (2020)

107 로버트 J. 고든의 《미국의 성장은 끝났는가: 경제 혁명 100년의 회고와 인공지능 시대의 전망》(2016), 2페이지; 디트리히 볼래스, 〈생산성의 성장세는 언제 둔화되었는가?〉(2020b); 타일러 카우언과 벤 사우스우드의 〈과학적 진보의 속도가 늦춰지고 있는가?〉(2019)를 보면, 침체에 대한 논쟁에서 총요소생산성(TFP)을 핵심적인 논거로 취급하는 것에 대한 많은 비판을 다루고 있다.

108 타일러 카우언, 벤 사우스우드, 〈과학적 진보의 속도가 늦춰지고 있는가?〉(2019)

109 같은 책

110 이에 대한 사례는 특히 디트리히 볼래스의 《성장의 종말: 정점에 다다른 세계 경제, 어떻게 돌파할 것인가》(2020a)에서 확인할 수 있다. 그러나 그의 주장이 침체 효과 역시 강하게 나타나는 것으로 보인다는 사실과 모순되는 것은 아니다.

111 브라이언 T. 켈리 외, 〈장기적인 차원에서의 기술적 혁신에 대한 평가〉(2020)

112 로버트 J. 고든의 《미국의 성장은 끝났는가: 경제 혁명 100년의 회고와 인공지능 시대의 전망》(2016), 566페이지

113 마틴 울프, 〈기술적 침체에 대하여〉(2019)

114 톰 사이머나이트의 〈1970년대에 머물러 있는 기술〉(2014)에서 재인용. 혁신과 정체에 대한 피터 틸의 좀 더 자세한 생각에 대해서는 르네 슈의 〈페이팔 공동창업자 및 철학자인 피터 틸, '실리콘밸리 수장들이 스스로 동조화되었다'〉(2019)를 참조하라.

115 이에 대해서는 많은 논의가 있지만, 나는 이런 논쟁을 본격화한 것이 벤저민 F. 존스 (Benjamin F. Jones) 덕분이라고 생각한다.

116 이에 대한 논의는 아비지트 V. 바네르지와 에스테르 뒤플로의 《힘든 시대를 위한 좋은 경제학》(2019) 187페이지 참조. 디지털이 왜 그런 차이가 있는지에 대한 더 폭넓은 논의는 타일러 카우언, 벤 사우스우드, 〈과학적 진보의 속도가 늦춰지고 있는가?〉(2019)도 참조하라.

117 예를 들면 로버트 콜빌의 《위대한 가속: 세계는 어떻게 점점 더 빨라지는가》(2017)가 있고, 그 외에도 이런 비슷한 주장을 펴는 글은 수없이 많이 찾을 수 있다.

118 에너지가 문명에 미친 영향에 대해서는 바츨라프 스밀의 《에너지란 무엇인가: 석유 가스 전기 소비자를 위한 교양서》(2017)를 참조하라.

119 J. 스토어스 홀, 《하늘을 나는 차는 어디에 있는가? 미래에 대한 과거의 기억》(2018)

120 물론 인류의 최전선에서는 재생에너지로의 전환이 이루어지기는 하지만, 이러한 노력 때문에 사용 가능한 에너지가 30배나 증가할 것으로 보였던 헨리 애덤스 곡선이 꺾인 것은 아니다. 이 곡선이 평탄해진 이유와 미래에 어떻게 변할지에 대한 좀 더 자세한 내용은 J. 스토어스 홀, 《하늘을 나는 차는 어디에 있는가? 미래에 대한 과거의 기억》(2018)을 참조하라.

121 대니 돌링, 《슬로다운: 대가속 시대의 종말, 더 좋은 미래의 시작》(2020)

122 '혁명이 아닌 경직의 시대'라는 표현은 피터 왓슨(Peter Watson)과 대화를 나누던 도중 나온 것인데, 이는 노아 스미스의 〈스트라이프의 공동창업자이자 CEO인 패트릭 콜리슨과 한 인터뷰〉(2021)에 등장하는 표현이다.

123 이 문제에 대해서는 상당한 논쟁이 존재한다. 일부에서는 3차 산업혁명의 결과가 아직까지도 지연된 상태이며, 완전히 드러난 것은 아니라고 주장한다. 또 어떤 이들은 그러한 결과의 많은 부분이 예를 들면 GDP 같은 수치로는 포착해낼 수 없다고 말하는데, 그로 인한 효과의 상당 부분은 무형적인 것이기 때문이라고 말한다. 후자의 경우는 나름의 설득력이 있기는 하지만, 그래도 분명한 것은 이에 대해서는 논의가 필요하다는 점이다. 그리고 그렇게 주장하는 것보다는 2차 산업혁명의 결실이 사회의 모든 것을 변혁시키지는 않았다고 주장하는 것이 더욱 힘들 수도 있을 것이다.

124 데이비드 워시, 《지식경제학 미스터리: 경제성장의 숨겨진 힘, 지식의 기원과 부의 비밀》(2007)

125 같은 책, xxii페이지

126 린다 유, 《위대한 경제학자들: 그들의 아이디어는 오늘날 우리에게 어떻게 도움이 되는가》(2018), 266페이지

127 로버트 M. 솔로, 〈경제성장 이론에 대한 기여〉(1956)

128 지식과 수익 증가 사이의 연관성을 밝혀낸 것에 대해서는 경제학의 오랜 지적 혈통 가운데에서도 위대한 경제학자인 케네스 애로(Kenneth Arrow)의 공로를 인정해야 할 것이다.

129 폴 M. 로머, 〈내생적 기술 변화〉(1990)

130 앨런 그린스펀, 에이드리언 울드리지, 《미국 자본주의의 역사》(2018), 361페이지

131 찰스 I. 존스, 〈폴 로머: 아이디어, 비경합성, 그리고 내생적 성장〉(2019)

132 찰스 I. 존스, 〈경제성장에 대한 R&D 기반 모델〉(1995)

133 같은 논문

134 비슷한 분석에 대해서는 크리스토퍼 A. 레인츠와 피에트로 F. 페레토의 〈내생적 성장 이론에서 규모의 영향: 특정화의 오류가 아닌 응집의 오류〉(2006)도 참조하라.

135 찰스 I. 존스, 〈아이디어의 세계에서 찾아본 미국 경제성장의 원천〉(2002); 타일러 카우언, 《거대한 침체: 고성장 시대의 환상은 깨졌다 저성장 시대를 준비하라》(2011), 18페이지. 성장이론에 대한 문헌 및 모델은 여기에서 서술하는 것보다 훨씬 더 복잡하며 정교하다. 관련 사례들은 다음의 링크를 참조하라. https://bcec.edu.au/publications/the-decades-long-dispute-over-scale-effects-in-the-theory-of-economic-growth

136 니컬러스 블룸 외, 〈아이디어를 찾아내기가 점점 더 힘들어지는가?〉(2020)

137 같은 논문. 앞에서 제시하는 수치는 특별한 언급이 없는 한 모두 이 논문에서 인용한 것이다.

138 같은 논문

139 대표적인 사례는 메이 웡의 〈여러 학자가 위대한 아이디어를 찾아내기가 점점 더 어려워진다고 말한다〉(2017)를 참조하라.

140 니컬러스 블룸 외, 〈아이디어를 찾아내기가 점점 더 힘들어지는가?〉(2020)

141 타일러 카우언, 《거대한 침체: 고성장 시대의 환상은 깨졌다 저성장 시대를 준비하라》(2011)

142 같은 책, 14~15페이지. 이 수치는 카우언이 2004년의 달러 가치로 계산한 것이다.

143 이런 생각을 비롯하여 여러 가지 제안을 해준 미코 파칼렌에게 감사드린다.

144 프레드릭 에릭슨과 비요른 바이겔의 《혁신의 환상: 그토록 힘들게 그렇게나 많은 시간을 연구하는 것에 비해서 만들어지는 것은 왜 이토록 적은가》(2016)와 같은 사례를 참조하라. 물론 유럽에서의 혁신은 독일 경제의 핵심을 이루는 중소기업들을 말하는 미텔슈탄트(Mittelstand) 같은 중소기업에 집중되어 있다고 주장할 수도 있다. 하지만 그렇다면 유럽은 대체 왜 (구글이나 애플 같은) 혁신적인 거대 기업을 만들어내지 못했는가라는 의문이 제기된다. 이것은 거대한 아이디어의 실행과 관련된 또 다른 문제다.

145 프레드릭 에릭슨, 비요른 바이겔, 《혁신의 환상: 그토록 힘들게 그렇게나 많은 시간을 연구하는 것에 비해서 만들어지는 것은 왜 이토록 적은가》(2016), 11페이지

146 앨런 그린스펀, 에이드리언 울드리지, 《미국 자본주의의 역사》(2018), 395페이지

147 빔 나우데, 〈서양에서 기업가 활동과 혁신의 놀라운 하락〉(2019)

148 타일러 카우언, 《현실에 안주하는 계급: 아메리칸드림에 대한 자멸적인 탐구》(2018a), 6페이지

149 같은 책, 73페이지. 그러나 이런 주장이 널리 받아들여지는 것은 아니며, 기술회사의 창업이 기록적인 수준이라고 말하는 사람도 많이 있다.

150 예를 들어 알렉시스 C. 마드리갈의 〈실리콘밸리가 온 세상이 그들을 부러워하게 만들었던 특유의 문화를 저버리고 있다〉(2020)를 참조하라.

151 라이언 데커 외, 〈미국 내 일자리 창출과 경제 활성화에서 기업가 정신의 역할〉(2014)

152 제이 샘보 외, 《경쟁 및 역동성의 현황: 집중, 스타트업, 관련 정책에 대한 진실》(2018). 실제로 이들 기업은 수십 년의 시간을 거치면서 시장점유율을 높이는 경향을 보였다.

153 프레드릭 에릭슨, 비요른 바이겔, 《혁신의 환상: 그토록 힘들게 그렇게나 많은 시간을 연구하는 것에 비해서 만들어지는 것은 왜 이토록 적은가》(2016), 192페이지

154 디트리히 볼래스, 《성장의 종말: 정점에 다다른 세계 경제, 어떻게 돌파할 것인가》(2020a), 144페이지

155 우푸크 아프치기트, 시나 T. 아테스, 〈미국 비즈니스의 역동성에 무슨 일이 일어났는가?〉(2019)

156 앨런 그린스펀, 에이드리언 울드리지, 《미국 자본주의의 역사》(2018), 396페이지

157 프랑수아 라퐁, 대니얼 킴, 〈미국 특허분류 체계의 장기적인 역동성〉(2017)

158 질리언 무어, 《봄의 제전: 근대성의 음악》(2019), 15페이지

159 같은 책, 107페이지

160 같은 책, 121페이지

161 플로리안 일리스의 《1913년 세기의 여름》(2013) 121페이지에서 재인용. 1913년에 대한 정보는 대부분 일리스의 책을 참고했다.

162 같은 책, 247페이지

163 팀 잉엄, 〈매일 하루에만 거의 4만 곡의 노래가 스포티파이에 추가되고 있다〉(2019)

164 커트 앤더슨, 〈당신은 변화를 말하는가?〉(2011)

165 로스 다우덧이 이러한 현상을 만들어내는 활기찬 문화와 퇴폐적인 문화를 구분해놓은 목록에 대해서는 그의 책 《퇴폐 사회: 우리는 어쩌다 우리가 이룩한 성공의 희생물이 되었는가》(2020) 112페이지를 참조하라.

166 크리스 캠벨, 패트릭 매서린, 〈할리우드의 '속편 중독'〉(2020)

167 김경희, 〈창의성의 위기: 더욱 악화되고 있다〉(2017)

168 펠리페 페르난데스 아르메스토, 《제정신이 아닌: 우리가 생각하는 것과 그러한 생각에 이르게 된 경위》(2019), 331페이지

169 같은 책, 341페이지

170 피터 왓슨, 《근대정신: 20세기의 지성사》(2001)

171 예를 들면, 슬로모 잔드의 《프랑스 지성의 종말: 에밀 졸라에서 미셸 우엘베크까지》(2018)를 참조하라.

172 데이비드 그레이버, 《관료제 유토피아: 정부, 기업, 대학, 일상에 만연한 제도와 규제에 관하여》(2016), 134페이지. 특히 사회 이론과 문화 이론에 대해서 그레이버만 이렇게 생각하는 것은 아니다. 테리 이글턴(Terry Eagleton)은 《이론의 이후》(2003)에서 "문화 이론의 황금기는 오래전에 지나갔다"고 썼다. 한편 어느 경제학자의 말에 따르면, 사회과학은 '느린 진전'을 보이기는 하지만, '심리학, 사회학, 경제학, 정치학'에서는 최근에 획기적인 성과가 거의 없다고 한다. 이에 대해서는 맷 클랜시의 〈사회과학을 괴롭히는 것은 무엇인가〉(2020b) 참조.

173 아그네스 콜라드, 〈출간과 소멸〉(2020)

174 피터 버크, 《박학다식한 사람들: 레오나르도 다빈치에서 수전 손태그에 이르기까지 문화의 역사》(2020), 246페이지. 해당 목록에서 1950년대에 태어난 사람으로는 주디스 버틀러(Judith Butler), 대니얼 레비틴(Daniel Levitin), 로버트 새폴스키(Robert Sapolsky)가 있다. 이러한 수치는 이전의 수십 년에 비추어보면 상당히 저조하며, 이전의 몇 세기에는 비교할 수도 없는 수준이다.

175 프랜시스 후쿠야마, 《역사의 종말》(1992). 여기에서 후쿠야마가 말하는 심리적인 만족이란 기능적인 것을 의미한다. 곧 자유민주주의가 다른 정치체계 형태는 해내지 못하는 방식으로 인간의 핵심적인 욕구를 인지할 수 있을 것인가라는 질문이다.

176 폴 콜리어, 《자본주의의 미래: 새로운 불안에 맞서다》(2018)

177 여기에 포함될 만한 다른 유력한 아이디어로는 인가 도시(charter city)도 있다.

178 이에 대해서 더 자세한 내용과 '사회적 상상력'이 필요한 분야에서의 아이디어가 부족한 현상에 대해서는 제프 멀건(Geoff Mulgan)의 연구를 참조하라.

179 물론 일부에서는 과연 이것이 좋은지 의문을 가질 수도 있지만, 그럼에도 현재의 정부는 대규모로 실현된 참신한 의제와 야심이 반영되어 있다.

180 여기에서 소개하는 과학에 대한 비판은 딱히 최근의 사례만 있는 것은 아니다. 일례로 존 R. 플래트의 〈강력한 간섭〉(1964)을 참조하라.

181 댄 새러위츠, 〈과학 구하기〉(2016)

182 자세한 예는 에드워드 O. 윌슨의 《창의성의 기원》(2017) 192페이지를 참조하라.

183 에스더 랜드하우스, 〈과학 문헌: 정보의 과부하〉(2016)

184 같은 논문

185 미하엘 구센바우어, 〈구글 스칼라는 모든 학자를 전부 검색하고 있는가? 12개의 학술 검색엔진과 참고문헌 데이터베이스의 비교〉(2019)

186 같은 논문

187 새뮤얼 아브스맨, 《진실의 반감기: 왜 우리가 알고 있는 모든 것에는 유통기한이 있는가》(2012)

188 산드로 포르투나토 외, 〈과학의 과학〉(2018)

189 패트릭 콜리슨, 마이클 닐슨, 〈과학은 들이는 비용에 비해서 크게 성공할 확률이 점점 더 낮아지고 있다〉(2018)

190 같은 논문

191 존 호건, 《과학의 종말: 과학시대의 황혼 속에서 지식의 한계를 직면하기》(2015)

192 산드로 포르투나토 외, 〈과학의 과학〉(2018)

193 스미리티 말라파티, 〈논문 저자의 수가 급증하고 있다〉(2018); 달미트 싱 차울라, 〈엄청난 수의 공동저자들: 글로벌 프로젝트로 인해 저자의 수가 1,000명에 달하는 논문이 급증하고 있다〉(2019)

194 다슌 왕, 제임스 A. 에반스, 〈과학과 기술에서 대규모 팀은 개발을 하고, 소규모 팀은 파괴적 혁신을 한다〉(2019)

195 타일러 카우언, 벤 사우스우드, 〈과학적 진보의 속도가 늦춰지고 있는가?〉(2019)

196 샐리 록키, 〈연령 및 노동력에 대한 더 자세한 데이터〉(2015)

197 임레 라카토쉬, 《과학 연구 프로그램의 방법론: 철학 논문 1권》(1980)

198 좀 더 자세한 내용에 대해서는 스튜어트 리치의 《공상과학: 과학에서의 사기, 편견, 과실, 과장》(2020)을 참조하라.

199   모냐 베이커, 〈1,500명의 과학자가 재현성에 대해서 입을 열다〉(2016)

200   스튜어트 리치, 《공상과학: 과학에서의 사기, 편견, 과실, 과장》(2020)

201   이에 대해서 일찍이 경고음을 낸 연구에 대해서는 앞의 책과 존 이오니디스의 〈출간된 연구 결과의 대부분이 거짓인 이유〉(2005)를 참조하라.

202   새뮤얼 아브스맨, 《진실의 반감기: 왜 우리가 알고 있는 모든 것에는 유통기한이 있는가》(2012), 108페이지

203   리 스몰린, 《물리학의 문제: 끈이론의 부상과 과학의 하강, 그리고 다음에 펼쳐질 일》(2008), 66페이지. 어떤 사람들은 1984년에 W보손과 Z보손의 존재가 확인된 것이 획기적인 진전이라고 말하기도 한다.

204   자비네 호쎈펠더, 〈물리학의 토대에서 현재와 같은 침체 국면은 정상이 아니다〉(2018)

205   대니얼 코신스, 〈우리는 답을 찾기 전에 죽을 것이다, 물리학 심장부의 위기〉(2019)

206   이에 대해서는 제임스 르 파누의 〈과학의 막다른 골목〉(2010)을 참조하라.

207   외계인에 대한 최근의 연구 사례에 대해서는 아비 로브의 《오무아무아: 하버드가 밝혀낸 외계의 첫 번째 신호》(2021)를, 의식에 대한 최근의 연구 사례에 대해서는 마크 솜스의 《감춰진 스프링: 의식의 원천으로의 여정》(2021)을 참조하라. 이렇게 저명한 과학자들조차 이런 변방의 영역을 연구하는 것에 대해서 자신들의 명성이 저해되는 위험을 감수해야만 했다.

208   《네이처(Nature)》의 편집인이었던 존 매덕스(John Maddox)의 표현을 인용했다.

209   조엘 모키르, 〈혁신의 과거와 미래: 경제사에서 배울 수 있는 몇 가지 교훈〉(2018)

210   로런스 브로클리스, 《옥스퍼드대학교: 간략한 역사》(2019), 110페이지

211   https://researchsupport.admin.ox.ac.uk/information/income

212   로런스 브로클리스, 《옥스퍼드대학교: 간략한 역사》(2019), 110페이지

213   스티븐 핑커의 《지금 다시 계몽: 이성, 과학, 휴머니즘, 그리고 진보를 말하다》(2019), 또는 한스 로슬링의 《팩트풀니스: 우리가 세상을 오해하는 10가지 이유와 세상이 생각보다 괜찮은 이유》(2018), 또는 맷 리들리의 연구를 참조하라.

214   앨런 그린스펀, 에이드리언 울드리지, 《미국 자본주의의 역사》(2018), 400페이지

215   스티븐 핑커, 《지금 다시 계몽: 이성, 과학, 휴머니즘, 그리고 진보를 말하다》(2019), 240페이지

216   같은 책, 251페이지

217   같은 책

218   https://www.chronicle.com/article/Which-Colleges-Have-the/245587

219 그렉 루키아노프, 조너선 하이트, 《나쁜 교육: 덜 너그러운 세대와 편협한 사회는 어떻게 만들어지는가》(2018), 197페이지

220 톰 렐러, 〈숫자 등으로 살펴보는 엘스비어의 출간 현황〉(2016)

221 에릭 개스트프렌드, 〈지금까지 살았던 모든 과학자 중 90퍼센트는 현재 살아 있다〉(2015)

222 벤저민 F. 존스, 〈지식의 과중과 '르네상스적 인간의 죽음': 혁신은 점점 더 어려워지고 있는가?〉(2009)

223 미국 국립과학위원회(NSB), 〈2020년 미국 과학 및 공학 현황〉(2020). 2조 2,000억 달러는 2017년 기준 수치이며, 2021년 이후는 그보다 높을 것이다.

224 같은 글. 그리고 자세한 내용은 엘리사 애런드와 마틴 벨의 《1970년대 이후 전 세계 연구개발비 분포 추세: 데이터 및 그에 대한 해석과 한계》(2010)를 참조하라.

225 경제협력개발기구(OECD), 〈연구개발 분야에 대한 국내 총지출〉(2020)

226 한스 로슬링, 《팩트풀니스: 우리가 세상을 오해하는 10가지 이유와 세상이 생각보다 괜찮은 이유》(2018), 62페이지

227 케빈 켈리, 《인에비터블 미래의 정체: 12가지 법칙으로 다가오는 피할 수 없는 것들》(2017), 284페이지

228 메리 앤 글랜던, 《새로 만들어진 세계: 엘리너 루스벨트와 세계인권선언》(2002), 228페이지. 여기에서 세계인권선언에 대한 설명의 대부분은 글랜던의 책을 참고했다.

229 같은 책, 166페이지

230 같은 책, 171페이지

231 조지프 헨릭의 《세상에서 가장 이상한 사람들: 서양은 어떻게 심리적으로 특이하며 특별히 번영할 수 있었는가》(2020)는 이러한 '자연권'의 기원을 찾아서 중세 성기(High Middle Ages, 유럽의 11세기부터 13세기까지의 시기)로 거슬러 올라간다. 메리 앤 글랜던의 《포럼과 타워: 플라톤에서 엘리너 루스벨트에 이르기까지 학자와 정치인은 세상을 어떻게 상상했나》(2011)는 키케로에게 좀 더 무게를 두고 있다. '자연법(natural law)' 분야의 초기 사상가들은 스페인의 살라망카학파(School of Salamanca)나 네덜란드의 외교관 휴고 그로티우스(Hugo Grotius), 또는 독일의 정치철학자 사무엘 폰 푸펜도르프(Samuel von Pufendorf)를 포함하기도 한다.

232 이에 대한 자세한 예시는 리치 로버트슨의 《계몽주의: 행복의 추구 1680~1790》(2020)와 조엘 모키르의 《계몽 경제: 영국과 산업 혁명 1700~1850》(2011)을 참조하라.

233 조너선 I. 이스라엘, 《경쟁하는 계몽주의: 철학, 근대성, 그리고 인간의 해방, 1670~1752》(2006)

234 이에 대한 예시는 현대적인 인권의식이 훨씬 더 최근에 해당하는 제2차 세계대전 이

후에 형성된 것이라고 주장하는 새뮤얼 모인(Samuel Moyn)의 연구를 참조하라.

235 대니얼 클러리, 《태양의 한 조각: 핵융합 에너지를 찾아서》(2013), 21페이지

236 IEA, 〈2019 세계 에너지 투자 현황〉(2019)

237 대니얼 클러리, 《태양의 한 조각: 핵융합 에너지를 찾아서》(2013), 307페이지에서 인용

238 샘 킨, 〈러시아의 유명 연구소가 새로운 원소들을 발견해서 주기율표의 한계를 더욱 밀어젖히기 위해 노력하고 있다〉(2019)

239 스콧 알렉산더, 〈과학은 속도가 느려지고 있는가?〉(2018)

240 앞에서 동시다발적인 발견에 대하여 다루긴 했지만, 나는 이것도 역사적인 차원에서는 '한 차례' 일어난 것으로 간주한다.

241 예를 들어 타일러 카우언의 《거대한 침체: 고성장 시대의 환상은 깨졌다 저성장 시대를 준비하라》(2011)를 보면, 이러한 비유가 광범위하게 사용된다.

242 이러한 주장은 로버트 J. 고든의 《미국의 성장은 끝났는가: 경제 혁명 100년의 회고와 인공지능 시대의 전망》(2016)에 상세히 기술되어 있다.

243 고대 그리스에서 태양 중심의 우주 모델을 발견하긴 했지만, 이후에는 잊혀버렸다. 그리고 그런 생각을 한 사람도 코페르니쿠스 혼자만은 아니다. 예를 들어 15세기의 천문학자이자 사상가인 니콜라우스 쿠자누스(Nicolaus Cusanus), 그리고 수학자이자 천문학자인 레기오몬타누스(Regiomontanus) 역시 지구가 움직인다는 아이디어를 제시했다.

244 더 자세한 사례들은 다음의 링크를 참조하라. https://www.archaeology.org/issues/323-1901/features/7196-top-10-discoveries-of-2018

245 그래도 위대한 발견의 유력한 후보는 존재하는데, 그중 하나가 바로 산토리니섬 주변에서 폭발한 테라(Thera) 화산이다.

246 앤드루 로빈슨이 쓴 《모든 것을 알았던 마지막 사람: 토머스 영, 뉴턴이 틀렸음을 증명하고, 우리가 어떻게 보는지 설명했으며, 병자를 치료하고, 로제타석의 암호를 해독한 익명의 박식가》(2006)의 설명을 참고했다.

247 벤저민 F. 존스, E. J. 리디, 브루스 A. 와인버그, 〈시대 및 과학의 천재〉(2014)

248 해당 연구의 내용은 벤저민 F. 존스의 〈지식의 과중과 '르네상스적 인간의 죽음': 혁신은 점점 더 어려워지고 있는가?〉(2009)에서 발췌했다.

249 제프 멀건, 《거대한 정신: 집단 지성은 어떻게 세상을 바꿀 수 있는가》(2018), 57페이지

250 스테판 부흐티, 벤저민 F. 존스, 브라이언 우지, 〈지식 생산에서 점점 더 증가하는 집단 연구의 우세 현상〉(2007)

251 링페이 우, 다슌 왕, 제임스 A. 에반스, 〈과학과 기술에서 대규모 팀은 개발을 하고, 소규모 팀은 파괴적 혁신을 한다〉(2019)

252 데이비드 엡스타인, 《늦깎이 천재들의 비밀: 전문화된 세상에서 늦깎이 제너럴리스트가 성공하는 이유》(2019), 180페이지

253 벤저민 F. 존스, 〈지식의 과중과 '르네상스적 인간의 죽음': 혁신은 점점 더 어려워지고 있는가?〉(2009), 그리고 벤저민 F. 존스, E. J. 리디, 브루스 A. 와인버그, 〈시대 및 과학의 천재〉(2014)

254 벤저민 F. 존스, 〈지식의 과중과 '르네상스적 인간의 죽음': 혁신은 점점 더 어려워지고 있는가?〉(2009)

255 벤저민 F. 존스, 브루스 A. 와인버그, 〈과학적 창의성에서의 시대별 역동성〉(2011)

256 벤저민 F. 존스, 〈지식의 과중과 '르네상스적 인간의 죽음': 혁신은 점점 더 어려워지고 있는가?〉(2009)

257 벤저민 F. 존스, 브루스 A. 와인버그, 〈과학적 창의성에서의 시대별 역동성〉(2011)

258 센 차이, 〈거의 획기적인 발견이 될 수 있었던 연구들〉(2017)

259 인지 능력이 서른 살 무렵부터 저하되기 시작하는 수학이나 물리학 같은 분야에서는 좀 더 미묘한 문제가 존재한다. 창의력 역시 저하될 수 있다. 새로운 아이디어에서 노화가 미치는 영향에 대한 훨씬 더 자세한 설명에 대해서는 호세 루이스 리콘의 〈플랑크가 옳았을까? 노화가 과학자의 생산성에 미치는 영향〉(2020b)을 참조하라.

260 미코 파칼렌, 제이 바타차리아, 〈시대, 그리고 새로운 아이디어의 시도〉(2019). 결론을 말하면, 젊은 연구자가 팀을 이끌고 나이 든 연구자가 힘을 보태는 것이 최선이라고 할 수 있다.

261 피에르 아줄레, 조슈아 S. 그라프 지빈, 크리스티안 폰스-로센, 〈과학은 장례식이 한 번 열릴 때마다 발전할까?〉(2019)

262 벤저민 F. 존스, 브루스 A. 와인버그, 〈과학적 창의성에서의 시대별 역동성〉(2011)

263 2019년 6월 14일에 저자와 나눈 전화통화에서 언급.

264 토머스 호머-딕슨, 《창의력의 격차: 우리는 미래의 문제들을 어떻게 해결할 수 있을까?》(2001)

265 크리스 클리어필드, 안드라스 틸시크, 《멜트다운: 편리한 위험의 시대》(2018)

266 새뮤얼 아브스맨, 《과도한 복잡성: 이해의 한계에 있는 기술》(2017), 34페이지

267 같은 책, 35페이지

268 자세한 설명은 제임스 글릭의 《카오스: 새로운 과학의 출현》(1988)을 참조하라.

269 피터 왓슨의 《컨버전스: 현대 과학사에서 일어난 가장 위대한 지적 전환》(2017), 385페이지에서 인용

270 마이클 스키너, 〈진화의 통합이론〉(2016)

271 알렉스 메수디, 〈가변적인 문화적 취득 비용이 문화의 누적 진화를 제약한다〉(2011)

272 린들 브로멈, 러셀 디너지, 샤화, 〈학제간 연구에서는 자금을 지원받을 가능성이 지속적으로 낮아지고 있다〉(2016)

273 이러한 도전에 대한 좀 더 자세한 내용은 존 호건의 《과학의 종말: 과학시대의 황혼 속에서 지식의 한계를 직면하기》(2015)와 존 힉스의 《미래는 여기에서 시작한다: 21세기의 모험들》(2019)을 참조하라.

274 마르텐 부드리의 〈인간의 지성: 우리는 지식의 한계에 도달했는가?〉(2019)에서 인용. 제리 포더(Jerry Fodor)나 콜린 맥긴(Colin McGinn) 같은 신비주의 철학자에 대한 내용도 해당 글을 참고했다.

275 조지프 헨릭, 《호모 사피엔스, 그 성공의 비밀: 문화는 어떻게 인간의 진화를 주도하며, 우리를 더 영리하게 만들어왔는가》(2016)

276 새뮤얼 아브스맨, 《과도한 복잡성: 이해의 한계에 있는 기술》(2017)

277 에드워드 O. 윌슨의 《창의성의 기원》(2017) 참조

278 마틴 리스, 《온 더 퓨처: 기후변화, 생명공학, 인공지능, 우주 연구는 인류의 미래를 어떻게 바꾸는가?》(2018), 193페이지

279 물리학자 세스 로이드(Seth Lloyd)는 대폭발(빅뱅) 이후로 우주는 10^{90}비트의 속도로 10^{120}개의 연산을 수행해왔다고 계산했다. 세스 로이드, 〈우주의 컴퓨팅 능력〉(2001) 참조. 다시 말해, 우주 자체의 컴퓨팅 능력에도 한계가 있다는 뜻이다.

280 존 호건, 《과학의 종말: 과학시대의 황혼 속에서 지식의 한계를 직면하기》(2015)

281 스콧 알렉산더, 〈과학은 속도가 느려지고 있는가?〉(2018)

282 칼렙 샤프, 《코페르니쿠스의 복잡성: 중대하면서도 그렇지 않은 우리 우주의 탐사》(2015)

283 우리가 기술의 발전에 실망하게 되는 이유에 대해서는 알렉세이 구제이 또한 〈우리가 기술 발전의 속도를 과소평가하는 이유〉(2019b)라는 글에서 비슷하게 설명했다.

284 대니 돌링, 《슬로다운: 대가속 시대의 종말, 더 좋은 미래의 시작》(2020), 208페이지

285 앤턴 하우즈, 〈진보의 역설〉(2020)

286 잭 W. 스캐널 외, 〈의약품 연구개발의 감소세 진단〉(2012)

287 새뮤얼 아브스맨, 〈과학적 발견의 용이성 정량화〉(2011)

288 이와 관련해서 제프 멀건은 이렇게 말한다. "다양한 문명과 시대의 지혜를 연구한 결과, 무엇을 지혜로 간주할 것인가에 대해서는 놀라울 정도로 그 견해가 수렴한다는 사실이 확인되었다." 제프 멀건, 《거대한 정신: 집단 지성은 어떻게 세상을 바꿀 수 있는가》(2018), 224페이지

289 댄 새러위츠, 〈과학 구하기〉(2016)

290 마이클 J. 조이너, 나이절 패너스, 존 P. A. 이오니더스, 〈연구 분야에서 거대한 아이디어의 저조한 성과가 고착화되면 어떻게 될까?〉(2016)

291 더 자세한 사례는 스티븐 존슨의 《탁월한 아이디어는 어디서 오는가: 700년 역사에서 찾은 7가지 혁신 키워드》(2011)를, 경제성장의 연구에 대해서는 마틴 와이츠먼의 〈성장 이론의 혼합화〉(1996)를 참조하라.

292 펠리페 페르난데스 아르메스토, 《제정신이 아닌: 우리가 생각하는 것과 그러한 생각에 이르게 된 경위》(2019), 401페이지

293 존 거트너, 《아이디어 공장: 벨 연구소와 미국의 위대한 혁신 시대》(2012), 1페이지

294 같은 책, 307페이지에서 인용

295 같은 책, 150페이지

296 같은 책, 184페이지에서 인용

297 벤 사우스우드, 〈산업계 R&D 실험실의 흥망성쇠〉(2020)

298 앤드루 오들리즈코, 〈규제받지 않는 연구의 쇠퇴〉(1995)

299 같은 글

300 아쉬쉬 아로라, 섀런 벨런즌, 안드레아 파타코니, 〈황금알을 낳는 거위를 죽이고 있는가? 기업 R&D에서 과학의 쇠퇴〉(2015)

301 이는 프레드릭 에릭손과 비요른 바이겔이 《혁신의 환상: 그토록 힘들게 그렇거나 많은 시간을 연구하는 것에 비해서 만들어지는 것은 왜 이토록 적은가》(2016)에서 지적한 내용이다.

302 이는 미국 국립과학재단(NSF)이 발표한 내용으로, 미국 기업에 대한 데이터다. https://www.nsf.gov/statistics/2019/nsf19326/

303 이에 대한 자세한 내용은 이언 골딘과 크리스 쿠타나의 《발견의 시대: 신르네상스의 새로운 기회를 찾아서》(2017)의 393페이지, 또는 수전 호크필드의 《살아 있는 기계들의 시대: 생물학은 차기의 기술 혁명을 어떻게 이뤄낼 것인가》(2019)를 참조하라. 미국 연방 차원의 R&D 투자는 1960년대에 GDP의 2퍼센트 수준에서 현재는 1퍼센트 미만으로 줄어들었다.

304 L. 플레밍 외, 〈정부지원 연구가 점점 더 혁신에 활력을 불어넣고 있다〉(2019)

305 아쉬쉬 아로라 외, 〈미국 혁신의 변화하는 구조: 경제성장에 대한 일부 경고 신호〉(2020) 참조. 그리고 이러한 추세는 기술 분야에만 국한된 것이 아니며, 다른 부문에서도 나타난다는 것을 언급할 필요가 있다.

306 조너선 그루버, 사이먼 존슨, 《점프스타트를 하는 미국: 획기적인 과학은 어떻게 경제성장과 아메리칸드림을 되살릴 수 있는가》(2019), 108페이지

307 애덤 B. 재피, 벤저민 F. 존스, 《변화하는 최전선: 과학 및 혁신 정책의 재고》(2015), 8페

이지

308 같은 책. 그리고 이것이 바로 이 책에서 주로 주장하는 내용이다.

309 브라이언 러킹, 니컬러스 블룸, 존 반 리넨, 〈R&D로 인한 영향은 바뀌었는가?〉(2018)

310 호세 루이스 리콘이 기업의 R&D 문화를 되짚어본 〈R&D 분야의 지출은 근시안적인가?〉(2015)라는 논문을 보면, 그러한 아웃소싱은 실제로 일어나고 있음을 알 수 있다. 그러나 아웃소싱이 근본적인 문제를 해결하지는 못한다. 최근 연구인 아쉬쉬 아로라 외, 〈미국 혁신의 변화하는 구조: 경제성장에 대한 일부 경고 신호〉(2020)를 보면, 그것은 오히려 부정적인 영향을 낳고 있음을 강하게 암시한다.

311 이에 대해서는 비코(Vico), 니체(Nietzsche), 토인비(Toynbee), 콘트라티에프(Kondratiev), 헌팅턴(Huntington) 등의 연구를 참조하라.

312 오스발트 슈펭글러, 《서양의 쇠퇴》(1991)

313 이코노미스트, 〈비엔나는 서양을 형성한 아이디어를 어떻게 생산했나〉(2016)

314 알란 야니크, 스티븐 툴민, 《비트겐슈타인의 비엔나》(1973)

315 마리아나 마추카토, 《기업가형 국가: 공공경제부문의 한계 극복 대안》(2013), 177페이지, 그리고 174페이지

316 같은 책 175페이지에서 인용

317 디트리히 볼라스, 《성장의 종말: 정점에 다다른 세계 경제, 어떻게 돌파할 것인가》(2020a), 118페이지

318 앤디 홀데인, 〈기업을 소유한 이들은 누구인가?〉(2015)

319 다음의 링크 참조. https://www.ft.com/content/69aa638e-3164-11ea-9703-eea0cae3f0de

320 마이클 W. 포켄더, 크리스틴 W. 핸킨스, 미첼 A. 피터슨, 〈기업 현금 보유고 증가의 이해: 예방적 저축인가 아니면 외국의 세금인가〉(2019)

321 휴고 A. 호펜하인, 줄리안 네이라, 리시 싱가니아 〈인구증가에서부터 기업의 인구통계학까지: 집중화, 기업가 정신, 노동분배율에 미치는 영향〉(2018)

322 우푸크 아크치기트, 시나 T. 아테스, 〈미국 비즈니스의 역동성에 무슨 일이 일어났는가?〉(2019)

323 아비지트 V. 바네르지, 에스테르 뒤플로, 《힘든 시대를 위한 좋은 경제학》(2019), 178페이지

324 금융화된 사고방식이 대학의 연구에 어떠한 영향을 미치는지에 대한 구체적인 사례는 한스 K. 호비데와 벤저민 F. 존스의 〈대학의 혁신과 교수의 특권〉(2018)을 참조하라.

325 타일러 카우언, 《현실에 안주하는 계급: 아메리칸드림에 대한 자멸적인 탐구》(2018a), 79페이지

326 제임스 E. 베센 외, 〈감소하는 산업 혁신〉(2020)

327 마리아나 마추카토, 《기업가형 국가: 공공경제 부문의 한계 극복 대안》(2013)

328 벤처캐피털이 혁신에 어떻게 지장을 주는지에 대한 설명은 새브리나 T. 하웰 외 〈금융의 거리두기: 벤처캐피털은 어떻게 경제의 하향세를 따르고 혁신을 억제하는가〉 (2020) 같은 논문을 참조하라.

329 리처드 A. L. 존스(Richard A. L. Jones)와 나눈 대화에서 들은 설명이다.

330 이에 대해서는 조너선 그루버와 사이먼 존슨의 《점프스타트를 하는 미국: 획기적인 과학은 어떻게 경제성장과 아메리칸드림을 되살릴 수 있는가》(2019) 100페이지를 참조하라.

331 애덤 B. 재피, 조시 러너, 《혁신 및 그 불만: 우리의 무너진 특허 시스템은 어떻게 혁신과 진보를 위태롭게 하며, 그것을 어떻게 해야 하는가》(2004)

332 같은 책, 11페이지

333 이에 대해서는 우푸크 아크치기트와 시나 T. 아테스의 〈미국 비즈니스의 역동성에 무슨 일이 일어났는가?〉(2019)를 참조하라. 그들은 지식의 확산과 비즈니스의 역동성이 전반적으로 둔화된 원인을 특허에 대한 경쟁 양상과 연결한다.

334 애덤 B. 재피, 조시 러너, 《혁신 및 그 불만: 우리의 무너진 특허 시스템은 어떻게 혁신과 진보를 위태롭게 하며, 그것을 어떻게 해야 하는가》(2004), 2페이지

335 같은 책, 3페이지

336 같은 책, 32~34페이지

337 같은 책, 58페이지

338 프레드릭 에릭슨, 비요른 바이겔, 《혁신의 환상: 그토록 힘들게 그렇게나 많은 시간을 연구하는 것에 비해서 만들어지는 것은 왜 이토록 적은가》(2016), 65페이지

339 벤저민 긴스버그, 《교수진의 몰락: 전면적인 관리형 대학의 부상 및 그것의 함의》 (2013)

340 같은 책, 35페이지

341 그렉 루키아노프, 조너선 하이트, 《나쁜 교육: 덜 너그러운 세대와 편협한 사회는 어떻게 만들어지는가》(2018), 199페이지

342 제리 Z. 멀러, 《성과지표의 배신》(2018), 139페이지

343 벤저민 긴스버그, 《교수진의 몰락: 전면적인 관리형 대학의 부상 및 그것의 함의》 (2013), 66페이지

344 알렉세이 구제이, 〈후원 및 혁명적 산업 연구의 부활〉(2019a)

345 동료심사가 과연 나쁜 것인지는 논의할 여지가 있다. 한편에서는 그것을 나쁘다고 생

각하지만, 그에 대한 마땅한 대안은 존재하지 않는다고 여기는 사람이 있다. 다른 한 편에서는 도널드 W. 브레이븐(Donald W. Braben) 같은 사람도 있는데, 그는 동료심사가 자신이 '변혁적 연구(transformative research)'라고 부르는 것의 붕괴에 직접적인 책임이 있다고 말한다. "르네상스 이후 처음으로, 사고의 허용 한계가 체계적으로 줄어들기 시작했다." 브레이븐, 《과학적 자유: 문명의 묘약》(2020), 31페이지

346 제이콥 G. 포스터, 안드레이 르제츠키, 제임스 A. 에반스, 〈과학자들의 연구 전략에서의 전통 및 혁신〉(2015)

347 같은 논문

348 미코 파칼렌, 제이 바타차리아, 〈국립보건원의 자금 지원과 첨단과학의 추구〉(2020)

349 이에 대한 자세한 내용은 센 차이와 아누프 메논의 〈획기적인 인식: 참신함에 대한 편견과 관심을 위한 경쟁〉(2018)을 참조하라. 이들은 (과학계의) 도박적인 속성을 보여준다. 곧 (다른 사람이) 거의 다루지 않는 가장 독창적인 연구가 가장 많이 인용되는 것이다. 그러나 참신함을 저항하는 편견의 효과는 강력해서, 그러한 연구가 제대로 인정받지 못할 가능성이 크다.

350 스튜어트 리치의 《공상과학: 과학에서의 사기, 편견, 과실, 과장》(2020)을 보면 이러한 과정에 대한 아주 자세한 사례를 많이 찾아볼 수 있다. 맷 클랜시의 〈과학의 질에서 출간 또는 소멸이 얼마나 나쁜가?〉(2020a)도 참조하라.

351 여기에서 지적하는 모든 내용은 웰컴트러스트(Wellcome Trust)의 이사장인 제러미 패러 경(Sir Jeremy Farrar)과 내가 나눈 대화에서 언급된 내용이다. 미국 국립보건원(NIH)의 보조금 지원과 관련한 구체적인 내용은 미코 파칼렌과 제이 바타차리아의 〈국립보건원의 자금 지원과 첨단과학의 추구〉(2020)를 참조하라.

352 존 D. 쿡, 〈과학자들은 보조금을 따내기 위해서 얼마나 많은 시간을 소모하고 있을까?〉(2011)

353 케빈 부드로, 에바 구이난, 카림 R. 라카니, 크리스토프 리들, 〈지식의 변방 전역과 그 너머를 바라보기: 과학에서의 지적인 거리와 자원 할당〉(2016)

354 리 스몰린, 《물리학의 문제: 끈이론의 부상과 과학의 하강, 그리고 다음에 펼쳐질 일》(2008), 328페이지

355 현행 시스템에서라면 두각을 나타내지 못했을 것으로 보이는 저명한 학자에 대한 다른 사례는 스튜어트 버크의 〈과학의 역설을 탈출하기〉(2020)를 참조하라.

356 벤저민 긴스버그, 《교수진의 몰락: 전면적인 관리형 대학의 부상 및 그것의 함의》(2013), 131페이지

357 이에 대한 내용은 존 마커스의 〈재학생 수가 줄어드는 가운데, 인문학 관련 단과대학이 존재의 정당성을 입증하기 위해 고군분투하고 있다〉(2018)를, 그리고 관련 수치에 대해서는 이언 골딘과 크리스 쿠타나의 《발견의 시대: 신르네상스의 새로운 기회를

찾아서》(2017) 436페이지를 참조하라.

358   웰컴트러스트, 〈연구자들은 자신이 연구하는 문화에 대하여 어떻게 생각하는가〉 (2020)

359   유진 스베르들로프, 〈조금씩 증가하는 과학: 논문 및 보조금은 그렇지만, 발견은 그렇지 못하다〉(2018)

360   이브 모리외, 〈기술은 개선되고 있지만, 생산성은 그렇지 않다. 그 이유는 무엇인가?〉 (2017)

361   복잡성에 대한 조사의 결과는 https://www.bcg.com/en-gb/capabilities/smart-simplicity/를 참조하라. 프레드릭 에릭손, 비요른 바이젤,《혁신의 환상: 그토록 힘들게 그렇게나 많은 시간을 연구하는 것에 비해서 만들어지는 것은 왜 이토록 적은가》(2016), 88페이지. 이 지수에서는 '조직 내부에 존재하는 각종 절차, 수직적 계층, 인터페이스 구조, 협업 장치, 의사결정 승인 단계의 수'를 살펴본다.

362   스콧 커스너, 〈대기업이 혁신하는 데 가장 커다란 장애물〉(2018)

363   이에 대해서는 도미닉 커밍스의 〈할로우맨 2: 웨스트민스터와 화이트홀의 기능장애에 대한 몇 가지 성찰〉(2014)을 참조하라.

364   프레드릭 에릭손, 비요른 바이젤,《혁신의 환상: 그토록 힘들게 그렇게나 많은 시간을 연구하는 것에 비해서 만들어지는 것은 왜 이토록 적은가》(2016), 153페이지

365   J. 스토어스 홀,《하늘을 나는 차는 어디에 있는가? 미래에 대한 과거의 기억》(2018)

366   톰 니콜스,《전문가와 강적들: 나도 너만큼 알아》(2017)

367   이에 대해서는 시머스 오메이허니의 《의학은 치유될 수 있는가? 어느 전문 직종의 타락》(2019) 199페이지를 참조하라.

368   대니얼 W. 드레즈너,《아이디어 산업: 비관론자들과 당파주의자들과 금권정치가들은 아이디어의 시장을 어떻게 변화시키고 있는가》(2017)

369   같은 책

370   같은 책

371   그렉 루키아노프, 조너선 하이트,《나쁜 교육: 덜 너그러운 세대와 편협한 사회는 어떻게 만들어지는가》(2018), 110페이지

372   같은 책, 111페이지

373   같은 책

374   아비지트 V. 바네르지, 에스테르 뒤플로,《힘든 시대를 위한 좋은 경제학》(2019), 1페이지

375   같은 책, 127페이지

376   케일린 오코너, 제임스 오언 웨더럴, 〈과학의 양극화〉(2018)

377 그렉 루키아노프, 조너선 하이트, 《나쁜 교육: 덜 너그러운 세대와 편협한 사회는 어떻게 만들어지는가》(2018), 77페이지

378 피터 싱어(Peter Singer)나 피터 태철(Peter Tatchell) 같은 이전 세대의 많은 선구자가 '취소당하고(cancelled)' 논의 과정에서 발언 기회를 박탈당하는지 궁금하다.

379 마이클 J. 톰슨, 그레고리 R. 스물레비치-저커, 《반과학과 민주주의에 대한 공격》(2018), 132페이지

380 제프 톨레프슨, 〈트럼프는 과학에 어떻게 피해를 입혔나 – 그리고 과학이 회복되는 데 수십 년이 걸릴 수도 있는 이유〉(2020)

381 이에 대해서는 헨리 벨로트의 〈노벨상 수상자인 피터 도허티, 연구자금을 지원할 때 국익과 관련한 검증을 하는 것을 비판하다〉(2018)를 참조하라.

382 에릭 카우프만, 《종교가 지구를 물려받아야 하는가? 21세기의 인구변동과 정치》(2010)

383 대니얼 W. 드레즈너, 《아이디어 산업: 비관론자와 당파주의자와 금권정치가는 아이디어의 시장을 어떻게 변화시키는가》(2017)

384 제프리 J. 윌리엄스, 〈홍보하는 지식인의 부상〉(2018). 또는 그냥 트위터를 살펴보라.

385 윌리엄 데이비스, 《긴장 상태: 감정은 어떻게 세계를 장악했는가》(2019)

386 이러한 두 가지 놀라운 사례를 찾아낼 수 있었던 것은 프레드릭 에릭손과 비요른 바이겔의 《혁신의 환상: 그토록 힘들게 그렇게나 많은 시간을 연구하는 것에 비해서 만들어지는 것은 왜 이토록 적은가》(2016) 덕분이다.

387 시머스 오메이허니, 《의학은 치유될 수 있는가? 어느 전문 직종의 타락》(2019), 256페이지

388 이에 대해서는 이언 골딘과 크리스 쿠타나의 《발견의 시대: 신르네상스의 새로운 기회를 찾아서》(2017)를 참조하라.

389 시머스 오메이허니, 《의학은 치유될 수 있는가? 어느 전문 직종의 타락》(2019), 256페이지

390 프레드릭 에릭손, 비요른 바이겔, 《혁신의 환상: 그토록 힘들게 그렇게나 많은 시간을 연구하는 것에 비해서 만들어지는 것은 왜 이토록 적은가》(2016), 142페이지. 또한 아비크 로이의 《억압받는 새로운 치료법: 오래 걸리는 의약품 임상시험의 진짜 비용》(2012)도 참조하라.

391 로런 그러쉬, 〈나사의 미래 달 탐사 로켓은 연기될 것이며, 예산에 대해서 다시 한 번 감사가 진행될 것으로 보인다〉(2019)

392 라일리 브레넌, 〈자율주행 이동수단의 현황〉(2019)

393 J. 스토어스 홀, 《하늘을 나는 차는 어디에 있는가? 미래에 대한 과거의 기억》(2018)

394 데이비드 월리스-웰스, 《사람이 살 수 없는 지구: 미래에 대한 이야기》(2019), 7페이지. 여기에서 제시하는 다른 수치도 같은 책을 참고했다.

395 팀 렌튼 외, 〈기후의 티핑포인트 - 너무 위험해서 맞서 상대하기 어렵다〉(2019)

396 데이비드 월리스-웰스, 《사람이 살 수 없는 지구: 미래에 대한 이야기》(2019), 180페이지

397 같은 책, 181페이지

398 제러미 리프킨, 《한계비용 제로 사회: 사물인터넷과 공유경제의 부상》(2014), 82~83페이지

399 타일러 카우언, 《현실에 안주하는 계급: 아메리칸드림에 대한 자멸적인 탐구》(2018a)

400 J. 스토어스 홀, 《하늘을 나는 차는 어디에 있는가? 미래에 대한 과거의 기억》(2018)

401 이언 골딘, 크리스 쿠타나, 《발견의 시대: 신르네상스의 새로운 기회를 찾아서》(2017), 186페이지

402 앤드루 시니어 외 〈알파폴드: AI를 활용한 과학 연구〉(2020)

403 같은 글

404 이 행사를 움직이게 하는 주요한 경쟁력이 시합이라는 요소지만, CASP 창립자는 이것을 대회라기보다는 실험이라고 부르는 것을 선호한다.

405 모하메드 알쿠라이시, 《CASP13에서의 알파폴드: '무슨 일이 일어난 것인가?'〉(2018)

406 맷 레이놀즈, 〈딥마인드의 AI가 처음으로 현실세계에 거대한 문제를 풀기 위해서 더욱 가까이 다가가고 있다〉(2020)

407 앤드루 맥어피, 에릭 브린욜프슨, 《머신 플랫폼 크라우드: 트리플레볼루션의 시대가 온다》(2017), 2페이지

408 유언 캘러웨이, 〈'그것은 모든 것을 바꿀 것이다': 딥마인드의 AI가 단백질 구조 해결에서 거대한 도약을 이루다〉(2020)

409 모하메드 알쿠라이시, 《CASP14에서의 알파폴드 2: '누군가의 자식이 집을 떠난 것처럼 느껴진다'〉(2020)

410 데미스 하사비스, 〈AI의 잠재력〉(2019)

411 데이비드 우튼, 《과학이라는 발명: 1572년에서 1704년 사이에 태어나 오늘의 세계를 만든 과학에 대하여》(2015)

412 같은 책

413 엘리자베스 L. 아이젠슈타인, 《변화의 동인이었던 인쇄기: 근대 초기 유럽에서의 의사소통 및 문화적 전환》(1979)

414 데이비드 우튼, 《과학이라는 발명: 1572년에서 1704년 사이에 태어나 오늘의 세계를 만든 과학에 대하여》(2015), 215페이지

415   흑점의 발견은 동시다발적인 발견의 또 다른 사례라고 할 수 있는데, 당시에 옥스퍼드, 독일의 잉골슈타트와 비텐베르크의 천문학자들 역시 흑점을 발견했기 때문이다.

416   갈릴레이의 이 표현은 아서 쾨슬러의《몽유병 환자: 우주를 바라보는 인류 시각 변화의 역사》(1964)에서 인용했다.

417   데이비드 우튼,《과학이라는 발명: 1572년에서 1704년 사이에 태어나 오늘의 세계를 만든 과학에 대하여》(2015), 236페이지

418   이에 대한 사례는 폭넓게 존재한다. 좀 더 자세한 설명과 사례에 대해서는 제프 멀건의《거대한 정신: 집단 지성은 어떻게 세상을 바꿀 수 있는가》(2018), 존 에이거의《20세기 및 그 이후의 과학》(2012), 맷 리들리의《모든 것의 진화: 작은 변화들은 어떻게 우리 세상을 변화시키는가》(2016)를 참조하라.

419   도구가 충분조건은 아니지만, 적어도 필요조건인 경우가 많다.

420   https://hbr.org/podcast/2020/10/deepminds-journey-from-games-to-fundamental-science

421   https://home.cern/science/computing/processing-what-record

422   이언 골딘, 크리스 쿠타나,《발견의 시대: 신르네상스의 새로운 기회를 찾아서》(2017), 241페이지

423   마이클 S. 링엘 외, 〈이룸의 법칙 분쇄하기〉(2020)

424   조너선 M. 스토크스, 〈항생제 연구에서의 딥러닝 접근법〉(2020)

425   제프 맥메이언, 〈핵융합은 진정으로 실현에 근접했는가? 그렇다, 머신러닝 덕분이다〉(2020)

426   이것조차도 금세 구식이 되었다. GPT-3가 출시된 후, 구글은 수조 개의 매개변수를 가진 모델을 만들어냈으며, 이 수치는 지속해서 증가한다.

427   바헤 트시토얀 외, 〈자율적 권한을 가진 워드 임베딩 기법이 재료과학 문헌에서 잠재된 지식을 포착해내다〉(2019)

428   데이비드 로트먼, 〈AI는 우리가 발명하는 방식을 바꾸고 있다〉(2019)

429   토머스 W. 말론,《슈퍼마인드: 초연결성은 우리의 문제해결 방식을 어떻게 바꾸고 있나》(2018), 240페이지

430   마커스 드 사토이,《우리가 절대 알 수 없는 것들에 대해: 인간의 의식에서 우주까지, 과학지식의 한계는 어디까지인가》(2017), 아서 I. 밀러,《기계 속의 예술가: AI를 활용한 창의성의 세계》(2019)

431   다니자르 하프너 외, 〈통제의 꿈: 잠재된 상상력에 의한 학습 행동〉(2019)

432   이언 파커의 〈모든 사람과 항시를 위한 유발 노아 하라리의 역사〉(2020)에서 인용

433   야니스 아사엘, 테어 솜머실드, 조너선 프래그, 〈딥러닝을 활용한 고대 텍스트 복원:

그리스 비문에 대한 사례 연구〉(2019)

434   여기에서 든 항목은 단지 멋진 아이디어가 아니라, 실제로 AI가 적용되는 사례다.

435   가능한 인공지능의 분류에 대해서는 케빈 켈리의 《인에비터블 미래의 정체: 12가지
       법칙으로 다가오는 피할 수 없는 것들》(2017) 45~46페이지를 참조하라.

436   닉 보스트롬, 《슈퍼인텔리전스: 경로, 위험, 전략》(2017)

437   제임스 러브록, 《노바세: 다가오는 초지능의 시대》(2019)

438   B 중간자(B meson) 실험과 뮤온 g-2(Muon g-2) 실험을 말하는 것이다. 지금 이 글을
       쓰는 시점에도 아직 실험의 초기 단계다.

439   케일럽 와트니, 〈거대한 침체의 균열〉(2020)

440   가이아 빈스, 《초월성: 인간은 불과 언어, 아름다움과 시간을 거치며 어떻게 진화했는
       가》(2019), 236페이지

441   이언 골딘, 크리스 쿠타나, 《발견의 시대: 신르네상스의 새로운 기회를 찾아서》(2017),
       236페이지

442   존 마르티니스, 세르히오 보이소, 〈프로그래밍 가능한 초전도 프로세서를 활용한 양
       자 우위〉(2019)

443   양자 컴퓨터에 관해서 이야기를 들려준 옥스퍼드대학교 물리학과의 베라 셰퍼(Vera
       Schafer)에게 감사드린다.

444   K. 에릭 드렉슬러, 《급진적 풍요: 나노기술의 혁명은 문명을 어떻게 바꿀 것인가》
       (2013)

445   수전 호크필드의 《살아 있는 기계들의 시대: 생물학은 차기의 기술 혁명을 어떻게 이
       뤄낼 것인가》(2019)와 소니아 콘테라의 《나노가 살아나다: 나노기술은 생물학의 미래
       와 의학을 어떻게 변화시키는가》(2019)를 참조하라.

446   네사 캐리, 《생명의 코드를 해킹하기: 유전자 편집은 어떻게 우리의 미래를 다시 쓸 것
       인가》(2019), 13페이지

447   비록 그들의 업적이 훨씬 더 이전에 다른 곳에서 수행된 고도의 탐사 연구를 기반으
       로 했다는 점을 언급해야 하지만, 이러한 응용기술이 주목받는 현실은 우리를 점점
       더 탐사를 중시하는 과학에서 멀어지게 하는 듯해 다시 한번 우려하게 만든다.

448   네사 캐리, 《생명의 코드를 해킹하기: 유전자 편집은 어떻게 우리의 미래를 다시 쓸 것
       인가》(2019), 142페이지에서 인용

449   호르헤 콘데, 비제이 판데, 줄리 유, 〈선언: 생물학이 세계를 먹어치우고 있다〉(2019)

450   발전 속도가 얼마나 빠른지 느껴보려면 명 판캉과 톰 엘리스의 〈합성생물학의 두 번
       째 10년대: 2010~2020〉(2020)를 참조하라. 지난 2010년대를 거치면서 연구자들은 대
       장균을 완전히 합성할 수 있게 되었다.

451 좀 더 자세한 사례는 수전 호크필드의 《살아 있는 기계들의 시대: 생물학은 차기의 기술 혁명을 어떻게 이뤄낼 것인가》(2019)와 올리버 모튼의 〈살아 있는 유기체를 다루는 공학은 조만간 모든 것을 바꾸기 시작할 수 있다〉(2019)를 참조하라.

452 매킨지글로벌연구소, 〈바이오 혁명: 경제, 사회, 우리의 삶을 바꾸는 혁신〉(2020)

453 로빈 핸슨, 《뇌복제와 인공지능 시대》(2016)

454 같은 책

455 이에 대해서는 앞의 책이나 닉 보스트롬의 《슈퍼인텔리전스: 경로, 위험, 전략》(2017), 맥스 테그마크의 《맥스 테그마크의 라이프 3.0: 인공지능이 열어갈 인류와 생명의 미래》(2017), 제임스 러브록의 《노바세: 다가오는 초지능의 시대》(2019)를 참조하라.

456 https://app.ft.com/cms/s/9e5abb2a-7deb-40ed-a0fc-4b24b4458445. html?sectionid=tech

457 라이언 캐리, 〈AI 컴퓨팅 트렌드 해석하기〉(2020)

458 닐 C. 톰슨 외, 〈딥러닝의 컴퓨팅 한계〉(2020)

459 조엘 클링어, 후안 C. 마테오스-가르시아, 콘스탄티노스 스타툴로풀로스, 〈AI 연구의 협소화?〉(2020)

460 토머스 W. 말론, 《슈퍼마인드: 초연결성은 우리의 문제해결 방식을 어떻게 바꾸고 있나》(2018), 65페이지

461 리처드 마틴, 〈대형 과학의 비용은 얼마인가〉(2015)

462 로버트 J. 고든, 《미국의 성장은 끝났는가: 경제 혁명 100년의 회고와 인공지능 시대의 전망》(2016)

463 이러한 변화에 대한 좀 더 자세한 내용은 다음의 놀라운 웹사이트를 참조하라. https://wtfhappenedin1971.com/

464 카를로타 페레스, 《기술혁명과 금융자본: 거품 시기 황금기의 역학관계》(2002)

465 공평하게 말하면, 4차 산업혁명을 말하는 사람조차 그러한 개념에 논쟁의 여지가 있다는 점을 인정한다. 참고로 세계경제포럼(World Economic Forum) 클라우스 슈밥(Klaus Schwab) 회장은 점점 가속화되는 기술 변화의 속도가 4차 산업혁명이 실재임을 입증한다고 생각한다. 클라우스 슈밥, 《4차 산업혁명》(2017). 나는 그러한 주장에 동의하지 않는다.

466 이러한 내용은 케빈 켈리의 《인에비터블 미래의 정체: 12가지 법칙으로 다가오는 피할 수 없는 것들》(2017)에 잘 설명되어 있다. 다시 말해, 3차 산업혁명이라고 말하는 현상을 2095년의 시점에서 바라보는 것이다. 그러면 1980년부터 2050년까지의 시기는 분명히 변동하는 과정에 있을 것이며, 따라서 그것의 완전한 영향력을 그렇게 이른 시점에 평가하는 것은 불가능하다고 말한다.

467 이에 대한 내용은 케빈 켈리의 《인에비터블 미래의 정체: 12가지 법칙으로 다가오는 피할 수 없는 것들》(2017)에 잘 요약되어 있다.

468 데이비드 시라노스키, 〈크리스퍼 아기 스캔들: 인간 유전자 편집의 다음 단계는 무엇인가〉(2019)

469 그럼에도 스탠퍼드대학교(Stanford University)나 라이스대학교(Rice University) 같은 곳에 있는 과학자들은 정보를 파악하고 있었음이 알려져서 논란이 되었다.

470 알렉 로스, 《알렉 로스의 미래 산업 보고서》(2017), 67페이지

471 네사 캐리, 《생명의 코드를 해킹하기: 유전자 편집은 어떻게 우리의 미래를 다시 쓸 것인가》(2019), 86페이지

472 '거대한 컨버전스(great convergence)'라는 표현은 리처드 볼드윈(Richard Baldwin)이 사용한 것이다.

473 파라그 카나, 《아시아가 바꿀 미래: 코로나 이후의 세계는 어떻게 바뀌는가》(2019), 72페이지

474 브래드포드 드롱, 〈20세기는 왜 중국의 세기가 아니었나〉(2018)

475 이언 모리스, 《왜 서양이 지배하는가: 지난 200년 동안 인류가 풀지 못한 문제》(2010)

476 같은 책, 591페이지

477 이언 골딘, 크리스 쿠타나, 《발견의 시대: 신르네상스의 새로운 기회를 찾아서》(2017), 62페이지

478 같은 책, 64페이지

479 미국 국립과학위원회(NSB), 〈2020년 미국 과학 및 공학 현황〉(2020)

480 조너선 그루버, 사이먼 존스, 《점프스타트를 하는 미국: 획기적인 과학은 어떻게 경제 성장과 아메리칸드림을 되살릴 수 있는가》(2019), 214페이지

481 유키 오코시, 〈중국의 연구 논문들이 첨단 기술 분야에서 세계를 이끌고 있다〉(2019)

482 같은 글; 미국 국립과학위원회(NSB), 〈2020년 미국 과학 및 공학 현황〉(2020).

483 미국 국립과학위원회(NSB), 〈2020년 미국 과학 및 공학 현황〉(2020)

484 파라그 카나, 《아시아가 바꿀 미래: 코로나 이후의 세계는 어떻게 바뀌는가》(2019), 199~200페이지

485 신화통신, 〈중국, 달의 남극에 과학연구 기지 건설 예정〉(2019)

486 파라그 카나, 《아시아가 바꿀 미래: 코로나 이후의 세계는 어떻게 바뀌는가》(2019), 148페이지

487 이언 골딘, 크리스 쿠타나, 《발견의 시대: 신르네상스의 새로운 기회를 찾아서》(2017), 64페이지

488 같은 책, 164페이지

489 파라그 카나, 《아시아가 바꿀 미래: 코로나 이후의 세계는 어떻게 바뀌는가》(2019), 211페이지

490 이언 골딘, 크리스 쿠타나, 《발견의 시대: 신르네상스의 새로운 기회를 찾아서》(2017), 125페이지

491 같은 책, 164페이지

492 같은 책, 154페이지

493 스타인 에밀 볼세트 외, 〈2017년부터 2100년까지 195개 국가 및 영토에서 벌어질 출산율, 사망률, 이주, 인구 예측〉(2020)

494 미구엘 우르퀴올라, 《언덕 위의 대학들: 미국이 대학 연구에서 세계를 선도하는 이유》(2020)

495 조너선 그루버, 사이먼 존슨, 《점프스타트를 하는 미국: 획기적인 과학은 어떻게 경제 성장과 아메리칸드림을 되살릴 수 있는가》(2019), 34페이지

496 한스 로슬링 외, 《팩트풀니스: 우리가 세상을 오해하는 10가지 이유와 세상이 생각보다 괜찮은 이유》(2018)

497 대니 돌링, 《슬로다운: 대가속 시대의 종말, 더 좋은 미래의 시작》(2020), 276페이지

498 한스 로슬링 외, 《팩트풀니스: 우리가 세상을 오해하는 10가지 이유와 세상이 생각보다 괜찮은 이유》(2018)

499 이언 골딘, 크리스 쿠타나, 《발견의 시대: 신르네상스의 새로운 기회를 찾아서》(2017), 391페이지

500 https://www.timeshighereducation.com/data-bites/data-bite-share-female-professors-now-virtually-quarter

501 https://www.catalyst.org/research/women-in-academia/

502 제네 티어, 〈다양성 보고서: 2019년에 새롭게 자금을 지원받은 스타트업 가운데 여성이 창업한 곳은 20퍼센트였다〉(2020)

503 아비지트 V. 바네르지, 에스테르 뒤플로, 《힘든 시대를 위한 좋은 경제학》(2019), 167페이지

504 엔리코 모레티, 〈최첨단 클러스터가 최고 수준 발명가의 생산성에 미치는 영향〉(2019)

505 바츨라프 스밀, 《숫자는 어떻게 진실을 말하는가: 넘겨짚지 않고 현실을 직시하는 71가지 통찰》(2020), 44~49페이지

506 로렌스 프리드먼, 《전쟁의 미래: 인류는 어떻게 다가올 전쟁을 상상했는가》(2018), 255페이지

507 이에 대한 대표적인 사례는 사우디아라비아의 더 라인(The Line) 프로젝트를 들 수 있다. 이는 도시에 관한 거대한 아이디어가 틀림없지만, 이것이 과연 좋은 일인지는 시간이 말해줄 것이다.

508 역사적 분석 역시 이러한 사실을 뒷받침한다. 이에 대한 자세한 설명은 조지프 헨릭의 《세상에서 가장 이상한 사람들: 서양은 어떻게 심리적으로 특이하며 특별히 번영할 수 있었는가》(2020), 448~452페이지를 참조하라.

509 미코 파칼렌, 제이 바타차리아, 〈도시와 아이디어〉(2015)

510 엔리코 베르케스, 루벤 가에타니, 〈파격적인 혁신의 지리학〉(2019)

511 같은 글

512 클라우스 슈밥, 《4차 산업혁명》(2017)

513 노아 스미스, 〈스트라이프 공동창업자이자 CEO인 패트릭 콜리슨과 한 인터뷰〉(2021)

514 필립 코건, 《더: 1만 년에 걸친 세계 경제의 발전》(2020), 58페이지

515 수전 호크필드, 《살아 있는 기계들의 시대: 생물학은 차기의 기술혁명을 어떻게 이뤄낼 것인가》(2019), 163페이지

516 제니퍼 헌트, 마졸린 고티에-루아젤, 〈이민은 혁신을 얼마나 자극하는가?〉(2010)

517 이러한 인식이 충분히 일반적인 것은 아니다. 이와 관련하여 타일러 카우언과 벤 사우스우드의 〈과학적 진보의 속도가 늦춰지고 있는가?〉(2019)에는 이런 설명이 있다. "각 개인에게 미친 변화의 속도가 아니라 총합에서의 발전만을 바라보는 것은 현대 세계에서 상당히 의미심장한 어떤 특성들을 다소 무시하는 것일 수도 있다."

518 마이클 크레이머, 〈인구증가와 기술 변화: 기원전 100만 년부터 1990년까지〉(1993)

519 조지프 헨릭, 〈혁신으로 강화되는 제도의 진화〉(2009); 마이클 무투크리슈나, 조지프 헨릭, 〈집단 두뇌 안에서의 혁신〉(2016)

520 닥스, 〈미국 및 세계에는 얼마나 많은 소프트웨어 개발자가 있는가?〉(2020)

521 이에 대해서는 자스지트 싱과 리 플레밍의 〈혁신의 원천으로서 개별 발명가들: 신화인가 아니면 현실인가?〉(2010) 또는 앤드루 하가돈의 《획기적인 사건은 어떻게 일어나는가: 기업들이 혁신하는 방법에 대한 놀라운 진실》(2003)을 참조하라.

522 이러한 혁신 모델에 대한 자세한 논의는 앤턴 하우즈의 〈업스트림, 다운스트림〉(2021)을 참조하라.

523 리치 로버트슨, 《계몽주의: 행복의 추구 1680~1790》(2020), 374페이지

524 이 수치는 요한 노르베리의 《개방: 인류 진보의 이야기》(2020) 157페이지에서 가져온 것이다.

525 여기에서 제시한 3,000만 명이라는 숫자는 매우 대략적인 추산이기는 하지만, 전 세계에 대학원 학위를 가진 사람의 수가 아주 많다는 점을 고려하면, 이것이 고등교육

을 받아 세계 시민의 대열에 합류하는 지적인 사람의 규모로 보기에 전혀 근거가 없는 숫자는 아닐 것이다. 그리고 이것조차 상당히 과소평가된 수치일 수도 있다.

526 루치르 아가르왈, 패트릭 고울리, 《보이지 않는 천재들: 지식의 최전선은 더욱 빠르게 발전할 수 있을까?》(2018)

527 그리고 설령 새롭게 창출되거나 만들어지는 거대한 아이디어의 숫자가 아무리 적더라도, 인류 최전선에서의 숫자는 더욱 늘어나는 것이다.

528 여기에서 제시하는 수치는 벤 라인하트의 〈아이디어를 찾아내기가 더욱 어려워졌는지에 대한 메모〉(2020)에서 가져온 것이다.

529 이런 점에 대해서 문학 분야를 자세히 살펴본 연구로는 조지프 헨릭의 《세상에서 가장 이상한 사람들: 서양은 어떻게 심리적으로 특이하며 특별히 번영할 수 있었는가》(2020) 463페이지를 참조하라.

530 이에 대해서는 니컬러스 블룸, 존 반 리넨, 하이디 윌리엄스의 〈혁신을 장려하기 위한 정책 도구들〉(2019)과 조엘 모키르의 《성장의 문화: 현대 경제의 기원》(2017)을 참조하라. 물론 교육을 강화하고 인적 자본을 늘리는 것이 만병통치약이 아니라는 사실은 점점 더 분명해진다.

531 필립 코건, 《더: 1만 년에 걸친 세계 경제의 발전》(2020), 290페이지

532 세계은행 교육 보고서, http://www.worldbank.org/en/publication/wdr2018

533 피터 왓슨, 《근대정신: 20세기의 지성사》(2001)

534 로렌스 브로클리스, 《옥스퍼드대학교: 간략한 역사》(2019), 108페이지

535 맷 리들리, 《이성적 낙관주의자: 번영은 어떻게 진화하는가》(2011), 97페이지

536 이 자료는 크리에이티브 커먼즈(Creative Commons) 저작권에 의거하여 https://ourworldindata.org/에서 가져왔다.

537 존 F. 사전트, 〈전 세계 연구 및 개발 지출〉(2020)

538 존 호크스위스, 롭 클러리, 해나 오디노, 〈장기적 관점: 2050년이 되면 글로벌 경제 질서는 어떻게 바뀔 것인가?〉(2017)

539 관련 문헌에 대한 검토 내용은 맷 클랜시의 〈더 많은 과학이 더 많은 혁신을 이끈다〉(2021a)와 〈지식의 강물 안에서 이는 물결〉(2021b)을 참조하라.

540 베네딕트 에반스, 올리버 램버트, 〈유럽, 유니콘, 그리고 전 세계적인 기술의 확산 – 미국 인터넷의 최후〉(2020)

541 이러한 분석의 관점을 제안해준 이언 골딘(Ian Goldin)에게 감사드린다.

542 이에 대한 사례는 매튜 사이드의 《반란의 아이디어: 다양한 사고의 힘》(2019)을 참조하라.

543 맷 리들리, 《이성적 낙관주의자: 번영은 어떻게 진화하는가》(2011); 《모든 것의 진화:

작은 변화들은 어떻게 우리 세상을 변화시키는가》(2016)

544 토머스 W. 말론, 《슈퍼마인드: 초연결성은 우리의 문제해결 방식을 어떻게 바꾸고 있나》(2018)

545 J. 로저스 홀링스워스, 〈고도의 인지복잡성과 주요한 과학적 발견의 생성〉(2007)

546 이에 대해서는 리처드 E. 니스벳의 《생각의 지도: 동양과 서양, 세상을 바라보는 서로 다른 시선》(2003)과 조지프 헨릭의 《세상에서 가장 이상한 사람들: 서양은 어떻게 심리적으로 특이하며 특별히 번영할 수 있었는가》(2020)에 아주 자세히 설명되어 있다.

547 가이아 빈스, 《초월성: 인간은 불과 언어, 아름다움과 시간을 거치며 어떻게 진화했는가》(2019), 179페이지

548 조엘 모키르, 〈카드월의 법칙과 기술적 진보의 정치경제〉(1994)

549 아비지트 V. 바네르지, 에스테르 뒤플로, 《힘든 시대를 위한 좋은 경제학》(2019)

550 스타인 에밀 볼세트 외, 〈2017년부터 2100년까지 195개 국가 및 영토에서 벌어질 출산율, 사망률, 이주, 인구 예측〉(2020)

551 맷 리들리, 《혁신의 작동 원리》(2020)

552 조너선 그루버, 사이먼 존슨, 《점프스타트를 하는 미국: 획기적인 과학은 어떻게 경제 성장과 아메리칸드림을 되살릴 수 있는가》(2019), 19페이지

553 스테판 부흐티, 벤저민 F. 존스, 브라이언 우지, 〈지식 생산에서 점점 더 증가하는 집단 연구의 우세 현상〉(2007)

554 메리 더글러스, 《시스템 사고하는 방식》(1986), 8페이지

555 시스템에 대해서는 사회적으로 더욱 폭넓은 의미에서 살펴본 문헌이 많다. 여기에서 나는 그러한 의미도 물론 염두에 두기는 하지만, 그러나 좀 더 구체적이고 좁은 의미에서 조직(organisation)이라는 용어와 겹치는 뜻으로 많이 사용했다.

556 이에 대한 구체적인 연구 사례에 대해서는 제프리 L. 퍼먼과 스콧 스턴의 〈거인의 어깨 위로 올라서기: 시스템이 연구 축적에 미치는 영향〉(2011)을 참조하라. 좀 더 일반적으로는 더글러스 노스(Douglass North)나 조엘 모키르(Joel Mokyr) 같은 경제학자의 저작이 이러한 통찰력을 기반으로 구성되어 있으며, 이들은 시스템이 다양한 형태로 확장하여 사회과학의 기본적인 원리 중 하나가 되었다고 말한다.

557 이에 대해서는 토머스 W. 말론의 《슈퍼마인드: 초연결성은 우리의 문제해결 방식을 어떻게 바꾸고 있나》(2018)와 제프 멀건의 《거대한 정신: 집단 지성은 어떻게 세상을 바꿀 수 있는가》(2018)를 참조하라.

558 제프 멀건, 《거대한 정신: 집단 지성은 어떻게 세상을 바꿀 수 있는가》(2018), 56페이지

559 제임스 다위, 《물질보다 중요한 정신: 지식 접근성과 영국의 산업혁명》(2017)

560 이에 대해서는 조엘 모키르의 《성장의 문화: 현대 경제의 기원》(2017) 142페이지에 있

는 다음의 설명을 참조하라. "이 시대에 바뀐 것은 바로 그 문화다. 유용한 지식을 어떻게 확보하고, 그것을 어떻게 배포하며, 그것으로 무엇을 할 수 있는지 교육받은 엘리트의 믿음과 태도였다. 그러한 믿음의 변화는 그것이 반영된 새로운 시스템으로 이어졌고, 그러한 시스템은 다시 사람들의 믿음 체계에 영향을 주었다."

561 패키 매코믹, 〈마술을 부리는 시니어스〉(2020)

562 일부에서는 이미 새로운 형태의 조직에 대한 설계 작업을 시작하고 있다. 이에 대한 사례로는 기존 형식의 한계를 극복하기 위한 집중연구조직(Focused Research Organisation)이라는 개념에 대한 새뮤얼 G. 로드리게스와 애덤 H. 마블스톤의 〈과학, 기술, 의학을 가속화하기 위한 집중연구조직〉(2020)을, 그리고 미국 고등연구계획국(ARPA)의 민간 부문 활용에 대한 제안을 하는 벤 라인하트의 〈불가능한 것에서 불가피한 것으로의 전환: 개인적인 ARPA 사용자 매뉴얼〉(2021)을 참조하라.

563 데니스 버호벤, 〈다양하게 함께 나눠먹을 것인가, 아니면 셰프의 일품요리인가? 조직 내 지식 다양성과 획기적인 혁신〉(2020)

564 자스지트 싱, 리 플레밍, 〈혁신의 원천으로서 개별 발명가들: 신화인가 아니면 현실인가?〉(2010)

565 이러한 연구가 다소 모순적인 것으로 보일 수도 있는데, 실제로 그런 측면도 있다. 그러나 스테판 부흐티, 벤저민 F. 존스, 브라이언 우지의 〈지식 생산에서 점점 더 증가하는 집단 연구의 우세 현상〉(2007)을 보면, 커다란 영향력을 미치는 연구에서 우위를 보이며 그걸 책임지는 이들은 대규모의 팀이라고 한다. 문제는 이것이 과연 링페이 우, 다슌 왕, 제임스 A. 에반스의 〈과학과 기술에서 대규모 팀은 개발을 하고, 소규모 팀은 파괴적 혁신을 한다〉(2019)에서 말하는 혁신성의 결여로 인한 영향을 극복할 수 있느냐 하는 것이다. 그런데 규모가 커진다는 것을 다른 측면에서 보면, 아이디어의 난이도와 팀의 규모가 지속적으로 증가하는 현상을 세계가 견뎌내고 있음을 의미하는 것일 수도 있다.

566 조엘 모키르, 〈혁신의 과거와 미래: 경제사에서 배울 수 있는 몇 가지 교훈〉(2018)

567 조지프 헨릭, 《호모 사피엔스, 그 성공의 비밀: 문화는 어떻게 인간의 진화를 주도하며, 우리를 더 영리하게 만들어왔는가》(2016); 토머스 W. 말론, 《슈퍼마인드: 초연결성은 우리의 문제해결 방식을 어떻게 바꾸고 있나》(2018)

568 이에 대한 탄탄한 설명은 조지프 헨릭의 《호모 사피엔스, 그 성공의 비밀: 문화는 어떻게 인간의 진화를 주도하며, 우리를 더 영리하게 만들어왔는가》(2016)를 참조하라. 상당히 단순해 보일 수도 있지만, 고대의 도구는 한 사람이 혼자서 만들지 않았을 것이고, 그럴 수도 없었을 것이다.

569 가이아 빈스, 《초월성: 인간은 불과 언어, 아름다움과 시간을 거치며 어떻게 진화했는가》(2019), xvi페이지

570 케빈 켈리, 《인에비터블 미래의 정체: 12가지 법칙으로 다가오는 피할 수 없는 것들》 (2017)

571 가이아 빈스, 《초월성: 인간은 불과 언어, 아름다움과 시간을 거치며 어떻게 진화했는 가》(2019), xvi페이지

572 케빈 켈리, 《인에비터블 미래의 정체: 12가지 법칙으로 다가오는 피할 수 없는 것들》 (2017)

573 이러한 집단적인 두뇌가 중세의 초기 이후로 어떻게 규모를 키웠는지에 대한 자세한 설명은 조지프 헨릭의 《세상에서 가장 이상한 사람들: 서양은 어떻게 심리적으로 특 이하며 특별히 번영할 수 있었는가》(2020)를 참조하라.

574 이러한 표현은 피터 슈워츠의 《미래를 읽는 기술》(1991)에서 사용한 것이다.

575 찰스 프리먼, 《서양 정신의 종말: 신앙의 부상과 이성의 몰락》(2003)

576 같은 책, 275페이지에서 인용

577 리처드 오벤던, 《불타는 책들: 공격받은 지식의 역사》(2020), 34~37페이지

578 앨프리드 노스 화이트헤드, 《과학과 근대세계》(1925), 7페이지

579 이러한 판단은 과학 같은 명제적 지식(propositional knowledge) 분야에서만 사실이라 는 점을 지적해주어야 한다. 기술 같은 절차적 지식(procedural knowledge)의 측면에 서는, 중세시대가 놀라울 정도로 비옥한 시기였으며, 고대의 기술 수준을 능가했다. 조엘 모키르, 《부의 지렛대: 기술적 창의성과 경제적 진보》(1990).

580 이언 모리스, 《왜 서양이 지배하는가: 지난 200년 동안 인류가 풀지 못한 문제》(2010)

581 마이클 셔머(Michael Shermer)의 연구이며, 그 내용은 타일러 카우언과 벤 사우스우 드의 〈과학적 진보의 속도가 늦춰지고 있는가?〉(2019) 31페이지에서 인용했다.

582 이언 모리스, 《왜 서양이 지배하는가: 지난 200년 동안 인류가 풀지 못한 문제》(2010). 좀 더 최근의 추정에 따르면, (물론 여전히 아주 많기는 하지만) 그보다는 '반드시' 훨 씬 더 적어야 한다고 말한다.

583 앤더스 샌드버그, 에릭 드렉슬러, 토비 오드의 〈페르미 역설 해체하기〉(2018) 같은 최 근의 설명에 따르면, 페르미 역설은 역설이 아니며 거대한 여과기도 없을 것이라고 한 다. 그러나 만약 거대한 여과기가 있다면, 그것은 현재 우주에 존재하는 생명체는 우 리뿐이라는 의미이며, 그만큼 책임감도 막중하다고 할 수 있다.

584 이에 대해서는 슬라보이 지제크(Slavoj Žižek), 윌리엄 깁슨(William Gibson), 앙드레 스파이서(Andre Spicer) 등의 발언을 참조하라.

585 이러한 사고실험은 앤턴 하우즈의 〈결정적인 세기〉(2019)에서 가져온 것이다. 조지프 헨릭의 《세상에서 가장 이상한 사람들: 서양은 어떻게 심리적으로 특이하며 특별히 번영할 수 있었는가》(2020) 같은 문헌을 보면, (기원전 1000년 같은) 더욱 이른 시기에

대한 사고실험도 볼 수 있는데, 그때라면 영국에는 훨씬 더 우호적이지 않은 시대였다.

586 케일럽 와트니, 〈거대한 침체의 균열〉(2020); 브루노 마수에스, 〈코로나 이후, 거대한 가속이 준비되어 있다〉(2021)

587 그럼에도 현재 AI 분야에서 가장 앞서나가는 것은 AI를 활용한 문제해결 분야라는 점을 지적해야 한다. 여기에는 구글 딥마인드가 기존의 인공지능을 개선해서 만든 게임 수행 시스템인 알파제로(AlphaZero)도 포함된다.

588 조너선 그루버, 사이먼 존슨, 《점프스타트를 하는 미국: 획기적인 과학은 어떻게 경제 성장과 아메리칸드림을 되살릴 수 있는가》(2019), 4페이지

589 같은 책, 6페이지

590 같은 책, 48페이지

591 같은 책, 49페이지

592 마리아나 마추카토, 《미션 경제: 변화하는 자본주의에 대한 혁신적 가이드》(2021)

593 같은 책, 55페이지

594 대니얼 P. 그로스, 바벤 N. 삼파트, 〈끝없는 국경을 발명하기: 제2차 세계대전 당시의 연구가 전후의 혁신에 미친 영향〉(2020)

595 피에르 아줄레, 다니엘레 리, 〈과학에 대한 보조금 지원〉(2020)

596 마리아나 마추카토, 〈미션 지향적 혁신 정책: 도전과 기회〉(2018a); 《미션 경제: 변화하는 자본주의에 대한 혁신적 가이드》(2021)

597 여기에서 제시한 매우 흥미로운 사고실험에 대해서는 로완 후퍼의 《1조 달러의 사용법: 세계를 구하고 과학계 최대의 미스터리를 풀어내기》(2021)를 참조하라. 그러한 거액의 사용처는 수많은 거대한 아이디어를 실현하는 데 사용하는 것이 가장 좋을 것이다.

598 조너선 그루버, 사이먼 존슨, 《점프스타트를 하는 미국: 획기적인 과학은 어떻게 경제 성장과 아메리칸드림을 되살릴 수 있는가》(2019), 122페이지

599 이는 많은 논의가 풍성하게 이루어지는 영역이다. 예를 들면, 존 이오니더스의 〈메타 연구: 연구에 대한 연구가 중요한 이유〉(2018)를 참조하라. 그리고 나는 특히 알렉세이 구제이(Alexey Guzey)나 애덤 마블스톤(Adam Marblestone), 마이클 닐슨(Michael Nielsen), 호세 루이스 리콘(Jose Luis Ricon) 같은 학계 외부에 있는 사상가에게 관심이 많은데, 그들은 연구를 개선하는 방법에 대하여 아주 다양한 창의적인 제안을 내놓고 있다. 브라이언 암스트롱의 〈과학 연구를 개선하는 방법에 대한 아이디어〉(2019)도 읽어보라.

600 피에르 아줄레, 〈우리 스스로에게 과학적 기법을 적용하기〉(2012)

601 제이 바타차리아, 미코 파칼렌, 〈침체와 과학적 인센티브〉(2020)

602   알렉세이 구제이, 〈후원 및 혁명적 산업 연구의 부활〉(2019a)

603   피에르 아줄레, 조슈아 S. 그라프 지빈, 구스타보 만소, 〈인센티브와 창의성: 생명과학 학계의 사례〉(2011). 프로젝트가 아니라 사람에게 자금을 지원해야 한다는 주장에 대한 더 상세한 검토에 대해서는 호세 루이스 리콘의 〈프로젝트가 아니라 사람에게 투자하라 1: HHMI 및 NIH 원장의 선구자 시상 프로그램〉(2020a)을 참조하라.

604   맷 클리포드(Matt Clifford) 역시 강력하게 이러한 주장을 했으며, 그가 공동으로 설립한 안트러프러너 퍼스트(Entrepreneur First)는 스타트업 세계에서 아주 훌륭한 사례다.

605   미카엘 스젤, 마이팡, 로베르타 시나트라, 〈학제 간 연구에 대한 노벨상의 기회〉(2018)

606   이에 대해서는 제프 멀건의 《거대한 정신: 집단 지성은 어떻게 세상을 바꿀 수 있는가》(2018) 55페이지를 참조하라.

607   브라이언 캐플런, 《교육의 문제점: 교육 시스템이 시간과 돈의 낭비인 이유》(2018)

608   맷 리들리, 《모든 것의 진화: 작은 변화들은 어떻게 우리 세상을 변화시키는가》(2016), 180페이지

609   도미닉 커밍스, 〈교육 및 정치적 우선순위에 대한 생각들〉(2013)

610   바버라 비아시, 마송, 〈교육과 혁신의 격차〉(2020). 논문의 저자들은 또한 이러한 격차가 가난한 사람에게 해로운 영향을 끼친다고 설명한다.

611   지미 웨일즈는 몬테소리 학교를 다니지는 않았지만, 그곳의 원칙에서 강하게 영향을 받았다.

612   칼 와이먼, 《대학에서 과학을 가르치는 방법을 개선하기: 과학 교육 이니셔티브에서 배우는 교훈》(2017)

613   호세 루이스 리콘, 〈블룸의 투 시그마 문제에 대하여: 완전 숙달 학습, 개인 교수법, 직접 교수법의 효율성에 대한 체계적 검토〉(2019)

614   같은 글

615   로버트 K. 머튼, 《사회구조와 과학에 대하여》(1996)

616   올리히 벡, 《위험 사회: 새로운 근대성을 향하여》(1992)

617   이에 대해서는 해리 암스트롱의 〈혁신을 가능하게 하는 규제에 대한 접근법〉(2020)을 참조하라.

618   이에 대해서는 니컬러스 블룸, 존 반 리넨, 하이디 윌리엄스의 〈혁신을 장려하기 위한 정책 도구들〉(2019)이나 한스 K. 흐비데, 벤저민 F. 존스의 〈대학의 혁신과 교수의 특권〉(2018)을 참조하라. 혁신을 자극하는 데 도움이 될 수 있는 방법에 대한 문헌은 어마어마하게 많으며, 상황을 개선하기 위한 시각에는 한계가 없다.

619   이 점을 지적해준 맷 클리포드(Matt Clifford)에게 감사드린다.

620 이 점을 지적해준 카를로타 페레스(Carlota Perez)에게 감사드린다.

621 J. 로저스 홀링스워스, 〈고도의 인지복잡도와 주요한 과학적 발견의 생성〉(2007)

622 매튜 사이드, 《반란의 아이디어: 다양한 사고의 힘》(2019), 141페이지

623 펭 쉬, 제임스 에반스, 〈놀라움을 통한 과학 및 기술의 발전〉(2019)

624 브라이언 우지 외, 〈이례적인 조합과 과학적 영향〉(2013)

625 로버트 K. 머튼, 엘리노어 바버, 《우연한 발견의 여행과 모험》(2003)

626 도널드 W. 브레이븐의 《과학적 자유: 문명의 묘약》(2020)에서는 이렇게 반박한다. 우리가 충분히 사려 깊게 노력한다면 실패할 가능성은 거의 없을 것이라고 말이다. 그리고 실패는 우리가 제대로 노력하지 않은 것이라고 그는 주장한다.

627 데미언 가드, 조녀선 살츠먼, 〈mRNA에 대한 이야기: 한때는 무시되었던 아이디어가 코로나 백신 경쟁을 이끄는 기술이 되었는가〉(2020)

628 니콜라이 S. 카르다셰프, 〈외계의 문명에 의한 정보의 전송〉(1964)

629 미치오 가쿠, 《미래의 물리학: 과학은 인간의 일상과 운명을 어떻게 바꿀 것인가》(2012)

참고문헌

- 경제협력개발기구(OECD), 〈연구개발 분야에 대한 국내 총지출(Gross domestic spending on R&D)〉(2020), 2020년 8월 17일에 확인, 다음의 링크에서 확인 가능, https://data.oecd.org/rd/gross-domestic-spending-on-r-d.htm

- 국제에너지기구(IEA), 〈2019 세계 에너지 투자 현황(World Energy Investment 2019)〉(2019), 2019년 10월 19일에 확인, 다음의 링크에서 확인 가능, https://www.iea.org/reports/world-energy-investment-2019

- 매킨지글로벌연구소(McKinsey Global Institute), 〈바이오 혁명: 경제, 사회, 우리의 삶을 바꾸고 있는 혁신(The Bio Revolution: Innovations transforming economies, societies, and our lives)〉(2020), 2020년 5월 27일에 확인, 다음의 링크에서 확인 가능, https://www.mckinsey.com/industries/pharmaceuticals-and-medical-products/our-insights/the-bio-revolution-innovations-transforming-economies-societies-and-our-lives#

- 미국 국립과학위원회(NSB), 〈2020년 미국 과학 및 공학 현황(The State of U. S. Science and Engineering 2020)〉(2020), 미국 국립과학재단(NSF), 2021년 1월 12일에 확인, 다음의 링크에서 확인 가능, https://ncses.nsf.gov/pubs/nsb20201/preface

- 신화통신(新華通訊), 〈중국, 달의 남극에 과학연구 기지 건설 예정(China to build scientific research station on Moon's south pole)〉(2019), 2021년 1월 18일에 확인, 다음의 링크에서 확인 가능, http://www.xinhuanet.com/english/2019-04/24/c_138004666.htm

- 영국 암 연구소(Cancer Research UK), 〈세계 암 통계(Worldwide cancer statistics)〉(2019), 2019년 4월 20일에 확인, 다음의 링크에서 확인 가능, https://www.cancerresearchuk.org/health-professional/cancer-statistics/worldwide-cancer#heading-Zero

- 영국 통계청(ONS), 〈시대에 따라 기대수명은 어떻게 변화해왔나?(How has life expectancy changed over time?)〉(2015), 2019년 4월 14일에 확인, 다음의 링크에서 확인 가능, https://www.ons.gov.uk/peoplepopulationandcommunity/birthsdeathsandmarriages/lifeexpectancies/articles/howhaslifeexpectancychangedovertime/2015-09-09

- 웰컴트러스트(Wellcome Trust), 〈연구자들은 자신이 연구하고 있는 문화에 대하여 어떻게 생각하는가(What Researchers Think About the Culture They Work In)〉(2020), 웰컴트

러스트 웹사이트(Wellcome.org), 2020년 1월 21일에 확인, 다음의 링크에서 확인 가능, https://wellcome.org/reports/what-researchers-think-about-research-culture

- 이코노미스트(The Economist), 〈비엔나는 서양을 형성한 아이디어를 어떻게 생산했나 (How Vienna produced ideas that shaped the West)〉(2016), 2019년 12월 8일에 확인, 다음 의 링크에서 확인 가능, https://www.economist.com/christmas-specials/2016/12/24/how-vienna-produced-ideas-that-shaped-the-west

- 자유로운 기업 시스템을 위한 연구소(Conference of the Institute for the Study of Free Enterprise Systems)의 컨퍼런스 자료, S71~S102페이지

- 킹스펀드(King's Fund), 〈NHS의 예산 및 그 변화 양상(The NHS budget and how it has changed)〉(2020), 2021년 1월 9일에 확인, 다음의 링크에서 확인 가능, https://www.kingsfund.org.uk/projects/nhs-in-a-nutshell/nhs-budget

- 가드, 데미언(Damian Garde), 살츠먼, 조너선(Jonathan Saltzman), 〈mRNA에 대한 이야 기: 한때는 무시되었던 아이디어가 코로나 백신 경쟁을 이끄는 기술이 되었는가(The story of mRNA: How a once-dismissed idea became a leading technology in the Covid vaccine race)〉(2020), 스탯(Stat), 2020년 12월 23일에 확인, 다음의 링크에서 확인 가능, https://www.statnews.com/2020/11/10/the-story-of-mrna-how-a-once-dismissed-idea-became-a-leading-technology-in-the-covid-vaccine-race/

- 가쿠, 미치오(加来道雄), 《마음의 미래: 인간은 마음을 지배할 수 있는가(The Future of the Mind: The Scientific Quest to Understand, Enhance and Empower the Mind)》(2015), 런 던: 펭귄(Penguin)

- 가쿠, 미치오(加来道雄), 《미래의 물리학: 과학은 인간의 일상과 운명을 어떻게 바꿀 것 인가(Physics of the Future: The Inventions That Will Transform Our Lives)》(2012), 런던: 펭귄(Penguin)

- 가쿠, 미치오(加来道雄), 《인류의 미래: 화성 개척, 성간여행, 불멸, 지구를 넘어선 인간에 대하여(The Future of Humanity: Terraforming Mars, Interstellar Travel, Immortality and Our Destiny Beyond Earth)》(2018), 런던: 앨런 레인(Allen Lane)

- 개스트프렌드, 에릭(Eric Gastfriend), 〈지금까지 살았던 모든 과학자 중 90퍼센트는 현 재 살아 있다(90% of all the scientists that ever lived are alive today)〉(2015), 삶의 미래 연구 소(Future of Life Institute), 2019년 7월 27일에 확인, 다음의 링크에서 확인 가능, https://futureoflife.org/2015/11/05/90-of-all-the-scientists-that-ever-lived-are-alive-today

- 거트너, 존(Jon Gertner), 《아이디어 공장: 벨 연구소와 미국의 위대한 혁신 시대(The Idea Factory: Bell Labs and the Great Age of American Innovation)》(2012), 뉴욕: 펭귄(Penguin)

- 게이, 피터(Peter Gay), 《모더니즘: 이단의 유혹, 보들레르부터 베케트 등에 이르기까지 (Modernism: The Lure of Heresy, From Baudelaire to Beckett and Beyond)》(2009), 런던: 빈

티지(Vintage)

- 고든, 로버트 J.(Robert J. Gordon), 《미국의 성장은 끝났는가: 경제 혁명 100년의 회고 와 인공지능 시대의 전망(The Rise and Fall of American Growth: The U.S. Standard of Living Since the Civil War)》(2016), 프린스턴, 뉴저지: 프린스턴대학교출판부(Princeton University Press)

- 골딘, 이언(Ian Goldin), 쿠타나, 크리스(Chris Kutarna), 《발견의 시대: 신르네상스의 새로 운 기회를 찾아서(Age of Discovery: Navigating the Storms of Our Second Renaissance)》 (2017), 런던: 블룸즈버리 비즈니스(Bloomsbury Business)

- 구센바우어, 미하엘(Michael Gusenbauer), 〈구글 스칼라는 모든 학자를 전부 검색하 고 있는가? 12개의 학술 검색엔진과 참고문헌 데이터베이스의 비교(Google Scholar to overshadow them all? Comparing the sizes of 12 academic search engines and bibliographic databases)〉(2019), 《과학계량학(Scientometrics)》, 118호, 177~214페이지

- 구제이, 알렉세이(Alexey Guzey), 〈우리가 기술 발전의 속도를 과소평가하는 이유 (Why We Likely Underappreciate the Pace of Technological Progress)〉(2019b), guzey.com, 2019년 11월 12일에 확인, 다음의 링크에서 확인 가능, https://guzey.com/why-we-underappreciate-technological-progress/

- 구제이, 알렉세이(Alexey Guzey), 〈후원 및 혁명적 산업 연구의 부활(Reviving Patronage and Revolutionary Industrial Research)〉(2019a), guzey.com, 2019년 11월 20일에 확인, 다 음의 링크에서 확인 가능, https://guzey.com/patronage-and-research-labs/

- 굴드, 스티븐 제이(Stephen Jay Gould), 《단속평형이론(Punctuated Equilibrium)》(2007), 케임브리지, 매사추세츠: 하버드대학교출판부 벨크납 프레스(The Belknap Press of Harvard University Press)

- 그랜트, 애덤(Adam Grant), 《오리지널스: 어떻게 순응하지 않는 사람들이 세상을 움직 이는가(Originals: How Non-Conformists Move the World)》(2016), 뉴욕: 바이킹(Viking)

- 그러쉬, 로런(Loren Grush), 〈나사의 미래 달 탐사 로켓은 연기될 것이며, 예산에 대해 서 다시 한번 감사가 진행될 것으로 보인다(NASA's future Moon rocket will probably be delayed and over budget yet again: audit)〉(2019), 버지(The Verge), 2019년 7월 30일에 확 인, 다음의 링크에서 확인 가능, https://www.theverge.com/2019/6/19/18691230/nasa-space-launch-system-orion-artemis-moon-human-exploration

- 그레이버, 데이비드(David Graeber), 《관료제 유토피아: 정부, 기업, 대학, 일상에 만연한 제도와 규제에 관하여(The Utopia of Rules: On Technology, Stupidity, and the Secret Joys of Bureaucracy)》(2016), 뉴욕: 멜빌 하우스(Melville House)

- 그레이버, 데이비드(David Graeber), 《하찮은 일자리, 그 이론(Bullshit Jobs: A Theory)》 (2018), 런던: 앨런 레인(Allen Lane)

- 그레이버, 찰스(Charles Graeber), 《암 치료의 혁신, 면역항암제가 온다(The Breakthrough: Immunotherapy and the Race to Cure Cancer)》(2018), 런던: 스크라이브(Scribe)

- 그레이프, 아브너(Avner Greif), 키슬링, 린(Lynne Kiesling), 니에, 존 V. C.(John V. C. Nye) (편), 《제도, 혁신, 산업화: 경제의 역사 및 발전에 대한 에세이(Institutions, Innovation and Industrialization: Essays in Economic History and Development)》(2015), 프린스턴, 뉴저지: 프린스턴대학교출판부(Princeton University Press)

- 그레일링, A. C.(A. C. Grayling), 《지식의 최전선: 과학, 역사, 정신에 대해 우리가 아는 것, 그리고 그것을 이해하는 방식(The Frontiers of Knowledge: What We Know About Science, History and The Mind And How We Know It)》(2021), 런던: 바이킹(Viking)

- 그로스, 대니얼 P.(Daniel P. Gross), 삼파트, 바벤 N.(Bhaven N. Sampat), 〈끝없는 국경을 발명하기: 제2차 세계대전 당시의 연구가 전후의 혁신에 미친 영향(Inventing the Endless Frontier: The Effects of the World War II Research Effort on Post-War Innovation)〉(2020), 하버드 경영대학원 전략 부문(Harvard Business School Strategy Unit) 연구 논문 No. 20~126

- 그루버, 조너선(Jonathan Gruber), 존슨, 사이먼(Simon Johnson), 《점프스타트를 하는 미국: 획기적인 과학은 어떻게 경제성장과 아메리칸드림을 되살릴 수 있는가(Jump-Starting America: How Breakthrough Science Can Revive Economic Growth and the American Dream)》(2019), 뉴욕: 퍼블릭 어페어스(Public Affairs)

- 그린스펀, 앨런(Alan Greenspan), 울드리지, 에이드리언(Adrian Wooldridge), 《미국 자본주의의 역사(Capitalism in America: A History)》(2018), 런던: 앨런 레인(Allen Lane)

- 글래드웰, 말콤(Malcolm Gladwell), 〈허공에서, 누가 위대한 아이디어를 드물다고 말하는가?(In the Air: Who says big ideas are rare?)〉(2008), 뉴요커(New Yorker), 2016년 1월 19일에 확인, 다음의 링크에서 확인 가능, https://www.newyorker.com/magazine/2008/05/12/in-the-air

- 글랜던, 메리 앤(Mary Ann Glendon), 《새로 만들어진 세계: 엘리너 루스벨트와 세계인권선언(A World Made New: Eleanor Roosevelt and the Universal Declaration of Human Rights)》(2002), 뉴욕: 랜덤 하우스(Random House)

- 글랜던, 메리 앤(Mary Ann Glendon), 《포럼과 타워: 플라톤에서부터 엘리너 루스벨트에 이르기까지 학자와 정치인은 세상을 어떻게 상상했나(The Forum and The Tower: How Scholars and Politicians Have Imagined the World, from Plato to Eleanor Roosevelt)》(2011), 옥스퍼드: 옥스퍼드대학교출판부(Oxford University Press)

- 글릭, 제임스(James Gleick), 《카오스: 새로운 과학의 출현(Chaos: The Amazing Science of the Unpredictable)》(1988), 런던: 빈티지(Vintage)

- 긴스버그, 벤저민(Benjamin Ginsberg), 《교수진의 몰락: 전면적인 관리형 대학의 부상

및 그것의 함의(The Fall of the Faculty: The Rise of the All-Administrative University and Why It Matters)》(2013), 뉴욕: 옥스퍼드대학교출판부(Oxford University Press)

- 김경희, 〈창의성의 위기: 더욱 악화되고 있다(The Creativity Crisis: It's Getting Worse)〉(2017), 아이디어 투 밸류(Idea to Value), 2019년 8월 26일에 확인, 다음의 링크에서 확인 가능, https://www.ideatovalue.com/crea/khkim/2017/04/creativity-crisis-getting-worse/

- 나우데, 빔(Wim Naudé), 〈서양에서 기업가 활동과 혁신의 놀라운 하락(The surprising decline of entrepreneurship and innovation in the West)〉(2019), 더 컨버세이션(The Conversation), 2020년 4월 11일에 확인, 다음의 링크에서 확인 가능, https://theconversation.com/the-surprising-decline-of-entrepreneurship-and-innovation-in-the-west-124552

- 노르베리, 요한(Johan Norberg), 《개방: 인류 진보의 이야기(Open: The Story of Human Progress)》(2020), 런던: 애틀랜틱 북스(Atlantic Books)

- 노트, 앤 마리(Anne Marie Knott), 《혁신이 진짜로 작동하는 방식: 1조 달러의 R&D 자금으로 성장을 이끌기(How Innovation Really Works: Using the Trillion-Dollar R&D Fix to Drive Growth)》(2017), 뉴욕: 맥그로-힐(McGraw-Hill)

- 니스벳, 리처드 E.(Richard E. Nisbett), 《생각의 지도: 동양과 서양, 세상을 바라보는 서로 다른 시선(The Geography of Thought: How Asians and Westerners Think Differently And Why)》(2003), 런던: 니콜라스 브릴리(Nicholas Brealey)

- 니콜스, 톰(Tom Nichols), 《전문가와 강적들: 나도 너만큼 알아(The Death of Expertise: The Campaign Against Established Knowledge and Why it Matters)》(2017), 뉴욕: 옥스퍼드 대학교출판부(Oxford University Press)

- 닐슨, 마이클(Michael Nielsen), 《발견의 재발명: 네트워크로 연결된 과학의 새로운 시대(Reinventing Discovery: The New Era of Networked Science)》(2012), 프린스턴, 뉴저지: 프린스턴대학교출판부(Princeton University Press)

- 다산디, 니이에르(Niheer Dasandi), 《민주주의는 실패했는가?(Is Democracy Failing? A primer for the 21st century)》(2018), 런던: 템스 & 허드슨(Thames & Hudson)

- 다우덧, 로스(Ross Douthat), 《퇴폐 사회: 우리는 어쩌다 우리가 이룩한 성공의 희생물이 되었는가(The Decadent Society: How We Became the Victims of Our Own Success)》(2020), 뉴욕: 애비드 리더 프레스(Avid Reader Press)

- 다위, 제임스(James Dowey), 《물질보다 중요한 정신: 지식 접근성과 영국의 산업혁명(Mind Over Matter: Access to Knowledge and the British Industrial Revolution)》(2017), 런던 정치경제대학교(LSE) 학위논문

- 다이슨, 프리먼(Freeman Dyson), 《과학은 반역이다(The Scientist as Rebel)》(2006), 뉴욕:

뉴욕 리뷰 오브 북스 프레스(New Review of Books Press)

- 다이아몬드, 재레드(Jared Diamond),《문명의 붕괴: 과거의 위대했던 문명은 왜 몰락했는 가(Collapse: How Societies Choose to Fail or Survive)》(2005), 런던: 펭귄(Penguin)

- 닥스(Daxx),〈미국 및 세계에는 얼마나 많은 소프트웨어 개발자들이 있는가?(How Many Software Developers Are in the US and the World?)〉(2020), 2020년 5월 30일에 확인, 다음의 링크에서 확인 가능, https://www.daxx.com/blog/development-trends/number-software-developers-world

- 더글러스, 메리(Mary Douglas),《시스템이 사고하는 방식(How Institutions Think)》(1986), 시라큐스, 뉴욕: 시라큐스대학교출판부(Syracuse University Press)

- 데이비스, 윌리엄(William Davies),《긴장 상태: 감정은 어떻게 세계를 장악했는가 (Nervous States: How Feeling Took Over the World)》(2019), 런던: 빈티지(Vintage)

- 데커, 라이언(Ryan Decker), 할티웽어, 존(John Haltiwanger), 자민, 론(Ron Jarmin), 미란 다, 하비에르(Javier Miranda),〈미국 내 일자리 창출과 경제 활성화에서 기업가 정신의 역할(The Role of Entrepreneurship in US Job Creation and Economic Dynamism)〉(2014),《경제전망 저널(Journal of Economic Perspectives)》, 28호 3권, 3~24페이지

- 돌링, 대니(Danny Dorling),《슬로다운: 대가속 시대의 종말, 더 좋은 미래의 시작 (Slowdown: The End of the Great Acceleration And Why It's Good for the Planet, the Economy and Our Lives)》(2020), 뉴헤이븐, 코네티컷: 예일대학교출판부(Yale University Press)

- 드레즈너, 대니얼 W.(Daniel W. Drezner),《아이디어 산업: 비관론자들과 당파주의자들과 금권정치가들은 아이디어의 시장을 어떻게 변화시키고 있는가(The Ideas Industry: How Pessimists, Partisans and Plutocrats are Transforming the Marketplace of Ideas)》(2017), 뉴욕: 옥스퍼드대학교출판부(Oxford University Press)

- 드렉슬러, K. 에릭(K. Eric Drexler),《급진적 풍요: 나노기술의 혁명은 문명을 어떻게 바꿀 것인가(Radical Abundance: How A Revolution in Nanotechnology Will Change Civilization)》(2013), 뉴욕: 퍼블릭 어페어즈(Public Affairs)

- 드롱, 브래드포드(Bradford DeLong),〈20세기는 왜 중국의 세기가 아니었나(Why Was the 20th Century Not a Chinese Century?)〉(2018), 2018년 10월 9일에 확인, 다음의 링크에서 확인 가능, https://www.bradford-delong.com/2018/07/why-was-the-20th-century-not-a-chinese-century-an-outtake-from-slouching-towards-utopia-an-economic-history-of-the-long.html

- 라이트, 로널드(Ronald Wright),《간략하게 보는 진보의 역사(A Short History of Progress)》(2006), 에든버러: 캐넌게이트(Canongate)

- 라이트, 로버트(Robert Wright),《논제로: 역사, 진화, 그리고 인간의 협업(Nonzero:

History, Evolution and Human Cooperation)》(2000), 뉴욕: 판테온 북스(Pantheon Books)

- 라인하트, 벤(Ben Reinhardt), 〈불가능한 것에서 불가피한 것으로의 전환: 개인적인 ARPA 사용자 매뉴얼(Shifting the impossible to the inevitable: A Private ARPA User Manual)》(2021), benreinhardt.com, 2021년 4월 12일에 확인, 다음의 링크에서 확인 가능, https://benjaminreinhardt.com/parpa

- 라인하트, 벤(Ben Reinhardt), 〈아이디어를 찾아내기가 더욱 어려워졌는지에 대한 메모 (Notes on Are Ideas Getting Harder to Find?)》(2020), benreinhardt.com, 2020년 9월 25일에 확인, 다음의 링크에서 확인 가능, https://benjaminreinhardt.com/notes-on-are-ideas-getting-harder-to-find?

- 라카토쉬, 임레(Imre Lakatos), 《과학 연구 프로그램의 방법론: 철학 논문 1권(The Methodology of Scientific Research Programmes: Philosophical Papers Volume 1)》(1980), 케임브리지: 케임브리지대학교출판부(Cambridge University Press)

- 라퐁, 프랑수아(François Lafond), 킴, 대니얼(Daniel Kim), 〈미국 특허분류 체계의 장기적인 역동성(Long-Run Dynamics of the U.S. Patent Classification System)》(2017), SSRN에서 확인 가능, https://ssrn.com/abstract=2924387

- 랜드하우스, 에스더(Esther Landhuis), 〈과학 문헌: 정보의 과부하(Scientific literature: Information overload)》(2016), 《네이처(Nature)》, 533호, 457~458페이지

- 러브록, 제임스(James Lovelock), 《노바세: 다가오는 초지능의 시대(Novacene: The Coming Age of Hyperintelligence)》(2019), 런던: 앨런 레인(Allen Lane)

- 러브록, 제임스(James Lovelock), 《미래로의 험난한 여정(A Rough Ride to the Future)》 (2014), 런던: 앨런 레인(Allen Lane)

- 러브조이, 아서 O.(Arthur O. Lovejoy), 《거대한 존재의 사슬: 아이디어의 역사에 대한 연구(The Great Chain of Being: A Study of the History of An Idea)》(1976), 케임브리지, 매사추세츠: 하버드대학교출판부(Harvard University Press)

- 러킹, 브라이언(Brian Lucking), 블룸, 니컬러스(Nicholas Bloom), 반 리넨, 존(John Van Reenen), 〈R&D로 인한 영향은 바뀌었는가?(Have R&D Spillovers Changed?)》(2018), 전미경제연구소(NBER) 연구논문 번호 No. w24622

- 레이놀즈, 맷(Matt Reynolds), 〈딥마인드의 AI가 처음으로 현실세계에 거대한 문제를 풀기 위해서 더욱 가까이 다가가고 있다(DeepMind's AI is getting closer to its first big real-world application)》(2020), 《와이어드(Wired)》, 2020년 2월 5일에 확인, 다음의 링크에서 확인 가능, https://www.wired.co.uk/article/deepmind-protein-folding-alphafold

- 레인츠, 크리스토퍼 A.(Christopher A. Laincz), 페레토, 피에트로 F.(Pietro F. Peretto), 〈내생적 성장이론에서 규모의 영향: 특정화의 오류가 아닌 응집의 오류(Scale effects in endogenous growth theory: an error of aggregation not specification)》(2006), 《경제성장 저

널(Journal of Economic Growth)》, 2호, 263~288페이지

- 렌윅, 크리스(Chris Renwick), 《모두를 위한 빵: 복지국가의 기원(Bread For All: The Origins of the Welfare State)》(2017), 런던: 앨런 레인(Allen Lane)

- 렌튼, 팀(Tim Lenton) 외, 〈기후의 티핑포인트 너무 위험해서 맞서 상대하기 어렵다 (Climate tipping points too risky to bet against)〉(2019), 《네이처(Nature)》, 2020년 1월 5일에 확인, 다음의 링크에서 확인 가능, https://www.nature.com/articles/d41586-019-03595-0

- 렐러, 톰(Tom Reller), 〈숫자 등으로 살펴보는 엘스비어의 출간 현황(Elsevier publishing a look at the numbers, and more)〉(2016), 엘스비어닷컴(Elsevier.com), 2019년 6월 8일에 확인, 다음의 링크에서 확인 가능, https://www.elsevier.com/connect/elsevier-publishing-a-look-at-the-numbers-and-more

- 렘, 스타니스와프(Stanisław Lem), 《미래학 회의(The Futurological Congress)》(1974), 런던: 펭귄 모던 클래식스(Penguin Modern Classics)

- 로드리게스, 새뮤얼 G.(Samuel G. Rodriques), 마블스톤, 애덤 H.(Adam H. Marblestone), 〈과학, 기술, 의학을 가속화하기 위한 집중연구조직(Focused Research Organizations to Accelerate Science, Technology, and Medicine)〉(2020), 데이 원 프로젝트(Day One Project), 2020년 11월 15일에 확인, 다음의 링크에서 확인 가능, https://www.dayoneproject.org/post/focused-research-organizations-to-accelerate-science-technology-and-medicine

- 로머, 폴 M.(Paul M. Romer), 〈내생적 기술 변화(Endogenous Technological Change)〉(1990), 《정치경제 저널(The Journal of Political Economy)》, 98호 5권, 2부: 개발의 문제점: 자유로운 기업 시스템 학술 연구소 컨퍼런스(The Problem of Development: A Conference of the Institute for the Study of Free Enterprise Systems)

- 로버트슨, 리치(Ritchie Robertson), 《계몽주의: 행복의 추구 1680~1790(The Enlightenment: The Pursuit of Happiness, 1680~1790)》(2020), 런던: 앨런 레인(Allen Lane)

- 로브, 아비(Avi Loeb), 《오무아무아: 하버드가 밝혀낸 외계의 첫 번째 신호 (Extraterrestrial: The First Sign of Intelligent Life Beyond Earth)》(2021), 런던: 존 머리 (John Murray)

- 로빈슨, 앤드루(Andrew Robinson), 《모든 것을 알았던 마지막 사람: 토머스 영, 뉴턴이 틀렸음을 증명하고, 우리가 어떻게 보는지 설명했으며, 병자를 치료하고, 로제타석의 암호를 해독한 익명의 박식가(The Last Man Who Knew Everything: Thomas Young, the Anonymous Polymath Who Proved Newton Wrong, Explained How We See, Cured the Sick and Deciphered the Rosetta Stone)》(2006), 런던: 원월드(Oneworld)

- 로스, 알렉(Alec Ross), 《알렉 로스의 미래 산업 보고서(The Industries of the Future)》

(2017), 런던: 사이먼 & 슈스터(Simon & Schuster)

- 로슬링, 한스(Hans Rosling), 로슬링, 올라(Ola Rosling), 로슬링, 안나 뢴룬드(Anna Rönnlund Rosling), 《팩트풀니스: 우리가 세상을 오해하는 10가지 이유와 세상이 생각보다 괜찮은 이유(Factfulness: Ten Reasons We're Wrong About The World And Why Things Are Better Than You Think)》(2018), 런던: 셉터(Sceptre)

- 로이, 아비크(Avik Roy), 《억압받는 새로운 치료법: 오래 걸리는 의약품 임상시험의 진짜 비용(Stifling New Cures: The True Cost of Lengthy Clinical Drug Trials)》(2012), 뉴욕: 맨해튼 인스티튜트(Manhattan Institute)

- 로이드, 세스(Seth Lloyd), 〈우주의 컴퓨팅 능력(Computational capacity of the universe)〉(2001), 유럽 입자물리연구소(CERN), 2021년 1월 12일에 확인, 다음의 링크에서 확인 가능, http://cds.cern.ch/record/524220/files/0110141.pdf

- 로저, 맥스(Max Roser), 〈미국의 기대수명은 왜 다른 선진국보다 낮을까?(Why is life expectancy in the US lower than in other rich countries?)〉(2020), 데이터로 보는 세계(Our World in Data), 2020년 11월 10일에 확인, 다음의 링크에서 확인 가능, https://ourworldindata.org/us-life-expectancy-low

- 로트먼, 데이비드(David Rotman), 〈AI는 우리가 발명하는 방식을 바꾸고 있다(AI is reinventing the way we invent)〉(2019), 《MIT 테크놀로지 리뷰(MIT Technology Review)》, 2019년 3월 26일에 확인, 다음의 링크에서 확인 가능, https://www.technologyreview.com/2019/02/15/137023/ai-is-reinventing-the-way-we-invent/

- 록키, 샐리(Sally Rockey), 〈연령 및 노동력에 대한 보다 자세한 데이터(More Data on Age and the Workforce)〉(2015), NIH 대외 뉴스(NIH Extramural News), 2019년 8월 25일에 확인, 다음의 링크에서 확인 가능, https://nexus.od.nih.gov/all/2015/03/25/age-of-investigator

- 루키아노프, 그렉(Greg Lukianoff), 하이트, 조너선(Jonathan Haidt), 《나쁜 교육: 덜 너그러운 세대와 편협한 사회는 어떻게 만들어지는가(The Coddling of the American Mind: How Good Intentions and Bad Ideas are Setting Up a Generation for Failure)》(2018), 런던: 앨런 레인(Allen Lane)

- 르 파누, 제임스(James Le Fanu), 〈과학의 막다른 골목(Science's dead end)〉(2010), 《프로스펙트(Prospect)》, 2019년 8월 26일에 확인, 다음의 링크에서 확인 가능, https://www.prospectmagazine.co.uk/magazine/sciences-dead-end

- 르 파누, 제임스(James Le Fanu), 《너무 많은 알약들: 지나친 의료행위가 우리의 건강을 어떻게 위험에 빠트리며, 우리는 그에 대해 어떻게 대처할 수 있나(Too Many Pills: How Too Much Medicine is Endangering our Health and What We Can Do about It)》(2018), 런던: 리틀, 브라운(Little, Brown)

- 르 파누, 제임스(James Le Fanu), 《현대의학의 거의 모든 역사(The Rise and Fall of Modern Medicine)》(2011), 런던: 애버커스(Abacus)

- 리들리, 맷(Matt Ridley), 《모든 것의 진화: 작은 변화들은 어떻게 우리 세상을 변화시키는가(The Evolution of Everything: How Small Changes Transform Our World)》(2016), 런던: 포스 에스테이트(Fourth Estate)

- 리들리, 맷(Matt Ridley), 《이성적 낙관주의자: 번영은 어떻게 진화하는가(The Rational Optimist: How Prosperity Evolves)》(2011), 런던: 포스 에스테이트(Fourth Estate)

- 리들리, 맷(Matt Ridley), 《혁신의 작동 원리(How Innovation Works)》(2020), 런던: 포스 에스테이트(Fourth Estate)

- 리스, 마틴(Martin Rees), 《온 더 퓨처: 기후변화, 생명공학, 인공지능, 우주연구는 인류의 미래를 어떻게 바꾸는가?(On The Future: Prospects For Humanity)》(2018), 프린스턴, 뉴저지: 프린스턴대학교출판부(Princeton University Press)

- 리치, 스튜어트(Stuart Ritchie), 《공상과학: 과학에서의 사기, 편견, 과실, 과장(Science Fictions: Exposing Fraud, Bias, Negligence and Hype in Science)》(2020), 런던: 보들리 헤드(Bodley Head)

- 리콘, 호세 루이스(José Luis Ricón), 〈R&D 분야의 지출은 근시안적인가?(Is there R&D spending myopia?)〉(2015), 닌틸(Nintil), 2021년 1월 6일에 확인, 다음의 링크에서 확인 가능, https://nintil.com/is-there-rd-spending-myopia/

- 리콘, 호세 루이스(José Luis Ricón), 〈블룸의 투 시그마 문제에 대하여: 완전 숙달 학습, 개인 교수법, 직접 교수법의 효율성에 대한 체계적 검토(On Bloom's two sigma problem: A systematic review of the effectiveness of mastery learning, tutoring, and direct instruction)〉(2019), 닌틸(Nintil), 2020년 7월 20일에 확인, 다음의 링크에서 확인 가능, https://nintil.com/bloom-sigma/

- 리콘, 호세 루이스(José Luis Ricón), 〈프로젝트가 아니라 사람에게 투자하라 1: HHMI 및 NIH 원장의 선구자 시상 프로그램(Fund people, not projects I: The HHMI and the NIH Director's Pioneer Award)〉(2020a), 닌틸(Nintil), 2021년 1월 24일에 확인, 다음의 링크에서 확인 가능, https://nintil.com/hhmi-and-nih/

- 리콘, 호세 루이스(José Luis Ricón), 〈플랑크가 옳았을까? 노화가 과학자의 생산성에 미치는 영향(Was Planck right? The effects of aging on the productivity of scientists)〉(2020b), 닌틸(Nintil), 2021년 1월 14일에 확인, 다음의 링크에서 확인 가능, https://nintil.com/age-and-science/

- 리프킨, 제러미(Jeremy Rifkin), 《한계비용 제로 사회: 사물인터넷과 공유경제의 부상(The Zero Marginal Cost Society: The Internet of Things, The Collaborative Commons, and The Eclipse of Capitalism)》(2014), 뉴욕: 팰그레이브(Palgrave)

- 링엘,, 마이클 S.(Michael S. Ringel), 스캐널, 잭(Jack Scannell), 배데커, 마티아스(Mathias Baedeker), 슐체, 울리크(Ulrik Schulze), 〈이룸의 법칙 분쇄하기(Breaking Eroom's Law)〉(2020), 《네이처 의약품 발견 리뷰(Nature Reviews Drug Discovery)》, 19호, 833~834 페이지

- 마드리갈, 알렉시스 C.(Alexis C. Madrigal), 〈실리콘밸리가 온 세상이 그들을 부러워하게 만들었던 특유의 문화를 저버리고 있다(Silicon Valley Abandons the Culture That Made It the Envy of the World)〉(2020), 디 애틀랜틱(The Atlantic), 2020년 1월 21일에 확인, 다음의 링크에서 확인 가능, https://www.theatlantic.com/technology/archive/2020/01/why-silicon-valley-and-big-tech-dont-innovate-anymore/604969/

- 마르티니스, 존(John Martinis), 보이소, 세르히오(Sergio Boixo), 〈프로그래밍 가능한 초전도 프로세서를 활용한 양자 우위(Quantum Supremacy Using a Programmable Superconducting Processor)〉(2019), 구글 블로그, 2020년 4월 11일에 확인, 다음의 링크에서 확인 가능, https://ai.googleblog.com/2019/10/quantum-supremacy-using-programmable.html?m=1

- 마부바니, 키쇼레(Kishore Mahbubani), 《서양은 자극을 잃어버렸는가?(Has The West Lost It?: A Provocation)》(2018), 런던: 앨런 레인(Allen Lane)

- 마수에스, 브루노(Bruno Maçães), 〈코로나 이후, 거대한 가속이 준비되어 있다(After Covid, get ready for the Great Acceleration)〉(2021), 스펙테이터(Spectator), 2021년 3월 15일에 확인, 다음의 링크에서 확인 가능, https://www.spectator.co.uk/article/after-covid-get-ready-for-the-great-acceleration

- 마추카토, 마리아나(Mariana Mazzucato), 《가치의 모든 것: 위기의 자본주의, 가치 논의로 다시 시작하는 경제학(The Value of Everything: Making and Taking in the Global Economy)》(2018b), 런던: 앨런 레인(Allen Lane)

- 마추카토, 마리아나(Mariana Mazzucato), 《기업가형 국가: 공공경제부문의 한계 극복 대안(The Entrepreneurial State: Debunking Public vs. Private Sector Myths)》(2013), 런던: 앤섬 프레스(Anthem Press)

- 마추카토, 마리아나(Mariana Mazzucato), 《미션 경제: 변화하는 자본주의에 대한 혁신적 가이드(Mission Economy: A Moonshot Guide to Changing Capitalism)》(2021), 런던: 앨런 레인(Allen Lane)

- 마추카토, 마리아나(Mariana Mazzucato), 〈미션 지향적 혁신 정책: 도전과 기회(Mission-oriented innovation policies: challenges and opportunities)〉(2018a), 《산업 및 기업의 변화 (Industrial and Corporate Change)》, 27호 5권, 80315페이지

- 마커스, 존(Jon Marcus), 〈재학생의 수가 줄어드는 가운데, 인문학 관련 단과대학들이 존재의 정당성을 입증하기 위해 고군분투하고 있다(With enrollment sliding, liberal arts colleges struggle to make a case for themselves)〉(2018), 헤킨저 리포트(The Hechinger

Report), 2021년 1월 9일에 확인, 다음의 링크에서 확인 가능, https://hechingerreport. org/with-enrollment-sliding-liberal-arts-colleges-struggle-to-make-a-case-for-themselves/

- 마틴, 리처드(Richard Martin), 〈대형 과학의 비용은 얼마인가(Weighing the Cost of Big Science)〉(2015), 《MIT 테크놀로지 리뷰(MIT Technology Review)》, 2019년 3월 6일에 확인, 다음의 링크에서 확인 가능, https://www.technologyreview. com/2015/09/22/166155/weighing-the-cost-of-big-science/

- 말라파티, 스미리티(Smriti Mallapaty), 〈논문 저자의 수가 급증하고 있다(Paper authorship goes hyper)〉(2018), 네이처 인덱스(Nature Index), 2018년 10월 19일에 확인, 다음의 링크에서 확인 가능, https://www.natureindex.com/news-blog/paper-authorship-goes-hyper

- 말론, 토머스 W.(Thomas W. Malone), 《슈퍼마인드: 초연결성은 우리의 문제해결 방식을 어떻게 바꾸고 있나(Superminds: How Hyperconnectivity is Changing the Way We Solve Problems)》(2018), 런던: 원월드(Oneworld)

- 매덕스, 존(John Maddox), 《아직 발견되지 않은 것들: 우주의 비밀, 생명의 기원, 인류의 미래를 밝혀내기(What Remains to Be Discovered: Mapping the Secrets of the Universe, the Origins of Life, and the Future of the Human Race)》(1999), 뉴욕: 터치스톤(Touchstone)

- 매컬로, 데이비드(David McCullough), 《라이트 형제: 전설의 배후에 숨어 있는 극적인 이야기(The Wright Brothers: The Dramatic Story behind the Legend)》(2015), 런던: 사이먼 & 슈스터(Simon & Schuster)

- 매코믹, 패키(Packy McCormick), 〈마술을 부리는 시니어스(Conjuring Scenius)〉(2020), perrell.com, 2020년 6월 18일에 확인, 다음의 링크에서 확인 가능, https://perell.com/fellowship/conjuring-scenius/

- 매클로스키, 디어드리 낸슨(Deirdre Nansen McCloskey), 《부르주아적 평등: 자본이나 제도가 아니라, 어떻게 아이디어가 세상을 계몽시켰는가(Bourgeois Equality: How Ideas, Not Capital or Institutions, Enriched the World)》(2017), 시카고: 시카고대학교출판부(University of Chicago Press)

- 맥도날드, 이언(Ian McDonald), 《신들의 강(River of Gods)》(2005), 런던: 포켓 북스(Pocket Books)

- 맥메이언, 제프(Jeff McMahon), 〈핵융합은 진정으로 실현에 근접했는가? 그렇다, 머신러닝 덕분이다(Is Fusion Really Close To Reality? Yes, Thanks To Machine Learning)〉(2020), 《포브스(Forbes)》, 2020년 9월 23일에 확인, 다음의 링크에서 확인 가능, https://www.forbes.com/sites/jeffmcmahon/2020/04/27/is-fusion-really-closer-to-reality-yes-thanks-to-machine-learning/?sh=4653592652b6

- 맥어피, 앤드루(Andrew McAfee), 브린욜프슨, 에릭(Erik Brynjolfsson), 《머신 플랫폼 크라우드: 트리플레볼루션의 시대가 온다(Machine Platform Crowd: Harnessing Our Digital Future)》(2017), 뉴욕: W. W. 노튼(W. W. Norton)

- 머튼, 로버트 K.(Robert K. Merton), 〈과학적 발견의 단항과 배수: 과학사회학의 한 장(Singletons and Multiples in Scientific Discovery: A Chapter in the Sociology of Science)〉(1961), 《미국철학학회(APS) 회의록》, 105호 5권, 470~486페이지, 2020년 9월 8일에 확인, 다음의 링크에서 확인 가능. http://www.jstor.org/stable/985546

- 머튼, 로버트 K.(Robert K. Merton), 《사회구조와 과학에 대하여(On Social Structure and Science)》(1996), 시카고: 시카고대학교출판부(University of Chicago Press)

- 머튼, 로버트 K.(Robert K. Merton), 바버, 엘리노어(Elinor Barber), 《우연한 발견의 여행과 모험(The Travels and Adventures of Serendipity)》(2003), 프린스턴, 뉴저지: 프린스턴대학교출판부(Princeton University Press)

- 멀건, 제프(Geoff Mulgan), 《거대한 정신: 집단 지성은 어떻게 세상을 바꿀 수 있는가(Big Mind: How Collective Intelligence Can Change The World)》(2018), 프린스턴, 뉴저지: 프린스턴대학교출판부(Princeton University Press)

- 멀러, 제리 Z.(Jerry Z. Muller), 《성과지표의 배신(The Tyranny of Metrics)》(2018), 프린스턴, 뉴저지: 프린스턴대학교출판부(Princeton University Press)

- 멍, 판캉(Fankang Meng), 엘리스, 톰(Tom Ellis), 〈합성생물학의 두 번째 10년대: 2010~2020(The second decade of synthetic biology: 2010~2020)〉(2020), 《네이처 커뮤니케이션스(Nature Communications)》, 11호 5174권

- 메수디, 알렉스(Alex Mesoudi), 〈가변적인 문화적 취득 비용이 문화의 누적 진화를 제약한다(Variable Cultural Acquisition Costs Constrain Cumulative Cultural Evolution)〉(2011), 《플로스 원(PLOS ONE)》, 6호 3권, e18239

- 메이헌, 바실(Basil Mahon), 《모든 것을 바꾼 사람: 전기와 자기의 신비를 풀어낸 위대한 과학자 제임스 맥스웰의 생애와 업적(The Man Who Changed Everything: The Life of James Clerk Maxwell)》(2004), 치체스터: 윌리(Wiley)

- 모레티, 엔리코(Enrico Moretti), 〈최첨단 클러스터가 최고 수준 발명가의 생산성에 미치는 영향(The Effect of High-Tech Clusters on the Productivity of Top Inventors)〉(2019), 전미경제연구소(NBER) 연구논문 26270

- 모레티, 프랑코(Franco Moretti), 《멀리서 읽기(Distant Reading)》(2013), 런던: 베르소(Verso)

- 모리스, 이언(Ian Morris), 《왜 서양이 지배하는가: 지난 200년 동안 인류가 풀지 못한 문제(Why The West Rules For Now: The patterns of history and what they reveal about the future)》(2010), 런던: 프로파일 북스(Profile Books)

- 모리스, 이언(Ian Morris), 《전쟁의 역설: 폭력으로 평화를 일군 1만 년의 역사(War, What Is It Good For?: The Role of Conflict in Civilisation, From Primates to Robots)》(2014), 런던: 프로파일 북스(Profile Books)

- 모리외, 이브(Yves Morieux), 〈기술은 개선되고 있지만, 생산성은 그렇지 않다. 그 이유는 무엇인가?(Technology is improving, productivity isn't. Why?)〉(2017), 《브런즈윅 리뷰(Brunswick Review)》, 2019년 1월 4일에 확인, 다음의 링크에서 확인 가능, https://www.brunswickgroup.com/yves-morieux-i6394/

- 모키르, 조엘(Joel Mokyr), 《계몽 경제: 영국과 산업 혁명 1700~1850(The Enlightened Economy: Britain and the Industrial Revolution 1700~1850)》(2011), 런던: 펭귄(Penguin)

- 모키르, 조엘(Joel Mokyr), 《부의 지렛대: 기술적 창의성과 경제적 진보(The Lever of Riches: Technological Creativity and Economic Progress)》(1990), 뉴욕: 옥스퍼드대학출판부(Oxford University Press)

- 모키르, 조엘(Joel Mokyr), 《성장의 문화: 현대 경제의 기원(A Culture of Growth: The Origins of the Modern Economy)》(2017), 프린스턴, 뉴저지: 프린스턴대학교출판부(Princeton University Press)

- 모키르, 조엘(Joel Mokyr), 《아테네의 선물: 지식경제의 역사적 기원(The Gifts of Athena: Historical Origins of the Knowledge Economy)》(2002), 프린스턴, 뉴저지: 프린스턴대학교출판부(Princeton University Press)

- 모키르, 조엘(Joel Mokyr), 〈2차 산업혁명, 1870~1914(The Second Industrial Revolution, 1870~1914)〉(1999), 《세계 경제사(Storia dell'economia Mondiale)》, 로마: 라테르차(Laterza)

- 모키르, 조엘(Joel Mokyr), 〈위대한 아이디어: 기술의 용에 올라타기(Big Ideas: Riding the Technology Dragon)〉(2014), 《밀켄 인스티튜트 리뷰(The Milken Institute Review)》, 2014년 2분기

- 모키르, 조엘(Joel Mokyr), 〈카드월의 법칙과 기술적 진보의 정치경제(Cardwell's Law and the political economy of technological progress)〉(1994), 《리서치폴리시(Research Policy)》, 23호 5권, 561~574페이지

- 모키르, 조엘(Joel Mokyr), 〈혁신의 과거와 미래: 경제사에서 배울 수 있는 몇 가지 교훈(The past and the future of innovation: Some lessons from economic history)〉(2018), 《경제사 탐구(Explorations in Economic History)》, 69호, 13~26페이지

- 모턴, 올리버(Oliver Morton), 〈살아 있는 유기체를 다루는 공학은 조만간 모든 것을 바꾸기 시작할 수 있다(The engineering of living organisms could soon start changing everything)〉(2019), 《이코노미스트(The Economist)》, 2020년 1월 3일에 확인, 다음의 링크에서 확인 가능, https://www.economist.com/technology-quarterly/2019/04/04/theengineering-of-living-organisms-could-soon-start-changing-everything

- 무어, 질리언(Gillian Moore), 《봄의 제전: 근대성의 음악(The Rite of Spring: The Music of Modernity)》(2019), 런던: 헤드 오브 제우스(Head of Zeus)

- 무투크리슈나, 마이클(Michael Muthukrishna), 헨릭, 조지프(Joseph Henrich), 〈집단 두뇌 안에서의 혁신(Innovation in the collective brain)〉(2016), 《왕립학회 철학회보 B(Philosophical Transactions of the Royal Society B)》, 371호 1690권, No. 1690, 20150192

- 믈로디노프, 레너드(Leonard Mlodinow), 《탄력성: 끊임없이 변화하는 세상에서의 유연한 사고(Elastic: Flexible Thinking in a Constantly Changing World)》(2019), 런던: 펭귄(Penguin)

- 밀러, 아서 I.(Arthur I. Miller), 《기계 속의 예술가: AI를 활용한 창의성의 세계(The Artist in the Machine: The World of AI-Powered Creativity)》(2019), 보스턴, 매사추세츠: MIT출판부(MIT Press)

- 바네르지, 아비지트 V.(Abhijit V. Banerjee), 뒤플로, 에스테르(Esther Duflo), 《힘든 시대를 위한 좋은 경제학(Good Economics for Hard Times: Better Answers to Our Biggest Problems)》(2019), 런던: 앨런 레인(Allen Lane)

- 바칼, 사피(Safi Bahcall), 《룬샷: 전쟁, 질병, 불황의 위기를 승리로 이끄는 설계의 힘(Loonshots: How to Nurture the Crazy Ideas that Win Wars, Cure Diseases, and Transform Industries)》(2019), 뉴욕: 세인트 마틴스 프레스(St Martin's Press)

- 바타차리아, 제이(Jay Bhattacharya), 파칼렌, 미코(Mikko Packalen), 〈침체와 과학적 인센티브(Stagnation and Scientific Incentives)〉(2020), 전미경제연구소(NBER) 연구 논문 26752, 다음의 링크에서 확인 가능, https://www.nber.org/papers/w26752

- 버크, 스튜어트(Stuart Buck), 〈과학의 역설을 탈출하기(Escaping Science's Paradox)〉(2020), 《웍스 인 프로그레스(Works in Progress)》, 2021년 4월 7일에 확인, 다음의 링크에서 확인 가능, https://worksinprogress.co/issue/escaping-sciences-paradox/

- 버크, 피터(Peter Burke), 《박학다식한 사람들: 레오나르도 다빈치에서 수전 손태그에 이르기까지 문화의 역사(The Polymath: A Cultural History from Leonardo da Vinci to Susan Sontag)》(2020), 뉴헤이븐, 코네티컷: 예일대학교출판부(Yale University Press)

- 버호벤, 데니스(Dennis Verhoeven), 〈다양하게 함께 나눠먹을 것인가, 아니면 셰프의 일품요리인가? 조직 내 지식 다양성과 획기적인 혁신(Potluck or Chef de Cuisine? Knowledge Diversity in Teams and Breakthrough Invention)〉(2020), SSRN의 링크에서 확인 가능, https://ssrn.com/abstract=2629602

- 베르케스, 엔리코(Enrico Berkes), 가에타니, 루벤(Ruben Gaetani), 〈파격적인 혁신의 지리학(The Geography of Unconventional Innovation)〉(2019), 로트먼경영대학원(Rotman School of Management) 연구 논문 No. 3423143

- 베센, 제임스 E.(James E. Bessen), 덴크, 에리히(Erich Denk), 김주원(Kim Joowon), 리기, 세사르(Cesare Righi), 〈감소하는 산업 혁신(Declining Industrial Disruption)〉(2020), 보스턴대학교 법학대학원, 법학 및 경제학 연구 논문 20~28페이지

- 베이커, 모냐(Monya Baker), 〈1,500명의 과학자들이 재현성에 대해서 입을 열다(1,500 scientists lift the lid on reproducibility)〉(2016), 《네이처(Nature)》, 533호, 452~454페이지

- 벡, 울리히(Ulrich Beck), 《위험 사회: 새로운 근대성을 향하여(Risk Society: Towards a New Modernity)》(1992), 런던: SAGE

- 벨로트, 헨리(Henry Belot), 〈노벨상 수상자인 피터 도허티, 연구자금을 지원할 때 국익과 관련한 검증을 하는 것을 비판하다(Nobel Prize winner Peter Doherty criticises national interest test on research funding)〉(2018), ABC, 2018 10월 31일 확인, 다음의 링크에서 확인 가능, https://amp.abc.net.au/article/10450504

- 보스트롬, 닉(Nick Bostrom), 《슈퍼인텔리전스: 경로, 위험, 전략(Superintelligence: Paths, Strategies, Dangers)》(2017), 옥스퍼드: 옥스퍼드대학교출판부(Oxford University Press)

- 볼래스, 디트리히(Dietrich Vollrath), 〈생산성의 성장세는 언제 둔화되었는가?(When did productivity growth slow down?)〉(2020b), 디트리히 볼래스 홈페이지(Growthecon), 2021년 3월 29일에 확인, 다음의 링크에서 확인 가능, https://growthecon.com/blog/BLS-TFP

- 볼래스, 디트리히(Dietrich Vollrath), 《성장의 종말: 정점에 다다른 세계 경제, 어떻게 돌파할 것인가(Fully Grown: Why a Stagnant Economy Is a Sign of Success)》(2020a), 시카고: 시카고대학교출판부(University of Chicago Press)

- 볼세트, 스타인 에밀(Stein Emil Vollset) 외, 〈2017년부터 2100년까지 195개 국가 및 영토에서 벌어질 출산율, 사망률, 이주, 인구 예측(Fertility, mortality, migration, and population scenarios for 195 countries and territories from 2017 to 2100)〉(2020), 《랜싯(The Lancet)》, 396호 10258권, 1285~1306페이지

- 부드로, 케빈(Kevin Boudreau), 구이난, 에바(Eva Guinan), 라카니, 카림 R.(Karim R. Lakhani), 리들, 크리스토프(Christoph Riedl), 〈지식의 변방 전역과 그 너머를 바라보기: 과학에서의 지적인 거리와 자원 할당(Looking Across and Looking Beyond the Knowledge Frontier: Intellectual Distance and Resource Allocation in Science)〉(2016), 《경영과학(Management Science)》, 62호 10권, 2765~3084페이지

- 부드리, 마르텐(Maarten Boudry), 〈인간의 지성: 우리는 지식의 한계에 도달했는가?(Human intelligence: have we reached the limit of knowledge?)〉(2019), 《더 컨버세이션(The Conversation)》, 2019년 10월 29일에 확인, 다음의 링크에서 확인 가능, https://theconversation.com/human-intelligence-have-we-reached-the-limit-of-knowledge-124819

- 부시, 버니바(Vannevar Bush), 《과학: 끝없는 국경(Science: The Endless Frontier)》, 워싱턴 D. C., 미국 정부 인쇄국(United States Government Printing Office)

- 부흐티, 스테판(Stefan Wuchty), 존스, 벤저민 F.(Benjamin F. Jones), 우지, 브라이언 (Brian Uzzi), 〈지식 생산에서 점점 더 증가하는 집단 연구의 우세 현상(The Increasing Dominance of Teams in Production of Knowledge)〉(2007), 《사이언스(Science)》, 316호 5827권, 1036~1039페이지

- 브레넌, 라일리(Reilly Brennan), 〈자율주행 이동수단의 현황(The State of Autonomous Transportation)〉(2019), 2021년 1월 11일에 확인, 다음의 링크에서 확인 가능, https://www.exponentialview.co/p/the-state-of-autonomous-transportation

- 브레이븐, 도널드 W.(Donald W. Braben), 《과학적 자유: 문명의 묘약(Scientific Freedom: The Elixir of Civilization)》(2020), 샌프란시스코: 스트라이프 프레스(Stripe Press)

- 브로멈, 린들(Lindell Bromham), 디너지, 러셀(Russell Dinnage), 샤화(Xia Hua), 〈학제 간 연구에서는 자금을 지원받을 가능성이 지속적으로 낮아지고 있다(Interdisciplinary research has consistently lower funding success)〉(2016), 《네이처(Nature)》, 534호, 684~687 페이지

- 브로클리스, 로런스(Laurence Brockliss), 《옥스퍼드대학교: 간략한 역사(The University of Oxford: A Brief History)》(2019), 옥스퍼드: 보들리언 도서관(Bodleian Library)

- 브록만, 존(John Brockman)(편), 《인공지능은 무엇이 되려 하는가: AI의 가능성과 위험을 바라보는 석학 25인의 시선(Possible Minds: 25 Ways of Looking At AI)》(2020), 뉴욕: 펭귄(Penguin)

- 블룸, 니컬러스(Nicholas Bloom), 반 리넨, 존(John Van Reenen), 윌리엄스, 하이디 (Heidi Williams), 〈혁신을 장려하기 위한 정책 도구들(A Toolkit of Policies to Promote Innovation)〉(2019), 《경제전망 저널(Journal of Economic Perspectives)》, 33호 3권, 163~184페이지

- 블룸, 니컬러스(Nicholas Bloom), 존스, 찰스 I.(Charles I. Jones), 반 리넨, 존(John Van Reenen), 웹, 마이클(Michael Webb), 〈아이디어를 찾아내기가 점점 더 힘들어지고 있는가?(Are Ideas Getting Harder to Find?)〉(2020), 《아메리칸 이코노믹 리뷰(American Economic Review)》, 110호 4권, 1104~1144페이지

- 비아시, 바버라(Barbara Biasi), 마송(Song Ma), 〈교육과 혁신의 격차(The Education-Innovation Gap)〉(2020), 2021년 1월 15일에 확인, 다음의 링크에서 확인 가능, https://songma.github.io/files/bm_edu_inno_gap.pdf

- 비카르드, 미카엘(Michaël Bikard), 〈쌍둥이 아이디어: 연구 도구로서의 동시다발적 발견(Idea Twins: Simultaneous Discoveries as a Research Tool)〉(2020), 《전략 경영 저널 (Strategic Management Journal)》, 41호 8권, 1528~1543페이지

- 빈스, 가이아(Gaia Vince), 《초월성: 인간은 불과 언어, 아름다움과 시간을 거치며 어떻게 진화했는가(Transcendence: How Humans Evolved through Fire, Language, Beauty and Time)》(2019), 런던: 앨런 레인(Allen Lane)

- 사우스우드, 벤(Ben Southwood), 〈산업계 R&D 실험실의 흥망성쇠(The rise and fall of the industrial R&D lab)〉(2020), 웍스 인 프로그레스(Works in Progress), 2019년 11월 11일에 확인, 다음의 링크에서 확인 가능, https://worksinprogress.co/issue/the-rise-and-fall-of-the-american-rd-lab/

- 사이드, 매튜(Matthew Syed), 《반란의 아이디어: 다양한 사고의 힘(Rebel Ideas: The Power of diverse Thinking)》(2019), 런던: 존 머리(John Murray)

- 사이머나이트, 톰(Tom Simonite), 〈1970년대에 머물러 있는 기술(Technology Stalled in 1970)〉(2014), 《MIT 테크놀로지 리뷰(MIT Technology Review)》, 2019년 7월 14일에 확인, 다음의 링크에서 확인 가능, https://www.technologyreview.com/2014/09/18/171322/technology-stalled-in-1970/

- 사전트, 존 F.(John F. Sargent), 〈전 세계 연구 및 개발 지출(Global Research and Development Expenditures)〉(2020), 미국 의회조사국(CRS), 2020년 5월 31일에 확인, 다음 링크에서 확인 가능, https://fas.org/sgp/crs/misc/R44283.pdf

- 사토이, 마커스 드(Marcus du Sautoy), 《우리가 절대 알 수 없는 것들에 대해: 인간의 의식에서 우주까지, 과학지식의 한계는 어디까지인가(What We Cannot Know: From Consciousness to the Cosmos, the Cutting Edge of Science Explained)》(2017), 런던: 포스 이스테이트(Fourth Estate)

- 사토이, 마커스 드(Marcus du Sautoy), 《창조력 코드: 인공지능은 왜 바흐의 음악을 듣는가?(The Creativity Code: How AI Is Learning to Write, Paint and Think)》(2019), 런던: 포스 이스테이트(Fourth Estate)

- 새러위츠, 댄(Dan Sarewitz), 〈과학 구하기(Saving Science)〉(2016), 《뉴 아틀란티스(The New Atlantis)》, 2019년 12월 24일에 확인, 다음의 링크에서 확인 가능, https://www.thenewatlantis.com/publications/saving-science

- 색슨, 니컬러스(Nicholas Shaxson), 《부의 흑역사: 왜 금융은 우리의 경제와 삶을 망치는 악당이 되었나(The Finance Curse: How Global Finance Is Making Us All Poorer)》(2018), 런던: 보들리 헤드(The Bodley Head)

- 샌드버그, 앤더스(Anders Sandberg), 드렉슬러, 에릭(Eric Drexler), 오드, 토비(Toby Ord), 〈페르미 역설 해체하기(Dissolving the Fermi Paradox)〉(2018), 아카이브(arXiv), 1806.02404

- 샤프, 칼렙(Caleb Scharf), 《코페르니쿠스의 복잡성: 중대하면서도 그렇지 않은 우리 우주의 탐사(The Copernicus Complex: The Quest for Our Cosmic (In)Significance)》(2015),

런던: 펭귄(Penguin)

- 섐보, 제이(Jay Shambaugh), 넌, 라이언(Ryan Nunn), 브라이트와이저, 오드리(Audrey Breitwieser), 리우, 패트릭(Patrick Liu), 《경쟁 및 역동성의 현황: 집중, 스타트업, 관련 정책에 대한 진실(The State of Competition and Dynamism: Facts about Concentration, Start-Ups, and Related Policies)》(2018), 워싱턴 D. C.: 해밀턴 프로젝트(The Hamilton Project)

- 셸드레이크, 루퍼트(Rupert Sheldrake), 《과학에 대한 착각: 탐구 정신을 해방시키기(The Science Delusion: Freeing the Spirit of Enquiry)》(2013), 런던: 코로넛(Coronet)

- 솔로, 로버트 M.(Robert M. Solow), 〈경제성장 이론에 대한 기여(A Contribution to the Theory of Economic Growth)〉(1956), 《계간 경제학 저널(The Quarterly Journal of Economics)》, 70호 1권, 65~94페이지

- 솜스, 마크(Mark Solms), 《감춰진 스프링: 의식의 원천으로의 여정(The Hidden Spring: A Journey to the Source of Consciousness)》(2021), 런던: 프로파일 북스(Profile Books)

- 쉬펑(Feng Shi), 에반스, 제임스(James Evans), 〈놀라움을 통한 과학 및 기술의 발전(Science and Technology Advance through Surprise)〉(2019), 아카이브(arXiv), 1910.09370

- 슈, 르네(René Scheu), 〈페이팔 공동창업자 및 철학자인 피터 틸, '실리콘밸리 수장들이 스스로 동조화되었다'〉(PayPal founder and philosopher Peter Thiel: 'The heads in Silicon Valley have aligned themselves')(2019), 《노이에 취르허 차이퉁(Neue Zürcher Zeitung)》, 2019년 4월 9일에 확인, 다음의 링크에서 확인 가능https://www.nzz.ch/feuilleton/peter-thiel-donald-trump-handelt-fuer-mich-zu-wenig-disruptiv-ld.1471818?reduced=true

- 슈밥, 클라우스(Klaus Schwab), 《4차 산업혁명(The Fourth Industrial Revolution)》(2017), 런던: 포트폴리오 펭귄(Portfolio Penguin)

- 슈워츠, 피터(Peter Schwartz), 《미래를 읽는 기술(The Art of the Long View: Planning for the Future in an Uncertain World)》(1991), 치체스터: 존 와일리(John Wiley)

- 슈펭글러, 오스발트(Oswald Spengler), 《서양의 쇠퇴(The Decline of the West)》(1991), 옥스퍼드: 옥스퍼드대학교출판부(Oxford University Press)

- 스몰린, 리(Lee Smolin), 《물리학의 문제: 끈이론의 부상과 과학의 하강, 그리고 다음에 펼쳐질 일(The Trouble with Physics: The Rise of String Theory, the Fall of a Science and What Comes Next)》(2008), 런던: 펭귄(Penguin)

- 스몰린, 리(Lee Smolin), 《아인슈타인처럼 양자역학하기: 직관과 상식에 맞는 양자이론을 찾아가는 물리학의 모험(Einstein's Unfinished Revolution: The Search for What Lies Beyond the Quantum)》(2019), 런던: 앨런 레인(Allen Lane)

- 스미스, 노아(Noah Smith), 〈스트라이프 공동창업자이자 CEO인 패트릭 콜리슨과 한 인터뷰(Interview: Patrick Collison, co-founder and CEO of Stripe)〉(2021), 2021년 3월 29

일에 확인, 다음의 링크에서 확인 가능, https://noahpinion.substack.com/p/interview-patrick-collison-co-founder

- 스미스, 켄달 A.(Kendall A. Smith), 〈루이 파스퇴르: 면역학의 아버지(Louis Pasteur: The Father of Immunology)〉(2012), 《면역학의 최전선(Frontiers of Immunology)》, 3호 86권

- 스밀, 바츨라프(Vaclav Smil), 《20세기의 형성: 1867~1916년의 기술 혁신과 그것의 지속적인 영향(Creating the Twentieth Century: Technical Innovations of 1867~1916 and Their Lasting Impact)》(2005), 뉴욕: 옥스퍼드대학교출판부(Oxford University Press)

- 스밀, 바츨라프(Vaclav Smil), 《숫자는 어떻게 진실을 말하는가: 넘겨짚지 않고 현실을 직시하는 71가지 통찰(Numbers Don't Lie: 71 Things You Need to Know About the World)》(2020), 런던: 바이킹(Viking)

- 스밀, 바츨라프(Vaclav Smil), 《에너지란 무엇인가: 석유 가스 전기 소비자를 위한 교양서(Energy and Civilization: A History)》(2017), 케임브리지, 매사추세츠: MIT출판부(MIT Press)

- 스베르들로프, 유진(Eugene Sverdlov), 〈조금씩 증가하는 과학: 논문 및 보조금은 그렇지만, 발견은 그렇지 못하다(Incremental Science: Papers and Grants, Yes; Discoveries, No)〉(2018), 《분자유전학, 미생물학, 바이러스학(Molecular Genetics, Microbiology and Virology)》, 33호 4권, 207~216페이지

- 스젤, 미카엘(Michael Szell), 마이팡(Yifang Ma), 시나트라, 로베르타(Roberta Sinatra), 〈학제 간 연구에 대한 노벨상의 기회(A Nobel opportunity for interdisciplinarity)〉(2018), 《네이처 피직스(Nature Physics)》, 14호, 1075~1078페이지

- 스캐널, 잭 W.(Jack W. Scannell), 블랭클리, 알렉스(Alex Blanckley), 볼든, 헬렌(Helen Boldon), 워링턴, 브라이언(Brian Warrington), 〈의약품 연구개발의 감소세 진단(Diagnosing the decline in pharmaceutical R&D efficiency)〉(2012), 《네이처 리뷰 드럭 디스커버리(Nature Reviews Drug Discovery)》, 11호, 191~200페이지

- 스키너, 마이클(Michael Skinner), 〈진화의 통합이론(Unified theory of evolution)〉(2016), 이언(Aeon), 2019년 11월 2일에 확인, 다음의 링크에서 확인 가능, https://aeon.co/essays/on-epigenetics-we-need-both-darwin-s-and-lamarck-s-theories

- 스턴, 니컬러스(Nicholas Stern), 《우리는 왜 기다리는가? 기후변화에 맞서기 위한 논리, 시급성, 약속(Why Are We Waiting?: The Logic, Urgency and Promise of Tackling Climate Change)》(2015), 케임브리지, 매사추세츠: MIT 프레스(MIT Press)

- 스토크스, 조너선 M.(Jonathan M. Stokes), 〈항생제 연구에서의 딥러닝 접근법(A Deep Learning Approach to Antibiotic Discovery)〉(2020), 셀(Cell), 180호 4권, 688~702,e13페이지

- 슬로먼, 스티븐(Steven Sloman), 페른백, 필립(Philip Fernbach), 《지식의 착각: 왜 우리는 스스로를 똑똑하다고 생각하는가(The Knowledge Illusion: Why We Never Think

Alone》(2017), 런던: 맥밀런(Macmillan)

- 시니어, 앤드루(Andrew Senior), 점퍼, 존(John Jumper), 하사비스, 데미스(Demis Hassabis), 코흘리, 푸시미트(Pushmeet Kohli), 〈알파폴드: AI를 활용한 과학 연구 (AlphaFold: Using AI for scientific discovery)〉(2020), 딥마인드(DeepMind), 2020년 2월 5일에 확인, 다음의 링크에서 확인 가능, https://deepmind.com/blog/article/AlphaFold-Using-AI-for-scientific-discovery

- 시라노스키, 데이비드(David Cyranoski), 〈크리스퍼 아기 스캔들: 인간 유전자 편집의 다음 단계는 무엇인가(The CRISPR-baby scandal: what's next for human gene-editing)〉(2019), 《네이처(Nature)》, 2020년 3월 15일에 확인, 다음의 링크에서 확인 가능, https://www.nature.com/articles/d41586-019-00673-1

- 싱, 자스지트(Jasjit Singh), 플레밍, 리(Lee Fleming), 〈혁신의 원천으로서 개별 발명가들: 신화인가 아니면 현실인가?(Lone Inventors as Sources of Breakthroughs: Myth or Reality?)〉(2010), 《경영과학(Management Science)》, 56호 1권

- 아가르왈, 루치르(Ruchir Agarwal), 고울리, 패트릭(Patrick Gaulé), 《보이지 않는 천재들: 지식의 최전선은 더욱 빠르게 발전할 수 있을까?(Invisible Geniuses: Could the Knowledge Frontier Advance Faster?)》(2018), IZA 노동경제학연구소(IZA Institute of Labour Economics) 토론 논문

- 아로라, 아쉬쉬(Ashish Arora), 벨런즌, 섀런(Sharon Belenzon), 파타코니, 안드레아(Andrea Patacconi), 〈황금알을 낳는 거위를 죽이고 있는가? 기업 R&D에서 과학의 쇠퇴(Killing the Golden Goose? The Decline of Science in Corporate R&D)〉(2015), 전미경제연구소(NBER) 연구논문 번호 w20902

- 아로라, 아쉬쉬(Ashish Arora), 벨런즌, 섀런(Sharon Belenzon), 파타코니, 안드레아(Andrea Patacconi), 서정규(Suh Jungkyu), 〈미국 혁신의 변화하는 구조: 경제성장에 대한 일부 경고 신호(The Changing Structure of American Innovation: Some Cautionary Remarks for Economic Growth)〉(2020), 《혁신 정책 및 경제(Innovation Policy and the Economy)》, 20호

- 아브스맨, 새뮤얼(Samuel Arbesman), 《과도한 복잡성: 이해의 한계에 있는 기술 (Overcomplicated: Technology at the Limits of Comprehension)》(2017), 뉴욕: 포트폴리오 펭귄(Portfolio Penguin)

- 아브스맨, 새뮤얼(Samuel Arbesman), 《진실의 반감기: 왜 우리가 알고 있는 모든 것에는 유통기한이 있는가(The Half-Life of Facts: Why Everything We Know Has An Expiration Date)》(2012), 뉴욕: 커런트(Current)

- 아브스맨, 새뮤얼(Samuel Arbesman), 〈과학적 발견의 용이성 정량화(Quantifying the Ease of Scientific Discovery)〉(2011), 《과학계량학(Scientometrics)》, 86호 2권, 245~250페이지

- 아사엘, 야니스(Yannis Assael), 솜머실드, 테어(Thea Sommerschield), 프래그, 조너선(Jonathan Prag), 〈딥러닝을 활용한 고대 텍스트 복원: 그리스 비문에 대한 사례 연구(Restoring ancient text using deep learning: a case study on Greek epigraphy)〉(2019), 아카이브(arXiv, 1910.06262)

- 아시모프, 아이작(Isaac Asimov), 《파운데이션(Foundation)》(1951년 초판 발행), 런던: 하버보이저(HarperVoyager)

- 아이젠슈타인, 엘리자베스 L.(Elizabeth L. Eisenstein), 《변화의 동인이었던 인쇄기: 근대 초기 유럽에서의 의사소통 및 문화적 전환(The Printing Press as an Agent of Change: Communications and Cultural Transformations in Early-Modern Europe)》(1979), 케임브리지: 케임브리지대학교출판부(Cambridge University Press)

- 아줄레, 피에르(Pierre Azoulay), 〈우리 스스로에게 과학적 기법을 적용하기(Turn the scientific method on ourselves)〉(2012), 《네이처(Nature)》, 484호, 31~32페이지

- 아줄레, 피에르(Pierre Azoulay), 리, 다니엘레(Danielle Li), 〈과학에 대한 보조금 지원(Scientific Grant Funding)〉(2020), 전미경제연구소(NBER) 연구논문 26889

- 아줄레, 피에르(Pierre Azoulay), 지빈, 조슈아 S. 그라프(Joshua S. Graff Zivin), 만소, 구스타보(Gustavo Manso), 〈인센티브와 창의성: 생명과학 학계의 사례(Incentives and creativity: evidence from the academic life sciences)〉(2011), 《랜드 경제학 저널(The RAND Journal of Economics)》, 42호, 3권, 527~554페이지

- 아줄레, 피에르(Pierre Azoulay), 지빈, 조슈아 S. 그라프(Joshua S. Graff Zivin), 폰스-로센, 크리스티안(Christian Fons-Rosen), 〈과학은 장례식이 한 번 열릴 때마다 발전할까?(Does Science Advance One Funeral at a Time?)〉(2019), 《아메리칸 이코노믹 리뷰(American Economic Review)》, 109호 8권, 2889~2920페이지

- 아크치기트, 우푸크(Ufuk Akcigit), 아테스, 시나 T.(Sina T. Ates), 〈미국 비즈니스의 역동성에 무슨 일이 일어났는가?(What Happened to U.S. Business Dynamism?)〉(2019), 전미경제연구소(NBER) 연구논문 25756

- 알렉산더, 스콧(Scott Alexander), 〈과학은 속도가 느려지고 있는가?(Is Science Slowing Down?)〉(2018), 슬레이트스타코덱스(SlateStarCodex), 2020년 10월 22일에 확인, 다음의 링크에서 확인 가능, https://slatestarcodex.com/2018/11/26/is-science-slowing-down-2

- 알쿠라이시, 모하메드(Mohammed AlQuraishi), 〈CASP13에서의 알파폴드: '무슨 일이 일어난 것인가?'(AlphaFold @ CASP13: 'What just happened?')〉(2018), 2020년 2월 5일에 확인, 다음의 링크에서 확인 가능, https://moalquraishi.wordpress.com/2018/12/09/alphafold-casp13-what-just-happened/

- 알쿠라이시, 모하메드(Mohammed AlQuraishi), 〈CASP14에서의 알파폴드2: '누군가

의 자식이 집을 떠난 것처럼 느껴진다'(AlphaFold2 @ CASP14: 'It feels like one's child has left home'))(2020), 2020년 12월 23일에 확인, 다음의 링크에서 확인 가능, https://moalquraishi.wordpress.com/2020/12/08/alphafold2-casp14-it-feels-like-ones-child-has-left-home/

- 암스트롱, 브라이언(Brian Armstrong), 〈과학 연구를 개선하는 방법에 대한 아이디어 (Ideas on how to improve scientific research))(2019), 2020년 6월 14일에 확인, 다음의 링크에서 확인 가능, https://medium.com/@barmstrong/ideas-on-how-to-improve-scientific-research-9e2e56474132

- 암스트롱, 해리(Harry Armstrong), 〈혁신을 가능하게 하는 규제에 대한 접근법 (Innovation-enabling approaches to regulation))(2020), 네스타(Nesta), 2020년 7월 9일에 확인, 다음의 링크에서 확인 가능, https://www.nesta.org.uk/blog/innovation-enabling-approaches-regulation/

- 애런드, 엘리사(Elisa Arond), 벨, 마틴(Martin Bell), 《1970년대 이후 전 세계 연구개발비 분포 추세: 데이터 및 그에 대한 해석과 한계(Trends in the Global Distribution of R&D Since the 1970s: Data, their Interpretation and Limitations))(2010), 스텝스(STEPS) 연구논문 39호, 브라이튼: 스텝스 센터(STEPS Centre)

- 앤더슨, 커트(Kurt Andersen), 〈당신은 변화를 말하는가?(You Say You Want a Devolution?)〉 (2011), 베니티 페어(Vanity Fair), 2020년 10월 6일에 확인, 다음의 링크에서 확인 가능, https://www.vanityfair.com/style/2012/01/prisoners-of-style-201201

- 야니크, 알란(Allan Janik), 툴민, 스티븐(Stephen Toulmin), 《비트겐슈타인의 비엔나 (Wittgenstein's Vienna))(1973), 뉴욕: 사이먼 & 슈스터(Simon & Schuster)

- 에릭슨, 프레드릭(Fredrik Erixon), 바이겔, 비요른(Björn Weigel), 《혁신의 환상: 그토록 힘들게 그렇게나 많은 시간을 연구하는 것에 비해서 만들어지는 것은 왜 이토록 적은가 (The Innovation Illusion: How So Little Is Created By So Many Working So Hard))(2016), 뉴헤이븐, 코네티컷: 예일대학교출판부(Yale University Press)

- 에반스, 베네딕트(Benedict Evans), 램버트, 올리버(Oliver Lambert), 〈유럽, 유니콘, 그리고 전 세계적인 기술의 확산 미국 인터넷의 최후(Europe, Unicorns and Global Tech Diffusion The End of the American Internet))(2020), 모자이크 벤처스(Mosaic Ventures), 2021년 1월 9일에 확인, 다음의 링크에서 확인 가능, https://www.mosaicventures.com/patterns/europe-unicorns-and-global-tech-diffusion-the-end-of-the-american-internet

- 에이거, 존(Jon Agar), 《20세기 및 그 이후의 과학(Science in the Twentieth Century and Beyond))(2012), 케임브리지: 폴러티 프레스(Polity Press)

- 에저턴, 데이비드(David Edgerton), 《낡고 오래된 것들의 세계사: 석탄, 자전거, 콘돔으로 보는 20세기 기술사(The Shock of the Old: Technology and Global History Since 1900))

(2019), 개정판, 런던: 프로파일 북스(Profile Books)

- 엡스타인, 데이비드(David Epstein), 《늦깎이 천재들의 비밀: 전문화된 세상에서 늦깎이 제너럴리스트가 성공하는 이유(Range: How Generalists Triumph in a Specialized World)》(2019), 런던: 맥밀런(Macmillan)

- 오들리즈코, 앤드루(Andrew Odlyzko), 〈규제받지 않는 연구의 쇠퇴(The decline of unfettered research)〉(1995), 미네소타대학교(University of Minnesota), 트윈 시티스(Twin Cities), 2020년 10월 11일에 확인, 다음의 링크에서 확인 가능, http://www.dtc.umn.edu/~odlyzko/doc/decline.txt

- 오메이허니, 시머스(Seamus O'Mahony), 《의학은 치유될 수 있는가? 어느 전문 직종의 타락(Can Medicine Be Cured? The Corruption of a Profession)》(2019), 런던: 헤드 오브 제우스(Head of Zeus)

- 오벤던, 리처드(Richard Ovenden), 《불타는 책들: 공격받은 지식의 역사(Burning The Books: A History of Knowledge Under Attack)》(2020), 런던: 존 머리(John Murray)

- 오코너, 케일린(Cailin O'Connor), 웨더럴, 제임스 오언(James Owen Weatherall), 〈과학의 양극화(Scientific polarization)〉(2018), 《유럽 과학철학 저널(European Journal for Philosophy of Science)》, 8호 3권, 855~875페이지

- 오코시, 유키(Yuki Okoshi), 〈중국의 연구 논문들이 첨단 기술 분야에서 세계를 이끌고 있다(China's research papers lead the world in cutting-edge tech)〉(2019), 닛케이 아시아(Nikkei Asia), 2021년 1월 27일에 확인, 다음의 링크에서 확인 가능, https://asia.nikkei.com/Business/China-tech/China-s-research-papers-lead-the-world-in-cutting-edge-tech

- 와이먼, 칼(Carl Weiman), 《대학에서 과학을 가르치는 방법을 개선하기: 과학 교육 이니셔티브에서 배우는 교훈(Improving How Universities Teach Science: Lessons from the Science Education Initiative)》(2017), 케임브리지, 매사추세츠: 하버드 비즈니스 리뷰 프레스(Harvard Business Review Press)

- 와이츠먼, 마틴(Martin Weitzman), 〈성장 이론의 혼합화(Hybridizing Growth Theory)〉(1996), 《아메리칸 이코노믹 리뷰(The American Economic Review)》, 86호 2권, 207~212페이지

- 와트니, 케일럽(Caleb Watney), 〈거대한 침체의 균열(Cracks in the Great Stagnation)〉(2020), 어글라머레이션스(Agglomerations), 2021년 1월 7일에 확인, 다음의 링크에서 확인 가능, https://www.agglomerations.tech/cracks-in-the-great-stagnation/

- 왓슨, 피터(Peter Watson), 《근대정신: 20세기의 지성사(The Modern Mind: An intellectual history of the 20th century)》(2001), 런던: 하퍼콜린스(HarperCollins)

- 왓슨, 피터(Peter Watson), 《생각의 역사: 불에서 프로이트까지(Ideas: A History from Fire to Freud)》(2006), 런던: 피닉스(Phoenix)

- 왓슨, 피터(Peter Watson), 《컨버전스: 현대 과학사에서 일어난 가장 위대한 지적 전환 (Convergence: The Idea at the Heart of Science)》(2017), 런던: 사이먼 & 슈스터(Simon & Schuster)

- 우르퀴올라, 미구엘(Miguel Urquiola), 《언덕 위의 대학들: 미국이 대학 연구에서 세계를 선도하는 이유(A College on a Hill: Why America Leads the World in University Research)》 (2020), 케임브리지, 매사추세츠: 하버드대학교출판부(Harvard University Press)

- 우링페이(Lingfei Wu), 왕다슌(Dashun Wang), 에반스, 제임스 A.(James A. Evans), 〈과학과 기술에서 대규모 팀은 개발을 하고, 소규모 팀은 파괴적 혁신을 한다(Large teams develop and small teams disrupt science and technology)〉(2019), 《네이처(Nature)》, 566호, 378~382페이지

- 우지, 브라이언(Brian Uzzi), 무케르지, 사티얌(Satyam Mukherjee), 스트링어, 마이클 (Michael Stringer), 벤저민 F. 존스(Benjamin F. Jones), 〈이례적인 조합과 과학적 영향 (Atypical Combinations and Scientific Impact)〉(2013), 사이언스(Science), 342호, 468페이지

- 우튼, 데이비드(David Wootton), 《과학이라는 발명: 1572년에서 1704년 사이에 태어나 오늘의 세계를 만든 과학에 대하여(The Invention of Science: A New History of the Scientific Revolution)》(2015), 런던: 앨런 레인(Allen Lane)

- 울프, 마틴(Martin Wolf), 〈기술적 침체에 대하여(On the Technological Slowdown)〉(2019), 《포린어페어스(Foreign Affairs)》, 2019년 7월 14일에 확인, 다음의 링크에서 확인 가능, https://www.foreignaffairs.com/articles/2015-11-19/martin-wolf-innovation-slowdown

- 워시, 데이비드(David Warsh), 《지식경제학 미스터리: 경제성장의 숨겨진 힘, 지식의 기원과 부의 비밀(Knowledge and the Wealth of Nations: A Story of Economic Discovery)》 (2007), 뉴욕: W. W. 노튼(W. W. Norton)

- 월리스-웰스, 데이비드(David Wallace-Wells), 《사람이 살 수 없는 지구: 미래에 대한 이야기(The Uninhabitable Earth: A Story of the Future)》(2019), 런던: 펭귄(Penguin)

- 웡, 메이(May Wong), 〈여러 학자가 위대한 아이디어를 찾아내기가 점점 더 어려워진다고 말한다(Scholars say big ideas are getting harder to find)〉(2017), Phys.org, 2018년 10월 10일에 확인, 다음의 링크에서 확인 가능, https://phys.org/news/2017-09-scholars-big-ideas-harder.html

- 웨이트먼, 개빈(Gavin Weightman), 《유레카: 발명은 어떻게 이뤄지는가(Eureka: How Invention Happens)》(2015), 뉴헤이븐, 코네티컷: 예일대학교출판부(Yale University Press)

- 윈체스터, 사이먼(Simon Winchester), 《중국을 사랑한 사나이: 중세 왕국의 미스터리를

풀어낸 괴짜 과학자의 환상적인 이야기(The Man Who Loved China: The Fantastic Story of the Eccentric Scientist Who Unlocked the Mysteries of the Middle Kingdom)》(2008), 뉴욕: 하퍼콜린스(HarperCollins)

- 윌리엄스, 제프리 J.(Jeffrey J. Williams), 〈홍보하는 지식인의 부상(The Rise of the Promotional Intellectual)〉(2018), 고등교육기록(The Chronicle of Higher Education), 2018년 8월 22일에 확인, 다음의 링크에서 확인 가능, https://www.chronicle.com/article/the-rise-of-the-promotional-intellectual/

- 윌슨, 에드워드 O.(Edward O. Wilson), 《창의성의 기원(The Origins of Creativity)》(2017), 런던: 앨런 레인(Allen Lane)

- 유, 린다(Linda Yueh), 《위대한 경제학자들: 그들의 아이디어는 오늘날 우리에게 어떻게 도움이 되는가(The Great Economists: How Their Ideas Can Help Us Today)》(2018), 런던: 펭귄 바이킹(Penguin Viking)

- 이글턴, 테리(Terry Eagleton), 《이론의 이후(After Theory)》(2003), 런던: 앨런 레인(Allen Lane)

- 이스라엘, 조너선 I.(Jonathan I. Israel), 《경쟁하는 계몽주의: 철학, 근대성, 그리고 인간의 해방, 16701752(Enlightenment Contested: Philosophy, Modernity and the Emancipation of Man 16701752)》(2006), 옥스퍼드: 옥스퍼드대학교출판부(Oxford University Press)

- 이오니디스, 존(John Ioannidis), 〈메타 연구: 연구에 대한 연구가 중요한 이유(Meta-research: Why research on research matters)〉(2018), 《플로스 바이올로지(PLOS Biology)》, 16호 3권: e2005468

- 이오니디스, 존(John Ioannidis), 〈출간된 연구 결과의 대부분이 거짓인 이유(Why Most Published Research Findings Are False)〉(2005), 《플로스 메디신(PLOS Medicine)》, 2호 8권: e124

- 일리스, 플로리안(Florian Illies), 《1913년 세기의 여름(1913: The Year Before the Storm)》(2013), 런던: 클러컨웰 프레스(The Clerkenwell Press)

- 잉엄, 팀(Tim Ingham), 〈매일 하루에만 거의 4만 곡의 노래가 스포티파이에 추가되고 있다(Nearly 40,000 Tracks Are Being Added To Spotify Every Single Day)〉(2019), 뮤직 비즈니스 월드와이드(Music Business Worldwide), 2019년 9월 15일에 확인, 다음 링크에서 확인 가능, https://www.musicbusinessworldwide.com/nearly-40000-tracks-are-now-being-added-to-spotify-every-single-day

- 잔드, 슬로모(Shlomo Sand), 《프랑스 지성의 종말: 에밀 졸라에서 미셸 우엘베크까지(The End of the French Intellectual: From Zola to Houellebecq)》(2018), 런던: 베르소(Verso)

- 재피, 애덤 B.(Adam B. Jaffe), 러너, 조시(Josh Lerner), 《혁신 및 그 불만: 우리의 무너

진 특허 시스템은 어떻게 혁신과 진보를 위태롭게 하고 있으며, 그것을 어떻게 해야 하는가(Innovation and Its Discontents: How Our Broken Patent System Is Endangering Innovation and Progress, And What To Do About It)》(2004), 프린스턴, 뉴저지: 프린스턴 대학교출판부(Princeton University Press)

- 재피, 애덤 B.(Adam B. Jaffe), 벤저민 F. 존스(Benjamin F. Jones)(편), 《변화하는 최전선: 과학 및 혁신 정책의 재고(The Changing Frontier: Rethinking Science and Innovation Policy)》(2015), 시카고: 시카고대학교출판부(University of Chicago Press)

- 제이콥, 마거릿 C.(Margaret C. Jacob), 《최초의 지식경제: 1750~1850년의 인적 자본과 유럽 경제(The First Knowledge Economy: Human Capital and the European Economy, 1750~1850)》(2014), 케임브리지: 케임브리지대학교출판부(Cambridge University Press)

- 조이너, 마이클 J.(Michael J. Joyner), 패너스, 나이절(Nigel Paneth), 이오니더스, 존 P. A.(John P. A. Ioannidis), 〈연구 분야에서 거대한 아이디어들의 저조한 성과가 고착화되면 어떻게 될까?(What Happens When Underperforming Big Ideas in Research Become Entrenched?)〉(2016), 《미국의사협회저널(JAMA)》, 316호 13권, 1355~1356페이지

- 조커스, 매튜 L.(Matthew L. Jockers), 《거시분석: 디지털 기법 및 문학의 역사(Macroanalysis: Digital Methods and Literary History)》(2013), 샴페인, 일리노이: 일리노이대학교출판부(The University of Illinois Press)

- 존스, 벤저민 F.(Benjamin F. Jones), 〈시대 및 위대한 발명(Age and Great Invention)〉(2010), 《경제학 및 통계학 리뷰(The Review of Economics and Statistics)》, 92호 1권, 1~14페이지

- 존스, 벤저민 F.(Benjamin F. Jones), 〈지식의 과중과 '르네상스적 인간의 죽음': 혁신은 점점 더 어려워지고 있는가?(The Burden of Knowledge and the 'Death of the Renaissance Man': Is Innovation Getting Harder?)〉(2009), 《경제학 연구 리뷰(The Review of Economic Studies)》, 76호 1권, 283~317페이지

- 존스, 벤저민 F.(Benjamin F. Jones), 리디, E. J.(E. J. Reedy), 와인버그, 브루스 A.(Bruce A. Weinberg), 〈시대 및 과학의 천재(Age and Scientific Genius)〉(2014), 딘 사이먼튼(Dean Simonton)(편), 《천재 편람(Handbook of Genius)》, 서식스: 와일리(Wiley)

- 존스, 벤저민 F.(Benjamin F. Jones), 와인버그, 브루스 A.(Bruce A. Weinberg), 〈과학적 창의성에서의 시대별 역동성(Age dynamics in scientific creativity)〉(2011), 《미국 내셔널과학아카데미 회의록(Proceedings of the National Academy of Sciences)》, 108호 47권

- 존스, 찰스 I.(Charles I. Jones), 〈경제성장에 대한 R&D 기반 모델(R & D-Based Models of Economic Growth)〉(1995), 《정치경제 저널(The Journal of Political Economy)》, 103호 4권, 759~784페이지

- 존스, 찰스 I.(Charles I. Jones), 〈아이디어의 세계에서 찾아본 미국 경제성장의 원천

(Sources of U.S. Economic Growth in a World of Ideas)〉(2002), 《아메리칸 이코노믹 리뷰 (American Economic Review)》, 92호 1권, 220~239페이지

- 존스, 찰스 I.(Charles I. Jones), 〈폴 로머: 아이디어, 비경합성, 그리고 내생적 성장(Paul Romer: Ideas, Nonrivalry, and Endogenous Growth)〉(2019), 《스칸디나비아 경제학 저널 (The Scandinavian Journal of Economics)》, 121호 3권, 859~883페이지

- 존스, 찰스 I.(Charles I. Jones), 볼래스, 디트리히(Dietrich Vollrath), 《경제성장론 입문: 3 판(Introduction to Economic Growth: Third Edition)》(2013), 뉴욕: W. W. 노튼(W. W. Norton)

- 존슨, 스티븐(Steven Johnson), 《탁월한 아이디어는 어디서 오는가: 700년 역사에서 찾은 7가지 혁신 키워드(Where Good Ideas Come From: The Seven Patterns of Innovation)》 (2011), 런던: 펭귄(Penguin)

- 차울라, 달미트 싱(Dalmeet Singh Chawla), 〈엄청난 수의 공동저자들: 글로벌 프로젝 트로 저자의 수가 1,000명에 달하는 논문이 급증하고 있다(Hyperauthorship: global projects spark surge in thousand-author papers)〉(2019), 《네이처(Nature)》, 2021년 3월 29 일에 확인, 다음의 링크에서 확인 가능, https://www.nature.com/articles/d41586-019-03862-0

- 차이, 셴(Sen Chai), 〈거의 획기적인 발견이 될 수 있었던 연구들(Near Misses in the Breakthrough Discovery Process)〉(2017), 《오거너제이션 사이언스(Organization Science)》, 28호 3권, 411~428페이지

- 차이, 셴(Sen Chai), 메논, 아누프(Anoop Menon), 〈획기적인 인식: 참신함에 대한 편견 과 관심을 위한 경쟁(Breakthrough recognition: Bias against novelty and competition for attention)〉(2018), 《리서치 폴리시(Research Policy)》, 48권 3호, 733~747페이지

- 카나, 파라그(Parag Khanna), 〈아시아가 바꿀 미래: 코로나 이후의 세계는 어떻게 바뀌는 가(The Future Is Asian: Global Order in the 21st-Century Century)》(2019), 런던: 와이든펠 드 & 니콜슨(Weidenfeld & Nicolson)

- 카르다셰프, 니콜라이 S.(Nikolai S. Kardashev), 〈외계의 문명에 의한 정보의 전송 (Transmission of Information by Extraterrestrial Civilizations)〉(1964), 《소비에트 천문학 (Soviet Astronomy)》, 8호 2권, 217~220페이지

- 카우언, 타일러(Tyler Cowen), 《거대한 침체: 고성장 시대의 환상은 깨졌다 저성장 시 대를 준비하라(The Great Stagnation: How America Ate All the Low-Hanging Fruit of Modern History, Got Sick, and Will(Eventually) Feel Better)》(2011), 뉴욕: 더튼(Dutton)

- 카우언, 타일러(Tyler Cowen), 《완고한 애착: 자유롭고 번성하며 책임감 있는 개인들의 사회를 위한 믿음(Stubborn Attachments: A Vision for a Society of Free, Prosperous, and Responsible Individuals)》(2018b), 샌프란시스코: 스트라이프 프레스(Stripe Press)

- 카우언, 타일러(Tyler Cowen),《현실에 안주하는 계급: 아메리칸드림에 대한 자멸적인 탐구(The Complacent Class: The Self-Defeating Quest for the American Dream)》(2018a), 뉴욕: 피카도어(Picador)

- 카우언, 타일러(Tyler Cowen), 사우스우드, 벤(Ben Southwood), 〈과학적 진보의 속도가 늦춰지고 있는가?(Is the rate of scientific progress slowing down?)〉(2019), 2021년 10월 21일에 확인, 다음의 링크에서 확인 가능, https://docs.google.com/document/d/1cEBsj18Y4NnVx5Qdu43cKEHMaVBODTTyfHBa8GIRSec/

- 카우프만, 에릭(Eric Kaufmann),《종교가 지구를 물려받아야 하는가? 21세기의 인구변동과 정치(Shall The Religious Inherit The Earth?: Demography and Politics in the Twenty-First Century)》(2010), 런던: 프로파일 북스(Profile Books)

- 칸, 허먼(Herman Kahn), 위너, 앤서니 J.(Anthony J. Wiener),《2000년, 향후 33년의 추정을 위한 프레임워크(The Year 2000: A Framework for Speculation on the Next Thirty-Three Years)》(1967), 런던: 맥밀란(Macmillan)

- 캐리, 네사(Nessa Carey),《생명의 코드를 해킹하기: 유전자 편집은 어떻게 우리의 미래를 다시 쓸 것인가(Hacking the Code of Life: How Gene Editing Will Rewrite Our Futures)》(2019), 런던: 아이콘 북스(Icon Books)

- 캐리, 라이언(Ryan Carey), 〈AI 컴퓨팅 트렌드 해석하기(Interpreting AI compute trends)〉(2020), AI 임팩트(AI Impacts), 2020년 1월 11일에 확인, 다음의 링크에서 확인 가능, https://aiimpacts.org/interpreting-ai-compute-trends/

- 캐플런, 브라이언(Bryan Caplan),《교육의 문제점: 교육 시스템이 시간과 돈의 낭비인 이유(The Case against Education: Why the Education System Is a Waste of Time and Money)》(2018), 프린스턴: 프린스턴대학교출판부(Princeton University Press)

- 캘러웨이, 유언(Ewen Callaway), 〈'그것은 모든 것을 바꿀 것이다': 딥마인드의 AI가 단백질 구조 해결에서 거대한 도약을 이루다('It will change everything': DeepMind's AI makes gigantic leap in solving protein structures)〉(2020),《네이처(Nature)》, 2020년 12월 23일에 확인, 다음의 링크에서 확인 가능, https://www.nature.com/articles/d41586-020-03348-4

- 캠벨, 크리스(Chris Campbell), 매서린, 패트릭(Patrick Mathurin), 〈할리우드의 '속편 중독'(Hollywood 'sequelitis')〉(2020),《파이낸셜타임스(Financial Times)》, 2020년 3월 9일에 확인, 다음의 링크에서 확인 가능, https://www.ft.com/content/6d5871d8-3ea7-11ea-b232-000f4477fbca

- 커밍스, 도미닉(Dominic Cummings), 〈교육 및 정치적 우선순위에 대한 생각들(Some thoughts on education and political priorities)〉(2013), 2020년 6월 20일에 확인, 다음의 링크에서 확인 가능, https://dominiccummings.files.wordpress.com/2013/11/20130825-some-thoughts-on-education-and-political-priorities-version-2-final.pdf

- 커밍스, 도미닉(Dominic Cummings), 〈할로우맨 2: 웨스트민스터와 화이트홀의 기능 장애에 대한 몇 가지 성찰(The Hollow Men II: Some reflections on Westminster and Whitehall dysfunction)〉(2014), 2019년 1월 8일에 확인, 다음의 링크에서 확인 가능, https://dominiccummings.com/2014/10/30/the-hollow-men-ii-some-reflections-on-westminster-and-whitehall-dysfunction/

- 커스너, 스콧(Scott Kirsner), 〈대기업이 혁신하는 데 가장 커다란 장애물(The Biggest Obstacles to Innovation in Large Companies)〉(2018), 《하버드 비즈니스 리뷰(Harvard Business Review)》, 2019년 11월 20일에 확인, 다음의 링크에서 확인 가능, https://hbr.org/2018/07/the-biggest-obstacles-to-innovation-in-large-companies

- 케이, 존(John Kay), 킹, 머빈(Mervyn King), 《급진적 불확실성(Radical Uncertainty)》(2020), 런던: 더 브릿지 스트리트 프레스(The Bridge Street Press)

- 켈리, 브라이언 T.(Bryan T. Kelly), 파파니콜라오우, 디미트리스(Dimitris Papanikolaou), 세루, 아미트(Amit Seru), 태디, 맷(Matt Taddy), 〈장기적인 차원에서의 기술적 혁신에 대한 평가(Measuring Technological Innovation Over the Long Run)(2020), 예일 국제금융센터(ICF) 연구논문 No.2018~2019, SSRN에서 확인 가능: https://ssrn.com/abstract=3279254 또는 http://dx.doi.org/10.2139/ssrn.3279254

- 켈리, 케빈(Kevin Kelly), 《인에비터블 미래의 정체: 12가지 법칙으로 다가오는 피할 수 없는 것들(The Inevitable: Understanding The 12 Technological Forces That Will Shape Our Future)》(2017), 뉴욕: 펭귄(Penguin)

- 코건, 필립(Philip Coggan), 《더: 1만 년에 걸친 세계 경제의 발전(More: The 10,000 Year Rise of the World Economy)》(2020), 런던: 이코노미스트 북스(Economist Books)

- 코신스, 대니얼(Daniel Cossins), 〈우리는 답을 찾기 전에 죽을 것이다: 물리학 심장부의 위기(We'll die before we find the answer: Crisis at the heart of physics)〉(2019), 《뉴 사이언티스트(New Scientist)》, 2019년 9월 18일에 확인, 다음의 링크에서 확인 가능, https://www.newscientist.com/article/mg24132130-600-well-die-before-we-find-the-answer-crisis-at-the-heart-of-physics

- 코우니우스, 존(John Kounios), 비먼, 마크(Mark Beeman), 《유레카 팩터: 창의적 통찰력과 두뇌(The Eureka Factor: Creative Insights and the Brain)》(2015), 런던: 윈드밀(Windmill)

- 콘데, 호르헤(Jorge Conde), 판데, 비제이(Vijay Pande), 유, 줄리(Julie Yoo), 〈선언: 생물학이 세계를 먹어치우고 있다(Biology is Eating the World: A Manifesto)〉(2019), 앤드리스 호로위츠(a16z), 2020년 1월 15일에 확인, 다음의 링크에서 확인 가능, https://a16z.com/2019/10/28/biology-eating-world-a16z-manifesto/

- 콘테라, 소니아(Sonia Contera), 《나노가 살아나다: 나노기술은 생물학의 미래와 의학을 어떻게 변화시키고 있는가(Nano Comes to Life: How Nanotechnology is Transforming

Medicine and the Future of Biology)》(2019), 프린스턴, 뉴저지: 프린스턴대학교출판부
(Princeton University Press)

- 콜라드, 아그네스(Agnes Callard), 〈출간과 소멸(Publish and Perish)〉(2020), 《더 포인트
(The Point)》, 2020년 10월 6일에 확인, 다음의 링크에서 확인 가능, https://thepointmag.
com/examined-life/publish-and-perish-agnes-callard/

- 콜리슨, 패트릭(Patrick Collison), 닐슨, 마이클(Michael Nielsen), 〈과학은 들이는 비용에
비해서 크게 성공할 확률이 점점 더 낮아지고 있다(Science Is Getting Less Bang for Its
Buck)〉(2018), 《디 애틀랜틱(The Atlantic)》, 2018년 12월 7에 확인, 다음의 링크에서 확인
가능, https://www.theatlantic.com/science/

- 콜리어, 폴(Paul Collier), 《자본주의의 미래: 새로운 불안에 맞서다(The Future of
Capitalism: Facing the New Anxieties)》(2018), 런던: 앨런 레인(Allen Lane)

- 콜빌, 로버트(Robert Colvile), 《위대한 가속: 세계는 어떻게 점점 더 빨라지는가(The
Great Acceleration: How the World Is Getting Faster, Faster)》(2017), 런던: 블룸즈버리
(Bloomsbury)

- 쾨슬러, 아서(Arthur Koestler), 《몽유병 환자: 우주를 바라보는 인류 시각 변화의 역사
(The Sleepwalkers: A History of Man's Changing Vision of the Universe)》(1964), 런던: 펭귄
(Penguin)

- 쾨슬러, 아서(Arthur Koestler), 《창조 행위(The Act of Creation)》(1970), 런던: 팬 파이퍼
(Pan Piper)

- 쿡, 존 D.(John D. Cook), 〈과학자들은 보조금을 따내기 위해서 얼마나 많은 시간을 소
모하고 있을까?(How much time do scientists spend chasing grants?)〉(2011), 2019년 8월 25
일에 확인, 다음의 링크에서 확인 가능, https://www.johndcook.com/blog/2011/04/25/
chasing-grants/

- 쿤, 토머스 S.(Thomas S. Kuhn), 《과학혁명의 구조(The Structure of Scientific Revolutions)》
(4판, 2012), 시카고: 시카고대학교출판부(University of Chicago Press)

- 크레이머, 마이클(Michael Kremer), 〈인구 증가와 기술 변화: 기원전 100만 년부터 1990
년까지(Population Growth and Technological Change: One Million B. C. to 1990)〉(1993),
《계간 경제학 저널(The Quarterly Journal of Economics)》, 108호 3권, 681~716페이지

- 크리스텐슨, 클레이튼 M.(Clayton M. Christensen), 《혁신기업의 딜레마: 새로운 기술이
위대한 기업을 실패하게 만드는 경우(The Innovator's Dilemma: When New Technologies
Cause Great Firms To Fail)》(재판, 2013), 케임브리지, 매사추세츠: 하버드 비즈니스 리뷰
프레스(Harvard Business Review Press)

- 클랜시, 맷(Matt Clancy), 〈과학의 질에서 출간 또는 소멸이 얼마나 나쁜가?(How
bad is publish-or-perish for the quality of science?)〉(2020a), 《뉴 띵스 언더 더 선(New

Things Under The Sun》, 2021년 1월 12일에 확인, 다음의 링크에서 확인 가능, https://mattsclancy.substack.com/p/how-bad-is-publish-or-perish-for

- 클랜시, 맷(Matt Clancy), 〈더 많은 과학이 더 많은 혁신을 이끈다(More Science Leads to More Innovation)〉(2021a), 《뉴 띵스 언더 더 선(New Things Under The Sun)》, 2021년 4월 12일에 확인, 다음의 링크에서 확인 가능, https://mattsclancy.substack.com/p/more-science-leads-to-more-innovation

- 클랜시, 맷(Matt Clancy), 〈사회과학을 괴롭히는 것은 무엇인가(What ails the social sciences)〉(2020b), 《웍스 인 프로그레스(Works in Progress)》, 2021년 1월 12일에 확인, 다음의 링크에서 확인 가능, https://worksinprogress.co/issue/what-ails-the-social-sciences/

- 클랜시, 맷(Matt Clancy), 〈지식의 강물 안에서 이는 물결(Ripples in the River of Knowledge)〉(2021b), 2021년 4월 12일에 확인, 다음의 링크에서 확인 가능, https://mattsclancy.substack.com/p/ripples-in-the-river-of-knowledge

- 클러리, 대니얼(Daniel Clery), 《태양의 한 조각: 핵융합 에너지를 찾아서(A Piece of the Sun: The Quest for Fusion Energy)》(2013), 런던: 더크워스 오버룩(Duckworth Overlook)

- 클리어필드, 크리스(Chris Clearfield), 틸시크, 안드라스(András Tilcsik), 《멜트다운: 편리한 위험의 시대(Meltdown: Why Our Systems Fail and What We Can Do About It)》(2018), 런던: 애틀랜틱 북스(Atlantic Books)

- 클링어, 조엘(Joel Klinger), 마테오스-가르시아, 후안 C.(Juan C. Mateos-Garcia), 스타툴로풀로스, 콘스탄티노스(Konstantinos Stathoulopoulos), 〈AI 연구의 협소화?(A Narrowing of AI Research?)〉(2020), 다음의 링크에서 확인 가능, SSRN: https://ssrn.com/abstract=3698698

- 킨, 샘(Sam Kean), 〈러시아의 유명 연구소가 새로운 원소들을 발견해서 주기율표의 한계를 더욱 밀어젖히기 위해 노력하고 있다(A storied Russian lab is trying to push the periodic table past its limits and uncover exotic new elements)〉(2019), 《사이언스(Science)》, 2019년 10월 5일에 확인, 다음의 링크에서 확인 가능, https://www.sciencemag.org/news/2019/01/storied-russian-lab-trying-push-periodic-table-past-its-limits-and-uncover-exotic-new

- 타이너, 존 허드슨(John Hudson Tiner), 《루이 파스퇴르: 근대 의학의 창시자(Louis Pasteur: Founder of Modern Medicine)》(1990), 펜턴, 미주리: 모트 미디어(Mott Media)

- 터크먼, 바버라(Barbara Tuchman), 《바보들의 행진: 3천 년을 이어온 오만한 통치자들의 역사(The March of Folly: From Troy To Vietnam)》(1985), 뉴욕: 랜덤 하우스(Random House)

- 테그마크, 맥스(Max Tegmark), 《맥스 테그마크의 라이프 3.0: 인공지능이 열어갈 인류와

생명의 미래(Life 3.0: Being human in an age of Artificial Intelligence)》(2017), 런던: 앨런 레인(Allen Lane)

- 테리언, 알렉스(Alex Therrien), 〈영국의 기대수명이 '사상 처음으로 멈추다'〉(2018), BBC, 2019년 4월 14일에 확인, 다음의 링크에서 확인 가능, https://www.bbc.co.uk/news/health-45638646

- 테인터, 조지프 A.(Joseph A. Tainter), 《문명의 붕괴(The Collapse of Complex Societies)》(1988), 케임브리지: 케임브리지대학교출판부(Cambridge University Press)

- 테틀록, 필립 E.(Philip E. Tetlock), 가드너, 댄(Dan Gardner), 《슈퍼 예측, 그들은 어떻게 미래를 보았는가(Superforecasting: The Art and Science of Prediction)》(2015), 뉴욕: 크라운(Crown)

- 톨레프슨, 제프(Jeff Tollefson), 〈트럼프는 과학에 어떻게 피해를 입혔나 – 그리고 과학이 회복되는 데 수십 년이 걸릴 수도 있는 이유(How Trump damaged science – and why it could take decades to recover)〉(2020), 《네이처(Nature)》, 2020년 12월 22일에 확인, 다음의 링크에서 확인 가능, https://www.nature.com/articles/d41586-020-02800-9

- 톰슨, 닐 C.(Neil C. Thompson), 그린월드, 크리스티안(Kristjan Greenewald), 이기헌(Lee Keeheon), 만소, 가브리엘 F.(Gabriel F. Manso), 〈딥러닝의 컴퓨팅 한계(The Computational Limits of Deep Learning)〉(2020), 아카이브(arXiv), 2007.05558

- 톰슨, 마이클 J.(Michael J. Thompson), 스물레비치-저커, 그레고리 R.(Gregory R. Smulewicz-Zucker)(편), 《반과학과 민주주의에 대한 공격(Anti-Science and the Assault on Democracy)》(2018), 뉴욕: 프로메테우스 북스(Prometheus Books)

- 트시토얀, 바헤(Vahe Tshitoyan), 대그덜런, 존(John Dagdelen), 웨스턴, 리(Leigh Weston) 외, 〈자율적 권한을 가진 워드 임베딩 기법이 재료과학 문헌들에서 잠재된 지식을 포착해내다(Unsupervised word embeddings capture latent knowledge from materials science literature)〉(2019), 《네이처(Nature)》, 571호, 95~98페이지

- 티어, 제네(Gené Teare), 〈다양성 보고서: 2019년에 새롭게 자금을 지원받은 스타트업 가운데 여성이 창업한 곳은 20퍼센트였다(Diversity Report: 20 Percent Of Newly Funded Startups In 2019 Have A Female Founder)〉(2020), 크런치베이스(Crunchbase), 2021년 1월 12일에 확인, 다음의 링크에서 확인 가능, https://news.crunchbase.com/news/eoy-2019-diversity-report-20-percent-of-newly-funded-startups-in-2019-have-a-female-founder/

- 틸, 피터(Peter Thiel), 《제로 투 원: 스탠퍼드대학교 스타트업 최고 명강의(Zero to One: Notes on Startups, Or How to Build the Future)》(2014), 런던: 버진 북스(Virgin Books)

- 파스쿠알레, 지오반니 디(Giovanni Di Pasquale)(편), 《시라쿠사의 아르키메데스(Archimedes In Syracuse)》, 2018, 밀라노: 지운티 에디토레(Giunti Editore)

- 파칼렌, 미코(Mikko Packalen), 바타차리아, 제이(Jay Bhattacharya), 〈국립보건원의 자금 지원과 첨단과학의 추구(NIH funding and the pursuit of edge science)〉(2020), 《미국국립과학원회보(PNAS)》, 117호, 22권

- 파칼렌, 미코(Mikko Packalen), 바타차리아, 제이(Jay Bhattacharya), 〈도시와 아이디어(Cities and Ideas)〉(2015), 전미경제연구소(NBER) 연구논문 No.W20921

- 파칼렌, 미코(Mikko Packalen), 바타차리아, 제이(Jay Bhattacharya), 〈시대, 그리고 새로운 아이디어의 시도(Age and the Trying Out of New Ideas)〉(2019), 《인적자본 저널(Journal of Human Capital)》, 13호, 2권, 341~373페이지

- 파칼렌, 미코(Mikko Packalen), 바타차리아, 제이(Jay Bhattacharya), 〈특허에서의 언어: 발명에서 있어서 연구에 투입되는 요소와 혁신성의 가치(Words in Patents: Research Inputs and the Value of Innovativeness in Invention)〉(2012), 전미경제연구소(NBER) 연구논문 18494

- 파커, 이언(Ian Parker), 〈모든 사람과 항시를 위한 유발 노아 하라리의 역사(Yuval Noah Harari's History of Everyone, Ever)〉(2020), 뉴요커(New Yorker), 2020년 3월 13일에 확인, 다음의 링크에서 확인 가능, https://www.newyorker.com/magazine/2020/02/17/yuval-noah-harari-gives-the-really-big-picture

- 퍼먼, 제프리 L.(Jeffrey L. Furman), 스턴, 스콧(Scott Stern), 〈거인의 어깨 위로 올라서기: 시스템이 연구 축적에 미치는 영향(Climbing atop the Shoulders of Giants: The Impact of Institutions on Cumulative Research)〉(2011), 《아메리칸 이코노믹 리뷰(American Economic Review)》, 101호 5권, 1933~1963페이지

- 펑크, 러셀(Russell Funk), 오웬-스미스, 제이슨(Jason Owen-Smith), 〈기술적 변화의 동적 네트워크 측정(A Dynamic Network Measure of Technological Change)〉(2017), 《경영과학(Management Science)》, 63호, 3권, 791~817페이지

- 페레스, 카를로타(Carlota Perez), 《기술혁명과 금융자본: 거품시기 황금기의 역학관계(Technological Revolutions and Financial Capital: The Dynamics of Bubbles and Golden Ages)》(2002), 첼트넘: 에드워드 엘가(Edward Elgar)

- 페르난데스-아르메스토, 펠리페(Felipe Fernández-Armesto), 《제정신이 아닌: 우리가 생각하는 것과 그러한 생각에 이르게 된 경위(Out of our Minds: What We Think and How We Came to Think It)》(2019), 런던: 원월드(Oneworld)

- 페이흐, 얀(Jan Vijg), 《미국의 기술적 도전: 21세기의 정체 및 쇠퇴(The American Technological Challenge: Stagnation and Decline in the 21st Century)》(2011), 뉴욕: 알고라 퍼블리싱(Algora Publishing)

- 포르투나토, 산드로(Sandro Fortunato) 외, 〈과학의 과학(Science of science)〉(2018), 《사이언스(Science)》, 359호 6379권

- 포스터, 제이콥 G.(Jacob G. Foster), 르제츠키, 안드레이(Andrey Rzhetsky), 에반스, 제임스 A.(James A. Evans), 〈과학자들의 연구 전략에서의 전통 및 혁신(Tradition and Innovation in Scientists' Research Strategies)〉(2015), 《미국 사회학 리뷰(American Sociological Review)》, 80호 5권

- 포켄더, 마이클 W.(Michael W. Faulkender), 핸킨스, 크리스틴 W.(Kristine W. Hankins), 피터슨, 미첼 A.(Mitchell A. Petersen), 〈기업 현금 보유고 증가의 이해: 예방적 저축인가 아니면 외국의 세금인가(Understanding the Rise in Corporate Cash: Precautionary Savings or Foreign Taxes)〉(2019), 《금융학 리뷰(The Review of Financial Studies)》, 32호 9권, 3299-3334페이지

- 프레이즈, 피터(Peter Frase), 《시작된 미래: 자본주의 이후 다가올 네 개의 세상에 대하여(Four Futures: Life After Capitalism)》(2016), 런던: 베르소(Verso)

- 프리드먼, 로런스(Lawrence Freedman), 《전쟁의 미래: 인류는 어떻게 다가올 전쟁을 상상했는가(The Future of War: A History)》(2018), 런던: 펭귄(Penguin)

- 프리먼, 찰스(Charles Freeman), 《서양 정신의 종말: 신앙의 부상과 이성의 몰락(The Closing of the Western Mind: The Rise of Faith and the Fall of Reason)》(2003), 런던: 핌리코(Pimlico)

- 플래트, 존 R.(John R. Platt), 〈강력한 간섭(Strong Inference)〉(1964), 《사이언스(Science)》, 146호 3642권, 347~353페이지

- 플레밍, L.(L. Fleming), 그린, H.(H. Greene), 리, G.(G. Li), 마르크스, M.(M. Marx), 야오, D.(D. Yao), 〈정부지원 연구가 점점 더 혁신에 활력을 불어넣고 있다(Government-funded research increasingly fuels innovation)〉(2019), 《사이언스(Science)》, 364호, 1139~1141페이지

- 피시먼, 찰스(Charles Fishman), 《한 번의 거대한 도약: 우리를 달까지 데려다줄 불가능한 임무(One Giant Leap: The Impossible Mission that Flew Us to the Moon)》(2019), 뉴욕: 사이먼 & 슈스터(Simon & Schuster)

- 필링, 데이비드(David Pilling), 《성장에 대한 착각: 국가의 부와 행복(The Growth Delusion: The Wealth and Well-Being of Nations)》(2018), 런던: 블룸스버리(Bloomsbury)

- 핑커, 스티븐(Stephen Pinker), 《지금 다시 계몽: 이성, 과학, 휴머니즘, 그리고 진보를 말하다(Enlightenment Now: The Case for Reason, Science, Humanism and Progress)》(2019), 런던: 펭귄(Penguin)

- 핑커, 스티븐(Stephen Pinker), 리들리, 맷(Matt Ridley), 드 보통, 알랭(Alain De Botton), 글래드웰, 말콤(Malcolm Gladwell), 《사피엔스의 미래(Do Humankind's Best Days Lie Ahead?)》(2016), 토론토: 하우스 오브 아난시(House of Anansi)

- 하가돈, 앤드루(Andrew Hargadon), 《획기적인 사건은 어떻게 일어나는가: 기업들이 혁

신하는 방법에 대한 놀라운 진실(How Breakthroughs Happen: The Surprising Truth About How Companies Innovate)》(2003), 보스턴, 매사추세츠: 하버드경영대학원출판부 (Harvard Business School Publishing)

- 하라리, 유발 노아(Yuval Noah Harari), 《21세기를 위한 21가지 제언: 더 나은 오늘은 어떻게 가능한가(21 Lessons for the 21st Century)》(2019), 런던: 빈티지(Vintage)

- 하라리, 유발 노아(Yuval Noah Harari), 《사피엔스: 유인원에서 사이보그까지 인간 역사의 대담하고 위대한 질문(Sapiens: A Brief History of Humankind)》(2014), 런던: 하빌 세커 (Harvill Secker)

- 하라리, 유발 노아(Yuval Noah Harari), 《호모 데우스: 미래의 역사(Homo Deus: A Brief History of Tomorrow)》(2016), 런던: 하빌 세커(Harvill Secker)

- 하사비스, 데미스(Demis Hassabis), 〈AI의 잠재력(AI's potential)〉(2019), 《이코노미스트(The Economist)》, 2020년 2월 5일에 확인, 다음의 링크에서 확인 가능, https://worldin.economist.com/article/17385/edition2020demis-hassabis-predicts-ai-will-supercharge-science

- 하우즈, 앤턴(Anton Howes), 〈개선의 확산: 1547~1851 사이에 영국에서는 왜 혁신이 가속화되었나(The Spread of Improvement: Why Innovation Accelerated in Britain 1547~1851)〉(2017), 2019년 12월 19일에 확인, 다음의 링크에서 확인 가능, https://antonhowes.weebly.com/uploads/2/1/0/8/21082490/spread_of_improvement_working_paper.pdf

- 하우즈, 앤턴(Anton Howes), 〈결정적인 세기(The Crucial Century)〉(2019), 앤턴 하우즈 홈페이지(antonhowes.com), 2020년 3월 16일에 확인, 다음의 링크에서 확인 가능, https://www.antonhowes.com/blog/the-crucial-century

- 하우즈, 앤턴(Anton Howes), 〈업스트림, 다운스트림(Upstream, Downstream)〉(2021), 《발명의 시대(The Age of Invention)》, 2021년 1월 23일에 확인, 다음의 링크에서 확인 가능, https://antonhowes.substack.com/p/age-of-invention-upstream-downstream

- 하우즈, 앤턴(Anton Howes), 〈진보의 역설(The Paradox of Progress)〉(2020), 《발명의 시대(The Age of Invention)》, 2021년 1월 7일에 확인, 다음의 링크에서 확인 가능, https://antonhowes.substack.com/p/age-of-invention-the-paradox-of-progress.

- 하웰, 새브리나 T.(Sabrina T. Howell), 러너, 조시(Josh Lerner), 란다, 라마나(Ramana Nanda), 타운센드, 리처드(Richard Townsend), 〈금융의 거리두기: 벤처캐피털은 어떻게 경제의 하향세를 따르고 혁신을 억제하는가(Financial Distancing: How Venture Capital Follows the Economy Down and Curtails Innovation)〉(2020), 하버드 경영대학원 기업경영 연구 논문(Harvard Business School Entrepreneurial Management Working Paper) No. 20~115

- 하프너, 다니자르(Danijar Hafner), 릴리크랩, 티모시(Timothy Lillicrap), 바, 지미(Jimmy Ba), 노로우지, 모하메드(Mohammad Norouzi), 〈통제의 꿈: 잠재된 상상력에 의한 학습 행동(Dream to Control: Learning Behaviors by Latent Imagination)〉(2019), 아카이브(arXiv), 1912.01603

- 핸런, 마이클(Michael Hanlon), 〈골든 쿼터(The golden quarter)〉, 이언(Aeon), 2018년 10월 26일에 확인, 다음의 링크에서 확인 가능, https://aeon.co/essays/has-progress-in-science-and-technology-come-to-a-halt

- 핸슨, 로빈(Robin Hanson), 《뇌복제와 인공지능 시대(The Age of Em: Work, Love and Life when Robots Rule the Earth)》(2016), 옥스퍼드: 옥스퍼드대학교출판부(Oxford University Press)

- 헌트, 제니퍼(Jennifer Hunt), 고티에-루아젤, 마졸린(Marjolaine Gauthier-Loiselle), 〈이민은 혁신을 얼마나 자극하는가?(How Much Does Immigration Boost Innovation?)〉(2010), 《미국경제저널: 거시경제학(American Economic Journal: Macroeconomics)》, 2호 2권, 31-56페이지

- 헤세, 헤르만(Herman Hesse), 《유리알 유희(The Glass Bead Game)》(2000), 런던: 빈티지(Vintage)

- 헨더슨, 캐스파(Caspar Henderson), 《놀라움의 새로운 지도: 현대의 경이로움을 찾는 여정(A New Map of Wonders: A Journey in Search of Modern Marvels)》(2017), 런던: 그란타(Granta)

- 헨릭, 조지프(Joseph Henrich), 《세상에서 가장 이상한 사람들: 서양은 어떻게 심리적으로 특이하며 특별히 번영할 수 있었는가(The Weirdest People in the World: How the West Became Psychologically Peculiar and Particularly Prosperous)》(2020), 런던: 앨런 레인(Allen Lane)

- 헨릭, 조지프(Joseph Henrich), 《호모 사피엔스, 그 성공의 비밀: 문화는 어떻게 인간의 진화를 주도하며, 우리를 더 영리하게 만들어왔는가(The Secret of Our Success: How Culture Is Driving Human Evolution, Domesticating Our Species, And Making Us Smarter)》(2016), 프린스턴, 뉴저지: 프린스턴대학교출판부(Princeton University Press)

- 헨릭, 조지프(Joseph Henrich), 〈혁신으로 강화되는 제도의 진화(The Evolution of Innovation-Enhancing Institutions)〉(2009), 셰넌, 스티븐 J.(Stephen J. Shennan), 오브라이언, 마이클 J.(Michael J. O'Brien) 편, 《문화체제에서의 혁신: 진화인류학의 기여(Innovation in Cultural Systems: Contributions in Evolution Anthropology)》, 케임브리지, 매사추세츠: MIT출판부(MIT Press)

- 호건, 존(John Horgan), 《과학의 종말: 과학시대의 황혼 속에서 지식의 한계를 직면하기(The End of Science: Facing the Limits of Knowledge in the Twilight of the Scientific Age)》(2015), 뉴욕: 베이직 북스(Basic Books)

- 호머-딕슨, 토머스(Thomas Homer-Dixon), 《창의력의 격차: 우리는 미래의 문제들을 어떻게 해결할 수 있을까?(The Ingenuity Gap: How Can We Solve the Problems of the Future?)》(2001), 런던: 빈티지(Vintage)

- 호젠펠더, 자비네(Sabine Hossenfelder), 〈물리학의 토대에서 현재와 같은 침체 국면은 정상이 아니다(The Present Phase of Stagnation in the Foundations of Physics Is Not Normal)〉(2018), 노틸러스(Nautil.us), 2020년 12월 22일에 확인, 다음의 링크에서 확인 가능, http://nautil.us/blog/the-present-phase-of-stagnation-in-the-foundations-of-physics-is-not-normal

- 호크스위스, 존(John Hawksworth), 클러리, 롭(Rob Clarry), 오디노, 해나(Hannah Audino), 〈장기적 관점: 2050년이 되면 글로벌 경제 질서는 어떻게 바뀔 것인가?(The Long View: How will the global economic order change by 2050?)〉(2017), PwC, 2021년 1월 10일에 확인, 다음의 링크에서 확인 가능, https://www.pwc.com/gx/en/world-2050/assets/pwc-the-world-in-2050-full-report-feb-2017.pdf

- 호크필드, 수전(Susan Hockfield), 《살아 있는 기계들의 시대: 생물학은 차기의 기술 혁명을 어떻게 이뤄낼 것인가(The Age of Living Machines: How Biology Will Build the Next Technology Revolution)》(2019), 뉴욕: W. W. 노튼(W. W. Norton)

- 호펜하인, 휴고 A.(Hugo A. Hopenhayn), 네이라, 줄리안(Julian Neira), 싱가니아, 리시(Rish Singhania), 〈인구증가에서부터 기업의 인구통계학까지: 집중화, 기업가 정신, 노동분배율에 미치는 영향(From Population Growth to Firm Demographics: Implications for Concentration, Entrepreneurship and the Labor Share)〉(2018), 전미경제연구소(NBER) 연구 논문 번호 No. w25382

- 홀, J. 스토어스(J. Storrs Hall), 《하늘을 나는 차는 어디에 있는가? 미래에 대한 과거의 기억(Where Is My Flying Car? A Memoir of Future Past)》(2018), 독립출판

- 홀데인, 앤디(Andy Haldane), 〈기업을 소유한 이들은 누구인가?(Who Owns A Company?)〉(2015), 잉글랜드은행(Bank of England), 2021년 4월 2일에 확인, 다음의 링크에서 확인 가능, https://www.bankofengland.co.uk/-/media/boe/files/speech/2015/who-owns-a-company.pdf

- 홀링스위스, J. 로저스(J. Rogers Hollingsworth), 〈고도의 인지복잡도와 주요한 과학적 발견의 생성(High Cognitive Complexity and the Making of Major Scientific Discoveries)〉(2007), 《지식, 커뮤니케이션, 창의성(Knowledge, Communication and Creativity)》, 로스앤젤레스: SAGE

- 화이트, 커티스(Curtis White), 《과학에 대한 착각: 쉬운 대답을 하는 문화에서 거대한 질문을 던지다(The Science Delusion: Asking the Big Questions in a Culture of Easy Answers)》(2014), 뉴욕: 멜빌 하우스(Melville House)

- 화이트, 커티스(Curtis White), 《어중간한 의식: 미국인들은 왜 스스로 생각하지 않는가

(The Middle Mind: Why Americans Don't Think for Themselves)》(2003), 샌프란시스코: 하퍼샌프란시스코(HarperSanFrancisco)

- 화이트헤드, 앨프리드 노스(Alfred North Whitehead), 《과학과 근대세계(Science and the Modern World)》(1925), 런던: 맥밀런(Macmillan)

- 후쿠야마, 프랜시스(Francis Fukuyama), 《역사의 종말(The End of History and The Last Man)》(1992), 런던: 해미시 해밀턴(Hamish Hamilton)

- 후퍼, 로완(Rowan Hooper), 《1조 달러의 사용법: 세계를 구하고 과학계 최대의 미스터리를 풀어내기(How To Spend A Trillion Dollars: Saving the World and Solving the Biggest Mysteries in Science)》(2021), 런던: 프로파일 북스(Profile Books)

- 휴브너, 조너선(Jonathan Huebner), 〈전 세계적인 혁신에서의 가능한 감소 추세(A possible declining trend for worldwide innovation)〉(2005), 《기술적 예측 및 사회적 변화(Technological Forecasting and Social Change)》, 72호, 8권, 980~986페이지

- 흐비데, 한스 K.(Hans K. Hvide), 존스, 벤저민 F.(Benjamin F. Jones), 〈대학의 혁신과 교수의 특권(University Innovation and the Professor's Privilege)〉(2018), 《아메리칸 이코노믹 리뷰(American Economic Review)》, 108호 7권, 1860~1898페이지

- 힉스, 존(John Higgs), 《미래는 여기에서 시작한다: 21세기의 모험들(The Future Starts Here: Adventures in the Twenty-First Century)》(2019), 런던: 와이든펠드 & 니콜슨(Weidenfeld & Nicolson)

찾아보기

알파벳(Alphabet, 구글의 모기업) 326, 378, 442, 485

알파폴드(AlphaFold) 378~384, 390

알파폴드2(AlphaFold2) 383

암 104~108, 164

암 정복 프로젝트(Cancer Moonshot) 107

암스트롱, 루이(Armstrong, Louis) 181

암하라어(Amharic) 266

암흑물질(dark matter) 210

암흑에너지(dark energy) 210

압바스(Abbas) 왕조 433

앙글레르, 프랑수아(Englert, François) 204

앙코르와트 80

앙페르, 앙드레-마리(Ampère, André-Marie) 134

애덤스, 존(Adams, John) 354

애들러, 알프레트(Adler, Alfred) 319

애버리스트 위스대학교(Aberystwyth University) 394

애스터, 존 제이콥(Astor, John Jacob) 476

애플(Apple) 61, 150, 272, 315, 316, 326, 453, 487

앤더슨, 커트(Andersen, Kurt) 186

앨리슨, 제임스 P.(Allison, James P.) 105

야금 기술 76

양자 191

양자물리학 273

양자역학(quantum theory) 65, 205, 273, 284, 559

양자의 어드밴티지(quantum advantage) 555

양자이론 210

양자중력(quantum gravity) 559

어도비(Adobe) 442

언어놀이(language game) 294

언어적 철학(linguistic philosophy) 64

에너지(energy) 266, 553

에너지 보존 법칙 72

에너지 혁명 369

에델만 신뢰 지표(Edelman Trust Barometer) 351

에도막부(江戸幕府) 시대 503

에든버러대학교(University of Edinburgh) 135

에든버러아카데미(Edinburgh Academy) 134

에디슨, 토머스(Edison, Thomas) 72, 312, 473~477, 478

에디슨일렉트릭(Edison Electric) 477

에라토스테네스(Eratosthenes) 16

에번스, 아서(Evans, Arthur) 262

SS 그레이트 웨스턴(SS Great Western) 121

S자 곡선 60, 62, 65

STEM(과학science, 기술technology, 공학 engineering, 수학mathematics) 220, 437, 453

에어로드롬(Aerodrome) 118

A380 124

AEG 63

AT&T 150, 309, 311, 314, 333

에이어, A. J.(Ayer, A. J.) 215

HIV(Human Immunodeficiency Virus, 인간면역 결핍 바이러스) 428

엑스레이 71

엑스상(X Prize) 532

X선 214, 475

　　X선 결정학(X-ray crystallography) 214, 376

X-10 흑연 원자로(Graphite Reactor) 246

엔트로피(entropy, 무질서도) 64

엘드리지, 닐스(Eldredge, Niles) 57~58

휴먼 프런티어

1판 1쇄 발행 2022년 10월 1일

지은이 | 마이클 바스카
옮긴이 | 전리오
펴낸이 | 박선영

편집장 | 이효선
마케팅 | 김서연
디자인 | 933015디자인
발행처 | 퍼블리온
출판등록 | 2020년 2월 26일 제2021-000048호
주소 | 서울시 영등포구 양평로 157, 408호 (양평동 5가)
전화 | 02-3144-1191
팩스 | 02-3144-1192
전자우편 | info@publion.co.kr

ISBN 979-11-91587-27-2 03300

※ 책값은 뒤표지에 있습니다.